"博学而笃志，切问而近思。"

(《论语》)

博晓古今，可立一家之说；
学贯中西，或成经国之才。

复旦博学 · 复旦博学 · 复旦博学 · 复旦博学 · 复旦博学 · 复旦博学

主编简介

竺乾威，全国MPA教育指导委员会成员，复旦大学国际关系与公共事务学院教授，公共行政系主任，博士生导师。主要讲授公共行政理论、比较行政等课程。在《公共行政与人力资源》和美国出版的《国际公共行政》等有影响的杂志上发表过学术论文，主编的著作有《当代中国公共政策》、《公共行政学》、《行政学导论》等，专著有《官僚政治》等。

MPA（公共管理硕士）系列

公共行政理论

Principal Theories of Public Administration

竺乾威 主编

復旦大學出版社

内容提要

本书系统阐释了19世纪末公共行政学开创和形成时期至现当代，西方公共管理学界的几十位最具代表性的思想家的理论观点，包括威尔逊、法约尔、韦伯、梅奥、西蒙、德鲁克、布坎南、奥斯本和登力维等人。这些学者的思想对西方公共管理的发展产生了非常重要的影响。中国读者阅读本书的过程，实际上也是比较全面地了解西方公共管理的实践和理论发展的过程，理解和研究西方学者的理论观点，对于我们深入理解公共管理这门学科的产生、演变的规律及其发展趋势具有非常重要的意义。

前　言

理论是行动的先导。公共行政理论最早产生于西方国家，而西方公共行政学说和理论对于西方国家（尤其是美国）公共行政的发展所起的作用则是有目共睹的。这一点从威尔逊的政治行政两分说对早期美国公共行政体制的影响，到泰罗的科学管理思想引发的包括美国以及其他西方国家政府在内的效率运动，再到布坎南的公共选择理论、诺斯的新制度经济理论以及奥斯本的政府再造理论对20世纪80年代以来西方国家的以“新公共管理”名义进行的行政改革的理论支撑，都可以得到充分的说明。

同样，这些学说和理论作为人类文明的成果，对于我国的公共行政学的研究以及我国公共管理的改革和发展产生的影响也是显而易见的，这首先是因为公共管理具有它的相同性的一面，也因为这些理论在某种程度上具有相当的代表性。一定意义上，这也显示了这些理论（尽管它首先产生于西方的土壤）对我们来说具有一定的借鉴价值。

本书选择的一些理论家当然是各个时期具有代表性的人物，但细心的读者会发现，在这些人中，有的可能从更严格的意义上讲是企业管理理论家（如泰罗、法约尔、麦格雷戈等）和经济学家（如布坎南、诺斯）。这在一定程度上反映了公共行政理论尤其在今天所具有的学科交叉和渗透的特征。选择这些人，毫无疑问考虑的是其思想和理论对西方公共行政的发展所产生的重要影响。

本书中相当部分的篇幅在若干年前曾作为《西方行政学说史》出版过。当初的写作曾有未将一些重要的理论家写入的遗憾。本书在相当程度上弥补了当时的遗憾，在时间上也有机会反映一些西方公共行政理论的最新成果。

本书由我主编。各章的作者分别是竺乾威（第二、七、八、九、十二、二十四、二十五、二十六、二十七章），马国泉（第五、六、十一、十三、十四、十五、二十二章），唐兴霖（第三、十、十八、十九、二十章），朱春奎

（第十六章），李春成（第十七章），李瑞昌（第二十一、二十三章）以及雷雨（第一、四章）。作为主编，我对各位作者（尤其是大洋彼岸的马国泉教授）的努力表示感谢，也对本书的编辑邬红伟表示感谢，他的催促促成了本书的面世。

竺乾威

2008 年 6 月

于复旦大学国际关系与公共事务学院

目　　录

第一编　古典时期的公共行政理论

第二编　新古典时期的公共行政理论

第三编　当代公共行政理论

第一编

古典时期的公共行政理论

古典时期的时间跨度一般为19世纪末至20世纪30年代，这是现代行政学的开创和形成时期。事实上，就西方来说，有关行政的学说和思想源远流长。从古希腊亚里士多德的《政治学》，到文艺复兴时期马基雅维里的《君主论》，再到美国的《联邦党人》文集，都可以看到大量有关这方面的论述。但是，现代意义上的行政研究则是人类进入了资本主义时代后的产物。这首先是因为资本主义大生产带来了专业化的劳动，从而使得现代意义上的管理成为可能。其次是国家在促进资本主义经济发展中的作用增强，从而使得研究政府的作用、提高政府的工作效率成为一种实际而迫切的需要。因此当历史进入19世纪末时，威尔逊提出要建立一门前所未有的行政科学，便是一种非常可以理解的适时之举了。

古典时期出现了一大批有影响的公共行政和管理理论家。威尔逊首开行政研究之先河；泰罗的科学管理尽管发轫于对提高企业效率的研究，却同样深刻地影响了现代政府的运作；法约尔试图总结一般的管理原则；韦伯的官僚制理论勾画了现代行政组织的特征；古立克的七功能阐述对组织的功能作了精当的归纳。

这一时期的行政学说和理论研究的目标是经济与效率，研究所涉及的主要范围是组织、行为程序和行政原理。这一研究的特点主要表现为一种静态的研究，在方法论上采用的是规范方法。

第一章　威尔逊的现代行政学理论

第一节　生平与著作

伍德罗·威尔逊(Thomas Woodrow Wilson,1856—1924)于1856年12月28日出生在美国弗吉尼亚州的斯汤顿市。他的父亲是一位长老会的牧师,母亲是一位长老会牧师的女儿。当在教堂内聆听父亲向人们讲经布道的时候,小威尔逊注视的不仅仅是基督教的教义,而是他未来事业所要仿效的模式。幼年的基督教教育,对威尔逊日后的政治生涯影响深刻,尽管他不曾有志于将来成为一个受人尊敬的牧师,但他却把政治变成了一个传播心灵启迪的手段,变成了表达新教徒强烈"行善"愿望的手段。威尔逊为人十分坦率、诚恳,对自己要求却非常严格,几乎近于苛刻。因为,他内心有一种并非出自私心的宏愿,即希望有朝一日成为伟大的人物,以便能做出卓越的贡献。

1879年,威尔逊毕业于普林斯顿大学,此后他又在亚特兰大市从事律师业务。1886年,威尔逊获得约翰斯·霍布金斯大学博士学位,并开始了他的学术生涯。当年,他应科内尔大学不赖恩·莫尔学院的邀请作了关于"行政学研究"的报告,后经修改于1887年在《政治学季刊》发表。威尔逊在该篇文章中强调,政治学不仅应该研究国家性质、主权内容、政府机构等理论,还应注意研究法律实施与政策执行等问题,因而行政学应当从传统政治学中分离出来,成为一门独立的学科。在他看来,行政观念和实践合法化的最佳途径是必须符合科学的精神和理性的事务程序,因为它们将会使行政管理表现为一种对社会的服务,而不是国家所强加的一种事物。为此,威尔逊进而提出,行政学"将力求使政府不走弯路,使政府专心处理公务、减少闲杂事务,加强和纯洁政府的组织机构,为政府的尽职尽责带来名誉”①。文章还讨论了民主国家的特征与问题、政府权限的运用、首创精神的发挥、行政责任的保证，以及文官培养等问题。由于该文章观点鲜明，思想犀利，具有说服力，并适应当时美国行政改革的需要，威尔逊由此蜚声政治学界。“行政学研究”一文的发表，是行政学发展的一个起点，它标志着行政学作为一门正式学科的诞生。

1890 年，威尔逊返回普林斯顿大学，任法学和政治学教授。1902—1910 年，他担任普林斯顿大学校长，并卓有成效地对教学进行了一系列改革。威尔逊同 19 世纪与 20 世纪之交的绝大多数美国政治学家形成鲜明的对照，他坚持认为，现代自治应被理解为公民所取得的并在行事时所遵循的一套习惯和道德限制，而不是一套正规的宪法限制。出众的才华、坚韧的品格，以及德高望重的地位，为威尔逊赢得了广泛的支持。1913—1921 年，威尔逊成功地当选为美国第 32、33 届总统，并在改革行政、扩大民主等方面都颇有建树。在其任期内，正值第一次世界大战，他先奉行中立政策，后在加强与协约国关系方面进行了卓有成效的活动。一战结束后，威尔逊积极筹办国际联盟，意图以此作为维护国际和平、建立美国霸主地位的机构。然而，事与愿违，他的外交政策并没有得到国会的支持。美国最终拒绝加入国际联盟的结果，使威尔逊处境甚为难堪，加之重病缠身，终于 1924 年 2 月 3 日去世。

就像其政治根基在南方一样，威尔逊遵循的思想传统是英国式的，他喜欢英国思想家的有意识的保守传统。威尔逊敬佩的政治家是保守党人和曼彻斯特经济学派的伯克、格拉德斯通和科布登，他敬佩的思想家是沃尔特、巴奇霍特和《民族》杂志社的从英国移居美国的 E·L·戈登金。对于美国的民主传统，他喜欢其中与英国传统的大致相似之处。因此，在其部分受白哲特激发而作的第一部著作《国会政府：美国政治研究》中，他认为内阁政府代表着一种统一的政府结构，这种结构可用以克服基本独立的国会诸委员会和小组委员会这样一种体制所固有的统治分散现象。此外，在这种体制中，按宪法选出的伟大而高尚的政治家们，对公众的利益怀有积极主动的热情，以字斟句酌的辞藻对重大问题展开辩论。威尔逊将美国体制与内阁体制的政府进行广泛比较，最终得出了不赞同美国

① 威尔逊：“行政学研究”，转引自彭和平、竹立家等编译的《国外公共行政理论精选》，中共中央党校出版社 1997 年版。“行政学研究”的中文译文也可参见竺乾威主译的、由斯蒂尔曼主编的《公共行政学：概念与案例》一书，这本书由中国人民大学出版社 2004 年出版。

国会体制的结论。

威尔逊是一位信奉达尔文的进化论和斯宾塞的有机体学说的保守党人，他毫无保留地赞成发展的必要性，强调政治方面的成长就像有机体发育成长一样，是一个缓慢的过程，有其自然的不慌不忙的发展速度，并且认为现代国家就是从早期、更加原始的社会组织通过物竞天择演变而来的。因而，他在1889年出版的第二部著作《国家》中阐明了达尔文的社会变迁是一个逐渐进化过程的观点，认为在政治上试图推行任何激进的新东西都会有危险。他写道："除非通过缓慢的发展过程，悉心适应而且对发展进行合适的修改，否则不会达到任何有意义的结果。"虽然按照20世纪的标准，他的这本书既没有使用行为主义的方法进行研究，也不是以直接观察外国制度为基础，但他的比较研究却是从德国行政法借鉴而来的，具有开创性的意义。在美国，威尔逊的《国家》是最早的关于比较政府的著作之一，对西方比较行政学的发展具有深远的影响。

部分受1898年对西班牙战争之后出现的爱国主义狂潮的激励，部分受西奥多·罗斯福总统留任期间生机勃勃景象的鼓舞，威尔逊将其注意力从国会和立法领导转移至行政和总统领导的实践。在其最后一部著作《美国的宪法政府》中，威尔逊认为，美国的立宪主义见之于国家实力的增长，而不是见之于对《宪法》的严格的法律解释。宪法的弹性表现在司法系统之中，后者能成为国家范围内各种商务力量增长的共鸣板。这一时期，他摒弃了总统制下的政府由于受到宪法体制和政党斗争的限制而变得毫无效率的观点，并且对强硬人物出任总统抱着积极乐观的态度。为此，威尔逊果断预言：总统，国家权力和统一的主要象征，将日益成为大众政治灵感的贮藏所。

威尔逊是行政学的奠基人，对现代行政学的发展起到了至关重要的作用。他关于政治与行政分离的观点的提出，开创了一个新的研究领域——行政学，并标志着行政学这门独立学科的正式产生。在行政学作为一门有别于历史学、伦理学和政治学的独立学科的发展中，威尔逊也做出了巨大的贡献。除此之外，他的著作还是沟通19世纪和20世纪行政学演变的桥梁。威尔逊对政治学、行政学，尤其是政府制度、民主理论和外交政策均有显著贡献。他的主要著作有：《国会政府：美国政治研究》(1885年)、《论国家的历史与实践的政治因素》(1889年)、《分裂与联合》(1893年)、《美国人民史》(1902年)、《美国的宪法政府》(1908年)和《新自由》(1913年)。

第二节 现代行政学理论

一、行政学研究的基本概念

1. 行政学产生的背景

西方古代思想家对行政问题曾经有过不少论述和研究,但是他们对行政学的研究都没有形成一个严格的理论体系,而往往包含于伦理学、政治学之中。随着民族国家和中央集权体制的形成,行政活动趋向高效与合理化就成为一个迫切的问题,在此情况下,行政研究开始萌芽。"行政学"一词,最早由德国学者劳伦斯·冯·施塔因于1865年在其著作《行政学》一书中提出。施塔因认为19世纪应当是行政学的世纪,他想建立一门有关国家行政的真正的社会科学。不过,这时行政研究与法学、政治学、社会学都融合交汇在一起,没有成为一门独立的学科。因而,在19世纪上半叶以前,作为一门研究政府行政管理活动的学科,行政学并没有得到人们的重视。正如威尔逊指出的,"直到本世纪已经度过它的最初的青春时期,并且已经开始长出独具特色的系统知识之花的时候,才有人将行政机关作为政府科学的一个分支系统地进行论述"①。这是因为,其一,许多政治学者认为,行政管理并不是一种理论,而只是"实用性的细节",只要政治理论上取得一致之后,行政仅仅由一般的管理人员就能够执行;其二,在此之前政府的职能相对简单,政治学研究几乎全部集中在政府结构上面,而结构问题就成了吸引人们思考的焦点。因此,行政管理的问题很少为人所重视,至少没有引起行政官员的注意。

19世纪晚期,资本主义已经进入上升阶段,随着经济和社会的快速发展,社会公共事务日益增多,政府的职能也不断扩大,逐渐变得更加复杂化和专门化。正如威尔逊所指出的,"政府的职能日益变得更加复杂和更加困难,在数量上也同样大大增加。行政管理部门将手伸向每一处地方以执行新的任务"②。在这种情形下,将行政学发展成为一门独立学科的想法自然而然地应

① 威尔逊:"行政学研究",转引自彭和平、竹立家等编译的《国外公共行政理论精选》,中共中央党校出版社1997年版。

② 同上。

运而生。威尔逊于1887年在《政治学季刊》上发表了“行政学研究”一文，提出现实的发展要求行政研究应具有自己的资金、队伍、出版物和社会地位。因为现代的“政府如同一个身强力壮的小伙子一样，其机能已经得到发展、身材已经长大，但在动作方面却变得笨拙了。其精力和年龄的增长，都已和其所具有的生活技能不相适应。它得到了力量，却不具备相应的行为。因此，跟欧美诸国相比，虽然我们在机构发展的顺利和健康状况方面的优越性是很大的，但我们现在却面临着需要进行更加仔细的行政调整和需要具有更加丰富的行政知识的时刻”①。威尔逊主张行政学应着重研究欧美国家体制的差别，建立政治中立、技术专业、工作高效的文官体制。为了达到这一目的，就必须对政府系统进行合理和科学的分析和研究。

19世纪末20世纪初，行政学的产生是与时代的要求分不开的，它是现代社会社会、经济和文化发展的产物。工业革命带来了社会化大生产和科学技术的进步，为行政学的产生奠定了物质基础；行政管理的实践为行政学的产生提供了有益的经验材料；政治学、法学、经济学的发展则为行政学的建立提供了必要的理论基础。随着国家经济和社会事务的发展以及政府职能的扩大，政府的行政管理工作迫切需要科学理论的指导，以加强和纯洁政府的组织机构，提高政府的工作效率。这就是威尔逊认为“这就是当前必须认真和系统地调整行政工作使之适合于仔细试验过的政策标准。我们正在产生一种前所未有的行政科学”②的根本原因。

2. 政治与行政的两分

威尔逊“政治与行政两分法”的思想主要受益于德国政治学家布隆赤里。布隆赤里认为，政治是在重大而且带普遍性的事项方面的国家活动，而另一方面，行政管理则是国家在个别和细微事项方面的活动。因此，政治属政治家的特殊活动范围，而行政管理则是技术性职员的事情。对于这一观点，威尔逊极为赞同，他明确指出“行政管理的领域是一种事务性的领域，它与政治领域的那种混乱和冲突相距甚远。在大多数问题上，它甚至与宪法研究方面那种争议甚多的场面也迥然不同”③。从历史的角度来看，政治与行政的分离不仅是政治学研究的最新成果，而且在很大程度上体现了资本主义经济发展的必然要求。在威尔逊所处的时代，美国经济飞速发展，国际影响迅速扩大。与此同

① 威尔逊：“行政学研究”，转引自彭和平、竹立家等编译的《国外公共行政理论精选》，中共中央党校出版社1997年版。
② 同上。
③ 同上。

时,政府的机构和职能日益复杂,在数量上前所未有地增加,行政管理的范围也不断扩大。“而这一切,正如我所说过的那样,还仅仅是正向政府机构敞开着许多大门中的一小部分。”①在这种情况下,威尔逊认为行政与政治的分离已经是现代社会生活中不言而喻的事实。

行政学脱胎于政治学,但这两者研究的内容、观察的角度以及涉及的领域均有所不同。在威尔逊看来,政治学主要研究国家的性质、政府的“构成方式”、主权的本质和地位、政治权力、政治制度等有关国家的根本制度的基本理论;行政学则侧重于研究政府的具体行政管理过程,它主要运用政治学的基本原理研究政府组织、政府行为等行政现象,研究如何设置合理的组织体系、如何确定正确的组织目标和如何有效地达到目标。不难发现,与政治学关注社会价值、社会公正不同,行政学主要是具体化、技术性和应用性的研究。所以,“行政管理的问题并不是政治问题,虽然行政管理的任务是由政治加以确定的,但政治却无需自找麻烦地去操纵行政管理机构”②。正是在这个意义上,威尔逊才反复强调政治与行政的显著区别,并认为行政学已开始与政治学相分离,正在成长为一门独立的学科。

二、行政学研究的目标与方法

1. 研究目标

19 世纪末 20 世纪初,随着资本主义经济的飞速发展,政府的角色逐渐从资本主义初期消极的“守夜人”转变为积极的“管理者”,政府部门也不断趋向结构分散化、功能复杂化和管理集权化。与此相适应,行政学的根本任务就围绕怎样“促使政府管理变得合理化和高效率”而展开。正是基于这种变化,威尔逊在“行政学研究”一文中开门见山地指出:“行政学研究的目标在于了解:首先,政府能够适当地和成功地进行什么工作。其次,政府怎样才能够以尽可能高的效率及在费用或能源方面用尽可能少的成本来完成这些适当的工作。”③在此,威尔逊着重从行政学研究的起点和具体研究内容两个角度对行政学研究的目标作了明确的界定。简而言之,他认为行政学研究的目标主要在于两个方面:其一,如何合理界定政府的权限与职责;其二,如何构建一个

① 威尔逊:“行政学研究”,转引自彭和平、竹立家等编译的《国外公共行政理论精选》,中共中央党校出版社 1997 年版。
② 同上。
③ 同上。

廉价、高效、公正的政府。因此，在威尔逊看来，行政学研究与传统政治学研究在研究目标上已经开始有了根本的不同。

任何一个国家的政府，在从事行政管理活动前，首先要明确其权限、职责和管理范围，政府应该管些什么、不应该管些什么。威尔逊所强调的政府要进行"适当"管理，即是指凡公共事务均应当由政府加以管理，而不是由其他社会组织承担，只有如此，才充分体现出政府工作的适当性；相反，如果政府越俎代庖，统管包揽一切社会事务，或者对本应由政府承担的任务却又不进行管理，这些均为不"适当"。因此，行政学研究的首要目标是弄清楚政府能够"适当"并且成功地承担什么职能，行政学应该以行政职能作为其研究的起点；其次就是要研究政府如何进行管理，才能提高行政效率，成功地完成任务。这些构成了行政学各个部分的具体研究内容①。威尔逊特别强调，作为一门科学，行政学的研究不能仅限于"纯粹技术细节的那种单调内容"，而应对行政管理的各个方面开展理论研究，使行政学的理论既有深度又有广度，形成"行政管理比较高深的理论"，最终"把行政方法从经验性实践的混乱和浪费中拯救出来，并使它们深深植根于稳定的原理之上"②。

2. *主要方法*

正确的研究方法是进行科学研究所必不可少的重要前提条件，行政学研究同样也不例外。在确定行政学研究的目标之后，威尔逊进一步指出行政学应当具有"最适合于这种研究的方法以及对于它最有用的观点"。在现代社会中，由于在与行政管理职能有关的各个方面，一切政府都具有很强的结构方面的相似性。因而，威尔逊认为，行政学研究应该运用历史方法和比较方法对不同政府所共有的行政管理规律进行研究。因为，只有通过纵向的历史研究和横向的比较研究，政府的行政管理工作才能既从过去的经验中汲取营养，同时又能够对自身制度的缺陷保持清醒的认识，从而使现代的政府成为有用和有效率的政府。在这里，他特别提到人们应该"免除这样一种忧虑，即我们有可能会盲目地引进某些与我们的原则不相符的东西……但是，如果有某种符合我们的要求，可以加以利用的外国的发明创造，我们为什么不加以利用呢？……只要我们能够从根本原则上认识其在环境条件方面的全部根本差别，我们就能够安全而且有益地引进他们的行

① 丁煌："威尔逊的行政学思想"，《政治学研究》1998 年第 3 期。

② 威尔逊."行政学研究"，转引自彭和平、竹立家等编译的《国外公共行政理论精选》，中共中央党校出版社 1997 年版。

政科学"①。

(1) 历史研究法。历史研究法,亦称纵向研究法,它着重对以往的行政制度、行政思想、行政文化等进行研究。按照威尔逊的观点,一定的行政总是在一定的历史条件下发生的,不探讨其历史渊源、来龙去脉和条件制约,就不可能有效地说明一定的行政活动和行政关系。历史研究法的目的在于解决政府行政管理的现状及其演变趋向,但它并不是断章取义地分析行政管理的现状,而是系统地研究它们以往的发展及其变迁的原因。历史研究法曾经在政治学研究中扮演重要的角色,威尔逊认为它同样在目前行政学研究中占有重要地位,因为"我们在使用历史研究法时,似乎没有任何领域要比行政学这一领域更为安全的了"②。可见,采取历史的态度和方法是行政学研究的一个不可或缺的前提。

(2) 比较研究法。比较研究法是行政学研究中运用最为普遍,也是最为重要的方法。通过各国政府之间的横向比较,能够区别各国行政的类型和特征,鉴别优劣、取长补短。为此,威尔逊尤其强调比较研究的重要性,他说:"如果不对政府进行比较研究,我们就不能使自己从下面这种误解中解放出来,即认为在民主国家其行政管理跟非民主国家的相比较,是建立在一个根本不同的基础之上的。"③而且,采用比较研究法时需要在完全不同的制度与环境之间进行比较,而不能仅仅对自己进行比较,因为"如果采取拿我们自己跟自己比较的方式,我们就将永远无法了解我们自己的缺点和优点。我们对于自己制度的表现和程序是太习惯了,因而不能够发现它的真正意义"④。此外,威尔逊认为只要将研究行政学作为一种推行政治的手段,就能够避免在学习外国的制度时犯错误。为了更清楚地说明这一点,他进一步地类比道:"如果我看见一个行凶的家伙正在磨刀霍霍,我可以制止他磨刀而不禁止其用刀行凶的本来意向。因此,如果我遇到一位地道的君主把公共机构管理得井井有条,我可以学习他的管理方法而丝毫不改变我的共和党立场。"⑤

① 威尔逊:"行政学研究",转引自彭和平、竹立家等编译的《国外公共行政理论精选》,中共中央党校出版社 1997 年版。
② 同上。
③ 同上。
④ 同上。
⑤ 同上。

三、革新文官制度的思想

19世纪末期，美国国会通过的“彭德尔顿”法案对原有的政党分赃制进行改革，实行“功绩制”的文官制度。威尔逊对此十分关注，他说：“我们的理想模式是通过某种方式建立一个有文化教养和自立精神的文官制度，它完全能够有理智有力量地展开活动，同时与公众的思想保持着密切的联系。这种方式就是选举和经常性的公开协商，它可以彻底排除武断和阶级态度。”①因此，威尔逊认为美国文官制度的改革势在必行，它是社会和经济发展的必然结果。在他看来，美国文官制度的改革需要从以下三个方面着手。

第一，公务人员要公开招聘、择优录取。美国旧式的选官制度是一种“政党分赃制”体制，执政党把官职当作“战利品”分配给本党成员，从而形成了一种“任人唯党、任人唯派、任人唯亲”的选官制度。威尔逊认为，“政党分赃制”忽略了被任用者的文化修养、专业水平、工作成绩等条件，使许多有真才实学的人得不到重用，其结果必然导致政府的行政管理工作政绩低劣、效率低下、官吏腐败。更为重要的是，在这一制度下，政府官员经常随着选举结果的变化或总统人选的更替而大规模地变动，从而使政府的工作无法保持连续性和稳定性。因此，威尔逊敏锐地指出，“为了建立民主制度，必须对文职机关的人员进行竞争性考试，这些人员已为接受技术知识方面的各种形式的考试做了充分的准备。一支在技术上受过训练的文官队伍不久将成为不可缺少的因素”②。

第二，提高政府官员的专业素质。建立一支训练有素、品德纯洁的文官队伍，对于政府行政管理的稳定性和高效率极其关键。威尔逊指出，为了使政府这部机器有效地运转，“我们就必须准备一批更好的官员以充当政府的‘工具’。如果我们要添置新的锅炉并且加大推动我们政府机器的炉火，我们就必须使旧的轮子、接头、阀门和皮带等，在新力量的推动下尽可能不发出嘎吱嘈杂的声音。无论哪里要补充动力或需要进行调整，我们就必须安上新的运转部件”③。在具体谈到政府官员的素质时，威尔逊强调政府官员应该具有良好的态度，即对于他们为之服务的政府政策具有坚定而强烈的忠诚。这种态

① 威尔逊：“行政学研究”，转引自彭和平、竹立家等编译的《国外公共行政理论精选》，中共中央党校出版社1997年版。
② 同上。
③ 同上。

度在各个方面都没有官僚作风的污点。他说:"在任何情况下,我们都必须有一支受过充分训练的、以良好行为进行服务的官员队伍,这显然是一种工作上的需要。"①

第三,克服官僚主义作风。在威尔逊的著作中,官僚阶层是这样一个独特的、准结社性的团体:他们的感情与那种进步而且具有自由思想的人民相去甚远,他们心胸狭窄,充满着乖僻的文牍主义式的卑劣行为。官僚主义不仅使政府的工作效率低下,而且也极大地阻碍了民主制度的发展。因而,威尔逊特别指出,政府官员,尤其是行政领导应该带头克服官僚主义,他认为,"只有当一个国度的全部国家机关与人民、人民领袖以及普通僚属的共同政治生活隔离的时候,官僚主义才有可能生存。官僚主义者的动机、目标、政策和标准必然是官僚主义的。我们规定所有的部长都必须是真正为人民服务的,因而对于在真正为人民服务的部长领导下履行任务的官员,要想指出他们无耻的独断专横的任何实质,看来是很困难的"②。此外,威尔逊还认为,只有端正政府官员的工作态度,使他们所经常感兴趣的是用其才能做最大的努力,用他的良心作最认真的服务,使他们的工作不仅仅是替他的上级效劳,而同时是在为人民服务,这样才能有效地克服官僚主义,提高政府官员的工作质量。

四、公共舆论监督理论

随着资本主义经济的深入发展,现代政府部门的行政集权化趋势日益增强。行政权力的集中,可以使行政部门之间职权明确、责任分明,而且行政领导也容易承担责任、接受监督。但另一方面,随着政府职能和行政权力的不断扩大,对政府实施有效的监督就成为亟须解决的关键问题。威尔逊在其论著中指出,在现代的民主国家中,公共舆论监督已是政府行政职能得以顺利实施和行政权力得以合理控制的重要保证。因此,在他看来,行政集权提高了政府的效率,而公众的舆论监督则在很大程度上防止了权力的滥用,最终使人民的自由和民主权利得到根本保证。概而言之,威尔逊的公共舆论监督理论主要包括以下三方面内容。

首先,公共舆论监督应具有社会权威性。在美国的政治结构中,行政部门

① 威尔逊:"行政学研究",转引自彭和平、竹立家等编译的《国外公共行政理论精选》,中共中央党校出版社 1997 年版。
② 同上。

受到来自立法、司法、政党、社会团体等各个方面的监督，其行政权力同样受到相应的制约。但威尔逊认为，在各种社会监督中，公共舆论的监督应当居于核心地位，具有最高的权威性。他说："在行政管理活动中，群众舆论将起什么作用？准确的答案似乎是：公共舆论将起权威性评判家的作用。"①可见，在日趋复杂的现代社会中，报刊、广播等公共舆论对政府行为的监督不断增强，它们对政府制定和执行公共政策的活动也具有重大影响，西方国家因此称其为"第四权力机关"。

其次，公共舆论监督应具有相对独立性。由于政府部门行政职能的扩大，其行政权力已经渗透到社会的各个层面，公共舆论必然或多或少受到来自政府的影响。对于公共舆论，威尔逊同样保持着冷静的头脑和清醒的认识，他特别强调公共舆论既要学会又要习惯于按照自己的思想采取行动，并且应当处于超然的独立地位。为了保证公众舆论的公正性和权威性，威尔逊深刻地指出，"在我们这里，公共舆论已经广泛觉醒并且特别注意无论如何都要按自己的方式行事"②。如果公共舆论丧失独立地位和批评精神，那么其对政府的监督也就没有任何真正的意义。

最后，公共舆论监督应具有高度的有效性和适当性。公共舆论监督主要是对政策的制定和执行进行监督，而不是事无巨细、一应俱全。在这里，威尔逊正确地阐明，"当公众评论直接关注政府的日常琐事和政府对日常工作方法的选择时，它当然会像是一个笨拙讨厌的家伙，像是一个乡下人在操纵一部难以驾驭的机器。但是无论是在政治还是在行政方面，为了对制定基本政策的更为巨大的力量进行监督，公众的批评则是完全安全而且有益的，是完全不可缺少的"③。因而，尽管公共舆论监督对于增强政府的责任感、防止官员腐败是必不可少的，但它却存在一定的限度，不能干涉到政府正常的运作。

第三节　分析与评价

在资本主义之前的社会中，社会生产力低下，政府管理活动的目标比较

① 威尔逊："行政学研究"，转引自彭和平、竹立家等编译的《国外公共行政理论精选》，中共中央党校出版社 1997 年版。
② 同上。
③ 同上。

简单，仅仅限于维护政令这一类事情。与此相适应，政府管理组织或者机构也相对简单和弱小，并且经常跟那些为其他目标而设立的机构或组织没有完全区分开来。资本主义发展初期，国家奉行消极主义和放任主义政策，政府职能也十分有限，其任务主要是保护个人财产、维持社会秩序和保卫国家安全。到了19世纪末期，资本主义由自由竞争向垄断过渡。在这一阶段，为了适应资本主义社会发展的需要，政府开始转变过去那种消极、被动的角色，积极干预国家经济生活，从而使得国家政府职能不断增多、行政权力日益扩大、政府过程更加专门化和复杂化，从事行政活动的那些政府机构——被称为委员会、部、局、处等名目也开始变得庞大而复杂起来，并有了高度的分工。在这一情况下，原有的政府管理方法已经不能适应社会发展的要求，需要有一门理论来指导国家的行政管理活动，以使政府稳定、高效地履行其职能和完成其使命。

威尔逊敏锐地观察到了现代社会、经济以及政府活动的变化，认为行政学应当与政治学相分离是时代的要求，必须建立一门独立的行政科学以纯洁政府的机构、提高政府的工作效率，最终使政府管理合理化和科学化。为此，他指出，到19世纪为止，在对于政府事务的研究上，主要关心的不外是政治哲学、宪法调整和法律制定等事项，但是经济与社会生活的日趋复杂化和随之而来的政府规模与活动的扩大，使得工作重点不得不发生改变。因而，在行政学发展的历史上，威尔逊第一次明确提出建立一门研究政府系统活动的学科——行政科学，并初步勾勒了进行行政学研究的目标、任务和方法，从而在理论上将行政学与政治学加以区分。在威尔逊之后，许多学者开始关注并致力于行政学的研究，他们逐渐把行政学发展成为一门系统、完整、独立的理论体系。虽然威尔逊有关行政学研究的思想并不系统和完整，而且他提出的政治与行政两分的观点也存在着理论上的缺陷（政治与行政两分法后来受到保罗·阿普雷、赫伯特·西蒙，以及罗伯特·达尔等学者的抨击），但是他对于行政学的建立和发展却是功不可没的。威尔逊是行政学的开创者，他对于行政学的贡献主要在于以下几个方面。

第一，他最早主张建立一门独立的行政科学，开启了行政学的研究。在威尔逊之前，有些学者就曾经提出建立行政学的设想，但是他们基本上都囿于传统政治学的范围，而没有将行政学作为一门独立的学科加以研究。1887年，威尔逊在《政治学季刊》上发表的"行政学研究"一文，第一次提出应当把行政学当作一门独立的学科来研究，并对行政学研究的目标、范围和方法进行了明确的界定。他认为，虽然行政学曾经是政治学的一个组成部分，并且在研究内容和方法上也与政治学紧密相连，但是随着现代政府的机构和职能的不断复杂化，研究政府系统运作的行政科学逐渐从政治学的母体中分离，开始成长为一门独立的学科。同时，他也指出，行政学不应仅仅局限于纯粹事务性的经验研究，而是应该具有稳定的原则和规范的理论。威尔逊的这篇文章首开行政学理论研究之先河，他提出的现代行政学理论，标志着行政学的正式产生，他也由此被誉为"行政学的先驱"。因而，在回顾行政学发展史的时候，美国著名行政学家德怀特·沃尔多指出，"的确，在历史上找不出公共行政学的'经历'正式开始的准确时间来。可是，当时还很年轻的威尔逊(1887)所写的一篇文章却经常被人们当作公共行政学象征性的起点。毫无疑问，这是一篇无论在其洞察力、说服力和所产生的影响方面都很卓越的文章"①。

第二，他提出的政治与行政分离的思想为现代文官制度奠定了理论基础。传统文官制度是建立在政治—行政一体学说的基础之上的，其显著特征表现为一种政党分赃的体制。在这一制度下，官职并非是一种专业的、稳定的职务，而只是作为执政党的"战利品"任意分配给本党党徒，政府的行政人员也经常随着执政党的变动而大规模地更替。"政党分赃制"一方面导致了任人唯亲、效率低下、官吏腐败的现象层出不穷；另一方面，由于政府官僚与政治家共进退，这必然经常使政府的工作陷于混乱和不稳定之中。基于此种情况，威尔逊认为，从理论上来讲，政治与行政应该相互分离，政治追求的目标在于民主，行政追求的目标在于效率；政治是经选举产生的政治家的活动，行政则是技术官僚们的管理工作。显而易见，他的政治与行政相分离的理论设计了这样一种理想的模式，即政治家参加选举、制定公共政策，而行政官僚只负责执行政策、在政治上保持中立。政治家根据选举的结果决定去留，行政官僚则成为一种终身性的职业。因而，威尔逊政治与行政两分的学说为建立现代文官制度奠定了坚实的理论基础，它不仅有力地批判了"政党分赃制"的种种弊端，而且成为行政学学术研究的巨大推动力(这种研究参考了企业中类似的科学管理活动)。

第三，他深刻揭示出公共舆论在监督现代政府管理方面的重要作用，并为公共舆论监督构建了一系列的运作原则。现代政府部门的行政集权化趋势，一方面明确了行政部门之间的职权与责任，从而大大提高政府的工作效率；但另一方面，它也必然使得对政府的监督成为必要。针对这一情况，威尔逊说：

① 德怀特·沃尔多："公共行政学"，载《社会科学国际百科全书》第13卷，1988年版，转引自R·G·斯蒂尔曼《公共行政学》，中国社会科学出版社1988年版。

“这问题便是公共舆论与行政管理之间的正常关系。”①因为,随着政府职能和行政权力的不断扩大,对政府实施必要的监督就显得越来越迫切。公共舆论是一种独立的政治力量,虽然它不能控制政府的实际活动,但它对政府制定和执行公共政策都具有重大影响,从而对政府的所作所为施加限制。因而,威尔逊指出,公共舆论监督在有效地防止行政权力的滥用的同时,还在很大程度上保证了社会的公正与民主。在这里,他正确地阐明了,作为一种监督机制,公共舆论不但是有益的而且是必不可少的。在谈到公共舆论监督的原则时,他又特别强调,公共舆论在监督政府行政方面,既要具有社会权威性,又要保持必要的独立性和适当性。威尔逊关于公共舆论监督的思想,无论是在西方行政学领域还是在现实的政府活动中都产生了深远的影响。正如他所预料的那样,在日趋复杂的现代社会中,公共舆论监督政府行政的作用和功能日益增强,报刊、广播、电视等新闻媒体已经成为与立法、司法、行政机关并立的“第四权力机关”。

思考题

1. 简述现代行政学产生的历史背景。
2. 试评议政治—行政两分法的合理性与不当之处。
3. 威尔逊的《行政学研究》从哪些方面奠定了现代行政学理论的基础?

① 威尔逊:“行政学研究”,转引自彭和平、竹立家等编译的《国外公共行政理论精选》,中共中央党校出版社 1997 年版。

第二章　泰罗的科学管理理论

第一节　生平与著作

弗雷德里克·泰罗(Frederick Taylor)于1856年3月诞生在美国费城一个具有深厚的文化气息和宗教传统的家庭。他的父亲弗兰克信奉英国贵格教,母亲艾米莉是英国清教徒。弗兰克获得过普林斯顿大学的学士和硕士学位,是费城的执业律师,但他不怎么热衷于自己的专业,却对文学和历史大感兴趣。他不是孩子心目中的那种具有进取心的父亲,而泰罗的母亲显然对孩子产生了巨大的影响。艾米莉的性格反映了她的清教徒背景,这一背景确立了一种探询、不满和反抗的精神,一种追求新观点以及使新观点盛行的热情,它为"泰罗的一生做了不寻常的准备,使他具备了寻求真理的执著精神、观察核对事实的强烈欲望以及清教徒式的根除浪费和懒散弊病的热忱"①。

泰罗小时喜欢游戏和运动,赛艇、垒球、滑雪、平衡木等都是他喜欢的。他曾是美国青年板球俱乐部的成员和网球运动员。除了运动,他还喜欢音乐,在合唱团唱男高音,并小有名气。不过,泰罗的兴趣在机械发明上,甚至在玩的时候,也不忘记这种追求,例如他曾发明过一个调羹型的网球拍柄。

泰罗作为一个学生与其说很出色,不如说很勤奋,成绩通常也不错。16岁时他进入埃克塞特学院准备修法律。尽管在教堂里看闲书和有次考试作弊表明他具有一些反叛精神,他学习努力,成绩优良。不过,在埃克塞特的学业快结束时,他患了眼疾。父母认为这是长时期在煤油灯下苦读的结果。这样,尽管泰罗打算学法律并通过了哈佛的入学考试,他最终还是决定不去,转而去费城的一家水泵工厂当学徒,在那里一干就是四年。"学徒期间的生活十分

① 丹尼尔·雷恩:《管理思想的演变》,中国社会科学出版社1988年版。

艰苦,过着苦行僧般的生活。泰罗把他的成就归功于‘性格’。对泰罗来说,这就是控制自己和自己身心的能力……首先是做那些令人不愉快的事情的能力。他早期之所以对自我控制、对性格和对那些甚至令人讨厌和枯燥无味的工作表示关切,是因为这些事能培养人,而这些向人们解释了他后来对纪律和追求最好的办法的关心。”①

在水泵工厂干了几年之后,泰罗到米德维尔钢铁厂当了一名普通工人。这一选择被证明是幸运的。作为一名工人,他同其他工人打成一片,对工人有了较深的了解。泰罗在该厂得到了迅速的提升。在短短的六年时间里,他从一名普通工人逐步被提升为职员、机工、机工班长、车间工长、负责全厂设备修理和保养的总技师,并最后升为总工程师。在他进入管理层后,“他的外表和作风发生了极大的变化。他首先忠于管理层,然后对原有的积极性加刺激性的管理方法进行了攻击。泰罗的监督风格本质上是专制的,以致与同事的关系极差”②。对原有管理体制的批评导致了后来被称之为科学管理的两项重要的构成——工时(时间—动作)研究和计件工资制的产生。

在米德维尔钢铁厂,泰罗有空就研究机械。他知道自己在这方面未受过教育,便参加了新泽西州霍博卡的史蒂文斯技术学院业余学习班,不上课,只参加考试。1883年,他获得该学院的机械工程学位。他后来还雇用了一些出色的数学家来帮助他并教他统计的基本方法,以弥补他在数学和统计方面的缺陷。1886年,他加入了美国机械工程学会,这一学会后来成了他推广其科学管理法的公共讲台,泰罗后来担任了该学会的主席。

1890年他告别了在米德维尔的成功生涯,进入了他一生中或许是最困难的时期。1893年,他成了一名咨询工程师,在许多工厂介绍多种科学管理的内容。1895年,泰罗向美国机械工程师们提交了第一份主题为“按件计酬系统”的报告,虽然这一报告涉及一种新的工资刺激计划,但泰罗在报告中更为关心的是管理系统,而不是在管理系统中体现出来的这一计划。

1898年,泰罗在伯利恒钢铁公司谋到一个职位。在伯利恒钢铁公司,他建立了一个生产管理和功能监督系统,它融合了科学管理的许多基本思想。1910年离开伯利恒钢铁公司后,泰罗将全身精力都投向了推进科学管理。1911年,他发表了《科学管理的原理》,这本书奠定了他科学管理之父的地位。在随后的年代里,以“泰罗”名义出现的效率运动席卷美国大地。

① 丹尼尔·雷恩:《管理思想的演变》,中国社会科学出版社1988年版。
② 布雷恩·福莱:《通晓公共行政》,切特汉姆·豪斯出版社1989年版。

列宁曾对泰罗制作过如下的评价:“资本主义在这方面的最新发明——泰罗制——也同资本主义其他一切进步的东西一样,有两个方面。一方面是资产阶级剥削的最巧妙的残酷手段,另一方面是一系列的最丰富的科学成就,即按科学来分析人在劳动中的机械动作,省去多余的笨拙的动作,制定最精确的工作方法,实行最完善的计算和监督等。应该在俄国研究和传授泰罗制,有系统地试行这种制度并使之适应下来。苏维埃共和国在这方面无论如何要采用科学和技术上一切宝贵的成就。”①列宁号召苏维埃政权当前的任务是必须采取和试行计件工资制,采用泰罗制中许多合乎科学的进步的方法。

泰罗于1915年去世。他的坟墓位于一座仅能俯视费城钢铁厂的烟囱的小山上,墓碑上写着“科学管理之父弗雷德里克・泰罗”。

第二节　科学管理理论

泰罗认为其时代的一个基本的社会问题是无效。泰罗在《科学管理的原理》一书中开宗明义地指出写此书的目的:第一,通过一系列管理的例证,指出由于我们同事的几乎所有行为的低效能,使全国遭受到巨大的损害。第二,试图说服读者,补救低效能的办法在于系统化管理,不在于收罗某些独特的和非凡的人。第三,论证最佳的管理是一门实在的科学,其基础建立在明确规定的法律条例和原则上,并进一步表明,科学管理的根本原理适用于人的一切行为,包括组织行为。泰罗的科学管理研究最先起因于对工人中一个普遍现象的关注,即他所说的偷懒和磨洋工。在泰罗看来,造成这一现象的原因有三:第一,工人中的一种信念,即如果用最佳速度干活,那么他们对全行业来说做了件不公正的事,因为他们使一部分工人失业,即产量的提高会导致部分工人失业。第二,管理制度有缺陷,这一制度使得每个工人为了保护他的利益而磨洋工。第三,工作方法不行,各行各业几乎仍在沿用单凭经验行事的低效办法,使工人浪费了其大部分劳动。

泰罗认为首先该打消工人的这一信念,即“工人大量增加产量对工人不利”,并指出这一想法是错误的。他认为,只要对任何一个行业进行一下调查研究,就可得出相反的结论,而无论由于什么原因使工人的产量增加,从来都

① 《列宁选集》第三卷,人民出版社1973年版。

不会导致这个行业工人的减少。工人产量的增加并不会产生解雇工人的长期作用,相反会增加工人的就业机会。泰罗以1840年左右发生的英国曼彻斯特织布工人因动力织布机的出现,担心因此失业而打烂织布机、焚烧厂房为例,指出半个多世纪后,曼彻斯特织布工人每天生产的棉布长度比手工织布机增长了8—10倍,织布工人从5 000人增加到265 000人。泰罗进一步指出,由于机器导致大量生产,使得以前只有中产阶级才能享用的棉布衬衫和衣服成为各阶级的日常必需品,而这个伟大的成果主要是由被1840年织布工人顽强反对的大量增加产量所带来的。泰罗希望以此来打消工人中普遍流行的一种"增加产量就会失业"的心理,并指出这一心理是工人一方生产效率低下的原因。正如我们将在后面看到的,泰罗的分析未涉及资方和劳方的雇佣关系,以及某种程度的剥削与被剥削关系,这是他分析的一个缺陷所在。

但是,泰罗对管理方作了更为严厉的批评,认为管理层应当对问题的9/10负责。管理层既缺少构成每日工作的知识,也在管理实践上表现出工作无效。管理层应当负首要的责任,因为管理层对此的无视和工作无效鼓励了工人方面的有系统的偷懒。

如果说,解决偷懒现象是产生泰罗科学管理思想以及泰罗制的一个比较直接的原因的话,那么另一个更一般的原因在于19世纪最后数十年中美国工业出现的资金积累现象和技术的发展,"随着资金的积累和技术的发展,发展、组织、控制和管理利用这些大量的资金的拙劣方式便成为阻碍提高工业生产率的主要障碍。劳动高度专业化了,而标准化的生产方法和程序都没有制定,而且对工业的协调化、一体化以及系统化也没有予以强调"①。

泰罗在指出新的管理体制之前,首先对以往通行的传统模式作了批评。他把传统模式称为"积极性加刺激性"的管理,或任务管理。在这种管理体制下,工人发挥最大限度的积极性,作为回报,则从他们的雇主那里取得某些特殊的刺激。泰罗认为,传统的管理方式(采用一种监督的方法和刺激系统)因生产率提高而支付率较低导致无效,甚至在以往最好的管理实践下——有积极性的激励管理——泰罗也认为将过多的责任放到了工人一边,而将太少的责任赋予了资方一面。在传统的管理模式中,一个工人只是被简单地雇来,并被打发去干一些具体的工作,而管理层不对他们作任何指示和指导,结果常常导致无效率。工人通常凭个人经验干活,因为他们不可能知道怎样做才能最好地去完成分配给他们的任务。泰罗把这种积极性加刺激性的管理描述为一

① 丹尼尔·雷恩:《管理思想的演变》,中国社会科学出版社1988年版。

种"懒汉管理者哲学"，在这当中，管理层逃避了其进行工作分配这一首要责任。

为了纠正这些无效，泰罗提出一种方法，它体现在剧烈地改变管理层和工人的责任区分上，即管理层承担责任的大部分，并为科学地寻找最好的组织方法承担最主要的责任。

泰罗认为，有两种工人：头等工人和二等工人。头等工人指有能力并乐意有效地工作的工人。泰罗认为，在某种情况下，几乎每个人都是头等工人。相比之下，二等工人在体力上能胜任工作，但因懒而不干。泰罗对这类人毫无耐心和同情，正如他指出的，科学管理对于一个"能唱歌而不唱的鸟"没有任何顾及的余地。发现并培养头等工人，将其安置在适当的岗位上，全心全意向他们提供良好的工作条件，向他们介绍一些完成其工作的最好的方法——这是管理层的责任。

所有这些必须建立在科学管理的基础之上，泰罗的目标是通过寻找和合作，将知识系统化，并通过观察、比较和抽象来推断出一般的管理规律。这一科学努力集中在两个试验上——机器的控制和操作，以及人的行动的标准化，使人像机器那样可预测并有效。

虽然泰罗认为利用工人完成其任务的有关知识是可取和必要的，但他并不认为工人自己能确立一种管理的科学。相反，泰罗将确立一种所需的科学和计划的工作赋予了管理方。换言之，管理方在期望工人工作有效之前，必须首先使自己工作有效。一旦发现了一些适当的方法，工人只需照干就行了。虽然权威是通过科学规律的展示而非表达一种武断的规则得到执行的，但是，科学管理是通过强化方法的标准化、强化最好的执行方法以及强化管理层与工人的合作而得到贯彻的。

泰罗在其著名的科学管理原则中总结了他的这一方法①：

（1）建立一种管理科学，对工人操作的每个动作进行科学研究，用以代替老的单凭经验办事的办法。

（2）科学地挑选和培训工人。

（3）将科学与工人结合起来，以保证一切工作都按照已确立起来的科学原则来办。

（4）均分资方和工人之间的工作和职责。

这样，在科学管理下，科学将代替凭经验行事的方法；一致将代替不和；合作

① 弗雷德里克·泰罗：《科学管理的原理》，中国社会科学出版社1984年版。

将代替个人至上;最大化产出将代替有限的产出,每个人都将其效率发挥到极致。

当然,在泰罗看来,“构成科学管理的不是任何一个因素,而是多种因素组成的整体。科学管理可以简单概括为它是科学,而不是单凭经验办事的办法;它提倡合作,而不是不和;它要求最大的产出,而不是受限制的产出。它培养每个人发挥他的最大效能和获得最多的财富”①。

泰罗将一生大部分时间贡献给了对这种管理科学的追求。在这一追求中,他在机器生产、组织环境以及组织成员方面有不少发现和发明,例如机械装置、成本会计技术、购买与储存方法、工具标准化、工具房的重新构造等。这里我们集中介绍同他的科学管理相关的三个研究,即:工时(即时间与动作)研究;工资刺激系统;职能性组织。

一、工时研究

泰罗给工时研究所下的定义是:“工时研究,顾名思义,就是对完成一件工作应该用的时间进行精心的研究……(而不是)对完成工作的实际时间进行研究,仅仅研究对一个工人完成一件规定任务的时间作出统计,这并不是工时研究。”这表明泰罗是“利用工时研究来分析问题而不仅仅是对问题作描述,即用资料来研究未来,而不是研究过去”②。正如前面指出的,泰罗认为,无效的基本原因是管理方无视完成一项工作所需的时间,这一无视在工人方面导致了他们的偷懒。与此相应,科学管理的首要任务是为工作确定一些恰当的标准,这些标准建立在对这些任务科学的调查之上。这样,这一企图不在于衡量一般工人的实际表现,而在于决定一个头等工人在运用了科学确定的技术后能干什么。

在这些调查研究中,首要的分析工具是时间—动作研究。这一研究中采用的一般程序旨在将一些物理活动进行分解,指出每一组就部分的动作而言是最佳的惯例,然后发现将这些部分重新组合成更复杂工作的最有效的方法。具体来说,时间—动作研究包括如下几个步骤:

(1) 向工人提供需要的工具,这些工具被恰当地安置好。

(2) 分析任务,并将其分解成一些最小单位。

(3) 发现并取消一些无用的动作。

① 弗雷德里克·泰罗:《科学管理的原理》,中国社会科学出版社1984年版。

② 丹尼尔·雷恩:《管理思想的演变》,中国社会科学出版社1988年版。

（4）用秒表记录一个有技术的工人的操作。这里的目标是发现每一基本动作的最快和最好的方法。这种研究是在一系列身体活动的“原则”的指导下进行的。例如，两手应当同时开始并完成其动作；除了休息，双手不应该闲着；手臂应以相反和对称的方向进行动作，并应同时进行。

（5）以适当的序列组合任务的一些基本动作，最大限度地扩大对整个任务的操作。

（6）描述任务操作的具体方法，记录并确定完成任务所需的时间。

（7）准许所有不可避免的拖延。泰罗认为，实际的工作时间应加上20%—27%的允许的不可避免的拖延。

（8）应该有时间让新雇员学习。

（9）要有休息，以使工人消除疲劳。

这样，时间—动作研究是任务性质的。就完成任务所需的能力、速度和耐力而言，由于没有两个人会以同样的速度干活，因此，操作标准应该设定在头等工人和二等工人中间。随着工人逐渐熟悉系统，标准逐步提高。

一旦进行基本的时间—动作研究，在训练其他工人方面就使用包括有关程序的指示卡。这一指示卡的内容非常详尽，例如车床的操作包括183个步骤，所有这些都在具体指出的方式下完成。泰罗建议的程序是选择一个工人，使他在新的支付率的系统下工作。当其吸引力变得明显的时候，则希望其他工人到时自动加入。

虽然泰罗寻找到一种最好的干各种体力活的方法，但他从未声称时间—动作研究是一门科学。相反，他感到与人有关的“规律”比起与事有关的“规律”相对有更大的变量。事实上，在寻找最佳的同时，他对足够好已经是很满意了。这样，通过时间—动作研究建立起来的标准是有条件地被接受的。不过，这些标准不能改变，除非发现一种新的操作方法。随着生产率的提高，需要防止标准的改变。泰罗认为，这种改变会随着工人生产率的提高而促使工人的实际报酬降低，因而会抵消积极性。当然，窍门是首先确立正确的标准，然后坚持下去。

二、工资刺激系统

泰罗指出，任务和奖金构成了科学管理结构上的两个最重要的因素①。

① 弗雷德里克·泰罗：《科学管理的原理》，中国社会科学出版社1984年版。

泰罗的刺激系统的一个显著特点是通过时间与动作的研究，事先确定工作表现的标准，这使得泰罗认为奖励的实际方法——不管是计时还是计件——相对就不那么重要。在泰罗看来，就工人而言，特殊的刺激，诸如较高的工资、较短的工作时间、较好的工作条件以及个人的奖励（建立在表现之上）使得具体的支付方法变得相对不怎么重要。

泰罗基本的刺激方法是，首先，给工人一个有明确指示的确定的任务，以及每一个工作因素确定的时间标准。当完成时，对于在规定时间内完成的给予超过一般的工资。如超过了规定时间，则给一般工资。正如我们看到的，泰罗感到以往刺激系统的失败主要在于从来就没有明确的完成动作所需时间的概念。这样，标准要么建立在实际的动作之上，要么随着生产率提高而提高标准，这样就鼓励了工人的偷懒。这一点也来自泰罗自身的经验。泰罗曾对工人采取过严厉的管理手段，通过降低工资率致使工人加重劳动而报酬不变。工人的反应是捣毁机器和造成机器故障。这一经历使他在今后制定了许多反对降低工资率的规定。事实上，这只是调节劳资关系的一种手段和方法。

泰罗反对收入分享计划。这一计划是，当在较短的时间内和以较少的代价完成工作时，所获得利润按确定的比率在资方和劳方之间分享。泰罗认为，这一计划在不确定客观的工作方面只是分享了一种共同的失败。在他看来，这些计划之所以不行，在于没有认识到每一个工人的个人贡献。此外，工作与奖励之间的脱节使得这一计划难以鼓励工人提高生产率。泰罗因而用差别工资制来取代“利益均沾”制度，将刺激建立在工作表现的事先确定的标准上，对每一个工人在个人基础上奖励，奖励当即（每日）兑现。

尽管泰罗认为具体的支付方式或制度相对不重要，但总的来说支持其在米德维尔钢铁厂时设计的差别工资制。在这一制度中，工人接到明确的任务，并有完成任务的确定时间。在泰罗看来，工作分配很难，以致只有头等工人在一个确定的时间里才能完成。如果工人没在确定的时间里完成任务，或工作得不称心，那么支付比率就低于通常一天的支付水平。这一基本比率由分析家根据劳动力市场相同的工作来确定。

如果在规定时间内完成，且质量好，那么就可得到基本支付的30%—100%的奖金（视工作不同）。如通常在车间工作，奖金是基本支付的30%；体力强度高的劳动，奖金是基本支付的50%—60%；需要特殊技术的工作，奖金是基本支付的70%—80%；既需体力又需技术的工作，奖金是基本支付的80%—100%。泰罗不同意给工人支付太多，因为他认为这只会导致工人道德低下，鼓励工人寻找机会干少些，而不鼓励节约。

这样，在泰罗的刺激系统中，成功得到高支付的奖励，而失败则受到物质损失的惩罚。不过，泰罗的刺激系统与其他人的刺激系统不同，因为它建立在预先知道什么构成了一天的工作这一基础上。有了这一认识，管理就有了头绪，因为不可能出乎意料地去面对来自未预见的生产力增长的高劳动成本；而工人也受到了制约，从而不会去偷懒，因为在没有发现新的干活方法之前，工作标准不作改变。

在泰罗的刺激系统中，还有一个高工资和低劳动成本概念。在他看来，高工资和低劳动成本是最好的管理制度的基础。所谓高工资和低劳动成本，指的是就企业的目的来说，① 应该按照每个人的能力和体力给予最适宜的工作；② 应该要求每个工人做出同工种头等工人所能做出的最大工作量；③ 当每个工人按第一流工人的最高速度工作时，应根据其所做工作的性质，在他那一级平均工资之外，另给30%至一倍的工资①。

泰罗特别指出，所谓高工资，指的是比同类工人的平均工资高的工资，并且仅仅给予比同类的普通工人做得更好的那些工人。泰罗决不主张用高工资工人去做一个受过普通训练的工人或低工资工人就能做好的工作。

三、职能性组织

泰罗设计的组织结构与以往的实践大不相同。以往军事型的组织大行其道，强调组织每一层级的指挥链，并最终在金字塔形的组织顶端有一个指挥。在这种类似军事型的工厂组织结构中，工长负有大量的职能责任——从招募、培训、监督到解雇其下属。工长是在合同基础上招募的，他只是完成任务，没有什么来自管理层的指示。

泰罗认为这一结构有两个缺陷：第一，它要求过多的来自最高层的技术专家；第二，对工长期望太多，其结果是有效地排斥了管理层对工人的直接控制。这样，泰罗提出将来自一般管理层的权威分权，并将来自工长的权力集中。权责的新的重点是规划部门，在这一过程中，泰罗将以前由工长干的任务作了划分，将一部分划分给“职能工长”。泰罗指出，职能工长要具备九种品质：教育、专门知识或技术知识、体力、机智、充沛的精力、毅力、调解力、判断力或常识、良好的健康状况。在他看来，具备其中三种品质的人随处可找，但具备五种品质的人就开始难找，至于兼有六、七、八种的几乎是求之不得了。

① 弗雷德里克·泰罗：《科学管理的原理》，中国社会科学出版社1984年版。

这种状况使他考虑放弃军事型组织直线结构中只有一个头的体制,而采用一种职能制,其方法就是把计划工作和执行工作作一区分。在职能制下,原有制度中的一个人的职能被八个人取代。

泰罗以职能性组织这一分权方式在组织的权力结构中建立了一支技术专家和干部队伍。这一权力不是固定在组织的最高层,而是在规划部门。权力在知识基础上,而不仅仅在职位的基础上行使。规划部门专家相对摆脱来自上面的官僚的控制。组织的上层管理者局限在处理一些规划部门处理不了的事情上。最高管理者对于完成组织任务必需的所有步骤有一个一般了解,他们旨在评价其手下一些主要人员的德、才。高层人员的动作控制建立在"例外原则"上,即他们接到有关组织活动的简报,只关注正常动作之外的例外现象。

职能化也意味着在这一程度上的集中:一些以前由工长干的活被提升到规划部门,以便在工作设计和计划领域确立管理层的中心责任,并对工人实施直接的管理控制;规划部门被赋予了广泛的责任,包括进行时间—动作研究、维持恰当的存货水平、提供设备的维修、分析机器状况或工作的秩序、建立物资和设备的分类系统。尽管泰罗在这点上做得并不十分准确,但部门包括了一系列的办公室,如时间—动作办公室、支付办公室、信息办公室、雇佣办公室以及紧急订货办公室。

在泰罗的计划中,有几位职能工长被分配到规划部门:流程工长、指示卡工长、时间工长等。流程工长旨在观察工作的流向,研究具体的职位,决定从事这些职位最好的方法(所需的运作和运作秩序),说明要使用的工具。指示卡工长旨在研究由流程工长准备的图表和工作记录,为每一操作准备详尽的指示。时间工长负责支付和书面报告,检查时间卡以决定奖金的发放度,并将工作开支分配到适当的户头。

其他四位工长被分配到车间,对计划的执行负责。这些工长被称为组长、速度工长、检查工长和维修工长。组长确立任务,组织和安排所需机器,将指示卡发给工人,安排车间的工作秩序。速度工长注意机器的正常运转速度,使用恰当的工具,此外他还要保证工作以一种规定的方式进行,指导工人使用机器,万一失败,他有责任指出原因,并表明工作可以在规定时间里完成。检查工长旨在检查产品,保证其符合标准。维修工长对机器的调试、清洁和一般维修负责,保持维修和保养的记录。

泰罗认为,进行职能工长制变革的好处是:① 能在较短时间内训练出一批工头,他们可以真正而充分地执行其职务责任,而在旧体制下,则需多年工夫才能训练出仅能履行其部分职务责任的人。看一下职能工长所负的责任，就知道现在他们每人只需要九种品质中的有限几种就能胜任工作了。② 这一新体制无论对于工长还是对于工人，都完全适用于四项主要的管理原则。

泰罗喜欢的这些职能工长的监督风格是，“拿着糖果让工人来取，伴随着抽鞭子和偶尔的痛斥嘲笑。同工人肩并肩地工作，催促、教导、指导和帮助。尽管可采用暴力，但它只作为一种辅助行为，工人只被希望去干叫他们干的事”①。

应当注意到，泰罗设计的组织放弃了军事型的组织及其对命令的强调，使工人直接向八个工长负责。为了防止冲突，泰罗要求明确界定各位工长的责任，不至于互相干涉。更重要的是，泰罗认为，有效的指挥链需要在组织内得以保留，因为知识、一头制、组织的等级建立在每个人最大限度发挥的能力上，这里包括从工人走向管理岗位。泰罗支持并鼓励“脑力工人”相对于“体力工人”的高比率。

但是，泰罗的职能工长主张从未在实践中得到普遍推广，“其原因不是由于工人的混乱，或指挥统一遭到破坏，而是由于人们所知道的原因，即没能培养出利用参谋人员来处理各种车间问题的有多方面才能的管理人员。实质上，职能化是把总经理的权力交给低一级的专业管理人员去承担的一种分权的尝试”②。

虽然这三个部分——时间—动作研究、工资刺激制度以及职能性组织构成了泰罗科学管理的核心。但是，泰罗不同意只有这些以及其他的一些秩序和技术抓住了科学管理的精髓。在泰罗看来，科学管理不仅仅是一些在工人和管理层两方面“提高效率的权宜之计”。相反，随着科学取代凭经验办事、劳资双方的互相信任取代“猜疑的监视”，科学管理要求在工人和管理层两方面进行一场“思想革命”。正是出于对这一革命的追寻，泰罗开始了20世纪20年代初推广科学管理的运动。

第三节　思想的传播

在泰罗早期的努力中，他的兴趣主要在技术上，目标是效率。1899年之前，他在对伯利恒钢铁公司管理者的一次讲话中甚至指出科学管理可以浓缩

① 弗雷德里克·泰罗：《科学管理的原理》，中国社会科学出版社1984年版。
② 丹尼尔·雷恩：《管理思想的演变》，中国社会科学出版社1988年版。

为一套肢体原则。1901年,泰罗突然改变了方向,从一个工程师、发明家变成了一个教育者和社会改革者。此时,泰罗将其注意力从科学管理的技术方面转向了它的社会结果,特别强调"劳工问题"。

在20世纪初,美国的劳工力量一直处于动荡之中,劳资双方高度敌对。泰罗认为,管理科学技术的运用(通过确定一天恰当的工作量,对工人提供公正的支付,使管理层得到较好的投资回报率)可以指出劳资双方冲突的起因。这样,注意力必须从泰罗所称的对"剩余"的分配转向增加剩余,从而使劳资双方都得益,即资方得到原想得到的(较低的劳动成本),而工人通过提高效率来得到他们想要的较高的工资。

在科学管理下,泰罗的组织概念是,在这样的组织中,和谐应当取代不和;合作应当取代冲突;应当强调劳资利益的一致性。正如他所说:"大多数人都相信雇主和雇员的根本利益必然是对立的,科学管理则恰恰相反。它的真正基础在于相信两者的利益是一致的。除非雇员也一样富裕起来,雇主的富裕是不会长久的,反之亦然。"①

泰罗确实指出了劳资之间的"亲密合作"是科学管理反映的思想革命的一个不可分割的组成部分。在泰罗看来,在科学管理中,劳资双方在思想上要发生的大革命就是双方不再把注意力放在盈余的分配上,不再把盈余的分配看作是最主要的事情。他们将注意力转向增加盈余的数量上,使如何分配盈余的争论变得不再必要。他们将会明白,当他们停止互相对抗,转为向一个方向并肩前进时,他们的共同努力所创造的盈余会大得惊人。他们会懂得,当他们用友谊合作、互相帮助来代替敌对情绪时,通过共同努力,就能创造出比过去大得多的盈余。完全可以做到既增加工人工资,也增加资方的利润。这就是构成走上科学管理轨道第一步的伟大的思想革命②。

虽然泰罗提倡工厂中劳资双方的合作,但是权力是不能由劳资共享的。泰罗的方法或许可以被较好地称之为一种"仁慈的家长式统治"③,在这一统治中,等级制依然是组织内控制和协调的主要机制。不过,泰罗认为在科学管理下,资方也应像劳方一样受到严格的约束,权力是在委任(这一委任依据的是科学规律的恰当理由)基础上行使的,这些规律对握有等级权力的资方的约束是与工人一样的。这样,资方就成了科学事业的一个资深合伙人。在这

① 弗雷德里克·泰罗:《科学管理的原理》,中国社会科学出版社1984年版。
② 丹尼尔·雷恩:《管理思想的演变》,中国社会科学出版社1988年版。
③ 布雷恩·福莱:《通晓公共行政》,切特汉姆·豪斯出版社1989年版。

一科学事业中，知识是最终的主宰，权威来自能力。泰罗认为，工人不怎么有能力，因而不能构建所需的管理科学。用他的话来说："切割金属的工艺涉及一门重大的真正的科学。事实上这门科学十分复杂，以至如果得不到以此为专业的人们的协助，任何能够年复一年地操作一台机床的机器的人也没法弄懂它，或照它的规律去干活。"①

泰罗把科学管理下的组织看作是一种互利的交换体系。这一交换给组织带来的好处是以低劳动成本增加了产出。泰罗估计科学管理原理的应用会导致每个人、每台机器的产出翻倍，并指出那些已经采用了科学管理技术的公司将比以前更繁荣。给工人带来的好处有多种形式，最明显的是在科学管理下能获得更高的工资。虽然工人一般来说不能重新得到因增加生产力而得到的所有好处（由于新技术和执行的成本），但他会得到可观的高工资。间接的好处是，工人将从较低的消费价中受益。但是，在泰罗看来，带给工人的首要好处是看不见的，即培养了一种较好的品德。他认为科学管理下的训练有助于工人的智力和道德的提高。在科学管理下，工人会得到更多需要动脑筋的工作因而促成其智力的发展。此外，科学管理不仅会产生一个较好的工人，而且也会产生一个能过得更好、省钱和饮食有度的人。

科学管理盛行的时期，也正是美国社会改革运动盛行的时期。这一基本上由工程师参与的运动旨在用技术专长、等级制和纪律来解决劳工问题，泰罗的兴趣从关注机械效率转到了人与机器的互动。有人认为泰罗忽视人的因素，事实上泰罗本人就很有意义地提出过劳工问题。

泰罗的时代是美国多种改革运动风起云涌的时代。除了与科学管理有关的社会改革运动，泰罗对其他的一些运动不抱什么热情。例如泰罗称工业改善运动只是一种"半慈善援助"的集合，它只具有第二等的重要性。工业改善运动（即后来的人际关系运动的先驱）认为人的幸福是笔商业财富；工人的福利会产生勤奋工作和更大的生产力；人的自然的善会开花，如果在一个充满仁爱的环境中的话。为了获得人的较多的幸福，工业改善运动支持多种改革，如建立舒适的厕所、餐厅、幼儿园、运动场、夜校，提供安全训练以及免费讲演等。泰罗尽管没有完全贬低这种改革，但他的解决劳工问题的方法建立在一些相反的前提上。工业改善运动假设道德和福利会产生勤奋工作，泰罗则认为工作会产生道德和福利。前者认为较好的工作条件会带来人的"天性的善"，泰罗则认识人的天生的弱点只有通过等级控制做其正当的事才能得到控制。

① 弗雷德里克·泰罗：《科学管理的原理》，中国社会科学出版社 1984 年版。

泰罗对工会运动嗤之以鼻。虽然他认为工会在抵制糟糕的资方管理行为上发挥了一定的作用，但他感到工会已经过时。他指责工会采用了仇恨的策略，用他的话来说："抵制、使用武力或威胁、对非成员进行压迫，所有这些都必须加以谴责。这种专横的行为是彻底的非美国式的，它不会被美国人民接受。"①泰罗希望通过"系统的个人化"来避免工会化倾向。在"系统的个人化"中，奖励的是个人而非职位，奖励的基础是对生产力的科学估计。不过，泰罗还是通过指出科学管理除非得到劳资双方的同意，否则不能执行，甚至指出不存在什么不能建立一个雇主雇员委员会来确定每日工作的理由，缓和了他的观点。

科学管理想达到的目标超越了对这一劳工问题的关心。泰罗协会主席哈罗·波森在表达其雄心时，希望我们会发现科学管理的哲学、原则和技术适用于整个国家甚至是整个世界的问题。波森甚至进一步断言：民主制度的生存或许取决于将生产力提高到一个足够的新程度，它将极大地消灭贫困，建立一种较强的经济安全感，并摧毁一种追随伪领导沿着暴力道路走向极权世界的冲动②。在泰罗看来，德的扩散是民主的精华，而品德需要采用科学管理的思想和技术的灌输。

在1901年离开伯利恒钢铁公司之后，泰罗退出了科学管理的技术工作，转而日益关注科学管理的推广。他的主要手段是出版物，他的讲台最初是美国机械工程师学会（他在19世纪80年代还在米德维尔钢铁厂时就加入了）。从1902年到1903年，泰罗写了《工厂管理》，这是一份有关科学管理进展的报告。在这份报告中，他的重点从效率转向了科学管理的社会含义方面。这份报告在1903年提交给学会后由学会出版。1906年，他提交了《切削金属的艺术》，尽管这份报告是技术性的，但阐明了他的一项最有意义的机械发明——高速工具钢，这是他25年研究的结晶。1909年，他完成了最著名、也最引起争议的著作——《科学管理的原理》。在这本书中他完成了一个转换，即对科学管理的社会含义的注重排斥了对技术部分的注重。他将书提交给学会出版，但学会差不多将此书搁置了一年之久，原因是考虑到当时对科学管理存在的一些争议以及泰罗对非技术层面的强调。这样，泰罗拿回了手稿，自费出版，并将它分发给美国机械工程师学会的成员。该文不久就被《美国杂志》系列连载，并由哈泼兄弟出版社于1911年出版。从另一方面讲，此书未获得美

① 弗雷德里克·泰罗：《科学管理的原理》，中国社会科学出版社1984年版。
② 同上。

国机械工程师学会的出版许可，因而也将学会中两种人（一种人认为工程师就是技术专家，另一种人认为工程师还负有社会责任）的分裂限制在了学会内。这一分歧后来逐步扩大，并最终发展到泰罗拉出一拨人马来推广科学管理。

尽管书的出版给泰罗带来了一些声望，但科学管理运动获得广泛的公众的注意，则是在美国州际商务委员会于1911年举行的一次有关铁路运费的听证会。在听证会上，铁路方面要求提高运费，而进步运动的代表路易斯·布兰迪则认为如果铁路方面运作很有效，那么提高运费是不必要的。布兰迪对效率的关心使他与科学管理的解释者进行接触，并从中获得证词。有趣的是，看到听证会正在成为扩大科学管理声名的讲台，泰罗却不出场。相反，证词是从他的三位最著名的合作者（H·甘特、弗兰克·吉尔布雷斯和哈林顿·艾默森）处得到的。一旦泰罗了解了听证的意义，他马上就同布兰迪密切合作。州际委员会的听证推进了公众对科学管理的技术和哲学的了解。1912年，国会发起了一项调查，以确定政府部门是否禁止科学管理技术。泰罗参加了听证，面对了众议院调查委员会成员诸多常常是带敌意的问题。这一听证开始了长达5年之久的国会调查，并对科学管理技术进入联邦政府的理想性问题进行辩论，最终的结果是立法禁止进入。

1901年至1914年，泰罗参加了许多旨在推广科学管理的活动。他每年在哈佛大学工商管理学院作讲演，他还参加了将科学管理技术运用于联邦兵工厂的项目，并在家乡费城接待前来学习科学管理的人。

与此同时，科学管理实践通过商业和政府正在扩展。虽然到1910年泰罗承认没有一家工厂在整体上采用科学管理，但他估计有5万名工人在科学管理的一些形式下工作。政府方面，尤其是联邦的造船厂和兵工厂对采用科学管理表现了极大的热情。1906至1908年间，旧金山附近的梅亚岛船厂成为第一个实施"科学管理"的政府工厂。1908年，马萨诸塞州的水镇兵工厂以50%的材料节省和每人产量翻一番的业绩而成为一个模范工厂①。科学管理在20世纪初美国地方的进步运动中心也得到了支持，例如纽约市政研究局的一些人就是改革运动的带头人，他们不时邀请泰罗去其办公室，成为科学管理热心的鼓吹者。

科学管理也风行国外，《科学管理的原理》一书被译成法、德、荷兰、瑞典、俄、意、西、日等多种文字。在法国，乔治·克里蒙梭命令所有兵工厂都采用科学管理。正如前面指出的，列宁曾痛斥泰罗制是对工人血汗的榨取，但又指出

① 布雷恩·福莱：《通晓公共行政》，切特汉姆·豪斯出版社1989年版。

苏维埃俄国要借鉴采用这一制度。

关于科学管理运动本身,促进科学管理学会(后来称之为泰罗协会)在1911年成立。泰罗等一帮人四处出击,不遗余力地宣传和推广科学管理。在这些人中,除了泰罗,甘特和吉尔布雷斯是值得一提的。甘特关注控制技术,他也坚持一种技术统治的社会哲学。在这一哲学中,他主张专长是知识而不是凭经验办事。他建议一种经济体制,这种体制将工业转变为一种由生产者、分配者和消费者组成的委员会管理的公共服务公司。1916年,他建立了一个新机器组织,旨在取得政治和经济权力,泰罗后来批评这离他的技术关怀相差太远。

作为科学管理的一个重要鼓吹者,吉尔布雷斯注重时间—动作研究,他确立了一套进行这方面研究的照相技术。他被说成是一个"天才的机匠,个性浮夸,一个具有进取心的、偶尔肆无忌惮的推进者"①。吉尔布雷斯后来与泰罗分道扬镳,因为泰罗认为他太专注于时间—动作的研究而排斥了科学管理的其他因素。但是,吉尔布雷斯在推进科学管理方面功不可没。当1911年美国机械工程师学会的一些成员在发现泰罗的论文很难得到该组织的承认时,以吉尔布雷斯为首的一批人另外成立了一个组织,将其称为科学管理促进会,并在泰罗死后改名为泰罗协会。他还写了一本书,名为《科学管理入门》,用问答的方式对在科学管理上存在的一些疑惑进行解答。他的妻子莉连·吉尔布雷斯在推广科学管理中功绩卓著。她认为,成功的管理"在于人而不是工作",而科学管理为人们提供了一种能最大限度地利用人的努力的方法。在她看来,历史上有过三种管理方式:传统方式,过渡方式,科学方式。传统管理是"驱赶式"或者叫"昆斯伯里侯爵式"的管理,这种管理采取单一的直线指挥,其特点是中央集权。"昆斯伯里侯爵"这个词是借用职业拳击中的用语,意指管理者与工人双方"根据比赛规则"展开体力和智力竞赛。过渡式管理指在传统和实行科学管理之间的过渡阶段中的各种形式的管理。科学管理描述了所有公司应努力实现的目标,它的同义词有"精确职能管理"、"最终管理"以及"泰罗管理计划"②。

科学管理运动在获得越来越多的公众注意的同时,对科学管理的批评和指责也日趋增多,劳工工会,尤其是冶金业工会在这方面一马当先,它反对在水镇兵工厂采用科学管理。工会的反对导致了前面提到的国会的质询,并立

① 布雷恩·福莱:《通晓公共行政》,切特汉姆·豪斯出版社1989年版。
② 丹尼尔·雷恩:《管理思想的演变》,中国社会科学出版社1988年版。

法禁止在联邦机构采用科学管理技术。甚至在长期是泰罗思想的一个讲台的美国机械工程师学会内部也出现了反对意见。

泰罗认为,全面推广他的制度需要 2 至 5 年的时间。科学管理不是一种一夜之间就能医好疾病的灵丹妙药。在试图实行科学管理时,需要勤奋精神和理解能力。他指出,科学管理迈出的每一步都是一个演变,而不是一种理论,在任何时候都是实践先于理论……在科学管理中,任何东西都不是一成不变的①。

在泰罗的著作出版后,随着科学管理的推广,1911 年出现了一大批打着"效率至上"旗号的人。泰罗认为很多人甚至不明白什么是科学管理。在他看来,科学管理不是一种取得效率的措施,也不是一种新的工资制度,不是一种计件工资制度,不是一种分红制度,不是一种奖金制度,不是一种支付工人报酬的方式,不是时间研究,不是动作研究,也不是对工人动作的分析,不是印制大量的工作文件交给工人说"这是你的制度,你必须执行",它不是工长分工制,也不是职能工长制,它也不是普通工人在提到科学管理时就会想到的各种措施。普通工人听到"科学管理"时就会想东想西,但科学管理并不是上述那些措施。泰罗不轻视成本会计制度、时间研究、职能工长制,也不轻视任何一种新的工资方法,也不轻视任何效率措施——如果它们明确是可以提高效率的措施。泰罗相信它们,但他强调指出,这些措施都不是科学管理,它们是科学管理的有用附件,因而也是其他管理制度有用的附件。科学管理的实质是在一切企业和机构中的工人们的一次完全的思想革命——也就是这些工人们对待他们的工作责任、对待他们的同事、对待他们的雇主的一次完全的思想革命。同时,也是管理方面的工长、厂长、雇主、董事会对他们的同事、他们的工人和对所有的同事工作问题责任上的一次完全的思想革命。没有工人与管理人员双方在思想上的一次完全的革命,科学管理就不会存在。

这次伟大的思想革命就是科学管理的实质②。

在 1915 年泰罗去世后,科学管理运动仍在继续,但却改变了形式。泰罗的追随者发生了分裂,最后与反对力量达成妥协。到 20 世纪 20 年代,工会与科学管理的鼓吹者达成妥协。在这一妥协中,工会接受了时间—动作研究。反过来,科学管理也接受了集体谈判。"科学管理运动的鼓吹者甚至将工业民主中的一些因素纳入其学说,工会成了'人道的'科学管理的支持

① 丹尼尔·雷恩.《管理思想的演变》,中国社会科学出版社 1988 年版。
② 同上。

者。妥协的结果是较少争执，但也实质性地表示了对事业追求的鲜明性。到20年代，科学管理运动从全面改革战略中退出，回到了最先对技术问题的关注。”①

可以把泰罗的科学管理思想归纳为以下几点：

（1）强调劳动方法的标准化，即将工人积累起来的知识和技艺经整理后归纳成原理和规则，建立科学的作业方式。确定时间以及工人一天必须完成的标准的工作量即是这方面的努力。

（2）建立差别计件工资制度，对于不同的工作表现以不同的工资率支付。

（3）科学地培训工人，改变凭经验选择作业方法和师傅带徒弟的方法。

（4）管理职能的专业化，职能工长制则是这一专业化的体现。

（5）劳资双方的合作，双方将注意力从对现有利益的分配转向把利益做大。

第四节　分析与评价

泰罗确立的科学管理对于理解和规定组织的管理做出了无可置疑的贡献。一种观点认为，或许最好把他形容成一个综合者，而非创造者，即泰罗的贡献与其说介绍了一些新的思想，不如说将现有思想整合到了一个前后一贯的系统中。在这一综合中，泰罗发展了工程师和工业改革者的看法。工程师的看法从机器延伸至人，工业改革者的看法则从人延伸到机器，正是人—机器的互动才是泰罗的关心重点所在。他提出的科学管理的技术取代了原先凭经验办事的方法，科学管理是一种恰逢其时的运动，它的影响依然可见②。还有一种观点认为，科学管理之父弗雷德里克·泰罗和他的同事是对管理思想进行综合整理的第一代人物。管理曾被描述为一个把组织的物质资源或技术力量同人力资源结合起来，以便实现组织的目标的过程。在泰罗之前，没有任何人曾像他那样把管理问题发展到如此程度的一种系统方法，并同时把管理同哲学范畴结合在一起③。尽管两种观点都把泰罗说成现有管理思想的综合

① 布雷恩·福莱：《通晓公共行政》，切特汉姆·豪斯出版社1989年版。
② 同上。
③ 丹尼尔·雷恩：《管理思想的演变》，中国社会科学出版社1988年版。

者，但能综合到这一步实属难能可贵，科学管理的思想自此影响了管理的发展，我们至今仍然可以感受到这一思想的力量，而泰罗的名字是与科学管理联系在一起的。

泰罗的科学管理思想对公共行政管理的贡献也是巨大的。这表现在他传播了一种不仅仅局限于企业管理的理念：效率、科学管理、管理职能专业化、劳资双方的合作等。在相当程度上，泰罗确立的管理主义具有它的普遍性，以至于20世纪80年代开始的西方国家的政府改革运动还将泰罗的管理主义作为改革的理论基础之一。

但科学管理显然也有它的局限。首先，泰罗的科学管理建立在经济人的人性假设上。泰罗假设一般工人只是为了自身的利益而参与组织，其目的是为了钱，而对钱这一自我利益的追求相对不受情感和态度的影响。正是从这一人性假设以及由此引发的人与组织关系出发，泰罗认为通过适当地操纵物质刺激，就可以产生他们所期望产生的工人的行为。但泰罗的这一观点显然是不完整的。后来的研究表明，组织中的个人行为受到大量泰罗认为与生产力无关的变量（包括社会的和心理的因素）的影响。

其次，泰罗的科学管理只考虑组织内的因素，因而忽略了外在因素对组织的影响。泰罗的技术研究从未超越工厂的范围，例如他似乎并不关注工厂的财政方面，给人印象好像是不考虑代价地追求效率。

再次，泰罗的科学管理注重对效率标准的追求，忽略了为社会服务的道德观念。关于这一点，后来的奥利佛·谢尔登在阐释他的"管理哲学"时作过很好的说明。他认为，把科学管理的效率标准和为社会服务的道德观念结合起来，是每一个管理人员的责任。每一个管理人员必须采纳三项原则："一、工业的改革，条件和方法将促进社会的福利。二、管理部门在把社会正义运用于工业实践活动中时要努力理解整个社会的最崇高的道德约束力。三、管理部门要采取主动行动……来提高普遍的道德标准和社会正义观念。"①

最后，泰罗的科学管理其本身有些内容的"科学性"也是有问题的。比如在基本支付比率和奖金多少方面，他是"按两个标准确定的，且都缺乏客观性。第一，基本工资很难足以使工人养活自己。第二，基本工资不能与劳动力市场上干同等活的工人得到的工资比较"②。此外，泰罗主张劳资双方的合作，但是他不能从阶级利益的角度去分析劳资双方产生冲突的根源，这也限制

① 丹尼尔·雷恩：《管理思想的演变》，中国社会科学出版社1988年版。
② 布雷恩·福莱：《通晓公共行政》，切特汉姆·豪斯出版社1989年版。

了他对某些问题的准确理解。

尽管如此，可以在某种程度上说，现代管理史的第一章是由泰罗及其同道者写就的。科学管理这一概念本身既反映了时代的一种要求，也不断昭示后来者以科学的思维、科学的手段和科学的方法从事管理。仅就这点而言，泰罗所做出的贡献是有目共睹的。

思考题

1. 概述泰罗的科学管理思想。
2. 泰罗的激励系统建立在理性经济人的假定上，你认为这一假定在今天还有意义吗？
3. 泰罗最关注的是劳资双方的合作，即双方把注意力从盈余的分配转向盈余的扩大，并从这一扩大中获得好处，请就这一点谈谈你的看法。

第三章　法约尔的管理组织思想

第一节　生平与著作

亨利·法约尔(Henri Fayol)是20世纪初逐渐在欧洲发展起来的行政管理学派的代表。法约尔与泰罗在自身管理经历及经验上的不同,很大程度上决定了两者在管理思想上的差异。一言以蔽之,“泰罗注重基层人员的工作方式的改进,但法约尔却注重管理人员的管理方式的研究”①。

法约尔于1841年出生在法国的一个资产阶级家庭。1856—1860年先后就读于里昂公立中等学校和圣艾蒂安国立矿业学院,而后作为一个采矿工程师进入高芒特里—福尔尚布德采矿冶金公司并在那度过其整个职业生涯。在1888年法约尔被任命为总经理时,该公司正处于破产的边缘,经他按自己的管理思想改革整顿后,公司的危机得以解除。法约尔自己说的一段话清楚地肯定了其管理思想的运用在法国产业史上留下的光辉业绩,他说:“尽管矿井、工厂、财源、销路、董事会、职工同原来都是一样的,只是运用了新的管理方式,公司才以同衰落时一样的步调复兴和发展。”②1916年,法国矿业协会的年报公开发表了他的著作《工业管理与一般管理》。1918年,他在辞去矿业公司总经理的职位后,立即建立了“管理研究所”,不仅把他的管理理论应用于企业的经营,而且也为管理理论在军队组织和行政机构的广泛普及和应用进行了努力。

法约尔在管理方面的主要著作有:《工业管理和一般管理》(1916年)、《国家在管理上的无能——邮政与电讯》(1921年)、《公共精神的觉醒》(1927年)。在论文方面有:提交给矿冶会议的关于《管理》的论文

① 张润书:《行政学》,台北三民书局1986年版。
② 占部都美:《现代管理论》,新华出版社1984年版。

(1900 年)、“管理的一般原则”(1908 年)、“高等技术学校中的管理教育”(1917 年)、“管理职能在事业经营中的重要性”(1918 年)、“国家的工业化”(1919 年)、“邮电部门的管理改革”(1921 年)以及“国家管理理论”(1923 年)。

《工业管理与一般管理》是法约尔最主要的代表作。全书集中阐述了法约尔的一般组织管理理论,即:管理的定义;组成企业人员才能的各方面能力的相对重要性;管理教育的必要性和可能性;管理的一般原则和计划、组织、指挥、协调、控制五项管理要素等。法约尔思考的管理问题及关注的焦点是整个组织,因而他的管理理论被有的学者称为“一般行政管理理论”,他本人被称为“一般行政管理理论家”(general administrative theorist)①。也有的学者称他的管理理论为“普通的行政理论”②,还有的学者认为法约尔“通过对管理过程的研究创立了第一个有关行政管理的理论”③。

第二节　管理组织思想

一、组织活动和管理职能理论

1. 法约尔的组织活动和管理职能理论

法约尔对管理概念的界定是建立在他对企业组织经营活动进行分工的基础上的,从中也反映了一定的管理职能专业化思想。法约尔将企业组织的全部活动分为六种:技术职能、商业职能、财务职能、安全职能、会计职能和管理职能。其中,管理职能又分为计划、组织、指挥、协调和控制五种。

(1) 技术职能。这是全部经营活动中最基础的职能要求,包括生产、制造和加工技术。由于技术活动的数量、变化和重要性,以及各种产品(物质的、智力的和精神的)一般都出自于技术人员之手,这项职能要求更多的是针对大中型企业组织中的技术人员所提出的。

① 斯蒂芬·P·罗宾斯:《管理学》(第四版),中国人民大学出版社 1997 年版。
② D·R·普拉萨德等:《行政思想家评传》,广东高等教育出版社 1988 年版。
③ 丹尼尔·雷恩:《管理思想的演变》,中国社会科学出版社 1988 年版。

(2)商业职能。在法约尔看来,懂得买和卖与懂得很好地生产同样重要,因而,包括购买、销售和交换在内的商业活动也成为决定工业企业是否繁荣的一个重要方面。商业能力除了策略和决策外,还包括对市场以及竞争者的力量的深刻了解,也包括一种长远的预测,和在大型企业中日益发展的承包合同的运用。并且,当某些产品从同一企业的一个部门转到另一个部门时,商业职能还必须注意使最高主管机构确定的价格(即"规定价格")不要成为危险妄想的根源。

(3)财务职能。财务活动的核心是筹集和最适当地利用资本。在工业企业的经营活动中,人员、厂房、设备、原材料、股票红利、修缮、准备金等都需要资本,为获得资本和最适当地利用可用的资金并避免轻率地承担义务,必须有完善的财务管理。对企业领导而言,成功的一个基本条件就是经常注意企业的财务状况。

(4)安全职能。这项职能的任务是保护财产和人员,预防偷盗、火灾、水灾,消除罢工、行凶暴行,即消除所有可能危害企业发展,甚至危害企业生存的社会动乱。一般而言,安全职能是指保证企业安全、为企业人员提供所需要的精神安宁的一切措施。

(5)会计职能。这是企业的视觉器官,它能使人随时了解企业处于什么状况并向何处发展,可以对企业的经济状况提供真实、清楚而又准确的信息。一个好的会计制度应简单明了,可以给人以企业状况的确切概念,从而成为领导的一个有力工具。

(6)管理职能。在法约尔看来,上述五种职能都不负责制订企业总的经营计划,不负责建立社会组织、协调和调和各方面的力量和行动,而"管理"就是实行计划、组织、指挥、协调和控制。其中,计划就是探索未来,制订行动计划;组织就是建立企业的物质和社会的双重结构;指挥就是使其人员发挥作用;协调就是连接、联合、调和所有的活动及力量;控制就是注意是否一切都按已制定的规章和下达的命令进行。由此可以理解,"管理"既不是一种独有的特权,也不是企业经理或企业领导人的个人责任,它同别的基本职能一样,是一种分配于领导人和整个组织成员之间的职能。法约尔还特别指出了"管理"概念与"领导"概念的区别。他认为,"领导"是寻求从企业拥有的所有资源中获得尽可能大的利益,引导企业达到它的目标,即保证包括"管理"在内的六项基本职能的顺利完成。他同时也承认,虽然"管理"活动需要由"领导"保证其进行,但由于其在上层领导人的作用中占有非常重要的位置,以致有时好像领导的这种作用就纯粹只是管理一样。

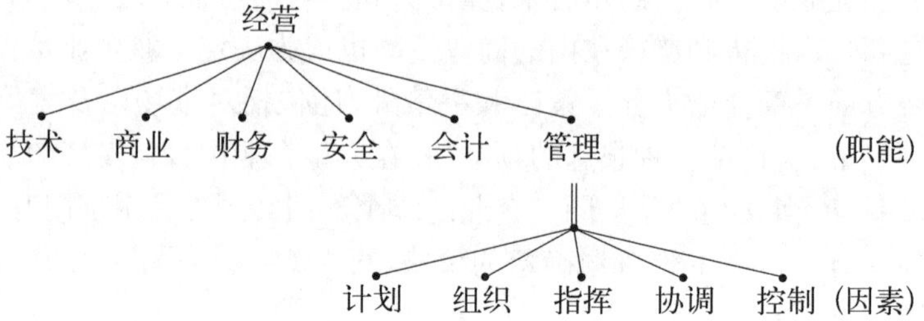

图3-1 法约尔的管理职能分析

在其职能分析理论中，法约尔将管理看作是平行于一般技术专业等的另一种特殊专业，这在一定程度上是“管理职能专业化”思想的反映，但管理职能并非是只属于管理人员的职能，它是由从企业的最高领导到一般工人的各个成员分担的。从这一基本假设出发，法约尔讨论了组成企业人员才能的各方面能力的相对重要性，形成了有名的“法约尔法则”①。

2. 法约尔法则和普及管理教育

法约尔通过两张表(表3-1、表3-2)分别对大型工业企业技术职能人员必要能力的相对重要性及各种规模工业企业领导人必要能力的相对重要性作了比较。

表3-1 大型工业企业技术职能人员必要能力的相对重要性比较表

人员类别	能力						
	管理/%	技术/%	商业/%	财务/%	安全/%	会计/%	总值/%
大型企业							
工人	5	85	—	—	5	5	100(a)
工长	15	60	5	—	10	10	100(b)
车间主任	25	45	5	—	10	15	100(c)
分厂长	30	30	5	5	10	20	100(d)
部门领导	35	30	10	5	10	10	100(e)
经理	40	15	15	10	10	10	100(f)

① 占部都美：《现代管理论》，新华出版社1984年版。

续　表

人员类别	能　　力						
	管理/%	技术/%	商业/%	财务/%	安全/%	会计/%	总值/%
联合企业							
总 经 理	50	10	10	10	10	10	100(g)
国家企业							
部　　长	50	10	10	10	10	10	100(h)
总　　统	60	8	8	8	8	8	100(i)

表 3－2　各种规模工业企业领导人必要能力的相对重要性比较表

领导人类别	能　　力						
	管理/%	技术/%	商业/%	财务/%	安全/%	会计/%	总值/%
初级企业	15	40	20	10	5	10	100(m)
小型企业	25	30	15	10	10	10	100(n)
中型企业	30	25	15	10	10	10	100(o)
大型企业	40	15	15	10	10	10	100(p)
特大型企业	50	10	10	10	10	10	100(q)
国家企业	60	8	8	8	8	8	100(r)

表 3－1 中这些人属于以下一系列等级：工人、工长、车间主任、分厂长、部门领导、经理。如果企业包括几个分开的大企业，那么等级系统还要再加上总经理；如果企业是一个国家企业，那么技术等级直至国家领导人(总统)，中间还有一个部长。

表 3－1 表明任何一个人的每项基本能力在其全部价值中所占的比重。在任何情况下，全部价值都以 100 表示，这是指一个完美的人——无论是工人，还是一个部门的领导或是国家领导人。需要说明的是，这里不是把一个工人的价值同一个厂长、经理、国家领导人的价值作比较，在这些不同的价值中

没有一个共同的衡量尺度。这里的a、b、c、d……以及表3-2的m、n、o、p……性质不同，重要性也不同，从一个等级到另一个等级其组成因素也在变化，以至于在一个下属人员的技术、管理和其他的能力与一个重要领导人同样性质的能力之间没有任何共同的东西。表3-1与表3-2只是力求表达构成一个人总价值的各方面能力的相对重要性。从表3-1中可以得出以下结论①：

（1）工人的主要能力是技术能力。

（2）随着人的地位在等级中提高，管理能力的相对重要性也增加，同时技术能力的重要性减少。在第三或第四等级时这两种能力相等。

（3）经理的主要能力是管理能力，等级越升高，这种能力越起主导作用。

（4）商业能力、财务能力、安全能力和会计能力在第五和第六等级的人中有其最大的相对重要性。随着人的地位升高，这些能力的相对重要性在每种人的评价中不断减少并趋向平衡。

（5）从等级的第四或第五级开始，管理比率由于其他比率的减少而增加了，其他比率都接近于全部价值的1/10。

上述结论，是从研究技术职能人员的能力中得出，这些人员包括从企业的工人直到领导人。但这些人员中没有任何一个人是纯粹从事技术职能工作的，多少也要对其他职能广泛地做出贡献。具有普遍性意义的经验是：不管哪一种职能，下属人员的主要能力是具有某种职能特点的能力（在工业职能里是技术能力、在商业职能里是商业能力、在财务职能里是财务能力等等），而高级人员的主要能力是管理能力。

从表3-2中可以得出以下结论②：

（1）小型工业企业领导人的主要能力是技术能力。

（2）随着企业等级的上升，管理能力的相对重要性必然增加，同时技术能力的重要性相对减少。在中等企业里这两种能力相等。

（3）大型企业领导人最重要的能力是管理能力。企业越大，管理能力越起主导作用。

（4）商业和财务能力对于中小型企业领导人比对于技术职能的中下层工作人员起着重要得多的作用。

（5）随着企业等级的上升，管理比率增大了，趋于平衡的其他大部分比率减少，接近于整个价值的1/10。

① 法约尔：《工业管理与一般管理》，中国社会科学出版社1982年版。
② 同上。

除了所有企业的领导人(甚至最小企业的领导人)需要具备商业和财务能力,而技术职能的下属人员不需要这些能力的区别之外,从表 3－1 和表 3－2得出的结论其实是非常相似的。

鉴于技术职能必须有其他基本职能,尤其是管理职能的协助,才能保证企业顺利发展这一经验,法约尔认为,在技术职能长期以来已被置于其应有的地位的情况下,管理职能的重要性应该得到普遍的认识和重视。他甚至建议,把管理知识作为一门专业在学校里学习。在他看来,管理能力可以也应该像技术能力一样首先在学校里然后在车间里得到。在家庭和国家事务中,对管理能力的需要与事业的重要性必须相适应。对于个人来说,所处的地位越高,这种需要越大。因此,管理教育应该普及。当然,这种教育不是为了把所有学生都培养成好的管理者,如同技术教育不是为了把所有学生都培养成优秀的技术人员一样,对管理教育的普及只是希望它能起到像技术教育那样的作用。法约尔也认识到,在当时法国的职业学校里缺少管理教育的真正原因是缺乏有关的、从广泛的讨论中得出的被普遍承认的管理理论,他个人因此准备作一些这方面的尝试。

二、组织管理原则

法约尔指出,社会组织的健康和正常活动取决于某些条件,他用“原则”这个词来表述这种条件概念,因此,所有的加强社会组织或便利其发挥作用的管理规章和程序都属于原则。法约尔的 14 条管理原则是其一般管理理论的核心内容,这些原则是法约尔对自己长期从事管理实践的经验所作的理论概括。其具体内容如下。

1. 劳动分工

劳动分工实际上是一种职能专业化思想。这种职能专业化的行为可以在动物界和人类社会得到共同的考证。在动物界,生物越是完善,越具有担负不同功能的高度分化的器官;在人类社会中,社会组织越是重要,职能和机构的关系就越是紧密。随着社会的发展,不断有新的机构产生,并代替原来处于原始状态、担负所有职能的单一机构。法约尔认为,劳动分工可以提高劳动的熟练程度和准确性,从而提高效率。因为,如果工人总是做同一部件、领导人经常处理同一些事务,则对自己的工作就会熟练、自信和准确,所以,劳动分工的目的是用同样的努力生产得更多更好。法约尔明确指出,劳动分工不只适用于技术工作,而且毫无例外地适用于所有涉及或多或少的一批人或要求几种类型的能力的工作,其结果是职能专业化和权力的分散。

2. 权力与责任

法约尔认为,权力是指挥和要求别人服从的权利。对于一个出色的领导人来说,他集规定权力与个人权力于一身,前者是其所处职位、所属职能规定的权力(相当于我们今天所说的法定权力),后者则是由于其自身的智慧、博学、经验、精神道德、指挥才能、所做的工作等等决定的个人权力(相当于我们今天所说的领导人的非权力影响力)。权力的孪生兄弟是责任,"凡权力行使的地方,就有责任",责任"是权力的当然结果和必要补充"①。因此,在执行权力时,出于整体利益的考虑,应该鼓励有益的行动而制止与其相反的行动,也即有必要规定和实行一定的奖励和惩罚措施。首先应规定责任范围,然后制定奖惩标准。法约尔高度肯定敢于承担责任是一种值得尊敬的品质,并且认为这也是一种在哪里都会受到赏识的勇气。但他同时也指出,在一般情况下,人们都会像追求权力那样害怕承担责任,而不敢负责会严重妨碍主观能动性的发挥,并使很多好品质受到破坏。对一个出色的领导人而言,他应该有承担责任的勇气,并使他周围的人也随之具有这种勇气。在此,法约尔强调了高尚的精神道德对领导者的重要性,认为这是制止一个重要领导人滥用权力和其他缺点的最有效保证。

3. 纪律

在法约尔看来,纪律是一种"协定"、一种规范,在实质上表现为和企业及其下属人员之间的协定相一致的服从、勤勉、积极的举止以及尊敬的态度。无论这些协定曾经被自由讨论过还是没有被预先讨论过,无论是书面的还是默许的,无论是几方共同的愿望还是法律或惯例的结果,纪律的形式都由其决定。不同企业、不同地区、不同时间之间协定的多样化导致纪律也以各种不同的方式表现出来。但有一点必须肯定,那就是:为使企业顺利发展,纪律是绝对必要的,没有纪律,任何一个企业都不能兴旺繁荣。法约尔强调,领导人员在造就和执行纪律方面应该承担起相应的责任。一方面,制定协定应当清楚明了,并能尽量使劳资双方都感到满意;另一方面,对无纪律行为的相应惩罚也不能忽视。领导者应该根据个人情况和社会环境,机敏地选择指责、警告、罚款、停职、降级或开除等惩罚方式。

制定和维持纪律最有效的办法是:① 有各级好的领导;② 尽可能明确而又公平的协定;③ 合理执行惩罚。

① 法约尔:《工业管理与一般管理》,中国社会科学出版社1982年版。

4. 统一指挥

这条原则强调命令的统一，即无论对哪件工作来说，一个下属人员只应接受一个领导人的命令。法约尔强调，在任何情况下，都不会有适应双重指挥的社会组织。如果两个领导人同时对同一个人或同一件事行使他们的权力，就会出现混乱；如果状况持续下去，混乱便会加剧，在这种情况下，结局只有两种：要么撤销其中一个领导人的职务，停止双重领导，使企业兴旺得到恢复；要么使整个企业继续日趋衰败。产生双重指挥的原因大致有以下四点①。

（1）希望能被更好地了解，或为争取时间，或立刻制止一项不合适的行为，领导人 C2 不通过领导人 C1 就直接向下属人员 C 发命令。

（2）希望在给两个同事、两个朋友、一个家庭的两个成员分配职权时避免产生困难，经常导致从一开始在企业的领导中就出现双重指挥。这两个同事对同样的下属拥有同样的权利与职权，那么必然产生双重的指挥及其不良后果。

（3）各部门界限不清也可能导致双重指挥：两个部门的领导人对同一方面的工作下命令，各自都认为这工作应属于自己管，这就形成了双重指挥。

（4）各部门之间常有的联系、职务上固有的错综复杂、职权的不明确常常会产生二元性的弊害。如果一个谨慎的领导人不整顿一下，越权就会产生，这样就会打乱工作进展并带来损失。

在法约尔看来，在整个人类社会中，在工业、商业、军队、家庭、国家里，双重指挥经常是冲突的根源，这些冲突有时很严重，特别应该引起各级领导人的注意。

5. 统一领导

就像人类自身和生物界的其他动物一个身体都只能有一个脑袋一样，对于力求达到同一目的的全部活动，只能有一个领导人和一项计划，这是统一行动、协调力量和共同努力的必要条件。需要注意的是，“统一领导”强调的是“一个领导人、一项计划”，而“统一指挥”强调的则是“一个下属人员只能听从一个领导人的命令”。在现实中，人们通过建立完善的组织来实现一个社会团体的统一领导；而统一指挥取决于人员如何发挥作用。统一指挥不能没有统一的领导而存在，但并不来源于它。

6. 个人利益服从整体利益

即相对于其所属成员和部门而言，组织的整体目标具有至高无上的地位。

① 法约尔：《工业管理与一般管理》，中国社会科学出版社 1982 年版。

法约尔认为,无知、贪婪、自私、懒惰、懦弱以及人类的一切冲动总是使人为了个人利益而忘掉整体利益,因此,管理原则中必须强调个人利益对整体利益的服从。在法约尔看来,在一个企业里,一个人或一些人的利益不能置于企业利益之上,一个家庭的利益应先于其一个成员的利益,国家利益应高于一个公民或一些公民的利益。处理个人利益与整体利益的成功办法是:① 领导人的坚定性和好的榜样;② 尽可能签订公平的协定;③ 认真的监督。

7. 人员的报酬

人员的报酬是其服务的价格,应该合理,并尽量使企业同其所属人员(雇主与雇员)都满意。在法约尔看来,报酬率首先应取决于不受雇主的意愿和所属人员影响的一些情况,如生活费用的高低、可雇人员的多少、业务的一般状况、企业的经济地位等;然后再看人员的才能;最后再看采用的报酬方式。他认为,职工的报酬方式有按劳动日付酬、按工作任务付酬和计件付酬三种,其方法还包括奖金、分红、实物补助和精神奖励。付酬的方式取决于多种因素,而其目的只有一个,即改善所属人员的作用和命运,使其更有价值,提高各级人员的工作热情。因此,我们对报酬方式通常希望:① 它能保证报酬公平;② 它能奖励有益的努力和激发热情;③ 它不应导致超过合理限度的报酬。

8. 集中

法约尔认为,像劳动分工一样,集中是一种必然的现象,它指在每个动物机体或社会组织中,感觉集中于大脑或领导部门,从大脑或领导部门发出命令,使组织的各部分产生运动。集中化管理作为一种制度,本身无所谓好坏,也不为领导人的主观随意性所任意取舍,实行集中的目的只是尽可能地使用所有人员的才能。如果领导人的才能、精力、智慧、经验、理解速度……允许他扩大活动范围,他则可以大大加强集中,把其助手的作用降低为只是普通执行人。相反,如果他愿意一方面保留全面领导的特权,一方面更多地采用协作者的经验、意见和建议,那么可以实行广泛的权力分散。由于领导人及其下属人员的绝对和相对重要性经常变化,权力集中与分散的措施本身也可以经常变化。所有提高下属作用的做法都是分散,降低这种作用的做法则是集中,实行集中化管理的最终目的是尽可能地使所有组织成员的才干都得到发挥和运用。

9. 等级制度

等级制度即层级制度,就是从最高权力机构直至低层管理人员的领导系列。等级制度原则是法约尔管理理论的核心,这在下面内容中还有论述。

10. 秩序

正如物品放置有秩序有规则：每件东西都有一个位置，每件东西都在它的位置上一样，社会秩序也强调每个人都有一个位置，每个人都在他的位置上。不仅如此，法约尔还指出，完善的秩序还要求位置适合于人，人也适合于他的位置。然而，这样的社会秩序必须以胜利完成两项最艰难的管理工作为前提，即良好的组织与良好的选拔工作。确定企业顺利发展所必设的岗位并选拔了在这些岗位上任职的人之后，使每个人都在他能发挥出自己最大能力的岗位上任职，这就是“最理想的”社会秩序。

11. 公平

法约尔认为，为了鼓励所属人员能全心全意和无限忠诚地执行他的职责，应该以善意来对待他，公平就是由善意与公道产生的。但公平并不排斥刚毅，也不排斥严格。做事公平要求有理智、有经验，并有善良的性格。对企业领导来说，在对待下属人员时，应该特别注意他们希望公平、希望平等的这些愿望。为了给予这些要求以最大的满足，而同时又不忽视任何原则、不忘掉总体利益，企业领导应该经常把自己最大的能力发挥出来，努力使公平感深入各级人员。

12. 人员的稳定

人员的稳定即有秩序地安排人员和补充人力资源。法约尔认为，一个人在一个职位上作出成绩需要一定的时间，应该保持职位的相对稳定性，鼓励组织成员在一定的职位上做出长期的贡献。尤其在大企业中，领导的入门过程一般比较长，因为他需要花许多时间来了解一个大企业里的人和事务，以便使自己处于能够决定行动计划、有自信力，并使别人信任自己的地位。所以人们往往发现，一个只有中等能力但长期留下来的领导比那些能力虽强但停留不长的领导更受欢迎。一般来说，繁荣的企业的领导人员是稳定的，而不稳定往往是组织不景气的原因与结果。当然，法约尔也认识到，人员的变动是不可避免的，年老、疾病、退休、死亡都会打乱组织的人员构成，因而人员的稳定原则也有一个尺度问题。

13. 首创精神

法约尔认为，首创精神能激发组织成员的活力。对于组织来说，除了领导的首创精神外，其成员的首创精神更是一种力量的源泉，领导应尽可能地鼓励和发展这种精神。尤其在由于对权力与纪律的尊重而造成的局限中，更需要领导有足够的勇气，并极有分寸地激发和支持大家的首创精神，如果必要，领导即便牺牲一下自己的虚荣心去满足下属的虚荣心也是应该的。

14. 人员的团结

法约尔认为,一个企业中,全体人员的和谐与团结是这个企业的巨大的力量。对企业领导而言,在为保持人员团结而使用的众多的方法中,要特别注意的一条原则是统一指挥,要特别注意避免的两方面危险是:① 不要使自己的下属人员分裂——使敌人分裂以削弱其力量是聪明的,但使自己的队伍分裂对企业来说则是一个严重的错误。② 不要滥用书面联系——法约尔认为,在处理业务问题或下达一道需要加以解释的命令时,一般用当面口述要比书面快,并且简单得多。一些冲突、误会也可以在交谈中得到解决,而在书面联系中却可能更激化。因此,在法约尔看来,对企业而言,凡是可以很容易地并很方便地进行口头联系的地方,就应该禁止一切书面联系。

需要说明的是,在法约尔的笔下,“原则”一词只是显示其管理理论的一些“灯塔”,而不是一个固定不变的、僵化的概念,正如他所说的那样,“在管理方面,没有什么死板和绝对的东西,这里全部是尺度问题……原则是灵活的,是可以适应于一切需要的,问题在于懂得使用它,这是一门很难掌握的艺术,它要求智慧、经验、判断和注意尺度。由机智和经验合成的掌握尺度的能力是一个管理者的主要才能之一”①。

三、组织论

前已述及,法约尔是把组织当作管理职能的一个要素加以研究的。管理职能的基础是社会体,而组织是社会体的一部分。组织对管理职能来说是起限制作用的。从这个意义上讲,组织论在法约尔的管理理论中占有非常重要的地位。

1. 层级制度与跳板法则

这是法约尔在其“等级制度”管理原则中所作的表述。一个组织在一般情况下,其管理活动应沿着等级(层级)序列进行(自上而下的指挥监督与自下而上的请示汇报),这是“等级制度”原则的基本含义,但也有例外:在遇到一些需要快速办理的事情时,为提高办事效率,需要跳过原有的管理路径,在平行的两者之间建立直接联系的渠道,即建立跳板或天桥;若两者无法协调,再报告上级,由上级协调。这一情况称作管理过程中的跳板法则。法约尔“跳板”理论旨在保持命令统一的情况下,迅速而及时地解决一般事务,从而

① 法约尔:《工业管理与一般管理》,中国社会科学出版社 1982 年版。

使组织最上层得以从繁杂的事务中摆脱出来,专注于一些重大问题。如图3-2所示。

2. 线性组织理论

法约尔提出,一般的组织形态由组织人员的数目决定。管理层次的设置一般坚持"2—5"原则,如一个部门领导管理2—5个车间主任、一个车间主任管理2—5个工长、一个工长管理2—5个工人。

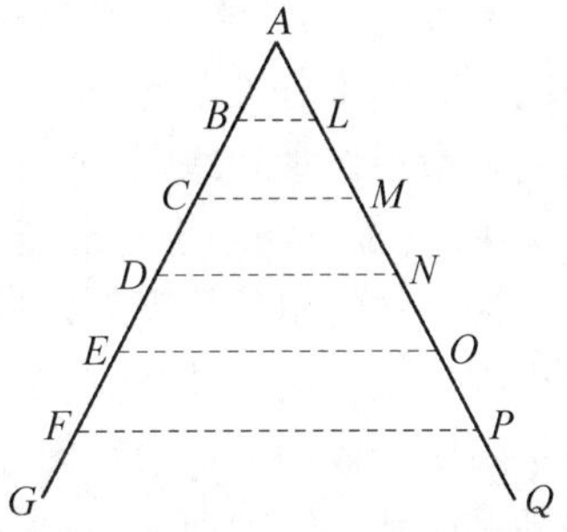

图3-2 法约尔的"跳板"理论

3. 参谋理论

在法约尔看来,理想的领导应该是这样的人:具有解决管理、技术、商业、财政和其他一切需要他解决的问题所必要的知识,有充沛的体力、精力和工作能力来应付领导所担负的联系、指挥与控制的职能。但这样的领导只能在小企业中找到,而在大企业中则没有,在特大企业中更没有。因为不可能有任何人的知识能够解决一个大企业经营过程中提出的所有问题,没有任何人能有一个大企业领导工作的各种职责所要求的精力与时间。因此,参谋部的设置势在必行。参谋部主要为领导处理四个方面的问题:① 对领导的日常工作、通信、接待、案卷的准备与研究等给予多种帮助;② 联系与控制;③ 预测未来,制订与协调各种计划;④ 研究改进工作的措施。

第三节 分析与评价

通过对法约尔与泰罗进行比较,可以看出法约尔管理组织理论有如下特征①:

(1) 法约尔试图给管理规定特有的概念范围,并把它作为管理理论的研究对象。他认为,管理是企业经营不可缺少的六种固有的职能之一。管理的定义是"计划、指挥、组织、协调、控制",但这只是给定了一个要素范围而已,并没有给管理一个确定统一的概念。

(2) 在法约尔的理论中,组织与管理的概念是密切相关的。法约尔把组织看作是同计划、指挥、协调、控制并列的管理因素之一,实际上他的组织论研究的也是管理职能的基础——组织的结构这个侧面(包括外部形态和内在因素)。

① 占部都美:《现代管理论》,新华出版社1984年版。

（3）法约尔的14条管理原则更像一种论述组织的有效形成和维持的理论。分工、权力和责任、统一指挥、统一命令、集中、纪律、秩序、创造性等与组织的形成因素有关系的占了大部分。他还把创造性、团结、保持员工的稳定等社会因素当作管理原则，这只有把法约尔的管理原则解释成是健全地形成和维持组织、促进组织发挥机能的准则才能予以理解。

（4）法约尔的管理理论只是考察了组织的内在因素，没有考察组织同它的周围环境的关系，因此缺乏具体性。但也正因为如此，他的这种脱离环境的有关组织形成和维持的管理理论才成为既适用于企业组织，也适用于行政机构的一般性的管理理论。

法约尔管理组织理论的贡献是卓越的。美国学者克劳德·小乔治在仔细研究了法约尔的管理思想后指出，《工业管理与一般管理》一书对管理思想做出了卓越而重要的贡献。这主要表现在它提出了对管理的发展极为重要的三项革命性内容①。

（1）管理是可以应用于各种形式团体活动的一套独立的知识——管理的普遍性。

（2）能够应用于所有各种工作的第一个全面和综合的管理理论。

（3）在学院和大学中开设管理课程的思想。

克劳德·小乔治还指出，虽然法约尔的思想是在19世纪末20世纪初形成的，但其中一些思想却带有现代的味道②，如分权化和集权化的问题只是一个比例问题——为某一具体公司找出最优比例；每一个职工有意或无意地把自己的某些事物放到他的工作中去了；他不只是像机器上的一个齿轮那样行事的；等级系列就是从最高层到最底层的管理者系列；为了建立秩序，必须为每一职工指定一个位置，而每一职工都应该在他指定的位置上；分裂敌人的力量是聪明的，而分裂自己的队伍是一种严重的错误。

思考题

1. 简述法约尔的14条管理原则。
2. 法约尔的“跳板”理论在现实中可行吗？
3. 谈谈对法约尔有关企业领导人的必要能力的相对重要性观点（见表3－1、表3－2）的认识。

① 克劳德·小乔治：《管理思想史》，商务印书馆1985年版。
② 同上。

第四章　韦伯的官僚制组织理论

第一节　生平与著作

马克斯·韦伯(Max Weber,1864—1920)出生于德国埃尔福特的一个富裕家庭,父亲是一位法学家兼市政议员,母亲是一位虔诚的基督教徒,一生笃信上帝并致力于宗教慈善事业。1869年,父亲老马克斯·韦伯把全家迁居至柏林,不久柏林就成为了德国的首都。在柏林,老马克斯·韦伯积极投身于政界,有着广泛的社会和政治联系,他们家经常成为学者、艺术家和政治名流的聚会场所,因而韦伯从小就受到德国重要思想家如狄尔泰、蒙森、施密特、苏贝尔的学术熏陶。优越的环境、聪颖的天资,再加上勤奋好学,使韦伯在中学时代就对文学、历史、哲学、经济等诸多领域发生了浓厚的兴趣,这为他日后从事广博的学术研究打下了良好的基础。

1882年,韦伯高中毕业后升入海德堡大学攻读法律和经济学。在海德堡,韦伯与所有传统的富家子弟一样,贪玩厌学、不思进取。1884—1885年韦伯又转至柏林大学和哥廷根大学就读,从此开始发奋读书,专注于学业。在此期间,他曾在斯特拉斯堡服兵役,担任下级军官职务,并参加了几次军事演习。严格的军事生活使韦伯深为了解德国军队的管理方法和组织制度,这对他以后的行政组织理论研究影响颇大。大学毕业以后,韦伯一直在柏林地方法院担任低级法律职务,同时着手准备博士论文。1889年,韦伯以"中世纪贸易公司史论"的论文获得博士学位。此后,他又以"罗马农业史对公法和私法的意义"的论文,正式获得大学讲师的资格。自1892年起,韦伯先后执教于柏林大学和弗莱堡大学。1896年,他又迁回海德堡。

在海德堡教学期间，韦伯经受了一次精神崩溃，他的学术研究也因此而中断。几年以后，他才重新恢复学术工作，而此后他的教学生活则是以一种离职休假的方式度过的。根据种种记载，韦伯的精神疾病起因于父亲的去世。老韦伯死前不久，曾经和儿子有过激烈的争吵。这场口角因小韦伯不可思议地命令自己的父亲离开家庭而闹到顶点，此后韦伯再也没有在父亲生前和他见上一面。在得悉老人暴卒的消息后，他受到了负疚和悔恨的折磨。此后，他实际上已变成了紧张症患者①。

由于精神疾病的困扰，韦伯无法专心致志于学术研究，1899 年，他获得学校的批准开始了休养讲学的生活。韦伯先后游历了英格兰、苏格兰、比利时、意大利和美国。在美国期间，韦伯应邀在圣路易斯大学讲坛演讲，并远至俄克拉荷马和新奥尔良参观访问。美国是一个以城市为主、以有效的官僚制政党和议会实施统治的国家，北美新教徒在发展资本主义经济以及在美国社会经济组织中表现出来的进取精神，给韦伯留下了深刻的印象，并成为他日后写作《新教伦理与资本主义精神》一书的素材②。

在经历了几年的"精神崩溃"之后，韦伯从 1903 年开始以惊人的毅力和疯狂的速度投身于学术创作活动。尽管他的精神疾病不时轻度发作，但只要一干起工作来，他那巨大的创造活力便泉涌不止。1917 年末至 1919 年初，韦伯多次在公开场合发表演讲，其中最为著名的是"作为职业的学术"和"作为职业的政治"两篇演讲。几乎与此同时，他又先后受聘于维也纳大学和慕尼黑大学，讲授社会学、社会经济通史等课程。由于身心长期处于紧张状态，以及清教徒式的勤勉忘我地工作，韦伯的身体健康受到严重损害。1920 年 6 月 14 日，韦伯因患肺炎而猝然去世，时年 56 岁。

韦伯的思想深刻而独到，研究的范围也十分广泛，涉及社会学、经济学、政治学、行政学、历史学及宗教神学诸多领域，他的学术研究不同程度地推进了各个学科的发展。他的一生著述颇丰，并且在研究范围、文献资料和思想深度等方面，都令后人难以企及，其主要著作有：《新教伦理与资本主义精神》、《一般经济史》、《社会和经济组织的理论》、《经济与社会》、《政治论文集》、《社会学论文集》等。韦伯的理论对后世影响巨大，他提出的"理想的官僚制"理论是行政学发展史中重要的里程碑，为此韦伯被誉为"组织理论之父"。

① 弗兰克·帕金：《马克斯·韦伯》，刘东、谢维和译，四川人民出版社 1987 年版。
② 苏国勋：《理性化及其限制——韦伯思想引论》，上海人民出版社 1988 年版。

第二节　官僚制组织理论

一、理想的官僚制理论

官僚制理论居于韦伯现代化理论的核心，他认为行政管理体系向官僚科层制发展的程度，给现代化的政府提供了决定性的尺度。因为，官僚制本身就是作为传统类型对立面而规定的，它是传统行政体制的对照物，是世袭制向理性转换的过渡形象。对于韦伯来说，当代社会以及政府的突出特点是家长制或世袭制的行政管理体制转变为官僚科层制，传统权威转变为所谓“理性的”或“合法的”权威。这一趋势是社会、历史的发展过程的必然结果。

1. 官僚制的概念

“官僚制”(bureaucracy)一词是由法文 bureau 与希腊文 kratos 复合而成。bureau 原意指带有书写折叠板的家具，后衍义为书桌，进而指放书桌的办公室、官邸、办公场所，kratos 具有管理、治理、统治的含义。18 世纪以来，bureaucracy 一词从原来的“办公室”逐渐引申为训练有素的专业人员根据固定的规章、制度展开活动的一种理性而高效的行政管理体制。韦伯正是在这个意义上使用该术语的，在其众多著作中，bureaucracy 表示一种有效的组织管理体制和方式。在深入研究和比较中西方社会的统治结构之后，韦伯认为：官僚制就是建立于法理型统治基础上的一种现代社会所特有的、具有专业化功能以及固定规章制度、设科分层的组织制度和管理形式，是一种理性地设计出来的，以协调众多个体活动，从而有效地完成大规模管理工作，实现以组织目标为功能的合理等级制组织。

官僚制并非自古就有，它的形成有赖于西方资本主义制度的建立和发展。在韦伯看来，现代官僚制的发展必须具备一定的社会、历史和经济前提，它包括：货币经济的充分发展；行政管理任务量上的发展；行政管理质上的演变；官僚体制组织的技术优越性；行政管理手段的种类；社会差异的拉平等等。在所有这些条件中，韦伯尤其强调货币经济对于官僚制产生及发展的重要作用。他明确指出：“一定程度的货币经济的发展是纯粹官僚制管理的不变的和连续存在的先决条件……历史经验证明，没有货币经济的发展，官僚组织很难避免经历实质的内在变化，准确地讲，它要变成另一种结构形式。”①

通过比较中西方社会发展和组织结构，韦伯发现官僚制的行政管理只能发生在属于法理型统治的理性国家。虽然古代埃及的一些文献中有官僚制的某些精神气质，中国自秦汉以来建立的中央集权制统治的国家也具有某些官僚制的形式，但是这两者都不符合现代官僚制的特征。因为，就统治的组织结构而言，中国在秦汉时期开始从封建制向官僚制过渡，而训练有素的行政管理官员和理性的法律制度却一直付诸阙如，最终致使中国早期的官员制萌芽一直未能发展成为现代的官僚制。

2. 官僚制的功能与特征

“官僚制”一词不仅被韦伯用指政府部门，而且用指在所有当代生活领域、非自愿团体和私人事务以及政府中的一种“理性”行政统治类型。作为一种有地位的阶层，官僚组织的发展不仅能够对政治产生影响，而且对社会也能产生广泛的影响。正如在政治领域中官僚组织远非行政工具一样，在更广泛的场合，它对社会的文化和价值、对人们思想所追求的价值目标发挥着有意义的影响。韦伯提出的“官僚制”概念，主要是指在知识的基础上，以行政效率为目标的一种科学、理性的现代行政管理体制。概而言之，纯粹类型或理想类型的官僚行政机构主要包括以下基本特征：

（1）等级制。在理想的官僚体系中，各种公职或职位按权力等级组织起来，行政部门从上到下形成一个金字塔式的等级结构。在此，上下级之间有着明确的职能和权限的区分，每一层级都要受其较高层级的领导、监督和管理，最高层级则要向组织本身负责。行政管理体系的等级制原则最大的优点在于：上令下行、层层授权、目标明确、管理科学。然而，“等级的服从并非等同于所有‘上级’机构有权干脆把‘下级’机构的事务，统统兜揽在自己的身上，越俎代庖”②。因为行政人员的职责是专业化的，上级不必处处干涉下级的事务；反之，下级也要在其职权范围之内独立行事，不能仅仅依赖和等待上级的指导。等级制的原则同样存在于国家的和教会的机构里，也存在于所有其他官僚体制的机构里，如大的政党组织和私人的大型企业。

（2）专业分工。专业分工不仅是行政体系提高工作效率的必要前提，也是官僚等级制的一个显著特征。韦伯认为，“在行政管理中按照纯粹业务的观点，实行分工的原则，对各种具体工作进行分工，最好把干部培养为专家，并

① 马克斯·韦伯：《社会学论文集》，牛津大学出版社 1947 年英文版。
② 马克斯·韦伯：《经济与社会》下卷，商务印书馆 1998 年版。

在实际中不断进一步深入培训”①。而且,只有在分工明确的情况下,行政人员完成任务才意味着解决事务“不看人办事”,而是根据可以预计的规则。显而易见,按照韦伯的观点,现代的官僚制无论是在任务层次还是管理层次都有一种高度的分工,整个行政管理工作首先被分成几个大的方面,进而又被分成若干小的方面。分工过程层层进行,直到个人的工作高度专业化,每个人只从事有限的任务为止。现代官僚制的技术优势主要体现在工作的专门化,分工和专业化使行政体系各个层级的职权与责任相互一致;另一方面,它又不断促进行政管理人员提高工作效率。

(3) 行政管理档案系统原则。韦伯指出,现代官僚组织的主体由行政人员、物资机构和档案机构三部分构成,其中广泛、严密的档案机构则在一定意义上已成为官僚制的重要标志。在组织化的官僚体制中,行政职务的执行都以正式的文件或案卷——档案保存着原始的文件和草案为基础,一切行政命令、决议和规章都必须运用书面的形式加以表述,而行政组织内部之间的沟通与合作也必须通过正式的文件进行。当正式的和成文的文件用毕,档案系统就对此进行必要的保存与管理,它们自然就成为日后决策的基础。一般而言,现代官僚组织都拥有极其详细和广泛的档案系统,这个特征使官僚组织能够独立于个人之外,个人也许来去不定,而档案系统则是组织不可缺少的存储器。

(4) 明确的程序、规章和制度。在现代官僚组织的实际运作中,明确的程序、规章和制度在很大程度上排除了个人的主观因素,从而使组织获得了理性、稳定性、连续性和可预测性。在行政部门之间发生水平的、垂直的和横向的联系时,就是程序、规章和制度在指导组织成员的行为,它们是组织运行理性化、科学化的根本保证。因为,组织的规章和制度本质上是非人格化的,不掺杂任何私人的偏见和感情,所以组织就摆脱了个人的狂想、幻想和怪想的影响。如果在一特定情况下,行政组织的各个部门在一段时间内应用同样的规章,那么整个行政组织在这段时间内就会产生高度一致性和连续性。只有当规章、制度不充分和不必要时,组织才对它们进行修正或废除。概而言之,程序、规章和制度起到了以下三个方面的基本作用: ① 组织不受个人主观意志的影响,避免上级对下级的正常工作活动进行不必要的、经常有害的干涉,反之亦然; ② 官僚组织的各个部门,在任何特定的时候具有行动的一致性、连续性及合理性; ③ 在任何问题上,都要毫无例外地应用同一规章、制度,遵守

① 马克斯·韦伯:《经济与社会》下卷,商务印书馆 1998 年版。

同一程序,使组织始终能够独立于个人之外。

(5) 专业培训。训练有素、专业精深的行政官员是现代官僚制区别于传统家长制和世袭制的重要特征。随着资本主义社会专业分工的精细化与复杂化,政府部门的行政管理工作也日益变得专门化,这就需要对各种职位的行政人员进行专业培训。尽管行政人员受过某一领域的正规教育,并且具有所要求的专业知识,但他们可能并不真正具备处理错综复杂专业问题的能力。因此,官僚组织必须为他们提供系统、全面的专业培训,促使他们改进办事方法、提高工作效率,最终成为某一领域的专家。因此,"职务工作,至少是一切专门化的职务工作——这是现代职务工作的特点,一般是以深入的专业培训为前提的。这也同样愈来愈既适用于私人企业的现代的领导者和职员,也适用于国家的官员"①。韦伯认为,经过专业培训的官僚可以最大限度地发挥行政管理的效能,并使官僚同复杂的工业社会息息相关。

(6) 采用固定的薪金及按照资历、政绩晋升。行政官员是一个专职的阶层,其职务稳定,能够定期拿到货币报酬,一般是采用固定的薪金和退休金这种年老保障的形式,因而"官员的相对较大的生活供给保障,此外,在社会评价上也得到补偿,使得在不再有殖民的获利机会的国家里,官吏成为渴望得到的热门工作"②。另一方面,与官僚组织的等级制度相适应,官员的仕途生涯也由下面的、较不重要的、报酬较少的职位,逐渐向上升迁。一般的官员,如果不能在职务上得到晋升,那么至少在薪水的级别上有望按照资历正常晋升。官员的提升完全根据个人本身的资历、政绩,而不允许将等级、信仰或性别因素和个人政绩纠缠在一起。所以,正是由于职业的专职性、薪金和晋升的稳定性以及社会地位的相对独立性,才使得官员阶层能够摒弃个人情绪,安心地按照规章、制度办事,从而在根本上保障了整个官僚体制的理性和持续性。

3. 官僚制的评价

官僚制是资本主义经济发展的产物,它是一种理想的行政管理体系的象征,并且经常意味着行政组织的理性化、稳定性和高效率,而不像这个词的现代用法中所包含的"行动缓慢、效率低下、不负责任、互相推诿"等官僚主义现象。因此,在这个意义上,韦伯深刻指出,"经验一般地总是表明,纯粹的官僚集权式行政组织——从纯技术观点来看是能够取得最大限度的效率的,从这个意义上来说,这种组织是对人进行绝对必要的控制的最最合理的手段。在

① 马克斯·韦伯:《经济与社会》下卷,商务印书馆 1998 年版。
② 同上。

精确性、稳定性、严格的纪律性和可靠性等方面，它比任何其他形式都要优越”①。

显然，韦伯在此强调的主要是官僚制的技术优越性，即作为技术工具的官僚组织所具有的“理性”。不过，官僚制也并非像韦伯描绘的那样完美，它常常与官僚主义密切相连，并且也具有官僚主义的负面作用。就技术层面而言，理想的官僚体制的优点主要体现在以下几个方面：

（1）组织的严密性。理想的官僚体制是通过等级结构进行控制与管理的，等级结构体系则完全按照专业化的标准加以确定。法规、规章和制度对所有职位的责任和权限都有明确而详细的规定，整个官僚组织权力分层、职位分等、层层节制、环环相扣、秩序井然。上下级之间职责明确、同级之间既相互分工又彼此配合，这在很大程度上保证了行政管理的高效率，避免组织之间、个人之间职责不清、互相推诿的现象。此外，所有的行政人员都隶属于统一的法律法规体系，遵照法规和规章进行职务活动，组织从而获得了高度的一致性。

（2）管理的非人格化。在官僚组织的行政管理中，任何程序都必须以法律、制度为根本准则，占主导地位的是形式化的、非人格化的、普遍主义的理性精神。行政人员必须秉公办事，保持价值中立，排除爱、憎和一切纯粹个人的、从根本上说是非理性的、不可预计的感觉因素。因而，官僚制的这种非人格化秩序的建立，不仅在很大程度上克服了封建世袭制的个人专断、滥用权力等种种弊病，保证了管理体制的连续性和稳定性，更为重要的是，它体现着一种科学、高效、公正的管理模式，意味着行政管理开始由传统的“人治”转向现代的“法治”。

（3）技术的高效率。官僚体制的组织广泛传播的决定性的原因，向来是由于它的纯技术的优势超过任何其他的形式。在官僚组织中，专业技术知识居于中心地位，任何规定都是详细具体的，并且具有很强的可操作性，体现了一种科学的管理方式，这种合理性决定了官僚体制具有精确、迅速、统一、协调、节约和高效率等优势。为此，韦伯指出，“精确、迅速、明确……统一性、严格的服从、减少摩擦、节约物资费用和人力，在由训练有素的具体官员进行严格官僚体制的、特别是集权体制的行政管理时……能达到最佳效果”②。所以，官僚制的管理行为是以“理性”为其前提的，它对于社会的治理以及对经

---

① A·M·亨德森、塔尔科塔·帕森斯：《马克斯·韦伯：社会经济组织理论》，纽约弗里出版公司1947年版。

② 马克斯·韦伯：《经济与社会》下卷，商务印书馆1998年版。

济的促进，从效率、功能上看远远胜过非理性的行动类型。

(4) 统治的知识化。官僚组织的行政管理意味着根据知识进行统治，这是它所固有的特别合理的基本性质。根据教育程度和专业资格录用官员，打破了传统的门第之见和经济特权，使得官僚组织能够广泛地招纳优秀人才，并且有助于职业专家和技术官僚人格类型的发展，从而确保个人在任用和晋升方面的平等权利。在韦伯看来，官僚体制中所有官吏的权力地位都来源于知识，而知识有两类：第一，通过专业训练得到的专业知识，广义上称作"技术"；第二，官场知识，它是关于为官实践的具体知识。统治的知识化是现代官僚制的重要特征，它从根本上保证了官僚组织的有效性和稳定性。

按韦伯的意见，官僚制的行政管理正在以其技术优势而得到蓬勃发展，正如资本主义的工业化发展一样，官僚制的"非人格化"扩大了个人的能力，增加了个人在逐渐复杂的社会中达到其目的的可能性。但是，韦伯在赞美现代官僚制的"理性"和"效率"的同时，也清醒地认识到它所具有的"非理性"和"低效率"的一面。因为，通过理性化，人们追求可控制的外部环境，增进自己的自由，但同时也就助长了束缚自己的力量。简言之，现代官僚制主要包括下述负面功能：

第一，官僚组织体系庞大、行动缓慢，容易造成组织效率低下。等级制是理想的官僚体制的重要特征，是用以保障官僚组织有序、高效的一项重要原则。按照这一原则，下级必须接受上级的指挥、控制和监督，更为重要的是，下级的加薪、晋升也完全由上级决定。上下级之间的这种节制与隶属的关系，难免造成下级人员对上级人员逢迎拍马、报喜不报忧，从而阻碍了上下级之间的沟通渠道。另一方面，由于上级人员对下级人员的能力和实际工作表现的了解不可能完全正确，所以也必然导致下级人员的不满情绪，从而影响官僚组织的内部团结和工作效率的提高。

第二，官僚制与官僚主义(bureaucratism)密切相连，它具有官僚主义的种种弊端。例如，分级审理原则的贯彻，必然会带来徒然增多的文件数量，可能会使文牍主义风气四处蔓延；职务活动在文件形式上的过分求全态度，其结果是用繁文缛节束缚行政人员的手脚，使处理公务的效率大大降低；法规明确规定了官员的权限和职责，又可能产生对管辖以外的事情漠不关心、互相推诿，以及本位主义和宗派主义的消极现象；严格按照规章制度处理公务，其极端做法是官员为确保自身的利益而墨守成规、不思进取，缺乏工作的主动性和创造性，整个官僚组织也逐渐由此变得僵化死板，失去应变能力。在这个意义上，可以说"官僚制"是孕育"官僚主义"的温床。

第三，现代官僚制同样具有“非理性”的一面，它不断使人的本质发生异化。虽然官僚制本身是一种有其力量和价值的社会机制，但是随着资本主义的深入发展，它逐渐扩张为一种独立的社会力量，使人沦为其附庸甚至工具。官僚制的形式合理性越增大，它的实质非理性成分就越多，越容易招致来自价值判断的更多批判。在官僚组织中，人的一切行动都要听命于官僚机器的某种命令，人的情感、内心精神需求、本能、愿望和创造力都要受到压抑，人逐渐失去自我和个性，变成“这架不停运转机器上的一个小小的齿轮，并按照机器指定的路线行动”。这时，人已经发生全面的“异化”，人的工具性与人的本性形成根本对立。

二、合法统治的三种理想类型

韦伯认为，任何社会组织都必须以某种形式的权力为其存在的基础。在他看来，“社会与其组成部分，更多的不是通过契约关系或者道德一致，而是通过权力的行使而被凝聚在一起。在那些和谐与秩序占上风的地方，权力的威慑性运用从未彻底消失过”①。可以说，人类社会行为的一切领域都无一例外地受到权力的影响，没有一定形式的权力，一切社会组织的活动都不可能正常地进行，从而也就无法达到它预期的目标。在这里，权力意味着统治者的命令影响着被统治者的行为，被统治者必须接受或屈从于统治者的命令，以统治者的命令作为自己的行为准则。然而，韦伯并不仅把统治定义为一种引起服从的命令结构，还把它理解为乐于给予的服从。因此，在韦伯看来，统治是一种“合法的权威”，或者说统治者的权力都以“正当的”形式被他的服从者所接受，从而为社会所公认，成为合法。就此意义而言，韦伯指出，人类社会存在以下三种纯粹形态的合法统治的类型。

1. 传统型(traditional)统治

韦伯认为，“如果一种统治的合法性是建立在遗传下来的(历来就存在的)制度和统治权力的神圣的基础之上，并且也被相信是这样的，那么这种统治就是传统型的”②。例如西欧历史中的长老制，以及东西方都存在过的家长制、世袭制，都属于传统型统治形式。传统型的统治合法性基础源于自古流传下来的神圣传统，统治者是根据古代传下来的习惯与规则而确定的，被统治者

① 弗兰克·帕金：《马克斯·韦伯》，刘东、谢维和译，四川人民出版社 1987 年版。
② 马克斯·韦伯：《经济与社会》上卷，商务印书馆 1998 年版。

对统治者的服从则源于传统赋予统治者的固有尊严。传统型统治的组织机构的最基本特征在于：统治者不是"上司"，而是个人的"主子"，他的行政下属不是现代意义上的"官员"，而主要是他个人的"仆从"；属下行政管理人员与统治者的关系也并非一个组织团体内事务上的职务责任，而是一种奴仆式的个人忠诚。

在组织机构上，传统型统治与法理型统治有某些类似之处，尤其是在其任务的职能划分和指挥等级上。但是，两者之间的区别则更为鲜明：一方面，传统型统治的行政管理还未将私人领域和官方领域截然两分。官吏们不但正式拥有自己的封地，而且还可以公开出卖他们的官职，或者将其传给后嗣。另一方面，在传统型统治的行政组织中，官吏们的行政管理或者技术才能并不重要，他们对于统治者的忠诚才被认为是高于一切的"第一要素"。

传统型统治最为普遍的形式是世袭制，而实际上这种统治只不过是族长式统治的一种扩展。世袭制的合法性基础同样也是臣民对其主子所怀有的"忠诚与忠贞"。世袭的统治者将他与臣民的关系培养得如同他与家人的关系一样。在理论上，他们对其侍从们具有绝对的命令权力，但在实践上，他们的权力同时又受到来自传统习俗和惯例的限制。韦伯指出，世袭统治者的行为是被他们对传统的神圣不可侵犯的天生崇敬所支配的。如果世袭统治者滥用他的权力，而又无视习惯，那么他便冒着触犯他形式上"忠诚"的臣民的众怒的危险。韦伯经常指出一点，即世袭的统治者很大程度上依赖于他的臣民的善意，臣民善意的丧失将宣告他的统治的末日。但是，只要下属能够从主子的政权中获得足够的利益，这种情况就很少发生。

就传统型统治的纯粹类型而言，法律和规则并不是通过立法程序制定而出，传统本身就直接决定了法律的内容。在这种统治结构中，权力的实施必须以被统治者习惯上服从的程度以及心理上承受的限度为限，否则就会引起反抗。但是，即使被统治者发生反抗，这种反抗也只是针对蔑视传统限制的统治者个人，而并非旨在取消或反对传统制度本身。因而，在此意义上，这种革命被形象地称为"传统主义革命"。

韦伯认为，同法理型统治相比，"传统型统治的行政管理班子缺乏：① 按照事务规则确立的、固定的'权限'；② 固定的、合理的等级制度；③ 通过自由的契约并按规定任命官员和按规定晋升；④ 专业业务培训（作为准则）；⑤（经常性的）固定薪金和（更为经常性的）用货币支付的薪金"①。

① 马克斯·韦伯：《经济与社会》上卷，商务印书馆1998年版。

在社会历史中，传统型统治虽然表现为多种形式，但总体而言，它们在政治上对理性的经济行为起到严重的阻碍作用。这是因为，传统型统治的经济需要主要依靠实物捐赋和徭役的方式来满足。“在这种情况下，经济关系严格地受到传统约束，市场的发展受到阻碍，货币的使用基本上是一种实物和以消费为取向，资本主义的产生是不可能的。”①韦伯认为，传统型统治给合理经济的发展造成障碍的根本原因，不仅在于它的财政政策，而且首先是由于它的行政管理所具有的普遍特性，即：① 传统主义对制定形式上合理的、持久可靠的、因此也是在经济影响上和可利用上可预计的章程造成困难；② 典型地缺乏正式受到专业业务训练的官员班子；③ 统治者及其行政管理班子在实质上任意专断和纯粹个人喜好的领域很广，同时，可能的贪污受贿只不过是收取管理费用权利章法无度的变种而已；④ 整个家长制和世袭制固有的倾向，即倾向于以物质、以功利主义为取向的经济的调节。正是在此意义上，韦伯深刻指出：“自认为是一种合乎伦理道德的明确的生活准则的现代资本主义精神，必须与之斗争的最大敌对力量，是对于新环境的那种态度和反应，我们称之为传统主义。”②

2. 个人魅力型(charismatic)统治

个人魅力即“克里斯玛”，在这里它用来表示统治者的人格特征：“他被认为天分过人，具有超自然的或者超人的，或者特别非凡的、任何其他人无法企及的力量或素质，或者被视为神灵差遣的，或者被视为楷模，因此也被视为‘领袖’。”③在比较原始的社会中，预言家、精通医术的或者精通法学的智者、狩猎的首领或者战争英雄、勇士都被称为个人魅力型人物。个人魅力型领袖的权力仅仅依赖于他能否使其追随者和信徒们确信他的盖世神力。他必须做出奇迹和英雄之举，并且不断地在其追随者们眼中证明自己受命于天。不像官僚制，他不能依靠职位的保障；更不同于世袭制，因为他不能躲在习惯的尊严里。他必须时刻准备着通过使人敬畏兴奋的举止，或者冒着丧失其信徒的信仰的危险去证明自己的才能。

个人魅力型统治的合法性基础在于：英雄人物所具有的吸引追随者和信徒们的神力，以及后者对于前者自愿的服从和虔诚的信仰。在此意义上，韦伯认为个人魅力型的合法性是唯一纯粹的合法性类型。信仰是英雄人物控制其追随者和信徒们的唯一方式，而信仰则是他们自愿给予他的。但是，当信徒们

① 马克斯·韦伯：《经济与社会》上卷，商务印书馆 1998 年版。
② 马克斯·韦伯：《新教伦理与资本主义精神》，三联书店 1987 年版。
③ 同①。

不再信奉他时,领袖的权力就会顷刻崩溃。与其他统治类型相比,只有个人魅力型的统治者必须依赖纯粹出于其信徒们的自愿服从;只要他们愿意,随时随地都可以自由地抛弃统治者的命令,而不需要任何正当的理由。因此,个人魅力制的合法性,完全依靠对于领袖的信仰,但这种信仰却不是依靠强制取得的。真正合法性的试金石在于:当统治者没有力量去惩罚反抗者的时候,他的属下是否还愿意服从他的命令。在其他统治形式下,对统治者命令的服从并非基于信仰,而是基于对不服从的后果的理性认识。

就组织结构而言,个人魅力型统治与其他两种类型也差异迥然。首先,领袖的合法性权威依靠的既不是传统的习俗与惯例,也不是官方的等级制度、领取俸禄的雇员、技术性的行政管理或者任何种类的程序性规范,而是领袖个人所具有的超凡魅力。其次,组织内的行政管理人员不是现代意义上的官员,他们不经过技术训练和资格甄选,也不由家族门阀关系决定,而是以其本人所具有的"克里斯玛"特质为标准。而且,行政管理人员的职务不是一种职业,它不按照常规的途径升迁,全凭领袖的直接指定。最后,上级与下级之间的关系是直接的,无需经过任何固定的机构或程序,在这里只有领袖对信徒的召唤,以及后者对前者的效忠奉献。一般事务或个别事情均由领袖直接干预,行政人员既无固定的职权范围,也无固定的薪金。

韦伯指出,个人魅力型统治具有以下几种基本特征:

(1) 魅力的适用是由被统治者承认决定的,这种承认是由实际的考验——原先总是由奇迹——保障的,自由的,产生于献身于默示、对英雄的崇拜和对领袖的信赖。

(2) 倘若实际考验不能维持长久,则表明"领袖"被他的上帝遗弃,或者英雄丧失其魅力,倘若他的领导没有带给被统治者以幸福安康,那么他的魅力型权威的机会就消失。

(3) 社区统治团体是一种感情的共同体。魅力型统治者的行政管理班子并非"官员",也不是"家臣"或"奴仆",它是按照魅力的品质选择的。

(4) 纯粹的魅力对经济尤其陌生。在它出现的地方,就创造出一种着重强调意义的天职,作为使命或者内在的本分。

(5) 在受传统束缚的时代,魅力是巨大的革命力量。因为,魅力是一种发自内心的改造,改造虽然产生于困顿或者热情,但是它却改变着人们最重要的思想和行动的方向①。

① 马克斯·韦伯:《经济与社会》上卷,商务印书馆 1998 年版。

个人魅力型统治是一种前理性时代的社会现象。一方面,当社会出现某种危机时,“克里斯玛”就从外部造成影响,改变人们的生活境况从而使人们对原有的价值观念和信仰发生动摇,转而去接受一种新的信仰,这就为某些具有特殊能力的人取得权力造成机会。另一方面,信仰他的群众本身也有对这种人的需要,人们出于对摆脱面临困境的渴望和对美好前景的向往而对某些具有非凡能力的领袖人物表现出盲目崇拜和迷信①。个人魅力型的统治又是典型的人治,它不像传统主义和官僚政治,不能作为政治的稳定制度的基础。个人魅力制一经产生,它的衰落就开始了。韦伯指出,个人魅力的天赋在骚乱和普遍兴奋的时候是需要的,但是这种天赋根本不能与日常事务的管理相适应。

个人魅力型权威从根本上来说是一种最不稳固、“非常态的”统治形式,这不仅因为它缺少理性的、稳态的组织机构和它本质固有的反经济性,而且还由于个人魅力是一种天赋,它内在于非凡的、在生活中偶尔出现的个性之中,所以它不能被保存和传递。在个人魅力型统治的领袖死去以后,便出现了一系列从未能被适当解决的危机。随着后继者的任命,情况总是有所不同。因此,个人魅力制是一朵火花,它带着一线光明剧烈地烧了片刻,便猝然熄灭了。个人魅力型统治的结果是:权力要么转变为一种更为传统的类型,要么开始呈现官僚政治的特征。这些因素都促使产生于社会激烈动荡和变革过程中的个人魅力型统治向其他形式转化,这就是韦伯所称的“常规化”问题。

一般而言,个人魅力型统治的“常规化”有以下几种情形:一是把领袖地位从个人变成一种世俗社会职位,如酋长、教主、主席、总统,这样势必会造成将来继承这一职位的人自然地具有了“克里斯玛”领袖的合法权力,从而丧失“克里斯玛”一词原意所特指个人人格魅力的合法权力;二是以神意选择新领袖,如神谕、抽签、神启或其他神秘方法,使新领袖的合法性实际上来自选择技术的合法性,这也是一种与“克里斯玛”本意对立的、含有法制化意味的形式;三是领袖将权力传给子女或指定无血缘关系的继承人,实际上这是权力的世袭或禅让,这样必将造成“克里斯玛”型向传统型统治的转化;四是由信徒们荐贤举能,虽然这还不是真正意义上的选举,但风气一开,必然导致向现代民主选举方式的趋近,长此以往势必引起“克里斯玛”人治形式的解体,逐渐演变为法制型统治②。

① 苏国勋:《理性化及其限制——韦伯思想引论》,上海人民出版社1988年版。
② 同上。

3. 法理型(legal-rational)统治

韦伯所说的法理型统治,指的是现代社会的统治形式。这种权力是以合理—合法性或已被提升为统治者的权力为依据的。如果说所有其他类型的统治权力都是归于个人——不论是族长、君主,还是救世主或革命领袖,而法理型统治的权力则归于非人格化的制度和法规。在此,无论领袖、官员或普通民众,都要受到法律的制约和束缚;领袖和官员的决策、命令及其自身都要服从这一非人格的法律秩序。被统治者服从的只是这一组织的非人格的法律,而不是服从统治者本人。现代社会就是一种以法律为基础进行治理的"法治"社会。

如果说个人魅力型统治是一种人格取向的权威,法理型统治则是一种制度取向的权威。法律或者制度一旦形成,社会中所有的组织成员就必须按照它所规范的既定秩序行动。整个社会行政管理的关键,在于如何将这些抽象的法规和制度运用于实际事例。在法理型统治类型中,组织成员对于上级的服从,主要是基于他在组织内所处的地位,而上级行使权力的范围同样也要受到其职位的严格限制。在此,一切社会行动都必须以法规和制度为根据,行使权力的人——官僚仅仅是法规的执行者,而不是法规的最终源泉。服从也只是对依据法律建立起来的等级制度所规定的职位的服从。

韦伯认为,法理型统治具有以下几个基本特征:

(1) 一种事务的持续的、受规则约束的运作。

(2) 这种运作是在一种权限之内,而权限意味着:① 一种根据劳动效益分工实际划定的承担劳动效益义务的领域;② 赋予大致为此所需要的命令的权力;③ 明确划定可能允许的强制手段和使用强制手段的前提条件。这样一种按章办事的运作应该叫作"机构"。

(3) 职务等级原则。也就是说,任何机构都有固定的监督和监察制度,下级机构都有权向上级机构投诉或提出异议。

(4) 议事的规则可能是:① 技术性的规则;② 准则。为了应用规则,要达到完全合理,就必须有专业培训。因此,在正常的情况下,只有证明接受专业培训者成绩合格,才有资格参加一个团体的行政管理班子,才允许被任命为"官员"。"官员"构成作为合理团体的典型的行政管理班子,不管这是政治的、僧侣统治的、经济的(尤其是资本主义的)还是其他的团体。

(5) 行政管理班子与行政管理物质资料和生产性物质资料完全分开的原则是适用的。同时存在着职务机关(企业)的财富(以及资本)与私人的财富(家庭预算)完全分开的原则,以及职务运作场所(办公室)与住所完全分开的原则。

(6) 不存在任职人员对职位的私人占有。在“职务”上有“权利”的地方都被赋予权利，职务的占有一般并不是为官员占为己有的目的效劳的，而是服务于保障在他的职务上纯粹事务的(“独立的”)、只受准则约束的工作。

(7) 行政管理档案制度原则，甚至在口头讨论实际上都是规则或规章的地方，也是适用的；档案和官员们的持续运作结合在一起，就产生了办公机关作为任何现代团体行为的核心①。

在韦伯看来，传统型的统治是按照流传已久的习惯行事，其领导人只是因袭以往的传统进行管理，并且也只是为了保持这种传统才进行管理。个人魅力型的统治则带有浓厚的神秘色彩，它依靠的是感情和信仰，而非理性和法规，因而这种统治具有很强的不稳定性。在法理型的统治中，一切权力都根源于法律和规章制度，行政管理人员必须严格按照既定的法规活动，不允许夹杂任何私人感情和偏见。居于行政管理职位的官员也都拥有行使权力的合法手段；每个管理人员拥有的权力都以其职务的需要加以划分，并且被规章明确限制在必要的范围之内。因此，法理型的统治在保持行政管理的连续性、稳定性的同时，也保证了一种慎重的社会公正以及管理的高效率，这决定了它必然成为现代社会行政管理体制的基础。

概而言之，法理型统治要求包括领袖、官员和公民在内的一切人都要忠实于法律，并只对法律负责。它把合法性建立在一切人与理性法律的关系之上，这是一种非人格化的法制关系。传统型统治与个人魅力型统治则把合法性建立在一般人对某个人的忠诚关系上，一般人和官员都须面对个人和只对个人负责，这是一种人格化的法制关系。法理型统治则扬弃了前两种类型的非理性，成为既稳定又合理的统治形式，它的合法性来自对理性法律的信仰。这种法律体系是通过形式上完全正确的程序制定出的，它是由公认为合法的权威所制定和强制实施的。因而，在韦伯的论述中，法理型统治是现代社会组织的主要表现形式，它比传统型统治和个人魅力型统治的社会组织具有理性意义上的合法性。

韦伯清楚地指出，在所有这些合法性统治的类型中间，没有任何必然发展的进化模式。人类社会并非穿越过一种传统型的、个人魅力型的和法理型的阶段系列。三种统治类型只是在历史的各个不同时期以不同的形式结合而产生。不过一旦官僚政治彻底扎下根，个人魅力对社会制度的作用就趋于变弱，

① 马克斯·韦伯：《经济与社会》上卷，商务印书馆 1998 年版。

这确实是事实。韦伯认为个人魅力是一种对所有既定秩序的强有力的破坏力量,它特别能缔造革命的历史力量。传统型的社会特别害怕个人魅力的冲击波。人们封闭在习惯与风俗的正统观念中,不知从什么地方产生的个人魅力的形象便能给旧的制度以巨大破坏。

第三节 分析与评价

19世纪,德国的工业化进程是十分迅速的,但是在很大程度上却受到强大的封建容克政权的束缚。德国正处在以旧的、家族为基础的企业制度向资本主义企业制度迅速转变的十字路口上。韦伯敏锐地观察到,当时在德国的教会、国家机构、军队、政府、经济企业和其他各种团体中,大规模的组织都在飞速增长,而传统型的组织结构已经远远不能适应现代组织发展的需要。为此,这些大型组织迫切要求一种严密、稳定、有效、精确的管理组织,以促使资本主义社会的行政管理不断趋向"理性"和"高效"。韦伯提出的"理想的行政组织理论"适应了资本主义经济发展的要求,为西方资本主义社会描绘出一种高效率、合理性的管理体系,并且为行政管理从封建世袭制向资本主义官僚制的转变提供了理论上的依据。从历史的角度来看,韦伯的思想和理论反映了传统社会的瓦解和现代资本主义社会的全面兴起,反映了行政管理的现代化趋势。如果说亚当·斯密曾经发动一次抨击,摧毁了阻碍英国资本主义发展的重商主义政策,那么韦伯对旧传统以及在经济中使用政治控制(它们将被以知识和技术能力为基础进行的管理所取代)的抨击同样也前所未有地促进了资本主义的发展。这种强调规则而不是个人、强调能力而不是偏好的现代官僚组织,极大地推进了资本主义社会行政组织体系的发展,并使它作为任何一种大型组织的核心因素,在现代社会中起到极其重要的作用。韦伯的"理想的行政组织"理论对于西方行政学的发展影响深远,他的贡献主要在于以下三个方面。

(1) 构建起一整套现代行政管理体系的规则。韦伯的理想的行政组织理论系统地分析了现代行政体系的组织结构、运作方式和管理原则,全面阐述了作为资本主义社会的一切大型社会组织所应具有的基本特征。与传统的家长制和世袭制相比较,现代官僚制体现出更为优越的合理性、高效率和稳定性。在韦伯看来,理想的官僚制是由职位和部门形成的金字塔式的等级系列,每个职位、部门的权限和职责都是依据合理—合法的原则,按照它在组织中的地位加以确定,每个行政人员的公务活动都必须根据统一的法律和制度进行。行政人员专业化的职位和稳定的薪金则保证了组织的持续性和稳定性。显然,在现代西方行政学中,“官僚制化”被认为是带有普遍性的社会生活发展趋势,它已经成为研究现代行政体制、组织变迁和行政管理现代化的一个不可或缺的组成部分。毫无疑问,韦伯的思想在这些方面都保留着鲜明的痕迹。

(2) 强调了法理型权威在现代社会管理中的重要性。传统型统治的管理一切均按照惯例、习俗行事,但是缺乏效率;个人魅力型统治的管理带有浓厚的神秘色彩,它纯粹依靠信仰和感情而否定理性。韦伯认为,前两者的行政管理都是以个人的意志为中心,“因人而异”、“看人办事”,具有很强的随意性和不稳定性,因而都不符合现代行政管理的需要。理想的行政管理体系,即“官僚制”则是以法理型权威为基础,行政人员的公务行为必须按照理性原则进行,必须合理、合法,不允许带有任何偏见和私人感情,对所有人都平等看待,而不管他们的社会等级和个人身份。简言之,它要求人们服从的不是作为个人的管理者,而是作为一种非人格化的秩序和规范。在此,作为管理者的官僚只不过是这种秩序和规范的执行者。因此,法理型权威能够充分保持行政管理的持续性、稳定性和高效率,它越来越成为资本主义社会大规模组织管理不可或缺的基础。而且,在现代行政组织以及其他社会组织的管理中,韦伯的这一理论也显示出极其重要的价值和作用。

(3) 开启了研究组织理论(organization theory)的先河。所谓组织理论是指研究组织行为的理论,特别是研究大型正规组织,如政府机构、企业、工会和军队的行为,它是现代行政学的一个重要内容。韦伯提出的官僚制理论是组织理论的开端,直接影响了西方组织理论发展的方向和趋势,为此他被后人誉为“组织理论之父”。从组织理论的演变过程来看,官僚制理论属于传统组织理论阶段,它着重分析组织结构和组织管理的一般原则,研究内容涉及组织的目标、分工、协调、权力关系、责任、组织效率、授权等等。此后,组织理论又经历了行为科学组织理论和系统管理理论两个阶段,并开始从研究静态的组织结构和原则逐步转变为研究人和组织活动过程、组织系统的发展与平衡等问题。显而易见,这两个方面的内容都源于韦伯的组织理论思想,但论证的范围和方法在韦伯的基础上有了巨大的扩展,例如在研究现代大型组织的人际关系问题时,除传统的方法和理论外,还大量使用了现代心理学的有关理论和知识。

韦伯理想的行政组织理论不仅是行政学发展史上的一座里程碑,而且对于西方的政治学、社会学、经济学、组织行为学等学科也产生了巨大的影响。同法约尔一样，在20世纪四五十年代以前，欧美各国对韦伯的思想并没有给予足够的重视。然而，随着资本主义经济的深入发展，企业和各种社会组织规模的不断扩大，人们越加认识到韦伯提出的理想的行政组织的重要价值。如今，这种管理体制已经成为各种正式组织的一种典型的结构，发挥着有效的指导作用。他的那些精辟的理论观点，也对后来西方行政学理论的发展产生了广泛而深刻的影响。但是另一方面，正如有些西方学者后来批评的那样，韦伯的行政组织理论并非是纯粹的"理想"和"完美"，实际上它也存在固有的缺陷和不足。

首先，过分强调工具性的正式组织的功能，而忽略了非正式组织的影响力。韦伯的理想的行政组织理论主要是针对正式组织而言的，他认为任何偏离正式组织的现象都将降低组织的效率。但事实上，行政组织的既定目标是由组织成员共同努力实现的，成员彼此之间除了职务关系外，还保持着紧密的非正式交往，他们各自的观念、信心、忠诚都存在着互动的关系。如果处理得当，非正式组织的活动不但不会降低组织的效率，反而常常会弥补正式组织的缺陷与不足。正如切斯特·巴纳德在其《经理人员的职能》一书中指出的，"对于正式组织的运转来讲，非正式组织是必需的"。彼得·布劳也在《当代社会的行政组织体系》一书中指出："非正式关系和非官方活动常常有助于有效的运转……这些非官方模式对运转的意义，不能事先从理论分析上来确定，而只能在调查事实的基础上来确定。"①随着社会经济的发展，非正式组织和非官方的活动在当代组织中起着越来越重要的作用，韦伯理想的行政组织理论完全忽视非正式组织的作用和影响，不能不说是这一理论的一大缺陷。

其次，理想行政组织的那些能够提高组织效率的因素，也可能阻碍组织效率的提高。韦伯所考察的理想的行政组织体系之所以能够实现高效率，主要由于以下两条原则：不受个人感情影响的理性原则和团结协作原则。但是，这两条原则本身也是互相矛盾的，因为如果行政人员相互之间只按照法规、制度往来，而没有情感和精神的交流，就很难团结起来。同样，专业分工固然能够提高工作效率，但专业人员只适合一定的工作环境，而一旦外部环境发生变化，这些专业人员就显得力不从心、无法适应，即所谓的"受过培训的无能"(trained incapacity)。行政组织的晋升制度也存在一定的问题，因为上级完全决定了下级的能否晋升，下级的仕途生涯完全在上级的掌握之中。但是，上级

① 孙耀君：《西方管理思想史》，山西人民出版社1987年版。

的看法不一定与下级的工作能力和成绩相符合,有时甚至会发生矛盾,这又会影响效率的提高。所以,彼得·布劳指出,韦伯的这种理论存在着某种缺陷,它所忽视的某些“机能失调”因素,在当代社会中的重要性却正在日益加强。

最后,过分崇尚法规、规章和制度,而忽视其执行者的主动性和创造性,必然会导致组织和个人的行为趋于僵化、缺乏适应性。与传统行政组织的“看人办事”相比,官僚组织实行的“非人格化”的理性原则具有历史的进步性。但是,严格按照规章制度办事并不简单地等于唯法规至上、不带任何情感因素。因为,行政组织的法规、制度毕竟最终要由行政人员来执行,而作为行为主体的个人具有其内心的需求、渴望,不可能完全像机器一样毫无感情。如果官僚组织的成员无视具体情况而机械地执行,就会使组织的目的与手段完全本末倒置,其结果只能是:组织中的个人不断丧失其主体性,成为官僚机器的工具和附庸,而本来为社会和个人服务的官僚组织反倒成为最终的目的。在这种情况下,组织成员只关心是否按照规章、制度执行,而不问是否符合组织的整体目的,他们也由此变得墨守成规、小心翼翼,失去了对工作的主动性和创造性,从而使得整个组织趋于保守和僵化。

思考题

1. 简述理想型官僚组织的特征。
2. 官僚组织的优点和负面功能表现在哪些方面?
3. 简评韦伯的官僚制理论对西方行政学的影响。

第五章　古立克的行政组织理论

第一节　生平与著作

路德·古立克于1892年1月17日出生在日本的大阪,父母同为传教士,育有三个孩子,他排行老二。

1914年,古立克以优异的成绩取得政治学学士学位从奥北林大学毕业,他成了毕业生荣誉学会的一名会员。古立克一心一意想日后继承父亲的衣钵,加入传教布道的行列,所以他随即进入奥北林的神学研究院。一年后,他已是一位哲学硕士了,可是他越来越为人世的深奥莫测而烦恼苦闷。他开始认为,精神生活的实质并不在于宗教一些教条,而是源自一系列的根本价值。用他的话来说,这些价值指的是诚实、是个人尊严、是正义和人权、是创新和成就的机会。这些价值也包括对社会的责任、对崇高事业的无私奉献,以及在情感上对宇宙大同的深刻参与。正是这些思考,改变了他对人生道路的选择。他于是弃宗教而取政治,以为继承父母志向、献身人类进步的更好途径应该是社会工作和政府管理而不是传教布道。

1915年秋,古立克考取纽约哥伦比亚大学的奖学金,作为一名博士生踏进这所著名学府的大门,主修政治学和公共法律。名牌大学加上世界大都会为日趋成熟的他提供了许多新的机会,其中之一就是去纽约市政研究局属下的公务员培训学校上课,从而与之结下了不解之缘。

1917年,博士还没毕业,专长行政和预算的古立克已经走马上任,到马萨诸塞州的财政和预算程序联合特别委员会当秘书去了。在任期间的所见所闻为他的博士论文提供了不可多得的素材,那就是日后付梓问世的《马萨诸塞州的预算的演变》一书。

就读博士期间,古立克还曾投笔从戎,以上尉衔在军队服役一年,任职于总参谋部的统计局。退伍归来,他受命出任公务员培训学校校长,并兼任市政研究局理事会的干事。

几年之后,古立克完成学业,取得哥伦比亚大学的博士学位,随即获任市政研究局局长。此后研究局曾经两度改名,先是换了块国家公共行政学院的牌子,后来则干脆简称为公共行政学院。有古立克主持大局,又赋以新的使命,在之后的20年间,该学院发展迅速,在好几个州都开始了行政研究。古立克本人也名声大振,兼职越来越多。

进入20世纪30年代,古立克更是声望日隆。1931年,他受聘在哥伦比亚大学担任了长达11年之久的城市科学和行政学教授。两年后,他出任社会科学研究理事会属下公务员人事咨询委员会主席。在1935年至1937年间,他被委任为总统行政管理委员会委员。也就是在这期间,他和厄威克合作编辑出版了享誉学界的《行政科学论文集》。该书是美国行政科学发展过程中的一个重要标志。

第二次世界大战爆发,古立克转赴筹划战事的中心——首都华盛顿。他分别当过财政部和陆军部部长的顾问。他也在预算局工作过,负责在美洲各国事务办公室内筹组教育顾问委员会并担任主席。此外,他还是商业部人口调查顾问委员会的委员。

还在炮火连天的战争年代,古立克已经着眼于战后的计划和重建。他担任过国家资源计划委员会战后项目的协调员、国外救济与复兴行动办公室总部参谋,以及联合国救济与复兴署秘书处代理秘书长。他也曾当了一年的白宫行政事务助理,介入战争赔偿的事务,并出使欧洲、前苏联、日本和菲律宾。他还曾出席了1945年的波兹坦会议和1946年在巴黎召开的外长会议。

战火才刚熄灭,古立克就返回纽约的公共行政学院,重操旧业。此外,在1950年至1953年间,他还担任了负责审查纽约市政府预算的项目执行主任。一年之后,他又被任命为纽约的第一任市府主管,在位两年。1959年,他又被委派到纽约市政府作业行动委员会任职。

1962年,古立克被选为公共行政学院的董事会主席。他也曾担任过纽约市宪章修订委员会委员,纽约市区域划分委员会的共同主席,市长专业、技术和管理人力委员会委员,模范城市宪章委员会主席,市长过渡委员会委员,全国娱乐和公园协会董事会成员等等。他还担任过许多外国和国际组织的顾问。1982年,已届九十高龄、深孚众望的他被授予公共行政学院的退休名誉主席的称号。

为表彰古立克服务公众的突出贡献,世人颁授给他一系列的奖状。其中最为显赫的有：全国城市联盟颁发的杰出公民奖、美国公共行政学会颁发的二十五周年表扬状暨德怀特·瓦尔道奖、国家行政学院颁发的杰出服务奖、地区计划学会颁发的国家计划奖，以及政府研究学会颁发的格鲁恩·伯戈奖。

第二节　行政组织理论

一、政府在社会中的作用

古立克对于自己缺乏一个理论家的天资才干从来不加半点掩饰。他曾经说过一段话，大意是：我既不精通历史，又不专长哲学，所以对于如何去全面、系统地解释世界，我无能为力。但是，我的兴趣和经验促使我致力于通过行政行为把思想付诸实践，把计划变成现实。话虽如此，贯穿在他的著作中的一个基本观念，即政府在社会中的作用，始终清晰可辨。古立克一再强调，作为一个社会动物的人，不但有勤劳灵巧的双手，有探索求知的欲望，还有善创造、能记忆的思维。正是这些特点一方面使人们向往社交，另一方面又造成了他们熟悉某些知识和技能，偏爱某些趣味、艺术和情感的局限①。

在古立克看来，政府实际上提供了一种手段，使往往自私自利、独断专行的人有可能和睦共处、携手合作。政府的活动之所以必需，其原因就在于私人的行为多半出自自身利益的考虑，又为市场上"看不见的手"所左右，其结果难免与社会的总体利益格格不入。政府的运作是为了实现最大限度的自由而对人们的行为加以控制。政府的行为是为了提供合作性的社区服务，也就是在相互合作的基础上可以更好、更经济、更令人满意地完成的活动。简言之，套用古立克的话来说，政府应该体现出"人类对弱者合适得当的同情"②。

应当指出的是，古立克虽然主张政府必须有所作为，却并不赞成任由政府单方面一意孤行、为所欲为。他曾经指出，"在一个多元化的社会，一个中央政府是不应当一意追求自认可以包含公众和私人活动的全国性的目标和计划的"。实际上，首先，应该让公众团体和私人企业成为合作的伙伴，致力于共同的目的。其次，任何计划的制订必须要有各个相关学科的参与，要听取各种

① 《公共管理》1939 年 12 月号。
② 古立克：《大都会问题和美国的想法》。

专门利益团体的观点，还要注重“普通公众的意见”。再次，规划绝不能定下不容修正的绝对指标，要留有余地、允许不可避免的变动，使规划作为一份能够适应变化的总体指南，而不是一张更改不得的蓝图①。

按照古立克的看法，市场的失灵是政府必须采取行动的首要原因，而政府机构的日益膨胀则是多种因素所造成的。比如，热心公益的各界人士、执行公务的政府官僚、惯许诺言的政治家们尽管地位不同、利益各异，但是他们在对政府施加压力、意图增加政府预算这一点上则是不谋而合的。他还认为，对政府机构而言，并不存在着达尔文所谓的“适者生存”的情况。依古立克之见，生存之于适应，就好像赞美之于惯性，两者毫不相干。因此，要扩充政府活动，首先应就其对社会产生的后果进行仔细认真的研究，防止日后出现国家亦即政府独霸一方的局面。

为什么一定要限制国家的作用呢？原因是多方面的。未来的变化无常，这是其一。其二，所谓智者千虑，必有一失。领袖人物纵使才华盖世，其聪慧、阅历、知识乃至性格，都难免缺陷。此外，缺乏一定的行政技巧，一项全面的行动又必然牵涉到大量的变数，新的思想和新的计划的形成通常没有一个秩序井然的途径等等。上述因素都导致古立克认为国家不应当、也不可能将人类的全部活动揽于一身。

为了让政府认真恰当地执行它应尽的责任，许多方面的职能都应予以重作划分。例如，按照古立克的看法，无论公众还是立法部门都无法进行计划，而这对一个行之有效的政府是必不可少的。就公众而言，他们对计划过程的错综复杂往往束手无策，所以只能把计划的重担让给政府。至于立法部门，它缺乏责任感，不但作风拖拉，而且往往前后矛盾，更不宜担此重任。

古立克又认为，人们没有必要过分注重行政和立法部门之间的相互制衡关系，更多的注意力应该放到如何避免把政策的计划、执行和政策的采纳与否混为一谈。那么，他心目中的理想的政府又是何等模样呢？在他的笔下，理想政府的首席行政官应该主持计划，立法部门则对其提出的政策进行讨论，以决定是否接受，而广大公众则通过加入政党或压力集团来实施对整个体系的控制。

对联邦政府体系内的一系列职责，古立克亦要求重新界定。他认为，一方面，联邦国会的议员们制定了太多的不顾州和地方政府所需的政策。另一方面，州和地方政府有时也自行其是，对联邦政府、对全国性的问题置之不理。有什么良方妙药可以医治这一弊病呢？古立克的答案是没有。他觉得试图在

① 《公共政策》1963 年 12 月号。

联邦体制内把联邦、州和地方政府各自的职能分得一清二楚是不可能的。切实可行的方案是，将一系列的政府职能分成为属于联邦、州和地方性质的职能，然后再交给相应的各级政府执行。这样的职能分配比较灵活，可以通过各级政府之间的协作及时调整修正①。

实际上，虽然古立克一再强调联邦政府要发挥应有的主导作用，但是，他自己有关各级政府的相应职责的概念也在不断地演变。例如，在 1929 年至 1940 年的经济大萧条时期，他曾经力主赋予联邦政府更多的权力，全面控制整个企业界、运输界、银行界和税收部门，甚至连工资、工时、工作条件、价格、利润等方面也要实施基本控制。过后不久，他又一改初衷，声称考虑到地区不同，各有所需，相应的调整势在必行，责权应该相应地下放，以使有关的部门可以有的放矢、服务基层。

二、行政部门在政府中的作用

在古立克著书立说的那些年代，学界大部分时间都在探讨的重要主题是，有关政治和政策的考虑必须和行政事务截然分开。但他却反其道而行之，认为试图将政治、政策和行政一刀两断既不现实，也不可能，更不可取。其理由是行政涉及甚广，包括了一系列的内容，如制定政策，参与发展和采纳具体的项目，创建组织，人事准备，财政授权，行政监督、协调和控制活动，以及审查结果等等。显而易见，行政要介入政治和政策的过程是不可避免的。

值得一提的是，古立克给政治这个词赋予了双重的含义。粗俗地看，政治指的是通过对统治者的控制来达到牟取私利的目的。真正来说，政治则指的是统治者为了控制而采取的行动。两者的区别实际上在于行事人的动机而不在于行动的本身。所以，企图控制在行政过程中政治的粗俗一面就往往难免会妨碍行政过程中政治的真正的功能。另外，企图不让粗俗的政治介入行政也不现实。在一个制衡体制里禁止政治活动，其后果只能是一个软弱无能的政府，一个一事无成的、当然也犯不了错误的政府。

归纳起来，古立克的看法是：第一，所谓政治行政两分法的说法已经站不住脚；第二，应该探讨出一个新的学说，以使“专门家的才干能够在一个政治和业务责任并存的合适的体制内得到充分的发挥”②。

① 《州政府》1947 年 3 月号。
② 《公共行政评论》1955 年春季号。

针对于此，古立克提出的公式是设法将政治、政策和行政三者兼而顾之。说具体一点，先把政治家、政治任命官、行政官、技术人员各方在政治和政策参与的作用和程度梳理清楚，力争各司其职。政治家总理全局，负责监督和调整专家、政府官僚和利益集团三者间的关系，目的是一碗水端平。政治任命官的作用类似中间人，负责在技术人员和公众之间互传信息，目的是防止后两者之间沟通不良。行政官既要忠实执行民选官员（即政治家们）的决定，又要向具体执行的部门解释政策并协调各执行部门间的行动。值得一提的是，作为一名行政官，他在政策问题上不作最后决定、不向公众宣传政策，因而在政策立场上也无所谓成败的问题。也就是说，他只是个执行者而已。至于技术人员，他们的作用则局限在技术事务方面①。

虽然这些不同角色被赋予不同的作用，大体上也表明了他们各自参与政策和政治活动的不同程度，古立克还是承认他们所有的行为实际上既包括执行上级指示的行动，也包括自行判断的任意裁决。正是这种任意裁决最容易使一位官员卷入政策性的考虑。不容置疑，民选官员作出的任意裁决最多，技术人员作出的任意裁决最少。然而，在现实生活中并不是一切的政策性的事务都是由最高层的领导决定，因此任意裁决在基层也就在所难免。所以，在谈到各类官员在参与政治方面的作用不同时，实质上讲的是参与的程度不同而已。一位成功的行政官不但要看得清、吃得透置身其中的政治行政系统，更要懂得在这个系统中应对自如。一位高效的行政官不但要目的清楚、政策明确，更要倚仗公众的支持。也就是说，行政官不能光靠学识技能，还要对公众愿望、政治势力、人世常识了如指掌；不但要逐步摸索出一套有计划的补救行动，更要采取步骤力争行动的主导权。这才是所谓的真正意义上的政治活动，才叫作把行政官投入政策过程。这才是古立克对他们的希望和建议。

三、科学和行政

对早期的公共行政学者而言，政策/政治和行政两分法曾经是他们企图建立一门公共行政学科的基础。他们认为，一旦行政摆脱了政策和政治的阴影，行政就可以被视为不受任何价值左右的一项努力，就可以对其进行科学的分析。

古立克虽然不承认政策/政治和行政两分法，却也希望能够运用科学的方

① 公务员制人事咨询委员会：《改善政府人事》，纽约麦格罗希尔出版社 1935 年版。

法来处理行政事务。他觉得,“人类是通过科学和科学精神才把自己从习惯的完全禁锢中解放出来”。所以,同样的方法、同样的精神应该可以用于调查人类的行为。他相信,“想方设法在人类活动的各个领域里把经验和现象变成为可以衡量的单位是不可避免的”。在他看来,在公共行政这个领域里,所谓的科学方法也就是:用能力才干取代愚昧无知,用职业人士取代业余临时工,用专家取代万金油,用深入的分工取代肤浅的安排,用训练有素的主管取代无师自通的新手。

古立克一再强调,仅仅满足于收集唾手可得的两三个数据、若干事实、几条法规,或者只顾实际操作,或者解决一两个问题是绝对不够的,因为现代政府问题繁多,小的可以小到具体管理的细枝末节,大的又可以大到涉及整个社会的哲学原理。我们应该致力于用科学的方法去寻求解决这些问题的各种答案,而行政科学就体现了一个知识系统。尽管人类组织起来为着一个共同的目标而努力奋斗的情况会各不相同,但这个知识系统应该能帮助他们去了解各种情况下的各种关系、预测未来,并对可能会出现的后果产生影响。科学的探索会带动对现象的认真检查和分类,进而通过实验来检测假设,然后再将发现的真理运用于客观世界。其目的就是去挖掘“不可改变的行政法规”和“原则”,将之升华,将之简化,以应用于行政事务①。

对于为发展一门公共行政学科而面临的问题,古立克十分清楚。所有的社会科学的研究主题都往往闪烁不定,这是因为人类本身活力无穷,行事颇难预测。

对于科学专门知识的潜在危险,古立克也十分清楚。如他所说,我们今天正面对这样大批的专家,他们对越来越少的东西了解越来越多。正因为如此,他们很可能会自以为是、目中无人,即使在他们知之甚少或者一无所知的那些领域里,他们也会盛气凌人,摆出一副唯我独尊的架势。对这种危险,决不能掉以轻心,因为过不了一代人,政府计划就将被置于这些专家们的领导之下,计划的成败就将和这些专家们密切相关。

如何对付技术官僚给我们带来的危险呢?古立克以为,答案就是树立起一种专业作风,不但对工作认真负责、对自己要求严格,而且懂得他们自己并没有资格采取最终的行动。要知道,在一个民主的社会,只有平民大众才有资格对政府行为究竟孰是孰非作出最终的评判。当然,不能由此而妄下结论,以为专家用处不大、可有可无了。正确的看法是:无论是上对政治领导,还是下

① 美国《全国市政评论》1925 年 7 月号。

对平民百姓，专家和行政官都有义务与他们更好地互通信息，让他们进一步懂得什么样的条件才会有助于高效的行政。针对这一点，古立克说了下面这么一句话："你如果想推动民主，你就不但要学会通过研究来发现事实，而且要学会把领导人的讲话加以发挥、把老百姓的支持加以发扬。"①

四、行政组织

对于美国早期行政改革运动的目标，古立克是认同的。但是，在实行改革的相应策略这一点上，他则和他们是各持己见的。改革运动想集中精力，解决滥用权力的问题，希望通过选举程序来进行改革。古立克则看法不同。他认为，给行政体制的基本结构和运行过程下一帖猛药，大刀阔斧地实施改革，才是真正所需。具体地说，各部职能要重新界定，分工要明确化、人员要专业化、活动要理性化，各个部门的结构和互相之间的关系也要一一规划清楚。为了达到这个目的，就要考虑民选官员适量减少、行政部门适当加强，同时，政府部门的行事作风还要向私人企业看齐。

在最后这一点上，值得稍微多花笔墨。政府部门和私人企业这两大管理系统尽管重点不一、目的各异，实际上两者都同属管理科学，两者都要涉及人员管理的问题，涉及如何有计划、按部就班地作出决策。他们也都协调各部门的工作，给他们下达指示，还要求他们对工作好坏负起责任。此外，无论是政府的行政官员还是私人公司的管理阶层，都要为调动雇员的积极性想方设法，充分利用现有的人力、物力和时间，以取得最佳的效果。更重要的是，他们也密切注视公众舆论，以在一个不断变化的环境下求得生存，求得发展②。

古立克一再强调，行政改革必须要由一整套新的原则来指导。他坚持认为，我们今天所需要的是一个能够提出、执行民主政策的行政部门。由此出发，他建议，行政改革的主导原则应当如下：

（1）相关的工作应安排在同一单位。

（2）精简部门，多余重叠的机构或予以取消，或予以合并。

（3）各具体单位实现一元化领导，由有能力、懂技术、富经验、敢挑担的人掌舵。

（4）有责有权，权责相当。

① 《美国政治学评论》1937 年 4 月号。
② 《公共行政评论》1955 年春季号。

（5）一把手要指定专人负责整个部门的工作鉴定。

（6）整个部门的每项职能都要指派专人具体负责。

（7）削减民选官员的人数。

（8）各种理事会、委员会只有准立法、准司法的职能，不宜介入行政工作。

（9）整个部门的所有行政工作必须置于一元化的行政首长领导之下。

（10）行政首长必须有权任命、解雇和指挥属下部门主管。

（11）行政首长必须有一套研究班子，负责总结汇报，以及探索新的路子①。

简言之，行政部门应该融合成一个整体，组建坚强、能干的行政领导班子，并配备一位有职有权、能够监督行政全过程的首席行政官。

为了形成这个整体，理性的分工和有机的结合两者缺一不可。分工之所以必需是因为各人的天性、才干、技能各不相同，是因为一个人不能同时出现在两个地方，也不能同时做两件事情，而更主要的是因为人只能掌握有限的知识。结合之所以必需则是因为它可以将组织内部的分工造成的各种任务加以总体协调。从这一点上来看，有关组织的理论主要研究的就是如何把一个组织内部各项分配下去的工作放在协调的结构之中。

结合的要素之一是把组织内部类似的任务组合起来。古立克将行政管理人员应该如何具体安排工作归纳为四个途径，在英语中用四个P来表示，即目的（purpose）、过程（process）、人员（persons）和地点（place）。哪一种途径最好呢？一方面，古立克倾向于强调目的在进行协调努力时的重要性，但另一方面，他又指出，究竟选择哪一种途径还是要根据实际情况灵活掌握。组织发展处于什么阶段、技术发展有了什么新的变化、采用某种途径会有什么好处坏处等等，都可能会影响这个选择。

综上所述，古立克注意组织内部的分工和组合，并称之为"由下而上"的做法。这种做法强调了"同一性的原则"，但是它也有缺点，那就是忽视了控制和协调的必要性。为此，古立克又提出了一种"由上而下"的做法，其着眼点在控制和协调。实施这种做法，主要靠两条：一是建立一个权威结构；二是突出组织的目的②。

如何通过权威结构进行协调呢？第一，树立起一个单独的、全面的指挥权威。第二，保证每一件工作都有人监督。第三，确定由总体任务分配下来的各

① 美国《全国市政评论》1925年7月号。

② 古立克：《行政科学文选》，纽约公共行政学院出版社1937年版。

单位的具体任务。但是,在建立权威结构时,要注意到控制的有效范围是有一定限制的,很大程度上取决于监管人的知识、时间和精力。当然,如果工作性质单调重复,工作成果又容易计量,有效的控制范围也就可以扩大。

领导是通过权威进行协调的关键。古立克主张,一个领导,既要授之以权力,还要授之以使用权力所需的时间。古立克将行政管理人员的主要职责概括为如今广为流传的"八字方针",由英语中的八个字母(POSDCORB)代表着行政管理人员应该执行的七项重要功能,即计划(planning)、组织(organizing)、人员配备(staffing)、指导(directing)、协调(coordinating)、汇报(reporting)、预算(budgeting)。这七个方面中,他又对计划这一项情有独钟,对之强调再三,其原因如下:第一,计划是将目的具体化的唯一途径;第二,执行计划,必须要依靠专家,他们既管计划,又管执行,从而确保了计划的妥善落实。

虽然古立克注意到权威结构和领导在协调活动中的重要性,但是他也意识到光是依靠层级结构并不一定会导致组织融合成一个整体。要真正做到融合成一个整体,一个组织一定要从思想上重视协调,愿意并且尽力朝着一个目标共同努力。所以,完成任务靠的是说服教育而不是强迫惩罚。古立克说过这么一句话:"解决问题的唯一方法是通过个别谈话,开诚布公,把所有的牌放上桌面,绝不能固执己见,鲁莽行事。"①

五、从原则到细节

如上所述,古立克一向注重行动,而不是光说不做。纵观他的一生,大部分时间都致力于将他提出的理想和原则应用到实际中去。在这里值得一书的是前面提过的公共行政学院。这个机构既是孕育古立克信念的摇篮,又是他赖以推行这些信念的场所。

公共行政学院的前身叫纽约市政研究局,设立于1906年。研究局当年的领导班子虽然主要关心的问题是经济和效率,不过,他们也同时注意如何教育民众,致力于建立一个负责的、对新问题能及时作出反应的政府。他们曾试图扩充政府职能,使民主由抽象空洞的概念化为生动具体、充满活力、看得见、摸得着的东西。所以说,早在20世纪初,市政研究局就已经不是单纯地追逐效率。除了探索提高行政效率的途径,它还提倡政府发挥正面的积极的作用,并在公民的启蒙上下工夫。

① 《州政府》1947年3月号。

古立克把市政研究局称作为效率运动的“发电厂和思想库”,因为它主要研究行政原则及其应用,其目的在于:① 使政府管理更加经济有效;② 推行科学管理;③ 建设性地提高政府的透明度;④ 收集、分类、解析,并公布所有事实。基本点则落于两个方面:一是集中行政责任;二是注重计划、协调、预算和人事管理的实践。

市政研究局是怎样来达到上述各项目的的呢?靠的是两条:一是政府的调查报告;二是公务员培训学校。研究局的调查报告作成步骤如下:先将政府的行政活动分门别类,政府的每项主要职能都安排一个专人负责调查;再对有关每项职能的法规条款进行分析,对这个组织和有关单位的工作进行调查;然后列出建议,目的是为了使政府活动的综合化、标准化、明朗化,以及协调和控制等各个方面都可以得到改进。建议书出笼前后要注意两点:一是建议书出笼前要经该组织领导过目,讨论落实的可能;二是建议书出笼后要公之于众,以收到监督和教育的双重效果。

达到上述各项目的的第二个途径就是通过市政研究局的公务员培训学校。该学校创始于1911年,其办学宗旨是“为政府外的公众服务,以及在政府研究中培养男女同学的行政责任感”。整个课程为期一年,另有三个月的实习期。市政研究局的员工兼任学校的教师,市政府就变成学校的实验室。

古立克本人的主要兴趣在三个方面:公共财政、人事管理和大都会政府。当年还在公务员培训学校求学上课时,他已经以一介书生走马上任,到马萨诸塞州去当财政和预算程序联合特别委员会的秘书了。因为这段官场经历,他对公共财政的兴趣从此经久不衰,他对预算改革的许多想法也初具雏形。首先,古立克赞同在财政事务上,应该由行政部门而不是优柔寡断、作风拖拉的立法部门负主要责任。其次,他主张作预算要包括预算进程指标,以便日后检查。再次,各个州的财政责任都应该高度集中,除地产税和少量的地方税由下面的地方政府负责外,州政府应该全盘接管所有税收事项。

古立克的第二大兴趣是人事。他提倡在政府部门实行一种叫作“正面的职业终身制”,具体做法是:提拔新人,开诚布公,严格要求,公正对待①。换句话说,政府工作人员要从年轻人里面挑选,从基层见习干起,逐步熟悉业务。与此同时,把不称职、不胜任的人员果断淘汰。

实际上,之后不久,古立克提议的职业终身制就推广到政府内部所有的非政治性高级职务。这些职务总共分五大类,即非技能类、技能类、文书类、专门

① 《公共管理》1935年11月号。

技术类,以及行政类。不论进入哪一类的部门,都要经过考试。考取后,还要经过试用预备期。对于一些临时性的短期任命,要严加控制,以免变成逃避考试的后门。正式录用以后,晋升提级要看工作表现。另外,在职时的薪水、退休后的福利都应当维持一定的水平,以保证为政府服务的吸引力,防止人才的流失。当然,还要采取相应的措施,以防政府员工被无理解雇。

可以想象,毕生和公共行政学院以及纽约市政府紧密相连的古立克,对一个大都会政府的各种问题必然特别关注。大都会政府怎么去管?他始终认为:一是要按照职能的各个方面把责任下放给各级政府;二是要依靠那些和具体问题直接打交道的最小的政府单位。

对大都会所包含的大小城市,古立克十分重视,因为它们为广大的群众提供了赞赏高层文化、自由接受教育、实行自我控制和适应社会变化的大好机会。当然,古立克对都市生活带来的问题并不避讳。交通阻塞、贫民聚居、流动人口,以及缺乏财政资源等等都是城市的通病。问题并非出自城市的大小,实际上也没有办法限制大都会政府的膨胀。他认为,大都会政府处理问题力不从心,其根源其实在于政治运作不良、管理机构不当、财政基础薄弱、人口比例失调、政治资源缺乏,以及领导头脑不清。

对如何解决大都会的管理问题,古立克列出了不少办法。例如,可以设置一些目的有限的机构,或者将零碎分散的活动上交给上一级的部门;也可以在地方一级设置多重目的的机构,或者通过政府内部部门间的合作来解决问题;还可以在州政府一级设置一个地方事务局等等。不管采用怎样的形式,大都会管理的基本要素如下:确定市界时要考虑灵活性和政治活力;地理环境、经济和社会状况要包含丰富的内容;与彼此有关的活动要共同策划;代表性政治机构的成员要选自全区各地;地方上一些社区团体从事某些地方职能的责任要予以保护;财政结构要健全。

总的来说,古立克认为,大都会问题的最终解决办法必须是各级政府共同行动。这个共同行动既包括联邦政府的参与和总统的领导,也要求每一级政府都认真地处理自己管辖范围内的事务。

第三节　分析与评价

古立克对政府和行政的主要看法可以归纳如下:

(1) 当私人的行为已经不能为社会利益服务时,政府应该介入,并发挥正面的作用。但是,只要有可能,政府部门和私人企业就应该互相合作。

(2) 各级政府的行政系统应该提出并执行政策。立法系统则负责对前者的建议进行审查,以决定是通过还是否决。

(3) 在行政系统内,首席行政官应该有职有权。具体做法包括:实行有力的逐级控制,加强总部参谋助理的支援,巩固行政部门,并在州和地方一级削减民选官员的人数。

(4) 增进联邦、州和地方政府之间的合作。尤其重要的是,联邦政府对于在州和地方一级出现的问题中涉及全国的那些方面不能视而不见,而是要正视问题,发挥领导的作用。

(5) 行政人员介入政治和政策事务在所难免。行政理论应该予以修正,以有助于他们在执行各项行政职能时充分发挥专业知识。

(6) 要揭示行政的总原则就必须采用科学的方法。运用这些原则为的是使政府的各项作业效率更高、效果更好。

(7) 行政系统的组织要和政府的高层领导紧密结合,通过权力结构,提出同一的目的,合力协调各项活动。

正如许多学者所指出的,评价古立克的思想并不容易,其原因有二:一是他的不少观点或已改变、或已修正;二是他的思路似乎更多地为他对改革的满腔热忱所左右,而不是为系统研究的发现所引导。结果是,他的一些想法有时失之牵强附会、他的一些说法经常缺乏实验证明。在某些问题上,他的说辞更显得前后矛盾。尽管如此,他对公共行政的研究和实践所做的贡献仍然意义重大。他提出的一系列著名理论,他在学术和行政部门的杰出服务,他因之而被授予的无数奖状、荣誉称号,雄辩地证明了古立克被誉为"公共行政学的元老",可谓当之无愧。

思考题

1. 古立克对政府在社会中的作用持什么观点?
2. 行政的"七功能"说在今天还能成立吗?
3. 如何评价古立克提出的行政改革的主导原则?

第二编

新古典时期的公共行政理论

新古典时期的时间跨度一般为20世纪30年代至六七十年代。著名的霍桑试验开启了这一时期,对人尤其是团体的人以及行为的研究成为这一时期研究的一个显著特征。这一时期也出现了许多有影响的理论和学说。福莱特的动态管理理论以及群体过程思想启发了不少后来的研究者;由梅奥主持的著名的霍桑实验开创了人际关系的研究,从而将管理的研究推向一个新的阶段;巴纳德的社会组织系统理论以及他的均衡理论更是将组织的研究推向一个崭新的高度;西蒙首开对行政决策的研究,极大地拓展了行政学研究的空间;里格斯的行政生态理论将系统理论运用于对行政的研究;麦格雷戈的人事管理理论以及著名的X、Y理论对管理界产生了持久的影响;林德布洛姆的渐进决策理论将组织行为的研究引向一个新的方向;威尔达夫斯基的行政预算理论揭示了组织行为的另一空间;沃尔多和凯登作为有影响的行政学家全面地阐述了对公共行政及其研究的一些看法。

与古典时期不同,这一时期的研究从对组织的静态描述转向了研究动态的组织过程,着重于研究人和组织的行为,同时系统理论被运用到行政现象的分析中,从而在相当程度上弥补了古典时期的研究的局限。在方法论上,这一时期的研究从规范方法转向了实证方法。

第六章　福莱特的动态管理理论

第一节　生平与著作

玛丽·福莱特(Mary Parker Follett)于1868年9月3日出生在美国马萨诸塞州的昆西市,祖籍是欧洲。她的双亲是英格兰—苏格兰—威尔士族的后裔,育有两个孩子,她是老大。她的父亲在当地的一家制鞋厂当机械工。母亲出身富裕,是腰缠万贯的银行家的女儿,可惜体弱多病。年幼的福莱特不得不早早就挑起了持家的重担,上要侍候长期卧病在床的母亲,下要照顾尚未懂事的弟弟。

1884年,福莱特还不足16岁,就从马萨诸塞州布雷恩特利市的什叶中学毕业。四年后,她重返校园,在一所后来才称作为拉德科立夫大学的学校里学了两年英语、政治经济学和历史。紧接着,到了1890年,她又远涉重洋,到英国的剑桥大学继续学业。在剑桥学习期间,她曾经写过一篇关于美国众议院的论文。她日后发表的处女作就是以这篇文章为基础的。可惜宁静的留学生涯未能维持多久,母亲病危的消息使她不得不骤然中断剑桥的学习,未及考试便返回北美。之后,她断断续续地在拉德科立夫大学修课,终于在1898年将届而立时获得文学士学位,以最优异成绩毕业。那时,她的处女作《众议院议长》已经问世两年了。

跨出拉德科立夫大学的校门后,福莱特靠着外公留下的一笔遗产,走上了投身社会工作的道路。初时,她服务于波士顿的一些社区中心,带头在公立学校开设了夜课,并主办了不少职业辅导课程。

1918年,福莱特出版了她的第二本著作《新国度》。她撰写该书的原意是回顾她在社区中心的工作。待她搁笔付印时,新作出人意料地演变为对美国政治理论和机构的大批判。凭借自己对政治学的了解,她提出了行政学中的一个新概念即群体动力。从此以后,群体动力就成了她整个学术生涯的研究重点。

《创造性的经验》是福莱特的第三本著作,亦被视为她的成名作,于1924年问世。该书对《新国度》中提出的一些观点作了进一步的论述,但贯穿全书的中心思想则是群体动力。一年后,她的研究重点转为工业管理。她认为,那是在探讨人事关系方面一个非常重要且有广阔前景的领域。1929年,她再度远涉重洋,移居英国,一面继续她对工业环境的研究,一面则广为讲学。

福莱特蓝眼黑发,身材高大,谈吐文雅,谦逊有礼;她对名利、权力不感兴趣。她交游广阔,与人推心置腹,深得周围朋友的信任和尊重。尽管她从未下海经商,但在欧、美两地,不少的工业界巨头都和她结为至交。她博览群书,拉丁语、希腊文、德语、法语都有涉足。她兴趣广泛,喜欢音乐、绘画,热爱自然,好云游四方。终身未嫁的她于1933年在伦敦与世长辞,享年65岁。

福莱特早年热衷于哲学理想主义,对它的向往追求溢于笔下。后来,她对所谓的"新心理学"兴趣日浓,着意研究群体动力。她始终认为,光研究组织机构而不探讨人和人群是不够的,必须要对人们共同相处时的行为举动进行可观的研究。这样的研究应该以亲自参与观察和实验作为基础,对人事关系和社会状况进行实地考查。福莱特本人倾向于采取亲自参与观察的方法,因为她觉得不尝一下梨子,又怎么能知道它的滋味呢。

在福莱特看来,生活从未有过片刻的静止,可以让学者们对之细作测试。社会生活也不例外,也处于永恒的运动之中。而且,社会生活包含着错综复杂的相互关系以及五花八门的个人经验,只有置身其中,才可能观察它、了解它。正因为如此,福莱特运用她个人观察所得的知识,总结出一种研究社会生活和工业管理的新方法。可以说,她是一位走在时代前列的先驱者。整整半代人之后,这个领域的许多其他学者才跟上她的步伐,认同她的方法。

第二节　动态管理理论

一、群体过程

福莱特认为,个人是一种社会存在,只有在群体的经验中才能找到自我,才能得到自我实现的感觉。那么什么是群体呢?在她看来,群体并不是单纯的一群人或者一个组织成员的简单组合。群体是一个有凝聚力的整体，可以改变个人的思想和行为，促成群体的成员间的互相配合、和睦共处。由此类推，社会团结的潜力就在于群体过程，在于调和分歧，在于综合出代表全体最佳利益的想法①。

我们应该怎样去了解社会呢？按照福莱特的意见，要了解社会就得研究能导致团结的群体关系的变动。在这里既不存在独立于社会的个人，也不存在独立于个人的社会。换言之，个人和社会之间是一种互动的关系，是一种个人塑造社会同时又被社会所塑造的关系。用她的话来说，社会团结在个人和社会一起演变的过程中，是各种个人活动交织而成的综合产物。

什么是群体过程的核心？在福莱特看来，群体过程的核心就是创造。所以，她最关注的是群体如何才能创造出个人单枪匹马创造不出来的东西。她认为，群体过程受到两大原则的影响，即"互相渗透定律"和"整体学说"。所谓"互相渗透定律"，意即人与人之间的交往接触会造成分歧的综合，从而使他们之间的结合出现新的形式，这时群体的成员实际上就成为彼此相互影响的调整力。换句话说，这个互相渗透和综合分歧的过程将生出一个新的"整体"，一个已经脱胎换骨、与其组成部分完全不同的整体。而所谓"整体学说"则是指对一个整体的了解仅仅靠对其组成部分的分析是不行的，因为这个整体来自人与人之间的互相交往接触，有其本身的动力。而且，在这个互相交往接触的过程中，整体的利益已经变成是处于特定的社会关系下的个人利益。所以，整体的利益实际上来自互相渗透和综合思想、行动及感情的这么一个群体过程。值得一提的是，这个群体并没有预定的目的。只是由于群体内部人与人之间的互相交往接触，由于分歧的消弭和统一，由于群体过程产生了"同情"的感觉，使个人在群体的利益中找到了自己的利益，于是才出现了群体的目的②。

福莱特一再指出，不同的利益以及不同的利益之间的冲突在所难免。可以说，冲突作为尚未调和融合的分歧可能是病态的，然而分歧本身则无所谓是好是坏。而且，既然冲突不可避免，就应加以利用，正如小提琴利用琴弦的摩擦演奏出美妙动听的音乐一样。由此可见，当各不相同的人通过相互渗透、通过思想和行动的交织逐渐融汇成一个较大的整体时，社会的任务应该是变杂音成和谐、化冲突为团结。

---

① 福莱特：《创造性的经验》，纽约朗曼和翠绿出版公司1924年版。

② 福莱特：《新国家：群体组织，建立受人欢迎的政府的途径》，纽约朗曼和翠绿出版公司1918年版。

福莱特认为,解决社会冲突主要有三个途径,即一方占据上风、互相妥协、整合。要占上风,必然或好言相劝,或以势压人,或者干脆双管齐下,胡萝卜和大棒一齐用上,结果是成者称王,败者为寇。走这条路子当然谈不上什么创造性,因为它既不推动思想的沟通又不促进活动的交流,恰恰相反,它却让落败的一方从此耿耿于怀,报仇心切。那么通过互相妥协来解决社会冲突结果又会怎样呢?福莱特认为,妥协是以"互惠放弃"的原则为基础的。实际上,以为"减"会变成"加"、"退"会变成"进"的这种假定未必存在。更糟糕的是,妥协往往是"短暂而徒劳"的,以之为基础建立起来的所谓伙伴关系必然是不牢靠的,与寻求合作的人性是背道而驰的①。

走第三条路,通过整合来解决社会冲突,才是福莱特一再推崇的办法。她曾经说过,当冲突的利益狭路相逢时,各方难免对峙,但是无需对抗。而在不同利益对峙的过程中,大家要致力寻求的是一种整合,一种各方都能够如愿以偿的整合,一种好比螺丝和螺帽一样的创造性的整合。要指出的是,实质上这种整合既不是纯粹的合作性的也不是纯粹的竞争性的,而是将竞争和合作综合起来,从而产生创造性的解决办法。当然,这种整合也不是一成不变、永久长存的。它是一种动态的平衡,而平衡一次又一次的破裂只是随之不断出现的新的整合前的瞬间片刻而已。

怎样才能达到整合呢?福莱特认为,达到整合的过程实际上是一个圆环形的反应过程。她以为不能把社会交往看成是一种单纯的因果关系,即一种刺激是因、反应是果的关系。实际上,社会交往是一种你来我往或者圆环形的关系,是一种个人和社会环境会互相影响的关系。所以,人实际上是对一种关系作出反应。她曾经说过这么一句话:"我从不会对你作出反应,而是我加上你在对你加上我作出反应。"②更复杂的是,社会上每一种情况都是许多不断变化的东西之间的关系,所以这种关系也必然在不断变化。由此可见,社会环境永远在不断的变化之中,社会的每一个成员都处于和其他成员相互依赖的关系之中。

所谓圆环形的反应包括思想和活动的相互渗透,并导致相互的结合。而这种结合则是通过我们各自从别人那里"唤出"某些东西即通过所谓的"唤起"过程来实现的。按福莱特的话来说,"唤起"就是指"为某些东西去除束缚,将之解放从而为实现某些能力和可能性铺平道路"。于是,"唤起"就有可能创造性地调节不同的利益并进而发现福莱特所谓的"正值",即代表着对社

① 福莱特:《创造性的经验》,纽约朗曼和翠绿出版公司 1924 年版。
② 同上。

会冲突作出创造性反应的价值。

有意思的是，福莱特强调说，这种包括唤起和结合的圆环形的反应过程是没有最终结果的，有的只是在过程中的某个片刻瞬间。所谓的进步实际上就是朝向不断完美的目标的不断迈进。相互间合作的能力大了，就意味着取得进步了。值得一提的是，具体的合作目标往往不是事先就有的，而是在环境不断演变的过程中，相互间的接触了解逐步产生出共同的意愿和目的。所谓整合，具体表现是达成共识，即来自经验的聚合。而整合的意义不在于某些价值已被大家所赞同，而是在于这些价值是大家共同创造的。因此，一方面集体意愿是通过整合而体现出来的，集体意愿所表达的共识着眼于比个人意愿更大的目的。另一方面，集体意愿又是基于每一个人的具体要求的。从这一点上说，社会利益只是个人利益的综合和概括而已①。

当然，福莱特也承认，并不是所有的争端都可以通过整合这种方式来解决。有些分歧确实是不可调和的。另外，还有些其他因素又是不利于走整合这条路子的。比方说，双方火气大，容易动则争执；喜欢一言堂，我说了算；当头头的惯于玩弄权术，或者缺乏达成整合的技巧，等等。尽管如此，福莱特还是认为达成整合的机会比人们想象的要大得多，大家都应该留意不要错过这些机会。为了实现成功的整合，可以考虑如下一些具体的做法：第一，要意识到这些机会的存在；第二，要把分歧放到桌面上来；第三，注意力要放到意义重大的而不是戏剧性的问题上；第四，把一些牵涉面较广的问题分细一点，个别处理解决；第五，鼓励不同的利益多多接触、多多交流。这样做的话，成功整合的把握就大得多。反过来，我们也要看到整合失败会有些什么后果：第一，个人的潜力得不到发挥；第二，这个社会单位的总体实力因而削减；第三，人事关系紧张，容易被人利用操纵。可以说，于个人于集体，都有弊无利②。

由此可见，在个人和集体这个问题上，福莱特并没有因强调调和整合而否定个人。恰恰相反，她始终以为，集体应该给个人的意愿以充分的表现。在她看来，个人是通过你来我往的活动创造出来的，所谓的个性实际上是一种在整体中找到自己位置的能力，而不是简单的与众不同。正是这种和周围的人相处的能力使个人具有价值，也正是这种和周围的人共处的行动使个人有机会为集体做出贡献。

---

① 福莱特：《新国家：群体组织，建立受人欢迎的政府的途径》，纽约朗曼和翠绿出版公司 1918 年版。

② 埃里奥特福克斯、俄维克：《充满活力的行政》，纽约皮特曼出版公司 1973 年版。

显而易见,群体过程并没有因整体的出现而抹杀了个人。由于群体过程包括了个人的思想的相互交流和渗透,个人不会因此而感到压抑或者压制。可以说,随着群体过程而产生的是个性的综合和集体的控制,是群体的权利而不是个人的权利。一方面,个人应对这个群体而不是对自己或别人尽责;另一方面,这个群体则致力于为个人的真正的长远利益服务①。

除了认为整体的出现并没有抹杀个人以外,福莱特还指出,群体的概念也并不排斥自由的概念。所谓自由,在她看来,是社会性的,是"个性的和谐而自在的发挥"。因此,随着个人活动的范围扩展、意义的增大,自由就通过各种社会关系而逐步取得。从这个角度出发,当个人正在举棋不定时,这个个人可以说就是不自由的。而当个人在由"互相渗透定律"和"整体学说"②主导的群体的环境下创造新的机会时,这个个人可以说是自由的了。套用福莱特的话说,他们之所以自由是因为他们"通过伙伴关系赢得了他们自己的自由"。所以说,通过树立整体的权威并发挥每个成员的作用和贡献,群体过程实际上寻求的是群体所有成员的自由。

当然,"互相渗透定律"和"整体学说"也同样地并没有否定个人和自由。福莱特以为,争取通过圆环形的反应来实现整合并没有否定权力的现实和控制的存在。她曾经说过,权欲是先天的,权力的分配永远是不均的。通过圆环形的反应来实现结合则可以改造权力、增加权力,而不是取消权力。所谓改造权力就是变"踞人之上的权力"为"与人共享的权力"。所谓增加权力就是借助群体的力量,尽可能地满足更多的个人需求,从而使整体获得更多的权力。在这里,福莱特给权力下的定义是:权力即成事的能力。她认为权力的真正基础应该是通过圆环形反应而取得的各种经验的交织。故此,权力实际上是合作的产物,是互相推动而不是互相压制的。通过尽量防止势不两立的局面出现,她主张的结合就可以减少对"踞人之上的权力"的需要,增加实施"与人共享的权力"的可能。

福莱特称权力即成事的能力。她给控制下的是怎样的定义呢?她认为控制即"针对某一特定目标的权力运用"③,没有统一就没有控制。所以,能取得多大程度的控制实际上取决于人们的思想和具体行动能够在多大的程度上统一起来。实质上,圆环形过程中的互动就是控制,随着彼此间的互动逐步地形

① 福莱特:《新国家:群体组织,建立受人欢迎的政府的途径》,纽约朗曼和翠绿出版公司1918年版。
② 同上。
③ 埃里奥特福克斯、俄维克:《充满活力的行政》,纽约皮特曼出版公司1973年版。

成新的环境,控制也就逐步地实现了。

二、国家和社会生活

由群体过程引申出去,福莱特进一步探讨了国家和社会生活。在她看来,国家是群体过程的逻辑延伸,是社会生活的最高表现。她认为,人之所以要加入某些群体为的是找寻表现自身各种属性的机会。这就是所谓的"多元化定律",唯有国家才能将社会生活中五光十色、变化万千的属性表现出来。如果说,群体意愿是为达到某一较高目的的个人意愿的表现,那么,国家则是为达到更高目的的个人和群体意愿的表现。真正的国家应该能够鼓励为了共同的目标而联合起来的群体,而国家的主权则以群体过程和整合原则为基础。这样的国家必然不会置我们于不顾,也不会对我们管头管脚。这样的国家只会是能够表达我们意愿的国家,发扬个人才干的国家。正如福莱特所说的,"我心灵的家就是国家"①。

国家扮演什么样的角色呢?福莱特认为,国家的最高功能就是从道义上把形形色色的社会关系整理有序。但是,主导这些关系的法律条文又不能完全依靠一些一成不变的原则教条。福莱特因此提出,所谓的良心并不是私人拥有的,良心是在一定的社会条件下产生的。人类不是去遵循权利,而是去创造权利。由此类推,法律应该融会在社会过程之中。法律不应该成为保护某些利益的限制力量,而是应该成为把各种利益扩大和深入的正面的力量。

为了让国家发挥它的正面力量,福莱特还主张要实行全国性计划。她认为大规模的计划是必不可少的,进行这样的计划才是防止动乱的唯一途径。但是,计划就和法律一样,也应该是社会过程中不可分割的一部分。她认为,我们应该用协调而不是用强制来取代自由放任。不过,这种协调应该是在较低层次的各种控制的相互作用,而不是自上而下片面强加的国家控制。在实行全国性计划的过程中,国家应该扮演一种予人方便的角色,帮助在工业界领袖之间建立自愿而直接的联系,以促成工业活动的自我协调。

怎样才能实现"真正的国家"呢?有趣的是,福莱特固然崇尚民主,但她对现存的所谓"投票箱民主"却信心不足,对当时提出的改革建议也不寄厚望。她觉得,民主其实是追逐个人主义的产物,所谓的民主实际上是为某些特

① 福莱特:《新国家:群体组织,建立受人欢迎的政府的途径》,纽约朗曼和翠绿出版公司 1918 年版。

殊利益所主宰的。政党独霸加上政商联姻的结果是,在少数服从多数的招牌下,个人参与和地方利益都受到排斥。

很明显,福莱特不承认“投票箱民主”是真正的民主。她认为,“投票箱民主”一靠持众聚势,二由几个人说了算,实际上只是把用权武断理性化罢了。在她看来,这种所谓的民主的悲剧在于,我们并没有把握到公众舆论的脉搏,却自以为是、洋洋得意。其实,各种不同意见之间根本就没有过真正的接触,所以也无法共同努力,创造出一个集体的意愿。应该说,真正的民主需要的是共同的行动,而不是口头上的赞同,更不是勉为其难的赞同①。

福莱特觉得,我们还未曾尝试过“真正的民主”,以建立真正的国家。将现行的代议机构修补一下,依靠政党组织,搞少数服从多数,持众聚势,只会和实现真正的民主这个目的背道而驰。民主不应该只是记录民意,它的更重要的任务应该是创造出一个团结一致的局面。为了达到这个目标,就应该去揭示主导人与人之间的交往的新原则,就应该学会一起共事,为实现集体的意愿而创造性地工作。可以看到,福莱特关于真正的民主的概念包含着两大要素:一是大众的实质参与;二是联邦制的政治结构。

在参与这一点上,福莱特认为,大众的实质参与必须要取代口头赞同,以实现一种新型的创造性的人与人之间的关系,一种积极向上、认真负责的公民意识。在这样的环境下,民主才会从人们日常的具体活动中吸取能量,并通过彼此的思想交流和渗透激发出创造力。而实质参与和互相合作则更有助于集体意愿的形成,并体现于日常生活的具体活动中。这里要指出的是,福莱特强调的是通过群体过程而产生的集体思维的能力,是鼓励创造性和互相结合的能力,而不是降格为随波逐流的庸俗平凡。

实现真正的民主光有实质参与还不够,还要有一个联邦制的政治结构,实质的参与只有在这样的结构中才能够孕育出真正有效的代议政制。在福莱特看来,小群体是民主的核心,当每一个人正在努力地争取成为社会整体的一部分时,“民主之魂就在群体中诞生”。可以说,在通向更完全的整体的道路上,许多的小群体的存在是一个关键的阶段②。

福莱特认为,在形形色色、大大小小的群体之中,最基本的社会群体是邻里群体。正是这些邻里群体使人们能够经常互相接触,促成他们间的相识,进

① 福莱特:《新国家:群体组织,建立受人欢迎的政府的途径》,纽约朗曼和翠绿出版公司1918年版。

② 同上。

而增进彼此间的日趋了解。比起其他一些自由选择组成的群体，邻里群体为人与人之间的接触提供的方式和机会就要多得多了。正因为如此，可以说邻里群体是身负重任：要培养良好的公民意识；要鼓励建设性的人与人之间的关系；要提倡创造性的态度；而更重要的是为更广泛的代议制度添砖加瓦。

当然，代议制度的形成靠的是日积月累，决不能一蹴而就。从最基层的邻里群体选出立法代表开始，逐级向上发展到区、市、州，最后是全国性的政府。而选举产生的这些各级的立法代表则不应该满脑子想的就是千方百计争取选上，他们应该把更多的精力放到如何和其他立法代表齐心协力、取得共识、达成协议。要达到这一目的，就应该允许立法代表们自己对是非曲直作出判断，而不是作传声筒，把自己选区的民意下情上达而已。但是，这些立法代表又不是无拘无束、可以任意行事的自由人，他们有义务向自己选区的选民汇报代议机构的活动。

不过，福莱特也承认，这种代议制度有问题。譬如，即使在同一个群体中也会存在不同的意见，选一个人出来能够代表所有其他人实际上是几乎不可能的。但是，更重要的是，有一个联邦制的结构就有可能使各种各样的思想有表达的机会，也就有可能为各种分歧的调和整合提供了一个合适的场所。

除了实质的参与和联邦制之外，福莱特还认为，对于能否实现真正的民主，领导也有着重要的作用。一个领导人应该学会为自己所领导的群体找到能使这个群体团结起来的解决方案，应该学会去表达这个群体的意愿，而不是一味追求去控制这个群体。一个领导人还应该学会对公众舆论的走向有所准备，以便为建设性的变化创造条件。概括起来，一个领导人应该学会发挥群体的能量，把各种力量团结起来，为的是达到预定的目标，并致力于创造新的目标。

实际上，在福莱特眼中，不但领导重要，专家的作用也不可低估。但是，她觉得，真正的民主不应该是老百姓听任专家的摆布。她认为，让专家们说了算是一种有害的倾向。制定政策需要精确的信息，但是，我们应该看到即使是学者专家，他们的看法和建议还是难免有缺陷。这是因为：第一，专家们不可能拥有什么先知的事实，可以之为基础去构筑政策。第二，即使有了事实，专家们也不能就事论事，光看表面现象就拟定建议草案。要取得准确全面的信息资料本来就不容易，何况即使这些信息资料到了手，还有一个分析是否中肯的问题。事实不是静止不动的，随着环境的变化，对事实的评价也会变化。专家们对摆在面前的各种事实还可以作出取舍，结果是，不同的人会着重不同的事实。此外，专家们的任务远不是收集信息而已，他们要将信息加以浓缩、分析。

于是,个人的喜好偏见就不可避免地会造成污染,事实不再是原本的事实了。

正是基于上面所说的这些原因,福莱特指出,我们不能盲从专家们的建议和主张,还应该对照参考其他人的看法。真正的民主应该一头有专家学者提供意见,一头有广大选民积极参与,是个下面由大众控制、上面由中央负责的政府①。

三、群体过程和工业组织

尽管福莱特早年注重研究人事关系和群体过程,她后期的大部分著作的重点还是研究工业组织。她相信,有关人类行为如互动、激发、结合等的基本原则应该适用于企业界或是任何其他的群体环境,她对企业界一些组织的分析就是以这些基本概念为基础的。为什么她对工业组织情有独钟,特别注重对这些组织的研究呢?实际上是因为:第一,她和几位著名企业家关系良好,使她有机会解析他们的企业组织。第二,她觉得,企业环境可以为她想做的分析提供一些有趣的原始素材。她对那几位企业家解决问题时所采取的注重行动的务实态度很感兴趣。第三,更重要的是,在她看来,企业组织是一种执行重大社会功能的社会性机构。在提供就业的同时,企业实际上也为人们提供了发挥才干的机会,提供了把各种活动交织在一起从而创造出"精神价值"的场所。所以,企业不只是牟取利润而已,它有着更广泛的社会目的,那就是开辟新的人事关系。在企业里,可以把技术知识和对人类的合作性行为的科学调查结合起来,以揭示出有组织的活动的基本原则。福莱特相信,正是这种有组织的活动使我们去伪存真、去平庸存高尚,使我们通过对有组织的活动的认识,找到一些潜在的办法,去解决世界上的疑难问题。

在福莱特看来,组织的首要任务就是协调各种努力,把聚集的一群人变为一个工作单位。如何才能完成协调呢?最好的办法是让负责有关活动的部门和个人直接接触。与此同时,在组织内部要实施纵向和横向的沟通和权威。此外,要使协调成为一个连续不断的流程,既包括计划又包括执行,而每一个部门的行动都要从企业大局出发,顾全整个企业的大局。

福莱特认为,只有协调恰当才能有控制有权威,而不是靠控制靠权威才能实现协调。前面已经提过,她把权力看作是成事的能力。至于控制,她认为就

① 福莱特:《新国家:群体组织,建立受人欢迎的政府的途径》,纽约朗曼和翠绿出版公司 1918 年版。

是“为达到某一特定目的而使用的权力”。换句话说,权力是一种能力,而控制则是权力的使用,是一种过程①。

福莱特注意到控制有两个方面。第一,控制意味着多种控制的组合,而不是上面强加下来的控制。第二,控制更多的是“事实的控制”而不是“人的控制”。也就是说,控制应该以环境的要求为基础,而不是取决于长官意志、个人喜好。

在一个组织内实施权威时,这些特点就显露出来了。福莱特把组织描述为各种功能的交织,而权威就在将各种意见统一起来的协调过程中产生。由此可见,一个组织的权威既非“至高无上”也不是由上级授予的。实际上,权威是多元的,自下而上积累起来的。权威之所以成为权威,倚仗的是它可以起到的作用而不是它所占据的职位。因此,权威只是各种活动交错而成的产物,权威只能隶属有知识有经验的人,隶属有能力应用这些知识和经验的人。

福莱特说过,是“最终权威的假象”蒙蔽了我们的眼睛。要知道权威只是个过程,并非决定的最后时刻。实际上拥有权威的是那些有知识有能力的人,而不是占有高位的人。权威意味着在作出决定之前必不可少的一连串的相互关联的活动。当然,不能就此断言说没有最终权威。因为福莱特承认,有些问题只能在一个组织的最高层那里才得到解决。但是,我们要明白,权威并不只是由上而下的。它实际上是一种双向的互相影响的关系,是以圆环形的反应为基础的。权威的最终主人是知识和能力。

福莱特认为,如果滥用权威,其结果只能是丧失权威。可以说,滥用权威有百弊而无一利: 对当权者而言,少了向下级、向一般员工学习的机会;对组织而言,摩擦日趋频繁;对组织成员而言,必然会使工作的自豪感低落、个人的责任心下降。结果是,非但尝不到对下属用权的大好滋味,而且组织内部大小集团丛生。更有甚者,受福莱特称之为“情况定律”的影响,一般成员的权力由无到有、由小到大。

所谓“情况定律”指的是当周围的变化和反应互相交织、不断出现时,针对这种情况必然出现的敏感能力。这时候,有没有权威已经不取决于个人的意旨,而是取决于工作情况的客观要求。由此可见,指示源于工作,而不是工作源于指示。指示有效与否既不在于上级的职位高低,也不在于下属同不同意。指示有效与否,主要在于周围情况的要求,实际上就是圆环形反应的结果。

当然,滥用权威也不是不可避免的。有不少方法都能够防止这种局面的

① 埃里奥特福克斯、俄维克:《充满活动的行政》,纽约皮特曼出版公司 1973 年版。

出现。比如,让组织的全体成员清楚地理解组织的各项目标;下达每一项指示时尽可能附带说明原因;下达指示时避免令人不快;懂得工作活动的基本原则;决定采用哪些原则时与下属有商有量;对有助于落实指示的态度予以鼓励;提供适当的刺激或奖励等等。

除了探讨权威和控制外,福莱特还谈到如何才能建立有效的领导。她认为,以前的一些关于领导的理论是以个人权力为基础的。按照那些理论,一个个性强、会用权、会按照自己的意志制约别人的人就是一个好的领导。福莱特对此并不赞同。她把领导分成三类,即职位领导、个人领导和功能领导。她认为,光有职位却发挥不了作用或者说执行不了功能,这样的领导必然是低效甚至无效的。有了职位还必须懂得执行和职位相应的功能才行。至于个人领导,她觉得可能只不过是靠着软硬兼施以凌驾于人的尝试而已。当然,这并不等于说福莱特忽视了个人属性的作用,她只不过认为不应过分强调个人属性。

按照福莱特的观点,有效的领导靠的不是职位或者个性,而是在组织内部发挥作用、创造团结的能力。她以为领导应该有三大功能:协调、决定目标,以及预测。要做好协调就要:① 教育、培训下属,使大家各尽所能;② 使大家都有机会参与;③ 把各人的贡献综合统一起来。第二项功能决定目标也是必不可少的,因为只有这样大家才会感到是在齐心协力,向着一个共同的目标前进。至于第三项功能预测,它不但意味着要对长远目标了解,还意味着要为达到这一长远目标尽早创造条件。怎样才能执行好上述三大功能,成为一个有效的领导呢?福莱特的建议是:第一,要吃透本职工作;第二,要学会把握全局;第三,要懂得创权、用权;第四,要能够高瞻远瞩;第五,要有点冒险精神[①]。

虽然高层领导的作用十分重要,但福莱特相信,人类的未来将越来越取决于遍布中下层的各级领导的水平。实际上,在每个组织的内部,各个部门各个层次都是需要领导的,所以,每个人都应该对如何去领导自己那部分的工作的挑战做好准备。这种可以称之为领导权扩散的现象并不就等于说责任也相应地扩散。实际上,权力集中和权力下放是可以同时进行的。一方面,高层领导继续对全局负责;另一方面,每一个人则对自己的本职工作负责。这样,上面的领导既没有放弃自己的责任也没有免除其他人的责任。

一般人往往都把当领导的看作老板,但福莱特则对此不以为然。在她看来,以老板自居,高高在上、指手画脚、为所欲为的人绝不是一个好的领导。一个有效的领导一定懂得给下属当参谋、出主意,让他们知道怎样来负起自己应

① 俄维克:《自由和协调:企业组织讲座》,伦敦管理出版物基金会 1949 年版。

尽的责任。可以说,领导和被领导的关系是双向互动、有来有往的。一方面是领导带领下属;另一方面则是被领导的主动参与,或提供参考建议、或指出决定的错误之处,从而发挥监督领导的作用。

除了领导和被领导之间的关系,每一个组织内部也存在着行政官员和专家之间的关系,福莱特对后者特别注意。她意识到,专业化已是大势所趋,越来越多的决定必将出自专家之手。行使权威越来越意味着管人的点头称是,而不是被管的点头称是。一个矛盾的局面由此而生:一方面,行政官员不能够舍弃自己的责任;另一方面,他们还没有掌握作出有效决定所必需的专门知识。福莱特的应付办法是不理会这种矛盾局面。具体的做法是,把专家和行政官的知识两相结合起来。专家不应坚持己见,而是要以圆环形反应和整合的方式参与决策的过程。

福莱特的大部分著作都强调通过参与促成圆环形反应,进而鼓励各种分歧的整合。但是,有趣的是,在工人是否应该参与一个组织的管理这个问题上,她却有所保留。尽管她也赞成工人和管理层携手合作、参与管理,但是她又觉得这种参与只能是有限的。工人的参与不一定就等于实现工业民主。例如,她就不赞成让工人自己来选举管理他们的人。她以为,有关管理方面的各种问题,除去工人们对之比较熟悉的外,没有必要逐一征求他们的看法。至于有些问题,既然他们对其知之甚少,或者一无所知,福莱特觉得,请他们投票来参与决策实在是多此一举。

如何实现工人的参与呢?福莱特以为可以赋予他们所谓的"功能权力"。也就是说,工人应该有一定程度的和他的本职功能相关的控制权。工人和管理层要携手合作,前者可以协助后者,但不是意在瓜分后者的权力。合作的目的是共同开创新的权力。

如果要实现上述这种参与,使其行之有效,管理部门和劳工阶层双方都要对群体过程有所了解。值得提醒的是,工人参与的并不仅仅是集体谈判的过程。对福莱特而言,集体谈判只是个权宜之计,其目的既不是给劳工阶层一点直接的控制权,也无意营造出互相合作的态度,以实现圆环形反应、唤出和整合。她所说的工人参与不只是为了防止出现麻烦,因为实际上工人的参与只会使管理多了一重牵制。这种参与不只是为了互通信息,因为要齐心协力共同奋斗,不但要互通信息还要综合统一信息。参与不只是为了取得另一方的赞同,因为真正的目的是合作而不是赞同。参与也不只是为了承认劳工的权利,因为参与的着眼点是工作而不是权利。当然,工人的参与更不是方便管理部门推卸责任,那只能使问题无休止地拖延下去。

按照福莱特的看法，通过了解各种利益、互相依赖的关系、互相渗透的活动、不同意见的整合、工人的参与，会有利于提高集体的责任心。认识到了管理部门和工人之间存在的这种互助互惠的责任，彼此经验的融会贯通才是一个组织的唯一合法的“老板”。

第三节 分析与评价

有学者认为，福莱特的著作既发表过迟但又问世过早。说它过迟的原因是因为泰罗的“科学管理”的思想在福莱特之前已经为多数人所接受；说它过早则因为有关“科学管理”的一些问题在当时还并不明显。可以说有相当长的一段时间福莱特的观点并不特别引人注目。

泰罗提出的“科学管理”的思想，其核心是相信通过收集数据就可以找到完成某一任务的最佳途径。泰罗以为，事实是永恒的，不因时间而变化；今天的事实就是昨天的事实，明天的事实也是如此。福莱特无法接受这种对世界的静止的看法。她坚持认为：第一，事实不是静止不变的；第二，事实本身并没有价值，但是它们可以被附加以价值。如她所说：“事实的价值取决于它在整个世界进程中的位置，并受着多种关系的约束。”“要理解任何事实，我们就必须要考虑到整个的环境，包括与之相关的感情、信念、思想，等等。”简言之，世界在不断地运动着、演变着。

正是这种动态的基本思想指导着福莱特对人与人之间的关系进行分析。所以，她认为人与人之间的关系是“你加上我”和“我加上你”之间的反应。每一次见面交往的过程，都是彼此经历或多或少的变化的过程。

福莱特并不是一个多产的学者，但是她独特的见解使她不愧为一个出色的学者。归纳起来，她的思想的要点如下：

（1）群体是社会过程的核心，也是每一个人力图发挥才干、实现理想的手段。

（2）国家是群体过程在最高层次上的延伸，是社会生活的最高表现。真正的国家只有在民主中实现，只有依靠邻里群体，通过大众的充分参与，在一个联邦制的结构中实现。

（3）所谓组织就是其活动有明确结构的群体。

（4）组织的首要目的是协调其活动以达到功能上的统一。

（5）一个组织要达到功能上的统一，其相关的活动、各种各样的思想就要经过圆环形的反应、唤出和整合，以互相接触、交流、渗透。没有该组织全体成员各尽所能、积极参与，这个目标是达不到的。

（6）在这样的环境下，组织的控制和权威靠的是知识和"情况定律"，而不是职位。

（7）一个组织的领导的主要功能是为参与提供机会，并引导各个人努力为达到共同的目标而奋斗。

福莱特学说的主要问题是她的溢于言表的理想主义。她始终相信：我们可以既信奉集体主义又信奉自由和个人主义，既有圆环形反应又有权力和控制，既是贵族统治又是民主，既保持行政官的控制又主张专业知识至上，既强调中央集权又鼓励权力下放。在她的眼里，结合是解决冲突的好办法，可以让大家各取所需。可以说，实际上她想构筑起的不是一个理想的世界，而是一个可能的世界。我们要考虑的不单是她的构想符不符合人们的愿望，我们更要考虑的是她的构想在多大程度上能够变成现实。

贯穿福莱特学说的是她的两点假设：一是态度可以改变，二是利益可以调和。这两点都大有商讨的余地。很明显，她对社会、对组织的分析只是局部的、未经测试的。尽管如此，是她唤起了人们对整合的重要性的注意，让人们意识到使用整合这种方法可能有助于解决社会冲突。更重要的是，她的思想预示着日后组织行为学的新发展。可以说，福莱特是一个走在时代前面的人，她对理解组织生活所做的实际和潜在的贡献都还有待世人去充分认识和体会。

有相当长一段时间，公共行政学学界把层级结构看成是行政管理的关键。福莱特之后，对这一理论提出挑战的大部分著作都是以她的贡献为基础而写成的。著名的诺贝尔奖获得者赫伯特·赛门关于行政行为的论述就是与福莱特一脉相承的。1927 年至 1932 年间进行的霍桑实验对她的看法进行了检验，使之在有关组织理论的论著中占上一席之地。人际关系学派的许多杰出的理论家如爱尔顿·梅奥、切斯特·巴纳德等，都给她以高度的评价，公认她为第一位把人与人之间的沟通、把集体决策看作分析各种组织的关键的学者。

正是福莱特，果断地和传统的静态/原则论决裂，把行政学和心理学有机地结合在一起，大力提倡研究组织内部人与人之间的互动，从而把行政学推向了更关注人而不是光强调物的新阶段。福莱特本人并没有太多的行政实践的经验，也称不上是一位系统的思想家，然而她长期致力于研究有关人的心理、领导艺术、积极性的调动、权力，以及权威等问题，极大地影响了公共行政学的理论和实践的发展。

此外,值得深思的是,为什么福莱特学说的不少观点在当时并没有在学界引起太多的注意,而类似的看法却在她身后造成很大的影响。我们不应该忘记,福莱特埋首写作的年代还是男尊女卑大行其道的年代,像她这样的女性思想家很难得到社会的认同和器重,更何况她不信传统、蔑视权威、敢于创新,在前无古人的学术探索中走出自己的道路。正因为如此,福莱特无愧为公共行政学说史上一位伟大的思想家。

思考题

1. 如何理解福莱特的国家观?
2. 简述福莱特通过整合解决社会冲突的观点。
3. 如何认识福莱特的动态管理理论中领导与专家作用的关系?

第七章　梅奥的社会人管理理论

第一节　生 平 与 著 作

爱尔顿·梅奥(Elton Mayo)于1880年12月出生在澳大利亚的阿德莱德，是七个孩子中的老二，也是长子。他的父亲是位工程师，其家族在工程和法律领域里有不凡的表现。

梅奥的早年教育是在家里接受的。他12岁时进入了皇后学院，14岁在圣·彼得学院求学，在学院里他表现出众，并于1895年获威士特敏斯特奖金。1897年梅奥进入阿德莱德大学学习医学，但不久就对死板枯燥的医学教育感到厌烦。父母送他至英国的医学院，但他始终对医学提不起兴趣，不久便离开了学校。在以后的岁月中，他躁动不安地寻找自己有兴趣的职业。在1905年回到澳大利亚后，他曾在新闻业小试锋芒，也在学院里教过书，做过印刷公司的合伙人，但他对这一切还是很不满意。1907年他再度进入阿德莱德大学学习哲学和心理学。由于此次目标已定，他获得了一个专业的学士学位和一个专业的硕士学位，并于1911年毕业。毕业后，他起先在阿德莱德大学，然后在昆士兰大学教逻辑、伦理和心理学。

在以后的岁月中，他对社会与个人问题的关系发生了兴趣，并在第一次世界大战中对一些士兵进行心理治疗。这段时期的经历和思想对他后来的工作产生了极为重要的影响。1919年他出版了其第一本书《民主与社会自由》，并在昆士兰获得一个哲学教席。

1922年，梅奥移居美国。因有机会继续其社会和工业问题的研究，他在宾夕法尼亚大学的沃顿商学院做研究，并得到洛克菲勒基金的资助研究工业问题。在宾夕法尼亚大学时，他研究了费城的纺织工厂，并在《人事》杂志和《哈泼斯》杂志上发表了一系列文章，在后一杂志发表的文章引起了哈佛商学院院长沃伦斯·当汉姆的注意。1926年,他及洛克菲勒基金都转到了哈佛门下。在那里,他被聘为工业研究副教授和工业研究系主任。他的研究集中于工业的心理、社会和组织方面,作为哈佛疲劳实验室的生理研究的补充。

1927年,当他在纽约全国工业会议委员会发言时,他很偶然地碰到了乔治·潘诺克,一位西方电器公司霍桑工厂的工程师。后者在听了梅奥的发言后,邀请他来工厂探讨一些工厂工程师进行的照明试验的一些令人困惑的结果。这一访问便产生了历时五载闻名于世的霍桑实验,"这是管理历史中一次至关重要的航行的开端"①。梅奥在20世纪30年代的大部分精力都用于处理那次研究,并发表有关著作。1933年,他发表了《工业文明的人的问题》,其中包括了对霍桑研究的最初报告,以及对其含义的极具广度的解释。

20世纪40年代初,他参与了南加州飞机制造业的员工缺勤和流动率的研究。1945年,他发表了最著名的也许是最有争议的著作《工业文明的社会问题》。在这本书中,梅奥试图综合分析他的主要实证调查的发现,并对现代工业社会提出批评。1947年,他在哈佛作了两场演讲,这些后来发表在《工业文明的政治问题》中。同年,他从哈佛退休,回到英国,一直到1949年去世。

梅奥早期主要关注一般的社会、政治和哲学问题,中期从事一些科学调查,晚期又回到他早年关注的问题。"梅奥的天才在于激发研究小组的智力,并对小组的活动加以整合。与其说他是一个具有系统理论的思想家,不如说他是一个撒播可以培育的种子的播种者。"②不过,与梅奥名字相连的霍桑实验在管理思想的发展史上具有一种里程碑式的意义,这一实验标志着一个新的人际关系学派的创立,把对管理的研究推向了一个新的高度,就这一点而言,梅奥的贡献将一直为人称道。

第二节　社会人管理理论

一、社会、工业与人

梅奥认为现代社会深受传统社会的社会惯例的瓦解之苦,这一瓦解始于

① 丹尼尔·雷恩:《管理思想的演变》,中国社会科学出版社1992年版。
② 布雷恩·福莱:《通晓公共行政》,切特汉姆·豪斯出版社1989年版。

16 世纪,当时教会丧失了其权威。自那时起,“真正的文明”一直在逐步地沦落为一些仅仅是变化和过眼烟云的文化。在梅奥看来,其时代的社会正在经历一种解体的状况。在传统社会,人们知道他们的位置和他们的未来存在着一种社会团结,围绕着家庭和血缘关系建立起来的家族制度使人们在工作和社会中保持一致。现代社会,尤其是工厂制度和工业化过程及其特殊的逻辑和日益增长的科学技术变化的速度摧毁了传统社会中形成的一种团结感和合作精神。教会失去了它的权威,工作根据大生产的指令进行组织,其结果是职业与社会功能分离,伦理的多样性和地理上的流动性切断了个人的族系。在现代社会的动荡环境中,甚至家庭都是孤独和无足轻重的。

在梅奥看来,这一解体,究其原因,有以下几个方面。第一,工业化过程导致的劳动分工使得社会和物质的流动性日益增加,以及大规模的组织日益增长。在这种大规模组织中,人际关系的交流方式从一种个人之间的、友谊性的基础,转变为一种非个人之间的性质,结果造成一种没有规范的、没有根基的生活方式。在这种生活方式中,个人之间的同一性和社区联系消失了。这种社会反常状态导致在个人生活和社区生活中的社会解体,并造成了一种个人无能为力和幻想破灭的普遍感受,用以应付工业变动的社会发明赶不上技术发明。正是这种“社会差距”造成了广泛的无力感和随之而生的社会解体①。

第二,社会解体问题因大卫·李嘉图的经济理论而加剧。在梅奥看来,罪魁祸首是自由放任的经济学和李嘉图建立在“群氓假设”基础上的对社会的这一解释: ① 自然的社会由一群无组织的个人所组成; ② 每一个人都按着能达到自我保存和实现自我利益的方式来行事; ③ 每一个人都尽力按逻辑进行思考,为达到一定的目标而努力②。梅奥企图通过下述论点来驳斥这种群氓假设: ① 重要的是同其他人协作,而不是一群无组织的乌合之众互相进行竞争; ② 所有的人都为保卫自己在团体中的地位而不是为自己的个人利益而行动; ③ 重述霍桑实验的发现,思维受感情的指导较受逻辑的指导更多,即霍桑研究发现团体协作和团体感情超过了讲求效率的逻辑③。

第三,追求个人利益中的竞争也因政治体制加剧,该体制通过玩弄人们的恐惧而加剧了社会的冲突。建立在 19 世纪个人主义概念之上的经济理论认为社会是一些由享乐主义利益激励的毫无关系的个人的集合,社会只是争夺

① 丹尼尔·雷恩:《管理思想的演变》,中国社会科学出版社 1992 年版。
② 梅奥:《工业文明的社会问题》,哈佛大学出版社 1945 年版。
③ 同① 。

有限资源的乌合之众的集合。工人只是生产的成本,经济逻辑使人产生了一种孤独感和失败感,所有这些导致了较低层次的与经济逻辑相对的社会规划。

第四,技术指向型社会的进展过于强调工程技术,并从工艺技术方面来解释工作的意义,以致衡量工作成绩的标准是以讲求效率的经济逻辑为基础的,个人的社会需求被放到了次要地位。对效率逻辑的强调窒息了个人获得团体认可的愿望和获得社会满足的愿望,以及通过公共生活达到社会目标的愿望。管理者的一个错误在于,他们认为工业问题的答案在于技术效率,而事实上它是一个社会和人群问题①。

第五,政治作为一种解决社会解体问题的替代,已经成了问题的一部分。政治在使社会分裂敌对的阵营方面的成功使得团结的行动变得不可能,并阻止社会维持其团结的努力。自相矛盾的是,这一问题在民主制国家表现得最明显。梅奥认为,政党是建立起来教育公众从而产生一种公共舆论的形式,而事实上它们成了一种赢得选举的工具。这导致政治功能丧失基础,并产生走向集体的平庸。政党制度在社会基础中产生了裂痕,并加剧了社会的解体。

梅奥认为,社会解体导致人际关系的变化,也导致了个人的解体,因为社会解体剥夺了个人的传统的社会理解和支持感。梅奥认为,在现代社会,社会已屈从于逻辑,但发展起来的逻辑对于推动有效的社会关系一直是不够的。此外,当个人面对一个逻辑不能解决的问题以及不存在社会准则和传统的问题时,可能的反应就是非理性的。当社会状况的特点是竞争时,求诸于非理性是很可能的。

作为社会和个人解体的状况的一个结果,梅奥认为,现代社会中人处在一种社会反常状态和无计划生活中,他们的社会功能感被剥夺了。在这种反常状态中,个人易于受幻想和无目的思想的影响,它决定了个人对生活的态度。在梅奥看来,幻想通常表明了一种关注,在幻想与关注之间迅速转移的能力是有训练的头脑的一种成就,但幻想也会导致可能成为不可控制的悲观主义或忧郁占支配地位,也可能产生奇怪的思想和行为。梅奥认为没有一个人完全摆脱了幻想的非理性。一般个人的精神状况表明了一种轻度的、以孤独和悲观为特征的狂郁症,寻找乐趣避免这种情绪只是一种逃避,个人在"人造美、乱七八糟的冒险或麻醉性幻想"②中寻找安慰。反过来,这种不被认识的幻想长期伴随而来的结果,导致强迫并摆脱不了"过分思考"的环境,并将其不幸

① 丹尼尔·雷恩:《管理思想的演变》,中国社会科学出版社1992年版。
② 梅奥:"蠢行",载于《哈泼斯》杂志1925年7月号151期。

归于有敌意的环境，这种状况使其不能对现有条件，尤其是社会状况作出反应。

梅奥认为，在社会解体和个人烦扰之间存在着一种互动。这样，社会的不良反应与精神性疾病之间的问题是不能分开的。一方面，社会学已经展示了社会和个人解体之间走向烦扰的关系。从社会学观点来看，对这些疾病的关注是由家庭与社区有缺陷的关系造成的。这样，社会学家认为精神疾病与其说是一种个人现象，不如说是一种社会现象，它来自家庭单位的过度孤独。

另一方面，心理学家认为，幻想这类疾病可能是由个人有缺陷的社会条件产生的。梅奥认为，未成年者的脑袋不断重复着最初的态度和信念。他们感到无力和恐惧，就像原始人一样，便求助于迷信和禁忌形式的"魔力"来减少这种软弱无力、恐惧和无知。随着孩提时代的恐惧演变成成年人的烦扰，它会重现和支配一个成年人的生活。这样，心理学的看法认为，社会敌意和幻想行为可能首先不是社会的疾病，而是个人的疾病，社会疾病可能加剧个人的疾病。但梅奥认为，如果问题完全来自社会目的的攻击，那么努力是没有用的。

不管来源如何，幻想通过注入非理性的动机和类行为中的妄想将人和社会状况复杂化了。非理性的动机不是固有的或天生的，而是有缺陷的社会学习的产物。由妄想产生的非理性使得决策的负担可能成为罪恶的负担。在梅奥看来，生活中产生的非理性会使生活变得丑恶，这种生活不会给人带来任何东西。

梅奥认为，促成社会解体的科技的进步在工业中表现得最明显，冲突和阶级意识也在工业背景中表现得最明显。梅奥认为工业组织是一个基本的社会单位，个人的意义首先来自使工人产生一种其工作是社会必需的行业或专业想法。但在现代社会，梅奥认为，职业已与社会功能分离，社会冲突已渗透了工业的各种关系之中。

有人将这种痛苦归咎于争端的两方：资方和劳方。在资方一面，对组织的技术和经济方面的清楚理解是同组织的人的方面的大致猜想联系在一起的。工作是这样组织起来的，以至它倾向于失去而非得到利益，因为高度系统化程序的加强摧毁了工作和工匠的传统。梅奥认为现代社会的"蠢行"在于它无视这一事实——机器车间是"压迫的强有力的代理人"，是"人类精力的滥用"①。在劳方一面，对变化的工业环境的反应是团结起来，而这只能加剧冲突的程度。梅奥认为工会是通过阻止变革来保留人的价值的一种反应性

① 梅奥："蠢行"，载于《哈泼斯》杂志1925年7月号151期。

企图。

由于社会解体在工业背景中很明显,工业背景同样进一步将个人解体的条件复杂化了。机器生产是单调的、一成不变的,无需太多的注意力,其结果,工作很可能在一种情绪分散和出神的状况下进行,人员的毛病可能阻止了工作的进行。

梅奥注意到这一问题经常被诊断为一种疲劳,但研究表明,生理学意义上的疲劳看来不是问题,它与"燃料储备"的减少无关,它在肌肉筋疲力尽之前已产生了。在脑力疲劳出现(伴随注意力不集中或悲观反应或幻想)之后,工作依旧进行,这一问题在无需技术的工作和未受教育的工人方面表现得最明显。

梅奥认为,对这些疲劳导致的无能的一个选择是取得一种稳定的均衡状况①,没有这样的均衡,工人就不能继续有效地工作。这样,战略问题是发现干预个人均衡状况的来源。这一干预也许是某种任务和工人智力的一种功能,不过,工作场所的工人的气质和社会因素至少同样重要。个人对一种混合的状况作出反应,虽然不同的人可能对同一状况作出不同的反应。

在梅奥看来,工作的社会背景特别重要。他认为,在孤独中完成的工作是单调的。相反,得到兴趣、尊严的工作成为社会功能的一个基本部分。这样,工作便是一种得以在社会环境中最好完成的技能操练。此外,梅奥认为,工作场所中人与人之间的关系比技术逻辑性以及人的直接的物质利益更重要。逻辑性和物质刺激可行,但只有在一种获得支持的社会组织中才能变得有效。如果社会环境不支持,人际的状况就会产生"干预",这一干预将导致个人的均衡转移并使工作受到损害。

梅奥认为,单调的工作、不充分的社会条件以及人的解体一起产生了工业中的不满。幻想来自对工业状况的不完美的适应,它使个人不满、躁动、不快乐,鼓励了悲观性思考,由这种思考产生的非理性就像梅奥在一战时诊断的受炮弹呼啸惊吓的受害人表现出来的无限性一样。个人受到了幻想的支配,害怕发现问题因而摆脱恐惧。其结果是生产受害者个人成为政客号召和娱乐促销者的牺牲品,而这点只能使情况恶化。

因此,梅奥认为,当巴纳德提出任何组织必须是"有效力"(指实现组织的目标而言)和"有效率"(指满足个人动机而言)时,他实际上是提出了现代社会普遍适用的准则。也就是说,任何集团的社会组织必须能在两个方面满足其成员的愿望。一是他们的物质要求,二是在完成多种社会职能中实现积极

① 梅奥:《工业文明的人的问题》,纽约维享出版社 1960 年版。

的合作和协调,两者缺一不可。没有组织就没有合作,因为任何工业组织既是一种工作方式,也是一种生活方式。作为一种工作方式,它必须是有“效力”的、运用自如的;作为一种生活方式,它必须是有“效率”的、使人满意的。但遗憾的是,现代工业文明尽管在物质和技术方面取得了巨大的成就,但作为协作制度,它却是完全失败的①。

可以把梅奥的观点归纳如下:

(1) 文明已经从一个有固定习俗、一种工业的社会功能感以及可接受的人际互动关系惯例的社会转向了一个以分裂性和科技变革为特征的社会。

(2) 这些变革产生了一种社会解体的状况,在这种状况中,对变革的逻辑反应没有发展,而非理性的反应却被用来取代以往的传统。

(3) 社会解体问题因强调一种经济理论和政治制度而加剧。前者鼓吹争夺个人利益中的竞争,后者则怂恿国家的恐惧和迷信,这样,社会便沦为阶级斗争的场所,个人中存在着一种社会反常状态感。

(4) 社会的不适在个人的行为上表现出来,这些行为是无法控制的幻想和非理性的妄想,它阻碍了对变动社会状况的恰当适应。

(5) 这些问题在工业界尤其显著,因为在工业界,技术变革剥夺了它的社会意义。一种无法控制的幻想和妄想导致了紧张的人际关系、劳动骚乱以及最低的工作效率②。

那么,如何来解决这些不适?如果从梅奥认为不是解决的办法着手或许更有意义。

梅奥认为,社会主义不是解决的方式,因为所有社会主义者建立的东西都是回到一种放任自流理论家提供给我们的“罪恶政权”。此外,社会主义产生阶级意识并培养这样一种信念:社会由一些其利益自然对立的阶级所组成。梅奥认为这一看法在科学上是站不住脚的,在政治上是危险的。他认为,这一问题不是每个人的财产的所有制问题,而是财产的社会使用问题。如果财产受到没收,所有对此使用负有个人的责任都会消失③。

工会也不是解决之道。它确立了这样的信念——雇主和雇员之间没有利益上的和谐一致,这“肯定是一种臆想”。在梅奥看来,对工会化的恰当反应应当是预期其发展,并使其成为不必要。

① 孙耀君等:《西方管理学名著提要》,江西人民出版社 1997 年版。
② 布雷恩·福莱:《通晓公共行政》,切特汉姆·豪斯出版社 1989 年版。
③ 梅奥:《自由与民主:社会逻辑概论》,麦克米伦出版公司 1919 年版。

工业民主也不是解决之道,因为雇主和雇员都认识到什么是错的。工人的民主只会把一些权力置于最不可能知道要干什么的人的手中,置于最无技术的工人的手中。

公众姑息(如经修正的刺激计划、假日调整、新的人事制度等)也可能无效。这些补救只是一些满足特定环境的特定回答,没有提出一些潜在的问题。梅奥的确认为增加工资的要求只不过是一种躁动的症状,而不是原因。

有所改善的家庭生活或较好地使用闲暇也不是社会问题的解决之道。一种幸福的家庭生活是不够的,家庭之外的社会纪律是需要的,如果个人打算确立一种适应社会状况以及在这种状况中运作能力的话。闲暇时间可以用来建立一种新的稳定的人际关系,但在"玫瑰园"里寻找一些补偿并不能抹杀工作中的失败感。梅奥认为恰当地使用闲暇应该从属于为社区实际所做的工作。

梅奥认为,解决社会和个人的解体问题在于国家的有限作用,在于回到控制"边缘"组织、建立行政管理精英、获取科学知识以及确立一种适合社会需要的教育过程。梅奥认为,国家是社会的一种附属功能,其首要责任是维持社区内自由的增长,因而国家不能通过记录社会的成就、抵制现有的社会关系、禁止任何对现有道德的违反来正当地做多于反映社会成长的事①。国家只不过是一种认识社会变革的权宜手段而已,它不能在创造变革方面打头阵。

民主政府的问题是(假设所有权力都来自国家)它很可能变成专制的政府。民主制政府必须认识到,增长是社会生活的一个特征,而不是国家的特征,政治不应通过承担社会的指导而超越自己的道德功能。民主包括两个阶段:来自上面的关键性控制和来自下面的自发的合作的控制。在紧急状况中,中央控制是必要的,而在紧急状况过后,控制必须转移到边缘组织,如在工作中的非正式组织。梅奥认为,正是这一转移,区分了民主政府和专制政府。中央控制的继续阻止了政治以外的社会活动,这些活动对社会的成长来说极为重要。

梅奥认为,边缘性组织要运作得当,就必须扩大人性的知识,必须建立一支信息灵通的管理精英队伍,以及引进教育系统。在梅奥看来,社会深受无知之苦,并死于无知。现代社会的一个具体无知是其对人性的无知②。现代社

① 梅奥:《自由与民主:社会逻辑概论》,麦克米伦出版公司1919年版。
② 梅奥:"文明——危险的冒险",载于《哈泼斯》杂志1924年10月号149期。

会的任务是用理智的理解来取代中世纪整合的宗教情感，驱除流行的社会无用感和毫无希望感。这种理解只能来自对建立在直接观察之上的人的状况的科学分析，所以我们必须最初确立梅奥所称的“相识的知识”，它来自直接的经历，而非依赖于反应性和抽象思考的“一知半解”。只有这样，我们才能确立科学追寻中恰当的技术、试验和逻辑。更重要的是，必须较好地理解工业状况，工业研究不仅要考虑生理的因素，而且也要考虑工业的心理和社会的因素。

从广义上说，有效的民主政府的第二个要求是建立一支信息灵通的管理精英队伍。梅奥认为，民主国家将过多的注意力投向了卢梭，而不太注意马基雅维里。卢梭太依赖于这一“善良的希望”，即对一般福利有害的愿望会在一般的讨论中被删除。马基雅维里认识到，行政管理者必须给自己确立这样一个任务——理解人的动机、培育理想的社会运动并制止不理想的运动。梅奥认为，文明的衰亡，原因在于管理问题，尤其是民主国家没有认识到管理知识和技能的重要性。在道德问题上，每个人都应得到同等的评判。不过，科学问题必须由有技术的调查者而不是“集体的平庸”来确定最广泛的知识和最卓越的技术。确立一支信息灵通的管理精英队伍的关键性舞台在工业界，工业必须受行政者的指导，他们知道人的因素的重要性，能通过创造一些防止幻想出现的条件学习某些使工人适应新的工业系统的方式。

有效的民主发展的最后一个要求是改善教育系统。梅奥认为，教育的首要责任是通过理解把人从恐惧中解放出来。教育是冒险的前奏，应当点亮年轻人的想象之火。梅奥认为，40 岁左右有病态的人在教导年轻人方面说得太多。年轻人蔑视“枯燥的妥协”，而这种精神是文明和道德的本质。

教育的首要关注应是控制幻想性思考，并将教育的内容注入学生的幻想中。这将取消危险的幻想，并既表明正确地处理幻想，也表明幻想关注之间的恰当关系。梅奥认为人能消除来自工业的怪癖，但通过较好的教育则能更好地消除会从工业中的人中产生的怪癖。

梅奥认识到我们不可能再回到传统社会的简单状况，技术的发展需要确立对有效的民主政府来说至关重要的较好的标准。然而，工业社会中取得合作不能指望机遇。国家能够发挥一种作用，但这只是一种必要的、有限的作用，因为强制在自发的合作方面从未成功过。梅奥主张一种“适应性社会”，其特征是来自下面的有处理社会关系沟通技术的人的控制。适应性社会应当建立在一种自愿合作态度的基础上，应当摆脱非理性和幻想。通往适应性社会的道路是新的知识以及来自科学调查的力量，有了这种知识，就有了人的自由,就有了工业躁动不安的终结,以及世界和平的可能性。

梅奥的这一信念——社会不仅只是一些个人的堆积、他的这一认定——人的状况的知识对于文明来说至关重要,以及他的坚持直接观察作为取得这一知识的第一步,所有这些导致了他进行一系列实证研究,以开始在工业环境中积累“相识的知识”的过程①。

二、实证研究

正如前面指出的,梅奥认为,现代社会的解体在某种程度上因传统经济理论而加剧。这一传统经济理论基于一种“经济人”的假设,即人类被描述为一群自私自利、为争夺稀缺资源和生存机会而互相残杀的游牧部落民。梅奥认为这一理论假设是虚妄和谬误的,但要提出新的假设来取代“经济人”的假设,就必须对实际生活中的人际关系的复杂性进行研究,因为在他看来,只有这种实证研究,才能产生合乎逻辑的治疗方案。

1. 费城纺织厂调查

梅奥的第一次实证研究是在费城纺织厂进行的。按照他的说法,这次调查“彻底否定了认为只有私利才是激励和推动人工作的全部动力的假设”②。

1923年,当梅奥在宾夕法尼亚大学时,他被要求承担一项该州纺织厂纺纱部门的工人流动率和道德的研究。该部门当时流动率高达250%,工人士气低下,以前有关的各种刺激既改善不了流动状况,也提高不了士气。

在梅奥看来,公司本身组织得很好,具有开明和人道的管理部门;公司总裁声誉卓著;纺纱部门的条件也不比其他部门来得差,只是工作重复,需要不停地保持警觉。梅奥发现该部门的工人被一种单调和令人厌恶的感觉所占据。梅奥决定测试一下休息时间对工作态度和表现的影响,并采用一种将对工作环境的直接观察与旨在使工人说出有关其工作态度的面谈结合起来的研究程序。

休息时间段建议的采纳立刻产生了有利的结果,该部门的工人流动率下降,生产力上升,工人感到较少疲劳,忧郁症的症状消失。不久,随着生产任务的加重和休息时段的放弃,生产力又开始下降,厌恶的念头又出现。这样,休息时间段重新恢复,而这次它们是根据生产的程度而不是通常的规划

① 布雷恩·福莱:《通晓公共行政》,切特汉姆·豪斯出版社1989年版。
② 孙耀君等:《西方管理学名著提要》,江西人民出版社1997年版。

"得到的",在这一时段,生产能力上升,但未达到以往试验阶段的水平。受这些结果的刺激,公司总裁命令重新确立通常计划的休息时间段,这导致生产能力增长10%。最终采取的办法是休息时间段由部门的工作小组选择,由小组自己决定选择的办法,这样做的结果再次导致士气提高,疲劳消除,流动率下降,没有缺勤。

梅奥将发现总结如下:① 纺织产生姿势上的疲劳,易产生厌恶的念头。② 休息间隔通过恢复正常的循环、减少姿势上的疲劳以及打消厌恶念头,减缓了这些条件的影响,增加了生产力。③ 当休息时间段正常,工人获得放松的指示后,休息时段就较有效。④ 纺织厂外工人的生活随着工人对其家庭更感兴趣、更有节制而得以改善①。

梅奥以他对工作环境较为广泛的看法更一般地解释了这些发现。梅奥认为纺纱部门工人的态度是极端重要的;流动问题不是对工作条件的一个有机反应的结果,而是工人对所干工作的一种感情回答。此外,单调本身不是问题,在导致一种非正常的孤独的社会条件下完成的重复性工作才是问题,每日单独和重复的工作加剧了厌恶和偏执的考虑。梅奥认为这是事关生产有效性的最重要的因素,这样,躁动(在这里最明显的是流动率和缺勤率)是打破工人和其工作平衡的症状。

梅奥认为制度性的休息的结果就像消除身体的疲劳一样,是精神上打断幻想的结果。不过,梅奥对工作效率的增加的解释超越了休息本身。他认为已经进行了一系列变革,这些变革加在一起改变了部门中的气氛,使它变得更具"社会性",并给予工作更多的尊严。社会的相互关系改善了,工人欢迎具有对训练有素的面试者自由表达自己想法的机会。试验本身表现了管理方对工人的兴趣,总裁通过让工人控制休息段,使得工人们得以开始聚在一起商量、互相协调,不仅在组织内,而且跨组织进行交流,这就在一定程度上解除了先前的"孤独感",并将"孤独感的集合"改造成了社会团体②。

2. 霍桑实验

梅奥接下来的实证研究就是大名鼎鼎的霍桑实验。霍桑是西方电器公司在芝加哥附近的一家工厂的名字,这一试验从1927年至1932年,历时五载。这一试验因其"社会人"的假设、对非正式组织的揭示以及促使人际关系学派的形成而载入史册。

① 梅奥:"产业工人的不适",载于《沃塞姆演讲:工业关系》,哈佛大学出版社1929年版。
② 梅奥:《工业文明的社会问题》,哈佛大学出版社1954年版。

在梅奥及其同仁进行该试验之前，西方电器公司的一些工程师已经做了一系列有关照明度对工人效率的影响的试验。在最初的这些试验中，三个部门的作业面对不同的光亮度，其结果是不一致的。在第一个部门，增强光亮度与效率没什么关系。在第二个部门，没什么变化。在第三个部门，光亮度增强，产出提高，但光亮度减低时，产出没有下降。接下来的试验无助于解决这些不一致。第二次试验让试验组和控制组面对不同的光亮度。在试验组，正如所期望的那样，结果是产出增加。然而在控制组（在那里，光亮度保持不变），产出也是增加。第三次试验用人造光对照明度进行较大的控制。在这一状况中，只有在光亮减弱到工人抱怨他们几乎看不见时，产出才受到影响。而当时照明度减低到月亮光度时，工人仍然维持了其生产力水平。这种非正式的试验加剧了在试验上出现的混乱。

面对这种混乱的结果，公司领导层就寻求梅奥及其在哈佛的同仁的建议。哈佛小组认为，人的反应战胜了光亮度试验的目的。工人是对试验本身作反应，而不对光亮度作反应，猜测管理层只关心试验的含义是一个决定性因素。这一反应后来成了著名的“霍桑效应”。

梅奥一开始很少参与霍桑研究，事实上他并未直接参与霍桑研究的资料搜集工作。梅奥在后期的研究中显示了他的重要性，因为那时出现了对结果的解释问题。从那时起，他经常访问工厂，帮助培训访谈者，参与结果的解释。

哈佛小组最先的兴趣是疲劳和单调对工作表现产生的影响。相反地，研究者决定对休息间隔段（一个工作日、工作周等不同的长度）的效果做一测试。由于认为照明研究深受不充分的试验控制之苦，于是就选择一个小组，并将它与工厂的其他部分隔离开来。考虑到对单调和疲劳的研究兴趣，于是决定选择一种重复性的任务——电话继电器的装配。在其经验和合作态度的基础上，选择了两位女性，然后允许她们选择其他三位参与者。操作者被告知试验的性质，并被具体告知试验的目的不是提高生产力，而是希望他们以正常的速度进行工作。然后派一人到这一测试组，其责任是在测试组维持一种友好的气氛、记录谈话内容和团体关系。此外，还收集诸如输出的数量和质量、暂停的理由、每晚睡觉的时间、操作者的身体状况、室内外温度以及相应的湿度。最后，对所有的操作者在隔离和个人的基础上进行定期的访谈。

不管研究者怎样想建立一种严格的试验控制，怎样精心排列收集到的数据，测试组中的一些变化还是未受到控制。这些变化在最后解释试验结果时显得很突出。更重要的是，支付制度、监督作风以及社会环境在测试组里发生了变化。测试组里的刺激建立在团体的生产力上，这样，奖励更多地与个人在测试组里的表现紧密相连,而不是与通常工厂中较大的团队工作相连。当观察者接手一些监督功能,并对维持一种友好的气氛负责时,测试组里的监督方法也不同。最后,随着操作者成为一个小组成员,并被允许比他们先前状况更自由地交谈时,社会环境发生了变化。

整个霍桑研究分五个阶段。第一阶段,当操作者们在他们原有部门时就建立了生产力记录。第二阶段,工人进入测试组,并熟悉新的环境,不做其他变化。第三阶段,介绍一种建立在测试本身生产力基础上的刺激。第四、五阶段着重试验,在第四阶段确定各种不同长度和频度的休息时段,在第五阶段确定工作日、工作周的长度。在后来成为这一研究最大特征的一种样式中,对继电器装配线测试组的研究产生了一些意想不到的结果,即它提出的问题要比回答的问题来得多。在休息间隔的试验中,产出一般得到了增加,不论休息时间的长短和频度。但测试组里的闲聊却成了一个问题,这导致了来自监工的惩戒(通过要求她们大声叫出难点使她们更注意其工作),以及操作中的两位工人因闲聊而回到一般的部门。结果,只有当工作日的长度减少一小时,产出才变糟。特别有趣的是这样一个阶段,在这一阶段中,测试小组显然回到了原来的工作状况,产出的确减少,但没有跌落到它原有的水平。

研究小组考虑了在继电器装配线测试组里生产率增长的几种解释。这一增长可归于工作材料和方法的改进、疲劳和单调的减少、小组的刺激计划、经改变的监督方法和测试组里改变的社会状况。由于相对无足轻重,改进过的工作材料和方法被排除了。对疲劳减少的想法进行了更仔细的检查,但没有发现什么。这一结论首先来自这一发现——当条件回到原来状态时,生产没有回落到试验前的水平。此外,生理测试表明,操作员在其本身能力之内干得很好,产出没有遵循假设的"疲劳曲线"表明的状况。单调性假设也不成立,但有些不确定。其输出也未遵循"单调曲线",但人们感到在产出标准中,单调并未得到完全的反映。

这样,生产力得以提高的可能性剩下的就是激励体制、监督方法和改变的社会环境。为了衡量激励体制的可能的效应,进行了两个试验。一个(第二个继电器装配线测试组)是只改变刺激的方法,即支付按小组产出进行;另一个(包括把云母片分离成更薄的细长片)与第一个继电器装配线测试组相似。除了小组刺激计划,人们相信,两组的比较可以估计刺激与其他工作条件对产出的相对影响。

在第二测试组,监工选了5名妇女,其报酬分别由部门的剩余部分支出,结果是产出增加了12.6%。试验一停止,产出就下降。这样,结果看来证实了刺激假设。但研究者认为,两个测试组的竞争也促进了生产力的增长。

云母组的试验除了刺激系统,旨在复制第一个测试组的条件。研究者小组选择了两个操作员,由他们选择余下的三个参与者。就像在第一个继电器装配线测试组里的情况一样,休息间隔、工作日、工作周的长短不同。当工人进入测试组时,结果稍有下降;当引入休息间隔时,产量略有提高,过后就稍有下降;试验最后阶段便是比较稳定的产出。这样,生产力并未表现出与休息间隔段相一致的关系。只有在最初引入了休息间隔之后,生产力才增加。研究人员并不泄气,他们开始说明这些看上去反常的结果。引入休息间隔后产出的减少归于对可能裁员的焦虑,这形成了"干预性分神"。此外,研究作出结论,云母组试验只是一个不旨在增进团体团结的刺激系统的"一些个人的故事"。

在这些发现的基础上,所作的结论是,刺激并不是对观察到的生产力的增长的唯一解释。同操纵工作条件而非刺激有关的云母组试验的消极证据受到了怀疑,因为它未满足试验要求。在第二测试组里的刺激与生产力关系的积极发现归于各测试之间的竞争,而非刺激系统本身。最后,有人发现,虽然第二测试组的生产力得到了增长,但不像第一测试组增长到30%之多。这进一步加强了这一结论——一些其他的东西而非刺激涉及了第一测试组生产力的增长。此外,研究小组感到,不管刺激会有什么样的效应,这一效应取决于其他的一些社会因素。

这样,通过排除法,经改变的监督方法和改变过的社会状况的结合成了第一测试组内产出增长的首要因素。新的监督方法虽然同样严格,但是具有一种不同的性质。抱有同情心的倾听代替了发号施令和个人批评。操作员感到他们的新的监督者对其福利状况有一种个人的兴趣,会同他们磋商一些可能的改革,不强制他们去取得更多的产量,同时允许在组内进行社交性对话。这些监督特征的改变,以及将工作团体与小组刺激计划分开,产生了一种新的社会状况。在这一状况中,一些个体工作者成了一个团队的一部分,并与其同事有一种志同道合的感觉。这样,一种社会团结感产生了,并鼓舞了士气,改善了自信与友谊的关系,提高了工作效率。在梅奥看来,这意味着支持性的社会结构加强了工人"内在性情的平衡",使他们达到了一种"高度抵制各种不同的外在环境"①的精神状态。工人确立了一种高度的稳定的工作有效性,并相对不受工作条件(如休息间隔等)的变化的影响。

① 梅奥:《工业文明的人的问题》,纽约维享出版社1960年版。

考虑到继电器测试组的监督风格和社会条件的重要性，研究的下一个阶段开始更直接地关注这些因素。这一阶段包括了一种访谈项目，访谈的人数最终达到霍桑工厂4万名员工中的2.1万人，访谈最先旨在通过收集有关工作条件的数据以及工人对监督的反应来改进监督方法，这一打算不久就屈从于访谈本身一些未意料到的结果。

在访谈中可以发现，访谈中表达的对物理状况的评价与情境没什么关系，很难评价对人或公司政策的批评，访谈者很难使回答者回答一些他们要检查的问题。这样，访谈格式改成允许回答者对他们选择的题目作评论。在这一修改后的格式中，人们不久便得知访谈者暴露了更多有关个性而非客观工作状况的问题。他们所作的评论只有在工人的期望和感情的背景下才能得以理解，这一发现导致了强调事件的感情意义。此外，人们发现访谈对有关题目具有一种导泻作用，因而具有一种可观的治疗价值。自由表达自己的机会帮助工人减少了个人的无用感，并学习与人相处，确立一种与管理层更好合作的愿望。

访谈本来是为了研究工人在群体环境中的感受，接下来发展成研究经理人员与工作群体间的关系，而这正是大工业面临的根本性问题。

梅奥认为访谈在以下几个方面是引人注意的。第一，访谈有助于工人解除不必要的心理负担和调整自己对个人问题的态度和情绪。第二，访谈有助于工人们与同事和监工相处得更融洽、更和谐。第三，访谈增进了工人们作为群体与经理人员更好地合作的愿望和能力。研究人员某种程度上代表了厂方，因为他们来自工作群体，研究人员帮助工人与周围的人合作共事，这有助于形成工人对工作群体和对工厂的双重归属感。第四，与职工交谈是培养和训练管理人员的重要方法，它有助于上情下达和下情上达。管理人员首先必须善于帮助和启发他人表达出自己的思想和情感，而不只是高谈阔论，教训别人，以自我为中心。这种经验是当前的学校教育无法提供的。作为管理者，倾听别人意见比展露自己的知识重要得多，这是成熟、判断力和智慧的标志。第五，与职工交谈是获得信息的重要源泉，对于经理人员具有巨大的客观价值。经理人员有三重任务：将科学和技术应用于物质资料的生产；使生产经营活动系统化；组织协作。一些经理人员完全忽视了第三个方面的任务，这种忽视和由此造成的盲目行动以及其他种种意想不到的困难必然会影响组织的有效性①。

① 孙耀君等：《西方管理学名著提要》，江西人民出版社1997年版。

研究的最后一个阶段旨在扩展和证实访谈计划中的观察。在这一阶段，从社会学观点来观察电话的组合电路操作员，并研究一种车间状况。研究挑选了14名男子——9位绕线工、3位焊工和2位监工，告诉他们试验的目的，并告诉他们产量记录在开始试验前就已保留。然后工人进入一个做了分隔的房间。一个观察者作为"无动于衷的旁观者"行动，寻找一个非正式团体的事实，旨在理解这种组织成员的功能。此外，外部的访谈者加入组内调查个人的态度。小组在付酬上被认为是一个相对独立的单位，刺激系统旨在将个人收入同小组产出联系起来。

在这一试验中，结果证实了研究小组的期待。小组产量维持在一个不变的水平上，组内每个人的产量被限制在根据小组对一天合理工作理解的水平之内。一般来说，随着小组采用自己的工作标准，并通过诸如骂人（告密者等）、打击违反者等社交性惩处来执行这些标准，非正式小组中的社会关系日益阻碍了对组织利益的追求。

研究者因而得出结论，非正式小组就管理层的企图制造恐惧，小组行使保护其成员免遭外来干预和内部不检点影响的功能。在这一过程中，社会性考虑压倒了逻辑和经济考虑。刺激计划的结构、逻辑和经济考虑本来应当导致产量的增加，然而，由于小组规范一致先于个人私利的考虑，以及小组规范决定了操作者是否被小组接受，个人表现因而成了小组状况的一种功能而不是能力。在梅奥看来，组合电路组的非正式小组是——在剥夺工作的社会意义上——在小组无法控制的环境中反对迅速变革的一种手段。这样，小组的保护比在组织目标服务中的自发合作来得更重要。

3. 南加州飞机制造业调查

梅奥进行直接观察的最后历程是研究缺勤和流动率，此项研究在二战期间的南加州飞机制造业进行。梅奥及其同仁采用了一种更广阔的社会看法，他们首先检查社区环境，以寻找高缺勤率和流动率的可能原因。他们的结论是，这一地区不停的人员流动特征在那时不是一个基本的问题。征兵带走了一些以前形成一个团队的工人，不过，其他地方也有相似的事发生。梅奥认为，这种外在力量只有当资方未充分注意到其组织中一些具有凝聚力的小组的发展时，才会产生一种较大的影响。

这样，就像霍桑的例子一样，人们发现缺勤率和流动率是形成工作"团队"的一种功能。当团队创立了一种与公司政策和目标"积极合作"的条件时，缺勤率和流动率就低。此外，团队形成被发现主要是取决于工作小组内正式的和非正式的监督和领导的质量。成功的监督者是那些在处理人际关系上受过训练的人，是那些有助手关注惯例和技术问题的人，这些监督者因而得以从琐事中摆脱出来关注人的问题，使工人参与决定有关的工作条件。研究发现非正式领导也是很重要的。在一个成功的工作中心，工作通常由一个小组长承担，工头很少光顾。这位组长是一个大学毕业生并有工业方面的经历，他通过给工人以技术、人际和社会的帮助促进其工作。

这些发现在访谈一些偶尔上班、偶尔不上班的工人时得到了印证。这些“不规则”的特点是一种人员无组织和不满的状况，很多人因其工作从未成为其整个生活中的一个不可分离的部分而不上班。这一状况可追溯到一些不关心人、不耐烦的监督者。其结果是，这些人通常是一些互不相关的个人，而不是一个有凝聚力的小组或团体中的一员。

梅奥认为这一结果与他先前的调查相一致。在他看来，合群的愿望是根深蒂固的，非正式的社交团体将不可避免地存在，唯一的问题是团体的态度是抱以敌意还是友善。社交团体的成员发展不应凭偶然。相反，管理层应当对需要一种有意义的社交团体经历抱有敏感，并创造一种条件，在这一条件下，这一需要可以与取得组织目标有效性相称的方式完成。

梅奥的实证研究使他得以注重组织内社交团体个人的工作态度的作用，这些非正式的组织既可能促进组织的目标，也可能损害组织的目标。

正如前面指出的，梅奥认为管理有三个持久的问题：科学技术技能的运用；运作的有效安排；团队工作的组织或可持续的合作。他指责管理方太注重前两个因素，而不注重后一个因素，尤其是管理方没有察觉到非正式组织的重要性。而梅奥认为这是对一种基本的人的需要的反应。没有一种支持性的社会环境，工人就会专注于个人的事情以及行为中的非理性，这将导致一种激怒感和无用感，导致产生忠于公司还是忠于非正式组织之间的冲突的可能性。

相应地，管理方必须承担这样一种责任：建立有助于确立一种合作性团队精神的环境。只专注于技术逻辑和经济逻辑是不够的，技术变革必须以认识社会变革及其后果为条件；经济刺激有助于提高工作效率，但也只有在一种健康的社会状况中才可能实现。总之，管理方必须以更富人情的方式去关注人与社会的感情和态度。心理治疗的技术有助于人们摆脱其幻想性关系，不过，这些技术必须加上改善组织中的社会气氛这一有意识的努力。这一努力的一个主要因素是监督者，他能够在建立良性的人际关系和提高团队士气方面发挥一种重要作用。

第三节　分析与评价

人们常常把梅奥与其同时代的一些从事管理研究的著名人物相比。丹尼尔·雷恩就把其与泰罗相比,认为两人分别代表了解决工业问题的两种主要方法。他感到惊异的是两人在目标方面的高度相似性。两人都看到了工人和管理当局之间的冲突,并把更多的责任归于管理当局;两人都追求工人同管理当局之间的和谐或利益相关,泰罗是通过一种精神革命,而梅奥是通过人群协作。但是,雷恩感到两人达到这些目标的手段却大不相同。泰罗所注意的中心是个别的工人,而梅奥则把注意的中心放在作为团体成员的工人身上。泰罗对人际关系不大注意,而梅奥则很关心。泰罗认为物质工作环境是影响生产率提高的一个主要因素,而梅奥主义者则认为社会环境才是主要的。泰罗认为,只要有机会,人们就会追求最大的经济报酬;而梅奥主义者则把金钱的诱惑放在次要地位,而强调团体成员的地位①。在这里,我们事实上已经可看到管理思想所发生的一个重大变化,这与两者在开创性的管理学派中所占据的重要位置是相吻合的。

对梅奥的哲学价值观和方法论以及霍桑实验的批评主要在以下几个方面:

(1) 梅奥出于工作场所中的各种利益的自然和谐的假设,不遗余力地去追求自发的合作,而没有认识到社会冲突的不可避免性。批评认为,劳资双方从根本上是冲突的,因而自发的合作和目标的一致是不可能的。这样,工业研究应指向确立一些适应冲突而非漠视冲突的手段。这里的一个中心是工会的作用,梅奥几乎不提工会和集体谈判。

(2) 在梅奥看到冲突的地方,他把它归之为工人的感情态度,而非客观的工作和社会条件。例如,在组合电路的试验中,他强调团体的感情和状况是产量受限的决定因素,而不是对产生很多问题(如工资上的争论、严加控制)的管理方的敌视。批评认为,把团体对产量的限制作为捍卫经济利益至少是不可信的,工业冲突可能是来自社会经济结构中的价值冲突的产物。

(3) 霍桑实验的特征在于"大错和不完整"。批评认为研究者误解了有

① 丹尼尔·雷恩:《管理思想的演变》,中国社会科学出版社 1992 年版。

关资料，没能建立一些代表更大人群的样本团体，并将其结论建立在仅仅对五个操作者的不可靠的数据之上。

当然，更多的是对梅奥尤其是对霍桑实验的肯定。布雷恩·福莱认为，梅奥的思想对组织研究产生了无可置疑的影响。"梅奥的著作代表了组织研究中心的一个重要转向。他对工人的态度和感情的关心，赋予社交性团体在决定个人行为中的重要性，他对建立在直接观察之上的'相识的知识'的研究，所有这些都拓展了后来的研究者的想象。"①

应当说，第一种批评意见是有其道理的。梅奥同泰罗一样，没有更进一步从阶级关系的层面对工业问题作更深入的分析，这使他的某些看法受到了局限。

当然，霍桑研究（梅奥的名字是与它相关的）的贡献是巨大的。首先，它以扎实的调查和分析指明了人的"社会人"特征，这在对人的假设上具有里程碑式的意义。其次，社会系统观点的提出开拓了对组织研究的视野。霍桑研究指出企业中除了正式组织之外，还存在着非正式组织。企业管理层把组织看成是一个社会系统，就能够来着手处理正式组织所要求的"效率的逻辑"和非正式组织所要求的"感情的逻辑"之间的冲突②。最后，提出了一种新型的领导能力，这种能力表现在通过提高职工的满意度、激励职工的"士气"，从而达到提高劳动生产率的目的。这一能力包含三个主要内容：掌握科技知识、系统化的指挥能力，以及组织社会合作和协调的本领。梅奥认为，在他的时代和不久的将来，第三点即组织社会合作和协调是最重要的，这涉及了管理的核心部分，也表明了梅奥的远见。

思考题

1. 梅奥的"社会人"假设的内容是什么？
2. 霍桑实验的结论有哪些？
3. "社会人"管理与"经济人"管理之间有何区别？

① 布雷恩·福莱：《通晓公共行政》，切特汉姆·豪斯出版社1989年版。
② 丹尼尔·雷恩：《管理思想的演变》，中国社会科学出版社1992年版。

第八章　巴纳德的社会系统组织理论

第一节　生平与著作

切斯特·巴纳德(Chester I. Barnard)是新古典时期的一位重要的组织理论家。他在组织理论上所做的一系列独创性的工作至今被认为是组织理论的典范,这些独创性的工作主要体现在他的一本闻名遐迩的著作——《经理人员的职能》①中。

巴纳德于1886年11月出生在美国马萨诸塞州的马尔登,自幼家境较为贫寒。他的父亲是位机工,家庭环境尚有一些书卷气。巴纳德没接受过什么正式的宗教训练,但其家庭与公理会教派有一种松散的联系,因而家庭常常进行一些哲学讨论。巴纳德对新英格兰灌输的"思想独立、务实、尊重个人以及勤奋"的思想非常入迷,这些特征在巴纳德后来的职业生涯和著作中也反映了出来。

巴纳德天生近视,平衡感不好,这使他孩提时代的体育活动受到了限制。然而,这也从另一方面造就了一个求知欲旺盛、博览群书的读者和一位有成就的钢琴演奏家。巴纳德性情孤傲,由于家庭贫寒,他在完成语法学校的学业后被迫参加了工作。在等待进入蒙特哈蒙预校时,他在学校的农场里干活。后来,他在哈佛时通过指挥一个舞蹈交响乐团、打印论文稿来维持自己的生活。在哈佛,巴纳德主修经济学,并完成三年的学业。由于他缺少科学方面的训练以及化学不过关,因而未获得学士学位。尽管如此,由于他后来在组织理论方面的造诣和杰出贡献,他最终还是得到了一些著名的大学如布朗大学、普林斯顿大学、宾夕法尼亚大学、路特格斯大学的荣誉博士学位。

① 也译成《经理的职能》或《执行者的职能》。本书与之有关的引文引自中国社会科学出版社1997年版的《经理人员的职能》。

1909 年,巴纳德离开哈佛,开始了在贝尔电话公司漫长的职业生涯。这一历程后来被证明是非常卓越的。巴纳德起先在统计部门工作,将有关德、法、意文资料译成英语来研究外国的汇率制度,不久就成了这方面的专家。1922 年,他搬到宾夕法尼亚,不久就成了宾夕法尼亚电话公司副总裁和总经理的助理。四年后,他被提升为副总裁。1928 年,当他 41 岁时,他成了新泽西贝尔电话公司的总裁。1948 年,他离开贝尔公司,担任了洛克菲勒基金会主席一职,一直到 1952 年达到其强制退休年龄为止。后来,他还出任过全国科学基金主席。巴纳德于 1961 年去世。

在从事主要职业的同时,巴纳德在公共服务方面的记录也令人印象深刻。20 世纪 30 年代,他曾出任新泽西紧急救助基金的主任。二战期间,巴纳德是联合服务组织主席、国家战争基金主任、海军人力调查委员会成员。他曾是财政部长助理、联邦科学研究与发展办公室主任的顾问、原子能委员会成员。此外,他还是新泽西单身汉协会的创建者,参加各种青年的活动;曾是国家经济研究局的局长、美国艺术与科学协进会成员、美国哲学学会以及世界事务研究所的成员。

巴纳德是一个有些超然、矜持寡言、庄严高尚、令人敬畏的人。他认为服务(它需要“持之以恒”和“坚持原则”)比受人欢迎更重要。虽然他接受了几个荣誉学位,但他拒绝了一些其他的学位,认为它们空有其名。总之,人们的印象是,“这是一个有着得体举止、对工作有强烈献身精神的孤傲冷漠的人”①。

作为一个在数种领域里的实践者,巴纳德留下的著作不多。巴纳德从 20 世纪 20 年代开始写作,一共发表了 37 篇文章和《经理人员的职能》一书。正是这本书使他名声大振,在书中他对理解组织所做的重要贡献奠定了他在组织研究中的极高地位。

这本后来变得如此重要的书在产生时却带有某些讽刺意味。巴纳德起先并未打算写此书,书的手稿来自他在哈佛的罗维尔学院的 8 次演讲。此书的出版是因为哈佛出版社打算出一套丛书,而不是对他的演讲感到满意。在哈佛出版社要求之下,他进行了编纂工作,将手稿修改了 16 遍,最后声称“本书没有一个字不是经过精雕细琢的”。

巴纳德否认对《经理人员的职能》一书的热情和概念具有智力上的原创,并指出其不直接来自广泛的阅读,也不旨在将一些个人观察拼凑起来,他说他

① 巴纳德:《经理人员的职能》,中国社会科学出版社 1997 年版。

对梅奥及其霍桑实验一无所知。不管巴纳德的思想来源是什么,《经理人员的职能》的影响是无可争议的。用肯尼思·安德鲁斯的话来说:“他的伟大来自他的抽象思考的能力,来自他把理论应用于职业经验的本领,来自他对实践的敏感性和经验。在同时应用理论和实践这两种能力并发展这两者的综合能力方面,我认为没有人能够超过他。由于这些原因,《经理人员的职能》一书从它出版以来一直是专业经理人员写出的有关组织和管理的最能启发人的思想的著作。”①

虽然书名是《经理人员的职能》,但内容远远要丰富得多。巴纳德旨在把国家理论与组织理论结合起来,阐述一种超越其经济范围的人类行为的理论。相应地,巴纳德从最基本地观察人类行为的本质出发,从社会中组织的产生和性质(它们提供了管理者在组织中的作用和功能的背景)出发开始了他卓越的论述。

第二节　社会系统组织理论

一、组织的静态分析

巴纳德在其著作出版后把自己的主要贡献归结为“结构性”概念和“动态性”概念,实际上也就是从静态和动态两个方面对组织作了富有创见和启迪意义的理解。巴纳德认为他的主要的结构性概念有:个人、协作体系、正式组织、非正式组织和复合性正式组织。实际上这也是《经理人员的职能》一书的第二篇的内容。

1. 个人

巴纳德首先是从观察最基本的人的行为的本质出发来论述组织的。在他看来,“如果不以人的行为的心理上的某些假设为依据,就不可能构建起协作体系或组织的理论,也不可能对组织、经理人员或参加组织的其他人的行为作出有意义的说明”②。由于组织是由人构成的,巴纳德首先从社会属性和自然属性对人作了一个区分。他认为,作为特定的协作体系的参加者的人,若纯粹

① 巴纳德:《经理人员的职能》,中国社会科学出版社 1997 年版。
② 同上。

把他们的职能方面作为协作的方面来看,只要他们的努力是协作性的,他们的努力就被非个人化,或被社会化。其次,作为外在于任何一个特定组织的人,将被看作是物的、生物的、社会的一种独特的个人化,具有有限的选择能力。这两者总是出现在协作体系中。在这里,人的社会属性已经开始表现了马克斯·韦伯曾阐述过的非人格特征。这一点我们将在组织的特征中再作介绍。

而作为自然属性的人,他无论在物理学上还是在生物学上都是受到限制的,他只有有限度的自由意志。“当生物的能力被看作是限制因素,而通过协作可以克服这些限制时,限制因素就成为协作本身。”①产生协作的原因,除了自然属性方面(当人们要求达到超越其自身能力之外的目的,就需要打破其生物学上的限制,比如,个人干不了的事,两个人一起干,协作就产生了,组织也随之产生)之外,人类的社会属性,即在共同体生活中形成的各种关系也是产生协作行为的一个原因。此外,在巴纳德看来,人群中的被动结合不会长久,因为他们被迫去做一些事情,因而从事有目的的活动的需要也导致了协作活动并去达到参与者的一些共同的目的。在巴纳德看来,组织就其实质来说,就是一种合作性的努力。

巴纳德对人具有自由意志的描述形成了他的个人与组织之间关系的概念。虽然巴纳德假设人有选择的力量,但这一力量是有限的。“个人具有有限的选择能力,同时又是整个情景的各种因素的结果,并强烈地受到这些因素的限制。他有动机和目的要实现。实现的方法是在整个情景中选择一个或一组特定的因素并使之改变,从而改变整个情景。从实现目的的观点来看,这些因素是限制因素,是需要加以解决的战略目标。”②的确,在选择上的限制使选择成为可能,因为个人如果碰到大量可供选择的东西的话,他可能会被压垮。因而选择过程部分是一个缩小选择范围的过程,物理、生物和社会因素强化了选择上的限制。例如,一些选择可能被排除,因为它们在物质上是不可能的,有些因心理条件而不可能。在组织环境中,一个主要的限制因素是组织目的的定义。它有助于指出有关的一些限制,这些限制对选择来说是必需的,因为它们指出了选择得以进行的范围。然而,一种不能减少的最低程度的自由意志依然存在,这一特点使人的行为不仅仅只是一种有条件的反应。

组织旨在影响个人的行为,其手段要么是缩小在选择上的限制,要么是扩大选择的机会。在第一种情况下,个人被认为是一种被操纵的客体。在第二

① 巴纳德:《经理人员的职能》,中国社会科学出版社1997年版。
② 同上。

种情况下,个人是一种要被说服的主体。不管在哪种情况下,个人的反应不完全是事先决定的。相反,个人具有一种选择领域,这一领域既给了个人自由度,也赋予了他行动的责任的衡量度。正如我们看到的,两种局限是巴纳德的组织以及人在组织中的作用这一公式的不可缺少的组成部分。

2. 协作体系

在对人性的这些假设基础上,巴纳德开始追寻组织中协作活动发展的源头。在巴纳德看来,协作就是一种克服由物理环境或人的生物特征所强加的一些限制的手段。这些局限可以通过协作克服。总之,协作来自目的和局限的存在,要克服的局限和战略要素在本质上是物理的和生物的。

一旦决定协作,限制性因素便是社会关系。在巴纳德看来,当个人参加了一个协作系统以后,他就处于一种同其他参加者接触的位置。这种接触必然产生个人之间的相互作用,因而它们是社会性的。这种社会性产生的影响在于,协作迫使个人的动机发生原来不会有的变化。这些变化如果朝着不利于协作体系的方向发展,它们就成为协作体系的障碍或限制。

那么,怎么使这一协作朝着有利于体系的方向发展呢?首先,我们必须看到协作体系中不但存在着个人之间的相互作用,而且还存在着人同集体之间的相互作用。后者意味着集体是作为一个单位同个人发生相互作用的。集体在这里代表着社会行为的一个体系,作为一个整体同集体的每一个人相互作用。其次,作为一个协作体系,它会有自己的目的和目标。这一目的本身就是协作的产物,并成为识别协作体系所采取的行动的要素,是协作的一个标志。因此,清楚地识别协作性努力的目的同个人的目的之间的区别是很重要的,因为在大多数情况下,协作的目的显然不是个人目的①。

只有当一个协作体系的目的实现时,这种协作才是有效的,也就是使协作朝着有利于体系的方向发展。那么怎么实现?在巴纳德看来,首先,在实现协作的目的方面应该是有效的,但这还不够,在满足个人动机上应该是有效力的。协作效力是个人效力的组合物,因为协作正是为了满足个人的动机而组成的。参加者的动机的总和就是协作体系的总动机,这个总动机是各个人动机的复合物,其中每一个人的动机在性质上可能不相同。协作行为的效力就是这些动机满足的程度。决定这种效力的唯一因素是个人,因为动机是个人的。如果一个人认为他对协作体系做出贡献的行为是(或将是)无效力的,他就会停止(或暂时停止)做出贡献。如果他们的贡献是协作体系不可缺少的,

① 巴纳德:《经理人员的职能》,中国社会科学出版社 1997 年版。

那么他个人的无效力就成为协作体系的无效力。由于协作体系不能再继续下去,因而对全体成员都是无效力的。所以,协作体系的效力取决于边际贡献的效力,或者说取决于边际贡献者。

这表明,协作努力的有效性与协作体系目的的实现有关,而效力则与个人动机的满足有关,协作体系的效力是体系成员个人的效力的总和。一个协作体系的效力就是它为成员个人提供满足以维持体系的能力,这种能力也可以称为体系的存在及对个人提供的满足进行平衡的能力。这种效力和平衡可以通过两种方式达到:或是改变成员的个人动机,或是把生产成果分配给个人。这种成果包括物和社会两方面,因为有的成员需要物质利益方面的满足,而有的成员需要社会利益方面的满足,大部分成员则以不同的比例需要这两个方面的满足。

如果每个成员所得到的只是他投入的,协作体系对他来讲没有刺激,也就是说,没有净满足。他得到的必须使他在满足方面获得利益,这意味着对他的贡献以另一种形式予以回报。因此,对个人来说,效力就是满足的交换。这样,协作过程包含着满足的交换过程。当然,这指的是协作过程的分配一面,它还有生产一面。协作的效力一方面取决于它获得和生产些什么,另一方面取决于它如何分配它的资源和如何改变其成员的动机。总之,人的目的以及局限(尤其是物理的和生物的局限)产生了协作的需要,而协作的持续取决于协作的有效性和协作的效力。有效性的衡量是共同的目的的实现;效力的衡量是诱发足够的个人参加协作的意愿。因此,协作的持续取决于两个互相联系、互相依存的过程:① 同整个协作体系和环境的关系有关的过程;② 同满足需要的成果的创新和分配有关的过程。

巴纳德注意到,成功的协作不是一种正常状况,几乎没有什么协作性的努力能经受住时间的劫掠。在任何一个时间段上,只有社会上的一小部分人乐意参与一种特定的协作事业。在这里,巴纳德已经开始涉及他著名的均衡理论。这一点在论述组织刺激系统时就显得更为明晰了。

3. 正式组织

巴纳德认为,构成组织的要素有三个。首先是协作的意愿。巴纳德再次强调构成组织的应该是人的服务、行动、行为和影响,而不是人。这表明,人们贡献努力的意愿是协作体系所不可缺少的。

这种协作的意愿意味着自我克制,意味着对自己个人行动控制权的放弃,以及个人行为非个人化。因此,首先必须有个人行为贡献于非个人的组织行为,个人放弃其行动的控制权的意愿,才能把人们的行动协调起来。

就个人意愿而言,巴纳德认为,首先,个人意愿的强度存在着极大的差异。他认为,现代社会中的绝大多数人对任何一个组织或是漠不关心、或是积极反对。其次,任何个人的贡献意愿的强度会发生变化,这是断续的和变动的。从这里得出的一个结论是,在任何一个正式的协作体系中,可能的贡献者的贡献意愿总量是不稳定的。因此,协作意愿首先是组织提供的诱因与个人努力相比较的净结果,其次是同其他机会提供的实际可以得到的净满足相比较的结果。从逻辑上说,需要决定的问题首先是进行协作是否比独立行动对个人更有利。如果更有利,那么要考虑的问题是目前的协作机会比其他协作机会所提供的利益更大还是更小。因此,组织依存于个人的动机和满足个人的诱因。

构成组织的第二个要素是目的。只有具有协作的目的,协作意愿才能发展起来。一个目的如果不被将要参加组织的人们所接受,是不会激起协作行为的。因此,目的的被接受同协作意愿是同时发生的。参加组织的每一个人都可以被看成具有双重人格:组织人格和个人人格。严格地说,一个组织目的对于人来说并没有直接的意义,对他有意义的是组织同他的关系:组织加给他的负担和给予他的利益。组织的共同目的是外在的、非个人的、客观的,而个人动机则是内在的、个人的、主观的。这两者是有矛盾的。只是在极特殊的条件下,组织目的才能成为或可能成为唯一的或主要的个人动机。

构成组织的第三个要素是信息交流。实现共同目的的可能性和存在着愿意为这个共同目的做贡献的人们是协作努力体系的两极,而使这些可能性成为动态过程的是信息交流,因为共同目的必须为人们共同了解,而要了解就必须通过某些信息交流形式。因此,信息交流技术是任何一个组织的重要方面。如果没有恰当的信息交流技术,就不可能采用某些目的作为组织的基础。信息交流技术使得组织采取某种形式并获得内部的经济性。

总之,在巴纳德看来,组织的存在取决于协作系统平衡的维持。这种平衡开始时是组织内部的,是各种要素之间的比例,但最终和基本的是协作系统同整个外界环境的平衡。这种平衡有两个条件:一是组织的有效性,它涉及同外界环境的关系;二是组织的效力,它涉及组织同成员个人之间的交换。

4. 非正式组织

从组织的发展来看,在形成正式组织后,接下来的一个发展阶段是非正式组织。这一概念的提出是巴纳德对组织理论研究的一大贡献。同有意识地形成的正式组织不同,非正式组织是由无意识的社会过程产生的。巴纳德将非正式组织描述为暂时的、无结构形式的、涉及那些没有任何具体联系而发生的互动。用他的话来说,可以把它“看作是一种没有固定形态的、密度经常变化的集合体”①。在巴纳德看来,非正式组织会产生两种重要的后果: ① 它使人们形成一定的态度、理解、风格、习惯习俗; ② 为正式组织的产生创造条件。因为要使得共同目的能被接受、信息交流成为可能、协作意愿的精神状态得以达到,都必须有一个事先接触和预备性的相互作用的过程,而非正式组织提供了这个条件。

巴纳德认为,非正式组织存在于正式组织之中,它在正式组织中起着三种作用: ① 信息交流; ② 通过调节人们的贡献意愿和稳定客观的权威来维持正式组织的凝聚力; ③ 维持人们的个人人格、自尊心和独立的选择,而这是正式组织运作所必需的。

非正式组织的存在使得它与正式组织构成了一种互动关系,这两者的关系表现为: ① 非正式组织使得一些正式组织非成立不可,如不成立,非正式组织也无法继续发展下去。非正式组织的态度、习惯、风俗影响着正式组织,并且部分地通过正式组织表现出来。正式组织由于非正式组织而具有活力并受其调节。这首先表明非正式组织对于正式组织所具有的重要作用。② 正式组织由非正式组织产生,正式组织为任何一个大的非正式组织或社会组织所必需,但在正式组织产生之后,它们创造出非正式组织并且需要非正式组织。对绝大多数组织来讲,“了解组织的诀窍”是了解其非正式结构的人物、事情和缘由。阅读美国的宪法、法庭的判决、法令或行政法规并不能精确地确定美国政府是如何进行工作的。“看不见的政府”这句话虽然常用于贬义,但却表达了对非正式组织的认识。巴纳德在这里表明了正式组织和非正式组织两者之间的依存关系和相辅相成关系。

巴纳德倾向于从正面肯定非正式组织的作用,尤其是它的凝聚力作用。在他看来,正式组织是社会的明确的构造材料,它们是使人们的社会结合具有足够的一贯性、以便持续下去的支柱。没有这些支柱,社会就会分裂为敌对的集团,随着正式组织在范围上的扩大(例如,当正式的政府组织扩展时,宗教的、军队的、经济的和其他正式组织也会相应扩展),以及一个大规模社会结构的出现,就容许和要求社会凝聚力的扩大,而非正式结构的态度、习惯和习俗将对这一凝聚力的形成和扩大起重要作用②。

不过,后来的研究表明,非正式组织在促进正式组织目标的过程中具有双重性。巴纳德在这里显然忽略了非正式组织对正式组织来说所具有的消极

① 巴纳德:《经理人员的职能》,中国社会科学出版社 1997 年版。
② 同上。

一面。

5. 复合性正式组织

组织发展的最后一个阶段是复合性正式组织。巴纳德认为,这一组织来自简单的正式组织(它的大小受到了沟通上的局限的限制)增长需要创造新的单位,但总的目标是作为复合性组织中统一的因素起作用的。沟通上的限制形成了复合性组织的结构(通过要求亚单位专业化和相对自主)。在复合性正式组织中,协调的需要和沟通的需要要求单一的指挥功能作为沟通中心指挥所有相对自主的单位的活动。这样,尽管相对自主,组织的亚单位必须在更大的组织强加的限制范围内行动。

复合性正式组织的特征包括以下四个方面:系统性;非人格化;专业化;含有非正式组织①。

作为系统,复合性正式组织具有一些显著的特征。首先它们具有亚系统,而它们本身又是更大的社会系统中的一个部分,系统和亚系统之间是互相依赖的。其次,作为一个系统的组织,它们也是动态的,因为环境在发生变化,新的目标在出现。最后,在巴纳德的分析中很关键的一点是,作为一个系统的组织不只是部分的简单综合,主要原因在于,系统与其组成部分的区别使巴纳德将作为整体的协作系统的目标与系统中人的“动机”作一区别。这一区别的重要性在于巴纳德认为组织中的每一个参与者必须接受的刺激(奖励)要多于对组织做出的贡献。由于个人的贡献是组织引诱的来源,因此,只有额外的东西通过本身的运作产生出来,每个人才能得到比他贡献多的东西。这一额外的东西就是组织内协作性活动的结果。

复合性正式组织的第二个特征在于组织活动是非人格化的。正如巴纳德指出的,每一个特定的人对组织的意义是有限的,这反过来导致巴纳德根据力量或活动而非人来界定组织。巴纳德承认,在组织之外,一个人是一个独特的个体。然而,在加入了一个协作系统后,一个人的努力在这一意义上——个人的活动必须由系统的需要而非个人的动机所确定——是非人格化的。尽管这样人成了代理人,但他们的行为不是个人的。相反,组织活动是受一种所需的组织个性指导的,个人动机是由组织的奖励分配来满足的。

复合性正式组织的第三个特征是专业化。这一专业化的基础与古立克的类似。古立克列举了目的、过程、客户(资源)和地点(地理)是组织专业化的基础。巴纳德加上了时间和人,并指出,专业化的这些基础是互相依赖的。人

① 巴纳德:《经理人员的职能》,中国社会科学出版社 1997 年版。

的专业化,或他所称的“社团的专业化”是其强调组织行为中的社会因素的最重要的附加。巴纳德认为,专业化的单位应当包括社交上相适宜的人,以建立合作和减少冲突。

然而,巴纳德感到目标是专业化的首要方面。目标上的专业化包括组织整体目标逐渐分化为更详细的目标,并成为实现组织最终目标的手段。当将这些目标分配给亚系统并成为亚系统的目标时,这些目标便成了组织专业的一种基础。巴纳德认为,亚组织中每一个人认识到这一目标是很重要的。不过,组织中的每一个人不必知道组织的整体目标,只需对组织最终目标有种信念就行了。

复合性正式组织的第四个特征是非正式组织的存在。巴纳德认为,非正式组织永远存在于正式组织中,并把它们描述为没有任何具体的联合目标而发生互动的一个“个体密度领域”。在巴纳德看来,非正式组织不能只是被看作一种不可避免的罪恶。恰恰相反,巴纳德认为,如果不存在非正式组织,那么它们也会被创造出来,因为它们履行着一些组织功能。它们有助于沟通,保持非正式组织内的凝聚力,并在正式组织这样一种非人格化的环境中建立一种人际感情。此外,非正式组织创造和维持了一种“监督权威”的神话(即认为权威来自组织最高层)。巴纳德在这里并不是说等级制权威是不真实的,他只是在这一意义上使用“神话”——作为非正式组织过程建立的一种信念来解释公开的行动。

归纳起来,有关个人的实质、复合性正式组织的产生及其特征,巴纳德作了如下的说明:

(1) 人从本质上讲是受生物性制约的,同时具有一种无法减少的、最低的自由意志。

(2) 目的的存在和个人局限的状况导致协作活动。

(3) 在进行协作活动时,要克服的战略或限制因素在本质上是社会性的。

(4) 为了生存,协作系统必须有效率地完成其目的,有意义地满足个人的动机。

(5) 协作最初可能是非正式的。不过,考虑到个人的积极的、有目的的本质,正式组织很可能兴起。在这组织中,协作活动是有意识的、有目的的,而不是自发的。

(6) 复合性正式组织来自简单的正式组织,简单组织构成了复杂的正式组织相对自主的组成部分。

(7) 复合性正式组织的特点是其系统特征、非人格化的活动、专业化以及非正式组织的存在①。

可以把复合性组织再作如下归纳：① 它包括了一种组织与其成员之间自由的契约安排。② 刺激系统有助于满足个人的动机，将个人努力结合起来，以完成组织目标。③ 由于组织构成了一种自由的契约关系（组织成员如发现条款得不到履行便可退出），因此，权威存在于上司和下属的关系之中，权威的行使只有在下属的同意下才能进行。④ 无论就权威的行使，还是就传递组织的目标而言，沟通在组织中扮演着一种重要作用。⑤ 与个人相对应，组织的决策过程的特点必然是逻辑性的。此外，决策是一种专业性活动，其首要责任是作为沟通中心的管理者。⑥ 管理者组织是组织发展的一种自然的副产品，他们有责任提供一种沟通系统以取得个人的努力，并界定组织的目标。⑦ 组织的领导要求采用一种控制管理者行为的个人道德准则，以及要求创造一种作为整个组织行为标准的组织道德准则②。

二、组织的动态分析

巴纳德对组织的动态分析涉及了以下的内容：刺激—回报的动态平衡、权威以及沟通和决策过程。

巴纳德指出了三种基本的组织活动：作为组织的参与者乐于合作、确立和界定组织目标以及沟通。组织中的激励系统具有一种引诱人们乐于协作的功能，其结果是组织权威。目标被分成两个因素：一个是巴纳德所称的“协作方面”，它与整个组织的利益有关；一个是“主观方面”，它涉及个人动机。相应地，目标的主观方面与刺激系统有关，而协作方面则与组织决策有关。沟通是组织活动的第三个至关重要的因素，无论对于传达组织的目标还是行使权威都是重要的。随着这些关系的确立，乐意协作是在刺激和权威下进行的；确立和界定目标是在决策（客观方面）和刺激（主观方面）下进行的；而沟通则是在权威和执行者功能下进行的。

1. 刺激系统

巴纳德将组织看作是一个组织与其成员交换的系统。构成组织力量的人的努力和贡献是由诱因引起的，自我保存和自我满足的利己动机是支配的力量。整个来讲，组织只有满足这些动机才能存在，除非它能改变这些动机。巴

① 布雷恩·福莱：《通晓公共行政》，切特汉姆·豪斯出版社 1989 年版。
② 同上。

纳德在这里涉及了其著名的均衡理论，即在组织提供的诱因和个人为之做出贡献之间维持一种均衡①。

在巴纳德看来，任何个人参加组织的决定都包含着一种直接的代价：失去对个人行动的控制。正如巴纳德指出的，协作基于的一种道德理想需要个人乐意将自己的直接利益从属于个人的最终利益和一般利益。这样，乐意协作包括了一种个人的成本—效益分析（它取决于个人的目的、愿望和动机）。加入组织是组织在比较支付得起的活动后提供的纯引诱（引诱减去成本）的一种功能。每个人都会对引诱和成本进行评估，这种评估建立在个人保护和个人满足的“自私”的动机之上。此外，巴纳德认为，这些评估很少是一种逻辑思考。在作了参加组织的决定后，个人的乐于协作是根据不断地对新的引诱和贡献的平衡而转移的。当所有的人感到能从组织中获得比他们的贡献更多的诱惑时，组织才处于一种均衡之中。正如巴纳德所说，为了维持组织经济的平衡，组织要支配和交换足够数量的各种效用，以便用来支配和交换作为其构成要素的人们的服务。由于每一个贡献者都要求他的交换有剩余，即纯诱因，所以组织只有通过交换、变形和创造，在它自己的经济中获得效用的剩余，才能继续存在下去。如果它操作的结果出现了亏损，它就越来越不能支配组织的活动，而组织是由活动构成的②。

刺激与个人动机有关，因而与个人的效率和有效性、与组织的效率有关。当行为使行为的动机得到满足时，个人就是有效率的。当完成了一个具体的向往的日的时，个人行为就是有效的。在两种情况下，行为是根据个人的目的和动机来进行评价的，组织的效率也是根据个人动机来界定的。当组织中个人的动机得到满足时，组织就获得效率。效率是组织提供充分的引诱（以维持系统）的能力的一种功能。比较之下，组织有效性与个人动机无关，它是组织目标完成的程度，因而与个人动机无直接联系③。这一组织有效性的界定的依据是巴纳德的一个观点——组织活动是非人格化的，因而这些活动从个人身上移开了。

巴纳德认为引诱或刺激的范围很广。他首先把诱因分成特殊的和一般的两类。前者是特定地给予某个人的，而后者是非个人的、不能特定地给予某个人的。特殊的诱因包括：物质诱因；个人的非物质机会；良好的物质条件；理

① 巴纳德：《经理人员的职能》，中国社会科学出版社 1997 年版。
② 同上。
③ 同上。

想方面的思考。一般的诱因包括：社会上的吸引力；适合于自己习惯的方法和态度的条件；扩大参与的机会；思想感情交流的条件。巴纳德注意到非物质诱因的重要性。在他看来，当最低限度的需要得到满足之后，如果没有其他诱因的帮助，物质诱因的力量是极为有限的。因此，在维持生活的最低物质报酬以外的、对个人的非物质的诱因，在获得协作努力方面具有极大的重要性。比如，显示优越、威信、个人权力、获得支配地位的机会，在所有组织的发展中，都比物质报酬要重要得多。

巴纳德把刺激也分成两类：客观刺激（他称之为"刺激方法"）和主观刺激（他称之为"说服的方法"）。一般的客观刺激包括团体的吸引力（即避免在民族、肤色、阶级之上的个人反常）、使工作条件适应习惯的方法和态度、扩大的参与的机会（一种较多地参与事件的参与感、使命感），以及一种团结感、社会整合、志同道合感。

巴纳德注意到不同的个人很可能被不同的刺激所激励。这样，组织不能永远提供所有的客观刺激，一般也不能提供足够的刺激程度。一个可能的组织反应是增长（它使组织扩大刺激的广度和深度），巴纳德将这种增长可得刺激的愿望称为增长的首位原因。

另一反应是说服①。巴纳德认为，当一个组织不能为人们的贡献提供恰当的引诱时，它就必须做工作，以便使人们改变其欲望，认为提供给他们的引诱是恰当的。否则，组织就不能存在下去。这一说服是广义的，包含三种形式：形成一种强制状态；引诱合理化；动机灌输。

组织的强制手段既用于排除人们对组织的贡献，也用于获得人们对组织的贡献。对不理想的人排除是维持组织效力的一个必要手段，这也是一种杀鸡骇猴的说服方法，使未受到排除的人愿意为组织做贡献。

相比之下，引诱合理化是一种重要得多的方法，它有两个层次：① 一般合理化，即把整个社会组织合理化；② 特殊合理化，即试图说服个人或集团，他们应该为特定组织提供服务，因为这符合他们的利益。

最重要的说服方式是动机的灌输。它的正式方式是对年轻人的教育和对成人的宣传。此外，除了教育和宣传这种正式方式外，还有一些非正式或间接的方式，如模仿、竞赛、习惯、态度等，这些也对个人动机起调节作用。

刺激系统的另一方面（巴纳德特别列出以引起注意）是地位系统②。巴纳

① 巴纳德：《经理人员的职能》，中国社会科学出版社 1997 年版。
② 巴纳德："地位系统的功能和病理学"，载于《组织与管理》，哈佛大学出版社 1962 年版。

德认为,等级制——荣誉和特权随着地位提高而显赫——是组织中一种重要的非物质刺激因素。巴纳德将地位定义为"对个人在组织中的权利、特权、责任、义务的说明,以及对控制其行为的限制和禁令的说服所界定的一个个人的状况"①。巴纳德将地位系统看作是因人们在能力上的不同、工作的难度、工作的重要性,以及保护人的完整性的需要而造成的。地位可能有两种:一是功能性地位,它建立在工作能力上;二是梯状型功能,它建立在组织的职位上。

巴纳德认识到地位系统的分裂倾向,认识到它可能导致对个人的歪曲性评价,例如,由于不愿剥夺一个人的现有地位而限制精英的流动、夸大管理事务对于领导的重要性、提高地位的象征性功能,以及限制组织的适应性。但是,巴纳德强调地位对于组织活动所具有的积极性。地位系统不仅是组织的一种刺激形式,它也能鼓励一种责任感,并且也可以通过确立它们是真正的(受组织批准的)、有权威的(来自一种恰当的资源)、有智力的,从而有助于组织的沟通。

2. 权威

如果刺激为乐意协作提供了基础,那么权威则是它的表达。正是在权威概念上,巴纳德或许做出了最大的贡献。正如前面指出的,巴纳德给权威的定义是"权威是正式组织中信息交流(命令)的一种性质,通过它的被接受,组织的贡献者或成员支配自己所贡献的行为,即支配或决定什么是要对组织做的事,什么不是对组织要做的事"②。换言之,权威在于一种上司和下级的关系中,而不在于职位。只有当权威被接受,它才是有效的,而不是仅仅在于发布命令。"按权威的定义来说,一个命令是否权威取决于接受命令的人,而不是权威者或发布命令的人。"③这一对权威的解释直接来自他将组织视为一种交换系统的看法。由于持续的参与取决于对引诱和所需贡献的平衡,参与者可以选择拒绝服从组织的权威,他们可威胁离开组织,或实际上离开组织。正如巴纳德指出的,纯引诱的存在是接受任何命令的唯一理由。

巴纳德指出了四种有效行使组织权威的条件,所有这些都强调下属在权威关系中的作用以及有效的沟通的重要性。即:① 下属必须理解命令;② 命令必须同组织目标相一致;③ 下属相信命令与其个人利益相符;④ 具有执行命令的能力。考虑到对下属看法的强调,沟通在权威的行使中扮演着

① 巴纳德:"地位系统的功能和病理学",载于《组织与管理》,哈佛大学出版社 1962 年版。
② 巴纳德:《经理人员的职能》,中国社会科学出版社 1997 年版。
③ 同上。

一种关键的作用。

巴纳德声称,在权威的行使中,接受是一种重要的行动。接受因纯引诱而异。他开列的有效执行权威的条件中强调行使权威的主观性,强调权威不能被接受的可能性。巴纳德注意到一些打算行使的权威常常无效,在某些条件下不服从可能是一种道德责任。所有这些表明,下属对组织命令的反应不是事先决定的。相反,巴纳德指出,下属的反应可能有三种形式:不考虑命令的好处就接受;考虑了以后才接受;拒绝。

第一种反应描述了巴纳德所称的"无关心区",它对组织尤其重要。这一区域包括不考虑好处而接受,构成了一个命令自动得到执行的区域,即下属在这种状况下并不停下来检查一下命令是否满足表明有效行使权威的条件。相反,落入该区域的命令包括了个人与组织有默契的行动,会得到毫不犹豫的执行。而"无关心区"的大小取决于诱因超过负担或牺牲的程度(后者决定着个人同组织结合的程度)。因此,那些只是勉强被诱导去贡献的人能接受命令的范围是很有限的。巴纳德认为,对绝大多数贡献者来说,在任何时候维持所在的无关心区以内的命令的权威,有着积极的个人利益。这种利益主要通过非正式组织的职能来维持,其形式有舆论、团体态度等。巴纳德认为,较大的"无关心区"对于(就下属来说)促进组织的顺利运作是必要的。

虽然巴纳德强调权威的主观方面,承认在某些状况下不执行命令的可能性,但他并不否认权威的客观方面的重要性。他承认组织权威通常来说是有效的客观权威,或建立在职位或能力之上的权威在组织中都是重要的。当职位权威加上能力权威时,它能成为一种非常有效的力量。

组织权威通常有效,这有几个原因:① 组织通过有意地操纵刺激、运用说服技术,能扩大"无关心区"的范围以及接受的范围(因而相应缩小抗拒的范围)。② 命令在预期的责任范围内,这些命令很可能在个人的"无关心区"内,被看作是一种"契约性义务"。③ 除非命令符合巴纳德指出的四个条件,否则不下命令。④ 非正式组织倾向于支持行使组织权威。由于权威对于组织的生存来说是必要的,巴纳德认为所有成员在保持组织权威方面都有一种利害关系。这样,非正式组织的影响很可能维持和稳定个人的"无关心区"。此外,非组织态度确定了这一信念:权威自上而下。

3. 决策

决策是组织不可分割的一个功能,无论是作为一种组织的目标借此与组织环境联系起来的手段,还是一种组织目标借以转化为行动的手段。巴纳德将决策定义为一些个人的行动……它是精心计划、计算、深思熟虑的产物……

包括了手段到目的的排列①。

在巴纳德看来,有两大类决定:个人决定和组织决定。个人决定是有关是否参与组织的决定,这一点在刺激系统已有涉及。巴纳德认为,个人决定在组织之外作出,不能授权,因为它们本质上是主观的。此外,个人决定不可能是逻辑思考的。

相比之下,组织决定是由组织目的而非个人考虑控制的决定,因而巴纳德认为组织决定可以而且应当授权。组织决定最好在沟通的中心由专长于组织决策的管理者作出。这一方面保证了所需信息被带到决策现场,另一方面也保证了组织决策得到恰当的协调。与个人决策相比,组织决策是逻辑思考的结果。这不意味着组织决策一定是对的,事实的前提和推理可能是错的。但巴纳德认为,筛选、分析和选择的逻辑过程是需要的。的确,巴纳德认为处心积虑地将手段适应目标是正式组织的本质所在。

组织决策有两个因素:组织目标(或"道德"因素)和"随机应变"因素,它包括发现什么状况对组织目标而言是有意义的。巴纳德认为,道德因素或组织的因素在决策上是既定的②,因而组织目标是决策"环境"的一部分,它也包括物质世界、社会世界、外在事物和力量,以及当时的状况。组织决策倾向于将组织的目标适应于决策环境的其他方面,以使决策者在与决策环境有关或无关的因素中进行鉴别。

决策环境相关的因素包括战略因素和补充因素,对这些因素的鉴别构成了组织决策的随机应变因素。战略因素(或限制性因素)是这样的环境条件,即如果改变或没有改变,这些条件将允许组织完成其目的。补充因素是这样的环境条件,即必须为操纵战略因素以完成组织目的而维持不变的条件。决策行动需要选择一种或数种战略因素的行动,一旦认出了战略因素,一旦选择了对付它的行动,组织目的就被缩小到了一个更专业的程度,就创造出一种搜索寻找的战略因素,就开始了一个新的决策过程。这一过程会一直继续,直到识别所有的战略因素并作出对付它们的决定。这样,决策的随机应变因素包括了建立手段—目的链。在这一链中,随着专业程度的提高,选择完成目的的手段和目标得到了界定和重新界定。

在巴纳德看来,组织中的决策过程必然是专业化的。组织高层所作的决定或多或少与组织的目的有关,低层的则与完成这些目的的手段有关。此外,

① 巴纳德:《经理人员的职能》,中国社会科学出版社 1997 年版。
② 同上。

在组织中建立专长于决策的管理者沟通中心,其结果是,组织中大多数个人的努力受决定的指引。这一决定在巴纳德看来是由组织管理者作出的,他们是非人格化行动的(即其决定由组织目标控制)结果。虽然组织的决策过程是有逻辑的,但它并不一定是组织内所有个人的逻辑过程的产物。组织中许多个人的行动是习惯性的,是对组织设计的重复性反应。

虽然巴纳德强调组织决策的逻辑特征,但他也认识到"非逻辑过程"的必要性,尤其是管理者决策的"非逻辑过程"的必要性。逻辑过程包括可以用语言或其他象征表达"有意识的思考"或推理。相比之下,非逻辑过程则不行,它只是通过判断作出决定或采取行动。

组织决策中采用的过程取决于三个因素:决策的目标、决策所需的速度、决策者所得信息的质量。巴纳德认为,如果决策过程的目标是查明真相,那么过程本身必须是逻辑性的。如果目的是决定一个行动,可能会有许多难以确定的因素加入其中,因而过程不可能完全是有逻辑的。如果过程的目的是说服,这一过程需要理性化,但最终是非理性的。第二个确定决策过程的因素是决策所需的速度。如果时间很短,逻辑性过程就不能被采用。最后,决策使用的过程是决策可得的信息质量的一个功能,精确的信息需要使用的逻辑过程。在相反的限制性事例中,不确定性使用非逻辑性过程成为必要。这样,组织的决策(就其涉及选择行动或说服而言)必须在一个短时间内进行,它建立在不准确的信息基础上,它需要不同程度的非逻辑过程。

从技术角度讲,巴纳德对决策产生的领域和决策艺术也作了精当的描述。在他看来,决策通常产生于三个领域:① 来自上级的有权威的命令;② 下级关于作决定的请求;③ 管理人员本身主动提出。在这三者中,巴纳德认为管理人员自己主动提出决策的时机对他的能力是一种最主要的考验。他必须依靠自己的才能和主动性来了解情况,并依据组织信息交流、系统的性质来决定是否需要改正某些事。

此外,就决策艺术而言,巴纳德认为,应该对目前不适应的事不作决策、时机不成熟时不作决策、对不能有效地实行的事不作决策、对应该由别人决定的事不作决策[①]。他解释道,对目前不适应的事不作决策是非常明智的,而提出问题可能是非常敏锐的;不在时机不成熟时作决策可以避免受到确定看法的束缚或避免形成偏见;对不能有效地实行的事不作决策是为了防止影响权威;不对应该由别人决定的事作决策是为了保持士气,使别人能提高能力、明确责

① 巴纳德:《经理人员的职能》,中国社会科学出版社 1997 年版。

任、保持权威。

三、管理者的功能

在讨论了复合性正式组织的产生及其基本特征和动力,并由此确定了讨论的基础之后,巴纳德转向了他首要的题目——组织中管理者的功能。巴纳德指出了管理者的基本功能是行使这一过程:处理协作系统环境与组织参与者满足这两者之间的关系。使协作系统适应环境变化和新的目的需要一种管理者组织的发展。在复杂的组织中,沟通的必要性要求在组织中有一种管理功能存在,满意的产生和分配包括动机教诲、建立刺激来取得组织目标并改变个人行为。管理者占据了沟通的中心,并维持组织的运作。

具体地说,巴纳德指出了三种管理者功能:提供一种信息交流体系;促成必要的个人努力;提出和确定组织目标①。为了执行管理决定,他们必须进行恰当的沟通。巴纳德指出了组织内有效沟通的几种要求:① 必须明确知道沟通的渠道;② 需要一种确定的、正式的、面向每一个人的沟通渠道;③ 沟通线路必须尽可能的短,以防拖延;④ 整条沟通线常被用来回避冲突的沟通;⑤ 作为沟通中心的人必须有充分的能力;⑥ 组织运作时,沟通线不应当被打断;⑦ 每一沟通应通过恰当地指出沟通的发出者来证实发挥重要作用的职位。更重要的是,在组织内要建立一种非正式的管理人员组织,这一组织的建立既避开了正式命令对日常运作的必要性,也通过非正式接触扩大了可能得到的沟通手段②。

促成必要的个人努力需要通过使用宣传和说服的技术将人带入组织之中,然后引出他们的贡献,后一过程包括维持道德和引诱系统,以及监督、控制、检查、教育并提供适当的培训。

目标的形成和定义(尽管首先是管理者的职能)是一种共同具有的责任。所有的目标首先在管理层次建立。但在巴纳德看来,形成目标的过程是一个互动的过程,在这一过程中,沟通上下进行,指挥链报告困难和成就。在这一意义上,组织目标与其说是一种正式的声明,不如说是一种聚集的行动。一般来说,长远的决定由上层下授,而界定和行动的责任则在组织基层(在管理决定的限制之内)。

① 巴纳德:《经理人员的职能》,中国社会科学出版社1997年版。
② 同上。

为了充分地行使这些职能,管理者必须有全局和组织环境感。巴纳德认为,这是艺术而非科学、是美学而非逻辑。在管理者承担的全局性责任中,管理者必须关注组织的效率和有效性。在组织层次方面,有效性在整合技术中是首位的,这样组织才能取得其目标。组织效率与其说是技术的,不如说是人的。管理者必须处理组织中的四种状况:物质经济、组织外的社会关系、组织内的社会关系、个人经济。这些加起来便是组织经济。组织经济不能仅仅以财政声明来表达,因为它忽略了对组织来说极端重要的个人本质和社会考虑。对组织经济状况的唯一声明是组织本身的成败。维持组织经济是管理人员的责任,因为只有他才对完成任务具有必要的看法。

1. 领导

在巴纳德看来,一个管理者不一定是个领导者。前者在于职位,后者在于功能。巴纳德将领导定义为"一些通过建立信任来激发协作性的个人决定的人的权力",或"个人行为的质量,以此指导人们及其组织的活动"①。由于巴纳德坚持认为,以领导形式出现的管理者的能力是人类协作中最一般的战略因素,因此,组织的一大任务是确保那些在管理职位上的人是真正的领导者。

巴纳德列举了领导者的五大特征:有活力、坚忍、有决断力、说服力和责任性,以及智力。在这当中,巴纳德特别注意责任性和智力②。智力是很有意思的,因为巴纳德有目的地将它放到第五位。巴纳德显然对知识分子评价不高,他认为他们倾向于不负责任(即三心二意、不守时、犹豫不决、无说服力)。简言之,他们一般会阻碍对领导来说必不可少的特征的发展。巴纳德因而认为,领导者更多是找到的,而不是训练出来的。至于领导者的教育,应当是一般的、旨在教导人如何进一步教育自己。教育也应当传递一种对人类关系的理解、一种对非逻辑行为的评价,以及对作为整个有机系统组成部分的正式组织的一种评价。

与正式教育相对照,责任性对领导来说是至关重要的。巴纳德认为,责任性来自现有的道德准则。他把道德定义为人的一种内在的、普遍而稳定的力量或习性,它会禁止、控制或修正同这种习性不一致的当前的具体愿望、冲动或兴趣,而加强同这种习性一致的具体愿望、冲动或兴趣③。组织存续时间的长短取决于领导的质量,而领导质量的基础是组织的道德性,道德性的高低决

① 巴纳德:"领导的实质",载于《组织与管理》,哈佛大学出版社 1962 年版。
② 同上。
③ 同上。

定着领导的质量,即使在最低级的、最不道德的组织中也必须有高度的责任感。但是,如果同责任感有关的道德性是低下的,那么组织就是短命的,领导就不能长期维持下去,其影响力很快就会消失,不能产生后续者。但道德本身不意味着责任性。当道德准则事实上控制了人的行为后,责任就会产生,因而一个人有道德但无责任性是可能的,虽然没有道德便不可能是有责任性的。

巴纳德认为组织创立了它自身的道德秩序。一种个人对组织行为的准则来自组织的道德秩序,是组织个性的一个方面。当组织的道德准则控制一个人的行为时,组织责任性的条件就产生了。巴纳德注意到个人和组织道德准则有时会冲突,更常见的是组织本身的准则也会冲突。此外,道德的复杂性加上高度潜在的内部冲突,在一种高度物质化的活动和社交活动中是很可能的。

2. 管理者的责任

巴纳德认为,管理者必然是非常活跃的。其结果是,面对一种复杂性的状况,他必须有一种高度的责任能力。此外,他必须具备一种创造道德标准、解决道德准则之间冲突的本能。相应地,巴纳德将管理者的责任界定为一种建立理想的能力,这一能力使这些理想制约人们的意志,使其去完成超越眼前目标和时代的目标。这取决于管理者建立在一种组织道德准则(它指引个人追求组织目标)上的能力,因而确立组织的道德准则、评判道德冲突是管理者的主要功能。一种内在的组织道德感会抵消组织中个人利益产生的离心力。道德和责任状况不能用来取代组织的其他因素,恰恰相反,道德和组织行为中的责任对这些其他因素的有效性来说是必要的。正如巴纳德指出的,"领导的质量、其持久的影响力、其有关组织的持久性、它产生的协作力,所有这些都表达了道德向往的高度、道德基础的广度"①。

管理者的责任主要是形成组织目标,而下属只要求相信存在着一种共同目标,而不拥有对这一目标的"智力理解"。冲突被看作是短期的,个人被归于一种自由意志的衡量,个人很少有理性,因而要用说服的方法来鼓励成员评价组织提供的引诱,必要的话,也要使用强制。虽然可以拒绝组织的命令,但组织会尽可能扩大无关心区,从而保证命令得到执行。非正式组织(不是作为一种必要的恶)可以支持等级权威的行使。

总之,虽然巴纳德认为管理者不能以一种专制的方式进行管理,但他并不认为管理者不能管理。虽然组织是个交换系统,但这是一种不对称的交换,在这当中,等级上司具有一种居首位的职位。然而,等级在上下关系中只提供一

① 巴纳德:"领导的实质",载于《组织与管理》,哈佛大学出版社 1962 年版。

种相对的、而非绝对的优势。巴纳德在这里不是否认等级权威的存在和理想性，而是关注等级权威运作的有效的前提条件，这一条件需要得到被管理者的同意。

虽然管理需要一种同意的因素，但巴纳德不认为因此在组织中需要采用民主的程序，用他的话来说就是“教条主义地认为民主或民主方法与（或不与）这里讨论的原则相符是站不住脚的……”①

第三节　分析与评价

巴纳德的组织理论的贡献是巨大的。他的代表作《经理人员的职能》作为管理学的经典著作，在今天仍然发挥着重要的影响，但他的著作也是引起一些争议的来源。争议之一是组织中管理的作用；之二是他被指责抛弃了传统管理的优点，并有亲资方之嫌。肯尼思·安德鲁斯在对巴纳德的组织理论大为称道的同时，也指出了他的《经理人员的职能》的几个缺点。一是表述的抽象性，举例稀少和平淡无味以及文体的晦涩难懂。二是他很少分析高层管理机构，如经理人集团、董事会、董事长等。三是在组织目标的处理方面，他的确把目标作为中心，但没有注意到一个变动的社会中组织目标的选择问题，也没有注意到组织确定目标或目标的过程。四是尽管他把人的问题引入组织理论，但似乎他对“抽象”的个人而不是活生生的、成长着的人更感兴趣。他完全没有讲到个人的发展成长、个人需求的成熟、个人归属意志的弱化或强化。但肯尼思·安德鲁斯强调，这些缺点不能否定这样一个结论：巴纳德的书对于老读者来说仍然是重要的，并且继续在吸引着新的读者②。

巴纳德希望《经理人员的职能》一书有助于建立他所期望的组织科学。这本书是他多年来对在各种组织的实际中观察到的事情和别人的经验作一粗略解释的一种假设框架，当然他也补充了一些社会科学方面的知识。他很谦虚地说这不是科学家或学者的著作，而是对这些问题有兴趣的实务研究者的著作③。

不管他以什么身份写作，巴纳德在好多方面对组织理论的发展还是做出了独特性的贡献。这些包括他用社会系统观点对组织的考察；他的通过引诱

① 巴纳德：“领导的实质”，载于《组织与管理》，哈佛大学出版社 1962 年版。
② 同上。
③ 同上。

或刺激在组织中维持组织和人之间的均衡，即内部平衡和外部调节的思想；他的权威来自接受的思想；他的效力—效率两分法企图把经常发生冲突的组织目标和努力的经济需求同个人的目标和满足的需求结合起来的思想；他对正式组织的富有洞察力的分析以及对非正式组织的引入；他对经理人员责任的明晰阐述。所有这些，直到今天，用肯尼思·安德鲁斯的话来说，"仍然具有权威性，因为他的智慧来自领悟力同经验的结合，来自系统思考的习惯同经常表现出来的责任心和通过协作获得成果的必要的结合"，"它继续提供重要的但不容易得到的洞察力"①。

正如布雷恩·福莱所说："巴纳德不旨在解决人和组织关系中的一种显而易见的自相矛盾。相反，他在寻求个人需要和组织需要的平衡中接受一种不可避免的紧张和冲突。"②我们也用他在《经理人员的职能》一书的结尾作为本文的结尾，这一结尾表明了巴纳德的一种哲学，也是他写作此书的一个动因所在：

自由和不自由；支配和被支配；选择和被选择；诱因的提供和无法拒绝诱因；来源和不能否认这个来源；独立和从属培育着人们的个性，又使人们失去个性；提出目的，又被迫改变目的；为了作决策而探求各种制约条件，寻求特定事物，但又同整体保持联系；寻找领导者，但又否认其领导；期望支配现世，却被未知所支配——这就是本书所讲的人在社会中的故事。

"这样一个故事的结束，要求表明信念。我的信念是，具有自由意志的人的协作的力量，能够使人自由地协作。他们只有选择在一起工作，才能获得个人的充分发展。只有每个人承担起选择的责任，他们才能进入亲密的结合，并提出比个人行为和协作行为更高的目的。我认为，协作的扩展和个人的发展是相互依存的，它们之间的恰当比例或平衡是实现人们幸福的必要条件。由于这对整个社会和个人来说都是主观的，我认为这种比例无法由科学来确定。这是一个哲学和宗教的问题。"③

思考题

1. 正式组织与非正式组织的关系如何？
2. 简述巴纳德的刺激—回报动态平衡理论。
3. 激励组织成员实现组织目标的手段有哪些？

---

① 巴纳德："领导的实质"，载于《组织与管理》，哈佛大学出版社 1962 年版。
② 布雷恩·福莱：《通晓公共行政》，切特汉姆·豪斯出版社 1989 年版。
③ 巴纳德：《经理人员的职能》，中国社会科学出版社 1997 年版。

第九章　西蒙的行政决策理论

第一节　生平与著作

赫伯特·西蒙(Herbert Simon)于1916年6月出生在美国威斯康星州的密尔沃基,1936年和1943年分别获芝加哥大学学士和博士学位。他也获得耶鲁大学、蔡斯技术学院、瑞典隆德大学、加拿大麦吉尔大学以及荷兰经济学院的荣誉学位。1936年他作为国际城市经济协会的吉米伦斯·里得勒的助手开始其职业生涯。1939年,他成为加州伯克利大学公共行政局的行政测量研究主任。1942年,他在伊里诺斯技术学院谋得一职,并在1946—1949年任政治与社会系主任。1949年,他转至地处匹兹堡的卡内基—梅隆大学任行政学和心理学教授,此后长期在那里工作,曾任工业管理系主任、工业管理学院助理院长以及计算机和心理学梅隆教席教授。

西蒙也从事了大量的公共工作。他曾在美国的预算局、人口统计局以及经济合作管理局工作。此外,他还是美国总统科学顾问委员会的成员、科学研究委员会理事、全国研究委员会行为科学处主任,同时也担任各类政府和商业组织的顾问。

西蒙一生曾获得多种荣誉。他曾获得美国心理学会的杰出科学贡献奖、计算机学会的教学奖。1978年他荣获至高的诺贝尔经济学奖,该奖表彰他对经济决策研究所做的贡献。

西蒙学术生涯的特点是其领域的宽广。他对人的研究兴趣早在高中时就已产生,并受到了他的一位曾在威斯康星大学研究经济的叔叔的鼓励。西蒙指出他的第一本著作《管理行为》[①]中包含的思想有许多来自制度学派的经济

① 也译成《行政行为》。本书与之有关的引文都来自《管理行为》这一译本。

学理论。他的兴趣似乎涵盖了整个社会科学，这一广度只需看一下他的专业便可得知。他首先取得政治学博士学位，主攻公共行政，并长期在学校教授工业管理。他又是计算机和心理学教授，其著作获诺贝尔经济学奖。他的论文几乎在社会科学的各个领域（除了人类学）中出现。他是政治学、经济学、心理学、社会学、计算机科学、管理学和哲学等一系列学会的会员。总之，说他是“社会科学家”则名至实归①。

不过，在他的兴趣中有一个共同的主题——关注人的决策，这一主题反映在他所有的主要著作中。《管理行为》作为确立决策的一些目标的理论，重点在于为组织理论学说分析和构建一种共同的运作语言；与康纳德·史密斯伯格和维克多·汤普逊合著的《公共行政》旨在综合有关公共行政的多种观点，但强调组织的决策制定；与詹姆斯·马奇合著的《组织》阐述了《管理行为》提出的理论框架。在他的论文集《人的各种模式》中，西蒙将其决策理论中的一些基本因素格式化。《管理决策的新科学》旨在探讨计算机对组织决策的影响。

20世纪90年代初，西蒙在自传中写道，他一生的研究，是对梦寐以求的“决策真理”的追求②。

第二节 反思行政学

作为一名新古典时期的研究者，西蒙也旨在构筑一种行政科学，他在以下几个方面表明了自己与古典的前辈作者不同的看法。

首先是他对决策的强调，并把决策前提作为其分析的单位。西蒙认为，选择的逻辑和心理是行政的核心，因为他认为行政或管理就是决策。但是，决策是如此广泛，以至于在西蒙看来不能成为行政学的分析单位，因为它们不是一些一致的事件（即每一决策可能在不同的时间由不同的人作出），它包括一个选择行动之前的改变、发掘和分析的过程。因此，西蒙把决策前提而不是决策作为其分析单位，因为决策前提提供了决策过程的基础，而决策本身就是来自这些前提的结论，以计算机形式作一类比，前提是由转入数据和指令程序代表

① 布雷恩·福莘：《通晓公共行政》，切特汉姆·豪斯出版社1989年版。
② 西蒙：《我的生活模式》，纽约基本图书公司1991年版。

的，而决策则是将程序用于转入的产物。西蒙认为，通过检验决策的前提，发现这些前提的来源，追寻沟通的途径，就对决策作了最好的分析。

其次，用“事实—价值”两分法取代行政学中传统的“政治—行政”两分法。自威尔逊以来，古典时期对行政学的诉求建立在结构或制度的分离上，即区分政策功能和行政功能。古德诺的“政治是政策的制定，行政是政策的执行”就是这一观点的经典表述。政策事项和目标由政务官员决定，而行政决定则限于对“公法的系统而全面的执行”，或限于选择一些手段来达到这些目标。威尔逊认为通过限制行政活动（选择手段而非目标），就为构筑一个以经验为基础的行政学确立了一个价值中立的领域。这一行政学的目标是使政府事务的运作更有效。

西蒙无论在描述性方面还是在规范性方面都不同意“政治—行政”两分法。从描述性角度讲，西蒙认为威尔逊界定的政策功能和行政功能实际上政务官员和行政官员都在履行。政务官常常涉及手段的选择，而行政者也不可分离地卷入政策功能（无论在政策提议还是在执行政策中行使自由裁量权）①。这样，“政治—行政”两分法没能确立一个构建行政学所需的价值中立领域，因为行政者卷入了政策功能和价值考虑。

西蒙也从规范角度拒绝两分法。尽管他承认两分法可能是一个适应于威尔逊时期的规范观点，但他认为政治机构和它们提出的规范性、实践性问题自那时以来已经发生了变化，出现了等级控制的增长。此外政府运作已经扩大，因而极大地限制了政务官的能力和对官僚的控制。西蒙因而认为，试图建立对官僚的严密的、外在的和等级的控制已不现实。将行政者与政策功能区分是不理想的，相反，必须去发现一些行政者在政策过程中使用技术知识的方法。在西蒙看来，“立法机关出于政治原因常常避免制定明确、具体的政策，而是把这些政策制定工作推给管理机构去做。其次，管理者可能根本不像这里描绘的那样，是一个中立而顺从的人。他可能（而且往往）有他自己的一套明确的个人价值观，希望他的管理组织按他的意图行事，他可能会抵制立法机关独揽政策制定的做法，他还可能在执行政策的过程中故意破坏立法机关的决定”②。

在对“政治—行政”两分法的批评的基础上，西蒙提出了他的“事实—价值”两分法。他认为他的两分法为行政学提供了较好的基础，也为行政学提

① 西蒙：《管理行为》，北京经济学院出版社 1988 年版。
② 同上。

供了较恰当的标准。西蒙将决策前提分成两大类：价值前提和事实前提。价值前提是有关应当做什么的道德说明，因而可能有好坏之分，但无真假之分。相比之下，事实前提是有关对可观察的世界的陈述，因而可以决定事实前提是真是假。决策的事实前提可在一些选择其结果之间的关系中找到，如果所作的选择产生了预期的结果，那么事实前提便是真的，反之就是假的①。

西蒙认为，有关行政过程的一些看法只有在能估计其真假这点上才是科学的。因此，行政学必须建立在行政决策的事实基础上，它与价值前提无关。这样，西蒙用一个价值区别（“事实—价值”两分法）替代了他认为从描述角度来说是无效的制度性区别（“政治—行政”两分法），并为行政学的发展界定了一个价值中立的领域，同时也带来了行政学研究方法的一个重大转折。

用“事实—价值”两分法取代“政治—行政”两分法也表明了对行政行为的一种不同标准。“政治—行政”两分法要求行政者一方在政策上保持中立，要求确立等级控制，以保证行政者对政策指示和其政治上司作出反应。西蒙认为，公共行政者不是、也不应是对政策保持中立的。相反，行政者在进入决策的价值前提方面应该是可以预测的，因为招募、社会化和专业认定的过程是可测的。西蒙认为，可预测性优于中立性，因为一群价值中立的专业人员可能是所有人中最腐败的一部分。此外，由于对官僚的控制是通过控制其决策前提得以实现的，由于进入任何决定的前提是如此复杂以至不可能控制很多，政务官的外在控制就不能成为行政责任的唯一保证。相反，内在化的专业标准必须指导行政行为。

虽然外在控制非常有限，但它仍然是需要的。事实与价值不能完全分开，行政者的价值前提可能与政务官的不同。因此，程序性的设计应当将充满价值的决定让政务官去作，而使行政者对价值负责。更重要的是，决策的自动化可以有助于指出价值前提，通过使这些前提更明确，提供既容易又可能的检讨和评价。

最后，西蒙在确立行政学时采用的程序也不同于古典时期的学者。在西蒙看来，行政学应该建立在系统的、经验的分析而非偶尔的观察之上，其实质应是归纳的，而非演绎的，是具有来自经验事实的积累产生的“原理”和“原则”，而非直觉，至少在起点上它应该是描述性而非规定性的。

西蒙认为可以建立“纯”科学和“实用”科学两种行政学。纯科学旨在描述人在组织中的行为方式，实用科学旨在确立决策者如何行为的观点，有助于行政者决策。不过，行政决策只能部分建立在科学知识之上，因为行政学只能

① 西蒙：《管理行为》，北京经济学院出版社 1988 年版。

处理取得价值过程中的有效性,而非选择价值本身。

西蒙认为行政学可适用于公私组织。他认为两种组织的相同点要多于相异点,而存在的差异与其说是种类的不同,不如说是程度的不同,公共组织不同于私人组织,在于其更多的文牍主义。它们面对国会的监视,在解释组织福利和一般的关系中很少有自由裁量权,它们更多地被看作无效和腐败①。不过,西蒙认为,两类组织中的人的行为有一些根本的相同处。行政学的发现适用于两种背景。在强调两者相同性方面,他赞同古典学者,尽管他在主张行政技术方面与其不同。

总之,西蒙的目标是建立一门强调决策,以决策前提作为分析单位,以这些前提的事实部分构成科学领域的行政学。他的努力旨在确立一种导致他重新定义作为决策者的人的模式,以及在组织环境中人和组织的互动②。

第三节 行政决策理论

一、满意人模式

西蒙对决策的分析首先建立在他提出的一种新的决策人的模式上,他把这一模式称为“满意人”模式,即决策者由于受知识和分析能力的限制,因而总是接受一些就其向往的程度来说只是满意或充分的选择。在西蒙之前,存在着好几种有关作为决策者的人的选择模式的假设。例如心理人模式强调决策中的情感考虑;社会人模式强调选择以及理性的作用;而著名的经济人模式则与情感相反,强调认识和分析的过程,体现了有关决策行为的价值最大化的一些假设。西蒙的满意人模式不同于心理人模式,它强调决策的认知和分析的因素;也不同于社会人模式,它的决策不完全由社会角色决定;当然也不同于经济人模式,因为满意人模式认为人的认知和分析能力是有限的。

尽管西蒙承认一种成熟的科学必须调节人的行为的情感因素和认知因素,但他主要关心的是认知因素。因此,他首先把满意人与经济人作了一个区别。

① 西蒙·史密斯伯格、汤普逊:《公共行政学》,纽约诺夫出版公司1950年版。
② 布雷恩·福莱:《通晓公共行政》,切特汉姆·豪斯出版社1989年版。

西蒙认为,经济学关注人的理性,以及将这一理性运用于稀缺资源的分配。正是在这一背景下,经济人被看作是能有效地对付不确定问题的价值的最大化者。经济人模式(也即决策的理性模式)建立在以下假设之上:

(1) 决策者知道所有同决策有关的具体问题的目标。

(2) 所有有关问题的信息都是可以得到的。

(3) 决策者能辨别所有的选择。

(4) 决策者能有意义地评估这些选择,即确定选择的结果并加以衡量和比较。

(5) 所作的选择能最大限度地扩大决策者指出的价值[①]。

考虑到这一系列假设,经济人采用了一种相对简单的决策程序:① 将所有的选择作一排列;② 确定每一选择将产生的结果;③ 对每一结果作一比较评价;④ 选择一个能产生最好结果的方案。

西蒙并不否认经济人模式的重要性,认为这是一个恰当的规范决策模式,对理性提供了一个准确的定义。不过,西蒙批评这一模式是对实际决策行为的一种不充分的描述,它建立在一种非常受限制的理性的观点之上。

在西蒙看来,经济人模式对决策的基本描述,其缺点之一在于否认了决策过程所有阶段具有的一种不确定性,因而没能有效地对付这一不确定性。西蒙认为,实际的决策过程充满了不确定性,决策者对目标、可能的选择、选择的结果等很可能是不确定的。经济人模式忽略了这些目标、选择和结果的不确定性。它只涉及了选择和结果之间的关系方面,但并不成功,因为它未提供在不确定条件下作一选择的一般可接受的标准。西蒙认为,这一模式的描述的不全面限制了它的规定性的能力。经济人模式不能充分地说明行为,其结果便不能有效地预测决策的结果。相比之下,他认为满意人模式(也即有限理性模式,见第十二章)是对决策行为的一个较好描述,因而具备更好的预测能力。

满意人模式代表了西蒙的这一努力——在更广的理性背景下提供一种恰当的人类决策的模式。他认为,决策者在意图上是理性的,但又是满意即可的,因为人"缺乏寻求最优的才智"[②]。在决策中,满意人并不检查所有可能的选择,他忽略真实世界中大多数复杂的相互间关系,通过相对简单的凭经验办事或启发式论据就作决定了。简言之,满意人简化决策过程并在感到满意时

① 参见本书第十二章。

② 西蒙:《管理行为》,北京经济学院出版社 1988 年版。

即作出决定，因为他是在“有限理性”的范围中行动的。在西蒙看来，人受到了以下几个方面的限制：① 个人在超出感知限度的技能、习性和反应能力方面是受到限制的，他的决策过程会受到思维过程的速度、基本运算速度等的制约；② 个人在影响其决策的价值和目标有关概念上也受到了限制；③ 个人在与其工作有关的知识面上也是受到限制的①。

那么，是否可以认为这样的一个决策程序是理性的呢？西蒙的回答是肯定的，原因在于它依赖于人如何定义理性。西蒙给理性作了一个相当广泛的定义，并给理性的定义加上了两项要求，即恰当的行动事实上是经过选择的。此外，决策程序具有有效性以及局限性。相应地，西蒙将理性定义为“用评价行为后果的某个价值体系去选择令人满意的备选择行为方案”②。此外，西蒙又将理性区分为客观理性和主观理性、有意识的理性和深思熟虑的理性，以及个人理性和组织理性。在他看来，客观理性是在一特定环境中将特定的价值最大化的正确行为；主观理性是将相对于决策者实际知识的价值达到最大化。有意识的理性是对手段和目的的有意识调整，但这一调整在本质上也可能是无意识的；深思熟虑的理性是对目的和手段的有意识的调整，但这一调整在本质上也可能是非常深思熟虑的。组织理性旨在完成组织目标；而个人理性则旨在达成个人目标③。简言之，西蒙描述的一个理性连续体一端是以知识的不完整为基础，非意识和非深思熟虑地调节手段以适应目的，另一端则相反。当然，大多数的行为介于中间。此外，选择方案的价值系统要么是组织的、要么是个人的。

这一扩大的理性定义与西蒙的这一声称——所有的人类行为都有一种理性组成部分相符；也与他的这一看法——在分析和评价人类行为时不要受经济人概念的局限相符。他把理性扩展到心理分析理论，这一理论根据个人履行的功能来解释行为④。

二、个人决策过程

西蒙的很多著作关注解释满意人进行决策的方法。在最广义的概括层次上，决策者可被定义为一种人造系统，即一种通过目标和目的适应环境的人工

① 西蒙：《管理行为》，北京经济学院出版社 1988 年版。
② 同上。
③ 同上。
④ 布雷恩·福莱：《通晓公共行政》，切特汉姆·豪斯出版社 1989 年版。

系统①。更具体地说,西蒙认为决策者是一种信息处理系统,认为作为从事决策的信息处理的人中存在着广泛的相似性。

作为一个信息处理系统,决策者受到其能力的限制。他按先后次序处理一些可供的选择,即决策者只能在一段时间里处理少数几个符号,这些符号存在于有限的接触以及能力的记忆结构中。作为一个结果,决策者被迫在一段时间内处理一个或几个可供的选择,而非同时处理所有的选择。问题解决活动包括决策者与决策环境的互动,决策者的行为是由他内心状况(来自决策环境)以及内心状况与决策环境的互动决定的。内心状况是其以前储存的信息的一种功能。不过,任何具体的决策活动只包括记忆中一小部分的信息。这样,决策便是一个唤起记忆中的部分信息的过程的产物。因此,决策行为要么通过改变当前行为(唤起)受到了影响,要么通过改变记忆中的信息(学习)受到了影响②。总之,作为一个信息处理系统的决策者是一个只能在一段时间做少数几件事、只能获取记忆中储存的小部分信息的问题解决者。

个人决策的第一个基本因素是来自决策环境的刺激。西蒙区分了两种刺激：重复性刺激和首次刺激。重复性刺激产生惯例的或习惯性的反应;首次刺激产生问题解决反应并产生可能是例行的也可能是创造性的寻找活动,如果必要的话,创造性寻找活动会一直进行下去,直到发现一种解决方法或直到一些例行的反应可加以适用。

考虑到决策者的有限能力,他不可能认识到,或不可能对所有来自决策环境的刺激作出反应。相反,有选择地注意一些刺激是可能的。环境刺激不仅会影响从记忆中获取什么信息,而且来自记忆的信息也将影响感觉到的环境刺激。

个人决策的第二个基本因素是记忆。储存在记忆中的信息包括适用于决策偏爱的行动过程(价值或目标)的标准。记忆包括两部分：短期记忆和长期记忆。短期记忆的特征是一种有限的能力和相对迅速的接近;长期记忆具有一种事实上无限的能力,但将信息从短期记忆转至长期记忆则需要相对较长的时间。

西蒙注意到,对决策者运用恰当的决策战略的最严重的制约是有限的短期记忆能力以及长期记忆储存信息所需的时间。考虑到这一难度,只有储存于长期记忆中的一小部分信息在任何时间的问题解决中发挥了一种积极的作

① 西蒙：《人工科学》,麻省理工学院出版社 1969 年版。
② 西蒙、马奇：《组织》,纽约威利出版公司 1958 年版。

用。不过,长期记忆的一个因素会激活一些在以前学习基础上的其他因素,增加信息量,在习惯性的反应中,刺激以及与记忆中一些因素的连接也许会受到来自决策者的意识的压抑。

个人决策的第三个基本因素是习惯。习惯是同样重要的机制,它有助于保存有用的行为模式。由于习惯能把一定情境的重复性方面从自觉思考的范围里抽出来,因此它能节省脑力资源。有了习惯,注意力才能转向需要制定决策的新的方面。在西蒙看来,无论个人行为还是组织行为,其习惯均含有积极意义,因为习惯一旦养成,就会在一定刺激下引发习惯行为,而无需任何深思熟虑①。

个人决策接下来的便是对问题的分析,这一过程在西蒙看来是在"问题的空间领域"里开始的。问题空间是决策者对决策环境的主观和简化的陈述。当个人从决策环境中提取信息并利用这一信息来寻找问题的解决方法时,空间决定了可能被用来解决问题的方案和战略,以及问题解决活动的有效性。

在界定了问题空间后,决策者开始扫描这一空间,以搜索有用的、可供选择的解决方法。有几种简化搜索活动的方法:① 只是在界定的问题领域内进行。② 是定型的而非随机的,由经验决定的定型表明应走哪条路,搜索中的选择通过试错经历是可能的,更重要的是,通过学习以往的经验进行。③ 搜索本质上是有秩序的,而非同时进行的。西蒙这里指的是所有选择并不是一下子都考虑的,相反,只是一个一个加以检查、接受和拒绝的。只有当一个特定的选择被拒绝时,决策者才会走向另一个选择。④ 决策者会试图使问题变为一个早已解决的问题,以将新问题与旧问题联系起来。⑤ 搜索是受到限制的,顺序受到简化,它不能超越进行搜索可得的资源总量所限制的范围。

在问题领域搜索时,决策者可能采用任何这样一个新的战略:只要有一个标准的反应(惯例),搜索就很少或不存在,决策者只需简单地使用惯例即可。如惯例不能适用,搜索就会被标准化,并建立在记忆中储存的计算相关行动的形式和规则上,西蒙称之为"形式推动"的搜索。如果两者都不能适用,搜索会采用以下两种中的一种:刺激推动的搜索,它使用看得见的排队来决定先后行动;或目标推动的搜索,它采用一个目标和亚目标结构来决定先后的行动。形式推动、刺激推动和目标推动中的启发式搜索通过发现当前状况与理想状况之间的差异,以及发现与这一差异相关的运作者并使他去消除这一

① 西蒙:《管理行为》,北京经济学院出版社 1988 年版。

差异而展开①。

个人决策的最后一步是选择。决策者会根据每一相关层面理想的运作水平来选择第一个方案。在对一些方案进行运筹中,决策者会根据某一特征的存在或不存在来检查一个特定的方案的结果,并在对每一相关特征至少满意的基础上对方案进行比较。这样,决策者既简化了选择问题,也处理了潜在的结果的非可比性。

满意选择的发现通常决定了选择中的搜索和结果。当满意选择的发现来得容易时,这一规则会发生例外。在这种情况下,需要提高理想层次,搜索会继续下去。如果没有发现,或额外的搜索代价太大(即大于潜在的收益),那么决策者就会降低其期望并接纳早已发现的一些方案。

三、组织环境中的决策

在指出了个人的决策过程后,有必要考虑组织环境中的决策,特别是组织对个人决策的影响。西蒙指出正式组织是这样的一些组织,在其中,角色是详细的、相对稳定的和严格界定的。组织成员的行动是计划好的,其影响过程是具体的。作为一种决策环境,西蒙认为"组织行为乃是众多决策过程所构成的一个错综复杂的网络,其中所有决策过程都旨在对操作者(即从事组织的具体'体力'工作的人)的行为产生影响"②。组织产生了对具体决策关注的刺激,为这些决策提供了前提,保持了对组织成员行动和再行动的稳定的期待。组织也产生个人的特性、习惯,为那些处在负责岗位上的人提供权力。总之,正如西蒙所言,组织拿走了个人决策的一些自主性,并代之以组织的决策过程。

不过,个人行为要求通过组织提供的选择环境有一种"更广泛的理性内容"。在这方面,西蒙同意马克斯·韦伯的这一看法——组织可以通过像专业分工之类的机制(它使专家的知识进入组织的决策,限制了所需的关注重点)克服人的计算上的局限。用西蒙的话来说:"理性的个体是,而且必须是组织的和制度化的个人。"③当组织将个人置于一种使个人决策适应组织目标,并提供个人正确决策的信息的心理环境时,个人行为就需要有更多内容的理性。

① 西蒙:"信息过程:人类解决问题的理论",载《学习与认知过程手册》第5卷,劳伦斯·爱尔勃姆出版公司1978年版。
② 西蒙:《管理行为》,北京经济学院出版社1988年版。
③ 同上。

尽管西蒙在这方面与古典时期的作者一致，但不同的是他对组织、对个人决策实施控制的程度的估计。西蒙认为古典学者对人类有机体的特征未给予充分的注意，它忽略了一个人同时扮演的数种角色，以及无力对付这些不同角色的合作。其结果，古典模式没有认识到，一些对个人在组织中的决策的影响是受组织控制的，个人的行为只有在个体或组织反对（潜在的和实际的）强制的限制下才能被操纵。

相应地，西蒙的目标是构建一个能完全说明人性以及人与组织关系的组织模式。他提出了他认为对任何组织理论来说是两个中心的考虑：① 为什么人会加入、留在或离开组织（参加的决定）；② 人在组织中的行为（产出的决定）。

在指出人为何参加组织时，西蒙采用了巴纳德的基本框架。在这一框架中，组织被看作是一个包含引诱—贡献的交换系统。只要个人感到他的净所得超过他的贡献，他就会参加组织并继续留在组织内。当他感到两者平衡时，组织就处于一种均衡状态。对于组织参加者来说，关键问题在于组织目标是否与他的个人目标充分接近，其接近程度是否足以使他作出参加这个组织的选择①。

西蒙将这一感受到的引诱—贡献的功利性称作是引诱—贡献功利量表。这一量表上的职位是一个有两种考虑的功能：感觉到的在组织内流动（提升）的理想性，以及难易程度。前者取决于个人对其参加组织的满意程度，反过来，这一满意程度是由大量的个人、社会和经济考虑决定的。后者是参加组织的选择可得性的一种功能，以及参加者对这些选择的认识。

参加者与组织之间的“契约”关系因参加者而异。对大部分人来说，契约是一种“买卖合同”的形式。在这一合同中，进行一些具体的考虑（引诱—贡献）的交易。在受雇者看来，契约是“雇佣合同”，表明受雇者同意接受组织的权威而不是与组织做交易。西蒙认为雇主乐意按雇佣合同支付额外的补偿，因为它很可能确定不同职位的具体的任务要求。雇员乐意进入，因为他毫不关心要做的具体任务。在西蒙看来，这种合同安排的结果是雇员事实上签了一张给雇主在组织内行为的“空白支票”。

这一雇佣合同的实质对组织和雇员来说具有重要意义。从组织来看，雇员乐意出售其服务，因而成为行使这些服务的一个中立的工具，这意味着个人动机的重要性的减弱或取消。雇员会把一些与个人价值无关的标准作为进行

① 西蒙：《管理行为》，北京经济学院出版社 1988 年版。

组织决策的基础。从雇员来看,接受合同条件因将注意力集中于组织决策的标准,从而减弱了对其决策能力的认知要求。组织标准便决定了这个要寻找的方案,以及在决策状况中选择的方案。简言之,决策环境被简化了。

这对西蒙的组织理论产生了一些重要影响。通过指出雇佣合同,西蒙忽略了个人价值和雇员在组织中的行为的感情成分,只注意个人行为的认知方面。应当注意到,西蒙并不否认个人价值和动机的重要性。相反,他把这些考虑归入"有限度的决定",即影响加入组织的决定的决定,而不是使个人同意加入的决定的决定。西蒙承认这是一种过分简化的观点,但这是在解释其理论中发挥重要作用的分析性简化。

与雇佣合同相一致,西蒙区分了动机和目标,以及个人目标与组织目标的关系①。动机是一些将个人引向选择目标的力量,个人动机是同加入组织有关的。目标是动机的结果,是决策的价值前提。组织中个人的目标是根据组织的角色,而非个人动机选择的。由于个人目标在一个互相依存的组织中作为对他人行为的制约而行动,西蒙把组织目标界定为"被广泛分享的限制性因素",或(并不必然等同于)一些界定个人在组织较高层次的个人角色的限制性标准。这样,个人动机决定了加入组织的决定,但组织角色决定了组织目标的选择,以及实现这一目标的行为的选择。

在西蒙看来,一旦个人决定加入组织,他就产生了一种组织特性。这样,个人通常对组织权威采取一种听从态度,而对有关要做的事都"毫不在乎"。这样,组织的一个战略任务就是将对权威的遵从转化为对组织指示的遵从,这就提出了雇员的动机与顺从两个相互有关的问题。

西蒙认为,只要加入组织的决定是"引诱—贡献"功利量表的一种功能,那么,在组织中产生的动机就是满意量表的一种功能②。这两个量表是互相关联的,因为引诱—贡献的较高的净值是与较高的满意度联系在一起的。两者的不同在于,功利量表是一种运动的愿望和运动自在感的功效,而满意量表仅涉及运动本身。换言之,功利量表包括机会成本考虑,而满意量表并没有这方面的考虑。这意味着,两者虽然在功能上相连,但量表中的起点不同。如果感到可得到的就业选择和就业的可能性要好于个人当前的职位,一个满意的雇员就会离开组织。反之,如不能得到,一个不满意的雇员就会留在组织内。

① 西蒙:《管理行为》,北京经济学院出版社 1988 年版。
② 西蒙:"论组织目标概念",载《社会学读者论复杂的组织》,纽约赫特 · 林哈特及温斯顿出版社 1969 年版。

虽然认为满意量表上一个人的位置与生产的决定有关,但西蒙并不认为在满意和生产率之间有一种直接的因果关系。西蒙倒转了这一因果关系,认为生产的动机来自一种当前或预期的不满的状况以及这样一种看法——在个人生产力和新的满意状况之间有一种直接的联系。这样,雇员以更高的生产力来达到一种更满意的状况,他生产力不高,原因只在于他已经比较满意。不过,组织必须安排刺激,这样雇员可以感到在努力和报酬之间的联系。

涉及顺从时,西蒙从巴纳德的权威概念开始。他同意巴纳德的这一观点——权威存在于上下关系中,而不在职位中。权威关系中的重要行为是接受指示,而不是颁布指示,但西蒙对巴纳德的权威概念作了一个重要的修正。巴纳德的观点是,当下级要么在不检查指示的好处的情况下接受一项指示,要么在检查后接受这一指示并认为指示恰当时,权威便得到了执行。在前一状况下,指示落入了下属的"无关心区";在后一状况下,指示落入了这一区域之外,但在"接受区域"之内。西蒙将权威定义为一种以指示或命令形式出现并指导另一人的权力。与巴纳德相反,他认为,只有当下属具有服从这一至关重要的本能时,权威才得以行使①。这样,西蒙认为,只有在无关心区中,以及在这样的状况中——下属检查指示的好处并接受这一指示,不管他并不确认它的好处或考虑指示是错误的时——权威才能得以行使。下属确认指示的好处并接受指示——这样的一种状况属影响和说服而非权威领域。

动机和顺从问题一起进入西蒙的这一考虑:为何下属遵从组织权威。大体而言,遵从是一种在刺激和报酬之间获得平衡的效用。平衡中所获越多,就越可能接受组织的指示。更具体地说,西蒙指出了既来自组织刺激系统的运作,又强化了其运作的组织权威的四个基础:自信的权威建立在功能状况或发指示的个人的魅力特征基础上;身份权威是个体接受其认可的团体的指示的产物;惩罚权威来自预期会采用惩罚手段;合法权威来自信息、道德和社会的价值(它确立上司下命令的权力和下属服从的义务)②。

四、组织决策的前提

当个人决定参与时,组织问题就归结为为组织中个人的决策提供恰当的前提。在西蒙看来,提供决策前提的首要责任在等级制。在这方面,他回应了

① 西蒙:《管理行为》,北京经济学院出版社 1988 年版。
② 西蒙·史密斯伯格、汤普逊:《公共行政学》,纽约诺夫出版公司 1950 年版。

泰罗的戒律：在希望下属有效之前，管理者必须首先使自己有效。管理者的责任是作决定，并注意组织中的其他人有效地作决策。

对组织决策过程中的等级制的强调，西蒙提供了很多的理由。首先，在传统看法中，等级制被看作是一种取得合作、专业化和责任性的手段。当等级制综合了在复杂的组织中平行专业化过程产生的分散的东西时，合作就达成了。其次，等级制也是一种纵向专业化的方法，它提供组织较多的技术专家和较大的权威，因而保证技术专家在决策中发挥一种下命令的作用。最后，通过相应准确地安排权威和职权范围，等级制是一种分配组织中的责任的手段。

除了这些传统观点，西蒙认为等级制简化了决策任务。他认为等级制是为有限的智力适应复杂状况的一种形式①。复杂的等级组织从相对稳定的亚体系（它们是整个组织中相对独立的部分）中演化而来。在这一"空间中的空间"的结构中，复杂性与大小无关，因为互相依赖被降到了最低，其结果是一个复杂的等级组织只需较少的信息传递，因而决策过程也被简化了。

西蒙给组织结构中的上司分配了一系列重要的功能。他们确定目标，通过建立组织的整个结构分配工作，并向下属分配任务；他们负责创新和长远规划，处理纠纷。更重要的是，从决策的观点来看，他们为组织确定决策前提。客观的前提（政策）在等级制的上层形成，具体的前提由下面确立。

效率标准是组织决策的标准，间接地也是等级控制的手段。西蒙将效率界定为机会成本的净收入比率的最大化。换言之，以最小可能的机会成本取得最大可能的结果。西蒙认为效率标准应成为一种组织成员的运作的内在标准。虽然每个人根据其价值寻求效率，但这些价值应当是组织角色的一种产物。在管理者成功地确立组织目标的程度上，效率将根据管理的目标来衡量②。

组织的等级制在行使其功能时具有各种不同的手段，最主要的是在恰当的时间将恰当的决策前提传输到恰当的人。权威的行使是建立决策前提的核心手段。结构性沟通而非正式指示通过影响碰到什么样的决策刺激因素以及具体的行动将如何有力而引起决策者的重视，也有助于确立决策前提。选择过程允许管理层选择其价值和技术上与组织需要相一致的雇员。一旦个人进入组织和确立了对组织的忠诚后，培训将有助于把一般的价值和技术演化成具体的组织价值和技术。

① 西蒙：《管理行为》，北京经济学院出版社 1988 年版。
② 同上。

五、组织的决策过程：程序性决策和非程序性决策

西蒙以程序性决策和非程序性决策这两种不同的决策来阐述组织中决策的实际过程。

两者的首要相同点从西蒙所称的“情境界定”出发，这是一个现实模式的简化，用来减少实际决策环境的复杂性。情境的定义包括决策者对未来事件可能性的看法、被认为是可能的一些选择，以及根据决策者偏好安排结果秩序的规则。

第二个相同点是采用某些手段—目的形式将具体的行动与组织最终目标联系起来。手段—目的关联既有事实因素，也有价值因素。事实因素是一些可供的选择及其结果之间的关系。由于手段—目的关联中较低的目标既是较低手段的目标，也是达成较高目标的手段，因此，除了最高层次的手段—目的链，事实因素存在于所有层次中。价值因素是选择组织的最终目的或目标。由于就定义来说，组织的最终目标不是一种取得较高目的的手段，因此在这样的选择中不存在事实因素①。手段—目的链的特征在于增加了可供的选择及其结果之间关系的不确定性。当往链的上端走时，这有两层重要含义：① 不确定性增加了决策过程中的疑虑和把握不定，迫使决策者判断有关可供方案及其结果之间的关系。② 不确定性意味决策者很可能使用“价值目标”而非最终目标来选择方案。价值目标可以从运作角度陈述的手段—目的链中最高层次的目标（即满足目标所需的步骤可以被证明、目标可以被衡量）来决定它事实上是否可以达到。

第三个相同点是决定（问题）被分解或分成几个独立的部分，并分配给组织的亚结构。等级制的上层作大的决定，而将一些具体的考虑下授给亚部门。这很可能导致西蒙所称的“松散的连接”系统，在这一系统中，组织的目标及其亚结构的目标只是进行不完美的调和，但由于组织通常在组织“不完善”状态（即资源总是多于生存所需的量）下运作，因此组织能容忍一些目标的不一致②。

第四个相同点是在选择方案时总是以“满意”而非最佳作为标准。西蒙在以下基础上对此作了一个区分：就最佳而言，人们提出一整套可以进行比

① 西蒙：《管理行为》，北京经济学院出版社 1988 年版。
② 西蒙、马奇：《组织》，纽约威利出版公司 1958 年版。

较的方案的标准，此类决策者依据这些标准选择偏爱的方案；而满意决策者则确定一些描述最低程度令人满意的选择的标准，满意决策者只选择一种能满足或超过这些标准的方案①。

第五个相同点是决策过程很可能包括了一种不确定的吸收性。不确定的吸收使从一些其本身呈现的无根据的确定性的预兆中得出结论成为必要，这一结论成为组织其他部分的决策前提。这样，非确定性吸收就成了组织中权力的关键所在②。

最后，组织中的决策是惯例性的，惯例性程度从程序性决策中的具体的反应到非程序性决策中的惯例性的搜索程序。

西蒙指出了可以用来比较程序性和非程序性决策的过程的四个阶段：① 寻找决策的场合，即“情报活动”；② 发现可供选择的可能的行动过程，即“设计活动”；③ 在各种选择中择优，即“抉择活动”；④ 评价以往的选择，即“审查活动”③。

1. 程序性决策

当决策刺激重复出现，组织已确立了一种对付这一状况的确定的程序后，程序性决策就发生了。这一程序体现在西蒙所说的决定对一个任务的反应次序的“运作程序”中。运作程序因其程度不同而异。组织惯例对运作程序来说是最具体的，决定是参照已通过的实践而非对可供方案的优点的考虑而作出的。这样，选择是固定的，不存在任何搜索活动。西蒙将组织惯例与个人习惯作了比较。与惯例相反，运作战略即反应是不固定的。不过，搜索在战略具体指出的可能性和选择的范围内。在任何一种情况下，运作程序处理一种有限的环境和结果的范围，每一程序在相对独立于其他程序的情况下得到执行。

运作程序可以在组织不同的层次上构筑。一般来说，组织上层更关注协调其他地方产生的程序，而不关注确立新的程序。一旦组织确立了一种标准性反应的程序，它就确立了一种由程序引起的状况的分类，以及一整套决定对每类状况作恰当反应的规则，以指导个人决策者。

西蒙指出了几种在组织中制定或影响程序性决策的技术，在表 9－1 中他将这一技术与影响非程序性决策的技术作了比较。

① 西蒙：《管理行为》，北京经济学院出版社 1988 年版。
② 同上。
③ 西蒙：《管理决策新科学》，中国社会科学出版社 1982 年版。

表 9－1 传统式和现代式决策制定技术

决策类型	决策制定技术	
	传统式	现代式
程序性决策： 常规性、反复性决策，组织为处理上述决策而研制的特定过程	1. 习惯 2. 事务性常规工作： 标准规程 3. 组织结构 普通可能性；次目标系统；明确规定的信息通道	1. 运筹学： 数学分析； 模型； 计算机模拟 2. 电子数据处理
非程序性决策： 单射击式，结构不良，新的政策性决策；用通用问题解决过程处理的	1. 判断、直觉和创造 2. 概测法 3. 经理的遴选和培训	探索式问题解决技术适用于： 1. 培训决策制定者 2. 编制探索式计算机程序

资料来源：西蒙：《管理决策新科学》，中国社会科学出版社 1982 年版。

传统的程序性决策方法一直是习惯、办事惯例以及组织结构。习惯是一种运用最广的技术，它是由诸如社会的教育和培训系统之类的机制以及组织中的选择和培训过程确定的。办事惯例或标准运作程序是用来使习惯模式格式化的明确说明。组织结构通过分散决策提供一套共同的有关行为角色的预先假定和期望，通过建立一种目标和次目标结构以及确立一个良好的沟通系统来影响程序性决策①。运作研究依赖于数学分析模式构建，以为组织决定确立程序。计算机模拟以简便的方式复制在不同条件下的运作，并为这些状况确定恰当的决策规则。

程序性决策是一个缩短的过程，在这一过程中，搜索活动要么很简单，要么不存在。重复的刺激作为一种为决策指出机会的手段，程序决策在限制组织惯例中决定了选择的方案。就运作战略而言，受到检验的选择的范围受到了限制，选择的标准被确定，评价只与一段时间里运作程序产生的不满意结果的程度相关。

2. 非程序性决策

非程序性决策是对新的刺激的反应，这种反应不存在结构性，因而非程序

① 西蒙：《管理决策新科学》，中国社会科学出版社 1982 年版。

性决策需要一些搜索活动,这些搜索活动将遵循可预测的和规定的形式。

搜索活动是因对“运作差距”的看法或运作中实际的不足而(针对理想状态而言)产生的。运作差距或许是就以往理想的标准来看属令人不满意的产物,差距的大小一般决定了搜索努力的程度(即差距越大,搜索强度越高)。如果差距太小,可能导致漠不关心;如果太大,可能会产生挫败感。在这种状况下,运作差距不会刺激搜索活动。西蒙将处于这两端中间的状况称为“最佳压力点”,在这一点上的差距导致产生一种行动计划来消除差距①。搜索程序的目标由组织中运作的理想程度来确定,通常以满意而非最佳的用语来确定。反过来,理想程度又是由诸如其他组织以往相似的运作、组织环境的变化,或偶尔遇上机会等因素决定的。

组织的搜索活动既是顺序性的,也是惯例性的。顺序性在于,它在一个时间段检查一个选择,而非同时检查所有的选择。惯例性在于,它遵循可预测和规定的形式,首先检查的是在组织直接控制下的一些变量。如果产生不了一个令人满意的选择,搜索便寻找在非直接控制下的变量。如果搜索程序仍未产生令人满意的选择,那么就会降低理想,搜索回到它的起点,直到发现一个接近差距的选择,搜索才会停下来。

西蒙指出了在非程序决策中拥有的一些程序性决策程序。传统上,组织依赖于判断、经验以及选择和训练管理人员来对付非程序性决策状况②。西蒙指出,可以通过有条理的思考和训练,将非程序性决策的首要责任赋予上层,确定一个具体的单位去负责非程序性决策。有关这方面的技术可以得到某种程度的改进,西蒙介绍了启发式问题解决的新技术,它建立在决策者的计算机模拟上,这一模拟旨在揭示和评价系统化和惯例化的判断、直觉和创造性技术。

在非程序性决策中,选择的机会是由对运作差距的看法指认的。一些经检验的选择受到了以往组织实践的限制,这一实践在于选择的范围只是在没有发现一种令人满意的选择时逐渐地扩展的。选择是由与第一个令人满意的方案碰撞决定的。在搜索过程的每一个阶段都有评价。程序性决策和非程序性决策的主要区别在于:在程序性决策中,组织或以组织惯例的形式,或以运作战略的形式决定选择的方案;在非程序性决策中,组织只是提供搜索程序的参数,以及体现组织确定的理想水平的选择标准。

① 西蒙、马奇:《组织》,纽约威利出版公司 1958 年版。
② 西蒙:《管理决策新科学》,中国社会科学出版社 1982 年版。

六、理性与组织决策

在涉及组织决策时，可能会问类似的一个问题——组织决策程序是否理性，即是否在西蒙扩大的理性定义的范围之内。在下属接受以惯例形式出现的组织决策前提的程度上，这种行为会陷入西蒙的理性无意识、非深思熟虑一端，但就决策的结果来说，对组织的目标可能是理性的。采用运作战略和非程序性决策代表了在取得组织目标中的有意识的、深思熟虑的过程，但这一过程很可能陷入主观理性的领域，即受到了有限的信息资源以及分析能力的限制。总之，尽管不可能是最佳的，但西蒙不会对被称作"非理性"的组织决策程序不屑一顾。

不过，虽然西蒙扩大了"理性"一词的内容，但他并不认为所有的组织决策必然是理性的。甚至在扩大的背景下，可得到的信息和分析能力并不一定能得到充分的运用，对环境的描述也不一定准确，因而对问题的理解也不一定正确。不确定的吸收性也会导致非理性的结果，如果来自原始资料的推断不适合所得到的信息的话。确实，惯例性决策的实质可能产生非理性的结果，如果采用惯例对于完成组织目标是不恰当的话。当(很可能)惯例的运用落入个人的无关心区域，如果不加评估就运用的话，这就成了一个具体的问题。

就组织决策的理性而言，西蒙的主要关心对象之一是目标转移现象。这是一个这样的过程，在这一过程中，工具性价值或目标或被用来取代组织最终目标，或因具有最初未意料到的理想结果而变得有价值①。西蒙指出了目标可能转移的两个主要来源：对组织次目标的忠诚，以及在结构手段—目的链上使用价值指标。

当问题被分开并被分配到亚组织中时，就确立了对组织亚目标的忠诚。结果是，亚组织的成员会关注亚组织的目标而忽略整个组织的目标。反过来，忠于亚组织的目标一般是在理性上的认知限制的产物，即考虑到无法立即思考所有的事情，亚组织的成员关注于亚组织的目标而非整个组织的大目标。这样，有选择的看法可能导致只关注与亚目标有关的信息，亚组织内的沟通可能形成信息的重点并排斥看来与亚结构无关的信息。组织的正式分工会限制亚结构得到的信息。最后，当专业人员强调与其所称有关的信息时，专业的认

① 西蒙、马奇：《组织》，纽约威利出版公司1958年版。

可会限制关注的重点①。

目标的转移也可能来自在决策过程中使用价值指标。正如前面提到的，价值指标是手段—目的链中最高层次的运作目标。运用价值指标是因为链上层的不确定性，以及随之而来的决策者无力充分说明链。如果寻求价值指标提出的目标导致完成组织的最终目标，那么就不存在转移目标的问题。如果不是，那么，当工具性价值（价值指标）取代了组织的最终价值（最终目标）时，目标转移就会发生。此外，目标转移很可能不引人注意，因为组织的最终目标不能在运作上得到说明，组织没有确定其最终结果是否达到。

总之，西蒙描述的决策过程只是在主观和有限的感觉上很可能是理性的，甚至在这样的感觉中有时也不是理性的。

第四节　分析与评价

促使西蒙研究决策这一重要的组织行为的动因在于，“在这个研究领域里，我们至今还没有恰当的语汇和概念方面的工具，当然也就谈不上用它们来现实而深刻地刻画管理组织，哪怕是简单的管理组织”②。西蒙的研究主要针对的是两种人，一是理论研究工作者，即包括经济学家、政治学家、社会心理学家和认知心理学家在内的行为科学家。在这方面，正如巴纳德所说：西蒙在关于正式组织与管理的社会科学方面做出了重要的贡献，他的结论具有普通的适用性，因而有益于描述各类组织的管理行为③。二是实际工作者，即包括企业、政府和教育机构行政管理人员和经理在内的实干家。西蒙希望他的决策理论能被运用到组织的实践中去。就这点而言，巴纳德指出，西蒙教授所开发的这些工具对科学研究固然是有益的，但对于一般读者和实际工作者来讲，其主要价值还在于他对组织、管理过程、决策的本质、决策中的价值要素与事实要素等作出的清晰、深刻和普遍的描述。他在这方面的成就是杰出的④。

西蒙在决策理论上的一个贡献，在于提出了“有限理性”概念，以及在此基础上提出的满意决策。西蒙认为，管理理论所关注的焦点，是人的社会行为

① 西蒙、马奇：《组织》，纽约威利出版公司 1958 年版。
② 西蒙：《管理行为》，北京经济学院出版社 1988 年版。
③ 同上。
④ 同上。

的理性方面与非理性方面的界限。管理理论是关于意向性理性和有限理性的一种独特理论,是关于那些因缺乏寻求最优的才智而转向寻求满意的人类行为的理论①。他用管理人(也即满意人)概念来取代在决策中寻求价值最大化的经济人概念。管理人的特征在于:首先他寻求满意而非最优,所以他不用考虑一切可能的备选行动方案,也不用确认存在着全部备选行动方案便可以进行选择。其次,管理人能用相对简单的经验方法来制定政策,这些方法不至于给他的思考能力强加上无法负担的重任。

西蒙的这一贡献在相当程度上得益于他的方法论,对决策过程的经验性描述在方法论上给组织理论的研究开创了一片新的天地。西蒙从这一角度进行的抽象论证在巴纳德看来是正确的,因为巴纳德认为它们表达了他作为一个实际上的管理者在多种环境中所得到的经验。1978 年,诺贝尔经济学奖奖励了他"对经济组织的决策程序所进行的开创性研究"。

当然,西蒙的理论的某些方面还是可以进一步加以追问的。首先,西蒙提出的构建行政学的基础是事实—价值两分法。西蒙旨在描述一个价值中立领域,在这一个领域中可进行科学的调查。这一领域是行政决策(它被界定为一种选择及其结果的关系)的事实前提。由于这一关系在经验上是可以观察的,因此是经得起系统(即科学)检验的。西蒙提出要确立两种科学,实用科学的目标是确立更有效的决策程序,纯科学旨在检查人类行为的基本过程(当这些过程与决策相连时)。

两分法作为建立两种科学的基础还存在着一些问题。接受效率标准以及实用行政学的选择标准,其本身就是价值判断。这样,实用科学就不可能是完全"科学的"。此外,两分法为建立实用行政学界定了一个相当狭隘的领域。价值被包含在选择组织的最终目标中,相应地,它落在了实用科学的范围之外。但价值也许出现在手段—目的链的其他点上。手段的选择并非自动地中立的,即一种手段是否能完成一个既定的目标是一个事实(即经验上可观察)的考虑,但选择手段并不必然是价值中立的(人们不会为慈善募捐而去抢银行,即使这种选择会导致一种理想的结果),甚至一种选择及其关系的评估也受价值的"传染",如果有关这一关系的不确定性存在、如果判断因而必须执行、如果这判断受观察者的价值决定的话。总之,价值可能在手段—目的链上出现并限制实用行政学的适用领域②。

① 西蒙:《管理行为》,北京经济学院出版社 1988 年版。
② 布雷恩·福莱:《通晓公共行政》,切特汉姆·豪斯出版社 1989 年版。

其次是理性和满意人概念。西蒙用满意人概念来取代经济理论的无所不能的功利计算者,对决策者的这一看法使西蒙扩大了对理性的定义,从建立在完整的信息之上的手段对目的的有意识和深思熟虑的调整的理性决策到建立在不完整信息之上、无意识和无深思熟虑的调节的满意人概念以及相连的理性,概念涉及了这样一个问题,西蒙定义的理性是否为区分理性和非理性提供了一种基础?西蒙认为,所有的人类行为都有一种理性的构成部分,但这一认为合乎逻辑的含义是人类行为也有一种非理性的构成部分。西蒙没有为这一区分提供基础。

西蒙的效率标准或组织理性标准在两个基本方面对组织产生影响:① 理性决策最终与倾向于管理目标的有效运作有关;② 在员工层次上,效率被限制在有限理性计算的手段—目的的认知过程中,在这一意义上,他们追求对问题的满意解决。西蒙尽管认识到组织不只有效率和理性构成,但他把这两者的标准列为优先,而把其他的构成部分如承诺或目标列于其次。这样,这两个标准必然与其他标准发生冲突。

再次是满意人模式。满意人模式只具有有限的可预测价值。正如西蒙承认的,这一模式并未提供一种独一无二的解决方式,因而未提供一种准确的预测。尤其是,理想的程度是一种西蒙无法解释的、难以理解的概念。没有先前对理想程度的一种定义,这一理论就倾向于变成一种对事后事实的解释,而非一种预测。此外,这一模式要求大量的信息来作预测。这里的问题是我们需要预测有多大的精确性。西蒙认为满意人模式较经济人模式会产生不同的行为预测,这或许是对的,但他并未提供给我们标准来估计预测中的差异是否对于取得这些所需信息的成本来说是值得的[①]。

最后,西蒙在他的整个分析中,在承认一种成熟的科学必须最终处理组织行为的认知和情感层面的同时,强调组织行为的认知方面。他的理论的几个主要因素表明他相对看重认知。当然,最基础的是雇佣合同,在这合同下,西蒙认为雇员同意成为一种中立的工具,其情感考虑是服从。在西蒙看来,效率标准应当是组织运作的标准,这一观点的基础是假设雇员就选择达到组织目标的手段而言在情感上是中立的。在非正式团体方面(即大量讨论情感考虑的重点),西蒙只是简单地建议正式组织应为非正式关系确立限制,并鼓励非正式组织应以与组织任务相符的方式发展。目标的转移根据对理性的认知限

① 布雷恩·福莱:《通晓公共行政》,切特汉姆·豪斯出版社 1989 年版。

制而非它的情感层面作了解释①。

西蒙在处理情感考虑时,只简单地认为,情感需要会在他描述的组织里得到很好的照应。西蒙认为,个人在无结构的环境中是很不安的;相应地,当组织在自由与限制之间取得平衡时,组织就是人道的(有助于照应情感需要),就低层雇员来说,照应情感需要并不意味着没有等级制限制,它只意味着这些限制应当是合理的和可理解的。此外,如果一个人被激励为组织目标工作,那么“情境的逻辑”的等级非权威对个人的强制可以决定适当的行为。对中层管理者来说,首先的好处来自增长的集权。集权允许中层管理者专注整体目标,因为不鼓励形成亚目标,它减少了非程序性决策,对高层也有好处。程序性决策的发展释放了高层管理者的处理惯例问题的单调,使其从琐事中解放出来,专注于一些重要的功能。

西蒙对认知性考虑的强调是明显的,但是否有道理是件很难判断的事。有大量著作表明情感考虑确实影响组织行为。西蒙没有提出两者在组织中的相对重要性,尽管他坚持系统的经验分析。

思考题

1. 西蒙的“满意人”决策模式的内涵及意义是什么?
2. 如何理解西蒙所言行政决策中的“有限理性”假设?
3. 非程序性决策与程序性决策的区别是什么?

① 布雷恩·福莱:《通晓公共行政》,切特汉姆·豪斯出版社1989年版。

第十章　里格斯的行政生态理论

第一节　生平与著作

弗雷德·W·里格斯(Fred W. Riggs),美国著名的行政学家,行政生态学、比较行政学和发展行政学的创始人。他于1917年出生在中国桂林;1948年获得美国哥伦比亚大学政治学博士学位;1948年到1951年,他是美国对外政策协会的一名非正式研究会员;1951年到1955年,他是美国纽约公共行政—政府情报交换所的所长助理;1956年到1967年,他是印第安纳州立大学政治学系的教师;从1967年起,他一直担任夏威夷大学东西方研究中心的资深专家,同时是斯坦福行为科学高级研究中心的研究员。他曾担任美国比较行政分会的第一任主席。在政治科学和公共行政方面,尤其是在比较行政和发展行政方面,里格斯做出了很大贡献。

行政生态学可看作是生态学与行政学的一个边缘学科,是运用生态学的理论和方法研究公共行政的结果。它借用生态学研究生命主体与其环境的相互关系和作用的基本理论与方法,来研究行政系统与其社会环境的相互关系,即通过生态系统的模拟来研究行政生态系统。公共行政研究中的生态学方法是由里格斯以前的J·M·高斯①、罗伯特·A·达尔②和罗伯特·A·默顿③创始的。高斯教授于1936年发表的《美国社会与公共行政》,提出了行政管理与行政环境之间的关系问题。1947年他又发表了《政府生态学》,强调了外部生态因素对行政管理的重要性。但

① J·M·高斯:《公共行政学的思考》,阿拉巴马大学出版社1958年版。
② 罗伯特·A·达尔:“公共行政科学:三个问题”,载于《公共行政评论》卷7,1947年。
③ 罗伯特·A·默顿:“技术援助的实施问题”,载于《公共行政评论》卷12,1952年。

是，当时高斯等人的理论和方法并没有引起理论界的重视，正是里格斯对这个方法做了与众不同的贡献。里格斯进一步发展了高斯等人的理论，在一个更广泛的范围内分析了行政和经济的、社会的、技术的、政治的以及通讯的因素之间的关系。1957 年，里格斯发表了"比较公共行政的模式"一文，1961 年他出版了《公共行政生态学》一书，1965 年出版了《发展中国家的行政：棱柱型社会的理论》、《泰国：一个官僚政体的现代化》两书，1971 年出版了《发展行政的新领域》一书，1973 年又出版了《重访棱柱型社会》一书。在这些论著里，里格斯从比较的角度，运用生态学的理论与方法，研究发展中国家的行政问题，从而创立了以生态学方法研究行政管理的新的行政理论体系，使行政生态学成为一门系统的学科，并在行政学理论领域产生重要影响。

在生态学看来，没有一种生命有机体是可以孤立存在的，任何一种有机体都必须依赖于周围的生物或非生物，都必须同周围环境进行物质交换才能生存。按照 J · M · 高斯的观点，"公共行政生态学包括对人、地区或财产、人所期望的自然和社会技术、思想、个体和紧急状态的研究"①。根据这种观点，行政生态学认为，要了解一个国家的公共行政，不应该仅局限于行政系统本身，而应跳出行政系统，从社会这个大系统来考察行政，亦即考察一国的行政与该国的社会环境的关系。在这里，行政和它的环境互相影响，对发生这一过程的动力的认识对于理解行政过程是必要的。这种方法被称为生态学方法。据此，里格斯把行政生态学定义为"自然以及人类文化环境与公共政策运行之间的相互影响情形"的学科②。因此，行政生态学的研究范围包括：一是探讨各国所特有的社会文化以及历史等诸因素如何影响并塑造该国的公共行政；二是探究各国的公共行政又如何影响该国的社会变迁及发展。具体地说，当研究某一国家的行政时，我们不仅要研究该国行政制度上的特点，更要研究其行政行为的方式；不仅要从行政本身的观点去研究行政，更要扩大范围，立足于该行政系统得以产生的社会大系统，从行政与政治制度、意识形态、价值观念、经济结构、文化心理、历史传统等的相互关系去研究行政。

① J · M · 高斯：《公共行政学的思考》，阿拉巴马大学出版社 1958 年版。
② 转引自彭文贤：《行政生态学》，台湾三民书局 1988 年版。

第二节　行政生态理论

一、行政理想模式

里格斯提出了一些理想模型来分析发展中国家的行政体制。在公共行政作为一门学科从规范研究走向经验研究的发展过程中,模型是非常有用的。1956年,里格斯通过把社会划分为农业化行政形态和工业化行政形态即农业的和工业的社会而第一次使用了他那广为人知的模型。按照他的观点,所有的社会在一定的点上都是从农业化形态向工业化形态转变。到1957年,里格斯提出了一个中间均衡模型,即代表着转变中的社会的"过渡形态"。"过渡形"代表了农业化形态和工业化形态中的过渡阶段,并且具有农业化形态和工业化形态的特征。

里格斯提出关于农业化形态和工业化形态的类型学后受到了批评。批评者认为,农业化形态和工业化形态类型对研究过渡社会,即正在从农业阶段向工业阶段转化中的社会并没有帮助;这一研究系统并没有为分析复合性社会提供足够的机制,因为现代社会总是具有一些农业社会的特征;这个类型学采取了从农业化向工业化转化这种单向性转化;这个类型没有注重对行政系统的分析,而主要强调的是行政系统的环境。为了回答这些批评和解决这些局限,里格斯修正了旧的模型,提出了融合的—棱柱的—衍射的模型以便分析发展中国家的行政系统。

里格斯用物理学上自然光的折射现象来解释他的模型理论。一束光线通过棱镜的转折过程被象征性地用来解释一个社会的转变过程。这束光线的起点被称为融合的,光线在棱镜内的内部振动过程被称为棱柱的,最后当光线从棱镜中射出来时,它得到绕射,发出彩柱,这个过程被称为衍射。同样可以类推,各种社会体制在发展过程的早期阶段将被融合,在转变阶段将为棱柱型的,在最后将是处在一个完全衍射的阶段。里格斯认为在一个融合的社会里,一个单一的结构执行多种功能。与此相反,在一个衍射的社会里,建立了单独的结构以执行特殊的功能。但是在这两个社会之间,还存在着许多社会,融合社会和衍射社会的特征在这些社会中间同时并存,这些社会就被称为棱柱型社会。然而,里格斯强调,任何社会都不能单独地被称为融合的和衍射的;实际上,所有的社会一般都是棱柱的,每一个社会的特征以及与融合社会或衍射社会的相关性都依赖于它的各种结构的性质以及由结构所执行的功能。里格斯利用图 10－1[①] 来解释这一点。

X	S	T	X	P	A	X
融合			棱柱			衍射

图 10－1

在图 10－1 中,字母 X 被放在三个位置上,其目的是暗示融合、棱柱和衍射模型这种完美的或理想的类型在这三个地方可能出现。里格斯认为,传统的暹罗可以放在字母 S 的位置那里,现代泰国在 T 附近,P 代表菲律宾,而 A 代表美国。里格斯相信这种方法可使它自己本身达到量化。因此,融合型、棱柱型和衍射型社会的主要特征:融合型社会——特殊性、归属价值、功能扩散;棱柱型社会——选择性、成功、多功能主义;衍射型社会——普遍性、成就、功能专一性。里格斯试图利用社会结构的"多功能"概念来解释各种社会。他把"功能扩散的"社会叫做融合社会,把"功能专一性的"社会叫做衍射社会,他进一步指出:这两端之间的中间社会就是棱柱社会。

里格斯进而解释三种类型的行政模式。他认为如同折射前的自然光是一道白光,传统农业社会的社会结构是混沌未分的,没有明确、细致的社会分工,与之相适应,行政行为与立法、司法、战争、经济等社会行为是混杂在一起的,更谈不上有专业化的行政机构,因而行政效率极为低下。里格斯把这种类型的行政称为"融合型行政"。白光经过棱柱体的折射后,衍射为红橙黄绿青蓝紫七色光,这如同现代工业化社会,整个社会有着明确的、细致的分工,故政府职能也是明确的,有着分工极细的行政机构,执行着各自不同的行政职能,各司其职、互不混杂,讲求的是行政的效率与科学性,里格斯称之为"衍射型行政"。介于传统农业社会与现代工业社会之间的社会形态是过渡社会,由于其过渡性,故既保持着传统社会的一些特征,又具有现代社会的一些因素,新旧并存、稻稗混杂。在行政方面,行政行为已逐渐与其他社会行为分化开来,但还未完全分化;专业化的行政机构已经设立,但还不能正常运作,功能很有限;行政过程仍然受着家庭、家族等各种传统势力的制约,因而行政效率低下。这种情形,就如同光在棱柱中的折射过程,既具有融合的白光的特性,又具有

① D·R·普拉萨德等:《行政思想家评传》,广东高等教育出版社 1988 年版。

衍射光的因素,故里格斯将此类型行政称为“棱柱型行政”。用图 10－2① 表示为:

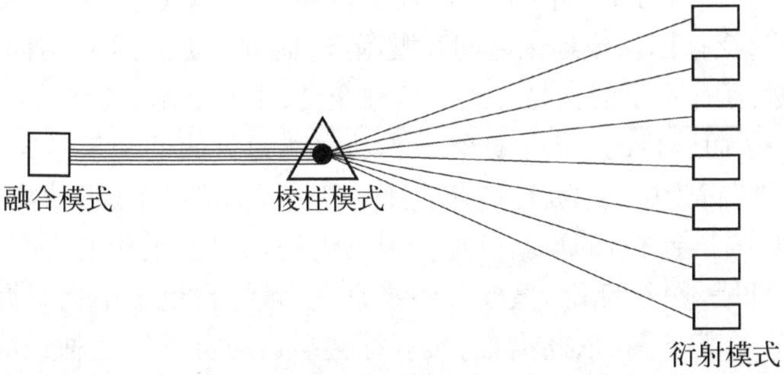

图 10－2　里格斯的“融合模式—棱柱模式—衍射模式”过程

二、对三种行政模式的分析

里格斯在《公共行政生态学》(1961 年)一书中,对三种行政模式进行了分析。里格斯认为,影响一个国家行政的生态要素是各种各样的,但其中最主要的有五个要素:经济要素、社会要素、沟通网、符号系统和政治构架。在这里,经济要素是影响一个国家行政的第一位因素,一个国家的行政模式基本上是由该国的经济结构所决定、所塑造的。社会要素,主要是指各种社会组织,有两大类:一类是以血缘关系为纽带结成的自然团体,如家庭、家族;一类是以利益关系为纽带结成的人为团体,如教会、政党、工会、商会等,统称为“社团”。沟通网,包括社会的文化水平、使用语言的状况、社会舆论的力量,以及通讯和交通的状况等使整个社会互相“沟通”的手段,它对该国的公共行政也产生重要影响。符号系统,指包括政治神话、政治法则、政治典章在内的一整套政治符号系统。政治构架,指政治与行政应是相对分离的,政治是决定政策的过程,行政是执行政策的过程,政治与行政实际上存在着一种“功能依存关系”,这种依存关系决定了政治结构也是影响行政生态的一个重要因素。

1. 融合模型(fused model)

里格斯选择革命前的泰国及古代中国为例,作为他融合社会概念的代表。

① 方贻岩:《西方行政思想史》,厦门大学出版社 1993 年版。

这样的社会没有功能的划分，只有一个单一的结构执行许多功能，是所谓"功能扩散的"社会。这种社会的"融合型"行政特征表现在以下五个方面。

(1) 经济要素方面。传统农业社会的经济结构是"互惠—重配"结构。所谓"互惠"，泛指国家或地区之间互赠国产，地方官吏向国王"纳贡"，以及民间以物易物、互补不足的交易形式。这种交易，主要是基于情感的、宗教的，或者主仆的关系而进行的，与市场经济下以营利为目的的交换是完全两回事。在这种"互惠"行为中，实际上完成了社会经济活动的"重配"功能，即在一定程度上实现了社会财富的重新分配。国王仍是"重配"的中心，他将所得的贡物"重配"(即赐予)给廷臣、皇族及各级官吏，各级官吏手中也都握有一些财富以"重配"给其下属，依此类推，实现社会财富再分配。这种经济结构决定了该社会的行政只能是一种"重配"的行政制度，经济结构也就是行政机构，"经济行为"与"行政行为"是重合的。在融合模式中，"高层级"出身的人可享有各种特权，而不必去管他做了什么工作，而"低层级"出身的人要想挤进"高层级"圈子却难乎其难。

(2) 社会要素方面。里格斯认为，在不同类型的社会中，家庭和社团对行政所产生的影响也不一样。在融合模式中，家庭所发生的作用是很大的，而社团则微不足道；在衍射模式中则恰好相反。在传统社会中，政府的行政行为常为一些显赫家庭(家族)所左右，任命、升迁行政官员时所注重的，主要不是其能力才干，而是其家庭背景，这样必然使得官吏的行政行为受制于家庭而不受制于其所属的行政机构，官吏首先考虑的是家庭的利益而不是公众的利益。因此，在里格斯看来，融合的行政，必定是裙带风盛行、结党营私、行政封闭、效率低下。

(3) 沟通网方面。里格斯认为，沟通网的状况直接影响到一个社会的"动员性"和"同化性"。所谓动员性，指全社会的人口参与庞大的沟通网的程度；同化性指全社会的人口与优异分子分享同一的符号、认同于同一的基本价值与目标的程度。由此，里格斯认为，如果一个社会文盲少，传播媒介与通讯、交通网络都很发达，则该社会的动员性和同化性都很高，在这种社会里，民众与政府之间有着基本相同的价值观和信念，双方容易沟通，因而比较易于相互信任、相互了解，里格斯称此种社会为"一元化社会"，意指整个社会容易取得一致，上下融为一体。相反，如果一个社会的沟通渠道不畅通，人们之间语言不能互通，传播媒介落后，交通闭塞，人们之间的情感、思想、信念、价值观无法沟通，社会动员性和同化性极低，则里格斯称该社会为"多元化社会"，意指整个社会分散零乱、各自为政，人们之间以邻为壑、互相阻隔。

里格斯认为,传统社会就是多元化社会。在一个分化为各种互相对立的社会集团的多元化社会中,行政机关所面对的是许多敌对的竞争团体,各个团体都以能代表"功能利益"而自居。尽管这种情形可以增加官僚机关的权力,但却也会阻碍有效的计划的执行。行政机关在任用、选拔官吏时也遇到同样的情况,由于不同的语言及宗教团体的存在,社会中充满了斗争和猜疑,因此政府用人可能必须运用一种"分配制度"来保证各个团体的代表额,或者明确地把有些团体排除。在上述这两种情形里,甄拔工作就要受到妨害,而行政中不免渗入了摩擦与误解的因素。

(4) 符号系统方面。里格斯认为,政治神话是指用以表明主权的最后源泉、人之天性与命运、人之权利和义务以及主要的关系等等的信念。里格斯认为这种神话提供了政治统治的一种"理论依据"。政治法则和政治典章则使前者进一步具体化、规范化。在一些传统的社会中,政治神话指在上帝面前人人平等、君权神授、君臣名分不可逾越等。其中"君权神授"的政治神话认为,统治者是神的代理人,统治者的权威是建立在神意之上的,人民对统治者的顺从也就是顺从神,人民意见无足轻重,甚至不起作用。因此,在这种社会中,整个行政系统便只对专制统治者负责而不向人民负责,行政的权威不是来自人民高度的认同感,而是来自武力的强制。

(5) 政治构架方面。里格斯认为,政治与行政应是分离的,政治是决定政策的过程,行政是执行政策的过程。换言之,政治领导行政,而行政则实现政治的目标,政治与行政实际上存在着一种"功能依存关系"。这种依存关系,决定了政治结构也是影响行政生态的一个重要因素。里格斯认为,在传统社会,由于社会结构没有分化,没有专职的行政机构,政治权力与行政权力是合为一体的,人们无法在"政客"与"官僚"之间划一界限,从国王到各级地方官员实际上都是身兼二任的。这样,由于行政权力与政治权力合为一体,行政官吏可以不向任何人或任何机关负责而专横独断、为所欲为。里格斯称此现象为"官僚政治"。里格斯认为"官僚政治"的特点是"专横但非有效","国王的权力形态虽然专断恣睢,但其权力幅度却极为有限",一方面由于缺少一部专职的"行政机器",另一方面没有健全的沟通网,无法及时了解各方面的情况,故行政效率极为低下;一方面,人民对于国王与官吏固然无法加以控制,反过来,从另一方面看,朝廷对于全国百姓也缺少有效的控制。

2. 衍射模型(diffracted model)

里格斯选择美国为例,作为他那衍射社会概念的代表。这样的社会建立在普遍性的原则基础上,高度专门化,每一种结构都执行一项特殊的功能,是所谓“功能专一性的”社会。这种社会的“衍射型”行政特征表现如下：

（1）经济要素方面。里格斯认为，现代工业化社会是一种“市场—企业”经济结构。社会经济运行遵守价值规律，根据“功利”与“理性”的市场原则进行交换，力图用最少的投入取得最大的产出。在这种经济结构下，整个行政制度也市场化、商品化。最明显的是人事行政，政府机构与行政官员之间是一种基于契约的雇佣关系。行政官员出售的是他的“服务”而换取一定的“职位”。如果他发现有更好的机会，他可立即挂冠而去。同理，政府若发现官吏“服务”的价值不及他的“薪俸”，也可以解雇他。里格斯认为，美国是这种“市场行政”的典型。在里格斯看来，美国公共行政的任何一个领域都为“市场取向”所塑造。诸如计划、沟通、公共关系、管理等莫不与市场制度中的情形相类，可以把美国的行政官署看作是一个市场，在这个市场里，每个官吏在以最经济有效的方法，完成特定目标最大限度的实现，换言之，行政官署就是“经济市场”的一个“相对物”。

（2）社会要素方面。里格斯认为，在现代工业社会中，由于社会分工极为发达、社会结构高度分化，因而代表着各种不同社会利益的功能性社团也种类繁多、非常活跃，对社会生活的各个方面都产生重要影响，尤其与行政的关系非常密切，彼此之间互相影响、互相作用。一方面，社团成为各种利益和要求的汇聚点和表达者，社团变成了一个“媒介”，通过它的作用，许多特殊的利益都可从公民转迁到政府。也就是说，社会各阶层、各种利益集团都通过社团向政府施加压力，影响行政。另一方面，政府也利用社团来表达自己的目的。政府机构常常会发觉应该并必须依赖社团的协助，以实现各种计划与政策。在美国，甚至达到了这样的程度，政府政策的拟定，必须事先征得各社团的同意和支持，而政策的推行，如果没有社团的帮助，则寸步难行。在里格斯看来，美国的社团模式提供了一种特殊有力的汇聚与表达特殊利益的方法，所以它是一个使官僚组织对人民负责的重要机构。进而里格斯认为，从更广阔的观点说，社会模式是任何发达工业社会所不可或缺的。因为它提供了一个功能和方法，保证政府对社会各种利益团体不能忽视而必须予以回应，并且也保证人民对政府的政策与计划不会冷淡，而愿意协助合作，以维持工业经济的平衡与发展。在衍射模式中，行政“职位分类”的基础是市场因素，即根据一个人的能力、才干以及能提供的服务数量与质量确定职位并付给薪金。

（3）沟通网方面。里格斯认为，一元化社会行政问题的解决是十分复杂的，它必然有许多的消息、资料需要交换、表达，这在一元化的社会里是非常有利的。因为，一元化社会中，不同的利益团体可以顺利地凝聚他们的要求，制造他们的“公共舆论”，并促使官吏或政客注意他们的需要与事实，而当官吏考虑如何执行法律或者应该采取何种政策时，他们也能够作出相当靠得住的不同方案以及预估它们可能的结果。就执行法令来说，官吏也应当向公众说明他们的期待以及可能提供的服务等，而凡此种种，莫不需要大量的沟通工作，这又只有在一元化社会中才是可能的。

(4) 符号系统方面。在里格斯看来，现代社会如美国，政治神话就是根植于美国人心中的主权在民、人生而平等、天赋人权神圣不可侵犯等等观念。依据“主权在民”的政治神话，政府的权威来自人民的同意，行政机构只对人民负责，行政官员必须随时表明他们是真正的“公仆”，而非执行权力的“官老爷”。当然，在实际上，美国的官吏并不是百分之百地符合了“公仆”的形象，事实上，美国也的确不乏颐指气使的官僚。不过，值得注意的是，他们这种行为永远逃不过公众的指责，而舆论也必然会对他们构成一种压力。所以里格斯认为，美国的主权在民的“神话”及负责的政府创造了一种特殊的行政模式。美国行政的结构——它的甄拔、升迁与组织的方式的确反映了它的政治神话。

(5) 政治构架方面。里格斯认为在现代社会，行政是服从于政治的，行政官僚的权力是有限的，是受着“非官僚权力”制约的，因此可以保证较高的行政效率。在里格斯看来，只有在“非官僚的权力”强大得足以控制并奖惩官僚的成绩表现时，以及政策的执行步骤能很清晰地被规制时，我们才能期望一个高水准的行政产出的获得。

3. 棱柱模型(prismatic model)

里格斯集中了他所有的努力来详细地说明棱柱模型——这是他的模型焦点之所在。里格斯选择菲律宾作为他的棱柱社会概念的代表。按照里格斯的看法，棱柱社会是这样一个社会：它已达到了一定程度的分化，以及角色的专门化。这种专门化对于利用现代技术是必需的，但不能把这些角色都综合起来。棱柱社会具有融合和衍射社会的价值模式，是这两端之间的中间社会。

里格斯认为，这种中间社会的“棱柱型”行政一般特征为：

(1) 社会的经济结构是“集市—有限市场”型。在这种社会里，虽然已有了市场化的“集市”、有了以货币为媒介的交换行为，但社会经济并未完全商品化，政治的、社会的、宗教的以及个人地位等因素仍然强烈地影响着经济行为，也就是说过渡社会的经济是一种有限的市场经济。这种经济结构一个最明显的特征是“价格不可决”，即商品价格不完全由其价值决定，而要受到许多非经济因素，诸如交换双方的社会地位、家庭出身、名望、亲疏等因素的影响。这种“价格不可决”影响到行政方面，最突出的表现是行政职位的授予、荣誉和薪水的确定，以及“市场”与“身份”同时在起作用。在棱柱模式下，“职位分类”综合了职责与身份、成就与关系，既要看其能力高低、贡献大小、绩效如何，又要看其资历深浅、教育水准，以及家庭地位、社会背景乃至宗教信仰、种族肤色等等。

（2）在棱柱社会，家族利益、裙带关系和偏袒在分配各种行政职务、履行行政功能方面起着非常重要的作用。过渡社会在组织形式上，家庭所扮演的角色异常重要，社团发展则较脆弱。这与传统社会类似。政府官员的任命、升迁所注重的，主要不是其能力才干，而是其家庭和社会背景。

（3）社会沟通的渠道比传统社会畅通，但比现代社会的同化性程度低。

（4）政治符号系统比较复杂，传统社会的符号系统和现代社会的符号系统并存，主流的符号系统和支流的符号系统并存。

（5）社会的政治构架表现为政治权力与行政权力的分离未完成，甚至合为一体。

总之，里格斯把棱柱社会称为一个“非均衡政体”，在这个“非均衡政体”里，尽管政治领导人享有宪法规定的权力，但官僚却控制了政治—行政系统。结果，在决策过程中，棱柱社会的 sala① 官员比衍射社会的官员起着更重要的作用。由于权力集中在官僚主义者手中，因而人们的需要和愿望往往就被搁置一边了。在这种情况下，加强发展中国家的公共行政可能会阻碍政治的发展。他进一步指出：这种懦弱的政治体制和领导不可能控制官僚政治，所以立法机关、政党、私人团体及公众舆论也变得无所作为了。

按照里格斯的看法，棱柱社会还有三个重要的特征，即异质性、形式主义和重叠性。

（1）异质性。高度异质性的存在是棱柱社会的主要的特征。异质性是指极为不同的体制、习俗和观点同时存在。由于一个正好相反的观点和习俗的平行共处，因而棱柱社会的社会变革将是不协调的、不完善的，也是无反应的。异质性也把它的达摩克利斯之剑直接伸到行政系统之中。

在棱柱社会里，一方面，在城市地区，存在着拥有“复杂的”知识分子阶层、西方式的办公室和行政现代化的市区，同时存在着非常发达的通讯系统、摩天大楼、空气调节器，还存在着从事各种社会的、政治的、经济的和技术的服

① sala 有多种意思，例如政府办公室、宗教会议、房间、亭子等。sala 具有衍射社会的“办公署”和融合社会的“会议厅”的一些特征。

务的专门机构。另一方面,在农村地区,人们过着一种非常传统的生活,没有电话、电冰箱这种现代生活设备。村里的"长者们"兼负有各种政治的、行政的、社会的、经济的和宗教的任务。异质性存在于棱柱社会生活的各个方面,于是社会就呈现出一种自相矛盾的画面。在教育领域,社会在学习西方式教育方面支付了很高的额外费用,但是社会同样证明它自己对传统的私塾式教育很敏感。拥有全部现代化设备的医院能进行对抗疗法,但是神汉、巫术、家庭诊所和自然疗法中心则与之同时并存。这种不同体制的和平共处推动了社会向不同的方向发展,同时也使得作出判断变得困难。在棱柱社会,政治任命的官员和行政官员拥有极大的影响力,并且权力和威信有助于挣钱。尽管所有的人都有同等的机会,但只有一些人才能享有足够的特权,并有希望在更高的集团中找到工作。那些不能找到工作的人会很快组成"压力集团"以反对政府,并且以某种借口煽动闹事。尽管一个政府的存在通过了正式的民主选举过程,但它并不能控制人们。掌权的那些人将尽一切努力来保护他们的利益,并紧抓权力不放。这样,人们对于那些引起社会紧张和不稳定的事实总是表示出误解和歪曲。

这个问题在一个多集团的社会里变得更加复杂,在那里,不同的集团都试图推动社会向不同的方向发展,以促进和维护他们自己的局部利益。这在亚洲、非洲和拉丁美洲的几乎所有的发展中国家中都很明显。缺乏一体化是构成棱柱社会的一个基本特征。

在生活几乎所有方面的所有这些不同、分化不仅影响了行政系统的作用,制约了它的行动,而且给行政带来了许多问题。里格斯认为,统治阶级将一如既往地努力保护"有钱人"的利益,而不顾"穷人"的利益,这将在社会里产生革命的气氛。

(2) 形式主义。形式主义是指规定与描述之间,正式的权力与生效的权力之间,宪法、法律、条例所产生的效果之间,组织、统计资料与政府和社会的实际、事实之间存在的差异的程度。换句话说,它是指在正式制定的规定与有效进行的实践、规范和现实之间的差异和自相矛盾的程度,以及在"既定目标"和"实际行动"之间存在不一致和差距。形式和实际之间的差异越大,一个系统内的形式主义就越多。与一个具有高度形式主义的棱柱社会相比,融合和衍射社会相对来说具有高度的现实主义。

虽然法律、规则和条例规定了政府官员行使职权的类型,但是在他们的实际行动中,却存在着广泛的偏差。官员们有时坚持规则,但有时又忽略甚至违反它们。由于缺乏促使政府制定有计划的目标的压力、缺乏左右官僚主义计划的社会力量以及对专断行政的容忍，导致了形式主义的行为。这样，政府官员和官僚主义的行为就很难预料，表现为前后矛盾，并且随着情况的变化而变化。这种行动的原因可以归纳为职员“捞外快”的自然倾向，或者归纳为存在管理不善的可能性。这样，行政中的形式主义一般为社会中的贪污贿赂铺平道路。

形式主义存在于社会生活的各个方面。与社会文化生活方面有关的法律通常并没有受到重视，也没有得以坚持。它们仅仅存在于政府的文件室内，并且政府也不认真负责它们的贯彻执行。在几乎所有发展中国家，社会生活中这种有法不依的情况通常是一种习惯而非例外。

在解释形式主义的范围时，里格斯也提到了符合宪法的形式主义。符合宪法的形式主义是指符合宪法的原则和原则实际被执行之间的差距。宪法正当地把管理权交给被选举出来的人民代表手中，但是事实上，真正的政府权力和势力则是由议会之外的某些个人和集团所拥有。

宪法把制定法律的任务交给立法机关的成员，但是事实上，他们仅花了很少时间制定法律。他们更热衷于政治权力，而置他们的立法任务于不顾。在棱柱社会里，这就有利于官僚政治在制定法律时起主要作用。由于执政党或内阁内部拉帮结派，这就使得官僚们组成集团或与各种政治领袖结盟，这样，形式主义就存在于棱柱社会的每一个方面。

（3）重叠性。重叠性是指衍射社会形式上分化的结构与融合社会未分化的结构和平共处的程度。在行政系统内，那些被说成是行政行为的东西实际上是由那些非行政标准确定的，即是由政治的、社会的、宗教的或其他的因素确定的。在融合社会里，传统的结构几乎履行了各种功能，重叠的问题并没有出现，因为在这样一个社会里，任何正式的内容也都是有效的，然而，在棱柱社会里，虽然建立了“新的或现代的”社会结构，但是事实上，旧的或未分化的结构继续控制着社会系统。虽然与衍射结构普遍联系的新的规范和社会准则可以得到正式认可，但实际上，它们只是得到了口头上的赞同并被大大地忽略了，而与非衍射社会相联系的传统社会准则却得到赞同。这样，在棱柱社会里，议会、政府机关、市场、学校等等就履行了各种行政的、政治的和经济的职能。事实上，他们的行为受到诸如家族、宗教、特权阶层这样一些传统组织的支配和影响。

在讲到棱柱社会的权力结构重叠时，里格斯说，棱柱社会包括一个与控制系统重叠的高度集权的集中的权力结构，此控制系统高度的地方化呈高度分散状态。在此，存在着权力（被正式认可的或合法的权力）和“控制”（确定的但未被正式认可的或不合法的权力）之间的分离。事实上，法律上的“权力”从属于事实上的“控制”。许多结构以一种专门方式运转，甚至常常违背建立这种结构的目的。有时，对行政缺乏主要取向的结构与对行政负责的其他具体结构一起执行行政功能。这种重叠影响了政治家与行政机关之间的关系。

三、发展行政思想

里格斯集中讨论了棱柱模型的特质后，又重点论述了棱柱社会中的变革问题，从而提出了他的发展行政思想。

在任何社会，发展的速度主要依赖于系统中有利于变革的条件。西方社会的发展相对地经历了较长的时间跨度，因此能逐渐地调整他们的行为以达到所期望的模型。在发展的过程中，他们比当代变革的或发展中的社会经历了更少的形式主义、异质性和重叠性。

一般地讲，在棱柱社会，变革的压力来自国内外两个方面。假如这种压力主要来自国外（以前是靠外国技术援助），它就可以被称为“外生性”变革；假如这种压力主要来自国内（正常情况下是靠行政改革），它就可以被称为“内生性”变革。而且，假如这种变革是同时来自国外和国内的压力的结果，它就可以被称为“共生性”变革。里格斯用这种方法解释变革的窘境，认为衍射的过程越属于外生性，那么它在棱柱阶段就越具有更多的形式主义、越是异质并存；“内生”特征越多，则形式主义和异质性越少。这样，形式主义、异质性和重叠性越多，“外棱柱”的情况就越多，而变革的“内棱柱”特征就越少。这种差别的产生是因为，随着内生的变革，“有效的”行为先于新的正式机构的建立，但是在外生的变革中，次序却颠倒过来了。当棱柱社会企图在最短的、可能的时间内吸收外来因素发动变革时，他们却面临着产生更严重的形式主义、异质性的可能性以及产生革命压力的迫切性。

里格斯把发展定义为增加社会系统的自主权（处理权限）的进程，由于衍射程度的提高而成为可能。处理权限就是在选择对象中间进行挑选的能力，而衍射是指在一个社会系统中分化和综合的程度①。生态学上发展就是指提高制定和执行影响环境的集体决定的能力②。

里格斯把分化和综合看作是发展过程中两个关键性的因素。分化意

① F·W·里格斯：“发展行政思想”，载于《亚洲的发展行政》，达勒姆·杜克大学出版社1970年版。
② F·W·里格斯：“关于发展的进一步思考”，载于《行政变革》卷4，1976年。

指每一种功能都具有为执行它而设立相应的、专门的机构这样一种情况的存在。综合意指一个机构连接、联合、配合、协调各种专门角色的机制。分化和综合的程度代表了发展的衍射和棱柱过程的状况。假如社会高度分化但综合程度不高,它就是棱柱状态。衍射导致了发展,并且分化和综合的程度越高,发展的程度就越高;反之,分化和综合的程度越低,发展的程度就越低。同样,分化和综合之间排列不当的程度导致了不同程度的棱柱状况。

里格斯提出了变革社会发展中的控制问题。这种社会正变得越来越分化,但却不能通过社会综合的机制成功地控制由这些变革所引起的问题。存在着各种被分化的角色这一事实导致了更大的混淆和混乱,除非专门化的角色相互之间能小心地协调起来。必须有一种机制把各种专门化的角色连接在一起,这样,综合变成了控制变革的基本机制。里格斯认为,训练人们去扮演现代政府的专门化的角色比综合这些角色并把它们统一起来要容易得多。只有在这些角色能得以认真地综合时,发展才成为可能。

里格斯通过分析影响分化和综合的因素,进一步地解释了他关于发展的概念。图 10－3 更好地解释了这一概念①。

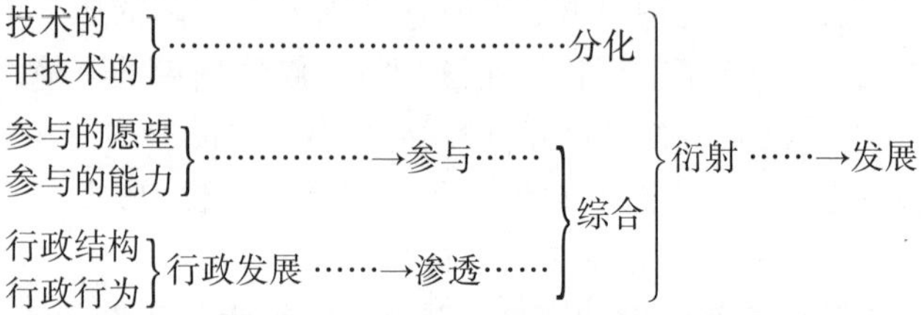

图 10－3　里格斯的发展概念

在任何国家,分化的程度依赖于技术的和非技术的因素。技术发展越快,分化的程度就越高。综合依赖于两个重要因素:渗透和参与。渗透是指一个政府在全国范围内制定和执行政策的能力;参与是指对法律的接受能力以及帮助执行政府制定的法律和政策的愿望。这样,参与就有两个重要的组成部分,即人们参与的愿望和人们参与的能力。在一部分人当中,参与的愿望和能力越大,参与政府事务的程度就越高。这样,渗透和参与就能促进在发展中产生的分化结构的综合,而分化与综合的统一就意味着变革社会行政发展的实现。

① D·R·普拉萨德等:《行政思想家评传》,广东高等教育出版社 1988 年版。

第三节　分析与评价

里格斯的行政生态理论,在公共行政学科方面有重大的影响。有关比较公共行政和发展行政的任何研究,无一不与里格斯的观点有关。正如美国行政学家黑迪所说的那样,"对他所有关于比较理论的著作的一点点熟悉,这本身就是一项很有价值的成就"①。

传统组织理论主要强调组织原则,关于行为的理论则集中研究组织中人们的行为,而生态理论则强调行政和它的环境的相互作用。在内容和分析方面,里格斯的生态方法涉及了较广泛的领域,并采用了行政系统的整合方法。他的方法和模型有助于我们理解发展中国家的行政进程。虽然在实践中要找出他的行政模型是困难的,但它们的确有助于我们理解现实,为分析、理解发展中国家行政系统提供了一个机会。它有助于我们深入进行建立在生态的方法基础上的研究。正如美国行政学家查普曼正确评论的那样,里格斯模型可以加深我们对过渡社会中有关公共行政的一些根本问题的认识。在某些方面,棱柱模型可能类似于行政原则,"原则不可能是普遍的真理,它们可能有谚语式的不足,如它们会以矛盾的对立形式出现,但这并不意味着原则是无价值的;实际上,当它们作为描绘和判断行政状况的标准时,它们特别有用。同样地,里格斯的方法和模型可以被看作是描绘和判断行政状况的更高级的工具。"②

里格斯的行政理论也存在许多的局限性,主要表现为:

第一,里格斯的行政理论模型源于西方国家,主要是起源于美国,因而里格斯的行政理论的坐标是西方。换言之,它是用西方的标准和概念来分析发展中国家的状况,并非是他所谓"非价值判断"③的分析。以西方为中心的三种行政模式的构建具有明显的单线进化论特征。各国的行政形态是在特定的环境中发展起来的,环境不同,行政管理所发挥的作用也就不同。因而里格斯

① 费里尔·黑迪:"比较公共行政:热点和重点",载于《比较公共行政论文集》,密执安大学公共行政研究所1962年版。

② 理查德·A·查普曼:"公共行政中的棱柱理论:评弗雷德·W·里格斯的理论",载于《公共行政》卷44,1966年。

③ F·W·里格斯:《行政生态学》,台湾商务印书馆1978年版。

的三种行政模式并不是对所有的体制都同样有用和有效。里格斯强调用生态学观点研究行政体制的必要性，目的只在于对行政现象有一个广泛的、深刻的理解。

第二，里格斯的生态环境分析显然缺乏完整性。他热衷于构建模式，而忽视对整个行政生态环境作系统的考察；他只列举五种生态因素加以分析，但还有一些基本因素，甚至比这五种因素更重要的因素被他遗忘了。比如，自然环境对行政造成的影响、自然灾害对行政的冲击等，里格斯没有论及。又比如他讲的社会因素，仅讲到家庭和社团的作用，而社会因素是复杂多样的，诸如人口因素对行政造成的压力、战争等社会灾害对行政的冲击等，里格斯也没有论及。还比如国际环境因素对行政造成的压力，里格斯没有能够清楚地认识到发展过程中外界或外来力量的作用。

第三，里格斯自由、随便地创造了新的术语来解释他的思想，他也给许多已经在使用着的术语提出了不同的意见。当现存的词汇不能表达意思、阐明观念时，创造新单词是无害的。假如一个人为了有效地表达他的观点而提出了自己的意思，这也是没错的。但是，随便地使用单词、发挥单词的不同意思可能引起概念的混淆，而无助于澄清概念。例如，"多元化"与"一元化"两个术语，人们已有约定的用法，里格斯却反其意而用之，赋予相反的含义，这就易于造成混乱了。又如，"官僚政治"这个术语，里格斯并没有对此作现代的解释，与韦伯的含义相去甚远。

思考题

1. 什么是行政生态学？
2. 里格斯的三种行政模式的各自特点是什么？
3. 如何理解行政发展思想对发展中国家行政建设的作用？

第十一章　麦格雷戈的人事管理理论

第一节　生平与著作

道格拉斯·麦格雷戈(Douglas M. Mcgregor)于1906年9月出生在美国密歇根州的底特律市,他来自一个有着勤奋传统的、热心为公众服务的家庭。1923年,他进入底特律市立学院学习,后又转往俄亥俄州的奥博林大学继续学业,但不久就中途辍学,回家求职。自1927年至1930年,他一直担任布法罗灰色汽车站的地区经理。

1931年,麦格雷戈重返校园,回到底特律市立学院。一年后,他拿到了学士学位。努力上进的麦格雷戈马不停蹄地奔赴名声显赫的哈佛大学,在心理学系继续深造。1933年,他获硕士学位。1935年,他已经成为哈佛大学的心理学博士。

毕业之后,麦格雷戈在哈佛校园教了两年社会心理学。他接着就转往麻省理工学院,在那里一待就是11年。在麻省理工,他从讲师干起,先后担任过心理学助教授、副教授和教授。他还是该校工业关系部的创始人。

1948年,麦格雷戈短暂地告别了麻省理工学院,到位于俄亥俄州的安提奥奇大学当了六年的校长。1954年重返麻省理工学院,担任该校的工业管理教授。

1960年,麦格雷戈的经典著作《企业有人性的一面》问世。该书积极提倡对组织的管理采取一种新的注重人性的态度。在书中,他大胆地批判了他称之为“X理论”的人事管理的传统理论,指出在这种理论的指导下经理身负调动部属积极性的重任,控制着部属的一举一动,对他们管头管脚,目的就是为了使他们的行为符合组织的需要。麦格雷戈认为,主张这一套理论的人,实际上对人的本性非常悲观,觉得人都是以自我为中心的,既易受人摆布,又固执己见,不肯勤奋努力。

麦格雷戈对"X 理论"的批判是以亚伯拉罕·马斯洛发明的人的需求层次论为依据的。马斯洛认为,人的需求为激励人的行为和动向提供了动力。他又认为,工人对工作不满,其责任不在工人本身,而在于工作计划不善、管理行为欠佳,在于没有什么机会使工人能对自己的工作感到满意。为此,马斯洛提出了一个金字塔形结构的假设。该结构分作五层,自下而上地代表人的需求的逐步发展。较低的需求得到满足以后,人就产生了高一层的需求。马斯洛的假设极大地影响了麦格雷戈的思想。有学者指出,没有麦格雷戈,整个管理界恐怕对马斯洛这个名字至今仍一无所知。的确,马斯洛为麦格雷戈的理论提供了令人信服的依据,但却是麦格雷戈使马斯洛从此扬名管理界。

麦格雷戈相信,靠指示和控制来进行管理的哲学已经不能有效地调动人的积极性了。他认为,下个指示、发条命令本身并非错事或者坏事。问题是,如果管理阶层单方面的用权收效越来越微,我们就应该意识到采用民主的方法可能会效果更好。他又指出,当年提出这一哲学所依据的人的需求在今天已经不再那么重要,不足以激励人的行为了。凭着发号施令已经难以调动人的积极性,因为对今天的人而言更重要的是社交的需求和自尊的满足。因此,他主张有必要把管理阶层的主导思想从"X 理论",即靠指示和控制来进行管理,转变为"Y 理论",即"注重创造机会,发挥潜力,去除障碍,鼓励成长,提供指导"。这样做的目的是为了开创出一个有人情味的环境,使人们能够通过把自己的努力和组织的目标结合起来,从而实现自己的意愿。麦格雷戈相信,充实任务、下放权力、下放责任、实施参与式的管理等都可以有助于"Y 理论"的具体落实。归根结底,他所努力探索的是如何创立一个可以健康地成长的组织的途径,为的是使人的潜力能够得到最充分的发挥。麦格雷戈以为,只要我们对调动人的积极因素有现实的理解,只要我们能够创造一个民主的组织环境,有利于发扬各人的能力,这个目的是可以达到的。

1961 年,他由印度管理学院赞助,前往印度担任夏季高级管理课程的访问讲师。三年后,他再度由印度管理学院赞助,前往印度担任冬季高级管理课程的访问讲师。1964 年 10 月麦格雷戈逝世,享年 58 岁。

麦格雷戈天生勇于创新,敢质疑、挑战传统。对于他的一生,一位学者是这样概括的:没有麦格雷戈的努力,大部分现在正在继续的事业是不可能进行的。

第二节　人事管理理论

一、论领导

麦格雷戈认为领导地位能够成立关系到三个方面，即领导人的属性；被领导人的态度、需要和其他的个人属性；所在组织的属性，包括该组织的目的、结构、要完成任务的性质、所处的社会及其经济和政治环境。至于一个称职能干的领导人需要有些什么属性则还要取决于其他的一些因素。不少在这方面的研究都已经证明了这一点①。

麦格雷戈指出，由此可见，领导并不是归某个个人所有的一种属性，而是许多变量综合而成的一种关系。长久以来，有人相信是领袖创造了历史，也有人主张是历史缔造出领袖。其实，麦格雷戈认为，两种说法在一定的范围内都言之有据。在他看来，领袖和周围环境的关系实质上是一种圆形的关系。一方面，一个组织的结构和政策都是由这个组织的最高层的管理人员，即主要的领导人来确定的；另一方面，又正是这些结构和政策限定了领导的模式。

此外，我们也要看到，导致这个组织的属性发生变化的原因是多方面的。可能是来自上面的影响，如高层主管人员的变动，以及随之而来的管理哲学的不同；也可能是来自下面的影响，如工会的成立和认可，以及就劳工和管理层间的集体谈判而作的相应调整；还可能是来自外部的影响，如新的立法、市场的变化等等。上述的各种情况或多或少地都会促使领导的模式有所改变，以适应新的形势。以美国的三大汽车公司之一福特汽车公司为例，当被认为极端保守而又讲求实用的亨利·福特一世退出公司的决策圈、不再掌舵之后，公司随即经历了接二连三的巨变。

大环境对领导模式的影响同样不容忽视。例如在19世纪，正是社会价值、经济和政治的条件、人民的总体生活水平和教育水平，以及其他的一些因素等等，把当时的个别人物推上了历史舞台，成为业绩丰硕的工业界带头人。反过来，又正是他们，不但从根本上改变了工业环境的性质，并进而对社会的发展产生了深远的影响。同样的道理，如麦格雷戈所指出的，和刚刚跨入20

① 瓦伦·本尼斯：“领导理论和行政行为”，载于《行政科学季刊》1959年第3期。

世纪时相比,今天的工业对工业界的领袖又提出了新的要求。为了迎接未来的挑战,他们肩负着更新工业组织的重任。当然,新型的组织要求新型的领导。可以想象,那应该是不同于今天的领导模式的、符合新时代需要的新一代的工业带头人。

根据麦格雷戈的看法,有两点值得注意。一是大环境对领导模式的影响是有选择性的。换句话说,这种影响是以奖罚分明的形式出现的,符合新时代的需要的行为就奖,不符合的就罚。另一点是环境不同,影响不同,造就出来的新的领袖人物也必然各有千秋。不管在私人企业,还是在政府部门,大至跨国集团,小到基层单位,带头人的作风犹如百花齐放,也就是这个道理。比如,在如何去最大限度地调动组织人力这一点上,环境不同,做法必然不同,可以说是"八仙过海,各显神通"。麦格雷戈就提到,一位工业部门的主管在不发达国家和当地工人打交道时是一套,在美国和经营多年的国际工会的成员共事时,自然又是另有一套。

有学者认为,在领导和一些环境因素的关系方面,应该有一些共通的基本要求。麦格雷戈并不否认这一点。但是,他又指出,至于如何才能达到这些要求,做法是不会千篇一律的。众所周知,领导与被领导双方应该互相信任,只有这样,一个组织才能运作顺利。大家也很清楚,如何去培养并保持这种信任,具体的做法可以说是因地而异、因人而异,数不胜数。

麦格雷戈还提到主管人员(supervisor)的重要性。他强调,要使领导者和被领导者能够相互信任,主管人员作为两者间的桥梁,有至关重要的作用。至于主管人员应该具备些什么态度和能力,则要视情况而定。而理论的研究和实践的经验已经证明,试图打造出类型单一、风格相似的主管人员,其结果只能是事与愿违。理想的做法是鼓励他们根据具体情况,因地制宜,摸索出自己的路子,开创一个合适的环境。不过,属下的主管人员们能不能那样做,正如麦格雷戈所强调指出的,关键还是在于一个组织的结构和管理哲学。

有人以为,照这么说来,任何人都可以摇身一变,成为某个特定环境下的一位成功的领袖人物了。麦格雷戈对此不以为然。他认为,当一个卓有成效的领导,不能光靠天生的聪明和本领,守着一套一成不变的方法。也正是由于客观环境千变万化,对领导提出了各种不同的要求,麦格雷戈觉得,因此我们也应该承认,不是个别人,而是很多人,都具备了领导的潜在素质。

事实上,如麦格雷戈所说,一系列的研究结果都显示,应该把领导看成是组织的带头人和他所处的环境之间的关系,而不应看成只是某些人拥有的某些特点所组成的一个单一的模式。不同的情况对领导必然会有不同的要求。

这些领导人之间的不同点必然要比他们之间类似的地方更引人注目。更重要的是，一系列的研究所强调的是可以去学习、去掌握领导方法和领导技能，而不是某个个人的与生俱来的一些特点。

在现实生活中，的确有不少人对个别领袖的某些与众不同之处津津乐道，似乎要做好一个组织的带头人就非依样画葫芦不可。麦格雷戈的看法打破了这一神话。他以物理学为例，指出重力、磁性等物体的属性其实都只是内外因素之间的关系而已。社会学也同样如此，对领导的看法不过是一个例子罢了。

那么上述的这些观点对管理有什么实际意义呢？麦格雷戈认为，其对管理的重要性表现在五个方面。第一，如果承认领导实质上是一种关系，是一种领导者和被领导者、组织，以及社会环境之间的关系，承认这些环境因素都会随着时间的推移而发生质的变化，那么，就必须意识到，我们并非神通广大，能有办法预言到10年或者20年以后一个组织将需要有什么样的特点的管理人才。就算能够开出一张名单，列出一一要安排的职位，我们还是不能明确无误地把届时所需要人员的最主要的特点说得一清二楚。所以，麦格雷戈强烈地主张，管理部门的一个主要任务应该是力争后备人才多样化，使新一代的接班人能够胜任各种各样的但目前又不一定能预见得到的特殊需要。

第二，每个组织都应该让组织内尽可能多的人参与培养管理人才的发展计划，而不是把它当成少数几个人的事情。麦格雷戈也承认，有些公司确实成功地有选择、有重点地从少数人中间培养出了新一代的管理班子。但是，他更相信，如果这些公司把注意力放到更多的人身上，走的弯路也许会少一点。

第三，在着手培养今后的领导班子时，管理部门应该着重发挥每个培养对象各自的特点和潜力，而不是光把注意力放在大目标、总方向等一般化的考虑上。麦格雷戈并不否认，关于这一点，纸上谈兵容易，具体落实就难多了。在一些庞大的机构，情况更是如此。但是他相信，如果目的是为了造就出一个多样化的领导班子，以适应未来的许多还不可预见到的需要，那么又怎么能够让他们现在接受单调划一的训练呢？

培养一个多样化的领导班子还应该是一个持续不断的过程，原因有二：首先，正如麦格雷戈所说，我们的某些潜力或许发挥不错，但是这并不等于我们所有的潜力已经充分发挥。其次，每个人都有各自不同的特点，只要我们确实在为明天的发展培养人才，从现在起，就应该经常不断地鼓励和发扬这些特点。

第四，一个组织在制定、落实晋级提升政策时，应该力争做到候选对象来自四面八方。麦格雷戈指出，如果只能从有限的一小部分中间挑选，那么所谓的培养一个多样化的领导班子必然是一句空话。

最后,麦格雷戈还提醒我们,每一位刚聘用的新人都可能很值得培养提拔,但是这并不等于说,这个人就一定要去接组织的最高领导层的班。新人中日后将会有不少人担任各级的领导,如工长、车间主任、技术专家等等。可以肯定,他们中间能挑得起领导整个组织的重担的终究还是少数①。

二、论管理层的任务

按照常规的概念,管理阶层的主要任务就是按照组织的要求来利用人的能力。麦格雷戈把这一概念简称为"X 理论"。他又进一步把它归纳为八大要点。

(1) 管理就是为经济上的目的而把生产企业的各种成分,包括金钱、物资、设备、人力等组织起来。

(2) 就人而言,这是一个指挥和激励人的努力、控制人的行动、修正人的行为,以适应组织的需要的过程。

(3) 如果没有管理部门的积极干预,人往往会趋于被动,甚至对组织的需要抱对抗的态度。所以对他们要说服、奖励、惩罚和控制,对他们的活动要加以指导。这是管理部门的任务,即管理属下的管理人员或者工人。说通俗一点,管理就是通过别人来完成任务。

(4) 一般而言,人生性懒惰,干活越少越好。

(5) 人通常缺乏雄心壮志,不想承担责任,最好跟在别人后头。

(6) 人天生地自私自利,对组织的需要漠不关心。

(7) 人生性墨守成规,无意变革。

(8) 人大多容易上当受骗,又不太聪明,是江湖骗子和蛊惑人心的煽动家们的现成目标②。

麦格雷戈认为,常规的组织结构、管理方针、实践和计划都是以上述这八大要点为依据的。正是从这些要点出发,管理部门构想出介乎"硬""软"两极之间的一系列的可能做法。在一个极端,管理方面可以手段强硬,具体的做法包括强制和稍加伪装的威胁、严密的监视,以及对行为的严格控制等等。在另一个极端,管理方面又可以表现软弱,具体来说,就是睁一只眼闭一只眼,有求

① 《财富》杂志社:《执行官的生活》,纽约双日出版公司 1956 年版。
② 麦格雷戈:《企业有人性的一面》,纽约麦格罗希尔出版公司 1960 年版。

必应，只图一团和气，以为这么一来，大家就会规规矩矩。

麦格雷戈注意到，早在20世纪上半叶人们就已经对上述的“硬”“软”两手进行了相当透彻的探讨，并有所收获。走强硬路线困难重重，因为有作用力必有反作用力，于是产量下降、情绪对立、好斗的工会、消极怠工等等问题层出不穷。想客客气气也不会一帆风顺，因为这实质上等于放弃管理。也许大家就此和睦相处，而后果则往往是做一天和尚撞一天钟。更有甚者，大家还会得寸进尺，一方面希望待遇再高一点，另一方面则希望最好活再少干一点。

麦格雷戈也注意到，正因为这也不是、那也不行，于是被称为“要坚定但又公平”的做法就流行起来了。其实，这种做法只是想取两者之长而已。美国的第26任总统西奥多·罗斯福的名言“说话温和，手握大棒”用意也是在强调软硬兼施、双管齐下。

是不是这么一来，管理上的问题就都迎刃而解了呢？答案是否。那么症结又何在呢？随着社会科学的不断发展，越来越多的研究对上文中有关人、人性，以及管理的任务等的一整套观念提出了挑战。麦格雷戈承认，这些研究所揭示的一些证据还有不少值得商讨之处。但是他又相信这些来自实验室、医疗诊所、学校教室、家庭，乃至工业系统本身的研究结果很值得我们参考。

社会科学家们并没有否认，在今天的工业组织中人的行为大体上和管理层的期望相去不远。他们实际上不但看到了这个事实，并且对其进行了相当广泛的研究。更重要的是，社会科学家们根据这些研究所得出的结论是：人所表现出来的行为并不是源自其与生俱来的属性，而是来自工业组织、管理哲学、政策和实践的属性。所以，所谓的“X理论”的基础是错误的，也就是说，它的关于因果的观念是错误的。

那么究竟什么才是真正的人性呢？社会科学家们有什么根据足以推翻似乎是显而易见的事实呢？为了更好地回答这些问题，麦格雷戈建议首先考虑一下“激励”这个概念。说得通俗一点，就是考虑一下“调动积极性”这个概念。而有关讨论的主要依据是当时在美国布兰德斯大学任教的亚伯拉罕·马斯洛教授所做的研究。麦格雷戈相信，马斯洛所提出的关于如何调动积极性的观点是很值得介绍推广，也为实践证明是很有成效的。

三、论人的需求

以马斯洛的理论为基础，麦格雷戈首先从探索人的需求入手。麦格雷戈指出，人也是一种有其需求的动物，一旦一项要求得到了满足，又会产生新的要求。这个不断有需求得到满足，又不断产生新的需求的过程永远也不会终结。换句话说，这个过程从生命的诞生开始一直持续到生命的结束①。

有趣的是，人的需求并不是杂乱无章而是按照一定的顺序排列的，即按照其重要性逐级排列的。在最下的一层是人的生理的需求。当这些需求还得不到满足时，它们的重要性是压倒一切的。麦格雷戈举了面包这个例子。没有面包的时候，人特别地想吃面包，因为他是靠着吃面包活命的。除非情况特殊，不然的话，只要他腹中空空，什么对爱情、对地位、对成名等的需求对他来说都是毫无意义的。但是，等到他一日三餐有了保障，吃饱肚子就不再是老挂在心上的一项重要的需求了。以此类推，人的其他的一些生理需求，如休息、运动、住宿等等，也都一样。

麦格雷戈由此得出的一条重要的结论是：一旦需求得到满足，它就不再能激励人的行为。麦格雷戈把这称为一项具有深远意义的事实，并不夸大其词。而这样一个重要的事实，却长期以来为那些赞成"X 理论"的人所忽视。其实，这本来是再简单不过的了。麦格雷戈让我们想一想对空气的需求。除非周围的空气突然消失，否则，它不会对我们的行为产生什么激励作用。

当生理的需求得到满足之后，人的行为就开始受比之高一层次的需求所左右了。换句话说，要较高层次的需求才能激励他、调动他的积极性。比生理需求高一层次的叫做安全需求，即希望生活过得安安稳稳、无忧无虑，不用终日担惊受怕。

值得提醒的是，麦格雷戈在这里指的是安全（safety）需求，而不是保障（security）需求。有些人，甚至包括个别的专业教科书，往往将两者混为一谈。他注意到这种情况，所以特别强调指出，不应该把安全需求误为保障需求。他说，除非这个人寄人篱下，仰人鼻息，所以老是忧心忡忡，怕家产被人强行剥夺，不然，他是不会要求这种保障的。麦格雷戈还进一步解释道，所谓的安全需求包括了对"最有利的可能突破"的需求。如果一个人确信这种突破可能成功，他当然愿意冒一下风险。但如果他受到威胁，或者他不能把握自己的命运，那么他最需要的便是保证、保护、保障。

一旦生理的需求得到了满足，又不用担忧物质的福利，人对社交的需求就变成激励他行为的主要动力了。这种需求指的是对归属感的渴望，渴望能交朋结友，渴望为周围的同伴所接受，渴望有机会给别人以友情和爱慕，也有机会享受别人给予的友情和爱慕。

① 亚伯拉罕·马斯洛：《激励和个性》，哈泼兄弟出版公司 1954 年版。

麦格雷戈坦言,管理部门并不是不知道这种需求的存在,问题出在他们错误地把这种需求看成是对组织的威胁。许多这方面的研究早就表明,与同样数目但各自为政的一帮人相比,一个同心协力的工作小组在合适的条件下更能有效地完成组织下达的任务。

为什么管理部门明知有这样的优点却故意对此视若无睹呢?一个重要的原因是,害怕万一人们结伴成队就不会对组织的目标言听计从,甚至持敌对的态度,于是千方百计去控制和左右他们的行为,而这种强制的做法往往伤害了人喜欢"成群"的天性。当人的社交需求或者连安全需求也得不到满足时,他的言语行动就往往会与组织的目标背道而驰,轻则不听指挥调度,重则对抗领导、故意唱对台戏等等。麦格雷戈一针见血地指出,下面的这种反应,其实并不是故意惹是生非、与领导过不去,而是上面管理不当,自食其果。

前面已经提过,只有当下一层的需求被满足之后,上一层的需求才会成为激励行为的动力。社交需求也不例外。而在社交需求之上的就是对管理层、对人本身都是意义最为重大的需求,即自尊需求。自尊需求分为两类:

(1) 和人的自我尊重相关的需求,如对自信的需求、对独立的需求、对成就的需求、对胜任的需求,以及对学识的需求。

(2) 和人的威信相关的需求,如对地位的需求、对被人认可的需求、对受人赞赏的需求,以及对被周围伙伴崇敬的需求。

麦格雷戈认为,与较低层次的需求不同,自尊需求往往不容易得到满足。因为一旦人的自尊需求日趋明显和重要,这种需求就变成永不满足、永无止境的。当然,在生理需求、安全需求和社交需求得到满足之前,自尊需求的重要性不会过于明显地表露出来。

根据麦格雷戈的观察,典型的工业组织一般都很少会提供机会,让组织内较下层的人们的自尊需求得到满足。特别是在一些从事大规模生产的工业部门,工作安排很少会考虑人的自尊需求。麦格雷戈坦率地说道,尽管泰罗大力提倡的科学管理法不是故意地置人的自尊需求于不顾,但如果客观的效果恰恰是这样的话,被某些人奉为灵丹妙药的这一套又怎能充分调动人的积极性呢?

自尊需求之上就是人的最高需求,即自我实现的需求。具体地说,就是对实现自己潜力的需求、对继续进行自我开发的需求,以及对敢想敢做、勇于发明创造的需求。麦格雷戈认为,在他那个时代,社会的客观条件不是很好,没有提供太多的机会使这些不太强烈的需求得以表露出来。人们的精力主要还是集中在如何满足较低层次的需求上。自我实现的需求基本上还是处于冬眠的状态。

总的来说,针对人的需求,麦格雷戈有如下几点看法。

第一,众所周知,一个人如果食不果腹就容易生病。所以如果人的生理需求得不到满足的话,其后果就会在行为中表露出来。同样的道理,较高层次的需求得不到满足的话,其后果也会在行为中表露出来,只不过后一种情况不那么容易为一般人觉察罢了。如果人对安全、交友、独立,或者对地位的需求得不到满足的话,人就好比是个患上软骨病的病人。如果把因此而至的消极对抗、拒不负责当作是他的与生俱来的人性所造成的话,这将是错误的诊断。实际上,上述的这些行为只是疾病的征兆,再说明白一点,就是他的社交需求和自尊需求得不到满足所造成的。

第二,当一个人的较低层次的需求得到满足之后,这些需求就不再会激励他的行为了。实际上,这些需求也就不再存在了。但就是有不明事理的管理部门经常在问:"为什么这些人不能多干点活?我们这里工资高,工作条件好,福利好,就业又稳定。而这些人就是只想磨磨洋工,不愿多花半点力气。"

第三,一旦管理部门满足了下属的生理需求和安全需求后,调动积极性的重点就转移到社交需求,或自尊需求了。除非有机会使这些较高层次的需求得到满足,不然的话,人们就会产生一种失落感,其行为也必然会反映出这种失落感。在这样的情况下,如果管理部门继续把注意力集中到人们的生理需求上,其结果只能是徒劳无益。

第四,在这种情况下,人们将会不断地要求更多的金钱。于是对管理部门来说,一件更重要的任务就是如何通过更多的物质利益和服务以使得不到满足的那些需求可以得到有限的满足。麦格雷戈并不否认,对于满足许多较高层次的需求而言,金钱的作用是相当有限的,但是当除了金钱别无他法时,它还是可以权充人们兴趣的焦点①。

四、论胡萝卜和大棒

麦格雷戈相信,在某些情况下,一手执胡萝卜一手执大棒,即软硬兼施的激励手法也挺管用。各种满足人们生理需求和安全需求的手段,都在管理部门的操纵之中,怎么用或者用不用都是管理部门说了算。这些手段包括就业、工资,以及工作条件和福利等等。只要一个人还在为生存而挣扎,管理部门就

① 丹尼尔·尼尔逊:《泰罗和科学管理的崛起》,麦迪逊威斯康星大学出版社 1980 年版。

可以通过这些手段左右他的行为。套用麦格雷戈的话来说,没有面包的时候,人就是为了面包而活着的。

但是,当一个人不再在生死线上为糊口挣扎,有了更高的需求时,胡萝卜加大棒就未必行得通了。人的自尊、周围同事朋友的尊重,或者对自我实现需求的满足,管理部门都是无法拱手送上的。但是,管理部门完全可以创造相应的条件,去鼓励、去帮助下属努力争取这些需求得到满足。当然,管理部门也会故意对下属的这些需求袖手旁观,不去创造合适的环境。

应当指出的是,创造条件和控制完全是两码事,不能混为一谈。借创造条件之名行操纵下属行为之实不是上策。管理部门因此陷入进退两难的局面。一方面,现代科技的发展使人们的生活水准大为提高,他们的生理和安全需求基本上都已经得到满足。唯一明显的例外是有些管理部门还未能成功地帮助下属树立起对前面提到的"有利的突破"的信心,缺少了这种信心,可以说人的安全需求还没有得到满足。另一方面,当管理部门想方设法使下属的较低层的需求得到满足之后,管理部门实际上就剥夺了自己手中一度掌握的调动积极性的重要武器,也就是常规理论即"X 理论"一再强调的诸如奖励、承诺、物质刺激或者威胁,以及其他的强制手段等等。

麦格雷戈认为,其实无论是软的还是硬的手法在今天都已经行不大通了,因为它们和环境、时代都已脱节。既然人已经有了他十分看重的新的需求,却又没有机会实现这些需求,可以预料,他只会干事疲沓懒散、故步自封,既缺乏责任感,又容易受人煽动去无理取闹。归根结底,管理部门其实是在自作自受。

简言之,今天的管理部门如果还继续靠命令和控制进行管理,那么不管它是用软的还是硬的一手,都已经行不通了。原因十分简单:一旦人的生理和安全需求基本上得到满足,进而他的社交需求、自尊需求以及自我实现需求日益突出时,再靠命令、靠控制来调动人的积极性已经无济于事了①。

既然旧的理论已经过时,就应该对人的本性和如何调动人的积极性重新认识、重新研究,根据新的观点提出新的理论。这就是麦格雷戈的"Y 理论"。其主要内容如下:

(1) 管理部门负责把生产企业的各个方面——金钱、物资、设备、人力组织起来以求实现经济的目的。

(2) 人并非生来就趋于被动,对组织的需求抱对抗的态度。是他在组织

① 西尔季布:"领导",载于《社会心理手册》,麻省爱迪生威斯理出版公司 1954 年版。

中的亲身经历和体会把他变成了这样。

(3) 每个人身上都具有努力的动机、发展的潜力和承担责任的能力,都愿意为实现组织的目标而尽力。

(4) 管理部门最根本的任务是对组织的环境和工作的方式作出合适的安排,使人们在努力完成组织交付的任务的同时也能实现自己的目标①。

上述的这个过程,用麦格雷戈的话来说,就是创造机会、挖掘潜力、排除障碍、鼓励成长、提供指导的过程。但是他又特意声明,这并不等于放弃管理、放任自流,更不等于降低标准。我们也不能把这种做法和"X 理论"指导下的软的一手相提并论。事实恰恰相反,麦格雷戈以美国在 1945 年建成的原子能发电厂为例。当时整个建设的过程证明了"X 理论"的运用的确十分有效。但是几十年已经过去,时过境迁,再想依样画葫芦已经不成了。

时代变了,环境变了,要想在今天的世界继续有效地运用"X 理论"可以说困难重重。长期以来,鼓吹这一常规组织理论的人、主张科学管理法的人只是想方设法把劳动者捆绑到有限的几项工作上,非但无意发挥他们的才干,实际上是在鼓励他们拨一拨才动一动,使工作对他们而言除了混口饭吃外全无意义。长久处于这种环境之下,一个人的习惯、态度、期望以及他对作为工业组织的一员的看法等等,因其亲身经历而变得根深蒂固、积重难返。因此"X 理论"向"Y 理论"的过渡只能是一个缓慢的过程,从管理部门直到一般工人,都需要作出多方面的调整和适应才行②。

麦格雷戈相信,即使到了 20 世纪 60 年代,工业部门的大多数人还是习惯于听人指挥摆布,习惯于到工作以外的地方去满足他们对社交、对自尊和对自我实现的需求。所谓真正的"工业公民",还只是一个遥远而又不切实际的构想而已。工业组织中的大部分成员对于"工业公民"的含义也只是停留在含糊不清、一知半解的水平上。

究竟怎样来认识和区分"X 理论"和"Y 理论"呢? 麦格雷戈认为前者完全依靠外界来控制人的行为,而后者则主要靠的是自我控制和自我引导。他形象地把两者间的区别喻为是把人当成不懂事的小孩子还是有头脑的成年人。麦格雷戈深有感触地说,"X 理论"已经在管理领域里独霸天下这么多年,向"Y 理论"的过渡是不可能一蹴而就的。他提醒我们,新的理论的应用都要走过漫长的道路,进步是一步一步地取得的。

① 麦格雷戈:《企业有人性的一面》,纽约麦格罗希尔出版公司 1960 年版。
② 菲立普·瑟尔尼克:《行政领导》,依利诺斯州罗彼德逊出版公司 1957 年版。

五、新理论的落实

麦格雷戈根据自己的观察，提出了一些如何落实新理论的值得借鉴的实例。

一是权力下放。麦格雷戈认为，实际上可以通过不少途径把人们从常规组织的严密控制之下解放出来，给他们以一定的自主，让他们自己去引导自己的活动，去负起责任，去满足他们的自尊需求。他特别提到美国百货业巨头之一的西尔斯公司，那里的管理经验给我们提供了一个值得研究的案例。麦格雷戈发现，该公司的经理一旦不能通过常规的办法来指挥和控制下属时，就分散权力、下放责任，安排更多的助手向他汇报，实施所谓的"通过目标进行管理"而不是"通过控制进行管理"①。

二是工作丰富化②。作为开路先锋，最先使用这套管理新方法的是大名鼎鼎的美国国际商用机器公司和底特律的爱迪生公司。它们的做法的确和"Y 理论"遥相呼应。具体地说，一方面公司鼓励基层挑起责任的担子，另一方面公司又提供各种机会让员工的社交需求和自尊需求得到满足。事实上，按麦格雷戈的看法，在工厂一级对工作重新安排是破旧创新的一个大好机会，也很符合"Y 理论"所主张的调动积极性、发挥潜力的原则。此外，这样做在经济上和心理上也会产生重大的影响。

三是参与和咨询式管理。麦格雷戈相信，只要环境合适，参与和咨询式管理很值得考虑。因为：第一，这个做法可以鼓励人们把自己的创造力用到有利于达到组织目标的地方；第二，在考虑关系到人们的某些决定时，给他们一定的发言权；第三，给他们充分的机会，去争取满足他们的社交需求和自尊需求。

这些新方法的实施并非一帆风顺，失败的例子也不罕见。麦格雷戈把不成功的一个重要原因归咎为某些管理部门只图"Y 理论"之名，不落"Y 理论"之实。他把这种有名无实的情况比喻为"把理论买来"了，但实施的时候却还是按照"X 理论"的框框办，实质上还是老调重弹。例如，权力下放根本帮不了通过控制来进行管理的忙。表面上大肆宣扬参与的重要性，实际上只是做做样子、制造假象，企图让员工以为很受重视，这不过是唱一出闹剧而已。能

① P·F·德勒克：《管理的实践》，纽约哈泼兄弟出版公司 1954 年版。
② V·斯加佩罗和 J·P·堪培尔："工作满意度：各部分都是吗?"，载于《人事心理》1983 年。

不能真正理解、落实“Y 理论”，关键就在于管理部门、主管领导是不是真正对人的能力确有信心，是不是真正为实现组织的目标努力奋斗。如果领导班子能够做到这一点，那么就一定会找到实施新理论的办法，逐步向新理论的全面落实过渡。

四是对工作表现进行鉴定。美国的一些大公司，像通用电气公司，都采用了一些新的管理办法，让每个员工在半年一度或一年一度的自我鉴定中自己确定努力的目标。当然，这并不等于说上级部门在这个过程中就此撒手不管、放任自流。事实上，这种做法对上级的领导能力提出的要求更高。对许多经理来说，以前“X 理论”要求他们扮演“裁判”或者“督察”的角色，而新的角色则要自然得多。最重要的是，如今管理部门鼓励每个员工在计划和评价自己所做的贡献时负起更大的责任。不容置疑，这种做法对他们的自尊需求和自我实现需求有着巨大的影响。麦格雷戈认为，这是一个很有创意的方法，值得推广①。

麦格雷戈相信，我们有能力在 10 年、20 年内使工业组织的有效性取得实质的改进。他也相信社会科学必定会在这个过程中发挥它的应有贡献。他认为，我们对这些领域的认识正在逐渐深入，对这些知识的含义的理解才刚开始。更重要的是，麦格雷戈意识到，信念不等于现实。他以原子能的研究为例，指出就像把原子能的释放用于和平建设一样，把信念变成现实是一个耗时费力的过程。即使花掉了大量的金钱，但有时候得到的结果还是难免令人失望。虽然有许多人会觉得这个目标并不现实，但我们就是这样一步一个脚印地朝着它前进的。

麦格雷戈乐观地指出，工业界的管理部门锲而不舍地追求经济效益，成功地把科学和技术的梦想变成日常生活中的现实。可以预期，只要我们把人类同样的才能应用到开发企业的人性的一面，在大大提高物质方面的成就的同时，还将会发现我们距离理想的“美好的社会”又近了一步。

第三节 分析与评价

作为一位既亲身参与过管理实践又在管理部门出任过顾问的学者，麦格

① S · L · 麦克塞恩：《组织行为》，哈利法克斯 · 诺法斯可夏出版公司 1988 年版。

雷戈在生前一贯积极主张在组织的管理中要注重人性的一面。他提出的两大管理理论,即“X 理论”和“Y 理论”,是他对管理学科所做贡献的高度结晶。所谓的“X 理论”,实质上就是那些主张权力至上、作风专制的领导的指导思想。在他们看来,第一,人生来厌恶工作,干活越少越好;第二,人必须要有人控制、有人指挥、有人施加压力,才能做好本职工作;第三,人总是想回避责任。所谓的“Y 理论”则和“X 理论”完全不同,对人的看法截然相反。“Y 理论”认为:第一,工作就像休息和娱乐一样地自然;第二,人懂得自我导向、自我控制,以达到他们承诺要达到的目标;第三,人愿意承诺是因为知道做出成绩就会获奖;第四,只要环境合适,人就会主动承担责任,在多数情况下都能够找到解决问题的有创意的办法。

可以说,今天“X 理论”和“Y 理论”已经变成了管理学和管理实践中的专门词汇。不幸的是,这两个名词一再被人误用。一个明显的例子就是很多人都把“X 理论”和“Y 理论”看成是连续统一体上相反的两极,实则不然。麦格雷戈讲的是关于宇宙整体和支配它的一些法则的两个不同的理论。他着重强调的是:① 管理策略是以管理人的世界观为基础的;② “X 理论”所主张的观点必然导致专制的管理方式,将工人们的社交需求、自尊需求、自我实现需求统统置之不顾。简言之,麦格雷戈认为,在正式组织中人的行为主要是因管理人员所持的“X 理论”所造成的。换句话说,是“X 理论”所主张的观点指导着管理的方式方法,而这样的管理方式方法必然会造就出缺乏积极性、创造性的员工。

“Y 理论”对人持完全不同的看法。它有助于促进个人的成长和发展,因为它相信每一个人都有解决问题的潜力,都能够有效地适应环境。“Y 理论”指导下的管理方式方法必然造就出表现完全不同的员工。所以,麦格雷戈坚定不移地认为,我们在组织中遇到的许多问题实际上是因管理人员对员工所持的态度和信念而造成的。

一种新的理论要得到承认、要经得起实践的考验并不容易,麦格雷戈对管理学和公共行政学的新贡献也不例外。为了进一步深入探讨组织管理的理论和实践,从 1943 年到 1948 年,在他担任麻省理工学院工业关系部主任期间,他成功地把著名的心理学家寇特·列文教授从爱荷华大学挖到了麻省理工学院,主持群体动力研究中心,他和列文教授一起,继续推广人与人之间关系的研究和应用。

值得一提的是,麦格雷戈的许多著作、教学和咨询有力地促进了今天称之为“组织发展”(organization development)的新领域的成长。多年来他在这个新领域孜孜不倦地工作，一方面阐明了许多“Y 理论”的基本观点，另一方面又提出了一些对完善“Y 理论”十分重要的新观点，进一步充实和发展了这一理论。

经过数十年的辛勤耕耘，麦格雷戈明白无误地证实了管理学上的一个基本问题：一些部门的主管一味信奉、着力推行“X 理论”，对员工缺乏信心、成见甚深，实际上是自作自受、自食其果。与此同时，麦格雷戈也一直为在管理的实践中如何推广“Y 理论”的基本信念而不遗余力。

麦格雷戈是一个富有幽默感的学者。他兴趣甚多、爱好广泛，如醉心音乐、热衷种花。他曾经积极参与企业改组，也曾远涉重洋，去印度教学培训。对于人的善良本性，他深信不疑。回顾他走过的生活历程，可以说他为开发“企业的有人性的一面”贡献了自己的一生。正是这种信念，使他珍重人的价值、爱惜人的潜力，使他为提高个人在组织中的自主、促进个人在组织中的成长，锲而不舍地努力。他以毕生精力，丰富了管理学理论，在管理实践中开创出一片新的天地。

思考题

1. X、Y 理论建立在对人性善恶的不同理解上，你认为这一理解能成立吗？
2. X 理论主张的管理方式是否已经完全过时？
3. 麦格雷戈对人的需求的看法与他主张的 Y 理论之间的关系是什么？

第十二章　林德布洛姆的公共决策的渐进理论

第一节　生平与著作

查尔斯·林德布洛姆(Charles Lindblom)是美国当代著名的政治学家、公共政策分析的创始人,他以对公共决策过程的渐进理论分析著称于世。

林德布洛姆于1917年3月出生在美国的加利福尼亚州;1937年毕业于斯坦福大学,主修政治与经济学;1937年获芝加哥大学经济学博士;1939年林德布洛姆开始在明尼苏达大学经济系任教;1946年任教于耶鲁大学,为经济与政治学"首席讲座"教授,兼任社会暨政策研究所所长;1968年林德布洛姆出任耶鲁大学社会科学院院长,1972年任该校政治学系主任;1975年林德布洛姆出任美国比较经济学会会长,1980年为美国政治学会会长。

林德布洛姆是一位勤奋的研究者,在执教之余,写下了大量的著作和文章,其中主要有《政治经济及福利——计划构成与政治经济系统的基本社会过程》(1953年)。1958年发表在《美国经济评论》上的"政策分析"被学术界公认为首次在学术著述上出现"政策分析"一词。1959年发表在《公共行政评论》上的"渐进调适"(也被译作"凑合应付的科学")是一篇经典之作,此文奠定了他在决策的渐进理论分析上的地位,成为这一理论的代表人物,也成为任何修读公共行政课程的学生的必读之作。《决定的策略——政治体系是一种社会过程》(1963年)对渐进调适科学作了进一步的发挥,提出了"断续渐进主义"的策略。此外还有《民主的智慧——经互相调节产生的决策》(1965年)、《决策过程》(1968年初版,1980年再版)等著作。《政治与市场——世界政治经济体系》(1971年)一书反传统分析框架,采用权威(国家权力)、交换(市场关系)和说明(训导制度)三种范畴来分析和比较世界各国的政治经济体系,被认为是20世纪最后25年内最有影响力的政治学著作,获得威尔逊政治学术著作奖。

林德布洛姆生性严肃，不苟言笑，但不乏幽默，看问题独特，目光犀利，为常人所不及。林德布洛姆在耶鲁服务了40年，退休后依然很活跃。1995年他曾来中国进行学术访问，在北京大学、复旦大学等校作了学术报告，受到欢迎。

第二节　公共决策的渐进理论

一、两种决策方法

自赫伯特·西蒙的《行政行为》一书出版以来，行政学中的公共决策等问题历来是一个研究的热点。如何理解决策过程以及相应的决策方法，在林德布洛姆之前，至少已经存在两种理论和模式。

一种是理性决策模式，也是林德布洛姆所称的决策的“合理全面的方式和根本方法”，我们且称之为根本方法。这一理性决策的主要观点是：① 决策者知道所有同决策有关的具体问题的目标；② 所有有关问题的信息都是可以得到的；③ 决策者能辨别所有的选择；④ 决策者能有意义地评估这些选择，即研究选择的结果并加以衡量和比较；⑤ 所作的选择能最大限度地扩大决策者指出的价值。理性决策模式旨在追求“最佳”决策。

另一种是西蒙指出的“有限理性”决策模式。西蒙从经验的角度对理性模式作了分析和批评。他认为：① 决策者实际上并不具有决策状况的所有信息；② 决策者处理信息的能力有限；③ 决策者的选择行为受到信息的实质和先后次序的影响；④ 决策者的能力在复杂的决策状况中受到了限制；⑤ 决策行动受到决策者过去经历的影响；⑥ 决策行动受决策者个性的影响。同理性决策模式追求的最佳不同，西蒙认为在实际的决策过程中，决策者一般会在感到满意的情况下就作出决策，而不会刻意去追求最佳。

“有限理性模式”在不少观点方面与林德布洛姆的第二种决策方法——“连续有限比较方法”或“分支方法”（我们且称之为分支方法）有相似之处。可以说，西蒙的模式在一定程度上启发了林德布洛姆对第一种方法的批评和对第二种方法的肯定。当然，林德布洛姆在对第二种方法的论述（尤其是对决策过程的论述）上做出了自己独到的贡献，这就是与他名字相连的公共决策渐进理论。

在林德布洛姆看来,根本方法有以下几个特征:

(1) 明确的价值标准或目标,它与各种经验性分析的各种政策明显不同,并通常是后者的先决条件。

(2) 通过手段与目的的分析方法来研究政策制定问题,先提出目的,然后找出实现这些目的的一般手段。

(3) 检查最佳政策的方法,在于它是不是达到预期目的的最适当手段。

(4) 全面分析,考虑每一个有关的重要因素。

(5) 依赖理论指导。

在论证其第二种方法即分支方法之前,林德布洛姆首先指出了根本方法的以下几个错误。错误之一,行政官员在决策时可利用的时间和资料都是无限的。林德布洛姆认为,"它假设了根本不存在知识能力和情报资料,而如果我们考虑到可以用于一项政策问题的时间和财力实际上总是有限的,它作为一种制定政策的方法就更为荒谬"。错误之二,根本方法认为可以找到与决策问题相关各方一致同意的明确的价值因素。林德布洛姆认为,在一个多元社会中,多种力量(如国会、利益集团、政府机构、参与者等)对一些问题通常抱有不同的看法。"在许多关键性的价值标准或目标上,公民的意见有分歧,议员们意见不统一,而公共行政官员的意见也不一致,即使当行政官员受命执行一个相当具体的目标时,在次要目标上面也还是存在着相当大的意见分歧的余地。"错误之三,目的与手段的分离。根本方法认为这两者是截然分开的,两者的关系在于手段是根据目的来加以衡量和进行选择的,而目的的最后确定则独立于并先于手段的选择。而林德布洛姆认为,实际上目的和手段两者是相连的。在分支方法中,目的和手段是同时选择的。错误之四,与第三个错误相关的是对最佳政策的检验。根本方法认为,在价值标准和目标方面的一致是检验最佳政策的标准。而在林德布洛姆看来,并不存在这种检验标准,因为既然没有目标上取得一致意见,也就没有"正确"的标准。

在对根本方法进行批评的同时,林德布洛姆提出了他赞赏的第二种方法,即分支方法。他把分支方法的特征归纳为以下几点:

(1) 价值目标的选择和对必要行动的经验分析两者不是截然不同的,而是密切相关的。

(2) 既然手段和目的不能分开,那么手段—目的分析法就是不恰当的,或是有限的。

(3) 检验最佳政策的典型方法是,政策分析家是直接对某一项政策取得一致意见的,但他们并不认为这是达到某种一致目标的最适当手段。

(4) 分析的有限性,包括会忽略一些可能发生的重大后果、一些可能采取的重要备用方案,以及一些受影响的价值因素。

(5) 进行比较,从而减少对理论的依赖。

根本方法和分支方法的具体运作可以通过以下例子来作一说明。

假设一个行政官员要制定针对通货膨胀方面的政策,他可以这样一种方式开始: ① 根据有关价值的重要性程度,将这些价值作一排列,比如充分就业、合理的企业利润、保护小额储蓄、防止股票市场崩溃。② 估计新政策的各种可能的后果以及它在实现上述价值中的作用。这样就要了解不同社会成员的不同价值,对各种价值因素进行计量比较,产生可行的政策方案。在进行方案比较时,他会尽量利用有关各种政策的一般理论并以此作为指导。比如,在考虑通货膨胀时,他会根据价格理论来对各种政策进行比较。③ 对产生的一些政策方案进行系统比较,以决定哪一个方案能实现更大的价值。

不管决策者是否意识到,第二种可能的方式是: ① 把一个相对来说比较简单的目的,即保持价格水平作为自己的主要目标,这个目标可能受到其他少数目的(如充分就业)的影响而被修改或变得复杂化,但事实上他会抛开大多数不属于当前利益的社会价值因素,不考虑连他也认为是直接有关的价值因素,甚至不考虑其政策可能引起的许多重要后果。② 拟定相对较少的几个方案,并进行比较。这些数量有限的方案经过后来的争论,对他来说也很熟悉。在比较过程中,他也不会用一些理论来指导自己,而主要根据过去采取的较小的改革措施的经验来预见今后采取同类措施的后果。③ 将价值因素的抉择与实现价值因素的手段的抉择合二为一,因为他会发现,不同政策方案会将目标或价值因素以不同的方式结合起来。比如一项政策可能带来价格水平的稳定,而有增加失业的危险;另一项政策提供的价格稳定性较差,但增加失业的危险性也比较小。在林德布洛姆看来,这两种方法的区别在于根本方法以近乎机械的过程去选择手段,以最好地满足先前确定和排列好了的目的;而在分支方法中,决策者只预期部分地实现其目的,随着情况和愿望的改变,以及预见的准确性的提高,他们还希望不断重复上述过程。林德布洛姆认为,在实践中运用的,恰恰是分支方法。

斯蒂尔曼对林德布洛姆的分支方法的特征作了极好的概括。在林德布洛姆看来,行政决策实际上包含了以下五个特征。

(1) 它是“渐进的”。因为目标总是采取小的,而不是大幅度“突飞猛进”的步骤去实现的。

（2）它是“不全面的”。即既然决策者掌握的人力物力总是有限的，他们自然不能在一个限定的时间内考虑全部可选择的方案，也不可能理解其决策的全部后果或他们选择的方案所要产生的全部价值因素。

（3）分支方法要求运用“连续比较”。这是因为我们中的大多数人是在一个框框里研究政策问题的，这个框框是我们对于已经形成并持续到现在的一系列的连续政策选择的看法所造成的。行政官员对于过去政策的来龙去脉了如指掌，这是局外人不知道的。此外，政策制定不是一劳永逸的，而是要在可资选择的较小范围内，通过一连串小的比较环节一次次地不断加以制定和修正。

（4）实际的决策不过是要从可供选择的方案中达到“满足”标准，而不是要从中获得“最佳方案”。一个明智的决策者完全能够预见到，他的决策只会部分地实现他的愿望，同时又会产生他未曾预料到的本来希望能够避免的后果。

（5）进行折中的政治艺术是决策方法的一个主要部分。因为在一个多元结构中，许多互相竞争的利益集团竞相对政策问题施加影响，这持续地迫使身处其间的行政官员谋求竞争各方的一致①。

林德布洛姆的渐进主义的决策模式最早形成于 1953 年的《政治、经济及福利——计划构成与政治经济系统的基本社会过程》一书。在这本书中，他指出了政治过程的四种基本形态：① 价格系统。价格系统由企业家控制，反过来也控制企业家，这是由供需关系决定的，引申到政治领域，社会大众控制政治领袖，反过来也受政治领袖的控制。② 等级系统。等级制从上而下的控制成了政治领袖用来达到其目的的工具。③ 多元系统。多元系统的社会政治过程表现在选民可以按规定自由、公开、公平、公正地选择其政治领袖，各政治领袖受到控制。④ 讨价还价系统。政治上的讨价还价表现为各政治人物、团体、政党、利益集团等相互间的妥协、折中，形成相互之间的牵制。

这四种基本形态除了等级系统可以单方面自上而下地决定外，其他三个形态对问题的解决都是一个互动的结果，没有任何一方可以单独决定一切。由此可知，在林德布洛姆看来，在政治上要解决社会问题、作出决策，就有两种方法：一是靠单方面的知识、思考和分析作决定，像等级系统那样；二是在各方互动的基础上，并在达成共识的基础上来作决定，最终为各方所接受，林德布洛姆称之为“渐进主义”方法。在 1959 年的“渐进调适”一文中，这种方法即“连续有限比较法”，也就是分支方法。

① R·J·斯蒂尔曼：《公共行政学》，中国社会科学出版社 1989 年版。

既然每一次社会问题解决及决策基本上都已存在着一种社会共识,那么决策只能就情况改变所产生的边际差距,在有限的可行方案、后果的考虑中重新审视资料,以片断的、连续的、修补的调适目标作决定。这样,林德布洛姆在“连续有限比较法”中引申出“断续渐进主义”,并对“纲要式”的决策作了批评。

“纲要式”方法实际上也就是理性模式,即全面研究可能的行动方案及其结果,根据自己的价值来评价这些可能的结果,并最终在各种选择中选出一种最佳决定。事实上,它把政策问题看作了知识问题,而非政治问题。而断续渐进主义的特征在于:① 因时间局限只作为边际选择;② 只考虑有限的决策方案,因而其结果也是有限的;③ 旨在调适政策目标;④ 重新组织材料;⑤ 连续不断地分析与评估;⑥ 补救性分析与评估;⑦ 社会局部的分析和评估①。在《政治与市场》一书中,林德布洛姆把“纲要式”决策称为解决社会问题的模式一,而将互相调适的渐进方法称为模式二,也即战略性的决策和计划过程。事实上,这两种模式根本上还是前面提到的理性与渐进两种模式。

林德布洛姆把模式一和模式二作了一个比较,以发现两者的不同。设想把决策和计划的两种方法用于一项大规模扩展公路建设的20年计划。纲要性的理论要求所有建议中的公路都要视为一张地图坐标系中的某个点,每条公路都处在与其他所有公路的不可分割的关系之中。但战略性的决策和计划根据一个假设行动,即他们无法看清未来的20年,他们还相信,他们没有能力把握所有交通线之间的联系,这种联系使得一条线的情况取决于其他各条路线的设计安排。因此,他们现在先确定某些急需的公路,之后再来分析它们的后果,这一切都在规划其他公路之前。这表明,在模式二中,当人们无法靠知识、智慧去掌握所有的社会问题时,他们就靠各种手段简化问题的解决,如试错过程、注重经验等。决策者的一个共同战略是逐渐和有序地进入过程,依靠目的和手段的紧密的相互作用。在这样的战略中,决策者较少关心“正确”解决他的问题,较多地关心取得某一进展;较少关心实现预定的目标,较多地关心用以往的政策来修补尝试中的不足②。

此外,这也表明决策者还通过社会的互相作用去取得单靠分析无法取得的结果。林德布洛姆举美国的收入分配政策为例:没有一个决策组织能够对收入分配政策负责,有关老年人的收入的政策责任被指定给(或者说自称有

① 张世贤:《决策分析的导师——林德布洛姆》,台北久晨文化实业公司1982年版。
② 林德布洛姆:《政治与市场》,上海人民出版社1994年版。

权力的）好几个组织，其中有国会（它作为一个整体）、州和地方政府的专门委员会；有关学龄儿童的家庭的收入分配政策属地方税务当局、州政府和各学校董事会的职责；市场过程和税收当局对那些光靠受雇收入的人来说，是收入份额的主要决定因素。没有任何组织或个人协调这些方面。然而，它们都是相互协调的，因为各种各样的决策者相互调整的多种可能性只能按模式二的相互作用方式考虑彼此的关系。

再者，模式二不排除分析，它仅仅有限地追求分析。这种分析对相互作用的适应，至少采取三种方式：① 每个参与者所作的分析。即他如何才能更好地扮演在互动过程中要扮演的角色，如怎样投票。② 对如何最成功地进入现有的相互作用之中、以实现某种公共目标的分析。它是作为公共官员的个人有责任谋求的，如是否应当减税来刺激收入。③ 对互动过程本身的基本结构可能变化的分析，如是否应当修改刑法系统。

林德布洛姆在《民主的智力》一书中，指出了渐进方式的如下优点：① 它集中于与现有政策稍有不同或有限方法上不同的政策，而不是完全重新评价决策。② 限定于比较的选择和推断，从而简化决策过程。③ 不坚持问题的解决必须"正确"或"合乎道德"，只要求管用、可行，是各利益集团一致的结果就行。④ 处理正要解决的现有问题，而不是制造可能"范围广大的社会政策幻影"。这些优点首先使得行政官员得以避免犯长期持续的严重错误，若是执行了错误的方案也较易于修正。其次，这种对现行决定稍加修改的决策看上去似乎行动缓慢，但积小变为大变，其速度要快于一次大的变革，且比较稳定。因为政策上的大起大落是不可取的，且往往"欲速则不达"，会危及社会的稳定。再次，更重要的是，它适应于美国的政治制度。美国政治制度在公共政策方面主要是通过逐步变化而很少采用戏剧性的剧变方式运转的。"民主国家在改革其政策的时候几乎全部是通过渐进的调整来实现的。政策并不采用飞跃的方式前进。"①

之所以如此，以美国政治中的两党而言，在林德布洛姆看来，两个主要政党在基本原则上的意见是一致的，它们只是在相对细微的差别点上向选民提供一些可供选择的政策。比如，两党都赞成充分的就业，只是对充分就业的解释稍有不同；两党都赞成开发水利资源，只是在方法上稍有不同；两党都赞成失业救济，只是在失业救济金发放的数量多少上是不一致的。因此，在美国，"非渐进政策的主张不仅在政治上显然很不合适，而且它的政策后果也是很

① R·J·斯蒂尔曼：《公共行政学》，中国社会科学出版社 1989 年版。

难预料的"①。

正因为渐进的方式是如此适应一种多元结构的社会,以至于林德布洛姆对渐进方式和渐进主义者充满了溢美之词:"浮光掠影地看,它们通常被当作非理性的东西而被摒弃,因为它们被看作犹豫不决、修修补补、羞羞答答、平庸浅薄、一管之见、没有定论、谨小慎微,以及拖延耽搁。但我们却把它们看作是扩大人类分析能力的有用方法。人类必须有非凡的创造力才能处理他们面临的惊人困难。他的分析方法不能局限于有条不紊的学究式的步骤上。按部就班、修修补补的渐进主义或安于现状者或许看来不像个英雄人物,但他却是个正在同他清醒地认识到对他来说是硕大无朋的宇宙进行勇敢角逐的足智多谋的问题解决者。"②

二、决策过程

林德布洛姆的渐进决策理论方法基于一个多元的政治结构,而多元政治结构的一个特征是社会各种力量的互动。因此,在林德布洛姆看来,与其问政策是谁制定的,不如问决策是怎么产生的。在他看来,决策就是这个互动作用产生的结果,因而他的渐进决策方法也可以说是互动的政策制定方法和分析方法。因此,有必要了解一下林德布洛姆描述的这样一个互动过程,因为这是产生其渐进决策理论的基础。这样一个互动的决策过程涉及以下几个问题:① 决策的参与者及其在过程中的作用; ② 参与者在政策过程中必须遵循的规则和程序; ③ 参与者如何控制对方,以使自己达到政策目标; ④ 互动的方法。

林德布洛姆认为,需要把民主的决策过程看作既是对偏爱和见解作出反应的过程,也是形成这些偏爱和见解的过程。这一形成和反应的过程是在决策的参与者之间进行的。这些参与者按林德布洛姆设计的决策梯子自上而下地排列:总统—国会领袖和其他政党最高领袖—决策官员和高级行政官—普通立法者以及某些行政官—党的低级领袖、利益集团领袖和主要的舆论领袖—政治上积极的公民—普通的公民—不投票的公民③。在所有这些参与者中,林德布洛姆区分了直接决策者和普通公民两大类。直接决策者包括了行

① R·J·斯蒂尔曼:《公共行政学》,中国社会科学出版社 1989 年版。
② 林德布洛姆:《决策过程》,竺乾威、胡君芳译,上海译文出版社 1988 年版。
③ 同上。

政首长、高级官僚、立法者和司法机关的高级人员等。直接决策者当然握有决策的大权,因为决策最终出自他们之手。但在林德布洛姆看来,从互动的角度来说,直接决策者的决策必须有下面普通公民支持的基础;他们必须对偏好和见解作出反应,否则会危及他们的地位。因此,尽管直接决策者握有决策大权,但普通公民在决策过程中也并非不起作用。其原因在于: ① 在民主体制中,政党竞争使大多数不积极的公民在决策中有了发言权,因为互相竞争的政党必须关心公民的偏爱。② 民主的决策系统把决策任务分配给了普通公民和直接决策者。这样,大多数乐于此事的普通公民可以参加投票来选择直接决策者。③ 决策系统将决策任务分得很开,以至不论能干公民的精力或其特别兴趣何在,都可能有一个适合他的任务和角色,如利益集团工作、政党工作、竞选公职等。总之,虽然大多数公民对政策的影响很小,但一些精力充沛、富有才干的公民能对政策产生相当大的影响。

决策的互动过程的三个层面值得注意: ① 直接决策者之间; ② 直接决策者与代表社会多种利益的利益集团; ③ 企业在互动中的作用。

在林德布洛姆看来,行政、立法、司法三大部分的主要领导人都属直接决策者之列。对三个机构在决策中的职能及其运作当然有明确的法律规章的规定,但是,政策的产生还往往取决于他们之间的非正式合作。使直接决策者取得一致意见的最普通的方法是他们本身对相互调整所作的非正式努力。直接决策者总是以许多非正式的方法发出信号、说服、互相影响,以取得他们之间的合作或使别人跟他走。当正式的方法失灵时,互相调整必须做的还不只是这类合作,它还必须安置和处理由正式方法产生的合作问题。

进行非正式合作的各方在进行努力时,通常遵循着一些行事规则。林德布洛姆把这些规则归纳为:

(1) 最主要和最普通的是互惠规则。虽然互惠规则的具体运用因社会和集团的不同而异,但无论如何它使每个人都承担一定的投桃报李的义务。例如在美国参众两院,互惠是生活中的常事。引用一位参议员行政助理的话来说:"我的上司将对其他任何参议员提供恩惠,只要这对他来说没有损失。至于这个参议员是谁,那无关紧要。这不是一个友谊问题,它只是一个如果你不是个畜生,那么我也不会是的问题而已。"①

(2) 尊重其他议员的合法权利。例如支持一议员关于他本地的提案,如果这一提案不影响到你和你地区的话。

① 林德布洛姆:《决策过程》,竺乾威、胡君芳译,上海译文出版社 1988 年版。

（3）立场改变预先通知。

（4）公开反对，即不隐瞒自己的反对意见。如果打算反对或提出修正，那么就预先宣布。

（5）和解，乐于妥协，不求全责备，能过得去就接受。

当然，仅仅知道或掌握这些规则是不够的。在非正式的互相影响中，技巧对于赢得胜利也是很重要的。这些技巧包括：

（1）相互说服。决策者对他人既不施加威胁，也不应允利益。《总统权力》一书的作者理查德·诺伊施塔特写道："总统对国会议员和其他每一个人进行说服的实质是诱导他们相信，他要他们想的，正是他们对自己的责任的估价要求他们去做的，符合他们的利益，而不是他的利益的事。"①

（2）威胁。这种威胁可以有许多形式，例如，一个委员会主席有时能使众院多数党领袖遂他们心愿，因为他能运用他的权威来威胁不将议案提交给众议院主席。

（3）交换。它的表现形式至少有许愿、互惠和金钱几种。以互相许愿来说，一参议员曾描述一个通过公共工程拨款提案的方式：这一提案是由一个完整的相互适应系统所编造的，在这个系统中，各类恩惠得到了广泛的分配。其含蓄的保证是：谁也不来破坏计划，只要参议员们不反对整个提案，那么他们的提案也能获得通过。

（4）授权。即通过使自己适应他人来取得合作。比如每一位负担过重的国会议员乐意为每一个他不熟悉但又必须对之采取行动的问题寻找一个议员同行，并在决策中尊重他的专业才能。这样，在他擅长的领域里，可换取别人尊重他。当然，将本人的决策对其他决策者作尊重性的适应只能是局部性的，即一个决策者会考虑必须作出的让步走多远，即可同其他的决策者取得一致意见。例如第二次世界大战末，罗斯福总统对究竟应通过行政命令（这是他被授权这样做的）还是通过国会立法来决定国家恢复政策举棋不定。罗斯福当时虽然认为，在指导恢复到和平时期的经济方面，行政命令要优于新的立法，但他又怕国会对过分依赖行政命令作出反应，这便使他愿意去适应国会，要求它作出将战争动员署改成战争动员与战后重建署的立法。在其他一些战后重建立法上，他也与国会合作。

政策过程中的互动还表现在行政人员之间的互动上，这一互动也会对政策及其结果产生影响。林德布洛姆在探讨政策制定和政策执行时，认为政策

① 林德布洛姆：《决策过程》，竺乾威、胡君芳译，上海译文出版社1988年版。

执行可分两种：一是，如果执行符合确定的目标，那么这种执行就不能作为政策制定的一部分；二是，如果执行过程中改变原有政策目标并导致另外的结果，那么这可以成为决策的一部分。

林德布洛姆认为，事实上，第二种情况相当常见。他举行车速度政策为例来说明这一情况。美国有一州州长指示警察局局长严格执行高速公路行车不得超过每小时55英里的限速令。这时，州警察局局长必须考虑的问题有：是否容许汽车驾驶员有5—10英里的缓冲速度，还是毫不留情地执行55英里限速？是以高速公路为执行的重点，还是以危险性较高的双线道为主？是抓几个违规者即可，还是要抽调大量警力进行大规模的整治？在局长作出决定之后，巡警对局长容许的5—10英里的缓冲速度是从宽还是从严解释？这样，当然有州长的决策，但决策真正的结果可能是处罚在双线道时速超过70英里的少数驾驶员。这表明，政策在执行过程中被加以修正，导致产生了另外的结果，而这种情况实际上是常见的。尤其是行政运作中自由裁量权的存在，为这种政策的改变或再制定或修正提供了条件。因此，你很难说这个决定是谁作出的，它最终是一个互动的结果的产物①。

决策的互动过程的另一个层面是直接决策者与利益集团的互动，这体现了利益集团在决策过程中的作用。利益集团在决策过程中的作用，首先表现在它的这种表达偏爱和见解的作用。在林德布洛姆看来，人们恭听利益集团领袖的话，并非因为他们使用权力（事实上利益集团并不具备直接决策者拥有的那些权力），而是因为他们被认为代表着（根据公认的规范或管理少数积极分子的规则）应当为人听取和考虑的利益。那些规则规定，所有有资格参加角逐的人都将得到公平的待遇。这样一种代表偏爱和见解的表达是政府决策的重要来源之一。

其次，利益集团发挥着一种研究和参谋的作用。"他们能简洁地研究问题和表述问题。大多数立法者没有时间或不愿意干这样的事……一个议员要花好几小时才能吃力地读完的提案，一个职业的院外人士能在10分钟内就解释清楚。"②在林德布洛姆看来，直接决策者有一套基本的处理方法。他面临政策选择，只要他认为适当，他就有很多自由或斟酌处理权来行动。他不知道哪些政策最能适合他的基本态度或原则，他需要帮手。利益集团用分析给他指出怎样达成规定，成为帮助他的最重要的工具。

① 林德布洛姆：《决策过程》，上海人民出版社1994年版。
② 同上。

再次是利益集团对政府决策施加压力,迫使政府的决策在一定程度上受到利益集团的压力的影响。在施压过程中,实际上它也在起着一种"调节向政府提出的相互冲突的要求的手段,以使一些对行政管理过程的基本期望(其中有些已写入宪法和法令,而更多的则没有成文)免遭剧烈和无可挽回的践踏"①。另一方面,利益集团也有自身的缺陷。这些缺陷表现在:① 利益集团之间的冲突抑制了每个集团的影响力;② 由于许多公民同时依附于好几个有组织的或无组织的利益集团,因此,任何一个这样的利益集团都不能独自驾驭他们的政治力量;③ 社会中任何地方的既定关系和期望所受到的扰乱,可能从无组织集团中产生出一个新的利益集团来纠正这一扰乱;④ 一个利益集团组织的大部分活动都在为它的成员澄清一些政策的含义,因此,这种活动甚至不会直接影响直接决策者。

利益集团通常采取以下的方式对决策过程产生影响:

(1) 说服。利益集团通常通过说服来影响直接决策者。他们试图说服他:他们所要做的正是他认为是最好的,或者他认为最好的包括了他们所要的。反过来,立法者、行政部门和文官常常声称他们只是在合情合理地被说服之后才同意利益集团的要求(当然,在林德布洛姆看来,他们说自己并未受到强制、压力或欺骗,我们可以把他们的强辩看作是不愿承认屈服利益集团这一羞辱的证明,但未受逼迫的情况还是有的)。

(2) 党派分析。也可以说是说服的一种形式。当利益集团企图与决策者联手时,这些决策者的职责要求他们现实地观察各种政策的优缺点。他们要求充分的分析,因为他们的对手也有这种分析武器。利益集团十分善于作党派分析。利益集团领导人帮助直接决策者分析他本人的态度和价值观在政策中的意义。当然,利益集团或许也会尝试其他种类的分析,甚至试图根本改变直接决策者的世界观、政治哲学、原则和偏好。不过,在林德布洛姆看来,党派分析或许是利益集团的影响力或权力的主要来源。

(3) 建立联盟。在林德布洛姆看来,当许多利益集团领袖发现他们有共同的利益时,他们在所想要的政策与他们必须向之呼吁的直接决策者的根本态度之间取得一致的或然率就提高了。如果不同的价值观投不同的直接决策者所好,利益集团领袖们就可以合作,保证让每一个直接决策者听到他最易作出响应的价值观。

(4) 投票。一般认为,利益集团之所以强有力,是因为利益集团的成员是

① 林德布洛姆:《决策过程》,上海人民出版社 1994 年版。

投票人。利益集团握有选票,因而可以形成对直接决策者候选人的制约。但投票人的作用有时也可能被夸大。如果利益集团试图以对选票有控制权来威胁政府官员,“他们不过是将退膛的枪支对准立法者”①。但不管怎样,投票是利益集团采用的对决策过程施加影响的方式之一。林德布洛姆认为,利益集团领导人在他们之间以及在他们与其政党集团之间寻找共同的东西,因而在利益集团、行政当局、执行机构的领导人之间形成了联盟。这是一个相互和解、调停的重大过程,目的在于争取选票②。

林德布洛姆对于企业在政治互动过程中的作用给予了特别的注意。在他看来,有两种控制公共政策的过程:一是“选举控制”,二是“企业控制”。企业控制较其他一些利益集团更具有自身的一些优越性。它向政府提出的特殊要求,主要是通过选举之外的方式传递给政府官员的。一些学者甚至发现,政策是被企业界控制而变化的,然后标榜为民主改革。比如,人们发现,对食用肉类的监督立法在很大程度上出自食品加工业的一种愿望。这种愿望想广泛提高检验标准和改善美国肉类出口的质量声誉。又如,药剂公司谋求用食物和药品法案来限制某些制造厂商的超量生产,因为后者的产品和主张损害了作为一个整体的药剂生产行业的利益。

企业的这种优越性在于它有三种优势:第一,极其雄厚的资金来源。公司的董事在其职能范围内(即从公司的销售过程中)可以将许多资金投入党派、利益集团和选举活动,以谋求他们选定的任一目标。他们可以把公司资产投入对这些活动的支持。如果将普通公民收入中的政治捐献与实业界收入用于这方面的分配数额作对比的话,则如同“耗子与大山之比”③。第二,完备的组织结构。组织在政治中扮演着重要的作用。公司作为一种组织存在,随时可被公司经理们用于政治活动,其范围从与公职人员的讨论,到对政党的财政援助。每一个企业“都像一个小的或大的利益集团那样关注公共政策及其与政府有关的法令条例。在政治生活中,没有任何其他的组织能够像它们那样谋求广泛而深刻地影响地方的、州的和全国的政府”④。第三,特殊的接近政府官员的渠道。由于他们在政府和政治方面的特权地位,他们已为政府官员所熟悉,言论也已受到重视,并已进入了谈判的位置。他们将享受其特权角色的全部优势,这种优势是他们在利益集团活动中的公民竞争对手所不具备的。

① 林德布洛姆:《决策过程》,上海人民出版社 1994 年版。
② 林德布洛姆:《政治与市场》,上海人民出版社 1994 年版。
③ 同上。
④ 同上。

这一互动的状况表明,民主的决策过程既是对偏好和见解作出反应的过程,也是形成这些偏好和见解的过程,产生这种状况的基础是多元政治。在林德布洛姆看来,多元政治的核心是一种特殊的新的行为模式,它取决于一套特殊的复杂的权威主义规则。这套规则的核心是限制争夺权威的斗争的规则。这些规则使得普通公民可以有所偏好和提出意见,不仅享有选择他们在政府中的最高领导的权利,而且还有权了解或不去了解信息,明智地或笨拙地表达自己的见解和组成政治集团来决定如何最好地使用他们的投票机会并影响他人;他们也有权把他们的期望传递给政治领导人和用其他方式影响他们。而多元政治作为一个过程,它形成了决断和响应它们的决策过程。这种双向影响的过程在多元政治的制度中是基本的和综合性的,接近于掌握权力的人每天大部分时间都置身于这一过程中。"在多头政治下,决策和计划过程总是(毫无例外)战略性的(即分支方法),尽管也许存在着纲要性的许多尝试,比如它们是典型的渐进式的、递进式的,以及依赖手段或目的的反馈的决策和计划过程。有关增长、国防、收入分配、垄断、税收、工资、资源管理、工业关系、国际经济合作、医疗保健和社会保障方面的政策,年复一年地以连续的和永不止息的试错步骤的次序发展变化。"①

在林德布洛姆看来,这种直接决策者内部和直接决策者与多种社会团体、公民之间的互动导致决策过程是一个循环的过程。"这一过程既无开头,也无结尾,其界限是非常不确定的。由于某种原因,一系列复杂的、我们称之为决策的力量的聚合产生了被称为'政策'的这一结果。"②

当然,林德布洛姆也指出了这种多元互动所具有的负面影响。这一负面影响表现在:① 参与相互调整的公共和私人集团的激增,产生了对公共政策有影响的一系列广泛的利益和考虑;② 同一过程趋向于以无组织的力量为代价,让有组织的力量获得好处,比如工会牺牲非工会的利益而获得好处。

第三节　分析与评价

林德布洛姆的决策理论也受到了批评,其中有两位学者的批评是非常引

① 林德布洛姆:《政治与市场》,上海人民出版社 1994 年版。
② 林德布洛姆:《决策过程》,上海人民出版社 1994 年版。

人注目的。第一位是以色列希伯来大学的以最佳决策模式名扬天下的 Y·道尔教授。在道尔看来，林的模式的运用需要具备以下几个先决条件：① 原有政策基本上是好的，它大体上能满足决策者和社会各阶层成员的需求。这样，对原有政策的边际的小步修正（这恰恰是林的渐进模式所强调的，渐进模式认为所谓政策就是对以往政策所作的小步修正而已）才得以成为可能。② 决策者面临的决策问题具有高度的连续性。③ 处理问题的方法也须具有高度的连续性。

第二位批评者是“综视决策模式”[①]的创始人艾米泰·埃佐尼。他认为，理性模式和渐进模式都不是纯粹的模式。他在把这两种模式结合起来并创造出他的“综视决策模式”中作出了极大的努力。埃佐尼把决策分成根本性和非根本性决策。他认为，渐进模式只适用于非根本性决策。但是在作根本性决策时，决策者需要有比渐进主义给予的更为宽广的感性知识。专注于渐进修正的方式往往会使得在基本决定问题上陷于漂泊不定、难以行动的状况。埃佐尼用环绕地球的高空卫星来比拟综视决策的重要性。卫星有两架摄影机，一架装配有能审视大面积的、记录主要气象模式的广角镜头，另一架装配有专注气象变化和进行较精细考察的窄角镜头。两架摄影机中任一架都能提供某些有用的情报，但当两架一起使用时，则能获得更多的情报。这正如爬山一样，如果你有一幅全景图（理性决策），再有一份详细的路径图（渐进决策），那么你达到目的地会较为方便。单有前者不行，因为缺乏必要的途径；单有后者也不行，因为缺少必要的整体感[②]。

此外，埃佐尼还认为，渐进模式只着眼于短期的目标和仅追求以往政策的有限改变，旨在维持现状。它同样不能用于根本性的决定，因为根本性决定往往导致社会的剧烈变化。

渐进决策理论作为一种决策思想和方法在某种程度上具有相当高的价值。从认识上说，渐进决策的特点在于以历史的和现实的态度将事物的运动看作是一个前后衔接的不间断的过程，即无论采取哪种新的决策，只能在直接碰到的、确定的、从过去承继下来的条件下进行，这些条件包括历史和现实的特点，也包括决策者的本身条件以及整个社会、组织的政治经济状况和心理结构。在方法上，渐进决策注重事物变化的量的积累，以量变导致质变。它强调在进行改变时维持社会和组织的稳定，因而主张不间断的修正，而不是引起动

① 该模式也被译成“混合扫描决策模式”。
② 林德布洛姆：《决策过程》，上海人民出版社 1994 年版。

荡的变革,逐步地对政策加以修正并最终改变政策。从政治决策的角度看,渐进决策不失为某种条件下一种有用的思想和方法。

但仅仅是在某种条件下,仅仅是一种方式而不是全部,这就表现了渐进决策的局限和不足之处。现代管理理论指出,决策的产生一般来自三个方面的要求:① 外部条件和要求的变化;② 组织内部的变化;③ 决策者本人富有想象的创见。渐进决策模式从方法上讲带有保守的特征。正如埃佐尼指出的,它一般适用于比较安稳和变动不大的环境,以及从整体上说是比较好的社会条件。这也是林德布洛姆认为渐进模式适合西方民主国家的一个原因所在。但是,一旦社会条件和环境发生巨大变化,一旦表明对以往的政策需加以彻底改变时,渐进决策所主张的修正和缓行就起不到作用,有时甚至会对大变革起阻碍作用。历史表明,在社会发展的某些关头,需要在政策上作大幅度的调整,有时甚至是抛弃以前的政策而重新确立新的政策。如果我们把这种方式称作激进决策的话,那么渐进决策所具有的认识论特征也并非为它所独有。激进决策也可以是非常注重历史和现实条件的。事实上,西方社会在历史发展的某些阶段,也会出现一些较大的变化,因而要求决策者采用相对激烈的决策方式来解决问题。例如罗斯福的新政就是一个很好的说明。恰恰是政策上的大幅度调整维持了社会的稳定,而如果当时罗斯福也一味采取边际修正的解决方法的话,那么其政策可能很难缓解当时面临的危机状况。这表明,从政治决策的角度讲,引起震荡的变革有时正是促进社会发展的一个必要条件。在社会的政治发展过程中,有时需要采用渐变的决策方法,有时则需要采用剧变决策方式,一切应当以时机、地点和客观条件而定。渐进决策作为一种模式不应当是唯一的、排斥其他模式的决策方式,不能忽略运用这一模式的限制条件。

此外,理性模式也并非完全不可取。它实际上是一种规范的模式,尽管在实际的决策过程中出现更多的是西蒙的“有限理性”模式或林德布洛姆的渐进模式的方法,但作为一种规范,作为一种决策过程的逻辑思考,它的价值在于它至少可以为人们提供一种参照。至于与此相连的林德布洛姆所称的“根本方法”的作用,埃佐尼已经谈得很不错了。

林德布洛姆的渐进决策模式从另一角度讲也是一种多元决策模式,它只是对美国政治过程的一种解释。事实上,美国还有一种较有影响力的、描述美国政治过程的决策模式,这就是通常所称的“精英模式”。精英模式不认为在美国这样的社会中,政策是多种社会力量互动的产物,而认为政策是由社会中少部分精英人物作出的,公共政策并不反映公民的要求和愿望,它只反映了少数决策者的利益、感情和价值观念，尽管这些政策并不一定就是压迫和剥削群众的。

此外，在对互动的政治过程的描述中，林德布洛姆的方法受到行为主义方法的影响，在这里也就是在把一个对象看作一个系统时，着重对系统输入的研究。在其中，又着重对人的角色和相互关系的研究，而在一定程度上忽略了对机构和组织（尤其是对美国政府决策具有重大影响的一些决策规划机构如对外关系委员会、布鲁金斯学会、企业圆桌会议等等）的作用的研究。

思考题

1. 渐进决策理论的主要内容是什么？它的长处和局限在哪里？
2. 渐进决策理论是否同样也适用于一个单一而非多元的政治结构？
3. 理性决策模式是否也有它的价值呢？

第十三章　威尔达夫斯基的机构与行政预算理论

第一节　生平与著作

埃仑·威尔达夫斯基(Aaron Wildavsky)于1930年5月31日出生在美国纽约市的布鲁克林区。约此前十年,他的双亲,申德和夏娃·威尔达夫斯基才刚从乌克兰的波尔塔瓦移民到了美国。申德和夏娃育有三个孩子,前两个都不幸夭折,只留下排行第三的埃仑和父母同甘共苦,力图在新大陆开出一片新天地。

威尔达夫斯基上的是布鲁克林的公立中学。学校普通得很,他也成绩平平,并不引人注目。1950年,威尔达夫斯基入读纽约市的布鲁克林大学,此时他对政治的兴趣已日渐浓厚。政治已经是家中茶余饭后的主要话题。他的母亲常常给他念《纽约每日新闻》上刊载的故事,父亲则喜欢和朋友们就美国外交政策方面的问题争个面红耳赤。

有人说,威尔达夫斯基日后成为大学问家完全是出于偶然。布鲁克林大学并不是一所培养精英的名牌高等学府。威尔达夫斯基对此一无所知,也毫不计较。他在那里愉快地接受了扎实良好的基础教育,于1954年获该校的学士学位。在校期间的优异成绩和出色表现使他在众多的竞争者中脱颖而出,荣获富布赖特奖学金。正是这份奖学金,不但把他送往地球另一端的澳大利亚,更把他推上了悉尼大学的讲台,从此开始了他的学者生涯。

其时,澳洲学界对现代美国的政治尚了解不多,为此威尔达夫斯基为布里斯班的大学生开设了有关美国政治制度的系列讲座。1955年,他的第一篇学术论文"探索麦卡锡主义的内涵"在《澳洲展望》上发表。与此同时,澳洲和美国之间在政治结构上的类似又引起他对联邦制的兴趣,导致他第二篇学术论文"美国联邦制下的住房和贫民窟的清除"的问世。

1955年秋,初露头角的威尔达夫斯基返回美国,随即前往耶鲁大学深造。

此时的他已是今非昔比，撰写了为数不少可供发表的学术论文。威尔达夫斯基在耶鲁大学的那段岁月可谓非同寻常。进校不久，他就在研究生中脱颖而出，其丰富的想象、敏捷的思路，以及层出不穷的格言警句，令周围的同学深为折服。三年后，他完成了他的论文，题为"迪克松·耶兹：权力政治的研究"。正是在该文中，威尔达夫斯基深入透彻地阐明了他的一个信念：公共行政是政治的继续；同样地，外交则是使用略微不同的武器的战争。

1958 年秋，威尔达夫斯基前往奥博林大学，在那里担任助理教授直至 1962 年。精力充沛的他每年开设八门课，以满足莘莘学子的求知欲望。其中一门是"州和地方政府"，内容枯燥无味，一向难得学生的青睐，连最认真的学生也不例外。他却利用上课的大好时机，安排学生深入社区调查研究，前后历时三年，把小镇奥博林的政治动态、权力结构、行政现状等查得一清二楚。威尔达夫斯基初出茅庐，即成功地把平淡乏味的政治讲座一变而为成果显著的研究项目，令学界对他刮目相看。

1962 年，威尔达夫斯基受聘为伯克利加利福尼亚州大学的政治学副教授，转赴美国西岸。他担任政治学系的主任，此后不久，即出掌该校公共政策研究院首任院长。伯克利加大的公共政策研究院在美国学界的迅速崛起，不但是该校引以为豪的重大成功史实之一，更印证了威尔达夫斯基的非比寻常的管理才干和想象能力。

1964 年，威尔达夫斯基出版了《预算过程的政治》。该书把预算政治中出现的种种不成文的规则和策略毫无顾忌地详加描述，在学政两界激起轩然大波。他写道，一些政府部门的预算从来就没有作为一个整体经过认真的检查，更没有和其他切实可行的、成本效率更高的方案放在一起进行比较评价。当官的往往就是闭着眼睛，任意假设，一再核准预算的基础。对一项计划的各个方面的考虑固然重要，但是如何争取得到政府拨款的公正的份额、如何满足各种利益集团和服务对象的要求、如何制定出有适当余量的预算以备送审过程中的不可避免的削减等因素同样是值得考虑的。

威尔达夫斯基认为，不应该把有适当余量的预算一概看成是毫不可取的。它实在不失为用于确立轻重缓急的一种措施。他也认为，其实参与预算过程的各个主角扮演的角色是预见得到的。一个部门的负责人必定关注如何增加对该部门的拨款。预算审查官要突出优先考虑的目标。议会各委员会既要妥善保护纳税人的钱包，又要推动国会的主张，还要在想象中的最终法庭为受忽视的一方争个说法。所以，削减预算和计划预算一样，所持的往往不是一个理性的尺度。惯用的削减预算的程序，像"全面削减百分之十”等,相当简化。

所谓预算过程的政治,其内容可能包罗万象。但是,有一点很清楚,那就是不必去当你兄弟的管家。如威尔达夫斯基所指出的,每一个参与预算的人都是在一门心思盘算着自己的优先项目,这毕竟比叫他把所有人的至爱选择一一仔细斟酌要简单得多,也就是“各人自扫门前雪,莫管他人瓦上霜”。

威尔达夫斯基如实描绘了预算的过程。他意识到这一过程使政府的服务对象和各利益集团的影响得到保障,所以他认为这个过程的政治实质是和美国的政府体系相适应的。正是对决策过程的看法使威尔达夫斯基成为大力鼓吹渐进主义的主要倡导人之一,使渐进主义逐步成为行政决策的一个主要模式。

必须一提的是,威尔达夫斯基对公共行政学的贡献并不局限于行政预算。他的不少著述都涉及政治学科其他的一些重要方面,如政策分析、政治文化、外交事务、比较政府、总统选举等等。例如,他的《使用公众钱财的私人政府》一书被誉为屈指可数的论英国公共行政的力作之一。有学者认为,正是威尔达夫斯基对政治的热情关注使他最终成为一位知名的政治学教授。他的父母当年语重心长的一席话,他始终牢记心头:政治并不是一种供人观赏的运动;政治是严肃的事业,因为它设定的条件会牵涉到黎民百姓的生死存亡。

尽管威尔达夫斯基工作繁重,他依然承担了大量的校外职责,热心地为学科的发展和公众的利益服务。他当过私人公司的董事长、政策研究学会的会长。他也是布鲁克林大学基金会和耶鲁大学理事会研究生教育委员会的委员。他还先后担任过17份学术刊物的编辑委员会的成员。他为不少刊物组织出版过各种专辑,为出版社做过顾问,被选进许多的会员会和顾问委员会,也应邀在各种各样的学术集会及特殊场合发表讲话。

威尔达夫斯基曾被选为1985—1986年度的美国政治学会会长。从1973年起,他一直是美国艺术和科学学院院士,直到1993年告别人世。

威尔达夫斯基曾先后获授母校布鲁克林大学和耶鲁大学的荣誉学位。1988年意大利历史悠久的博罗尼亚大学建校九百周年校庆之际,他也获授该校的荣誉学位。

威尔达夫斯基著作颇丰。在他生前已经出版了(包括和他人合作)39本著作和200多篇论文。他是这样描绘自己的:“每个人都需要有一个途径,以尽己所能地充分表达自己。我已经找到了我的途径。”

第二节　机构与行政预算理论

一、官僚和权威

有人以为,公共行政学这门学科已经相当发达。威尔达夫斯基对此并不苟同。他着重指出,他对于公共行政学学者们所教授的内容尤为关注。一方面,应该承认,从整个学科角度来说,我们对公共行政的了解要比过去多了很多。当然,这是属于乐观派的看法。另一方面,客观的事实是,我们对有关的许多问题仍然一知半解,不能确切地道出究竟懂得了些什么。

乐观派并不是口说无凭的。在公共行政这一领域,妇女长期以来一直承受着过多的压抑,难有晋升的机会。如何改善这种性别歧视,已经成了公共行政学界的一个热门的研究课题。以此为突破口,各种各样探讨如何逐步消除人与人之间的差别的研究项目,如雨后春笋般发展起来。这些研究的目的在于如何在公共行政的领域中逐步实现男人和女人、白人和黑人、内行和外行、上级和下级等等之间的平等关系。不容置疑,这一新的学术动态极大地影响了公共行政的整体发展。

问题是,正如威尔达夫斯基所指出的,尽管公共行政学界的研究有了新的转变,但这种转变仿佛是一窝蜂似地涌往同一个方向。信奉权威的人是不会没完没了地讨论当权派的道德作风的。其实,整个官僚机构问题尚多,在那里工作的官僚们也未必总是照他们的上司即民选官员的指示办事。同样,一个人如果满足于现状,便不会去批评充斥行政系统的错综复杂的关系网。

有学者认为,公共行政一直受着双重的束缚,即企业价值和层级结构。威尔达夫斯基则认为,它实际上指的就是效率和官僚体制。他问道: 如果把一个组织的层级结构的形式及其对效率的刻意追求一笔勾销,那还有什么行政可谈①? 他又问: 为什么从事行政实践的和理论研究的都想要把公共行政得以扬名的主要特点全部阉割呢? 去掉了层级结构的组织形式,公共行政还能为一个国家做些什么呢? 一个没有权威的官僚制度对它的成员还有些什么吸

① 理查德·埃里斯、埃仑·威尔达夫斯基:《总统领导的左右为难: 从华盛顿到林肯》,新泽西州交易事务书籍出版公司1989年版。

引力呢？简而言之，威尔达夫斯基问道：对于当代公共行政的最显著的特点，我们竟然会疑信参半，甚至根本就全无信心，究竟如何去解释这种困惑不解？

威尔达夫斯基指出，早在马克斯·韦伯为我们提供了关于官僚的经典定义时，他已经着重强调了其两大特点：伴随终身制的安全感和对专业的垄断。当然，在美国，由于权力制衡体制的存在，这种垄断从未真正全面地实现。随着政策分析越来越受重视，更使这种垄断彻底崩溃。试看全美各地，智囊机构、顾问公司，以及大大小小的政策分析研究院所星罗棋布、人才济济。各州的州和地方政府、数百个国会议员的幕僚班子也是藏龙卧虎之地，拥有众多经验丰富的分析专家。他们或者曾经任职政府部门，或者期待着早日戴上大乌纱帽。他们的知识比起体制内的官僚毫不逊色。更有甚者，那些当官的靠的是多年积累起来的经验，要对付暂时屈居在野的分析家们滔滔不绝的长篇大论，往往只有招架之功而无还手之力。所以，今天的政府官员再也不敢振振有词地声称自己的看法根据十足，指责对他们评头论足的人在吹毛求疵。

威尔达夫斯基也指出，终身制所带来的安全感已经大不如前。原因在于：第一，尽管公务员有其自己的合法权利，但别人也有别人应有的权利，足以与之抗衡。第二，逢到精简机构，万一公务员的所在单位属于被撤之列，他们也难逃失业的厄运。第三，政府组织日趋臃肿庞大，为人诟病。官僚们的种种特权，尤其是上层官员拿着高薪厚禄，还趁因公出差大肆游山玩水，更成众矢之的。这种成天被人指指点点的日子自然越来越不好过。

正如威尔达夫斯基所说，美国的共和党已经变成了一个社会保守派和经济自由派结成的联盟。前者对政府的支持是有限度的，是为了在国际活动和私人生活中进行干预以维护家长制的价值。而这种干预必然使政府官员左右为难，因为层级结构很难在私人生活中发挥它的有限作用。社会保守派当然对此不悦，索性不再视官僚为盟友，不再给官僚的权威以支持。这些保守分子觉得，政府官僚们实际上用权不当：在支持家长制方面出力过少，只是敷衍了事；在校内的宗教祈祷问题上却又竭力反对、不遗余力。至于经济自由派的人士，本来就力主人员精简、少管闲事的小政府，和政府官员一向是冤家对头。于是，保守政党对政府现存权威的支持终于烟消云散。

那么一再自称坚定捍卫政府权威的民主党人的态度又如何呢？威尔达夫斯基指出，他们也已经改弦易辙了。例如，在国防预算的问题上，他们认为五角大楼的官僚们开支太大，还经常闭着眼睛乱买一通。再如，政府的开支中很大一部分是对老百姓个人的付款。民主党人认为，主要的工作也就是用电脑填写支票，程序简单，不需要什么复杂的行政手段，当然也不需要大量的公务员。不过，民主党人之所以改变立场，更重要的原因则是和其党内实力最为雄厚的自由派有关。

自由派并不反对政府多作努力，向社会上处于不利地位的阶层伸出援助之手。对于政府试图扭转现存的种种不平等的努力，他们也表示赞同。然而，他们更希望看到的是，如何从形式上的机会平等逐步过渡到实质上的机会平等。从这点出发，他们认为联邦政府的官僚们对社会上处于不利地位的各种族群其实并不公平。也正因为如此，他们要质疑官僚机构的权威。

问题是，一个没有权威的官僚机构能成得了事吗？威尔达夫斯基认为，追求平等的后果之一是越来越多的族群，包括少数族裔、妇女、儿童、穷人、老人、残障人士等等都在提出新的诉求。政府必须加以考虑。从社会良知的角度看，当然无可非议，但从行政要有轻重缓急的角度看就未必恰当。

官僚机构几乎到了四面楚歌的地步了。威尔达夫斯基这么说，并非是夸大其词。两党的保守派都要削减预算，都想在政府身上开刀。温和派是所谓的稳定和平衡的非正式代表，却也是进退维谷，既想挽救政府的基本服务又对政府的巨额赤字深感失望，实在难作取舍。

公务员的日子越来越不好过了。不管政治气候如何改变、不管他们左拐还是右转，总而言之，就是吃力不讨好。叫他们少花钱多办事，他们于是削减开支却遭人痛骂；要他们会议公开，日子由此更是难受，因为意见越来越不好统一，招聘合适的人选或者开除不称职的员工也愈加困难重重①。

如威尔达夫斯基所说，公务员要学会如何在互相冲突的要求下生存并不容易。他提了两条建议：一是了解你的敌手；二是了解你自己。他以为，我们至少要摸透竞争个人主义和平均集体主义。

个人主义者们一方面企图用自我约制来取代权威，另一方面又倚仗外界的权威来获取足够的稳定以维持市场关系并对各种分歧作出裁决。针对此，威尔达夫斯基提出了几个值得深思的问题。第一，让我们看看那些崇尚自我组织、排斥中央权威的国家，它们的经验值得我们借鉴吗？第二，让我们看看那些个人主义者们的言行举止，他们在组织内的表现又如何呢？他们赞不赞成层级结构的各项要求以保证行政的井井有条，如遵守规章、条例，注重表格、礼仪，一切按既定的程序办等等？

至于平均主义者们，他们认为权威必然压制、必然不公，所以断然拒绝。他们相信，集体的决定，固然大家都应服从，但必须经过大家的充分参与，其赞同也

① 赫伯特·考夫曼："对官僚的恐惧：正在蔓延的流行病"，载于《公共行政评论》1981年第1期。

必须是自愿的。平均主义者们一方面主张每个个人都是自己的（而且是唯一的）权威，另一方面却又要借助组织的权威来分配资源。威尔达夫斯基问道：平均主义组织的经验值得我们仿效吗？是不是那些组织的成员无需权威也能自动地聚集在一起？平均主义者们声称，人生来是诚实善良的，是邪恶的制度使他们腐化堕落。若果真如此，他们对自己内部的争权夺利又怎么解释呢？

在威尔达夫斯基看来，政府官员面对的挑战主要来自两大派别：个人主义者和平均主义者们。只有认真研究这两派主张些什么、反对些什么，行政部门的官僚们才不会终日忙着招架，处于被动挨打的困难的局面。

除了知彼，还要知己。威尔达夫斯基指出，层级结构有许多的类型，所以官僚结构也不会千篇一律。层级集体主义推崇中央领导，主张内部各组织分界鲜明，成员受数量众多的规定的约束。权威是明白无误的。上文已经提过，平均主义者们将贫困等不幸归咎于制度，个人主义者以为成败与否，应该自己负责，但层级集体主义者则认为那是因为不照章办事而自食其果。当然，各种各样的层级结构能否运作良好，既取决于它们的内在结构，又取决于它们的外部环境。有的层级结构是包容性的，有的层级结构是排他性的。就如一栋楼房，不论是富人还是穷人、黑人还是白人，都可以在那里有一席栖身之地，这就是所谓的包容性。又如一家旅店，不能遵守住客章程者不予接待，这就是所谓的排他性。有的层级结构要和别的层级结构互相竞争，也有的层级结构已经取得了权力的垄断。此外，还有种姓层级结构和阶级层级结构。所以，威尔达夫斯基的建议是：公共行政学的首要研究课题应该是官僚体制赖以建立的组织形式。

但是，能不能一方面赞许政府部门，另一方面又贬低官僚体制的基础即层级结构呢？舍弃了权威，又能不能建立起一个有效的官僚体制呢？反过来问，层级结构是不是完成大多数的任务所需的唯一的或者最佳的形式呢？对最后这个问题，当然可以答不。只不过正如威尔达夫斯基所指出的，在作答之前，是不是先要考虑一下另一个问题，即能不能并且应不应和层级结构一刀两断呢？

如果是一个稻草人，拿它踢来踢去当然轻而易举。但官僚体制就是另一码事了。所以，没有人说过，要修正层级结构和官僚体制的种种缺点，唯有把它一笔勾销。这也就是为什么尽管实际上很多人确实深信不疑，好像官僚体制腐败透顶，已如朽木不可雕也，大家却偏偏要羞羞答答、欲言又止。

威尔达夫斯基郑重地强调说：既然层级结构必不可少，我们就应该开门见山、直话直说；既然承认层级结构有其可取之处，我们就理当在课堂上如实讲授。他也注意到,尽管层级结构可以带来稳定,有利于政策的连贯性、可预见性等等,但是如今很少有人敢满怀热情、自豪地赞美这些优点。为什么呢?威尔达夫斯基相信,一个主要的担心是,如果为层级结构歌功颂德,就会被人戴上鼓吹不平等的大帽子。

威尔达夫斯基问道:要是种种不平等的现象都是如此的十恶不赦,官僚体制为什么还会存在?我们又为什么还要支持它的存在?没有人否认,个别政府官员确实受人爱戴。但是,威尔达夫斯基认为,不能把对个别人的支持和对层级结构整体原则的支持相提并论。要看到层级结构的一系列基本原则,包括注重专业化、强调合理分工、讲求专门技能、尊重服从权威,以及安排任务因人而异等等,这才是官僚体制能够与世长存的真正原因。

威尔达夫斯基还进一步指出,实际上社会给公务员们的信息相当模棱两可。一方面,多少公民梦寐以求,希望有朝一日能够跻身公务员的行列。另一方面,人们又往往把官僚体制看作问题的根源,而不是解决问题的办法。当大家意见比较统一的时候,官僚们摇身一变,成了令人羡慕的公务员。当然,批评也还是有,但批评的是任务完成得好与不好,而不是指责他们办错事、办坏事。待到风云变幻、各种意见相持不下时,公务员又恢复成官僚,成为别人争吵的替罪羊。

威尔达夫斯基提醒我们,要知道为公众服务其实是最困难的,因而也是最崇高的服务。为公众服务也是最必需的服务,因为如果失去了对社区的尊重,也就失去了对个人的尊重。

二、关于行政预算

威尔达夫斯基早就说过一句名言:"预算就是预测。"他认为,所谓预算,就是设法把预算文件上说的话、标的数字和人们今后的行为之间的联系一一地具体化。至于预算作者希望看到的行为是否真的变成现实,则要有待日后的观察才见分晓。

威尔达夫斯基还说过:"预算就是把财政资源转化为人类的目标。"由于资金有限,预算实际上就成了分配资源的一个手段。如果重点落在如何靠投入的一定数量的金钱来获取最多的回报,或者以最低的代价来达到预期的目的,预算实际上就成了追求效率的工具。提出的预算可以代表一个组织的期望,在预算中列举该组织计划付出的各项开支,或者标明该组织在顺利的情况下预期的收入。

实质上，预算提案是一种战略，它可以通过如何在各项活动之间分配资源来有力地支持该组织达到既定的目标。要指出的是，参与预算过程的每一个人都经历了一个互相交流的过程，既要了解其他参与者的意愿，又要让别人明白自己的想法。预算也因此成为互通信息、收取回馈的交流网络。此外，一旦预算付诸实施，就等于立下了先例，大大增加了今后这个项目再获拨款的机会①。

正因为如此，威尔达夫斯基把预算称为通过政治的途径来分配财政资源的一种努力。他说道："如果政治是一场为在决策过程中能占上风的斗争，那么预算就是这场斗争结果的记录。"他又说道："如果把各种组织看成是各种政治联盟，那么预算就是它们为互相冲突的目标争执不休、大搞私下交易、你追我赶地为各自的利益奋斗的场合。"

所以，威尔达夫斯基认为，从这个角度来看，观察预算的全过程将有利于对政策制定的分析。具体原因有三：第一，预算为研究提供了很多的机会。第二，预算提供了翔实的数据。第三，预算过程中的必不可少的各种交易从根本上解决了检验假设要面临的一个最头痛的问题：没有一致的意见。正因为如此，人们一直在千方百计努力收集各国政府、各级政府，乃至私人企业的预算资料。而到目前为止，我们对无论哪一个国家的预算的详细过程仍然知之甚少，有关预算的一些分析大都停留在内容的介绍或者语调的猜测上。话虽如此，威尔达夫斯基还是相信，尽管对不同制度下的预算行为只是略知一二，这些宝贵的材料还是足以显示，表面上预算的形式和结构可能各不相同，但它们却可能在许多重要的方面有相似的地方。

威尔达夫斯基认为进行预算有三种基本的方法：一是简单明了；二是循序渐进；三是注意预算参与者的期望。先看第一条。他认为，参与预算的人可谓肩担超负荷的重任，唯有化繁为简才能行事。他们通常都是小步前进，逐渐积累经验，留意对自己决定的反应，并以此来衡量效果如何。有些问题容易理解、比较简单，他们就采取主动，并以此作为如何对付棘手问题的参考。万一尚无法对政策直接进行评价，他们至少会试着对项目负责人的能力大小作出判断。看准合适的时机才开始某些新的项目实际上也是调节整个开支的一种简化办法。控制开支还可以通过"按比例分配"来实现。例如，每收入一美元，有关部门只能花上百分之几。威尔达夫斯基指出，一些工业企业就是以总销售额的百分比或者纳税前资产盈利的百分

① 阿瑟·斯密西斯：《美国的预算过程》，纽约麦格罗希尔出版公司1955年版。

比来规划它们的预算的,也有组织以雇员的数字作为限制支出的战略控制点①。

再看第二条。威尔达夫斯基强调,循序渐进是预算过程中最至关紧要的一项手段。他指出,任何预算都不会全盘地评定现有项目的价值,并和所有可能的方案一一比较。通常新一年的预算都是以去年的预算为基准,略作增减。所以说,任何预算,其最大的组成部分实际上都是以往一些决定的结果,留给预算官员的活动余地相当狭隘。1911 年,一位英国财政部的官员曾经警告说,不要养成习惯,"把每一年的估算作为下一年度的起点"。遗憾的是,这一习惯早已根深蒂固、积重难返了。如威尔达夫斯基所指出的,今天无论是加拿大的大省份或者是美国密歇根州的小城镇,都毫无例外地采用循序渐进的预算方式②。

最后看第三条。威尔达夫斯基指出,循序渐进是以现有的基础为出发点的。所谓"基础"指的是预算参与者们普遍希望各项计划都可以在大致上接近现有开支的水平的情况下予以实施。所以,预算的基础其实也就是指各项计划中能为大家接受、不必经过反复讨论、再三斟酌的部分。应当指出,为了多获得一点拨款,很多单位都在你争我夺。它们对于自己的一份应该增减多少才算公平,都已心中有数。尽管由上而下的预算系统似乎缺乏通盘考虑,但正是这些早就打好的腹稿为预算系统的协调和稳定提供了一种虽非正式但却有力的手段③。

威尔达夫斯基以为,如何在预算过程中进行协调,一个好办法就是分工协作、各司其职。以美国联邦政府为例,各政府部门大多一门心思只想要求增加开支。预算局代表总统,往往倾向于削减支出。众议院拨款委员会的主要作用是充当财政部的守护人,而参议院的拨款委员会就好比是上诉法庭,各政府部门对众议院的行动有什么不同意见,可以到那里去请求裁决。威尔达夫斯基相信,正是类似的分工协作构筑起一个兼顾到彼此利益的预算模式,大大地减少了参与预算的各方人士的工作负荷。

值得一提的是,在世界各国的立法机构中,财政部监护人的角色并不多见。在荷兰,那些主管财政事务的立法专家们,经常通过增加拨款来维护他们主持的政策领域的利益。第四共和国时期的法国也不例外。究其原因,可能

① 伯恩·哈德索德、格兰·威尔绪:《企业预算:对管理计划和控制实践的调查》,纽约主计基金会 1958 年版。

② 托玛斯·克列斯巴赫:《预算过程中的密歇根州的市府经理》,安阿伯密歇根市政联盟 1962 年版。

③ 克理斯·阿加理斯:《预算对人民的影响》,纽约主计基金会 1952 年版。

有二：一是议会的拨款委员会有没有实力足以影响最终的结果；二是这个国家有没有具备相应的文化价值观和立法的传统习惯，主张对官僚的财政监督。此外，有些国家如墨西哥等，总统手握完全的预算大权，又身兼执政党的党魁，或者在英国，对党的责任高于一切。在这些国家，议会的立法委员会当然势单力薄、心有余而力不足，在预算的舞台上唱不了什么好戏①。

行政部门究竟要求多少拨款才合适呢？要得太多，拨款委员会会觉得太不合情合理，这些部门的信用就会因此大打折扣，以后即使申请不多，获准也不会那么容易了。所以，威尔达夫斯基提议的第一条要领是：切忌操之过急，一开口就讨大钱。但是说时容易做时难。如果申请拨款时过于小心翼翼，别人又会误以为这个部门其实并不需要拨款。怎么办？威尔达夫斯基提议的第二条要领是：可以多要一点，但不可要得太多。多要一点，以备审批时克扣不会造成太大影响。但又不可要得太多，以免有关方面就此生出成见，失掉信任。问题是如何才能把握好分寸呢？政府部门的那些有经验的领导们通常都会密切注意周围的动态，如去年的经验、议会的投票、行政当局的政策声明、实地调查的报告，等等，然后再报上一个比希望得到的略高的数额。

至于美国联邦政府的预算局，它的任务是协助总统实现他设定的目标。预算局的具体做法则以削减为主，其原因十分简单，政府的各个部门一向惯于报大数、要大钱。由于美国的国会向来对总统提交的预算都是以“砍”为主，政府各个部门最多也只能满足于预算局报上的拨款数额。事实上，美国政府的财政大权一直操纵在国会的手中。所以，如果预算局的提议一再地被国会否决的话，各政府部门自会察言观色，越来越不把总统预算当回事。有鉴于此，预算局也是经一事长一智，多半会在规划预算时留意遵循国会的一贯行事准则。事实证明，在相当多的问题上，预算局基本上都是跟着国会的步子走的②。

为了决定一些具体的项目到底应该建议拨款多少，众议院的拨款委员会又分成几个独立的小组。威尔达夫斯基注意到在这些小组之间一条广为尊重的原则就是互惠互利。这些小组的另一个特点是成员对各自负责的领域比较熟悉，专业性较强。此外，这些小组在规划预算时都采取渐进的方式，以有关部门的历史基础为参照点略作调整。对这些小组的成员而言，他们参与的预算只是对现有计划在财务上稍作修改而已，完全不存在对基本的政策选择要

① 罗伯特·斯格特：“墨西哥的预算制定”，《美洲经济实务》1955年第9期。
② 威尔达夫斯基：《预算过程的政治》，波士顿小布朗出版公司1964年版。

重新考虑的问题。

对于政府部门而言,确定了预算的目标之后,下一步就是进行战略计划。美国联邦政府的预算官员都一致相信,在争取预算的过程中,与其一味追求效率,不如在以下几方面多花工夫。一是培养积极的客户基础;二是努力赢取其他官员(特别是拨款小组委员会成员)的信任;三是注意充分利用各种机会。客户基础好,为之服务的部门就有了充足的理由要求加钱加人。客户还会为该部门做免费宣传,在其他官员面前为其评功摆好。拨款委员会在预算问题上位高权重,由于预算的各种考虑错综复杂,这些委员们在绝大多数情况下只能假定上报草案的数字的确真实无误,所以他们要求各政府部门的预算官员办事诚实正直。一旦这些委员们发现自己上当受骗,不但部门的预算官员要丢掉乌纱帽,该部门也难逃一年不如一年的厄运①。

另外,上报预算还要考虑时机、环境和地点。根据威尔达夫斯基的观察,有的政府官员会故意表示受节缩开支的压力不得已只能在一些最受大众欢迎的项目上下手,引起舆论哗然,结果拨款得以分毫未减。为了大幅增加预算的基础,也有人在适逢危机时抓住机会提出新的项目以求达到目的。还有一个特别值得注意的策略是把开支一分为二,变成基本预算和费用预算两个大类。威尔达夫斯基认为,由于美国的意识形态对赤字的大小和增长相当注重,引进基本预算通常会有助于大幅增加开支。

任何政府部门都希望在一个良好的环境中生存,换句话说,就是希望服务对象和其他有关的政府部门能够不断地从政治上给予支持。对政府部门的领导们而言,如果上报的预算草案老是被否决的话,他们就会失去对自己组织的控制、被撤掉官职、自己一手创立的政策会被推翻,甚至整个部门被解散。为了避免出现这种局面,他们一定要拿得出一份像模像样的成功记录,以维持组织内外关键人物对其的信任。所以,他们必须要认真考虑假定自己处于那些关键人物的地位时会采取什么行动,然后再注意观察,看上报不同的预算草案时,国会和预算局的态度、反应又有什么不同。

三、论预算改革

由于政治体系的种种不合理,整个预算的过程不可能面面俱到,于是对预算的攻击接二连三,要求进行预算改革的呼声更是此起彼伏。威尔达夫斯基

---

① 威尔达夫斯基:《预算过程的政治》,波士顿小布朗出版公司1964年版。

认为,在美国改革一向被尊为一种崇高的传统。但他也意识到,如果改革光是着眼于预算,成功的几率微乎其微。他指出,尽管目前的预算过程有很多令人不能满意的地方,但问题的关键还是在于政治体制的某些方面而不是预算本身。他问道,如果对如何改变政治影响力的分配一字不提,就对预算进行大刀阔斧的改革,岂不就是天方夜谭?实际上,试图改变政治影响力的分配又谈何容易!也正因为如此,大多数人宁愿避重就轻,以为小修小补或许也可以慢慢地带来些新的变化。

其实,如威尔达夫斯基所说,一方面,预算和政治体制之间的联系可谓千丝万缕,这是有目共睹的不争事实;另一方面,有关预算的一些文章却至今还没有能真正地认识到这一事实的许多内在含义。比如,很多人就没有能清楚地意识到,作出根本性的政治改变是最能影响预算的途径。具体而言,如果增加总统的权限,使他可以一手控制国会中他所属政党的所有议员的票数,或者让少数国会议员在任何场合都能掌握住多数票等等,那么这么一来,就可以对预算发挥重大的影响。

预算和政治体制之间的联系可谓千丝万缕。这一事实也意味着:在不触动政治过程的情况下是不可能对预算过程作出任何重大的改变的。对着预算机器作些零碎的修补,而决定预算的模式却一如既往,用威尔达夫斯基的话来说,这样做是毫无意义的。反过来看,如果预算改革终于成功地导致了新的不同的预算决定,这必然意味着各种政治力量之间的较量对比已经旧貌换新颜了。当然,各种政治力量的此消彼长与能否明白无误地提出并成功地捍卫新的价值有着密切的关系,但是威尔达夫斯基一针见血地指出,这一点正是许多关于预算改革的建议所缺乏的①。

预算和政治体制之间的联系这一事实还意味着:如果不考虑清楚哪一方会因之而受益、受损,或者未能证明没有人受损,一个预算是决不能标榜为较好的预算的。实际上,所谓较好的预算背后很可能就藏有一些秘而不宣的政策目的。例如,建议总统享有预算的单项否决权,其实是那些和美国首席行政长官过从甚密但与国会关系平平的利益集团想增加自己影响力的一种企图。

威尔达夫斯基相信,对预算的研究应该从两个角度进行:既要注意理论上的探索分析,又要着重改革实践的讨论。他相信,在实施改革之前,应该事前掌握一点理论方面的知识。只有当对有关预算的理论有了充分的了解,对各自的政治体制下的现有状况有所认识,才可以避免出现重大改革的提案缺

① 威尔达夫斯基:《如何限制政府开支》,加州大学出版社 1980 年版。

乏根据的可悲局面。他说道，假定一份提案会改变现存的各种关系，或者会禁止某个政府部门以对其最有利的方式来展示它的计划，或者会改变人们对参与预算的关键人物的期望，或者会影响到某个部门是否能获得应有的拨款，这份提案所造成的很多后果往往是我们难以事先预测到的。当然，威尔达夫斯基也相信，在某些情况下，在切实可行的小范围内放慢步子，搞些改革的试点也未尝不可。

威尔达夫斯基认为，研究预算在一定的程度上就是研究政治。由于不可能一下子研究所有的东西，所以如果把研究集中到预算的决策上来，将为研究政策的制定提供有利的但又长期被忽视的途径。简言之，不但预算离不开政治，而且研究预算也有利于对政治的了解。在考虑预算改革的问题时，威尔达夫斯基的意见同样地具有重要的参考价值①。

第三节　分析与评价

威尔达夫斯基虽然长于公共行政的预算研究，但他一生的著作却充分地显露了他对整个公共行政学的热忱关注和巨大贡献。

如何评价官僚体制和层级结构，是长期以来在学界中争论不休的一大问题。威尔达夫斯基在这个问题上的立场相当鲜明。他认为，尽管官僚体制和层级结构有这样那样的弊端，但应该承认这个结构还是有其可取之处的，即它为行政带来稳定，有利于政策的连贯性、可预见性。此外，也应该看到这个结构之所以能一直存在的真正原因，即它遵循的一些基本原则，如注重专业化、强调合理分工、讲求专门技能、尊重服从权威，以及安排任务因人而异等等。

威尔达夫斯基也认为，社会上对公务员的态度反反复复、时好时坏，公务员名声不佳，社会也要负上一点责任。显而易见，他为官僚体制、公务员的遭遇很抱不平。美国的政治文化基本上是反权威、反官僚的。在这样的背景下，威尔达夫斯基提醒我们应该对官僚体制、权威、公务员有个客观的看法，是可以理解的。

但是，我们也应该在看到官僚体制、层级结构的有用之处的同时，不要忘记这个结构必然会造成的各种毛病。正如不少公共行政学学者一再提到的，

① 威尔达夫斯基、迈可·波士金：《联邦预算：经济和政治》，美国三藩市 ICS 出版公司 1982 年版。

官僚体制其实是一个没它不行的恶魔。

作为一个预算权威，威尔达夫斯基把预算简单明了地称为“预测”。他又直截了当地指出，预算的目的是为了把财政资源转化为我们期望的目标。更重要的是，他明白无误地阐述了预算和政治之间的关系。如他所说，政治这场斗争为的是在决策中占据上风，预算则是这场斗争结果的记录。虽然威尔达夫斯基讲的是公共行政中的预算，实际上，他的说法也适用于其他领域的管理中的预算。

威尔达夫斯基把预算的基本方法归纳为三条，即简单明了、循序渐进、注意预算参与者的期望，可以说是易懂易学。值得我们注意的是他称为“至关紧要”的第二条——循序渐进。循序渐进有其优点，但不等于十全十美。应该说，循序渐进方便预算的制定，有利于政策的稳定、持续，但它的基本实质是倾向保守，以维持现状为主要目的。

有趣的是，威尔达夫斯基一方面为注重效率的官僚体制打抱不平，另一方面，在争取预算的问题上，他又主张与其一味追求效率，不如多花些工夫在公关上面。乍看起来，似乎有点自相矛盾，实则不然。威尔达夫斯基建议努力的几个方面，如培养客户基础、争取同僚信任等等，表面上好像在拉关系，实际上却是在为预算的顺利通过打基础。这个道理，应该不难理解。

在预算改革这个问题上，威尔达夫斯基可以说是一针见血，指出预算过程中存在着种种不能令人满意的地方，但是问题的关键还是在于政治体制的某些方面，而不在于预算本身。想要大刀阔斧地改变预算的过程却又连政治体制的一根毫毛都不敢触动，这样的改革，只能是纸上谈兵。这一说法，和他认为预算和政治两者密切相关的思想是一脉相承的。

不过，人们还是会问道：如果威尔达夫斯基认为预算的改革非触及政治体制不可，这也就意味着大的社会动荡可能在所难免，那不又和他主张的循序渐进的目的背道而驰吗？如何既通过改革不断改进预算的过程，又注意保持行政的持续稳定、社会的和谐安宁，始终是公共行政学界需要认真探讨的一大问题。威尔达夫斯基的很多观点，不但为我们在这一领域的进一步探索提供了良好的基础，更为我们的深入研究提出了新的问题。

思考题

1. 威尔达夫斯基对权威、效率价值和层级制表达了一种什么观点？你赞成这一观点吗？
2. 为什么在威尔达夫斯基看来预算过程是一个政治过程？
3. 你如何理解威尔达夫斯基的预算的三种基本方法？

第十四章　沃尔多的折中的行政观

第一节　生平与著作

1913 年 9 月 28 日，德怀特·沃尔多(Dwight Waldo)出生于美国内布拉斯加州的杜维特。

中学毕业以后，沃尔多就考进内布拉斯加州州立师范大学。1935 年，他获得学士学位，想找一份教职工作。可惜生不逢时，正值经济大萧条席卷全美乃至全球之际，他的求职努力到处碰壁。在失望之余，他毫无选择，勉强接受了内布拉斯加大学一份半工半读的差使，一边帮教授批改学生的论文，一边攻读政治学硕士学位。

1937 年，沃尔多时来运转，三喜临门。这一年，他取得了硕士学位，和葛文·佩恩喜结连理(他们夫妇俩一共生了三个女儿)，还拿到了耶鲁大学的奖学金，步入名牌学府的校门。在耶鲁大学政治学系，他主修政治思想史，1941 年起还在系里开过一年的课。1942 年，他获授博士学位。

沃尔多在耶鲁大学撰写的博士论文初时的题目是"关于在民主的传统中专业知识的一些理论"，原意主要是探讨在多大的程度上民主应该服从专业知识。但是正如许多别的论文一样，在写作的过程中，论文的目的和范围往往会不断改变，甚至与原先的设想大相径庭。沃尔多也不例外。尽管他的论文的重点还是政治理论，完稿的论文中大量的篇幅却是在讨论公共行政。之所以他的博士论文内容会出现这样的变化，主要原因在于他发现了公共行政其实是一个孕育理论的主要摇篮。由此，他一改初衷，致力于揭示公共行政的理论。

有趣的是，沃尔多对公共行政并没有什么亲切的感情。用他自己的话来说，有的只是一种"恶意，甚至蔑视"。他把公共行政看作是一种低层次的职业，日常处理的问题不外乎数数窨井盖等，可谓相当世俗，不登大雅之堂。虽然他仍认为公共行政和政治理论是应用理论连续的两极，他还是把公共行政作为研究政治理论的一个部分，目标则是为了证明政治理论与我们密切相关、用途广泛。

沃尔多自己承认，在这种态度的影响下完成的博士论文，亦即后来出版的成名作《行政国家》，实在“放肆傲慢，自作聪明，心怀敌意”①。他坦然地解剖自己道：“我过于玩味讥讽和矛盾。有时候言之有据的批评却因此演变成措辞不当的揭发。”②就连出版商也觉得沃尔多有点过分，忠告他不要树敌太多，以免早早断送自己的大好前程。该书于是削去了不少棱角。即使如此，在相当长的一段时间里，他在公共行政学界还是逃不脱四面楚歌的境地。问世将近十年以后，《行政国家》一书才开始逐渐为人赏识、受人尊重。

《行政国家》一书从构思到出版费时长达八年。在这期间，沃尔多有关公共行政的思想和态度已经起了实质性的变化。1942 年春，他婉言谢绝了去大学讲授政治理论的邀请，奔赴美国联邦政府的所在地——首都华盛顿。从那一年起，他在联邦政府的价格管理局当了两年的分析师。之后，他又跳槽到联邦政府的预算局当了两年的价格分析师。沃尔多认为自己这一段时期表现平平，对此一直耿耿于怀。在外人看来，则是塞翁失马，焉知非福。正是在政府部门四年的宝贵经验促使他开始了再社会化的过程，从此以后，公共行政而不是政治理论成了他的终生事业和功成名就的天地。他曾经写道，为政府打了几年工以后，他对政府管理的困难有了了解，对行政官员的处境深表同情。他确信，没有在政府部门工作的经验，就没有资格去教授政治学。

第二次世界大战结束后不久，沃尔多应聘前往伯克利加利福尼亚大学讲授政治理论。走马上任以后，他开设的政治学课程包罗万象，唯独没有政治理论课。与此同时，他发现自己对公共行政学的兴趣与日俱增。他越来越觉得，公共行政学才是他衷心所爱。在伯克利，他参与建立了公共事务研究院。他也参与将大学的公共行政局改组成为政府研究院，并从 1958 年起在该院担任了长达九年的院长。与此同时，他对公共行政学的兴趣日益广泛。接触了德国学者韦伯的著作后，他萌生了对比较行政学的兴趣，并早在

① 沃尔多：“重访行政国家”，载于《公共行政评论》1965 年 3 月第 1 期。
② 沃尔多：《行政国家》第二版，纽约罗纳德出版公司 1948 年版。

20 世纪 50 年代初就开过一门“比较全国行政”课。他还远渡重洋前往意大利，参与一个目的旨在改进该国行政的项目。如他所说，正是这次赴欧的经历使他有机会把行政“原则”的种种局限、弊病看个一清二楚。20 世纪 60 年代初，沃尔多开始积极参与美国公共行政学学会属下的比较行政小组的活动。

经过了将近十年的“知识流放”，学术面貌焕然一新的沃尔多终于以主角的身份登上了学术管理的舞台。在政治学方面，从 1957 年到 1960 年，他先后担任美国政治学学会理事和执行委员会委员。1961 年，他被选为该学会副主席。此外，在 1959 年至 1963 年间，他还是美国政治学学会机关刊物《美国政治学评论》编辑委员会委员。在公共行政学方面，他担任过美国公共行政学学会的理事以及《公共行政学评论》的编辑委员会委员，自 1966 年起，他担任该刊物的主编长达 11 年之久。自 1963 年起，他一直是《行政科学国际评论》的编辑委员会委员。

在伯克利加州大学任教期间，沃尔多对公共行政学的兴趣越来越浓、越来越广。与此同时，他对政治学日趋淡漠。到了 1967 年，他自称兴趣别移，越发热衷于社会学、企业管理以及组织理论。他觉得，与政治学相比，这些学科与公共行政学的研究课题关系更为密切。此外，他对政治学的学术环境也颇有微词，认为政治学界容不得他的兴趣爱好。一怒之下，沃尔多辞去加大教职，转赴位于纽约州的锡拉丘兹大学，担任政治学教授并兼任该校马克斯维尔公民和公共事务学院的阿尔伯特·舒怀策人文科学教授。可以说，他对锡拉丘兹大学和马克斯维尔公民和公共事务学院推崇备至，认为公共行政学在那里能够获得应有的尊重，是当时美国的高等学府中的异类。在锡拉丘兹大学任教期间，沃尔多先后担任过美国全国公共事务和行政院校协会的副主席和主席。1979 年，他正式退休，并获授锡拉丘兹大学名誉退休教授的称号。实际上，他退而不休，又到斯密森博物馆（即美国国立博物馆）的伍德罗·威尔逊国际学者中心工作了两年。此后，尽管年事已高，他仍然老当益壮，积极参与学界的各项活动。

沃尔多的一生事业成果颇丰，获奖甚多，包括意大利博罗尼亚大学授予的银质奖牌、内布拉斯加大学的荣誉博士学位、国际城市经理协会荣誉终身会员、美国公共行政学学会颁授的威廉·莫舍奖和拉凡·伯奇菲尔德奖、伯克利加州大学的伯克利荣誉奖。此外，他还是许多学术组织的成员，这些组织包括国家公共行政科学院、美国公共行政学学会、美国政治学学会、美国促进科学学会、国际行政科学学院，以及国际政治学学会。

第二节　折中的行政观

一、论公共行政学古典学派

沃尔多的大部分著作都是在探索公共行政学的历史。所以,在讲述他有关公共行政学的主要观点之前,让我们先回顾一下他对公共行政学历史的阐述和评判。

沃尔多一再强调,公共行政学并非创始于20世纪。在此之前的几百年中,人类已经发明了一系列的行政技术,而政府部门则是在不久前才对这些技术的应用和改进做了许多重要的贡献。当然,他也承认,到了19世纪下半叶和20世纪初,已经开始有意识地展开公共行政学的研究,美国也成为了一个行政学研究的中心。当时有几股力量导致了这门新生学科的发展并粗具规模,但是在沃尔多看来,决定公共行政学特殊内涵的主要因素是美国国内的改革运动和所谓的"进步时期"。那段时期特别强调行政领导、公务员制改革、公民意识教育,以及通过科学调查来揭露行政管理的效率低下。这些特点后来逐步融合在一起,演变成如今广为人知的公共行政学古典学派。

沃尔多认为,在公共行政学界独霸天下直到20世纪40年代的古典学派有五大基本特点:第一,承认并接受政治—行政两分法;第二,赞同有一个通用的管理方向;第三,通过科学分析寻找行政管理的原则;第四,强调行政权威应该集中;第五,致力于民主。

先看古典学派的第一个基本特点。古典学派认为政治和行政是两码事,两者应该分开。沃尔多认为,总的来说,古典学派的创始人赞同将政治和行政一分为二,把行政视为一种政治不应介入的专业,并主张加强首席行政官的权力以抵消行政部门的离心力①。

再看古典学派的第二个基本特点,即私人企业的管理技术也适用于政府管理。沃尔多认为,公共行政采纳了私人企业的管理程序和管理思想。应用企业管理的模式实际上是舍弃各种权力的平衡,提高首席行政官的作用,强调

① 沃尔多:《行政国家:对美国公共行政的政治理论的研究》,纽约朗诺德出版公司1948年版。

必须要实施层级控制,推行业绩制,以及像企业那样进行预算操作①。

古典学派的第三个基本特点是寻找出一门行政科学。在这一点上,古典学派所持的态度相当现实。它认为,只要对行政实践进行科学的研究就会发现行政的基本原则,从而建立起一个有效率的政府②。

古典学派的第四个基本特点是强调行政首长集权的重要性。具体做法是:集中,简化,统一。目的则是集中责任,通过实施较强的层级控制来强化首席行政官的权力,取消多余的部门,以提高效率③。

古典学派的最后一个基本特点是致力于民主。所谓民主,指的是实质上而不是程序上的民主。要实现民主就要建立起一个能够为人民的需要服务的,想人民所想的,坚强有力、敢挑担子的政府④。

古典学派的学者自称,他们并没有就价值、意识形态和哲学高谈阔论。但是沃尔多却认为,这个学派对公共行政的看法在上述三方面都有强烈的主张。首先,在价值方面,他们鼓吹个人主义和现实主义,提倡平等,赞成和谐而不是冲突,相信都市生活的优越性,并视科学为人类取得进步的首要工具。正是这些主张有力地支持了现存的政治秩序。

其次,在意识形态方面,古典学派推崇民主,提倡法治,坚持进步和改革,鼓吹效率第一,并相信专业知识是民主的统治阶层赖以建立的基础。为此,其认为一定要先建立起一个高效率的政府。古典学派提倡法治,其具体表现就是他们寻找行政原则的努力,相信这些原则能够反映出更高的法则和人类的根本的道德秩序。在沃尔多看来,古典学派对基本法的信念带有改革运动中新教徒的气息。他们还以为,建立一个有计划的妥善管理的社会,就可以取得进步。他们鼓吹效率第一,实际上是企图调和传统的民主机构和新的行政技术之间的矛盾。在他们的眼里,组织和行政的效率提高了,就可以建立起一个能够想大众所想的、敢负责任的、更好地为大众服务的政府。要达到这个目的,一是要掌握科学知识,二是政府部门要有大量的专家。正如古典学派所极力主张的那样,要建立起专家理政的统治阶层,让这些人行使政府的权力以保障民主。总的说来,沃尔多的结论是,早期公共行政学的学者尽管自称已经与政治理论学科分道扬镳,其实仍然摆脱不了政治理论学科的影响。

---

① 沃尔多:《行政国家:对美国公共行政的政治理论的研究》,纽约朗诺德出版公司1948年版。
② 沃尔多:《公共行政研究》,纽约兰登出版公司1955年版。
③ 沃尔多:《行政国家:对美国公共行政的政治理论的研究》,纽约朗诺德出版公司1948年版。
④ 小约瑟夫、尤弗基斯:《公共行政的尺度:入门读物》,波士顿霍尔布鲁克出版公司1971年版。

最后,在哲学方面,古典学派对公共行政的看法有浓厚的哲学色彩,其主要内容是现实主义、功利主义和实证主义。现实主义反映在对效率的强调,功利主义反映在所追求的"最大多数人的最大幸福"的目的,实证主义则反映在反对采用无形的标准。

在回顾沃尔多对古典学派的分析时,理所当然地应该看看他对马克斯·韦伯的评价。沃尔多认为,韦伯已被人视为传统体制的创建人、潜在的行为学者,甚至是一个披上伪装的形而上学理论家。虽然沃尔多承认上述这些看法有点道理,但是,他最看重的是韦伯关于官僚结构的概念。在沃尔多看来,那是人类对于正式组织的最重要的声明。在沃尔多的心目中,韦伯是一个天才人物。韦伯成功地把官僚结构这一概念和人类的历史、经济生活、技术发展、政治哲学、社会结构及社会过程连接在一起。简言之,韦伯把官僚结构的发展和人类文明的发展连接在一起。在这一点上,沃尔多和韦伯两人可以说是心有灵犀一点通。不过,沃尔多对韦伯的官僚结构说并没有全盘接收,对官僚组织是否可取很有保留。

总的来说,沃尔多对古典学派的评价是好坏参半。下面谈的是他对古典学派的批判和评论。在政治—行政两分法这一个问题上,沃尔多认为,将两者一分为二,既不符合客观现实又不会如预期的那样改进行政行为。依他所见,这种两分法的目的是让民选官员负责制定政策、让行政官员负责执行政策,以此分工来解决官僚和民主之间的矛盾。按照古典学派的观点,民主意味着能够对公众的需要迅速作出反应,而要做到这一点,靠的就是一支专家队伍。沃尔多对此不敢苟同。他以为,在古典学派时期的公共行政只是在表面上奉承民主的理想。口头上,民主被视为令人向往的目标;实质上,民主根本就不是行政部门所首要关心的问题,和效率第一的原则更是背道而驰。古典学派运动对所谓的"离心民主"口诛笔伐,目的是推行自己设计的所谓"向心"民主。具体的做法就是把政治和行政一分为二,通过中央集权来提高行政效率①。

古典学派也试图通过政治—行政两分法来解决价值的问题。他们以为,政治体制必然建立有它的价值并为行政部门确定要达到的目标。沃尔多觉得这种说法口是心非。人们本来期望行政科学可以指导更广泛、更复杂的现象,而这种说法根本就忽视了人们对行政科学的期望。沃尔多指出,古典学派的学者们提出的真正的问题其实不是政治应不应该和行政一分为二,而是在多

① 沃尔多:《行政国家:对美国公共行政的政治理论的研究》,纽约朗诺德出版公司 1948 年版。

大的程度上行政的功能可以介入决定价值和政策。可惜的是，长期以来古典学派的学者们始终提不出一个令人满意的答案。那么沃尔多对这个问题又是怎么看的？他相信，应该提倡一种新的哲学，这种哲学的中心是鼓励包括政治权力和行政权力在内的各种权力互相合作，而不是唆使它们互相争斗①。

对古典学派鼓吹的组织模式，沃尔多同样地持批判态度。他既不赞同他们过分强调组织间的共同点以及所谓的通用原则，也对其组织理论的过于理性的偏向不以为然。他指出，为了寻找各组织之间的共同点，古典学派的组织理论根本就忽视了各个组织自身的特点，而这些特点正是"行政的"要素。沃尔多认为，每一个组织都应该根据其目的而不是根据所谓的通用原则来确定自己的结构，每一个组织的形式和过程也应该能够与这个组织所处的特定环境相适应。遗憾的是，古典学派的组织理论闭门造车，设计了一大堆组织形式和过程，实际上都不能适应具体的特定情况或者不断变化的环境。即使有些古典学派的原则是以实验的观察为基础的，确实把真实的情况告诉了我们，这也并不等于说，这些原则就成了指导我们一切行动的准则。最后，沃尔多还指出，古典学派对各种组织的非理性、非正式的方面完全视而不见。韦伯对官僚结构的构想就是一例。在沃尔多看来，韦伯过分地强调了官僚结构的有用的一面，但却忽视了组织的非正式的、社会情感的另一面，认为职位高于知识，是层级权威的基础。

沃尔多也指责古典学派的学者们伪装科学。他认为古典学派的行政科学主要倚仗"事实的堆砌"，他们提出的所谓原则其实不过是一些常识的延伸而已。对古典学派学者们的动机，沃尔多尤为不满；对他们能否建立起一门行政科学，他很有保留。他相信，公共行政学涉及人的思想、对人的评价，光靠一些科学技术是不够的，因为人类的自由意愿使机械因果的原则往往无从适用。当然我们不能因此就断言沃尔多认为科学无用，即使他不相信可以建立起一门行政科学，他还是主张要有一种科学精神，起码可以让科学调查适用于行政的某些部分。

二、论公共行政

多少年来，如何给公共行政作出一个确切的定义，一直是一个困扰着许多学者的问题。沃尔多也不例外。他认为其实我们还没有确立一个好的公共行

① 沃尔多：《行政国家：对美国公共行政的政治理论的研究》，纽约朗诺德出版公司1948年版。

政的定义,或者说也许有一些简短的定义还算不错,但是却很难找到好的简短的解释。而如果试图用一个句子或者一个段落来给公共行政下定义的话,除了使人精神麻痹之外,是不可能达到任何开导或激励的作用的。

那么沃尔多又是怎样来得出他自己的公共行政的定义呢?为了找到问题的答案,他首先考虑的是如下几个问题:第一,行政是一门艺术还是科学?第二,行政是属于实际行动还是学术研究?第三,行政的含义是什么?第四,公共的含义是什么?

行政究竟是艺术还是科学?沃尔多认为问题的产生在于提出问题的人各有侧重。有一部分学者和行政人员对自然和物理科学的成就印象深刻,十分崇拜,于是坚持要把公共行政学定位为科学。另一部分学者和行政人员则对于具体行政工作中,特别是在作出判断或者进行领导时所必需的创造性赞赏有加,于是理所当然地主张把公共行政学定位为艺术。

对这个问题,沃尔多是怎么看的呢?他倾向于把公共行政定义为"应用于国家事务的一门艺术和科学"。他觉得,这样的定义可以突出公共行政实质上兼备艺术和科学两者各自的一些重要方面。再一个优点就是,这样看可以回避在定义问题上的纠缠不休,有助于把注意力集中到公共行政的研究和实践上去。

与公共行政究竟是艺术还是科学这一争论相关联的另一个问题是:公共行政究竟是实际行动还是学术研究。长期以来,公共行政可以用来表示学术探索的一个领域、一门学科;它也可以指管理公共事务的过程或者活动。应该指出的是,尽管这两种含义关系密切,它们说的并不完全是一回事。按照沃尔多的看法,它们之间的区别大体上相当于研究生物的生物学和生物本身之间的不同。他更指出,如果视公共行政为科学,那么它就接近于被看成是一门系统性的学科;而如果视之为艺术,那么就更容易把它当作一种实践。

沃尔多把公共行政的两种含义之间的区别比喻为生物学和生物之间的区别很有几分道理。他以为,一方面,生物学包括了对作为一种生物的人的研究,而这种研究只是整个生物学研究的一小部分;另一方面,除了人之外,又没有任何其他生物能够从事对其他生物的研究。再来看看公共行政,一方面,人是它的研究中心;另一方面,又正是人在参与公共行政的过程和活动的同时,从事对公共行政的大部分的研究。例如,负责处理档案的办事员在考虑如何根据需要改进存档系统,管理人员试图在其下属中推广新的分工方式,政府聘请的一批社会科学家正在研究如何让政府员工保持良好的精神状态。他们在某种意义上都是在从事公共行政的研究。

作为一类活动，公共行政要不断探索各种有助于实现公众目的的手段，尽管参与这些活动的人对目的的理解、知识的水平、抽象的能力都会有所不同。作为一门科学，公共行政也还是要不断探索各种有助于实现公众目的的手段，尽管讨论问题的角度、抽象的能力、问题的大小、企图达到的目的的一般性或者特殊性也都会有所不同。为了说明公共行政究竟属实际行动还是属学术研究，沃尔多作了一个假设，假定某州政府的公务局聘请了一家管理咨询公司，以确定如何更有效地使用机械设备。负责主持这个项目的人就会收集数据，并努力争取使用设备的政府人员的支持。经过一系列的调查研究，咨询专家们提出了相应的建议，其中有些建议有可能会被专家们和实际操作人员一块采纳并付诸实践。从这个假定的事例中可以看到，学术研究和实际行动已经混为一体，很难区分。说到底，学术研究也还是行动的一种形式。即使如此，两者间还是有着差异，不能混为一谈。套用沃尔多的话，公共行政就"好像一段光谱，两极间存在着很多变量和等级"。

讨论了公共行政的定位之后，沃尔多又进一步去探索行政的含义。他认为"行政是人类具有高度理性的合作性的一种努力"。但是，他又指出，行政未必是人类进行理性的合作的唯一形式。例如，美国的经济体系通过各个公司之间的对抗性的竞争以及公司内部的行政来实现商品的生产和供销中的理性行动。他以为，从社会学的角度看，行政的主要特点可以用官僚体制来概括；而从研究行政的学者的常规角度看，行政说的就是"组织"和"管理"。前者指在一个行政体系中带有权威而又因习惯形成的人与人之间关系的结构；后者则指企图在一个行政体系中取得理性的合作的行动①。

那么，公共的含义又是什么呢？沃尔多认为，在考虑这个问题时，一方面要注意到公共这个词往往是和政府、国家等概念连用在一起。另一方面，在提到公共时，人们会不由自主地联想到在一个特定的社会什么样的活动或者功能才属于公共的范畴。以美国为例，军事事务的行政是隶属于公共的，也就是属于政府管辖的。汽车销售则是私有的，即由私人企业经营管理的。但是按照这一思路再探讨下去，问题就不那么简单了，因为即使在和平时期，汽车销售的行政事务也还是要接受公共的监督。

沃尔多觉得，可以通过各种途径去探索公共的含义。每一种含义都具有它各自的作用。在某些情况下，指出一个行政系统的法律地位就已经足够了；而在另一些、特别是更重要的场合，可能就要借用社会学和人类学中某些相当

① 参见罗伯特·达尔和查尔斯·林德布洛姆的《政治、经济和福利》。

成熟的概念。“结构—功能分析法”对于我们识别在各种社会中公共的含义是很有帮助的。此外,文化这一概念也有利于我们看到各种社会之间的公共的不同的方面,以及一个社会内部的行政的各种关系。

三、论行政道德

1883 年,美国国会通过《彭德尔顿法案》,自那以后,美国的公共行政走上了功绩制的轨道。例如,公务员的录用要通过公开的考试;面试过程必须遵循“三人条例”,即每招聘一个新人必须先邀请三个最有资格的申请人面试再作决定;在职的公务员受法律的保护,得以免受政治压力;半独立的公务员委员会正式成立,以监督功绩制的执行,等等。

在当时,对行政道德的意见比较一致,认为它指的就是推行公务员制度改革,以功绩制取代政治分肥制。但是,随着时间的推移,当年的关于什么是政府道德的比较一致的意见已不复存在。有关道德的定义不但与当时的大不相同,而且众说纷纭、莫衷一是。通常道德是指一系列用来评判人们行为正确与否的准则。有些定义则强调管理道德的主观属性,认为凡是在有人看到某一行动正引起不同的道德准则之间的冲突的地方,就有道德问题。也有一些定义着眼于道德的影响,认为所谓的道德首先关注的是所作的决定对组织内外的人们的影响。还有学者将道德问题和行政处理权联系到一起,认为政府管理人员是否援用行政处理权归根结底还是和他的道德观有关。不过,大多数的定义中最基本的一个要素就是义务性。

沃尔多将美国政府工作人员应尽的义务列成了一份表,共 12 项。包括:① 对宪法的义务;② 对法律的义务;③ 对民族和国家的义务;④ 对民主的义务;⑤ 对组织和官僚的规范的义务;⑥ 对专业和专业主义的义务;⑦ 对家庭和朋友的义务;⑧ 对自己的义务;⑨ 对中层集体的义务;⑩ 对公众利益或总体福利的义务;⑪ 对人类或世界的义务;⑫ 对宗教或神的义务[①]。

这份表有几个特点:首先,沃尔多声称,列出的 12 项公务员的义务并不完全,实际上还可以继续添加多项;其次,它是针对美国这个特定的环境而言的;最后,表中各项的排列先后并不意味其重要程度依次递减。他认为,没有按其重要性将上述各项准确地排列出来实际上反映了这么一个客观事实,即“在道德领域中的杂乱无章”以及在这一方面的“缺乏共识”。即使他这样说,

① 沃尔多:“公共行政和道德”,《公共行政的当前议题》,纽约圣马丁出版公司 1994 年版。

但是,从排在第一、二、三位的分别是对宪法、对法律、对民族和国家的义务这个事实来看,它们的重要性以及对法治的强调都是不容置疑的。西方的政治传统一贯主张对国家、对政体、对公众的义务要高于对家庭的义务由此可以略见一斑。

另外,我们也可以从这份表上看到了一些矛盾：如国家和个人之间的矛盾,法律和人情之间的矛盾,公德和私欲之间的矛盾,宗教和世俗之间的矛盾等等。这些矛盾在现实生活中的表现往往因职务不同而不同,所引起的道德问题则更要复杂得多。所以,沃尔多就说了如下这么一番话:"虽然有一些共同的地方,但是,立法议员和部队军官的道德问题可能会大不相同,行政管理部门首长和警察局局长的道德问题可能会大不相同,处于生产第一线的监工和上面负责的头头的道德问题也可能会大不相同。"

值得注意的是,上述的12项义务中还包括了公务员对自己的义务。沃尔多承认,"世人大多赞同,自私和自大都是恶习"。那么为什么还要提出对自己也有义务呢？他的回答是:"尊重自己是尊重别人的基础。能够善待别人,懂得尽己之责,首先就必须有自强之心,有正直之意。"换言之,对自己的义务是对自己的尊重,而不尊重自己的人也就不会尊重别人。总的说来,沃尔多拟就的这份表在相当程度上体现了大公小私、先公后私的想法。

四、论行政教育

众所周知,要学习和研究公共行政,就不可避免地会受到沃尔多的影响。实际上,要教授公共行政,也同样不可避免地会受到他的影响。有学者认为,从20世纪50年代到70年代这一段时期,如果说有哪一位学者能称得上是公共行政教育专家的话,此人非沃尔多莫属。

沃尔多对公共行政教育的贡献是多方面的。先看看他在教育方法方面的贡献。沃尔多讲授公共行政学的课程长达近40年,有人曾问过他有些什么教学心得和体会可以与后人分享。他答道:"讲授社会科学必须围绕四个基本问题。第一,我们讲的是什么？我们讲的是一个概念、问题,还是一个事实？第二,我们怎样去了解？什么样的真实性测试才是合适的、可以接受的？第三,和什么进行比较？第四,我们所讲的东西有什么重要性?"①沃尔多开设的

① 布拉克·布朗、理查德·斯蒂曼三世.《对公共行政的探索. 德怀特　沃尔多的思想和事业》,得克萨斯州农机大学出版社1986年版。

讲座就是按照这样的程序进行的。他的课以学术著作为基础,旁征博引,包罗万象,涉及各种定义、理论、思想、证据、实例等等。但是在讲课的过程中,他又很少去宣称信仰哪一门学派。实际上,他始终以中间派自居,认为自己只是一个教授,一个善于提问而又了解问题的重要性的教授,一个随时准备探讨所得答案的长处和不足的教授而已。

作为一种分析方法和一种教学形式,沃尔多常常使用"成对选择"法。他将官僚和民主作为一对选择的考虑早已为世人耳熟能详。1971 年,他发表了题为《骚动中的公共行政》的论文集。该书收录的作为结束语的最后一篇论文堪称他的"成对选择"法的最完整的体现。除了提到民主与官僚之外,文章对集权与分权、政治与行政、效率与无效率、期望的升降等都有精辟的论述。在马克斯维尔公民和公共事务学院任教的最后一个学期,沃尔多开设了一系列的"课外告别讲座",其内容日后编辑成册,于 1980 年作为《公共行政的事业》一书出版。书中沃尔多也一再运用"成对选择"法来解释公共行政中的道德问题。

案例分析是沃尔多对公共行政教育的又一贡献。他长期任职于校际案例计划理事会,极力主张在公共行政的教学上推广使用案例。在他看来,案例既包含经验又具有实用价值。它们虽然以经验为基础但又不局限于逻辑或推论;它们既有课堂的实用价值又有其历史的意义。更重要的是,案例提供的固然是别人的经验,但却能够帮助许多没有亲临其境的人提高其纵观全局的能力。通过进行案例分析,我们才有可能对一些所谓的灰色地带,如政治和行政之间的灰色地带作比较深入的探索。此外,对于公共行政领域中的道德问题,案例分析法更是大有用武之地。

沃尔多关于在公共行政学教学中采用案例分析法的论文是于 1962 年发表的。到了 20 世纪 70 年代末和 80 年代初,研究公共政策的院校大批涌现并且刻意摆脱社会学的影响。其重大措施之一就是以深入的案例分析来取代源自行为社会学研究的经验主义,并将之作为政策知识的基础,作为公共政策硕士课程的主要基石。如今案例分析法在全美各公共政策研究院所已经广为普及,哈佛大学的肯尼迪政府研究院对案例课程的推广不遗余力,在所谓的后行为学研究中的案例分析格外引人注目,可以说案例教学法正在大行其道。沃尔多的远见卓识深得学界的敬佩和赞扬。

事实上,沃尔多对案例教学的兴趣和他早期从事小说的写作密切相关。1968 年,伯克利加州大学的政府研究学院曾经出版了他写的一本小册子,篇幅不长,才 150 多页,题目是《一位谈组织和行政的小说家:对两个世界间关系的探索》。他在书中写道,还在40年代他刚开始从事公共行政的实践和研究时,他就已经热衷于阅读所谓的"行政小说"。随着时间的推移,这种兴趣演变成了他的嗜好。他相信,人们可以从中汲取大量的价值,但又不用付出痛苦的代价。他也相信,从事具体实践的行政人员和研究公共行政学的师生都应该知道并充分利用这一资源①。

可以说,沃尔多是走在时代前面的先驱。数年前,美国公共行政协会终于建立了人文艺术分会,分会的刊物《公众的呼声》也已经问世。近年来,在美国公共行政协会和美国政治学学会的年会上,每年都有关于小说和诗歌的专题小组报告和讨论。

用他擅长的"成对选择"法,沃尔多对所谓的行政次文化和文学次文化之间的不同进行了比较。对他来说,前者的内容包含了政府部门和私人机构的官僚系统以及研究和讲授这些系统的人;后者则主要指的是那些写作和阅读严肃文学以了解作品中人物的思想、态度和技能的作家和读者。沃尔多注意到这两类次文化之间的格格不入。如他所说,文人通常玩世不恭而又郁郁寡欢,对行政次文化深恶痛绝。因为在文人的眼中,这种次文化创作或者代表了一个卑劣龌龊、令人讨厌的危险的世界。诚然,文人所渴望的是一个理想的、往往又并不现实的世界,一个具备了现代文明的一切精髓而又不为官僚体制所困扰的世界。但是从另一方面来看,世人中又有谁不认为官僚体制是一个令人烦恼的妖魔呢? 正因为如此,一些文学作品,特别是行政小说和虚构的行政故事正是观察透视公共行政的大好途径。有关官僚的书籍或者讲座往往枯燥无味,使修读公共行政学的学生们很容易感到厌倦。沃尔多对此早有觉察,并从其独到的文学和哲学眼光出发,指出好的文学作品可以把对官僚的研究由乏善可陈而变得多姿多彩。

对于公共行政硕士课程内容的设置,沃尔多也做了许多有益的贡献。不少政治学家曾大力主张在公共行政硕士课程的安排中着重强调方法论和经济学,沃尔多对此不以为然。他认为,道德和价值应该是公共行政课程的核心。课程的首要目的一是为培养学生的公民意识和民主精神,二是为学生日后服务公众预做准备;其次才是为训练他们学术研究的能力②。

在沃尔多担任全国公共事务和行政院校协会主席期间,他主持制定了学

① 沃尔多:《一位谈组织和行政的小说家:对两个世界间关系的探索》,加州大学政府研究学院1968年版。

② 沃尔多:"政治学课程的价值",《政治学研究的流派》,西北大学出版社1958年版。

界同仁评审的程序,这一程序日后就演变成今天所采用的公共行政学硕士课程立案授权程序。沃尔多对硕士课程的设置要经过立案授权这一关十分看重。他主张所有公共行政学硕士课程都要包括一些基本内容,如组织知识、管理技能、数量分析技能、经济和财政知识等等。现在,全美国已经有一百多个经立案授权的公共行政学硕士课程。可以说,今天在美国的高等院校中公共行政学硕士课程的设置方面,标准化已经达到了相当的程度。

除基本内容以外,沃尔多还认为,公共行政学硕士课程应该加设更多的法律和历史课,行政道德课应该定为必修课,有关美国民主机构的知识也是不可或缺的。

全国公共事务和行政院校协会认为,该协会的主要作用应该是指导和审查公共行政学教育,至于在大学里公共行政学硕士课程由哪一个学系或者学院负责,可以灵活处理。也就是说,公共行政学硕士课程可以设置在政治学系内,也可以设置在公共政策学院、企业或管理学院,或者在一些独立的学院或系。沃尔多对此十分赞同。在过去的25年中,全国公共事务和行政院校协会成功地把全美大部分高等院校的公共行政学教育聚集在它的旗下,并且使学界对于公共行政学硕士课程的内涵取得了共识。全国公共事务和行政院校协会的成就已是有目共睹,身为协会领导的沃尔多当然功不可没。

值得一提的是沃尔多对公共行政学和政治学两者间关系的看法。对于公共行政学能否作为一门合法的学科在政治学界生存,他一度十分担心。不过,在美国学界,总的发展趋势还是令人鼓舞的。例如,在美国政治学学会内,人数最多、最为活跃的几个分会中就包括公共行政学分会。另外,一年一度的颁发给专门从事公共行政学研究的政治学者的高斯奖颁奖仪式,现在已经成了政治学年会的一大内容。沃尔多本人也于1992年获授该奖。再者,美国政治学学会的历任主席中包括几位著名的公共行政学专家,本书前面介绍的埃仑·威尔达夫斯基就是其中之一。从某些角度来看,公共行政学可以说是具备了双重的身份:它既是一门独立的学科,又仍然可称为政治学的一个部分。

正是沃尔多用心良苦,在大力发展公共行政学的同时,又避免让公共行政学威胁、阻碍政治学科的进步。他认为两者可以并存共处的看法,为从事公共行政学研究的政治学者所普遍接受。全美国的高等院校中有大约40%的公共行政学硕士课程就设置在政治学系内。沃尔多一再强调的道德、价值、服务,特别是他极力主张的公共行政实际上是政治的一种形式的看法,在政治学界的主导圈里正越来越得到认同。

第三节　分析与评价

1948 年,美国的公共行政学教授沃尔多出版了《行政国家》一书,对前辈古立克崇尚效率的学说率先发难,大加挞伐,就此一鸣惊人。

为了引导美国的公共行政学的发展,沃尔多做过大量的工作。当公共行政学学科内派别林立、不同观点各持己见、这门学科似乎身份不明时,他力排众议,将公共行政学的所谓"身份危机"加以认真地阐述解释。1968 年,他出面组织了公共行政学青年学者会议,共同讨论学科的未来发展方向。就是这次会议导致了"新公共行政学"运动的开端。

自第二次世界大战以来,追求效率一直是指导美国行政学的基本思想。古立克曾经说过:"在行政价值的天平上,效率是第一位的……是行政学赖以建立的基本价值。"沃尔多对此的回答是:不!他认为没有什么不可改变的行政原则。30 年代时鼓吹行政原则的代表人物尽管一再借用科学的名义,实际上还没有学会运用已知的科学方法。他们不过是凭着经验,靠收集资料,作些常识性的结论,来得出所谓的原则。他们的假设也很有趣,那就是只要收集到足够的数据,行政科学就会自然而然地出现在地平线上。他曾经说过,牛顿之所以能够发现万有引力定律并不是因为他看见了许多的苹果。以为把事实堆积起来,多到一定程度,科学就会出现,这种想法实在是太天真了。沃尔多所反对的堆积事实的例子之一就是泰罗的"时间和动作研究"以及他从中得到的实验数据。沃尔多还特别反对林达尔·厄威克(《行政科学论文选》的两位作者之一,另一位就是大名鼎鼎的古立克)所说的下面这段话:

"个人是组织的原材料。个人应该学会适应组织的基本原则的要求。如果以为,一个组织应该围绕个人的特点而建立并根据个人的特点来进行调整,这种想法实在愚蠢之至,就好比设计一台引擎,不是按照机械科学定律而是顺着未婚姑姑的古怪念头。"

沃尔多对之十分不以为然。他问道,如果离开了组成一台引擎的金属、燃料和润滑剂等的"个人特点",所谓的"机械科学定律"是否还能存在。虽然当沃尔多踏上学界舞台时人事关系学派已经初成气候,但是霍桑实验,巴纳德、福莱特的著作影响尚微。在这种情况下,沃尔多独当一面,为唤起知识界对组织人本主义的尊重而不遗余力,实在功不可没。

有人以为，在公共行政学的发展史中，沃尔多的作用主要在于他对这一领域的批判和述评，而不是在于他对这一领域的开创。在他的一系列著作中所表露出来的怀疑和矛盾是显而易见的。就拿政治—行政两分法来说，一方面，他坚持认为行政必然卷入政治；另一方面，他又觉得政治和行政还是可以一分为二的。再如，他视公共行政为艺术、科学，可是他又始终无法找寻出一个让艺术和科学可以一显身手的领域。他指出公共行政和私营管理有同有异，此言不差。然而，他又从未深入探讨两者类似之处，以及相互间的差别。他相信，在人类社会中官僚体系和民主政制可以并存。至于如何去解决它们间的冲突、如何去求得它们间的平衡，他却不置一言。也许这是因为如沃尔多自己所坦承的那样，他从不信奉任何思想、任何哲学。

有学者笑指沃尔多对现代公共行政学怀着幼稚的悲观情绪，因而总觉得这门学科在学术界仍然身份未明。他并没有去着力解决这个问题，但却显而易见地学会了接受这个问题的存在。更重要的是，他尽管未必能高瞻远瞩，看到公共行政作为一种事业会有着壮丽的前景，但他仍对公共行政提出了许多崇高的要求。实际上，以他对公共行政的理解、对注重行动的呼唤，沃尔多已经为我们提供了他认为公共行政中最为需要的东西，那就是能够给人灵感、催人向上的著述，尽管他的灵感往往又掺杂着悲观的情调和怀疑的心态。

思考题

1. 你同意沃尔多对政治—行政两分法的批评吗？
2. 如何理解沃尔多关于公共行政的这一定义：“应用于国家事务的一门艺术和科学”？
3. 试比较中国政府工作人员应尽的义务与沃尔多提出的美国政府工作人员应尽的义务。

第十五章　凯登的行政理论

第一节　生平与著作

1936年6月，杰拉尔德·凯登（Gerald Caiden）出生于英国的伦敦。1954年至1959年就读于伦敦经济和政治学院，主修经济学，获该校的科学学士学位。之后，他转往伦敦大学深造，获该校的博士学位。在此之前，凯登已经登上高等学府的讲坛，开始了他的教学生涯。他先后任教于英国的伦敦大学（1957—1959年）、加拿大的卡尔登大学（1959—1960年）、澳洲的澳大利亚国立大学（1960—1966年）、以色列的希伯来大学（1966—1968年）、美国的伯克利加利福尼亚州大学（1968—1971年）和以色列的海法大学（1971—1975年）。之后，他受聘前往位于美国洛杉矶的南加利福尼亚州大学，在该校的公共行政学院任教。

除了在各高等院校从事教学之外，凯登还曾担任许多学术刊物的编辑委员会成员，这些刊物包括《公共人事评论》、《以色列及海外的公共行政》、《行政和社会》、《公共行政学报》、《香港公共行政学报》、《公共行政评论》、《南部公共行政评论》、《政治、变化和社会》等等。

凯登也应邀为一些学术刊物审稿或撰写书评，这些刊物包括《美国政治学评论》、《公共行政评论》、《西部政治学季刊》、《公共行政》、《政策分析》、《政治学研究学报》。他也为澳大利亚、以色列和美国的一些出版机构审阅书稿，这些出版机构包括兰德麦纳利公司、哈泼和劳公司、塞际出版公司、麦克米兰公司、朗曼和翠绿公司、加利福尼亚州大学出版社等等。

凯登还受聘为不少政府和政府机构的顾问。其中包括澳大利亚联邦政府（1961—1966年）、以色列政府、耶路撒冷市政府、以色列公务员委员会、以色列管理协会（1966—1968年）等；联合国拉丁美洲经济委员会，以及联合国公共行政部(1968—1971年);以色列政府,海法市政府,以色列生产力研究院,以色列地方政府联合会,以色列政策、武器研究局等(1971—1975年)。

1975年以来,凯登又被聘为很多机构的顾问。其中包括加拿大渥太华地区经济扩展部、皇家澳洲政府行政委员会、世界银行、墨西哥政府、国际巡视官委员会、美国律师协会、美国巡视官协会、洛杉矶市经济和效率委员会、孟加拉国国家公共行政学院、联合国技术援助计划、美国国家科学基金会等等。

自1985年起,凯登出任国际发展协会南加利福尼亚州分会的秘书长达六年之久。1986年,凯登被美国新闻署聘为阿姆帕特拉丁美洲讲师。1988年以后,凯登一直担任联合国开发计划署下技术合作使团的顾问。1993年在以色列召开的第三届国际公务员道德会议上被选为共同主席之一。

自1960年发表了长达400多页的论文"加拿大的联邦公务员制"以来,凯登共出版了20多本著作,并发表了200多篇学术论文。著述丰富的他对公共行政学在理论和实践上的发展做出了重大贡献。

第二节　行政理论

一、论官僚制度的改革

早在20世纪60年代,法国著名的社会学家、《官僚现象》一书的作者米歇尔·克罗西埃尔就曾指出,官僚体制作为一个组织是不可能从错误中吸取教训以改正它的行为的。凯登认为这一说法颇有根据,所以,官僚体制要么自己对自己进行改革,要么就由外界将改革强加其上①。

问题是,一个组织怎样才能自己对自己进行改革呢?凯登以为,改革的实质就是迫使某些人做他们自己本来不愿意做的事情。行政科学也就是这样来理解改革的。因此,对改革的研究主要集中于两类组织:对改革三心二意的和对改革公然抗拒的组织。传统的行政科学认为,行政体系是纯粹工具性的,换句话说,行政体系只是执行由外界作出的决定的工具而已,而公共组织是整个政府机器的一部分。所以,为了改进公共行政,就必须要说服领导这些组织的政府领导人,要让他们明白,这些组织的形式、安排以及运作都需要改变。

① 米歇尔·克罗西埃尔:《官僚现象》,伦敦塔维斯托克出版公司1964年版。

只有这样，这些领导人才会作出指示，完成这些变化。

公共行政的这种改革策略是显而易见的，即说服政府领导人，让他们明白，要提高政府效率、改进政府工作，政府机构一定要改。领导人被说服之后，剩下的问题就是如何由行政专家和具体进行改革的政府官员来商定改革的具体细节了。凯登认为，按照这种策略，关键是说服掌握政府机器的政府领导。对于是否应直接接触具体进行改革的政府官员、如何让他们改变自己的作风态度，以及如何说服他们积极参与行政改革等等，这项策略并没有给予过多的考虑。凯登指出，当年英国的费边社曾经尝试过这种策略，也略有成效。但是，从总体来看，在公共领域里进行的行政改革基本上都是由外界强加其上的。

人们因此而得到了一个错误的印象，那就是：第一，政府官员绝不会主动自觉地去改进公共行政；第二，这些人对改革必定缺乏兴趣。凯登以为，这种印象与事实大相径庭。在他看来，有个别政府官员始终站在行政改革的前列，一方面坚持不懈对某些三心二意的领导进行耐心细致的说服工作，另一方面只要一得到上级同意就抓紧时机进行改革。这些人默默无闻地从内部对公共组织的运作进行改造，当然，他们这样取得的成果只能是有限的。另外，他们也还要和政府外部的同盟军联合起来，一齐推动上级领导以及思想保守的同事。一旦主张改革的政府官员和政府外部的同盟者，以及政府的领导人能够齐心协力，克服既得利益，改革必将取得历史性的长足的进步。

事实上，如凯登所说，随着大型政府的来临，原有的策略已经日渐失效。其主要原因是所谓的既得利益势力庞大，令行政改革寸步难行。在世界上不少英语国家中，尽管为数众多的公共听证会一再抱怨政府效率低下，提议采取大刀阔斧的改革措施，可是政府领导人并没有从善如流、果断行动。恰恰相反，他们无意改变现状，甚至公开承认，对于官僚的拒不让步、既得利益的强力反对，以及一般公众的漠然态度，他们实在无能为力。

凯登指出，其实原有的行政改革策略越来越无效，原因甚多。第一，公共事务迅速膨胀，令政府领导人已经无法事必躬亲、面面兼顾。当政府规模还不太大的时候，当领导的还可能对政府的各项事务知之甚多。而政府规模的迅速扩大使他们几乎成了政府里面的陌生人，他们力所能及的只是忙于应付那些当务之急的要紧问题。说是领导，实际上，他们已经为巨大的行政机器所摆布操纵。凡是自己不清不楚或者一知半解的事，他们就交托给手下的秘书、助理。可以说，行政事务的大权已经旁落。对于那些领导们来说，人生短暂，世事繁忙，既然要靠手下一大帮官僚来维持政府的运作，那么何必要鼓吹什么改革去开罪他们呢?

第二,政府官员的行政功能已经改变。在过去,他们只是涉及执行政策的具体细节。现在,他们不但参与政策的发起和选择,管理庞大、复杂的组织,而且在老百姓面前还是政府的代表。他们承担着巨大的义务和责任,难免比以前更加小心翼翼。此外,由于政府运作的事无巨细都要他们一手经办,他们处事更倾向于从方便着眼。正因为如此,除非不可避免,他们决不赞成改变现状。至于什么样的改变才叫作不可避免,只能由他们说了算。可以想象,对外界提出的改革的建议,他们只会听而不闻了。再加上,究竟改革是好是坏,其结论要经过实践才能得出,在此之前,谁也无法证明。于是,一般的政府官僚更是理所当然地反对外界试图强加到他们头上的改革了。

第三,政府组织的存在由来已久,已经从行政的工具演变为行政的机构。它们的生存不再依赖外部的环境,恰恰相反,它们已经能够控制外部环境的某些方面,甚至创造和操纵它们的服务对象。它们自成一体,俨然是一个独立王国。它们也懂得在外界广交盟友,就连为之服务的既得利益,它们也与其结成统一战线。正是利用这些力量形成的政治压力,使它们可以就它们关心的问题对政府领导人施加影响。

很清楚,今天的政府组织再也不是只会点头称是、唯唯诺诺的应声虫了。对于政府打算作出怎样的决定,它们的意见或者建议分量重大。它们织造的行政网,包罗了许多的外单位。这些单位的存亡荣衰和政府的决定息息相关,老百姓的种种期望也寄托在政府身上。可以说,政府组织已经成为整个社会不可分割、不可或缺的组成部分。面对公众的无限依赖和深切期望,试图舍弃政府部门提供的服务绝非轻而易举,要想改变官员习以为常的行政实践和行政行为更是困难重重。在这种背景下,提出行政改革对官僚体制、对他们的盟友、对他们的服务对象,以至一般的百姓,只能是严重的威胁。

第四,大量的政府组织没有竞争对象,没有敌手,也不用担忧被私人企业取而代之。这些政府组织在各自的领域里建立了高度的垄断,包括人才、知识、专业技能、实践经验等各方面的垄断。局外人如果想要被称作行家,就得看这些组织愿不愿意提供必要的信息,愿不愿意颁发一纸认可的证书。因为大权在握,有谁略表不满,说个不字,它们或予拉拢、或予孤立,甚至使其身败名裂。和任何别的组织一样,万一受到威胁,它们必定奋起抗争,无所不用其极。面对强敌,没有多少人胆敢与之据理力争,一决胜负。这种和官僚的对抗,凯登称之为"不平等的竞争"。正因为如此,局外的改革家们越来越意识到自己的不利处境。支持自己观点的证据,他们收集不到;企图聚集公众的支持,多数的老百姓又怕开罪有权有势的官僚。至于改革家们,也是自身难保,改革不成,难逃日后的打击报复。

第五,行政改革的对象是保守、僵化的大型组织。要赢得组织内多数人对改革的支持是不容易的。组织的规模越大,这样的工作越困难。实际上,一小撮反对改革的强硬分子就足以使任何变动寸步难行。所以说,由局外人来推动改革,可谓先天不足。他们既没有直接的手段来克服阻力,又不能撤销整个部门,把整个班子扫地出门,或者将那些专家取而代之。就算他们能做到这一步,想要顺顺当当地落实改革,路还长着呢。想加快改革的步伐,往往是事与愿违,结果是抵制愈加激烈、代价愈加高昂。无可奈何之余,只能一再妥协。麻烦的是,如凯登所指出的那样,最无意改革的组织也就是最不想妥协的组织;最愿意改革的组织当然比较容易实施改革,只不过它们却正是最不需要改革的组织。

第六,今天改革的难度已经远远超过以前。凯登认为有两个方面的原因:一是改革已难有显而易见的目标。以往的改革主要着眼于官僚部门中那些明目张胆的乱政现象,而现在情况已经大有好转。二是改革的热情也因此远不如前。偶尔出现一两件丑闻,在社会上煽起情感的冲动,但只是势软劲弱,很难再重燃对行政改革的兴趣。有人说这是因为行政事务错综复杂,要吃深吃透太花工夫。实则不然。真正的原因在于行政操作中的种种缺陷、不足乃至失误,牵连到太多的人。行政改革不再是一件普通的案子,只涉及少数几个享有特权、无忧无虑、只会损人利己的官僚,卷入其中的不但是一大群人而且是一大群自以为清白无辜、没有什么错误行为的人。公众的淡漠加上官僚的惰性使行政改革成功的机会大为减小。如果要改革的问题为一般人难以理解,又不关他们的痛痒,改革的难度就更会大大增加。

正如凯登所指出的,行政改革本来就不是轻而易举的小事。随着公共行政的不断改进,其困难程度是越来越大了。与此同时,他又强调说,这并不等于改革的前景暗淡无光。一方面尽管政府部门的工作已经有所改善,它的表现还远非令人满意。实际上,理想和现实的距离正在继续拉大,公共行政的实践越来越落后于先进的科学技术。另一方面,无论是各个国家之间,还是同一国家内部各个政府机构之间的具体情况都差别很大。有些国家正在国际组织的援助下,开始建立有效的行政体系。另一些国家则长期以来对政府机构不闻不问,以致后者变成了一个无法为公众服务的烂摊子。即使有的国家的公共行政体系运行也还差强人意,但种种效率低下的迹象已日趋明显，个别的部分已是亟待整改重建。类似的问题包括：生产力每况愈下、政府雇员态度日趋粗暴、政府开支失控、政府组织违法等等。显然，值得改进的地方很多。套用凯登的话，行政改革的作用是永恒的。

怎样来进行行政改革呢？既然从外部引进或者强加改革的策略并不理想，那么自我改革、自我更新或者说重塑是不是行得通呢？如凯登指出，事实上，虽然重塑在公共行政的领域内少有听闻，私人企业界却对之早有了解。无论是政府部门或者是私人企业，通常都要不时地重新检查预定的目标、组织的结构；要改善本单位、本部门和周围环境的关系；要重新认识对组织成员、对服务对象的责任。一般情况下，这类工作都是自己采取主动，定期或不定期地进行的。可以说，它们实际上已经担当起自我改革的责任。正因为这种改革是由组织内部发动的，引起的变化是渐进的、持续不断的，所遭遇的阻力往往也是最小的①。

话虽如此，凯登又明白指出，对政府部门而言，称为"重塑"的这种策略包含有一些严重的缺陷。第一，这一策略本质上有失理想、有失完美，既不够大胆创新，又缺乏远见卓识，纯粹是满足于小修小补而已。第二，这一策略只是针对某个具体组织，并不考虑政府内各部门之间的问题，可以说没有全局观念。第三，这一策略过分依赖该组织内某些人的兴趣、才干和技能，处理问题的方式、看问题的思路都可能不够开阔。这些人可能摆脱不了传统的旧框框，因而容易忽视包括新的行政概念和观点等的新鲜事物。又因为自己是局内人，他们也倾向于谢绝外界的介入，对外界的批评更是充耳不闻。基于同样的道理，他们对上级的指示尤其重视，对下属的意见则往往敷衍了事。第四，从组织的角度来看，对一个单独的组织来说，要进行一次彻底的改革，人力和物力都可能不足。何况，这个组织也未必愿意大刀阔斧地干上一番，以求与众不同、出人头地。第五，对于那些特别保守的官僚组织来说，它们只能采纳在它们看来是可以接受的某些改革措施。一旦发现这些措施遇到重重阻力，马上就会急刹车，甚至开倒车。很显然，对政府部门来说，组织的自我改革过于狭隘、过于有限。

当然，"重塑"这一策略也不是一无所长的。首先，这至少是行政改革的一次尝试。试与不试相比，总是一个进步。最起码有人，而且是有身份有职衔有授命的人，作出了他们必须对之负责的决定。对于军队、警察、特勤等不受

① G·利皮特：《组织更新》，纽约埃朴顿世纪克罗夫茨出版公司1969年版。

外界压力影响、无视外界批评建议的政府部门而言，重塑可以称得上是一着好棋。同样，对于那些行政安排错综复杂、光靠一星半点的普通常识是混不下去的政府部门来说，重塑也确实有其用武之地。其次，因重塑而掀起的动力将有助于改革的推动。借着这股东风，一方面，积累多年的经验可以得到发挥；另一方面，久被压抑的不满情绪也可以加以恰当的引导，转化为对改革的贡献。另外，决心致力重塑的改革家们因为对自己要达到的目的比较清楚，能坚持朝着既定方向奋进，能监督、控制改革的进程，并对取得的成绩及时评定。又由于他们对组织内部一些个人的需要、顾虑和担忧较为理解，他们懂得如何去减少因改革而引起的恐惧、不满乃至抵触的情绪。一旦遇有对抗，他们也能够坚持到底。

凯登相信，如果抽调力量成立工作组来推行重塑，上述的长处就更加明显。其原因如下：其一，这标志着一个组织立志改革的决心，颇有背水一战的意识。其二，工作组聚集了一些满腔热忱、决心改革的志愿人员，他们的知识、才能和干劲对促进改革都是不可缺少的。其三，有了工作组，下可以从群众中集思广益，上更易向领导竭力进言，为改革鸣锣开道，工作组还可以大胆实践、积极创新。成绩显著的话，小组的带头人提薪晋级实属名正言顺。如此更上一层楼，对热衷改革的先锋也不失为明白无误的鼓励或奖赏。其四，成立工作组还有助于人事上的吐故纳新，可以尽快地把对改革三心二意的保守分子调离领导岗位，换上新人，使整个组织早日脱胎换骨。

综上所述，在政府部门采取重塑的策略既有优点，又有缺陷。凯登的建议是：改革与重塑双管齐下，可以互通有无、互补不足。他又强调，由于两者各有利弊，所以不能特别着重一方而忽视另一方。他认为，两者对确保创立良好的政府、提高政府管理效益、纠正缺点错误都是必不可少的。

一般而言，如果变动太快太大，大规模的组织很难适应。它们不容易看清自己的主要问题，惯于墨守成规，面对新的形势仍然走自己的老路。其实，组织再大，也垄断不了发明和创造，每个社会都在不断地孕育着新的思想、新的看法。所以，任何人都不应被排除在改革的进程之外。正是从这一点出发，凯登一针见血地指出，当今的行政科学在如何让更多的人参与行政改革，如何挖掘潜力，培养出一大批改革和重塑的将才等方面的所作所为令人实在不敢恭维。严峻的事实是，所见之处，解决问题的能力远远跟不上社会的需要。更何况，要解决一个问题通常意味着也要同时解决许多相关的其他问题，一组问题的解决只不过是向我们提出了又一组更难解决的新问题。

二、论国际公共行政

国际化,或者说全球化对某些人来说,可能是一个新的名词。其实,如凯登所说,贸易、金融、技术转让等领域的国际化或者全球化的进程至少已经有几十年的历史了。然而,美国公共行政学界对这一现象的认识却比较晚。迟至1973年,正当石油危机席卷全球,研究政府的行政学家们才初步意识到全球性的互相依赖可谓来势凶猛、增长迅速。接着而来的是世界性经济萧条,到了80年代,破纪录的进出口贸易赤字频频出现,更令学者们对之另眼相看。"各人自扫门前雪,莫管他人瓦上霜"的日子已经一去不复返,取而代之的是一张张你中有我、我中有你、互相依赖的网络。值得一提的是,这种情况并不局限于经济领域,它已经遍及移民、执法、能源消费、公共健康等公共政策的各个方面。其结果是:在公共行政这一领域中,无论是做学问的还是搞实践的,都再也不能封关自守、闭门造车,必须把他们的注意力投向外面的广阔天地①。

有学者认为,这种互相依赖大约是从20世纪50年代才开始的。但凯登相信,一些根本性的变化则是最近才发生的,尤其是在通讯、经济、自然资源这三个方面。先看看所谓的"全球性信息结构"。科技的迅速发展使地理和社会的距离都明显地缩短,国际空间因此相比以前大为狭窄。换言之,地球越来越小了,无论是国际性的组织,还是全国性或地方性的组织,互相之间的交往都越来越深入、频繁了。在通讯技术、交通运输、信息处理等方面的飞速发展把世界各国融成了一体,在一个国家发生的事件迟早都会不可避免地影响到任何其他的国家。靠着卫星通讯、喷气式飞机和功能日新月异的个人电脑,人们可以联系上地球上的每一个角落。随着这种崭新的"信息结构"的形成,距离的意义日渐减弱,因为现代化的电子设备使我们可以在瞬间"抵达"世界上的任何地方。先进的微型圆盘天线使任何组织都可以从边远的地区或者人迹罕至的村落接收卫星发送的图像和数据。如今,大大小小的各级政府都可以非常方便地和这个星球上的任何其他政府进行联系。相应地,政治舞台则扩大了,因为参与政治的人,特别是对政府决策有潜在影响力的人也多了②。

① H·克利夫·兰德:《知识行政:信息社会中的领导》,纽约达腾出版公司1985年版。
② M·克拉克:《复兴国家经济》,华盛顿哥伦比亚特区全国州长协会1986年版。

凯登认为,新的全球信息结构所带来的最重要的后果是一种真正的全球经济的出现。这种全球经济已经越出了传统的国际贸易的范畴。从东半球到西半球,无论是在发展中国家还是发达国家,在经济和资源方面相互间的依赖程度都无一例外地显著提高。这种全球经济的主要特点是:① 对利用外贸来推销本国产品的依赖更深;② 资金和资本的跨国流动更快;③ 劳动力的出境外流更多;④ 跨国公司在全球各地区分部之间建立的电子网络更大。一方面,在美国竞争的外国公司与日俱增;另一方面,越来越多的美国企业或将产品输出海外,或者干脆远渡重洋,到异国他乡去打天下。不久以前,各个国家的国民经济还可以说是相对孤立的;但是,全球经济时代的到来,叩开了各国经济的大门,削弱了各国经济的独立性,更重要的是,迫使每个国家从中央到地方的各级政府不得不从全球的角度去思考问题。

自然资源日益短缺,是各个国家、各级政府所面临的严重问题。在今天的世界,没有一个政府能彻底与外界隔绝,真正地实现自力更生。一个国家甚至一个地区,都无法在自然资源的生产和消费方面达到自给自足,这已是不争的事实。无论是对于环境保护、资源的相互依赖,还是对于这个星球上存在的各种自然生命支持体系的相互关联,人们的认识正日益加深。生物生态体系的概念日渐深入人心,对资源和环境的意识已经成为各国政府在制定和执行政策过程中的一个重要考虑方面。

很明显,伴随着全球信息结构、全球经济以及生物生态体系的出现,政府间的交往接触日趋频繁。政府处理任何问题,都可能会牵涉到其他的政府。拿某个地区的失业问题来说吧,能不能将之妥善解决很可能和世界贸易的进展,以及各国货币的相对强弱关系密切。再看各国的对外政策,一度主要考虑的是国际的一些事务,但是如今和国内问题的联系也日益紧密,内政和外交的相互影响与日俱增。各级地方政府要面对的越来越多的重大问题,不论是如何创造工作机会还是如何保护生态环境,既属内务范畴,又归外交领域,已经很难再分门别类,由各有关部门自行处理。本来有些地区性的问题十分简单,完全可以个别解决,现在却变得错综复杂、牵涉甚广,往往要众多私人企业和政府部门的主管领导亲自出马,才能拿出切实可行的正确方案。

凯登指出,这种越来越明显的相互依赖所造成的一个实际后果是:政府官员一方面要应付本地、本国的事件,另一方面还要关注国际状况,甚至要随时准备主动联系外国政府的对应部门。以美国为例,外交事务一向由联邦政府主管,如今这种一统天下的局面早已不复存在,州和地方政府都已参与其政①。美国的50个州和近2万个市大多活跃在世界舞台上，各自追求着自身的利益，各自构筑了自己的对外政策。综合起来，它们采取的策略有三条：第一，它们或亲自出马，或通过所属的全国州长协会、全国城市联盟，认真学习如何去成功地游说联邦政府的有关部门，以便在打破贸易障碍等与他们切身利益相关的问题上据理力争②。第二，它们正努力推行独立自主的跨国政策，和美国的左邻右舍加拿大、墨西哥的相应部门就共同关心的问题直接谈判。例如，美国北部的一些州和比邻的加国省份就已经签署了600多件议定书，涉及消防、跨国公路桥梁、航道和商贸等等；南部边界各州也和墨西哥的有关当局就工业发展、农业、无证劳工、文化交流等问题达成了协议③。第三，这些州和地方政府有越来越多的行政长官出国访问，进行所谓的“选民”外交，即为自己选区选民的特殊利益而进行的外事活动。此外，这些政府大多在外国派驻有联络处，负责促进外国的投资、贸易和旅游，并经常主办贸易和投资展览④。

当然，上述这三大策略的根本目的就是为了推动各州或各地方的经济发展。据估计，在20世纪80年代前期，由于外国竞争、外国企业对本国市场的攫取，以及跨国公司的转向第三世界等，美国劳工丢失了250万份工作。经济的全球化，加上出口的需要，使各种工业和大小商号都把求助的目光投向州和地方的政府。

可以说，国际经济发展是各级政府官员可以一展身手的一个领域。为了促进本地区的经济繁荣，各级政府都大力鼓励地方出口、寻求外商投资、开拓旅游资源。具体做法有二：一是通过主办会议、贸易展览，主持国际市场研究、出版简讯等，为有意进行出口贸易的企业提供咨询、信息和技术援助。二是设立出口财务机构，通过贷款保障、信用保险，以及直接补贴等为地方出口提供财政援助。

国际公共金融是经济的全球化为各级政府官员创造的又一个国际舞台。随着世界金融市场的联系日趋密切以及美国免税债券市场的萎缩，美国各州的州和地方政府的财务官员正把目光转向海外资本市场，以寻求基本设施和重大项目的资金来源。此外，他们也介入国际性的投资。例如，一些市、特区、

① D·埃拉扎：“联邦州和国际关系研讨会引言”，*PUBLIUS* 1984年第四期。
② J·金凯德：“国际事务中的美国州长”，*PUBLIUS* 1984年第四期。
③ I·D·杜察切克：“地方自治的国际性”，*PUBLIUS* 1984年第四期。
④ J·金凯德：“选区对国家外交性质和未来的含义”，载H·J·米歇尔曼和P·索尔达托斯编《联邦主义和国际关系：地方单位的作用》，牛津大学出版社1988年版。

州等利用退休基金来进行海外投资的情况急剧增加，北达科他州和马萨诸塞州都分别将各自退休基金的10%投放国际市场，而全美所有退休基金投放海外的比例预期还会继续上升①。

与此同时，经济全球化也为美国的州和地方官员提出了一系列新的社会和环境问题，如移民、执法、环境污染、教育等等。邻近边界的一些州和市都要面对社会上迅速膨胀的底层人口，为他们提供各种必需的社会服务；非法移民是令他们头痛不已的一大难题；边界两侧往往因环境污染而陷入永无休止的争执。这些事例都说明了社会和政治舞台的扩充对公共行政学中的一些传统概念，如行政独立、地方自治等等，都提出了新的挑战。

很明显，公共行政学再也不能墨守成规，因为公共行政官员的某些经验和知识已经变得陈旧、过时，甚至有碍于新的发展。任何一个行政辖区或者任何一个政府官员企图独断独行的能力已经大不如前，他们的一举一动越来越受到外界影响的牵制，他们对事物的看法也越来越受到局外人观点的左右。政府需要以全球性的相互依赖为基础来制定新的政策。为了能取得预期的成果，这些政策必须着眼于更广阔的范围、考虑更多的互相关联的因素。

由于每一项新政策都必然和其他政策有关，出乎意料的后果越来越在所难免。一批新政策的出台，虽然解决了一些问题，却往往带来了更多的新问题。凯登称之为"波纹效应"。他认为这种效应具有时、空和功能方面的三大影响，即它将会一直延伸至遥远的未来、跨越行政辖区的界线，并且干预政府的其他功能和政策。从这一点出发，制定政策更合适的策略应该是致力于规模适中的方案和创新，既考虑到长远的目标，又注意到政府内外各有关方面的合作。凯登相信，这种注重合作的策略将有助于调动各种组织的资源，并且为政府和非政府的部门规划出切实可行的具体步骤。

新的形势对政府官员提出了新的要求。凯登指出，随着新时代的来临，一个成功的公共行政人员应该掌握并不断完善如下三个方面的技能，即战略性的思考技能、催化性的领导技能，以及多文化的学习技能。所谓战略性的思考技能，通俗一点说，就是立足本地、放眼世界。落实到行政事务上，凯登以为这一技能的表现就是朝着长远的战略目标把握时机，逐步前进。

有学者把战略性的思考技能归纳为如下几个主要方面：第一，统一方向。在几个不同的微观目标的基础上构筑出一个概括性的宏观目标。第二，灵活机动。设计出一组可以不断更新、修正的地方和全球战略。第三，广结善缘。

① A·R·埃姆肯："对州和地方政府的国际投资"，载《政府财政评论》1988年第　期。

建立起尽可能广泛的地方、全国和国际的关系网。第四，眼观六路。密切注视本地和全球的相互关系。第五，未雨绸缪。针对未来对政府部门的要求，及早做好准备，以便对可能出现的问题尽快作出反应。第六，全局思维。从一盘棋的角度考虑问题，要意识到各种因果都不是单一孤立的，而是多重的、互相关联的①。

当然，光有战略性的思考技能是不够的。新一代的公共行政人员还应该懂得如何和参与决策的人打交道，如何与部门以外的各种团体沟通，以及如何处理组织内部各部门的相互关系。他们还应该善于激励各个有关方面朝向某一目标共同行动。为了有助于统一思想、携手合作，可以采取多作电话联络、多出席会议、多走出办公室等具体的措施。凯登把这种处理人际关系的技能称作催化性的领导技能，也就是在某一重要问题上成功地说服政府部门和私人企业中关键性人物同意自己观点的技能。只有这样的领导，才能够充分发挥各个方面的力量造成声势，才能够调动起包括政府和私人企业的重量级人物的关系网；也只有这样的领导才会理解，正是各种因素的相互关联使他们有可能看到新的、暂时还没有被人发现的机会。利用国际资本市场来为地方政府债券提供财政资助就是一个例子。

除了上述的两种技能之外，公共行政人员越来越需要掌握多文化的学习技能。其原因有二：第一，这只是反映了一个相互依赖的全球经济的客观存在，以及对世界各国的价值、观点、资本市场、政府结构的了解正在日益加深。第二，政府官员唯有提高在国际交流和外语方面的水平，才能够在这个相互依赖的世界中进行观察、思考和行动。经济的全球化推动着我们去进一步认识其他国家的语言、文化和市场。这种多文化的学习技能将有助于政府官员学会如何去讨论出口问题、如何和外国官员打交道，以及如何去把握国外的投资机会，以促进本地的经济活力②。

三、论行政道德

政府官员腐化堕落、行政道德败坏是公共行政学需要认真研究的一大课

① J·W·波特金等：《学无止境：克服人类间的差距》，纽约朴格芒出版公司 1979 年版；J·S·鲁克："告别八十年代：走向九十年代的地方政府"，《州和地方政府评论》1986 年第三期；I·米特洛夫、R·基尔曼：《公司的悲剧》，纽约普瑞觉出版公司 1984 年版。

② J·S·奈："腐败和政治发展：成本效益分析"，见 A·J·海登海默等著《政治腐败》，新泽西交易书籍出版公司 1967 年版。

题,凯登对此提出了一个发人深省的问题：当官的作风不正究竟是生活中的一个现实还是一种生活方式？他还问道：要想戴上乌纱帽就非得或多或少走点歪门邪道,此言可实？对于第二个问题,他的发现并不令人鼓舞,因为除了在这个世界上的少数几个国家外,人们都不约而同地承认现实的确如此。各国政府的官员中,相当一部分人都没有能够遵法守纪、全心全意地为公众服务。

另一方面,如凯登所指出的,确实有一些政府官员处处以身作则、严于律己;确实有一些政府机构廉洁奉公,深受百姓信任;确实有一些文化价值体现了较高的道德标准。值得探讨的是,为什么他们能洁身自好、不同流合污,而大部分的同僚却经不起钱、权的诱惑,腐败堕落呢？凯登解释道：罪魁祸首是某些意识形态,对从政为私表示认可,也不主张采取什么补救的办法。譬如,一些虚无主义的论调就鼓吹不受伦理道德的约束。其次是某些宗教的教条,声称人世间的一切,包括政府部门的贪污腐化,都是上天早有安排,非凡夫俗子所能左右。还有一些人对于不择手段以求达到目的更是崇尚不已。对他们而言,人生只为赢取胜利,至于旁人的利弊得失可以置之不顾。这种成事凭的不是吃苦耐劳、不是勤俭节约,而是靠着拉关系、拍马屁,靠着损公肥私、违法乱纪。于是,达到目的就成了这出人生游戏的主题,道德成了可望而不可即的奢侈品。

凯登认为,一个物质贫乏的社会特别容易受到道德败坏的腐蚀,而任何形式的短缺都必然会招致行政上的不正之风。如果不是要求得不到满足,供方本来是不会提出加价,买方也不会千方百计去找门路想办法的。20 世纪 70 年代发生的石油禁运给世界上一些最富裕的国家上了生动难忘的一课,那就是任何的短缺,即使为时不长,都足以把人性的真善美和假恶丑暴露无遗。而一旦这种短缺现象变得旷日持久,没有神通、门路不广的人难免就此清贫度日甚至逃不脱家破财尽的下场。至于供方,则必然会凭着手中所有,掌握时机,放肆榨取,大捞一把。在那些穷困的社会,政府无力为公众提供足够的商品和服务,公共设施残缺不全,政府雇员收入低微,只能勉强糊口。为了填补欠缺和不足,大家唯有“八仙过海,各显神通”。政府采取的计划和管制,本意是为了使百姓多些生路,使分配更加公平。客观上,这类措施往往扭曲了市场环境,触发了形形色色的地下作业和非法买卖,黑市交易因政府垄断而越发不可收拾。

如凯登所说,在这样的环境下工作的政府官员是很容易被拖上贼船的。原因十分简单,他们作出的大小决定,涉及许多人的日常起居,更把握着许多人的命运盛衰。不容置疑，这些当官的权力越大，和他们搭上关系就越是值得。而如果只有少数来自特权阶层的人士才有资格去做官当老爷的话，一般人当然要想方设法对他们奉承拍马，以求照顾和恩典。只要大量的黎民百姓被拒于公共生活的门外，那么为了影响政府的决定，人们钻法律的漏洞、走非法的途径，就不可避免。

退一步讲，即使有些官员想为政清廉，实际上只是一厢情愿而已。须知他才刚走马上任，人情债已经欠了一大箩，各种答谢、还礼已经令他欲秉公办事却心有余而力不足。再加上当初拥护他的和反对他的两大派都对他主管的部门满怀希望，望他为自己的党派利益鞠躬尽瘁。当然，他本人也无意一碗水端平。好在技术和行政体制存在诸多漏洞，让这些当官的假公济私得以蒙混过关。作为局内人，他们对于如何钻法律的空子了如指掌。

依凯登之见，为了追求个人的私利，在公共行政的舞台上，任何形式的接触都有可能被扭曲变形。不过，以公谋私的程度大小还是会因个人、部门、文化背景、地理条件等情况的不同而有所差别。此外，出污泥而不染的也不乏其人。这些官员或者是收入不菲；或者确实是才德兼备；或者办事规矩，光明正大，不偷偷摸摸，让坏人无机可乘；或者深明自己的一言一行都要对公众负责，持家治国都能够严于律己。事实上，凯登相信，导致当官的贪污腐化的一些因素并不是不能化解消除的。公开透明且有代表性的政府、富足发达的经济、国民对政体的认同和忠诚、浓厚的公民意识、维护良好的公务员制传统、一系列法定的理性规范、有才干且能胜任的公共行政系统、诚实正直的职业操守，以及公众能勇于揭发政府官员中的坏人坏事，等等，都有助于防止、制约行政部门的不正之风。

应该看到，在不同的社会里，公务员都会面临着同样的选择：是走奉公守法的大道还是走贪污受贿的邪路。不同的是，如果社会道德败坏，一个公务员想要不同流合污，就必须抵制重重压力、种种引诱。相比之下，如果世风纯朴，秉公办事就容易得多。当然也会有个别人意志薄弱、贪赃徇私、违法乱纪，他们暂时或许能蒙混过关，一旦曝光，必定逃不脱法律的制裁。所以，站在公务员的立场上，凯登以为，他们何去何从，牵涉到行政部门的歪风邪气吹不吹得起、刮不刮得烈。

如凯登所说，对他人利益的漠视，只是一出最终不可收拾的闹剧的序幕。这股不正之风，一方面，必然会助长形形色色的细菌病毒，侵蚀社会，使之动荡分裂、麻木不仁。另一方面，在将社会推向堕落的同时，它又必然把心术不正的坏人捧上公共领导的岗位，败坏政府声誉，给一个原本好端端的公务员制度造成不可估量的损失。

能不能防患于未然呢？凯登并不讳言，要制约官员的不正之风，绝非轻而易举。所谓冰冻三尺，非一日之寒。政府官员腐化堕落的原因五花八门，他们损公肥私的形式手段更是千变万化。话虽如此，凯登又着重强调，还是有国家在制约官员上确有建树，其他国家还是可以从那里汲取到有益的经验。各种世界性的会议和学习班为专家们交流意见、互相取经、共同探讨反贪倡廉的最佳途径提供了良好的环境。更重要的是，凯登认为，反腐败的运动已经越出了讨论一些技术问题，包括如何确认官员违法乱纪的形式，如何通过法律加以制止，如何立案调查、监控嫌疑对象等等的范畴。反腐败运动已经席卷整个社会，不再是执法部门单枪匹马、孤军奋斗的“战场”。

怎样制止政府官员的不正之风呢？凯登开出的处方并不很长，但却很有参考价值。

第一，他认为要做的是一破一立：破政界的肮脏伎俩，立为政廉明之风。要树立一种社会风尚，使政治家、政府官员、政党工作人员不但自身公正诚实，而且对任何形式的不道德行为都能够嗤之以鼻。特别是领导人更应严于律己，在处理错误行为时，不能纵容姑息，对亲朋故旧更不能持双重标准、另眼相看、手下留情。公职人员以身作则、为民楷模，才能赢得公众对政府的尊敬和信心。凯登相信，除非上层领导能带头身体力行、公私分明，否则的话，很难期望广大的基层官员作风正派、秉公办事。

第二，凯登认为，政治意愿需要靠经常不断的助推力。这股力量来自两大源泉：一是公众对歪风邪气的抵制；二是公众对反腐倡廉的警觉。为了达到这个目的，社会大众不但要明确什么是不正之风，还要懂得在与不正之风作斗争时可以从哪些机构取得协助。这种道德教育始于每个家庭，继续于学校等社会化的部门，大众媒体则起着强化的作用。

值得注意的是，如果某些当官的恶行劣迹昭彰，贻害又十分明显，一般百姓则较易觉察。这种情况最容易激起公众舆论，使坏人坏事如过街老鼠，人人喊打。但是，我们也要看到，政府官员的腐败程度并不是在各个部门都大同小异的。有些单位对政府作出什么决定举足轻重，往往是贿赂腐蚀的主要对象。如制定政策的关键人物，通常要承受来自各方要求修改政策的沉重压力。某些政府官员，或者在日常工作中经手大笔款项，或者和私人公司企业有诸多业务来往，或者负责取缔非法商品、非法服务等等，都要具有坚强的毅力以抵御巨大的诱惑。

不容置疑，在抵制腐蚀的斗争中，执法部门因其工作的性质而首当其冲。

只要在那里工作的官员能够坚持严守法纪,保证法律面前人人平等,做到执法无私无畏,他们必定会取得公众的信任和认同。只要执法部门能够站得稳、顶得住,政府其他部门的公职人员就不敢胆大妄为,廉政就有希望。

第三,凯登认为,制定并实施公务员的道德规范固然必需,但是,只有当公务员体系吸收了较多的才德兼备的人员时,一个清廉公正的政府才能产生较强的抗拒腐蚀侵袭的免疫力。所以,公职人员的报酬应该有助于减少贪污腐化对他们的引诱力,有助于维持与他们的社会地位相当的生活水平。

第四,为了维护政府在公众面前的形象和威望,政府同仁之间往往会产生一种压力,内部做错的事情不准揭露、不予张扬。凯登对此不以为然。他认为,要采取特别的、行之有效的防护措施,保护政府内部不怕砸破饭碗甚至不怕丢掉性命、勇于揭发坏人坏事的知情人,以免因"家丑不可外扬"而变成官官相护。当然,也要防止有人以举报政府官员不当行为为名,行恶意中伤、诬告陷害之实。

可以说,每个社会都有各自的特点,会在不同的程度上滋生、纵容政府官员的不当行为。有些特点源于各自的文化,由来已久,根深蒂固,所谓积习难改。其影响遍及政治意愿、公众压力、社会道德,使之心有余而力不足。要克服助长贪污腐化的形形色色的因素,包括热衷超前消费、贫富严重不均、对社会的过分管制,以及缺乏法制/理性的规范等等,没有几代人的艰苦努力是不行的①。

回到凯登提出的第一个问题,即当了官就腐败究竟是一个生活现实还是一种生活方式。他对问题的看法还是相当乐观的。千里之行,始于足下。他以为只要我们能够跨出第一步,对这个问题严阵以待,将措施逐一落实、巩固,造成一股动力,就可能逐步扩大战果,对反腐倡廉的前景建立信心。他承认,反腐倡廉是一项艰巨的任务,但这个目标并不是可望而不可即的。有许多切实可行的战略和战术可以供我们参考借鉴,一些合适的组织手段也不难尽快地采取。与此同时,凯登也冷静地指出,即使尽了最大的努力,由于行政腐败由来已久,其污染力强、腐蚀面广,对付它相当耗时费力,所以企图一下子将它清除干净只能是一厢情愿的想法。但是,有一点可以肯定,行政腐败可以制约,可以减少,可以把它从一种生活方式变为生活中的一个现实,一个可以面对、可以克服的现实。凯登相信,有朝一日,如果经过坚持不懈的努力而取得这样的成果,那一天将是很值得我们普天同庆的。

① R·克利特加德:《控制腐败》,加州大学出版社 1988 年版。

第三节 分析与评价

凯登是一位多产的公共行政学者。他的论著中相当一部分都围绕着当代公共行政学面临的一些重大问题，如行政改革、行政道德和国际公共行政等等。在改革方面，他的独特主张，即实行改革和渐进两条腿走路的方针，很是引人注目。

随着形势的发展，人们对公共行政的运作越来越加注意，对行政改革的必需越来越有认识。一方面，世界各国都进行了，并且继续进行着各种目的、各种规模的行政改革。另一方面，对于行政改革应该怎样搞却依然是众说纷纭、莫衷一是。凯登从一个有相当实践经验的理论家的角度出发，提出行政改革有两条路子可走：改革和重塑。如前所述，两者各有利弊，所以他的建议是两者应该互相取长补短、携手共进。更重要的是，这样做引起的震动不会太大，有利于稳定团结。

当然，说时容易做时难。怎样具体落实凯登的点子，仍然大有文章可作。一是行政改革进程该快还是该慢？一旦变革已经迫在眉睫，大刀阔斧势在必行，是否还应该按凯登的意见不快不慢地稳步前进？著名政治经济学家、曾任耶鲁大学教授的林德布洛姆在1959年发表了他的经典论文“渐进调适的科学”，该文的中心思想是制定政策要注重循序渐进。凯登关于改革和重塑双管齐下的提法明显地受渐进主义的影响。如何加快行政改革的步伐，以只争朝夕的精神去处理行政体系的建设和发展，是从事公共行政学的理论研究和实际运作的各方人士都值得进一步探索的一大问题。

二是改革和重塑两者之间孰重孰轻？一些具体问题都涉及如何把握住分寸，在哪些方面着重发挥某一方的长处、在哪些方面注意避免某一方的短处等等。例如，该用局外人还是局内人来主导，始终是一个困难的选择，两者各有利弊，很难一概而论。此外，从内部抽调人员成立工作组，实际上等于另立领导核心，违背了韦伯的“理想型官僚”的概念，影响了行政效率。而且，内部抽上来的人员难脱一些历史性的纠葛，因以往的介入而会影响工作的正常开展，弄不好还可能借机假公济私、进行打击报复。如何防止行政改革因之偏出轨道，很值得我们特别注意。可以说，如何通过反复实践进行不断总结，仍然是行政改革中要随时注意的一个重要原则。

经济的全球化使国际公共行政的重要性日益突出。凯登所提的“放眼世界，立足本地”对各级政府官员都有很大的参考价值。新的世界形势已经不容他们闭关自守、故步自封，如何开阔思路、放眼全球、吸收他人的长处以促进自身的发展，是公共行政人员要走的必由之路。当然，在步出家门、奔向世界的过程中，还是有一个如何保持独立自主、不让自身发展受外界操纵摆布的问题。

诚然，世界各国互相依赖的程度确实越来越深。一些工业化国家正是充分利用了这种关系，促进了本国经济的继续发展。但是，对于一些第三世界的国家而言，情况却不尽相同。不少事实表明，对外界的过分依赖，实际上明显地拖了本国经济发展的后腿。当地的政府官员或者视而不见、无动于衷，或者心有余而力不足、无能为力，比较政治学称之为“软国家”、“依赖症状”。如何真正做到“放眼世界，立足本地”，使世界各国的经济互通有无、共同发展，是国际公共行政学界的一个重要课题。

关于行政道德，凯登的分析十分精辟，他的态度也相当乐观。他一方面承认权力导致腐败，绝对的权力导致绝对的腐败；另一方面又指出腐败可以制约、可以减少，可以把它从一种生活方式变为生活中的一个现实。一方面，他提出的一些对策，如为政廉明要靠公众对歪风邪气的抵制、对反腐倡廉的警觉；执法部门能否站得稳、顶得住，是政府其他部门的公职人员敢不敢大胆妄为的关键；对勇于揭发坏人坏事的知情人必须实施行之有效的保护措施等等，对于各国如何落实廉政、赢得公众的信任和信心，都有很大的参考价值。

另一方面，如何实施他的一些建议，学界对此仍有不少争论。比如说，在公务员体系应该多多吸收德才兼备的人员这方面，政府部门面临着私人企业的严峻挑战。以美国为例，公共行政人员的薪水远低于可比较的私人企业管理人员。在一个金钱万能的个人主义社会，怎样才能说服众多的理想候选人舍高就低，牺牲个人利益，服务于公众呢？再一个值得探讨的问题是，公职人员的报酬和他们腐化堕落之间的关系。高薪是否一定能养廉？对于欲无止境的贪官来说，永远是钱财多多益善，哪会适可而止？此外，在一些不那么富裕的国家，由于条件所限，公务员难享高薪，是否就反不了腐、倡不了廉呢？

这些问题都要求学界继续作进一步的讨论。但是有一点可以肯定，那就是如凯登所指出的，最重要的是跨出第一步。只要对行政道德这个问题严阵以待，逐一落实措施、扩大战果，反贪倡廉的目标不是可望而不可即的。

思考题

1. 行政改革策略难以奏效的原因是什么？
2. 经济全球化对政府官员提出了哪些新的要求？
3. 你认同凯登在行政道德方面的一些观点吗？

第三编

当代公共行政理论

尽管从时间上讲，德鲁克、奥斯特洛姆以及卡斯特的不少作品发表在20世纪80年代之前，但80年代后他们有的依然非常活跃，以他们的思想和观点影响着公共管理的发展。把20世纪80年代以后作为一个阶段，主要是西方的政府自那时起进入了一个较全面的、以新公共管理为旗号的改革过程。这也是一个新理论层出不穷的时代。布坎南的公共选择理论以及政府理论拓展了公共行政学研究的一个崭新的空间；诺思的新制度经济理论研究以及他对国家制度和政府职能的分析，尤其是他的制度变迁理论对公共行政及其发展具有极大的理论价值；萨瓦斯的民营化理论和奥斯本的政府再造理论对推进新公共管理改革的作用是巨大的；对奥斯本理论持批评态度的邓哈特的新公共服务理论也逐步赢得了它的一席之地；福克斯、米勒的后现代公共行政话语理论提供了理解公共行政的又一个角度；而希克斯的整体性治理理论以及登力维的数字时代的治理理论的影响则在日益扩大。

这一时期研究的特点在于多学科的交叉渗透，尤其是用经济学理论来分析公共行政问题成为一个明显的特征。公共行政学研究的思路被进一步拓宽，政府的作用和发挥作用的手段成了一个重要的研究领域。此外，理论付诸实践，并取得了较好的结果，也是这一时期的一个特点。在方法论上，这一时期的研究方法逐渐地从实证方法转向理性选择方法。

第十六章　德鲁克的经验主义管理理论

第一节　生平与著作

彼得·德鲁克(Peter F. Drucker,1909—2005)是当代最负盛名的美国经济学家、管理学家和政治学家,也是当代西方管理理论“丛林”中经验主义学派的代表人物。他对世人有卓越贡献及深远影响,被尊为“大师中的大师”。德鲁克以他建立于广泛实践基础之上的30余部著作,奠定了其现代管理学开创者的地位,被誉为“现代管理学之父”。德鲁克于1909年11月19日出生在奥地利的维也纳,祖籍荷兰。德鲁克先后在奥地利和德国受教育,1929年后在伦敦任新闻记者和国际银行的经济学家。1931年获法兰克福大学法学博士学位。1937年移民美国,曾在一些银行、保险公司和跨国公司任经济学家与管理顾问,1943年加入美国籍。德鲁克曾在贝宁顿学院任哲学教授和政治学教授,并在纽约大学研究生院担任了20多年的管理学教授。尽管被称为“现代管理学之父”,但德鲁克一直认为自己首先是一名作家和老师。

在德鲁克一生当中,他曾经扮演过很多角色:记者、咨询师、教授和小说家。除了他著名的管理学著作,以及社会、经济和政治著作,德鲁克还出版过一本关于日本绘画的书以及两本小说。他的著作旁征博引,涉及艺术、文学、历史、哲学和宗教等诸多领域,不过终其一生,他最重要的贡献还是在管理学领域。

表16－1　德鲁克著作分类及年份(2005年11月)

编号	出版年份	书　　名	所属类别
1	1933	史达尔——保守的政治学说与历史变迁	社会政治
2	1939	经济人的末日	社会政治

续 表

编号	出版年份	书 名	所属类别
3	1942	工业人的未来	社会政治
4	1946	公司的概念	管理思想
5	1950	新社会——工业秩序的解剖	社会政治
6	1954	管理的实践	管理思想
7	1957	美国的下一个二十年	未来学
8	1959	未来里程碑	未来学
9	1964	成果管理	管理思想
10	1966	有效的管理者	管理思想
11	1969	不连续的时代	未来学
12	1970	科技、管理与社会	论文选辑
13	1971	人、思想与政治学	论文选辑
14	1973	管理:任务、责任与实践	管理思想
15	1976	看不见的革命	社会政治
16	1979	旁观者(自传)	小说传记
17	1980	动荡时代的管理策略	管理思想
18	1982	迈向经济新纪元及其他论文	论文选辑
19	1982	巨变时代的管理	论文选辑
20	1982	最后可能出现的世界	小说传记
21	1984	行善的诱惑	小说传记
22	1985	创新与企业家精神	管理思想
23	1986	管理的新疆界:近日预拟的明日决策	未来学

续　表

编号	出版年份	书　　　名	所属类别
24	1989	新现实	社会政治
25	1990	使命与领导(非营利组织管理)	管理思想
26	1992	生态愿景	社会政治
27	1992	管理未来	未来学
28	1993	后资本主义社会	管理思想
29	1995	巨变时代的管理	未来学
30	1996	德鲁克看亚洲	管理思想
31	1998	德鲁克:经理人的专业与挑战	管理思想
32	1999	21 世纪的管理挑战	管理思想
33	2002	下一个社会	社会政治

1954 年德鲁克的著作《管理的实践》问世,标志着现代管理学作为一门学科的诞生,他也因此被誉为“现代管理学之父”。“《管理的实践》一书的出版使人们有可能学会如何去管理。在这之前,管理似乎只是少数天才能做的事,凡人是无法做到的。我坐下来花了些工夫,把管理变成了一门学科。”①

1966 年出版的《有效的管理者》是德鲁克最著名的管理学著作之一。德鲁克在书中提出,并不是只有高级管理人员才是管理者,所有负责行动和决策而又有助于提高机构工作效能的人,都应该像管理者一样工作和思考。1973 年出版的《管理:任务、责任与实践》是一本给企业经营者看的系统化管理手册,也是针对学生的系统化教科书,被誉为管理学的“圣经”。

1982 年出版的《巨变时代的管理》,探讨了管理者角色内涵的变化,他们的任务和使命,面临的问题和机遇,以及他们的发展趋势等有关管理者的问题。1985 年出版的《创新与企业家精神》,被誉为《管理的实践》推出后德鲁克最重要的著作之一,全书强调目前的经济已由“管理的经济”转变为“创新

① 那国毅:《管理学:德鲁克留给人类的伟大遗产》,载彼得·德鲁克:《管理的实践》,机械工业出版社 2006 年版,第Ⅸ页。

的经济”。1999 年出版的《21 世纪的管理挑战》一书中,德鲁克将“新经济”的挑战清楚地定义为:提高知识工作的生产力。

彼得·德鲁克的一生见证了现代管理学发展的历程,然而他在晚年却对资本主义商品经济的合理性表示怀疑,认为这种经济制度在褒奖效率的同时也鼓励了贪婪。对商业经营的疑虑让他将研究对象从公司转向非营利机构。他为众多的非营利组织,比如红十字会、大学、医院、社区服务组织以及政府机关提供无偿咨询。他还出版了《非营利组织管理》一书,书中强调非营利机构比任何机构都更需要学习运用管理之道。

作为第一个提出“管理学”概念的人,当今世界,很难找到一个比德鲁克更能引领时代的思考者:20 世纪 50 年代初,他指出计算机终将彻底改变商业;1961 年,提醒美国应关注日本工业的崛起;20 年后,又是他首先警告这个东亚国家可能陷入经济滞胀;20 世纪 90 年代,率先对“知识经济”进行了阐释。

德鲁克至今已出版超过 30 本书籍,被翻译成 30 多种文字,传播遍及 130 多个国家。尽管德鲁克著作等身,名扬海外,但他的思想并不是很受主流学院派的推崇。他被很多商学院视为“局外人”,认为他只是一个作家而非学者。他的理论被批评为不够严谨,缺乏数据分析和管理模型的支持。直到 2002 年,美国总统布什宣布德鲁克成为当年“总统自由勋章”——美国公民所能获得的最高荣誉——的获得者,他的成就才真正得到官方的正式认可,而当时德鲁克已经 93 岁高龄了。布什总统对德鲁克的评价是:彼得·德鲁克是世界管理理论的开拓者并率先提出私有化、目标管理和分权化的概念。

第二节　管理学新范式

作为一种实践和一个思考与研究的领域,管理已经有了很长的历史。但管理作为一门学科,其开创的年代应是 1954 年,即《管理的实践》的问世标志着管理学的诞生。而正是德鲁克创建了这门学科。2005 年 11 月 28 日的美国《商业周刊》的封面故事是:“彼得·德鲁克:发明管理的人。为什么彼得·德鲁克的思想仍然重要?”德鲁克精辟地阐述了管理的本质:管理是一种实践,其本质不在于知,而在于行;其验证不在于逻辑,而在于成果,其唯一权威就是成就。

德鲁克认为,社会科学对事实有其自成一套的基本假设,这套假设构成了这门学科的范式,管理学也是如此。这些假设大体决定了这一学科所关注的焦点以及对于事实的观点,实际上更界定出了整个学科的范畴。这些假设大体上决定了什么是应该加以关注、什么是应该弃置或忽视的。

1969年,德鲁克应邀在国际管理运动的一次世界性讨论会上提交了一篇阐发其管理观点的论文,题为"管理的角色"。文中讲道:在过去50年里,建立在管理的理论与实践上的主要假设今天迅速地变得不适当了。有一些实际上变得不再有效,事实上已经过时;另外一些虽仍可用,但也迅速地变得不充分;它们所涉及的管理日益变得不再是主要的、支配的、普遍的职能和现实,而大部分管理人士仍把传统的假设视为当然。那时,德鲁克提出了构成上半个世纪管理理论与实践基础的六条假设,分别涉及管理的范围、任务、地位与性质,它们是:

(1) 管理是企业的管理,而企业是社会中独特的事物与例外;

(2) 管理的社会责任是加诸管理的约束与限制,而不是管理的目标与任务;

(3) 管理首要的、可能是唯一的任务是为完成已知的、确定的任务而调动企业组织的活力,创业职能与创新不在管理范围之内;

(4) 管理的主要研究对象是手工劳动者——熟练的与非熟练的;

(5) 管理是一门科学或至少是一门不受文化价值观与个人信念支配的学科,而管理实践皆在一个国家环境之内和植根于一种民族文化之中;

(6) 管理是经济发展的结果。

德鲁克认为这些假设已不适用,而提出与它们相反、与时代的现实相应的假设表述。

1998年,德鲁克在《福布斯》杂志上发表了"管理的新范式"一文,举出并清算了管理在理论与实践上的七个旧范式,明确提出了管理的七个新范式,在美国管理学界一时引起震动。德鲁克在此文中进一步指出,任何学科都有这种基本假设,不论是社会科学还是自然科学,它必须符合现实,这非常重要,尤其是对社会科学比对自然科学更加重要。社会领域没有像自然科学有的那种"自然规律"。因此,它服从于持续变化的支配。昨天的有效假设今天可能变得无效,而按着旧范式就可能把人引入歧途。此文纳入《论21世纪管理的挑战》一书,构成该书第一章的基本内容。

德鲁克认为,开始于20世纪30年代的正式的管理研究一直认定以下两套假设是真实的。

第一套假设有三条,奠定了管理学科的基础,它们是:

（1）管理就是企业管理；

（2）有，或应该有一种正确的组织形态；

（3）有，或应该有一种正确的方法来管理人。

第二套假设有四条，奠定了管理实践的基础，它们是：

（4）技术、市场和最终使用者是特定的；

（5）管理的范围由法律界定；

（6）管理是专注于内部的；

（7）由国家疆界所界定的经济体系，就是企业和管理的“生态环境”。

德鲁克认为，现在正是仔细检视这些假设，并创立一套新假设作为研究和实务基础的适当时机。以下便是德鲁克对旧范式的检视和对新范式的具体阐述。

（1）管理就是企业管理。大多数的管理人士都认为这个假设不言自明，对管理这个词习惯地认为是企业管理。德鲁克则指出，20 世纪 30 年代前研究管理的人，包括泰罗与巴纳德在内，都认为企业管理是管理的一个分支。事实上，管理原理在美国的最早应用并不在企业领域。导致对管理与企业管理进行辨识的是“经济大萧条”及其带来的对企业的敌意与对企业经理人员的蔑视。此后，公共部门的管理被重新命名为“公共行政”，宣称它是一个不同的学科。所以，可以说，在大萧条年代不把企业之外的管理称为管理，是为了符合政治上的需要。但是，二战之后，情况发生了变化。到 1950 年，主要由于二战期间美国企业管理的绩效，“企业”成了吃香的字眼。不久，企业管理很快成为一个“政治正确”的研究领域。从此，在学术界与公众的看法上，所有的管理都被认定为企业管理。现在，德鲁克说，我们开始将这 60 年来的错误解套。我们看到许多商学院易名为管理学院，在这些管理学院中，非营利管理学科迅速增加，出现了既招收企业经理人员又招收非企业经理人员的经理人员培训班，神学院还成立了“牧师工作管理”系。“但是认为管理就是企业管理的想法还是很普遍。因此我们很有必要大声疾呼，管理不等于企业管理，正如医学不等于妇产科一样。”①德鲁克认为，不同组织中的管理是有差异的，但最大的差异在于各类组织使用的名词，即差异主要是在应用上而不在原理上。德鲁克甚至提出了这样一个估计，不论哪一类组织，它的管理问题有 90% 是属于一般性的，只有最后 10% 的管理必须适应于组织的特定使命、特定文化、特定历史以及特定词汇。因此，为使管理的研究与实践有效，对管理背后的假

① 彼得·德鲁克：《21 世纪的管理挑战》，生活·读书·新知三联书店 2000 年版，第 7 页。

设进行分析的第一个结论是:“对各种组织而言,管理是一种特定的而且特别的工具。”①

(2) 唯一正确的组织。对管理的关注及其研究源于19世纪末期大型组织的兴起,而对组织的研究一直都基于这样一个假设: 有或应该有一种正确的组织结构。德鲁克认为,一个世纪前,管理学的先驱者是对的: 组织结构的确有其必要。现代的组织——企业、政府机构、大学、医院、大型教会或军队都需要结构。“但是,先驱者假设只有一种正确的组织结构却是错的。不同生物有不同的结构,同样,现代机构需要不同的结构形式。管理层与其一心一意地去追求那个正确的组织结构,不如学习去寻找、发展、测试各种适合任务的组织形式。”②“适合任务的组织”是管理的第二个新范式。

(3) 人的管理的正确方法。“有一种,或至少应有一种正确的管理员工的方法”,这一关于员工及其管理的假设,在传统的基本假设(尽管大多数是潜意识的)中最为根深蒂固,也最与事实格格不入。人们引用麦格里戈的《企业的人性面》一书中,管理在“Z理论与Y理论”中选择其一的主张,而推崇Y理论。德鲁克原来也大致如此主张。但几年后,经马斯洛指出其错误,德鲁克自称其立即改变信仰,不再认为员工的管理只有一种正确的方式。

德鲁克认为,在整个工作场所中,不同的人群要以不同的方式去管理,同一人群在不同时期也要求不同的管理方式;员工越来越应作为“伙伴”来进行管理了,不能使唤而是要说服;管理工作越来越像推销,推销时要问对方要什么、价值在哪儿、目标在哪儿、认定的绩效是什么。这不是Z理论、Y理论或任何其他特定的管理员工的理论所能说明的。也许我们将必须重新定义“人的管理”这整件事。理论与实践的出发点可能都将是“绩效管理”而不是“管理人”。出发点应该放在成果的定义上,正如对交响乐团的指挥和足球教练而言,最终的表现才是重点。提高知识工作者的生产率会成为管理的重心,正如100年前,提高体力劳动者的生产率是当时管理的重心一样。管理会需要一套与以往截然不同的假设: 不是“管理人”而是“领导人”,目标是让每个人的长处和知识得到发挥。

(4) 技术和最终用途是固定的、既有的。这个假设可追溯到工业革命的早期,它认为一项产业具有其独特的技术而与其他产业不同。事实上,从19世纪到20世纪前半期,企业以外的技术对企业的影响甚微。公司可建立自己

① 彼得·德鲁克:《21世纪的管理挑战》,生活·读书·新知三联书店2000年版,第8页。
② 同上书,第16页。

的实验室,发展其技术,取得世界领先地位,从纺织、煤矿、开采以至电气、化学、汽车、电话等等各行各业莫不如此。但现今不同了,对一个企业影响最大的技术很可能存在于自己领域范围之外。管理应不再从只有一种特定的技术与产业相关的假设出发(许多种技术都不能适用于产业,对它产生重要影响),也不再从产品或服务只有一个给定最终用途的假设出发。德鲁克认为,一个企业的非顾客,可能同它的顾客一样重要,甚至更重要,因为变化往往是从非顾客中开始的。管理不能再以企业本身的产品或服务为起点,甚至不以其产品或服务的已熟知的市场、已熟知的最终用途为起点,起点必须是顾客认为的价值。换言之,"管理会越来越需要依据这样的假设:技术或最终用途不再作为管理政策的依据,事实上它们是一种限制。顾客重视什么和顾客决定怎样分配它们的可支配所得才是真正的重点。管理的政策和策略要由这一点开始"①。

(5) 管理的范围由法律界定。这一向也是普遍的假设。管理的对象是个别的机构,不论它是企业还是非企业,都是法律上的实体。德鲁克指出,法律的界定范围不适宜于管理一个大企业,这几乎早在100年前就是明显的了。"管理的范围需要重新定义,管理要涵盖整个过程。管理无论在原理还是在实务上,都越来越需要依据新的假设,也就是管理不限于法定范围之内。它必须是可运作的、必须涵盖整个过程、必须关注整个经济链的成败。"②

(6) 管理的范围是政治上的界定。以国界划分出来的本国经济,是企业与管理的生态范围,甚至传统的跨国公司也以这种假设为基础。德鲁克指出,一战前全世界的产品制造和金融服务由跨国企业提供的比例和今天一样高,但生产作业仍由国家疆界来划分,不是在自己国境内生产的就是在另一国家国界内生产。现在不同了,二战后的企业,如制药企业与信息企业,全球性组织结构逐渐取代了"国内"与"国际"的分界,不管是研究、设计、工程、开发、实验以及越来越多的制造、营销等,各项任务皆以全球性观点来组织,超越了国界的限制。对传统的跨国企业来说,经济实体与政治实体是一致的,可以说"国家"是一个事业部。而在今天的跨国公司中,国家只是一个"成本中心"。它是一个综合体,不再是组织单位和经营、战略、生产等单位。总之,"管理的疆界和国家的疆界已经不再吻合了,管理的范围已经不能再用政治上的界定。国家的疆界仍是重要的。但是新假设必须是:作为一种界限,国家的疆界仍

① 彼得·德鲁克:《21世纪的管理挑战》,生活·读书·新知三联书店2000年版,第28页。
② 同上书,第32页。

是重要的,但管理的实务(不只限于企业)渐渐地必须从功能运用上,而不是从政治上加以界定"①。

(7)管理的领域只限于内部。这是从所有上述传统假设推导出来的一个结论。德鲁克指出,正因为有这样的假设,人们才在管理和创业之间作出了完全令人不可理解的区分。可是,管理和创业是同一任务的两个方面,这是显而易见的道理。一个不学会如何管理的创业家其企业是不会存活很久的,同样,一个不学会创新的管理者其企业也不会存活很久。在现今社会大转型的年代,企业和所有机构必须把为变革而设计视为常态,创造变化而不是对变化作回应。但创业性活动是从外部开始的,并专注于外部,因而与传统的管理领域限于内部的假设不符。一个机构(不仅是企业)如果真的相信管理和创新不同,甚至将它们对立起来,它将发现自己很快被淘汰。管理的领域限于内部的假设意味着管理只关心成本或者努力工作。因为工作是存在于一个组织内部唯一的事物,同样地,组织内部的一切都是成本中心。但是,任何机构的成果只存在于外部。德鲁克进一步指出,管理首先关注组织内部是可以理解的。但现在继续专注于内部就无道理可言了,因为它和组织的性质与职能正好相互冲突。

总之,管理需要专注在组织的成果与绩效上。确实,管理的首要任务在于,在某个给定的组织中界定什么是成果与绩效,这是一项最困难、最具有争议也是最重要的任务。把组织的资源组织起来,以便获取组织外部的成果是管理特有的职能。因此,新的假设——管理作为一门学科或一种实践用作依据的新范式的基础——表述如下:"管理是为了组织的绩效而存在。它必须从预期达到的成果出发,然后运用组织内的资源,来创造这样的绩效。不管是企业、教会、大学、医院,或者是受害妇女收容中心,管理是使一个机构能够产生外部绩效的工具。"②

第三节 目标管理

目标管理是德鲁克的首创。1954 年,他在《管理实践》一书中,首先提出

① 彼得·德鲁克:《21 世纪的管理挑战》,生活·读书·新知三联书店 2000 年版,第 35 页。
② 同上书,第 38 页。

“目标管理与自我控制”的主张。后来他又在其《有效的管理者》、《成果管理》等著作中，尤其是在他于20世纪70年代出版的《管理：任务、责任与实践》一书中对此作了较为全面、系统的阐述，进而建立了他关于目标管理的理论学说。

一、目标管理成功的先决条件

德鲁克目标管理理论的核心是试图很好地解决“人与事”的关系问题。他认为，过去的领导理论与方法，包括许多激励的方法都只强调一点，而不顾及其他。而目标管理理论及由此形成的一整套目标管理的原则、程序、方法，则把以“工作为中心”和“以人为中心”结合了起来。这样，一方面能调动职工的工作热情、发现自身价值、满足自我实现的需要；另一方面组织的目标也因此而得以实现。

目标管理是以相信人的积极性和能力为基础的，各级领导者对下属人员的领导，不是简单地依靠行政命令强迫他们去干，而是运用激励理论，引导职工自己制定工作目标，自主进行自我控制，自觉采取措施完成任务，自动进行自我评价。目标管理通过诱导启发职工自觉地去干，其最大特征是通过激发员工的生产潜能，提高员工的效率来促进企业总体目标的实现。

德鲁克认为，目标管理要获得成功，必须具备以下六个先决条件。

(1) 高层管理人员的积极参与。即组织的最高领导者和其他高级管理人员必须积极参加制定和执行组织的战略目标和高级策略目标。

(2) 下级人员的参加。目标管理计划之所以能起激励作用并改善人际关系，就因为它能吸引各级人员和广大职工参加制定目标并为目标的实现承担责任。

(3) 有充分的情报资料。要制定有效的目标就要求有充分而精确的情报资料。各级人员如果不了解高层领导制定的目标，就很难正确地制定他们自己的目标。此外，各级人员还必须掌握与组织有关的各个方面的情报资料。

(4) 对实现目标的手段有控制权。要使目标管理取得成功，一个管理人员应对诸如人、财、物以及工作过程这样一些实现目标的手段具有一定程度的控制权，否则，即便是目标制定得再好，也不能影响管理行为并取得成果。

(5) 对为实现目标管理而勇于承担风险的组织成员予以激励和保护。过去评价组织成员的依据往往是看其所做的工作，至于是否达到一定的目标，组织成员并不承担什么责任。而目标管理则要求每个组织成员都要为实现一定的目标而承担责任并进而要求承担一定的风险，对于那些勇于为实现目标而承担风险的组织成员必须给予适当的激励和保护，这样就可以有效地制止目标管理过程中“口是心非、暗中捣蛋”的不良行为。

(6) 相信广大组织成员的责任心和创造性。一般说来，目标管理要求以Y理论来看待职工，相信组织成员能制定目标并承担实现目标的责任，相信人的本性愿意承担责任、能够自治、愿意上进和发展。只有管理人员和一般工作人员都能够在态度上适应目标管理的要求，目标管理才能获得成功。

二、目标管理的三个阶段

德鲁克认为，目标管理包括制定目标、实现目标和对成果进行检查和评价三个阶段，它可以分为八个相互联结的步骤。

目标管理的第一阶段是制定目标。整个组织制定一年或一个时期的战略目标，各级管理部门制定本部门要实现的策略目标，每个职工制定自己的目标(方案和任务)。这样就形成一个目标体系。制定目标阶段十分重要，目标越是明确、具体、数量化，则实现目标的过程管理和对成果的检查与批评也越容易。这一阶段又分为以下五个基本步骤。

(1) 准备，即向参加目标管理的人员提供有关的系统的情报，使之了解各自的地位、职责和利益，消除其疑虑。

(2) 由高层领导制定战略目标，使其具有足够的机动余地，并明确表述各类标准。

(3) 在管理阶层制定试探性的策略目标，旨在征求各方面的意见并使策略目标逐步完善。

(4) 各级人员提出各种建议，相互讨论并修改，即由各级人员对策略目标提建议、相互讨论并修改，集思广益，以增强每一个人的参与感和实现计划的积极性。

(5) 对各种目标和评价标准达成协议，以形成一个完整的目标体系，并将达成协议的目标报送上一级。

目标管理的第二阶段是实现目标的过程，也是连接第一阶段的第六步。它是在一般监督下为实现目标而进行的过程管理。这种过程管理同传统的管理方法不同，主要由组织成员自主管理或自我控制，上级只是根据例外原则对重大的问题才过问和干预。因为每个组织成员都有由他自己制定的目标，能充分发挥其积极性、创造性和主动性来实现他自己的目标。

由于组织成员的个人目标和各级管理人员的策略目标是以整个组织的战略目标为依据的,所以当组织成员的个人目标和各级管理人员的策略目标实现时,组织的战略目标也就实现了。

目标管理的第三阶段是对成果进行检查和评价,也就是联结上两个阶段的第七步。把实现的结果同原来制定的目标相比较,对做得好的,肯定成绩,予以各种形式的奖励;对做得不好的,一般并不予以惩罚,而是尽量使各级管理人员和组织成员自己总结教训,上级予以辅导,以便将来更好地发挥自己的能力,做出贡献。

最后一步是把这一个周期中总结出来的经验和教训应用到目标管理的下一个周期中去,以便不断地提高目标管理工作的水平。

三、目标管理理论在企业和政府中的运用

德鲁克于1954年提出的目标管理理论,主要用于企业管理。德鲁克认为,并不是有了工作才有目标,而是相反,有了目标才能确定每个人的工作。所以"企业的使命和任务,必须转化为目标",如果一个领域没有目标,这个领域的工作必然被忽视。因此,管理者应该通过目标对下级进行管理,当组织高层管理者确定了组织目标后,必须对其进行有效分解,转变成各部门以及各个人的分目标,管理者根据分目标的完成情况对下级进行考核、评价和奖惩。德鲁克认为,如果一个领域没有特定的目标,这个领域必然会被忽视。如果没有方向一致的分目标指示每个人的工作,则企业的规模越大、人员越多、专业分工越细,发生冲突和浪费的可能性就越大。企业每个管理人员和工人的分目标就是企业总目标对他的要求,同时也是员工对企业总目标的贡献。只有完成每一个目标,企业总目标才有完成的希望,而分目标又是各级领导人员对下属人员进行考核的主要依据。德鲁克还认为,目标管理的最大优点在于它能使人们用自我控制的管理来代替受他人支配的管理,激励人们发挥最大的能力把事情做好。

1973年,德鲁克把目光转向政府及其公共服务机构。与以往的管理思想研究者不同,德鲁克是从经济学的观点来看待政府及其各司、局等"公共服务机构"的。他认为企业和政府无论在目标定位和行为方式上都是两种差别很大的社会组织。企业的目的在于获得利润,因此企业与顾客之间是一种平等的利益交换关系,企业的行为必须要以"顾客满意"为基点,否则,企业的生存就有了问题。而政府机构不同于企业,它不以赚钱为目的、不以"顾客满意"

为基点，它的生存是靠国家权力、靠预算获得拨款，其工作业绩的好坏与拨款之间没有必然联系。同时，政府机构不像企业那样竞争对手林立，而是独此一家的垄断组织，它的钱与竞争同样没有关系。这样，政府无须去讨好公众，而只需同预算拨款的有关部门和人员搞好关系就行了。由此，政府工作效率低、回避矛盾、墨守成规、不愿改革等弊端便十分突出。本来应为公众服务的机构，却成了不务正业的官僚机构，背离了"出色服务"这一政府管理的目的。

德鲁克认为，要改变政府管理的状况，就必须使政府机构同企业一样，采取同一的管理方法即目标管理方法。"要使服务机构把工作做好，并不需要'伟大的人物'，而需要的是一种制度。这种制度的本质与一个企业机构并没有太大的区别"①，其基本要求就是，政府机构有效的工作一开始就必须有明确的目标和任务，根据划拨的经费，安排先后次序，限定日期，指定专人负责。

为了真正体现"服务机构应有出色的工作"这样一个当代管理业务中"最重大、最主要的任务"，德鲁克认为，政府机构也应该像商业企业一样采取实际步骤，以达到上述基本要求。为此，他提出政府要做到六个"必须"。

（1）必须认真考虑和回答自己本身的任务、目的和使命是什么；

（2）必须从任务、使命的定义中提出能获得行政效益的明确目标；

（3）必须围绕重点工作规定达到目标的日期、权责和达到最低效益的标准；

（4）必须制定衡量和考核政府工作的标准；

（5）必须对获取效益进行自我控制，以形成整个机构及其所有人员达标的系统；

（6）必须加强对目标和效益的检查、考核和评估，发现和解决达标过程中的问题，以防止把金钱和精力浪费在没有效果的工作上。

德鲁克所提出的上述步骤，实际上概述了包括目标的制定、分解、实施、评估等环节在内的整个政府机构目标管理的过程。

第四节　非营利组织管理

德鲁克一贯将各类组织视为社会的器官，从社会整体需要的高度来研究

① 德鲁克："公共服务机构的管理"，《公共利益》1973 年秋季号，第 60 页。

组织功能和指导组织的管理工作。在工业社会,他认为企业组织(或商业组织)是最重要的社会器官,企业保持良好的业绩,社会才能健康发展。因而,他致力于企业管理的研究和咨询。在"后资本主义"时期,社会组织的形态和功能发生了巨大变化,德鲁克敏锐地预言了非营利组织的兴起及其将要扮演的重要社会角色,并将管理智慧倾注于非营利组织的管理运作之中。

一、非营利组织的社会角色

非营利组织也称非营利机构,是指不以营利为目的的各种社会机构。非营利组织在西方国家的崛起是西方国家步入知识社会或者说"后资本主义"社会的标志。1959 年德鲁克在《未来里程碑》中提出了"知识工作者"这个概念,并预言这个群体将发展成为新型社会的领导群体。事实上,20 世纪末,知识工作者已经占到美国劳动力总数的 1/3。他们正逐步取代蓝领工人成为知识社会的领导阶层,这个以知识工作者为主体的社会就是知识社会。

知识社会将是一个组织化的新社会,但知识社会的组织和管理将与工业社会的组织和管理具有截然不同的特点和要求。与任何社会发展的历史阶段一样,知识社会并不是一个完美无缺的社会。知识社会必然会面对一系列的崭新问题,同时会产生大量的新型组织机构,这一切都将给管理者带来新的挑战。德鲁克认为,知识社会在本质上是运动的,人们的居住地、人们从事的工作、人们的关系,都在不断变化。在这样一个不断变迁、充满竞争和机会的社会里,将有越来越多的人会获得成功,同时必将有更多的人遭遇失败,从而会引发一系列新的社会问题,如贫困、酗酒、吸毒、少年犯罪、家庭暴力等等。传统的家庭和社区已难以承担越来越复杂的社会责任。

那么,在知识社会中究竟由谁来关心和承担社会责任呢?一般认为有两种答案,但德鲁克认为这两种现成的答案都是错误的。第一种是主流答案,即这些问题必须由政府来解决。但是自二战以来,西方国家政府机构已演变为巨大的福利官僚机构,作为社会服务机构它已被证明效率低下甚至几乎完全无能为力。政府部门和公益组织的服务对象并不是所有的社会公众,而是一些有不同利益和需要的特定社会群体。在对特定群体的服务方面,政府部门的服务质量和工作效率与其他社会组织相比并没有优势。第二种答案是企业。企业作为一个社会的基本经济组织,人们曾经对其承担社会责任寄予厚望。然而,企业在承担了为雇员提供工作、养老金和失业保险及其他福利之后,根本无法承担此项重任。因此,正确的答案既不是政府,也不是用人单位,而是一个新的社会部门——非营利部门。在未来世界中，知识工作者将借助参与社会部门的组织的志愿者工作，寻找新的人生意义与社区空间。

在德鲁克看来，社会是一个复杂的有机体，各类组织是它的不同器官，只有这些器官有效地发挥各自的功能，一个社会才能健康长寿。知识社会需要发挥不同功能并能协调配合的三种器官或称三大部门：第一个部门是公共部门，即政府；第二个部门是私营部门，即企业；第三个部门就是非营利组织，或称为社会部门。知识社会需要培育非营利组织这样一种新型器官，并且必须以不同于政府和企业的角色发挥社会功能：政府制定并执行规则，要求社会各部门服从；企业提供产品和服务，并期望获得回报；非营利组织作为社会部门，它的宗旨在于改造人，为社会培养合格的公民。它关心个人的精神需要，特别是知识工作者的精神需要，并给予其成员获得精神力量来缓解各种新问题带来的压力。

二、非营利组织的管理

管理曾一度被人们看作是工商企业的"专利"。直到20世纪70年代末，非营利组织还没有充分认识到管理的重要性。"20多年前，对于非营利组织的人来说，管理还是个让人鄙视的字眼，因为他们认为管理意味着商业与利润，非营利组织以自己不受铜臭影响和超脱于利润束缚而骄傲。现在却有了很大的变化，他们大多会认识到，非营利组织甚至比商业企业更需要管理，这恰恰是因为它们不受利润指标的约束。当然，非营利组织仍然在致力于做不求回报的善事，不过它们也认识到，一片好心并不能代替组织与领导，也不能替代责任、绩效和成果。这些都要求强化管理，而管理来源于组织的使命。"①

大部分非营利组织都以为凭借良好愿望和心地无私就可以办好事情，它们没有意识到必须对运作过程及其结果负责。最令非营利组织引以为豪的就是它们具备不以"利润"为目的的崇高使命，既然不以营利为目的，当然就不需要什么"管理"。事实上，这些组织过去也没有真正意义上的管理者，一直是由兼职志愿者来运作。德鲁克指出，管理不是利润的附庸，而是所有组织的首要功能，而不论这个组织的目标是什么。"管理"是提高经营业绩的最有效手段，"利润"只不过是检验业绩的一个标准。所有组织都需要管理，当然也就都需要对组织目标负责的管理者。虽然不同组织管理者称谓不同，如在学

① 彼得·德鲁克：《德鲁克管理思想精要》，机械工业出版社2007年版，第36页。

校和医院他们被称为行政人员、在政府部门被称为高级公务员,但是他们所从事的工作性质是一样的。

非营利组织不仅需要管理,而且必须以最好的方式来管理,改进非营利组织管理的重要途径就是德鲁克大力倡导的职业化管理。非营利组织的发展吸引了大量志愿者的参与。但完全依靠志愿者是难以管理好日益发展壮大的非营利组织的。既然非营利组织在依赖管理这一点上与企业组织并无区别,那么和企业组织一样聘用职业管理者就是理所当然的事情。职业化管理意味着管理人员来自职业经理市场,并且其薪资水平由市场决定。一些庞大的非营利组织之所以能够保持高效运转,就是因为它们有高素质的职业化管理层。各个非营利组织的职业化程度不同,非营利组织的规模越大、志愿者越多,管理层的职业化程度就越高。规模较大的非营利机构的高层管理人员基本上都是职业经理。

美国培养的工商管理硕士大约有半数并没有进工商企业工作,而是去了非营利组织。近 30 年来,许多非营利组织实现了职业化管理。总的来说,非营利组织在规模和复杂性方面达到一定程度之后,在单靠兼职志愿者不能解决日常管理的情况下,管理层就会转向职业化。非营利组织的职业化管理,极大地拓展了管理学的视野,使管理的研究和应用领域由传统的“企业管理”扩展为“组织管理”。

德鲁克倡导的目标管理思想深入人心。在非营利组织管理方面,他的思想仍然显示了目标管理的许多特点:设置明确的目标;通过目标吸引资金和人才;并且为有效实现目标而建立组织机构。德鲁克认为,非营利组织必须有明确的使命,这是有效管理的基础。要想提高运作效率,一个组织首先必须确定衡量工作效率的标准。对企业而言,利润是最重要的衡量指标,企业在管理方面的成功在很大程度上是因为它们有这个明确的评价标准。非营利组织既然也是利用社会资源为社会提供服务,那么理所当然应该考虑经济上的合理性,它也必须规定工作绩效及衡量标准。更进一步,组织不仅要有目标,而且要将目标转化为具体的操作和考核标准。这是一项十分困难的工作。企业虽然有明确的目标,但还是花了 100 多年的时间才形成了一套比较完善的绩效衡量标准及衡量方法。由于非营利组织的多样性,这项工作的实施对它们而言显然要比企业还要困难得多。尽管如此,还是有许多非营利组织成功地找到了具体的行动目标。

德鲁克发现,尽管美国非营利组织在使命和规模上存在几乎无限的多样性,但是其中绝大多数都采用相似的管理结构。非营利组织管理结构的核心是董事会和总裁。绝大部分成功的非营利组织拥有一个董事会，董事会成员由类似企业独立董事的外部人员组成。董事会成员大多是兼职人员，职责主要是关注组织使命、确定运作绩效的考核标准，并为组织筹集资金。总裁则一般是拿工资的专职人员，负责日常管理。由于董事会成员往往不是组织的全日制职员，所以非营利组织的负责人一般是总裁。当然，由于非营利组织形式多样，董事会与总裁的分工也不尽相同。不管怎么说，德鲁克始终强调，董事会成员与总裁是平等的合作关系，都必须有明确的工作任务，在分工方面必须遵循优势互补、密切合作的原则。一般来说，非营利组织对高级管理人员的考核是十分严格的，如果他们达不到预期目标，即使不主动辞职也难以再度当选。

三、非营利组织管理对工商业的启示

德鲁克不仅在著作中提出非营利机构要向企业管理学习的问题，同时也提出非营利机构所教给企业的经验。企业可能从成功的非营利机构那里学到的经验：一是它们从使命需要出发，大量地思考用于界定其组织的使命，把注意力集中在成员（职员与志愿者）所做工作有明确含义的目标上。二是有效地利用董事会，使董事会发挥作用的关键不在于谈论它的职能，而在于组织它的工作。德鲁克认为，“在组织战略和董事会有效性这两个方面，非营利组织正在做着那些美国商业界提及而没有做到的事情。在至关重要的领域——对知识工作者的激励与如何提高其生产率——非营利组织是真正的先驱者，它们的实践和策略将值得商业界将来学习”①。

组织使命和组织要求使非营利组织能够聚焦于行动，制定实现组织关键目标所需的各种具体策略，创建有纪律的组织。这也能使非营利组织避免常见的企业病，尤其是大企业病，即将有限的资源分配给有兴趣的或者似乎有利可图的工作上，而不是集中用于少数能够产生成果的工作。

最成功的非营利组织投入大量的精力去界定组织的使命，它们不会对良好的愿望泛泛而谈，而是注重组织目标，从而使组织成员（既包括正式员工也包括志愿者）能够明确自己的工作方向和任务。界定清晰的组织使命能够起到不断提醒的作用，提醒大家要向外看，不仅是寻找客户，还要寻找获得成功的方法。在非营利组织中，人们很容易满足于我们的事业是一种善事，因此，

① 彼得·德鲁克：《德鲁克管理思想精要》，机械工业出版社2007年版，第35页。

用良好的出发点代替了具体的成果。恰恰是因为这一点,成功的、表现良好的非营利组织学会了清楚地界定出组织外部的哪些变化是组织追求的成果,并将精力集中在这上面,这些也正是商业企业所缺乏的。一个清晰界定的组织使命有助于创意的产生,使他人理解组织存在的理由,不管它多么背离于传统。

"现在,许多非营利组织有着商业企业还不具备的东西——一个行使职责的理事会。它们还有商业界更为缺乏的东西——一个明确向理事会负责的CEO,理事会下设的委员会每年对CEO进行一次绩效考核,评定其工作绩效。它们还有企业界最为缺乏的东西——根据事先确定的绩效目标每年都要被评估的董事会。对理事会的有效运用是企业界可以从非营利组织中学习的第二个重要领域。"①

要想找到一个运行真正有效的董事会,你最好去非营利组织中找,而在上市公司中无论怎样耗费精力,都不见得能够找到。从传统上看,理事会在非营利组织中就是主要的管理者,或者其努力争取做到这一点。事实上,因为非营利组织规模太庞大、结构太复杂,根本无法让每个月只见面两三个小时的外部兼职人员来参与管理,所以许多非营利组织只能转向求助于专业人员管理。通常来说,非营利组织的理事会不会像许多商业企业的董事会那样无所作为。不管非营利组织的CEO多么希望不劳而获、掌控理事会,非营利组织的理事会都不要变成他们的"橡皮图章"。上市公司的董事中很少有人是该公司的重要股东成员,而非营利组织的理事会成员往往为该机构捐助了大量款项,并且以后还会期望吸引来更多的捐款者。并且,非营利组织的理事会成员通常对于该组织的事业有一种个人忠诚感。只有对宗教或者教育有着特殊感情、给予深切关注的人,才会参加教堂的委员会或学校的理事会。此外,非营利组织的理事们通常在成为理事之前已经以志愿者的身份为组织服务了许多年,因此对本组织有着深刻的了解,这与商业企业的外部董事形成了鲜明的对照。理事会能够有效运作的关键,不在于讨论它的职能是什么,而在于如何去组织好完成它的工作。

志愿者正在逐渐由出于善心的业余人员向训练有素的、不计报酬的专业化职员转变,这是非营利组织最有意义的发展变化,同时也对未来的商业界产生了非常深远的启示。越来越多的受过教育的人士成为志愿者,从事管理或专业工作。这些志愿者并不满足于只做帮助别人的工作。因为他们在实际工作中是知识工作者,所以他们希望在对社会有所贡献的同时还是一个知识工

① 彼得·德鲁克:《德鲁克管理思想精要》,机械工业出版社2007年版,第39页。

作者的身份。如果非营利组织要吸引并招纳他们,就必须让他们在工作中充分发挥其能力,运用自身的知识,使其能够做出巨大的成就。现在,许多非营利组织都在有系统地招纳这类人才。进行面试,评估他们的能力并据此给他们安排合适的工作岗位。组织也会为新志愿者安排一个指导老师和一个主管,来帮助他们了解业务、制定业绩目标。通常由两个不同的人分别担任这样的指导老师和主管人员,并且他们通常也是志愿者。

志愿者首要的也是最重要的需求是:非营利组织要有一个明确的使命,这个明确的使命能够推动该组织的各项工作顺利开展。对于志愿者这一新兴群体的第二项需求就是培训、培训、更多的培训。其实反过来看,激励和保持老员工最有效的办法就是充分认可他们自身的特长,对他们的努力予以认可,并鼓励他们去培训新成员。这样,此类知识工作者就需要被赋予一定的职权,他们要充分考虑,并设定自己的绩效目标。他们希望有人咨询自己,并且希望参与制定能够影响自身工作以及整个组织发展的决策。同时,他们也希望有更多的发展机会,即承担更多富有挑战性的任务和适应其绩效表现的更大责任。这就是许多优秀的非营利组织为志愿者建立职务晋升制度的原因。

支撑非营利组织这些活动的是责任制度。当前,许多知识型志愿者坚持至少每年一次,将自己的绩效与预定目标进行对照评估。他们更希望组织能将绩效不佳者辞退,或者给他们委派更适合其能力的新任务,或者建议他们离开该组织。

也许在当今美国社会最为重要的变化就是从非营利组织的志愿者发展为领取薪水的专业人员这一转变。这种发展也给商业企业带来了一个重要的启示。美国管理界面临的另一大挑战就是:“如何管理知识工作者并提高其生产率。而非营利组织恰恰可以告诉我们应该怎样去做。要想做到这一点,我们要有明确的目标、周密的人员安排、持续的学习与培训、目标管理和自我控制,并根据相应的责任提出高标准要求,以及建立关于绩效和成果的责任制度。”①

然而,志愿者工作的转变同样也给美国商业界一个警示。大多数志愿者对其从事志愿者工作的理由是:“我的本职工作不富有挑战性,体会不到足够的成就感,没有足够的责任感,也没有一定的使命感,它只是一种谋生的手段而已。”②

① 彼得·德鲁克:《德鲁克管理思想精要》,机械工业出版社2007年版,第44页。
② 同上书,第45页。

第五节　分析与评价

虽然德鲁克的所谓“经验主义”管理理论并不为主流管理学家所认同，但并不妨碍他成为“20 世纪最伟大的管理学家”、“大师中的大师”。诸如“管理学”、“目标管理”、“知识工作者”、“后资本主义时代”等独创性的概念，就是德鲁克提出来的。德鲁克不仅是管理学的开创者，而且是管理新范式的倡导者。虽然德鲁克在《21 世纪的管理挑战》中“管理的新范式”一章的结尾，说他自己并未尝试提供答案——而且刻意如此。但他的意见很明显，这些新假设比起数十年前用作管理理论与实践的旧假设来，是今天有效管理较好的指南，特别是在发达国家。当然，他并不要人放弃管理的老任务，而只是要人更好地注意管理的新任务，德鲁克说，“他主要是要提出一些问题”①。这里提出的问题确实不少，如管理原则在各种组织中的运用、多重组织结构、产业部门间技术界限的消除、传统管理观念建立于其上的命令控制的终结等等。而在这些问题的背后，即引起这些问题的是一种简单而明显的洞察，即“现代社会，经济和社区的重心，并不是科技、资讯或生产率；重心应该是进行妥善管理的组织，它们是社会用来创造绩效的工具。管理就是使机构产生绩效的特定工具、特定职能和特定方法”②。为此，我们需要一个管理的全新范式：“管理的重心和管理的使命在于涵盖所有影响机构绩效的因素——不论是内部的或外部的，是这个机构可以控制的还是完全超出它的控制范围的。”③

德鲁克的很多管理思想是针对企业管理提出来的，但德鲁克也用这些理论观察和阐释了行政管理领域中的很多问题。他的很多行政管理思想正是围绕目标管理而展开的，他认为在政府管理中也应该采用目标管理这种管理方法。在目标管理诞生后，很多企业把其应用于自己的组织机构中，后来逐渐有很多行政组织、非营利组织和公共服务机构也开始采用了这种管理模式。目标管理在我国行政管理领域中也得到了广泛应用。到现在为止，包括武汉、连云港、青岛等城市在内的二百多个城市实行了城市政府工作目标管理或党政

① 彼得·德鲁克：《21 世纪的管理挑战》，生活·读书·新知三联书店 2000 年版，第 38 页。
② 同上书，第 38—39 页。
③ 同上书，第 39 页。

群机关工作目标管理。这些城市借鉴目标管理理论,提高了政府工作效能与管理水平,并且根据自己的工作重点和实际情况不断创新政府管理模式,形成了较有特色的目标管理工作模式。

德鲁克一贯将各类组织视为社会的器官,从社会整体需要的高度来研究组织功能和指导组织的管理工作。德鲁克认为,管理不仅是企业管理,而且是所有现代社会机构的管理,尽管管理一开始就将注意力放在企业。非营利机构的管理是德鲁克所致力的管理研究的一个重要的方面。和在其他管理领域一样,德鲁克的非营利组织管理的思想也直接来源于管理实践。他始终与各种非营利组织保持着密切联系,他是美国牧师大教堂的"知识教父",为该教堂提供管理指导,还为美国女童子军推荐主席人选,这使他对现实管理问题保持着高度的敏感性。1990 年,在其校友的倡导下成立了"德鲁克基金会",这是一个为非营利组织提供服务的知识库,它不组织任何募捐活动,德鲁克将其新作《非营利组织管理》一书约 25 万美元的收入全部捐给了该基金会。

正如德鲁克所说,管理必须成为一种能使文化上的差异为人类的共同目标服务的工具,要学会把超国界的管理的统一性和文化的多样性在一种管理中协调起来,如果管理不能成功地使一个国家或一个民族特殊的文化遗产发挥作用,那么,社会和经济发展就不可能实现①。我国现在正处于社会转型时期,更需要吸收各种优秀合理的管理思想,并使之与我国传统管理思想相结合,发展符合我国国情的公共管理理论。这是我们学习德鲁克的意义所在。

思考题

1. 德鲁克主张的管理新范式的主要内容是什么?你对此有何评价。
2. 简述目标管理的实施步骤。
3. 为什么非营利组织比商业企业更需要管理?

① 德鲁克:《管理——任务、责任、实践》,中国社会科学出版社 1987 年版,第 50 页。

第十七章　奥斯特洛姆的民主行政理论

第一节　生平与著作

文森特·奥斯特洛姆(Vicent Ostrom)是美国印第安纳大学阿瑟·本特利荣誉退休教授,著名的政治学与行政学理论家和思想家。奥斯特洛姆1945年从加州大学洛杉矶分校硕士毕业后进入怀俄明大学工作,1950年获得加州大学洛杉矶分校政治学博士学位。1964年奥斯特洛姆成为印第安纳大学教授。1973年,与其夫人埃丽诺·奥斯特洛姆共同创立政治理论与政策分析中心,开创了制度分析与发展理论和多中心治理理论,共同荣获Atlas经济学研究基金会的终身成就奖(2003年)。由于教学科研成就斐然,奥斯特洛姆先后于1991年获Daniel Elazar杰出学者奖,1999年获Martha Derthick最佳图书奖,2005年获John Gaus杰出讲座教授奖。

奥斯特洛姆的研究领域涉及水资源管理、城市管理、地方政府以及美国的联邦体制等。他曾兼任美国国家水资源委员会、田纳西水政策委员会、阿拉斯加宪政委员会自然资源小组、夏威夷资源管理与经济发展研究、俄勒冈州水资源局等的顾问。著有《水与政治》(1953年)、《理解城市政府》(合著,1973年)、《比较城市服务传输体系》(合著,1973年)、《复合共和制的政治理论》(1971年,1988年,2008年)、《美国公共行政的思想危机》(1973年,1974年,1989年,2008年)、《美国地方政府治理》(合著,1988年)、《美国联邦主义的意义:构建一个自治的社会》(1991年)、《制度分析与发展的再思考》(合著,1988年,1993年)等著作。此外,他还发表了大量的论文。他较早提出了民主行政、多中心治理、打破政府对公共服务和公共产品供给的垄断、采取多种公私复合的组织形式提供公共物品等观点。这些观点后来被新公共行政、新公共管理等发扬光大。由文森特·奥斯特洛姆与其夫人埃丽诺·奥斯特洛姆以及其他人共同开创的制度分析与发展理论在公共管理学界具有较大的影响。

贯穿奥斯特洛姆所有著述的中心议题是：如何在公共政策与行政中贯彻民主治理和多元共治。奥斯特洛姆通过对美国联邦体制的思想与实践的系统阐释，并结合当时政治经济学和实在性宪法理论的研究成果，认为当时盛行的官僚行政理论犯了知识上的错误——错误地理解和偏离了美国宪政创始者的意图，而且在实践上具有极大的危害——这一错误将使美国的公共行政研究与实践误入歧途。基于此，奥斯特洛姆提出，必须进行公共行政范式的转变：由官僚行政走向民主行政。

第二节　对官僚行政理论的批判

第一，奥斯特洛姆把以伍德罗·威尔逊为代表的官僚行政理论范式概括为以下几点（简称“威尔逊范式”）：

（1）单一权力中心。在任何政府中总是存在一个占支配地位的权力中心；一个社会的政府为单一的权力中心所控制。

（2）统一权力链。权力越分散，它就越不负责任；或者换言之，权力越一元化，它就会受到来自更为负责的单一权力中心的指导。

（3）议会主权论。宪法结构界定和决定该中心构成，并确立与立法和行政控制有关的政治结构。每个民主政府的体制都把人民的代表提高到绝对主权的位置。

（4）行政价值无涉论。政治领域设定行政的任务，但行政的领域在政治的适当范围之外，是“价值中立”的领域。

（5）行政同质论。就行政的功能来说，所有现代政府具有相似的结构。

（6）人员的专职化。经职业化训练的公务员等级序列的完善为“良好”行政提供了结构条件。

（7）科层制是效率的保证。等级制组织的完善会使效率最大化，这一效率尺度花费最少的钱和努力来取得最大的产出。

（8）存在普适的善治模式。上文界定的“良好”行政是人类文明的现代化和人类福利的提高之必要的条件①。

① 文森特·奥斯特洛姆：《美国公共行政的思想危机》中译本，上海三联书店1999年版，第36页。

第二,奥斯特洛姆认为美国传统的行政理论选择了错误的思想渊源。

美国早期行政理论家抛弃了联邦党人的思想,错误地把适用于英、德、法等国家的行政范式移用到了美国。奥斯特洛姆认为,伍德罗·威尔逊和他的同时代人,如弗兰克·J·古德诺从关心高度集权官僚结构的法国和普鲁士学术传统中取得了公共行政研究的灵感。他们拒绝了汉密尔顿和麦迪逊在《联邦党人文集》中所阐述的政治理论①。正如沃尔多(1948 年)所说的,“在英国经验和英国作家的影响下,伍德罗·威尔逊……以及其他许多人都把我们的分权体制不恰当地与内阁制政府相对比,并强调要更强势的行政领导。从大陆来的学者急切地想发现一些方法,能够使民主保留专制的明显优势”②。究其原因,可能有三:(1)美国早期行政理论研究者所受教育的知识资源主要来自欧洲的政治与行政思想;(2)受到当时盛行欧美的马克斯·韦伯的思想与理论的影响;(3)当时英、法、德等欧洲国家政治与行政实践已趋成熟,美国只是一个后学者。

奥斯特洛姆认为,威尔逊官僚行政范式所内含的基本理论是托马斯·霍布斯缔造的“主权性专有权理论”。霍布斯主张把立法、行政和协调机关统一在单一的主权者之手,主权者在所有政府权力方面具有终极的权威。他假定,统一的主权者行使统一的权力是维持合法且稳定的共和国的必要条件。这样的主权者是法律的源泉,其他人不可能使它向法治负责。因此,主权者高于法律;和平的代价是服从绝对主权者的权威。在霍布斯的共和国里,服从是良好行政的重要品德。威尔逊范式皈依统一的主权性权力理论,他拒绝了《联邦党人文集》中以权威分散或者权力分立为基础的政治理论;拒绝了《联邦党人文集》,威尔逊也就拒绝了用于阐释美国政治体制设计的理论。霍布斯的主权性专有权理论主张,主权者是法律的源泉,并且不可能对法律负责。然而,在美国人所设计的政府体制中,行使政府专有权的人只有有限的权威,受制于宪法性法律规定的界限和条件。这与霍布斯理论中的国家本质是不一致的③。奥斯特洛姆认为,霍布斯的政治理论或许适用于战争年代,但肯定不适用于和平的民主时代;退一步讲,霍布斯可能是对的,但是,汉密尔顿和麦迪逊的设想也是正确的,人类社会能够通过深思熟虑和自由选择来建立良好政府,

---

① 文森特·奥斯特洛姆:《美国公共行政的思想危机》中译本,上海三联书店 1999 年版,第103 页。

② Dwight Waldo(1968). “Scope of the Theory of Public Administration”. In James C. Charlesworth, ed., *Theory and Practice of Public Administration: Scope, Objectives, and Methods*, Philadelphia: American Academy of Political and Social Science, p. 36.

③ 文森特·奥斯特洛姆:《美国公共行政的思想危机》中译本,上海三联书店 1999 年版,第106 页。

在此，宪政规则能够在具有实质性分权和交叠管辖特色的政治体制中得以实施。这样的宪政体制能够使民主制行政持续地成为普遍的公共行政形式，与官僚制行政相对。战争的威胁也可以通过适当地利用联邦组织原则得到潜在的解决①。

此外，奥斯特洛姆认为，美国政治体制设计的基础是实在（即可实施的）宪法性法律理论，美国人奉行的是实用主义，这与欧洲人的教条主义观念也是对立的。

第三，传统美国公共行政研究一直有强烈的反（实在）法律主义的偏见。威尔逊说："一旦一个国家开始了制定宪法的事务，它就会感到非常难以结束这一事务，并为公众开创一个技术高超的、经济的行政机构。修补宪法的工作似乎永无尽头。"②古德诺在论及法外制度时表达了同样的偏见，似乎在制定法中没有明确授权的行动都是法外的③。怀特也认为，"行政研究应该从官僚的基础而不是从法律的基础出发"④。然而，令人困惑的是，怀特的著作却大量引用了法律资料和公共文献。奥斯特洛姆认为，这种反法律主义的倾向将暗示行政权力的滥用。

第四，奥斯特洛姆认为，威尔逊范式的设计理论不仅在理论上错误，而且还给美国行政带来了许多危害。

奥斯特洛姆认为，要理解一个体制如何运作，修正或者改革体制如何影响其绩效，设计适当理论是必要的。运用一个设计理论来评价以另一个不同的设计理论为基础的体制的性质会导致深刻的误解。美国人构造其宪政体制时所运用的设计理论完全不同于威尔逊等官僚行政理论家在评价该体制时所运用的设计理论。美国现行的联邦体制是以多元权力相互制衡为基础的，与英、法、德等欧洲国家的单一权力中心体制具有本质上的不同。运用一个设计理论来改革以另一个不同设计理论为基础的体制会产生许多不可预料的、代价昂贵的后果⑤。这样的理论不仅解决不了美国的问题，而且会产生许多具有严重后果的思想危机和实践危害。奥斯特洛姆认为，"我们的学说包含着很坏的药"、"当代美国社会病部分源于公共行政学说"⑥。

---

① 文森特·奥斯特洛姆：《美国公共行政的思想危机》中译本，上海三联书店 1999 年版，第132 页。

② Woodrow Wilson (1887). "The Study of Administration", *Political Science Quarterly*, Vol. 2, p. 207.

③ F. Goodnow(1900). *Politics and Administration: A Study in Government*, New York: Macmillan.

④ Leonard White (1948). *Introduction to the Study of Public Administration* (3rd ed.), New York: Macmillan. p. XIII.

⑤ 文森特·奥斯特洛姆：《美国公共行政的思想危机》中译本，上海三联书店 1999 年版，第105 页。

⑥ 同上书，第 14 页。

在实践上,在这种理论的指导下,战争年代的控制措施陷入了持续的失败。尤其是导致美国宪政危机的水门事件,这一事件就是由行政权力的过分集中产生的“全能执行机关”、总统指示成为事实上的“有效法律”、不受民主监督的“新秘密警察”和“新总统执行部门”等多个因素综合所致①。

在理论与实践的关系上,“理论与实践之间的鸿沟日益难以弥合”,“公共行政有时候显得是无原则的权宜之计,而不是有原则的行动。行政组织原则常常以被突破而不是以被遵循而著名”②。

就理论本身而言,由于它对实践的错误指导和与美国实践的脱离,导致了公共行政学科的身份危机。1967 年末,德怀特·沃尔多已经能够把公共行政的信心危机看成是身份危机:“研究主题的性质与范围和研究、教学这一研究主题的方法都变得有问题了。现在,经过 20 年的批评,身份危机并未得到令人满意的解决。”③沃尔多甚至认为,“公共行政不是一门学科性的学科。它从广义上来看是一种职业性专业(profession),一种有关职业性专业的集合”④。

此外,由于研究、教学和实践公共行政主题的方法都有问题,因此专业人员就不可能对其专长会有多少信心。学习过行政管理的公共管理人员比起未曾学习本专业的人员在解决实际问题上并没有什么知识优势。

正因为如此,奥斯特洛姆认为不能遵循“常规科学”的方法对官僚行政理论进行改良,而必须进行范式革命,摒弃威尔逊范式,重建民主行政范式。

第三节　民主行政理论的思想渊源

为了批判“威尔逊范式”的官僚行政理论,重建美国的民主行政范式,奥斯特洛姆广泛吸取了联邦党人和托克维尔的思想,批判性地继承了霍布斯的一些假设,借鉴了政治经济学和实在法学的研究成果。

第一,奥斯特洛姆从联邦党人和美国的实践中总结出这样一个观点:“美

① 文森特·奥斯特洛姆:《美国公共行政的思想危机》中译本,上海三联书店 1999 年版,第六章第一节。

② 同上书,第 15 页。

③ Dwight Waldo(1968). “Scope of the Theory of Public Administration”. In James C. Charlesworth, ed., *Theory and Practice of Public Administration: Scope, Objectives, and Methods*, Philadelphia: American Academy of Political and Social Science, p.5.

④ 文森特·奥斯特洛姆:《美国公共行政的思想危机》中译本,上海三联书店 1999 年版,第 20 页。

国宪政体制长期的活力依靠的是美国人民的如下权能：一是提供补救，对付那些篡用权力和滥用公共信用的人；二是改革政府的结构，从而维持宪政规则体系的这个均衡。”①

第二，奥斯特洛姆援引联邦党人代表麦迪逊的观点，认为尽管权力是设计用来增进公众福利的，但这种权力可能被误用和滥用，因此，必须否定单一权力中心的观点，必须采用多中心的权力机制，通过权力之间的交叠与制衡防止这种潜在的权力滥用。

第三，奥斯特洛姆汲取了托克维尔的思想，把结社的科学看作是民主国家中“一切科学之母”，主张支持和培育多种多样的社会共同体，并充分发挥其在社会治理中的作用。

第四，奥斯特洛姆认为，汉密尔顿和麦迪逊依靠的人性模式与霍布斯在《利维坦》一书中论及“人性”时所设想的人性模式是充分一致的。两者都把社会组织看作是植根于可实施的法律关系结构中的：两者所依据的人类结社的科学是共同的。具体而言，两者都赞同如下观点：

（1）单个人被看作是构成任何政治体制的基本材料或者单位。不涉及单个的人，任何政府都不会存在。在最终的分析中，假定每个人是他或她自己的利益的判断者。

（2）决策规则是任何社团中有序关系的基础。通过决策规则限制选择的范围，是确立社会关系可预见性的必要前提。根据决策规则行使裁量权，这会允许追求一些可能性，并排斥其他可能性。

（3）决策规则既不是自行产生的，也不是自行修改的，而是要依靠单个的个人考虑他人的利益来制定、实施和修改规则。

（4）决策规则不是自行实施的，而要依靠分配给某些人的超常的权力来对其他社群成员实施决策规则。这些权力包括实施强制性制裁的权能，因此也涉及潜在地使用合法决策权能对其他人实施剥夺。

（5）政治不平等的状况在任何政治社团中都是必然存在的②。

但是，霍布斯的主权理论和美国限权宪法的理论对政治不平等问题提出了不同的解决办法，它们由此分道扬镳。霍布斯承认绝对的不平等，认为这是任何国家组织必要且充分的条件，国家必须有一个命令的权力。和平的代价

① 文森特·奥斯特洛姆：《美国公共行政的思想危机》中译本，上海三联书店 1999 年版，第109 页。

② Vincet Ostrom (1987). *The Political Theory of a Compound Republic: Designing the American Experiment*. Rev. ed. Lincoln: University of Nebraska Press, p. 50.

是服从;主权是高于法律的。但美国人却认为,政治不平等的条件并不一定是绝对的;人们可以通过深思熟虑和自由选择,建立政府体制,它能够运用宪法性法律对行使政府专有权的人实施制约。权力可以在若干政府机关之间分配和安排,其方式是每一个机关对其他机关构成制约。通过把个人的利益与政府机关的宪政权威联系在一起,野心就可以用来对抗野心。当互利产生收益时,协议就会占据上风。当某些人以牺牲他人来谋求利益时,冲突就会产生。政治结构只是一个压制冲突的方法,而审慎的思考则持续到人类的理性能够找到新的和已获得改进了的解决方案为止。美国宪政体制通过统治者本身服从法律的规则体系来钳制利维坦。

第五,奥斯特洛姆借鉴联邦党人“共存行政”的思想,以及实在性宪法理论的一些观点,提出宪政性法律体制必须具备以下五个条件: ① 宪政决策凌驾于行政决策之上。实在宪法性法律体制必然要依靠宪政决策的程序,这种程序至少部分地存在于从属于宪法条款的政府当局能力之外。如果政府权威在其决策权能方面是有限的,那么这种权威就不能根据其自己的意愿改变实在宪法[①]。② 用宪法赋予公民权利,用权利制约权力。政府当局无权剥夺这些权利(即不可能被剥夺、让渡或者取走)。然后,个人就能运用宪法权威针对政府决策者提出他们的诉求。个人的宪法地位在维持合法的宪政秩序方面有着实质性的意义。③ 权力分立与制衡。实在宪法性法律体制必然依靠权力分立,这样每组政府决策者在采取行动时都面临着其他各组政府官员对其权威所施加的限制[②]。④ 公民依据宪法维护自己的权利。“实在宪法性法律的体制也依靠这样的公民,他们愿意挑战任何法律或者官方行动的宪法效力,并在他们的诉求未得到证实时面对惩罚和官员的不快,准备为公民不服从付出代价。在宪政共和国中的个人必须能够开始并维持这样的行动,保障其宪法权利,制约其政府的权威。”[③]⑤ 权力中心和政治共同体的多元化。“实在的宪法性法律靠的是存在各种可选择的政治体,每一种都有其自己的宪章或者宪法,这样个人就能够有机会接触不同的政府单位来表达不同的社群利益。每个人都有机会接触可选择的政治体,寻求为这些各种各样的政治体所提供的政治、司法和宪法的救济。冲突的利益可以在各种各样的论坛上得到表达。每个政治体中官员的行为都会起确立限制的作用,这些限制针对代表其他政

① Hamilton, Alexander, John Jay and James Madison(n. d.). *The Federalist.* New York: Modern Library, p. 53.

② M. J. C. Vile(1967). *Constitutionalism and the Separation of Powers.* Oxford: Clarendon Press, p. 310.

③ 文森特·奥斯特洛姆:《美国公共行政的思想危机》中译本,上海三联书店 1999 年版,第108 页。

治体行动的人所使用的裁量权。”①

第六,奥斯特洛姆还借鉴了新政治经济学的一些基本思想: ① 主张把个人当作基本的分析单位; ② 运用外部效应、共同财产和公益物品理论来界定与公共行政有关的事物结构;③ 分析不同组织或者不同决策安排在公益物品和服务产出方面的结果;④ 根据其产出是否符合效率标准或者其他绩效尺度来评价这些结果。这种理论参考不仅为其制度分析与发展学派奠定了基础,同时也服务于他对民主行政的立论。

奥斯特洛姆认为,构思效率有两种截然不同的方式: 一是把效率看作是通过等级组织原则表达的,专业化、职业化程度越高,在单一命令链条中,线型组织越完备,效率就越高。另一种是以成本计算来看待效率的②。那种官僚组织本位的效率观念是反民主的,现代公共行政应该以产出或绩效作为评价标准。我们应该用外部绩效或产出效率标准来审视现有公共产品生产与供给的制度安排,并设计新的更有效的机制。新政治经济学认为,官僚也是“理性人”,有其有违民主逻辑而谋私利、预算最大化、闲暇最大化的行动动机。而且,政府的知识信息和资源能力都是有限的,因此,我们应当探索治理权力的多中心化和民主化以及治理组织机制的多样化。此外,如果自治往往是更有效——因为自治者不仅对自己的事务具有信息上的优势,而且具有强烈的动机和责任感——的话,政府就应当放权,让社会自治③。

第四节　民主行政范式的基本定理

奥斯特洛姆认为,从现代政治经济学和早期民主理论家的著作中生长出来的范式内含有民主制行政科学的思想,其基本定理可以概括如下:

(1) 在道德上,政府官员与普通公民一样,谁都不比谁更高尚或更低下。

在美国政治学和行政学领域中,奥斯特洛姆是新制度经济学和公共选择理论的倡导者和先行者之一。他一直主张,在政治与行政制度(含政策)的分析和设计中,不能对人性有理想化的假设,而应把人看作“企图理性的‘经济

① 文森特·奥斯特洛姆:《美国公共行政的思想危机》中译本,上海三联书店 1999 年版,第 108—109 页。
② 同上书,第 82—95 页。
③ 同上书,第 60 页。

人'"。美国的建国者和立宪者——联邦党人——正是基于这种"隐含"的人性假设,构建出了三权分立且相互制衡的美国宪政结构。诚如联邦党人代表麦迪逊所说的:"如果人人都是天使,就不需要任何政府了;如果天使统治人,就不需要对政府有任何外来的或内在的控制了。"行使政府管理专有权的人与其同胞公民一样,前者不见得比后者更可能腐败或者更不可能腐败。

官员也好,贫民也好,仅凭其道德和理性都不足以保证行政民主的实现,因此,需要制度约束予以确保。现代国家的行政民主应当是一种有着切实的制度支撑的价值追求;否则,将流于意识形态层面的宣扬。对官员和民众在道德方面现实而平等的假设,构成了民主行政理论的基石。

(2)公民私有权与官员的公共权力都要受到民主宪法的约束,并相互制约。

正因为民众和官员都不是圣人,在行为动机和目标追求上,都具有"魔鬼"与"上帝"的双重可能性。公民也必须在宪法和法律的约束下行使自己的权利,并承担作为公民的政治义务。

与普通民众的行为能力相比,公共部门及其公职人员由于掌握着更具攻击性和控制力的公共权力,所以仅靠公民权利抵制和约束公共权力是不够的。因此,一方面,必须有强硬的宪法和法律约束权力;另一方面,还应在权力分配结构的设计中,使权力之间相互渗透、相互制衡。宪政结构的实质就是"在一群人中分配决策权能,民主宪法界定个人的专有权和不同政府机关专有权所内含的权威,这样每一方的权能都能为其他各方的权能所制约"①。

(3)公共权力尽管是行善之所需,但却可能被用作使坏,因此,权力必须分立并相互制约。

权力分立并相互制衡的另一个理由是,公共权力是一种"必要的恶":我们出于对公共事务的有效管理和公共秩序的确立而设立公共权力,但一旦这些权力被赋予特定的人去行使,由于其"理性经济人"的行为逻辑,他们就可能"抓住这些机会,利用这样的权力来谋求私利,损害他人"。因此,政治权力结构设计中,政治权威必须是分立的,"不同的权威组织得可以相互制约和控制",以恶制恶、以权力对抗权力,确保公共权力服务于公共利益的需要。

(4)公共行政在政治的范畴之中,公共物品和服务需要政治决策。

民主制行政范式拒绝政治—行政两分法的逻辑,主张"公共行政在政治

① 文森特·奥斯特洛姆:《美国公共行政的思想危机》中译本,上海三联书店1999年版,第115页。

的范围之内”。这就要求各级各类公共组织及其公职人员必须向民众负责,承担起社会和公益责任。政府在决定公共物品和服务的供给方式、规模和种类时,必须随着社会需求和公民需要的变化而变化,其效率和效果也应秉承公民导向。

(5)可以采用多种多样的组织形式提供公益物品和服务。

公益物品和公共服务的供给必须破除政府行政组织的双向垄断。政府组织应当与公益组织、企业组织、社会团体和公民协商合作,共同治理公共事务;在提供不同的公益物品和服务时,应当采取不同的多组织安排。奥斯特洛姆通过大量的实证研究发现,在交叠管辖的组织间环境中,多样化的组织安排能够在大城市区域治理、公共服务产业运营、公共经济组织以及高度联邦化的行政体制运作方面成为富有活力的秩序体制。而且,在这些多组织安排中,公共权力机构也并不是当然的权力中心和指挥者。“这些组织可以通过各种各样的组织安排得以协调。”政府组织与其他组织之间的关系可以包括互利性的交易和协议、竞争性的对抗、裁定冲突以及有限等级的命令权力①。协调不仅可以依赖官僚制的命令与控制结构,也可以通过多种独立公共管辖机构之间的合作、竞争、冲突以及冲突解决的复合程序实现。这样的取向使人懂得,公共行政的种种体制如何以不同于主要依靠已经公认为美国公共行政传统学说核心组织概念的官僚制组织原则的方式组织起来②。

(6)单一权力中心的行政体制不仅会削弱行政系统对于公民多样性偏好的回应能力,而且会削弱其应付各种环境条件的能力。

在以马克斯·韦伯、伍德罗·威尔逊为代表的官僚行政范式中,政治—行政两分法、科层制、专业化、职能分工、非人格化等因素,保证了公共行政的理性、效率和客观。但在民主制行政范式中,这些因素犹如无本之木:“经过专业化训练的公务人员面对单一权力中心,以及等级秩序的完备,会削弱大型行政体制对公民对许多形形色色的公益物品的种种偏好作出反应的能力,也会削弱其应付各种环境条件的能力”。在民主社会中,尤其是在后现代的民主社会中,公民拥有使其个性化需求得到政府重视和满足的权利,社会环境也处于不断变化之中。如果继续秉承官僚行政范式,那么就势必会忽略公共行政的民主责任、忽略对民众的需求的回应、僵化公共行政组织机制,使其无法适应变化多端的现代社会环境。

① 文森特·奥斯特洛姆:《美国公共行政的思想危机》中译本,上海三联书店1999年版,第116页。
② 同上书,第158页。

（7）行政改革的方向不是完备的官僚制行政体制，而是行政管理的民主化。

单一权力中心的行政体制强调的是下级对上级的服从、社会对政府的屈从、公民对官员的遵从，追求的是权力的绝对权威和权力链条的效率，而不是社会公共利益的效率，不是公民意愿和需求的满足。因此，其实质是反民主的、反效率的。在民主社会中，真正有意义的公共行政效率应该是以最少的时间、精力和资源花费来满足社会和公众的需求。官僚制行政改革的动力来自单一权力中心控制和管理社会的内部需要，改革方案的规划和设计者是“理性的”单一权力中心，民众需求和社会发展被视为外在的客观变量，其在行政改革方案中的作用取决于单一权力的“理性”认知，是一个受到权力控制和管理等多重因素权衡的变量。

在以民主制行政发展为方向的行政改革中，公共利益的实现和公民多样化的需求处于决定性的地位。其中，公共利益和社会发展、公民的意愿与需求绝不只是权力中心的臆想和猜测，公民以及各类社会组织对于社会发展和公共利益是什么、如何实现都具有制度化的发言权，公民的意愿和需求能够得到制度化的表达和尊重，公民和社会组织的积极性也能得到充分的调动。评价政府及其官员公共管理和公共服务绩效的不只是权力的效率，而更主要的是看其是否合理有效地运用公共资源满足社会发展和公民需求。公民不仅能够有效地表达其意愿，而且能够积极地参与公共事务的治理和绩效评价。所有这些，只有通过民主化行政体制改革，不是取决于政府官员的意愿，而是由多中心的权力结构设计、多样化的治理结构安排和切实可行的民主参与制度的设计才能得以实现。奥斯特洛姆坚信，在任何政府中，权力决策中心多元化并相互交叠的制度安排，是增进人类福祉的必要条件。

（8）根据地方自治和民主决策的原则，建立适度规模的政府组织。

要真正实现民主制行政，仅靠强化外部民主参与机制是不够的，还必须建立适合民主自治的政府规模和多中心的权力决策体制。与传统行政范式大一统的行政体制的观点相反，奥斯特洛姆认为，必须合理设定各级政府组织和公共部门的规模，以确保行政民主与效率的实现。他主张建立规模适度的公共运载系统（public delivery system），即建立适度规模的政府组织。应根据以下四条标准确定政府的规模[①]：① 控制——政治辖区的边界划定应该使得一

① Vincent Ostrom, Charles M. Tiebout, and Robert Warren（1961）. “The Organization of Government in Metropolitan Areas”. In *American Political Science Review*, 55: 835 – 837.

系列相关事件能够得以控制。由于各种事件的关联性并非统一地分布在特定的时空范围内,所以这种边界确定难以精确。辖区范围定得太小会使公共部门丧失解决问题的权能,可能导致责任的转移和推诿。② 效率——政府规模的划定要使公共物品的生产达到最佳的规模效率、最好的效果。③ 政治代表——每一区域的“决策安排都要包含适当的政治利益”,民众应该能够通过民主的渠道使官员对自己负责。④ 地方的自决(local self-determination)——乡镇、县和州是美国的地方自治中心,每个中心的治理原则是“所有人(即每个个人)是其自己私人利益的最好的也是唯一的判断者,除非他不利于共同福祉,或者共同福祉需要他的帮助”[①]。上述前三条标准在地方政府中的运用都从属于“自我决定的考虑”,地方民众的民主决策权力的实现是设定政府规模边界的基本考虑因素。在每个层级的政府单位中重申自治原则,意味着公共行政是有限的,使集权和等级制度保持在最低限度[②]。

奥斯特洛姆比较推崇《联邦党人文集》提出的共存行政体制和交叠管辖的联邦体制,即联邦、州、地方政府每个层级的地方政府都有其相对独立的行政权力,但又通过权力共享而相互制约。譬如,通过建立充分交叠的、分立的税政体制,州和联邦政府共存共享征税权,并拥有对对方的否决权或制约权。这一制度设计提供了一种每个政府单位自治的行政体制,它彻底植根于复杂的民主决策体制,其特质是与“官僚制”行政相对的“民主制”行政[③]。按照联邦党人的观点,要确保每个政府单位的自治,必须遵循以下基本原则:① 政府的界限和条件源于人民的宪政决策——通过宪法或宪章的形式予以规定,这些规定不能被政府权威所改变;② 配置在较大政府单位中不同决策机构的权力要分散,这样每一项权力都能对分配给其他机构的权力行使潜在的否决权。因此,集体行动取决于共存多数的运作,决策机构中的成员通过不同的任职年限、代议模式以及不同规模的选区与其选民发生联系;③ 每个政府单位的法律和政治能力相对于其他政府单位的法律和政治能力是有限的。每个人都是若干政府单位的选民成员。地方和州级官员将对全国问题采取行动;全国级官员则对州和地方问题采取行动。如果较小单位的政府领域不足以考虑相互依赖事物之间的共同利益,那么就要诉诸次较大单位的政府,以保证适当

① Alexis de Tocqueville(1945). *Democracy in America*. New York: Doubleday. Vol. 1:64.
② 文森特·奥斯特洛姆:《美国公共行政的思想危机》中译本,上海三联书店 1999 年版,第97 页。
③ 同上书,第 95 页。

级别的决策①。奥斯特洛姆把这种权力分立共存并交叠管辖的政治体制称为"复合共和制"②。与官僚制行政范式的单一权力中心体制相反,民主制行政范式试图构建一个多元化的权力决策中心,以此彰显和提高公民个体和非政府组织的决策在公共政策选择中的地位。

第五节 分析与评价

尽管在奥斯特洛姆之前已经有不少人探讨过企业管理与公共行政中的民主问题③,但没有人试图构建一个系统的民主行政理论,也没有人像奥斯特洛姆教授那样真正地把民主行政理论作为自己的核心研究课题④。奥斯特洛姆对于行政民主理论的重大贡献在于:第一,他把民主行政上升为一个立宪选择问题,从制度设计和分析的角度探讨了如何实现行政民主,深化了行政民主的理论与实践层次;第二,他运用政治经济学、公共选择理论和宪政理论的研究成果和方法论,并追溯了民主行政的政治哲学渊源,深化了民主制行政的理论基础;第三,他较为深刻地揭示了官僚制行政范式的弊端和美国公共行政学的思想危机,把民主制行政提升为官僚制行政的一个替代范式,立意颇为深远;第四,他系统地阐述了民主行政的制度机制,为公共行政的民主化发展提供了制度框架。

此外,奥斯特洛姆的民主行政理论还具有强大的"外部效应"——它交叠式地支持了美国的新公共行政运动和新公共管理运动。奥斯特洛姆的民主行政理论旗帜鲜明地反对政治—行政两分法,主张政府官员承担其社会与政治责任,必须向社会和公民负责,等等。这些思想与新公共行政运动的主张是一致的。更为重要和明显的是,它对于美国新公共管理运动的思想贡献。奥斯

① Hamilton, Alexander, John Jay and James Madison(n. d.). *The Federalist.* New York: Modern Library, pp. 10 - 73.

② 关于复合共和制的详细讨论,请参见文森特·奥斯特洛姆的《复合共和制的政治理论》中译本,上海三联书店 1999 年版。

③ 详可参见 Waldo, Dwight (1952). "Development of Theory of Democratic Administration". In *The American Political Science Review*, Vol. 46, No. 1. pp. 81 - 103。

④ 文森特·奥斯特洛姆及其夫人在印第安纳大学创建了政治理论与政策分析研究所(Workshop in Political Theory and Policy Analysis)。该研究团队长期以来一直在从事多中心治理机制的理论与实证研究。

特洛姆的民主行政理论中内含了许多后来被新公共管理运动所张扬的观点，譬如：打破单一权力中心体制构建多中心的治理机制，联邦、州和地方政府分权自治、交叠管辖，采用多样化的组织机制实现政府与企业、社群和公民共同治理公共事务，公益物品和服务的供给应以满足社会和公民的多样化需求为导向，基于成本计算的政府绩效评价，等等。尽管奥斯特洛姆主要是从复合共和制政治理论的角度提出这些观点，而不是像后来的新公共管理运动那样主要是从企业管理获得灵感的，但是，这些思想在新公共管理运动之前提出并得到美国行政学界的极大关注，无论是否被清晰地意识到，它对于新公共管理思想获得美国政治与行政学界的认同无疑具有重大的贡献。以奥斯特洛姆夫妇为旗手的、派生于奥斯特洛姆民主行政理论的多中心治理的制度分析学派，不仅在美国，而且在全世界的公共管理学界都具有较大的影响。

任何一种理论都有其值得争议和批判之处，奥斯特洛姆的民主行政理论也是如此。罗伯特·戈伦比威斯基（1977）曾专门著文批判奥斯特洛姆的民主行政理论，主要包括以下几个方面：

首先，如何确定公共服务传输体系的规模？如何既相互区分又相互协调？这些问题在单一权力中心体制是不存在的，因为它们是一体化的。但是，在奥斯特洛姆的多中心民主行政系统中则是一个必须面对的问题，但奥斯特洛姆却未给予充分重视。这一批评基本上是中肯的，因为奥斯特洛姆在《美国公共行政的思想危机》一书中对于民主行政理论的阐述确实比较宏观和抽象，对于民主行政的具体运行机制讨论比较少。奥斯特洛姆及其多中心治理制度分析团队清醒地意识到了这一点，他们通过大量的个案分析和实证研究较好地回应了这一挑战。

其次，戈伦比威斯基认为奥斯特洛姆的民主行政理论存在理论妄想的嫌疑。他认为，当时美国行政学界对于行政组织的观点分为两个阵营：一个阵营是主张单一权力中心的行政体制是行政效率所必需的，是从手段意义上主张这一点的；另一个阵营则把理性化和集权化的单一权力中心体制视为目的。而奥斯特洛姆似乎只看到了后者，忽略了前者。

最后，戈伦比威斯基认为，奥斯特洛姆民主行政范式的观念构建（ideation）存在问题：① 民主行政的方法论基础存在不当。如前所述，奥斯特洛姆的民主行政理论借用了公共选择理论，尤其是它的"方法论个人主义"，认为集体决策就是个人决策的加总，个人不会受到他（她）的群体成员身份、决策时所处的集体环境以及决策任务对象的公共性等因素的影响，依然"我行我素"地按照"理性人"的行动逻辑追求个人利益的最大化。戈伦比威斯基认为,这种个人主义的假设是有问题的,公共决策并不能也不应该化约为个人决策之和;此外,公共选择理论是无法关注甚至故意回避价值问题的,然而,奥斯特洛姆的民主行政理论却恰恰是一个价值承载体系。② 奥斯特洛姆民主理论的一些主要假设至少是不现实的,甚或与现实严重不一致,因为,现实公共生活中的人民不可能像公共选择理论假设中的“理性人”那样清晰地知道并能依次排序自己的偏好、需要和行动目的。事实上,个体需要通过在社会互动中确认自己的身份和处境,自由只是针对某一特定类型的社会而言的。任何一种理论,如果它假定“大多数人没有认识到他们自己是某一特定社会与经济阶层中的一员并因此不会政治性地沿用其所属集体的行动逻辑的话,那么,它就要驳斥一大批数据和事实”①。③ 奥斯特洛姆的一些理论思想可能在实践过程中走向理论的反面。分权化政府在道德和效率上一定占优吗?政府越小就越有效率和越具回应性吗?戈伦比威斯基认为奥斯特洛姆分权自治的正面理论假设有些过于武断。政府规模过小,有可能导致政府无法有效地提供公共物品和服务;过于强调分权和自治,可能导致无序的地方主义(Chaotic Localism)②。

思考题

1. 威尔逊范式在哪些方面不利于民主行政实践?
2. 简述奥斯特洛姆民主行政理论的思想渊源。
3. 试述奥斯特洛姆民主行政理论的基本观点。

① Thomas R. De Gregori (1974). “Caveat Emptor: A Critique of the Emerging Paradigm of Public Choice”. In *Administration and Society*, 6: 205–28.

② Robert T. Golembiewski (1977). “A Critique of ‘Democratic Administration’ and Its Supporting Ideation”, *The American Political Science Review*, Vol. 71, No. 4, pp. 1488–1507.

第十八章　卡斯特的系统权变行政组织理论

第一节　生 平 与 著 作

F·E·卡斯特(Fremont Ellswort Kast),美国管理学家、系统管理学派的代表人物、华盛顿大学的教授。卡斯特于1926年1月27日出生在加利福尼亚的莫德斯托;1944—1946年在美国海军服役;1946年获美国圣何塞州立大学学士学位;1949年获斯坦福大学工商管理硕士学位;1949—1951年在纽约州锡拉丘兹大学担任讲师;1951—1956年为华盛顿大学讲师,1956年获该校博士学位;1957—1961年为华盛顿大学副教授,1961年起任该校管理学教授;1973年任洛杉矶加利福尼亚大学访问教授;1979年起任华盛顿大学工商管理学院研究生院副院长。此外,他还兼任波音飞机制造公司顾问(1960—1965年)、美国空军技术研究所顾问(1972—1974年)、加利福尼亚科学研究协会顾问(1972年起)、美国国家管理科学院院长(1976—1977年),以及美国社会学会、美国大学教授协会、美国政治与社会科学院等组织的成员。

卡斯特对管理学的主要贡献,在于他与J·E·罗森茨韦克一起提出了管理的"权变理论"。这种理论从系统观点出发,认为在企业管理中不存在什么一成不变、普遍适用的管理理论和方法,而是要根据企业所处的内外环境条件随机应变。20世纪50年代中期,经济学家肯尼思·博尔丁首先提倡在管理科学中应用系统方法,60—70年代卡斯特与罗森茨韦克等人发展了这一思想。

卡斯特的主要著述有:《科学、技术与管理》(1963年)、《组织与管理:系统方法与权变方法》(与罗森茨韦克合著,1970年)、《系统的理论与管理》(与罗森茨韦克、约翰逊合著,1963年)和《组织与管理的权变观点》(与罗森茨韦克合著,1973年)等。这些著作的出版,标志着系统管理学派的诞生。

卡斯特在行政管理学上的最重要贡献是在行政组织理论方面以及在此基础上提出的权变思想。

第二节　系统权变行政组织理论

一、现代系统与权变理论的提出

卡斯特通过考察、分析组织管理思想的演变过程,指出系统方法是理解组织、组织理论的关键,权变观的最终目的则在于提出最适宜于具体情况的组织设计和管理行动。

卡斯特将组织与管理思想发展过程分为三个时期: ① 传统观念; ② 行为科学与管理科学的革命; ③ 现代系统与权变理论的发展。

在组织管理理论发展的传统阶段,卡斯特在考察了泰罗的与车间或作业层的最佳努力有关的科学管理运动、法约尔提出的适用于高级组织层的广泛的行政管理原则、韦伯的官僚组织模型理论以及公司微观经济理论、公共行政管理理论之后指出,有理性的经济人(具有完全知识和最佳行为)的基本论点被古典管理学者结合到他们的组织的观点中。通过明确划分的等级关系中的专业化,人们可以把工作组织得很好,以便能最有效地达到组织的目标,组织就是由合法的管理权威进行计划和控制的机械性系统。古典管理学者的主要着重点是通过对企业人员的合理安排和管理来提高工作效率,他们认为,人主要是由经济方面的刺激来激励的,工作任务的专业分工以及进行详细的指导和控制都是十分必要的。为了保证协调以达到组织目标,对组织成员必须给予严格的监督。管理是主要的负责综合的力量,而正式的等级结构则是取得协调的机制。

卡斯特归纳了批判传统观点的各家学说,指出对古典管理理论的主要批评之一是它对组织使用了一种非现实的封闭系统的观点,而未能考虑环境因素和很多重要的内部问题对组织的影响。另外,这些古典管理理论是由参加实际管理的实业家写的,是仅以个人的经验和有限的观察为基础的,这些管理原则经不起使用科学方法的严格实验研究的考验。不同意见的焦点在于对企业组织中的人的看法上,如有学者认为,古典管理理论是“机器型”的,其注重点是“没有人的组织”。

注重社会心理系统与人道方面的行为科学和注重经济—技术系统、定量化、数学模型与计算机技术应用的管理科学对修正传统的组织与管理理论做出了贡献。卡斯特认为，行为科学采用开放系统的方法，研究许多为传统模型所排斥的变量。这一学派主要由心理学家、社会学家和人类学家发展建立起来，他们热衷于以实际经验为基础的调查研究来验证他们的观点。而管理科学基本上可以说是科学管理的带有某些修正的扩展，它关心的主要是作为经济—技术系统的组织、不断发展着的复杂的定量方法以及先进的计算机技术为其提供了基本的研究工具。作为现代管理理论基础的新的观点，其注意力则集中于系统和权变的观念。

系统观念为现代组织理论和管理实践提供了完整的基础。系统观念认为，管理部门所面临的是一种动态的、固有的不确定性和常常是模棱两可的情况。正如传统理论所认为的那样，管理不能完全控制生产的所有因素，它将受许多环境力量和内部（如技术、结构和社会心理）力量的很大限制。然而，这并不意味着管理是被动的、只能适应这些限制条件。正相反，管理在认识和确定环境的关系设计内部各分系统中，具有一种积极的作用。管理的主要职能之一，是建立组织与其环境的和谐关系，设计内部各分系统，以达到高效能、高效率和使参与者满意的各种目标。系统观念抛弃了有关组织设计和管理实践的普遍原则的过于简单化的说法，为我们提供了研究组织的宏观范例。应用系统观点，可以对权变观念作如下说明：组织是一个系统，它由各分系统组成，由可识别的界限与其环境超系统区别开来。权变观点所要研究的是组织与其环境之间的相互关系和各分系统内与各分系统之间的相互关系，以及确定关系模式即各变量的形态。权变观点强调的是组织的多变量性并力图了解组织在变化着的条件下和在特殊环境中运营的情况。权变观点的最终目的在于提出最适宜于具体情况的组织设计和管理行动①。

二、组织系统的特性

卡斯特认为，组织是由系统构成的，构成组织的系统具有开放性和整体性。有关组织及其管理的系统观是《组织与管理——系统方法与权变方法》

① F·E·卡斯特，J·E·罗森茨韦克：《组织与管理——系统方法与权变方法》中译本，中国社会科学出版社 1985 年版。

一书的基本概念框架，卡斯特为适于各种类型的组织所确立的一般概念模型是①：

(1) 一个属于更广泛环境的超系统。

(2) 一个目标与价值分系统——怀有目标而为目标奋斗的人们。

(3) 一个技术分系统——人们使用的知识、技术、装备和设施。

(4) 一个结构分系统——人们在一起进行整体活动。

(5) 一个社会心理分系统——处于社会关系中的人们。

(6) 一个管理分系统——负责协调各分系统，并计划与控制全面的活动。

由这个概念模型可以知道，组织是由系统构成的，而系统是"能与其环境超系统划分明确界限的一个有组织的并由两个或两个以上相互依存的部分、成分或分系统所组成的整个单位"②，组织在与其环境的相互关系之中是个开放系统。因此，与封闭系统之间固定的、不可渗透的界限相比，开放系统在其本身与广泛的环境超系统之间的界限是可渗透的。这种可渗透性指组织与外部环境时时进行着能量、材料与信息的交换，它的投入与产出是开放的。不同的组织，其可渗透性也不同。从人员的流动性看，政府行政组织，尤其是行政最高决策组织，其可渗透性较低，一般人是难以进入其中的，而有些组织可渗透性则较高，如教师联谊会、学生联合会等，要想进入其中并不困难。同时，这种可渗透的组织界限还具有筛选性，即它将外界的投入进行筛选，将它对外界的产出进行过滤。如大学规定一定的高考分数线、政府行政机关规定行政人员的录用标准，这些都是组织对人员投入的"筛选"。而大学要求学生修满一定的学分、完成各种必要的训练方可毕业，则是对人员产出的过滤；政府行政机关将得到的各方面的要求、意见加以归类整理，并根据有关法律法令相应作出处理，形成行政决策向外界输出，又是对信息产出的过滤。

组织系统的开放性还表现在它与社会超系统之间相互制约并时时进行能源、材料和信息的交换。一方面，任何组织都是社会超系统之下的一个子系统，它受着社会超系统各种因素的制约，执行着社会超系统所赋予的某种职能，"作为社会的一个分系统的组织必须在整个环境超系统的制约下达到其目标，组织为社会完成某种职能；如果组织想成功地获得投入，就必须顺应社会的制约和要求。反之，组织也对其环境超系统产生影响"③。另一方面，组

① F·E·卡斯特，J·E·罗森茨韦克：《组织与管理——系统方法与权变方法》中译本，中国社会科学出版社1985年版。

② 同上。

③ 同上。

织本身是一个开放的系统,它与外部社会环境时时进行着能源、材料和信息的交换过程。一所大学,从社会取得经费,招收学生,并获得其他资源(如图书、设备、劳务等),经过转换,又向社会输出合格的学生和新知识。“从这种观点看,组织要生存下去,要发挥其效能作用,就得依赖与其环境交换商品与劳务。”①

卡斯特用图 18 - 1 说明组织系统的这些基本特征。

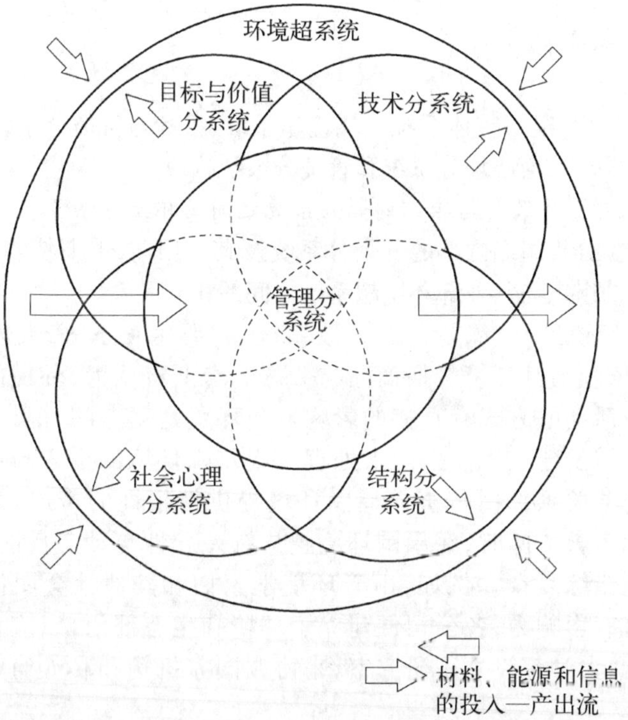

图 18 - 1　组织系统

在提出组织是一种开放系统之后,卡斯特特别强调开放系统的同等结果。他们指出同等结果是社会系统的重要特征。在社会系统中,某些结果可以用不同的初始条件和不同的方法来取得,即社会组织可以用不同的投入和不同的内部活动达到组织目标。正因为如此,在组织中,人们就不一定要寻求某种固定的最优解,而在于寻求各种可能的令人满意的选择方案。

① F·E·卡斯特,J·E·罗森茨韦克:《组织与管理——系统方法与权变方法》中译本,中国社会科学出版社 1985 年版。

卡斯特还强调了组织系统的整体性。在他看来,所有系统——自然的、生物的和社会的——都是由各相互有关的分系统所组成的,整体不仅仅是各部分的总和,而且系统本身只能作为一个整体来加以解释。他认为,整体的观点是以系统方法为基础的。在传统组织理论中和在其他许多学科中,人们都是孤立地对各分系统研究,而后再将各部分联合成整体,但从系统方法来看,这是不行的,必须以整个系统作为看待事物的出发点。

三、组织整体系统

卡斯特认为,组织整体系统由环境超系统、目标与价值分系统、技术分系统、结构分系统、社会心理分系统和管理分系统构成。

1. 环境超系统及其与组织内部分系统之间的相互关系

在进一步分析组织内部的五个分系统及其作用前,卡斯特着重考察了作为开放系统的组织与其外部环境超系统之间的相互关系。

前面已经谈到,组织是一个开放系统,它要生存下去,要发挥其效能作用,就得依赖与其环境交换商品与劳务。卡斯特认为,环境的力量对组织安排组织活动的方式有直接的影响。当环境是动态的、混杂的时候,组织内部一般需要建立职能部门来处理一组特殊环境的投入与产出。如工商企业的公共关系部门负责向周围环境提供情报性的产出,以提高本组织的威信和声誉。同时,在周围环境越具有差异性与动态性时,组织的内部结构就越错综复杂。例如,由于环境学家们和其他社会团体越来越大声疾呼并富有影响力,各公司便建立了环境和生态部门,以应付这些特殊的团体;多数大学都设立了研究室,来协调国家机构和私人组织提供的研究经费等。

从广义上说,环境就是组织界限以外的一切事物。但是,主要可以从两方面看待影响组织的环境系统,即社会(一般)环境和工作(具体)环境。前者影响某一特定社会中的一切组织,后者则更直接地影响着个别组织。

一定社会中影响一切组织的一般环境特征主要包括:

(1) 文化特征。包括历史背景、意识形态、价值观和社会准则。对权威关系、领导方式、人与人之间的关系、理性主义、科学和技术的看法,确定着社会机构的性质。

(2) 技术特征。即社会上科学与技术的发展水平,包括物质基础(工厂、设备与设施)及技术知识基础、科学技术界能够发展并应用新知识的程度。

(3) 教育特征。包括居民的普遍文化水平,教育制度的完善程度与专业化的程度,受过高等专业及专门训练的人所占的比例。

(4) 政治特征。包括社会的一般政治气氛、政权集中的程度、政治组织的性质(分权的程度、职能的多样性,等等)以及政党制度。

(5) 经济特征。即基本经济结构,包括经济组织的类型——私有与公有的对比、经济计划的集中或分散、银行体制、财政政策、对物质资源投资的水平及消费特征。

个别组织在上述一般环境中运行时,可能不会直接受所有这些力量的影响,也不会对其直接作出反应。与个别组织的决策、转换过程相关联的更具体的力量是组织的工作环境。工作环境对组织内部的目标和价值、结构、技术、人际关系和管理过程都有影响。这种影响通过组织内部成员,特别是起决策作用的管理者的感觉与思维过程,产生影响组织内部特征的决策。这个过程可以用图 18-2 加以表示。

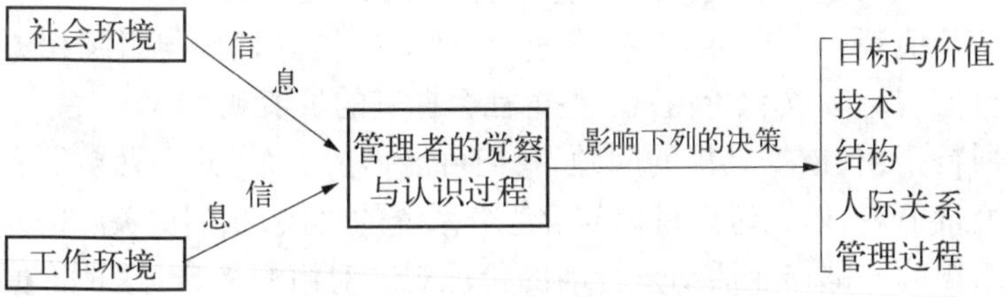

图 18-2 管理者对环境的觉察

卡斯特还指出,已经有越来越多的证据表明,在我们的社会里,环境正在变得更加动态和不确定,未来的组织将更受外界环境力量的影响,必须随时准备适应它。一般而言,在平静的环境中,组织可以成为结构严密的官僚机构,从而有效地进行业务活动。但是,在动乱的环境中,组织必须建立一个更有适应性的反应系统。

然而,组织并不仅仅只是被动地对外界力量作出反应,相反,组织很能选择它的经营环境,并不断设法形成这样的环境,以达到自己的目标。例如,公司为自己的产品和劳务确定市场,它可能打入新的产品市场或扩展到新的地区中去。不仅如此,组织一旦建立起来,就要设法控制其环境,以达到自己的目的。例如,大学将影响各中学系统,以获得高质量的学生投入。它也可以与校友、其他可能的捐款者和立法机关洽谈,以得到他们的财政上的支持;而公司大搞广告战,目的就是要激起对它的产品的需求。

2. 目标与价值分系统

目标与价值分系统是组织内部五个分系统中较为重要的一个,它涉及组织所要达到的基本目标,以及与这些目标相适应的基本价值观念。

在卡斯特看来,管理思想与管理实践都是受更为广泛的社会意识形态的影响的,而各种价值观则是影响人类的社会作用和选择行动的规范性的标准。因此,卡斯特考察了资本主义历史上社会文化价值观的演变、资本主义伦理的历史演变以及当代企业思想等,指出价值观的演变是影响管理思想发展的基本力量。对组织而言,价值观问题影响到许多层次——文化、工作环境、组织、群体和个人。组织将依赖于其内部参与者及外界社会共同抱有的最低限度的价值观念,以获得生存。

在解决价值观问题时,应该从五个层次来考虑:① 个人价值观:个人拥有的、影响他们行动的价值观;② 群体价值观:正式或非正式的小群体所拥有的价值观,它影响个人的行为和组织的行为;③ 组织价值观:为组织整体所拥有的价值观——个人、群体、整个组织和文化投入的混合;④ 工作环境各要素的价值观:顾客、供应者、竞争者、政府机构等直接与组织相关联者所拥有的价值观;⑤ 文化价值观:整个社会拥有的价值观。

卡斯特指出,依据具体的问题,我们可能需要一个、几个乃至所有这些方面来研究价值观,但在讨论目标与价值分系统的时候,我们更关心的是那些直接影响组织的内部作业活动与行动的价值观。对组织而言,这种价值观的具体表现就是组织所奋力追求的各方面目标。卡斯特认为,组织就是寻求目标的系统。一个组织的目标影响着它与环境超系统及其他分系统之间的相互作用。组织达到目标的努力影响着它从较广的社会中接受资源投入的能力,从而使停止的生存合法化。目标可以把参与者的注意力都集中到与组织有关的行动上,它们提供衡量成功的标准,并有助于决定所需的技术,为组织活动的专业化、权威形式、信息沟通、决策网络以及其他结构关系等奠定基础。组织的管理活动是和目标直接联系在一起的。例如,总经理一般制定广泛的组织目标,以使组织与周围环境联系起来;然后,管理者把这些广泛的组织目标变为实际工作目标,并提出衡量达标程度的方法。在此过程中,他们必须不断处理目标冲突,找出解决办法,以满足组织内外许多个人与群体的利益。

卡斯特认为,一个组织目标的确定,往往要受到三个方面力量的影响,即来自社会环境、组织本身和组织内部成员的影响(因此,对组织目标的研究也须考虑三个方面——强加于组织的目标、系统目标和参与者目标)。这三方面的影响都是重要的,它们之间显然也是存在着矛盾冲突的,所以组织在确定自己的目标时，必须充分考虑这三方面，在三者之间取得最低限度的一致性。

从社会环境的影响来看，组织作为社会超系统中的一个子系统，它必须完成社会所赋予的任务，这种社会任务也就规定了它的基本目标：大学的目标是培养人才，向社会输送新知识；政府部门的目标是为公共利益服务。但这仅仅是就总体目标而言的，而在具体实施过程中还受社会环境的各种因素——如政治的、经济的、文化的甚至自然条件的制约，也受到其他各种组织的影响。因此，卡斯特认为，组织目标的制定，往往是组织与其社会环境竞争、磋商、合作、联盟的结果。

从组织自身来看，组织总是为一定的目标而存在的，一个组织的目标可能是多重的。例如，大学除培养学生、提供新知识这个基本目标外，还有争取资金、提高学术地位等目标。

从组织内部成员的影响看，组织是由个人构成的，虽然同一组织内部成员的目标是基本一致的，但由于思想观念、价值观念等的差异，成员与组织以及成员个人之间的目标并不完全一致，甚至可能互相冲突。因此，组织目标的确定，还应考虑成员目标与组织基本目标的这种不一致性。

卡斯特认为，从某种意义上说，期望个人与组织目标之间的完全一致和最理想的满足是不现实的，个人必须放弃自己部分的自主和自我表现去参加组织（并得到成员的益处）。因此，协调组织与环境、组织与成员间的关系，努力使两者目标趋于基本一致，以保证组织基本目标的达到，这对组织的生存来说是至关重要的。现代组织的管理实践中，把个人或群体的目标结合进组织目标里的最全面办法就是“目标管理”（MBO）。目标管理试图通过把各级的管理都纳入目标制定过程来建立这种关系。在这个过程中，每个管理者都与他的下属一起制定目标及达到目标的具体行动计划。例如，在学校系统里，类似的方案如“个人成长合同”等也被提倡用来制定目标和测定学生、教帅与行政人员完成工作任务的情况。

3. 技术分系统

技术分系统是指组织完成工作任务所需的知识和技能，即在将投入转换为产出的过程中所需要的各种知识、设施、方法、手段等。组织的技术系统是由该组织的目标决定的，不同的组织需要不同的作业技术。如大学接受学生作为其投入，通过一系列教育技术过程，使其发生转换而向社会产出；政府行政机关从社会获取信息，经过行政技术处理，转化为行政决策产出等。

不同的组织虽然有着不同的技术手段，但从行政管理的角度来看，有许多行政技术是各种组织所必需的。如“目标管理”（MBO）技术、“长期规划法”

(LRP)、“成果管理”(MBO/R)技术、“计划—规划—预算系统”(PPBS),以及档案管理、文件处理、微机网络操作与运用等等。这些现代化的行政管理技术已构成大多数组织正常工作所不可缺少的技术手段。

卡斯特认为,技术分系统是直接与环境超系统、组织的目标和价值观等相关联的,它对组织结构、社会关系和管理系统具有重大的影响作用。其中,技术分系统对管理分系统的作用尤为明显。首先,技术手段的进步,要求人们具有相应的技术水平与之相适应,管理者必须掌握先进的管理技术。以市政管理为例,现代城市的管理者再也不是由一些藐视知识的官僚所组成,而是由受过训练的、能用他们的知识为组织的活动做出贡献的专家所组成,如运筹学家、人事管理专家、研究与开发工程师、通信工程专家、工业心理学家、社会学家等。这些人进入政府行政部门既是技术发展的结果,同时他们又成为使组织适应并采用新技术的“催化剂”。其次,随着技术的加速发展,也使管理的重心发生了转移,从原来着重关注将活动加以分解,以便由各个分系统一个个地完成,转变为注重组织系统的整体配合、宏观调控。

4. 结构分系统

卡斯特认为,结构可以被看作是一个组织内各构成部分或各个部分间所确立的关系的形式。在复杂的组织中,结构首先是由组织的主要构成部分或分系统的设计决定的,然后才决定于所建立的各分系统间关系的形式。正是这种内部的差异和带有某种持久性关系的形式被人们看作是一个组织的结构,因此,正式的组织结构的定义就常常被确定为:① 正式关系与职责的形式——组织图加职位说明或职位指南;② 向组织各个部门或个人分派任务和各种活动的方式(差异化);③ 协调各个分离的活动和任务的方式(一体化);④ 组织中权力、地位和等级关系(职权系统);⑤ 指导组织中人们的活动和关系的经过计划的正式的政策、程序和控制方法(行政管理系统)①。

组织结构可以分为正式组织与非正式组织。正式组织是指经过筹划的结构,并且体现了为有效地达到组织目标而建立各组成部分关系形态的经过深思熟虑的意图。它一般表现为一张印刷的图表并载于组织手册、职位说明和其他正式的文件中。正式组织将确定组织的总格局,并且描述和规定某些法定的职能、职责以及它们间的关系。非正式组织指的是系统中那些未经明确的筹划但却从组织成员的活动和相互间的作用中自发产生的东西。非正式组

① F·E·卡斯特,J·E·罗森茨韦克:《组织与管理——系统方法与权变方法》中译本,中国社会科学出版社 1985 年版。

织的作用是两方面的：有时，当正式组织对内部和外部的重要信息反应迟缓时，非正式组织就会起积极的补充作用；有时，非正式组织也会破坏工作，阻止群体从事正常的活动，从而危害组织。

在组织中，职责、职权与组织结构的关系是重要的。组织必须对其成员分派职责，其中委派是一个重要原则，组织的控制是以委派为基础的。多数组织都会为测定所委派的职能活动的效益和效率而建立一套评价手段，并建立控制机制。向组织的各个组成部分分派职责并建立控制机制的基础是确立职权结构。职权是组织成员间的正式关系，它与合法地行使一定的权力相联系。

组织活动中极其重要的环节就是进行组织结构的设计。在传统的组织理论家那里，组织设计强调的是客观性、非人格化的结构形式。它以稳定的组织管理经验为依据，注重明确的关系、清楚的职权和刻板的结构。系统权变学派则认为，组织结构是环境与组织其他分系统之间的纽带。任何一个组织都有其环境，面对不同的环境，组织总是要有不同的结构来适应它。一般地说，环境的差异性、动态性和不稳定性愈大，组织内部结构的差异性和复杂性就越大。由于各种行政组织千差万别、各个相异，因此，在设计组织结构时，也应区别情况，采取灵活的方式。卡斯特大体区分两种不同的组织，以及与之相适应的两种结构模式：一种是稳定的机械模式，一种是适应性有机模式。如表18－1所示①。

表18－1　结构模式

组织上的特点	稳定机械式	适应有机式
对环境的开放	比较封闭。试图选择和尽量减少环境的影响，并试图降低不稳定性	比较开放。设计得能够接受环境影响和对付不稳定性
活动的正规化	在结构的基础上具有更多的正规性	在结构的基础上具有较少的正规性
活动的差异化和专业化	明确的、相互孤立的职能和部门	通常或有时为重叠的活动

① F·E·卡斯特，J·E·罗森茨韦克：《组织与管理——系统方法与权变方法》中译本，中国社会科学出版社1985年版。

续 表

组织上的特点	稳定机械式	适应有机式
协调	基本上通过等级结构很明确地规定了管理程序	各种的手段和人们之间交互作用
权力结构	集中的、等级的	分散的、多样化的
权力来源	职位	知识和专门特长
职责	附加于具体的职位和角色	很多成员分担
任务、作用和职能	在组织图、职位说明以及其他文件中有明确规定与说明	受到有关的情况和彼此的期望等的很不严格的限定与说明
交互作用与影响的形态	上级—下级的等级关系	上级—下级的水平关系
程序与规则	很多、很具体而且经常是成文的或正规的	很少、很一般而且经常是不成文的或非正规的
层次等级(就权力地位和薪资等而言)	在不同等级层次中存在很大的差异	在不同等级层次中差异较小
决策制定	集权的而且集中于高层	分权的而且分散于整个组织
结构形式的持久性	倾向于比较固定不变	持续地适应于新情况

卡斯特指出,在设计行政组织结构时,必须特别注意组织活动的差异化和一体化问题。差异化是组织内部进行分工的必然结果,组织越复杂,专业化程度越高,这种差异性也就表现得越高。组织的差异化一方面表现为等级结构的垂直差异,如军队中从少尉到五星上将、行政机关从办事员到行政首长,分属不同等级,层次分明。这种等级结构确定基本的交往和职权结构,形成所谓"指挥链"。另一方面表现为部门间的水平差异,即组织内部按专业不同分成若干个部门,部门间是一种水平关系。组织的差异化存在着一种使组织分离

的趋势,给组织的控制、协调和交往联系带来困难。因此,进行组织结构设计应注意的另一个问题就是组织的一体化问题。一体化也就是各个部门、个人在分工基础上的合作,整个组织在差异基础上的协调。通常,是在组织内部建立起某种机制,来协调各部分的工作。常见的协调机制有三种:一种是指示型(又称等级协调型),即各种各样的活动都置于一个权力中心之下,通过权力中心的指示使各个部分协调统一;另一种是自愿型,即通过组织中个人或群体自愿地寻找办法来使自己的活动与组织及其他成员相协调;第三种是促进型,即设立专门的机构来促进组织的一体化,这种机制最适合于政府行政部门。简单一些的组织设立协调员,复杂组织则设立协调委员会。例如城市建设中新区的开发,涉及征地、水电、道路、通讯等诸部门,往往建立一个委员会,来协调各部门,统一指挥。

5. 社会心理分系统

卡斯特认为,社会关系中的个人构成组织中的社会心理分系统。它是组织中人与人之间、人与群体之间的相互关系的总和,包括人们的行为与动机、地位与作用,以及个人的感情、价值观、态度、要求、愿望等。

(1) 组织中的个人行为。个人行为与激励是组织的社会心理分系统的基本组成部分,个性理论强调的是处于其环境和目前个人之间相互关系中的整体的人。卡斯特认为,个人的共性在于一切行为都是有原因的、可以受激励的、受目标指导的,但每个人又因其个体的差异性而表现出行为的差异性。在同样能力的条件下,不同的人做出的成绩是不一样的,这就是人的主观努力、工作态度在起作用,用函数关系表示就是:成绩 = f(能力 × 激励)。一方面,管理者必须善于使用多种激励手段来调动成员的工作积极性、主动性、创造性,使成员的精力与体力都保持良好水平,并努力使他们感到满意。另一方面,根据马斯洛的需要层次理论,管理者应全面考虑人的各种需求,在强调诸如工作重要性、获得赞誉和激励因素的同时,不应忽略诸如薪金、监督和工作条件因素。

另外,组织中个人的地位和作用系统也是组织的社会心理分系统的基础。个人由社会决定的地位和个人所感知的作用对其如何动作和反应都是有重要影响的。卡斯特认为,组织中都存在地位系统,即每个人在组织中居于一定地位(以职务、职称、职衔等表示出来),人与人之间因地位不同而构成一种职权关系,这种地位系统可以促进交往以及职权与责任系统的实施完成,但也会产生一些负面影响,如过分强调等级地位会不利于发挥下层人员的积极性,还会促使一部分人耗费大量的时间、精力和金钱以谋求高职,导致群体职能失调。

（2）组织中的小群体及群体动力。卡斯特认为，在把个体和组织联系起来的过程中，小群体起着一种调解的作用，每个个人是某一组织范围内各种正式和非正式小群体的一员。这种小群体可以是因同事之间感情上的情投意合而自然形成的（非正式的），也可以是人为的、通过正式的组织结构途径而形成的。管理者应善于利用、引导各个小群体。组织中的小群体一旦发生冲突，卡斯特提出以下几种协调的方案：① 领导者避免在群体中作出胜负的判断；② 使人们轮流在各群体工作，以增进相互的了解；③ 强调组织整体的有效性；④ 增加各群体之间的沟通与往来。

群体动力也强调个人之间面对面的关系和相互作用。它包含着许多沟通的模式，意味着不断地变革和调整成员间的关系。群体动力对工作成绩有重要的影响，总的实效与效率取决于较大组织系统内部那些在小群体中一道工作的个人的协同努力。沟通是群体动力的基础，它使完成群体活动所必需的相互作用成为可能。另外，对任何人的群体来说，不大可能达到完全无冲突的状况，群体内和群体间的冲突是不可避免的，因此，需要清楚认识和谨慎提防它使群体功能失调的方面，并对其有功能的方面予以鼓励。

（3）组织中的相互影响与领导模式。卡斯特认为，组织中的个人与群体都不是孤立的，而是相互作用、相互影响的，任何组织中都存在着一个影响系统。在不同的组织模式里，存在着两种基本的影响模式。在稳定机械式组织里，影响模式是等级制的，主要是从上级到下级来发生影响效力的，整个系统带有较浓的强制性色彩。在适应有机式组织中，影响模式就较多样化，包括由上至下、由下至上、水平和斜线的种种影响方式，影响发生效力的根据主要是知识和职权，更多是依靠社会因素，如互相尊重、自我实现等而起作用。

影响系统规定了领导产生的广阔环境。卡斯特认为，领导有两个基本含义：① 是一种职能；② 是一个地位集团。领导作为管理的一部分，它依靠个人之间的关系和权力挖掘人的潜在能力。改进组织中领导的有效性，可由以下方法做到：① 谨慎挑选具有高度成功可能性的人；② 通过切身体验，辅导和训练培养经理人员；③ 把现有领导者配置在他们最有可能成功的境况里。

6. 管理分系统

卡斯特认为，管理分系统通过对技术的指导、对人们与其资源的组织以及把组织与其环境联系起来等活动而联系起整个组织。管理是组织中协调各分系统的活动，并使之与环境相适应的主要力量。卡斯特从两个方面考察了组织中的管理分系统：一是管理分系统的结构层次，二是管理分系统的基本职能。

从结构层次看，可以把管理系统分为作业分系统、协调分系统和战略分系统等三个层次。作业分系统的主要任务是有效地和高效率地完成既定目标,其环境系统相对封闭,作业的总过程可以加以程序化,还可以充分利用先进的作业工具如计算机等设计标准作业程序。战略分系统的主要任务是根据环境的投入制定出整个组织的战略,从而使组织适应外部环境,并努力完成既定目标。战略层应具有开放意识,其工作的特点是非程序化,所遇到的问题是不确定的。协调分系统介于作业分系统与战略分系统之间,它犹如一个缓冲地带,将来自环境的冲击尽量降低,以保持作业分系统的相对稳定性。它的主要任务是协调上级(战略分系统)与下级(作业分系统)的活动,将来自上级的综合计划、总体战略转化为具体作业计划与工作程序,并指导作业分系统的工作。在政府行政管理机关中,行政首长居于战略分系统,面对的是千变万化的环境投入,他需要对此作出判断、抉择,制定出总体战略。机关办事人员居于作业分系统,他们工作基本上是按部就班、循规蹈矩,具有相对的稳定性和程序化。科室、部门的领导则居于协调分系统,他们将行政首长的决策、指令化为具体的工作程序,安排到每个人,并负责协调各个环节、监督工作的进行。由此也可以看出,在管理系统中,各分系统之间是相辅相成的关系,如果组织要为作业分系统接受所需的投入的话,战略分系统就必须有效地生产产出,以确保组织得到外界环境的支持。

从基本职能看,可以把管理系统分为决策、计划和控制职能。决策是管理系统最重要、最基本的职能,它可以提高控制的手段并使系统具有一致性。决策也是管理者最重要的任务之一,它遍布于一切管理职能之中。一般而言,决策过程包括以下几个环节:找出问题;认识问题;分析问题(拟定、建立和评价可选择方案);选择用以实施的行政方案。决策是个连续的过程,而不是一次性行为,后续决策受着以前决策和随时出现的新问题的影响。在管理系统中,三个分系统都会进行决策,但不同的分系统所面临的问题不一样,所采用的决策方法也不同。战略分系统面临的是不确定的、新奇的、对整个组织将产生重大影响的问题,所以其决策过程相对复杂,决策方法主要是判断的;作业分系统所面临的问题是相对确定的,往往可以直截了当地用计算技术来进行决策。计划职能其实是管理决策信息系统的一个组成部分。计划工作为个人和组织提供了用以应付复杂的、动态的和不断变化的环境的手段,从而为整个组织的综合决策提供了基础。在管理系统中,作业分系统的计划一般是重复性的、短期的、范围狭隘的和较为僵硬的;战略分系统的计划(诸如一项新的投资)则比较独特,时期较长,范围较宽,比较灵活。计划与控制在管理过程中是直接相关的活动,计划规定了管理过程的控制阶段的范围。在设计控制系统中的重要因素是管理信念、有关的标准(主要成果和高度优先的目标)以及职能成绩的估价过程。从时间选择来看,有预先控制和事后控制两种。目前,现时或实时控制比较流行,许多作业在当其与预期发生偏离时即已得到及时的调整。

四、组织变革

在对构成组织系统的五个基本分系统进行分析研究之后,卡斯特在《组织与管理——系统方法与权变方法》一书的最后,运用比较分析与权变观点,对医院、大学、城市等组织进行了个案研究。在此基础上,卡斯特指出,很多组织都具有一个不定的生命时限,组织必须使其自身适应于变化的条件。对所有组织而言,它们需要稳定性和连续性,以便完成其基本任务;同样也需要适应性与革新性,以便能在变化着的社会中生存。

卡斯特认为,组织的有计划的变革必须考虑三个方面的因素:效益、效率和组织成员的满意感。在有计划的变革中,应当从下列三个方面着手:一是问题领域。必须仔细诊断,确定存在的具体问题。比如士气低落、下达渠道不畅、无效能的程序、缺乏技术管理、组织结构不够广泛等等。根据确定出的问题类型,可以设计筹划适宜的改革。二是寻找焦点。确定出究竟是人员的关系问题,还是班组织与群体内的问题,或者是群体间的关系问题。三是组织改进战略。例如举办教育训练,或者使工作丰富化,或者进行目标管理、修订组织行为规范等。

卡斯特认为,有计划的组织变革过程可以由下列环节组成:一是感知问题,即承认变革的必要性;二是问题的意义,包括目前的条件、期望的条件;三是解决问题,包括制订备选方案、评价备选方案、选择行动计划、确定改革成效的计量尺度;四是实施改革的行动步骤;五是组织更新,包括组织的反省、批评、跟踪监督等。

卡斯特还指出,在组织变革的过程中,肯定会遇到阻力。改革的阻力主要来自一些抵消性力量,这种力量包括两方面:一是改革需要投入一定的费用(金钱、时间、精力)以及需要对一些既得利益进行调整,这必然会引致组织中的保守派和既得利益者的反对。二是人们对改革的目的、机制和后果可能产生错误的理解。变革后果的不确定性常常导致混乱与不安,特别是当变革遇到未曾预料到的困难时,人们的信心就会下降;而一旦人们对改革的结果有所了解、改革的进展也较为顺利时,人们的信心就会增强、不安就会减少。

基于此,卡斯特认为,要有能力实施有计划的变革,就得具有明确的克服阻止变革的阻力的步骤。一般来说,一个承认诊断与行动的相互作用和平衡的解决问题的方法是很重要的。例如,能够确定驱动力和制约力的立场分析,将有助于了解存在的问题和确定适宜的行动步骤;而组织中负责实施的行动人员的参与,在有计划的变革过程中的作用发挥也是很重要的。

最后,卡斯特还对未来的组织与管理进行了探讨。他指出,在未来,组织活动的范围界限将大大扩展,社会的公有部分也不可避免。社会面临的许多问题——都市的再发展问题、污染控制问题、运输系统问题都要求有新的不同的组织方法。以往,这些问题都是在分散的基础上由很多具有单一职能的政府机构来解决,现在则必须在整体系统的基础上来解决,并由社会的私有部分给予协助。组织界限的扩展,与环境单位的交界面增多了,组织就必须具备更强的反应性能。这种界限的扩展还增大了内部的复杂性和带来了控制上的问题,并将日益强调与组织交界面有关的问题,即组织之间的分析。

卡斯特还指出,未来将发展民主—人道的系统,关注工作、生活质量等方面,但技术(其中包括与完成任务有关的知识)仍将继续是影响组织及其管理的最重要的力量之一。现代社会的很多问题,如教育、城市衰退和贫困,都可以通过技术或社会工程来予以解决。

第三节　分析与评价

卡斯特的系统权变组织理论的提出,使行政管理理论的发展进入了一个崭新的阶段。系统管理理论是对传统的科学管理和行为科学各自偏颇的否定①。前者过分看重制度、纪律、标准化在组织管理中的有效性,后者则过分强调人性激励、心理满足、自我实现对组织管理的合理性,因而都在实践中显露了相当的局限性,无法普遍适用于各类组织。同时,科学管理与行为科学也忽视了组织管理与广泛的社会环境之间的相互关系,因而限制了人们的视野。在这种情况下,用综合的、全面的、相互关联的观点来看待、分析和研究组织管理现象,寻求一种能够广泛适用于各种组织的理论构架,就成为一种历史的要求。系统管理理论的出现,正是这种要求的体现。系统管理理论提供了一种宏观的关于普遍联系和互动作用的管理思想,但这还不够,还必须同时强调组

① 张国庆:《行政管理学概论》,北京大学出版社1990年版。

织管理的具体的、特定的特征，权变理论正弥补了这一缺陷。权变观以系统管理理论为基础，它否认一成不变、普遍适用的“最佳”管理理论和方法，认为每一种组织都有其特定的社会环境和内部条件。因此，随机应变，一切以时间、地点和条件为转移是组织管理行之有效的关键。权变观强调管理现象的多变性，但并不否认“类型”的意义，相反，它主张通过大量实例的研究和概括，来建立管理关系的基本类型。将这种系统管理与权变的观点运用至行政管理中，将有助于建立与组织的外在环境和内部环境相适应的行政管理制度。

卡斯特的行政组织理论对于现代行政管理人员(尤其是行政领导者)来说，有重要的启发作用①。把行政组织看成是一个开放系统，这就意味着在任何层次上的管理者都要有系统的观点、全局的观点，努力将自己部门(科室)的职能与整个组织的基本目标更密切地保持一致。同时，也时时记住自己部门(科室)的活动要与其他部门的协调一致，这一点对各级行政管理人员来说是很重要的。对于组织的领导者来说，切不可犯本位主义错误，更不可使自己的部门闹“独立性”，要时时记住自己的部门在整个系统中的地位。对于处于作业层上的普通管理人员，这种系统观点也是很重要的，要时刻注意将自己的本职工作同组织的系统目标保持一致，切不可强调自己本职工作的重要性而忽视整体的基本目标。

将系统管理与权变观点运用至行政管理实践，也会产生以下缺点：① 使问题趋于复杂，难以解决。根据系统理论，即须整体考虑，会使欲解决的问题趋于复杂化，由于问题的复杂化，不仅研究须费更多时日，也常因牵涉范围过广，导致管理者不敢轻易下决定，使应予以解决的问题迟延不能解决，甚至更增加了问题的严重性。② 增加学习训练工作的困扰。学习训练的目的，在于使学习者经过有计划的学习，获得处事的原则与方法，提高工作能力。所以学习的内容除技能外，多以一般原则和方法为主。但权变理论并不强调处事的一般原则与方法，而注重个案的个别处理方法，因而对教材的准备、学习人员的学习、指导人员的教导等均会产生若干问题，如不事先防范或妥善做准备，将会影响到学习训练的效果。

思考题

1. 简述组织整体系统的构成以及环境超系统与其他分系统之间的关系。
2. 试比较传统的组织结构设计和系统权变的组织结构设计。
3. 进行有计划的组织变革需要考虑哪些方面？

① 方贻岩：《西方行政思想史》，厦门大学出版社1993年版。

第十九章　布坎南的公共选择与政府理论

第一节　生平与著作

詹姆斯·布坎南(James M. Buchanan),美国著名经济学家,公共选择理论的创始人,诺贝尔经济学奖获得者,美国布莱克斯堡弗吉尼亚大学公共选择研究中心的教授和总负责人。他于1919年出生在美国田纳西州穆尔弗里鲍尔,1940年毕业于田纳西中部大学,获理学学士学位,1941年又获该校文学硕士学位。第二次世界大战期间,布坎南参加了海军,服役5年,战后进入芝加哥大学深造,受教于著名经济学家F·H·奈特,1948年,布坎南获博士学位。1949年,布坎南在田纳西州大学任教,开始其学术生涯。1955年,他以研究学者身份赴意大利进修,研究欧洲公共财政的传统,对于政治决策问题有了新的兴趣和看法,为他以后的政治决策分析和创立公共选择理论奠定了基础。1956年至1968年,他任弗吉尼亚大学托马斯·杰斐逊政治经济学中心麦金太尔讲座经济学教授,并领导研究政治经济学和社会哲学的托马斯·杰斐逊中心。1962年与图洛克等共同创建了公共选择学会。1963年至1969年任洛杉矶加利福尼亚大学经济学教授。1963年任南方经济协会会长。1969年,布坎南与图洛克在弗吉尼亚理工学院创建领导了公共选择中心,并任该校教授。1982年,他随该研究中心迁到弗吉尼亚州的乔治·梅森大学并任该校经济学教授。此外,布坎南还担任过美国经济学会副会长和美国西部经济学会副主席。1977年,布坎南曾获迈阿密大学法学经济学中心颁发的法学经济学奖,并于1986年荣获诺贝尔经济学奖。

布坎南著述颇丰,其代表性著作有:《价格、收入与公共决策》(与艾伦·克拉克·李等人合著,1954年)、《个人投票选择和市场》(1954年)、《公债的公共原则》(1958年)、《财政理论与政治经济学》(1960年)、《赞同的计算：宪法民主的逻辑基础》（与图洛克合著，1962年）、《民主财政论》（1967年）、《成本与选择》（1969年）、《公共选择理论：经济学在政治方面的应用》（与R·托尼逊合著，1972年）、《自由的限度》（1975年）、《宪法契约中的自由》（1977年）、《赤字中的民主：凯恩斯勋爵的政治遗产》（与理查德·瓦格纳合著，1977年）、《宪法民主中的财政责任》（与理查德·瓦格纳合著，1978年）、《政治活动的经济学》（1978年）、《凯恩斯先生的结论：对于把经济理论滥用于政治投机活动的分析以及对宪法纪律的建议》（1978年）、《市场、国家和道德范围》（1978年）、《财政学》（与玛里林·弗劳尔斯合著，1980年）、《征税的权力》（1980年）、《自由、市场和国家：80年代的政治经济学》（1986年）。布坎南的著作如此之多，几乎涉及公共部门经济学的每一个方面。

布坎南作为公共选择理论的创始人，一直从事教学和公共选择理论的研究工作，对发展经济与政治决策的契约与法制基础进行研究将近40个春秋，被誉为"公共选择理论之父"。他运用经济方法去分析政治决策过程，对政治决策、政治家和选民的行为进行研究，提出政治家要应付各方面的压力和希望再次当选，以致政府的行为常常是创造或夸大市场的不完善，而不是去克服它，因此对政府的行动要加以限制。他对公共选择的一般理论、福利基础、一般原则，以及社会法则制度的形成、政府对社会契约的违反、法律法规的重新确立等问题提出了系统而独到的见解，因而创立了公共选择理论。布坎南的突出理论贡献是，把政治决策的分析和经济理论相结合，并将经济分析扩大和应用到社会—政治法规和制度的结构选择上，在分析政治决策结构的基础上批评了凯恩斯主义的公债理论。由于布坎南是公共选择理论最重要的创始人之一、公共选择理论的主要传播者和杰出贡献者，特别是"对经济与政治理论的契约与法制基础的开拓"、"对政治决策与公共经济学理论所做的贡献"①，瑞典皇家科学院于1986年授予他诺贝尔经济科学纪念奖。

公共选择理论是西方经济学中以经济学方法研究政治问题的一个重要理论流派，主要流行于美国，近年来声势与影响日益扩大，已遍及西方各国经济学界。公共选择理论之所以能从几十年前默默无闻甚至被排斥的少数赢得今日的地位与影响，其原因正如布坎南所说的，是因为他用"一套全新的概念取代了以往旧的学说，使我们可以通过一扇不同的窗子观察我们世界的某些部

① 丹尼斯·缪勒：《公共选择》，上海三联书店1993年版。

分,特别是我们的政治世界"①。它既是经济学的一个分支学科,因为它分析了一个独特的领域——传统经济学理论长期忽视的政治过程,这一政治过程决定着资源的非市场配置即公共物品的生产;又是现代政治学的一个研究领域,因为它以经济方法分析政治学内容,从对政治过程的经济分析中发现社会经济问题的根源在于现代国家政治制度的缺陷。因此,公共选择理论实际上是经济学与政治学的结合——经济学方法与政治学对象的结合,"简单地说,是经济学在政治学中的应用,公共选择的主题就是政治科学的主题:国家理论、选举规则、选民行为、党派政治、官僚体制等等"②。

布坎南的公共选择与政府理论对当代政府管理的理论与实践产生了巨大影响。

第二节　公共选择与政府理论

一、公共选择理论

1. 公共选择理论的创立

20 世纪 30 年代以前,传统经济学描绘了一个完全竞争、市场制度能自动使社会资源有效地达到最优配置的完美世界。但是 30 年代遍及资本主义世界的经济危机打破了传统经济学的"市场万能"的美妙幻想,使人们普遍认识到市场制度的缺陷,这在客观上促使了凯恩斯主义的兴起。凯恩斯主张放弃自由放任主义,实行政府干预,特别是通过宏观财政政策和货币政策来调控市场经济运行,挽救资本主义经济于危难中,因此凯恩斯主义被奉为至尊法宝和救世良方,而凯恩斯主义又似乎真的将资本主义各国从衰退引向繁荣。所以二战以后的二三十年间,凯恩斯主义都高居主流经济学的宝座,各主要资本主义国家普遍采取了干预主义政策,而其理论基础即是"市场可能失败的论调,广泛地被认为是为政治和政府干预作辩护的证据"③。可惜,好景不长,随着政府对市场干预的增强,政府干预的局限性和缺陷也日益显露出来,政府财政

① "瑞典皇家科学院公告",载于王宏昌、林少宫编译:《诺贝尔经济学奖金获得者讲演集》(1978—1986),中国社会科学出版社 1996 年版。

② James Buchanan. *The Theory of Public Choice*. Ann Arbor, The University of Michigan Press, 1972.

③ 布坎南:《自由、市场和国家》,北京经济学院出版社 1988 年版。

赤字与日俱增,且不可避免,大量政府开支落入特殊利益集团的私囊,政府的社会福利计划相继失败,经济停滞,通货膨胀。布坎南等人创立公共选择理论,其目的正在于揭示"政府失败"并试图克服政府干预的缺陷。正如布坎南所说,"市场的缺陷并不是把问题交给政府去处理的充分条件"①,"政府的缺陷至少和市场一样严重"②。

在西方社会,政治市场与经济市场存在着诸多相似性,经济学的许多原理可以用来分析政治决策行为。在政治市场中,决定人们相互交换关系得以建立的根本因素,也是个人的利益,一切政治行为都以个人的成本—收益计算为基础。布坎南指出,"我们必须从一方面是利己主义和狭隘个人利益驱使的经济人,另一方面是超凡入圣的国家这一逻辑虚构中摆脱出来,将调查市场经济的缺陷与过失的方法应用于国家和公共经济的一切部门"③。因此,政府的政策制定者(政治家、政府官员等)都是理性的经济人,都在追求自己的最大化利益;公民作为选民也是理性的经济人,其选举行为以个人的成本—收益计算为基础。由于普通选民往往无力支付相对昂贵的政治信息成本,他们往往出于"理性的无知"而不投票,这样,政府就往往会被代表特殊利益集团的政策制定者操纵,由此滋长了种种弊端,从而背离其公共利益代理人的角色。所以布坎南认为,现代西方社会面临的种种困难,与其说是市场制度的破产,不如说是政治制度的失败,"我们应该发明一种新的政治技术和新的表现民主的方式,它们将能控制官僚主义特权阶层的蔓延滋长"④。也正是基于这种需要,布坎南创立了公共选择理论。

2. 公共选择理论的研究对象与方法论

顾名思义,公共选择理论的研究对象就是公共选择。所谓公共选择,就是通过集体行动和政治过程来决定资源在公共物品间的分配。即指人们选择通过民主政治过程来决定公共物品的需求、供给与产量,是把个人选择转化为集体选择的一种过程或机制,是对资源配置的非市场决策。

对于什么是"公共选择论",布坎南解释道:"公共选择论只是明确提出公共经济一般理论的一种努力,它可以帮助我们在集体选择方面从事人们长期以来在市场微观经济学方面所做的事情,即用一种相应的尽可能合适的政治市场运转理论来补充商品或服务的生产与交换的理论。该理论是这样一种尝

① James Buchanan. *The Theory of Public Choice*. Ann Arbor, the University of Michigan Press,1972.
② 布坎南:《自由、市场和国家》,北京经济学院出版社 1988 年版。
③ 转引自亨利·勒帕日:《美国新自由主义经济学》,北京大学出版社 1985 年版。
④ 同上。

试,它要建立模拟今天社会行为的模式,其特点是:根据个人是在经济市场还是在政治市场活动,采取不同方式处理人类决定的过程。一切传统模式都把经济决定视为制度的内在变化,而把政治决定视为外部因素,人们拒绝就这些外因的规律及其产生进行探讨,在这种情况下,公共选择论的宗旨却是把人类行为的两个方面重新纳入单一的模式,该模式注意到:承担政府决定的结果的人就是选择决策的人。"①布坎南还解释说:"公共选择是一个总括性的名词,是指将分析扩充到市场外的另一选择——政治力量。"②

布坎南声称,公共选择理论的根本目的,不是要调查出市场的一些缺陷之后,才去说明政府任何干预都是正当的,而是要通过对政府决策行为的研究,使政府缺陷尽可能降到最低限度,从而达到以政治市场领域的和谐运转去弥补经济市场运转不足的目的。

公共选择理论的方法论被布坎南归结为三个要素:个人主义、经济理性和交易政治。个人主义是微观经济分析的出发点,同样也被看成是集体行为的出发点。公共选择注重于分析个人行为(如投票人、政治家和官员等的行为)如何通过政治过程而对整个经济产生影响。经济理性原则认为,人是利己主义的,追求个人利益和效益最大化,其活动受个人利益驱动与导向。公共选择理论认为人们在政治领域中也是如此,因此由个人组成的国家或政府不应被看成是以服务大众利益为目的的。政治在公共选择理论中被视为一个在解决利益冲突时进行交换达成协议的过程,含有交易的性质。

二、政府理论

1. 政府失败论

布坎南的政府理论,就是公共选择理论用上述经济学方法来说明市场经济条件下政府干预行为的局限性或政府失败问题。这是公共选择理论的一个核心主题。

政府失败是指个人对公共物品的需求在现代代议制民主政治中得不到很好满足,公共部门在提供公共物品时趋向于浪费和滥用资源,致使公共支出规模过大或者效率降低、预算上出现偏差、政府的活动并不总像应该的那样或像理论上所说能够做到的那样"有效"。在布坎南看来,政府作为公共利益的代

① James Buchanan. *The Theory of Public Choice*. Ann Arbor, The University of Michigan Press,1972.
② 伯烈特　史宾斯:《诺贝尔之路》,西南财经大学出版社 1999 年版。

理人,其作用是弥补市场经济的不足,并使各经济人员所作决定的社会效应比政府进行干预前更高。否则,政府的存在就无任何经济意义。但是政府决策往往不符合这一目标,有些政策的作用恰恰相反。它们削弱了国家干预的社会"正效应",也就是说,政策效果削弱而不是改善了社会福利。于是就提出了一个问题:为什么政府干预会产生"负效应"以及如何从制度上弥补这些缺陷。布坎南对这些问题的回答就构成了公共选择理论的"政府失败论"。

布坎南对政府干预行为的局限性的表现及原因进行了较深入具体的研究,主要有以下几个方面:

(1) 公共决策失误。公共选择主要就是政府决策,政府对经济生活干预的基本手段是制定和实施公共政策。公共选择理论认为,政府决策作为非市场决策有着不同于市场决策的特点,如市场决策是以个人为决策主体、以私人物品为对象,并通过完全竞争的经济市场(即用货币来购买商品)来实现的;而政府决策中,虽然单个选择者也是进行决策的单位,但是作出最终决策的通常是集体,而不是个人,以公共物品为决策对象,并通过有一定秩序的政治市场(即用选票来反映对某项政策的支持)来实现。因此相对于市场决策而言,政府决策是一个十分负责的过程,具有相当程度的不确定性,存在着诸多困难、障碍或制约因素,使得政府难以制定并实施好的或合理的公共政策,导致公共决策失误。

在布坎南等人看来,导致公共决策失误的原因是多方面的:① 社会实际上并不存在作为政府决策目标的所谓公共利益,阿罗的不可能定理已经证明了这一点;而且,"在公共决策过程中实际上并不存在根据公共利益进行选择的过程,而又存在各种特殊利益之间的缔约过程"①。② 即使现实社会中存在着某种意义上的公共利益,但现有的公共决策机制却因其自身的内在缺陷而难以达到实现这种利益的目的。如现代代议制中通常使用少数服从多数规则,但经常出现多数人对少数人利益要求的漠视。③ 决策信息的不完全性。获取决策信息总是存在诸多困难而且是需要支付一定成本的,不管是选民还是政治家,他们拥有的信息都是不完全的,因而大部分公共政策是在信息不充分的基础上作出的,这就很容易导致决策失误。④ 选民的"短见效应"。由于政策效果的复杂性,大多数选民难以预测其对未来的影响,因而只着眼于眼前的影响;而政治家为了谋求连任,就会主动迎合选民的短见,制定一些成本滞

① James Buchanan. "A Contract Paradigm for Applying Economics". *American Economic Review*, No. 5, 1975.

后，或从长远来看弊大于利的政策。⑤ 选民的“理性的无知”。由于选民作出决策需要支付一定的成本以收集有关候选人的信息等，作为理性的经济人，他在权衡自己的成本—收益计算时，如果成本太大，选民将不去投票。在现实生活中，许多选民往往也会出于搭便车心理而寄希望别人去投票以使自己坐享其成，这被称为选民的“理性的无知”。而这将导致通过选票上台的政治家并不代表多数人的利益，其制定的政策充其量只能代表一部分人的利益。

（2）政府机构工作的低效率。所谓政府机构工作的低效率是指政府机构执行政策的效率不高、官僚主义作风严重，而这必然影响政策执行的结果，有可能使好的政策产生恶的结果，从而导致政府失败。

在布坎南看来，政府机构工作低效率的原因在于：① 缺乏竞争性压力。由于官僚机构垄断了公共物品的供给，没有竞争对手，就有可能导致政府部门的过分投资，生产出多于社会需要的公共物品，如不适当地扩大机构、增加工作人员、提高薪金和办公费用，造成大量浪费。布坎南以美国政府机构为例分析说，如总统、副总统、州长、副州长等国家和州一级的领导以及监督这些领导的参众两院议员是由直接选举产生的，比例只占政府工作人员总数的很小部分，而其他部门领导则由国家和州一级领导人任命并由相应的参众两院认可。由于部门领导与当选代表之间存在着密切的利害关系，不会因工作效率低而遭到解雇，因而他们也就没有压力去高效率地工作。另外，由于约束政治家个人活动的限制体制不以营利为目的，提供公共服务的各部门之间不存在竞争，因此，政府官员拥有的自由比私人企业经理要大得多，而过多的自由又使他们没有努力工作的积极性。由此可见，从纵向（逐级任命）和横向（部门之间）来看都缺乏竞争性压力。② 没有降低成本的激励机制。从客观上看，由于政府的活动大多不计成本，而且即使计算成本，也很难做到精确，这有形或无形地促使政府部门对公共物品的供给，超出社会财富最优分配时所需的数量，因而导致社会资源的浪费。相对于私人垄断情形，这种过量供给相当于公众支付给了某些特权阶层一种变相的集体补贴，集体补贴的成本最终是由纳税人承担的。从主观上看，政府所属各部、局的工作大多具有一定的垄断性，一方面，各部、局可以利用这种垄断地位，在供给公共产品与劳务时尽可能降低服务质量、提高服务价格，并在此基础上扩大生产规模，使之所提供的服务数量与范围超过最优的生产水平。另一方面，由于政府部门所承担的任务较为复杂，它们可以利用所处的垄断地位封锁一部分公共产品生产职能及资源成本等信息，从而使承担制约任务的议员和执行预算管理职能的部门无法了解真实成本，不能准确评价运行效率，也就无法充分行使监督权。总之，由于政府官员不能把利润占为己有，加上公共物品的成本与收益难以测定，所以，与企业经理不同，政府官员的目标并不是利润最大化，而是规模最大化，以此增加自己的升迁机会和扩大自己的势力范围，这势必导致机构臃肿、人浮于事、效率低下。③ 缺乏监督信息。从理论上讲，通过选票上台的政治家与政府官员的权力来自人民的让渡，并不能为所欲为，而是必须接受公民代表的政治监督。然而，在现实社会中，这种监督作用将会由于监督信息不完备而失去效力。监督机构为了执行监督职能，必须对被监督部门的运行情况了如指掌，但是向他们提供政府运行情况的正是被监督部门，由于前面所提到的垄断性，监督者可能为被监督者操纵，因为被监督者的地位实际上可以使它们强制规定某些政策措施，从而使被监督者能够实现自身利益最大化的政策得以实施。

（3）政府的扩张。政府部门的扩张包括政府部门组成人员的增加和政府部门支出水平的增长。布坎南指出，由于政府官员也是个人利益最大化者，他们总是希望不断扩大机构规模、增加其层次、扩大其权力，以相应地提高其机构的级别和个人待遇，同时也使他们去制定更多的规章制度，增加自己的俸禄和享受，结果导致社会资源浪费、经济效益降低、资源配置效率低下、社会福利减少；而且政府机构扩张直接导致财政赤字，当赤字压力过大时，便会迫使政府增加货币发行、引发通货膨胀。近两个世纪以来特别是二战后，西方国家的政府迅速膨胀。以美国为例，1987 年美国政府的总开支占国民生产总值（GNP）的 34%，而 1949 年占 23%，1929 年占 10%[①]。对于政府机构为什么会出现自我膨胀，布坎南等人从五个方面加以解释：① 政府作为公共物品的提供者和初始效应的消除者导致扩张；② 政府作为收入和财富的再分配者导致扩张；③ 利益集团的存在导致扩张；④ 官僚机构的存在导致扩张；⑤ 财政幻觉导致扩张[②]。公共选择理论还特别指出，官僚机构和立法部门都追求预算的最大化，他们与利益集团结成“铁三角”导致政府预算具有不断扩大的趋势。

（4）政府的寻租活动。寻租活动是指人类社会中非生产性的追求经济利益的活动，或者是指那种维护既得的经济利益或是对既得利益进行再分配的非生产性活动。在布坎南等人看来，寻租是指用较低的贿赂成本获取较高的收益或超额利润，租或租金则是指支付给生产要素所有者的报酬中，超过要素

① Dennis C. Mueller. *Public Choice Ⅱ: A Revised Edition of Public Choice*. Cambridge University Press, 1989.

② Ibid.

在任何可替代用途上所能得到的那一部分。租金是超过社会成本的收入。从某种意义上说，这是不需要吸引资源用于特定用途的一种分配上不必要的支付款项①。现代社会中的寻租活动，是利用行政法律的手段来阻碍生产要素在不同产业之间自由流动、自由竞争，以维护和攫取既得利益。寻租活动赖以存在的前提是政府权力对市场交易活动的介入，寻租活动会使政府决策和运作受利益集团或个人所摆布。布坎南认为，由于政府的各项经济决策往往以某种公共利益需要为解释理由而为某些利益集团服务，特殊的利益集团为谋求政府保护、逃避市场竞争、实现高额垄断利润，往往进行各种"寻租活动"，而政府官员为了获得这种经济租金，会想方设法地去利用种种特权寻求租金，这就是所谓的"政治创租"或"抽租问题"。寻租活动导致"政府失败"，因为它导致经济资源配置扭曲，或说它是资源无效配置的一个根源；寻租作为一种非生产性活动，并不增加任何新产品或新财富，只不过改变生产要素的产权关系，把更大部分的国民收入装进私人腰包；寻租也导致不同政府部门官员的争权夺利，影响政府的声誉和增加廉政成本，导致社会资源浪费。公共选择理论认为寻租主要有三类：① 通过政府管制的寻租；② 通过关税和进出口配额的寻租；③ 在政府订货中的寻租。

因此，布坎南等人对西方现行民主制度，对政府在保护个人权利、提高社会福利方面的作用甚为悲观，对国家和政府深表怀疑。正如布坎南所说的，"公共选择理论以一套悲观色彩较重的观念取代了关于政府的那套浪漫、虚幻的观念。公共选择理论开辟了一条全新的思路，在这里，有关政府工作及统治者的行为的浪漫的、虚幻的观点已经为有关政府能做什么、应该做什么的充满怀疑的观点所替代。而且，这一新的观点与我们所观察到的事实更为符合"②。

2. 救治"政府失败"的政策建议

布坎南等公共选择理论家虽然对西方国家现行的政治制度和安排进行了深入的批评，但他们并未对追求自我利益的理性个人在实现"公共利益"方面完全丧失信心。因此他们提出了补救"政府失败"的具体建议。

（1）限制国家权力的增长。布坎南等人认为，现代资本主义社会陷入了一种恶性循环，即国家权力总是追求更大的国家权力。要补救"政府失败"，首先就要从这种恶性循环中解脱出来。其基本方法如下：

① 布坎南："寻求租金与寻求利润"，载于《腐败：权力与金钱的交换》，中国经济出版社1993年版。
② James Buchanan. *The Theory of Public Choice*. Ann Arbor, The University of Michigan Press, 1972.

① 创立一种新的政治技术,提高社会民主程度。公共选择理论认为,在目前已知的选举制度中,多数投票法则并不是最佳的,因为它不考虑个人偏好的强度,因此,这种多数制实际上对政治权力的分配极不平均,只有利于积极性最高和组织最好的少数人。于是他们提出要借助于"需求显示法"来完善选举制度。因为"需求显示法"提供了一种新的机制,使所有参与集体选择的个体都有充分的激励,说出他对某一公共物品的真实需求状况,从而使投票者得到公共物品的数量与质量,最大限度地接近投票者的实际偏好结构。因此它不仅将大大提高制定集体决策的社会效率,还必然会加强为使政治决定权力分散化而活动的力量。这两个因素最终会制止国家权力不断扩张的必然趋势。

② 在公共部门恢复自由竞争,改善官僚体制的运转效率。在公共选择理论看来,其主要包括:第一,在行政管理体制内部重新建立竞争结构。布坎南认为,国家不应该再像过去那样把各行政部门的活动范围规定得死死的,只要打破公共物品生产的垄断,在政府机构内部建立起竞争机制,就可以消除政府低效率的最大障碍。布坎南等人还提出了建立这种竞争机制的一些设想。例如,可以设置两个或两个以上的机构来提供相同的公共物品或服务,使这些机构之间展开竞争而增进效率(城市供水系统、公交系统就可以采用这种办法)。又如,可以把某些公共物品的生产承包给私人生产者(如美国的高速公路是由政府投资生产的公共物品,可以承包给私人建筑公司)。还有,如果一个国家面积大、人口多、事务多,可以在不同地区设立相同的机构展开竞争,也即是说,加强地方政府之间的竞争。第二,引进利润动机。即在政府机构内部建立激励机制,使政府官员树立利润观念。允许政府部门对节省成本的财政剩余具有某种自主处置权,例如,可直接分享成本节余,或作为奖金津贴以及其他各种福利项目发放。当然,这种利润动机很容易造成虚假的或损害公众利益的节余(如巧立名目乱收费、一定的资金提供尽量少的公共服务,等等),为此也必须与建立竞争机制相配套,加强监督。第三,精简机构。即将一些公共服务移交给私人营利性企业生产,官僚机构只提供公共物品,而不生产公共物品。第四,加强监督。例如可成立专家委员会定期审核官僚机构,掌握其成本效率状况,决定公共机构负责人的升迁奖惩,决定预算资金的增减。为了防止专家委员会与官僚机构形成相同利害关系,专家委员会成员必须随机组成并经常调整。

③ 进行宪制改革。在公共选择理论家们看来,要克服政府干预行为的局限性及避免政府失败,最关键的是要在宪制上做文章。布坎南认为,要改进政

府——政治过程，首先必须改革规则，因此，“公共选择的观点直接导致人们注意和重视规则、宪法、宪法选择和对规则的选择”①。布坎南等人着重从立宪的角度分析政府政策制定的规则和约束经济及政治活动的规则或限制条件，即他们并不直接提出具体的建议供政策制定者选择，而是为立宪改革提供一种指导或规范建议，为政策制定提出一系列所需的规则和程序，从而使政策方案更合理，减少或避免决策失误。

总之，公共选择理论深信市场这一“看不见的手”在经济生活中潜在的巨大效力，不再寄希望于通过提高政治家官僚的道德水准或政府机构内部改革来改善政府机构及其工作状况，而是主张对政府机构进行市场导向性改革，具体是指大力引进竞争与效益机制，减少国家干预，尽量发挥市场的功能，最大限度地削弱政府对社会经济生活的干预。“公共选择理论的结论是，只要有可能，决策就应转交给私营部门。”②

（2）减少福利国家的浪费。公共选择理论和其他美国新自由主义经济学家以下述观点为基础，即最好的社会政策是不妨碍经济法则的作用，以及利用市场解决问题的政策，而不是硬要取消市场，或者哪怕是“限制”市场的政策。为此，布坎南提出了财政立宪理论。

① 财政立宪。布坎南提出要从立宪的角度说明什么样的财政体制是合理的。其基本观点是，财政体制的税收与支出两个方面应采取不同的决策方法，公共支出中包括构成与规模的决策要在财政决策的日常运行过程中作出，而税收结构与水平的决策则要先于支出结构，在日常运行过程之前的立宪阶段作出，且一旦确定就应相对稳定，能够为今后的所有公共支出内容与数量筹资。

② 税制选择。布坎南认为，税制是国家财政制度的核心问题，它体现了个人和各阶层所承担的税收份额，一旦被选定则要在相当长的时间内起作用。他进而分析了公共选择对国家税收的影响。布坎南认为，累进的个人所得税产生于在公共选择中所体现的经济根源。由于参与这一选择的人都知道所选择的结果将在一个较长的时期内给自己带来影响，而他们又并不能确知自己在未来所处的经济地位，于是他们便按自己的长远利益来选择一种自以为公正的税制，以便在将来可能遇到经济地位降低的情况下减轻或免除赋税负担，而不惜在将来富裕的状况下交纳较多的税金；而间接税不过是人们为了利用它给市场价格带来的扭曲以抑制社会对于某些商品和服务的需要而选择的，这种作用总

① 布坎南：《自由、市场和国家》，北京经济学院出版社1988年版。
② 同上。

是指向一定的收入阶层,是按照不能确定自己未来收入状况的个体所进行的理性选择。故合理的税收结构应该是包括通行税、累进税和间接税。

③ 平衡预算。在预算原则上,布坎南强烈反对周期平衡与"充分就业盈余"的凯恩斯主义政策,主张保持预算平衡,并且要以宪法的形式确保其实现。

为保证预算平衡的实现,布坎南还提出了更具体的建议,主张以宪法的形式要求:总统每年提交预算草案给国会讨论审议;国会所批准的预算不得超出收支平衡的限度;如发现预算失误、赤字超过法定限额,就必须在一定时期内自动削减支出;若出现节余,则用以偿付国债;上述原则 5 年内实施完毕,每年削减赤字 20%;上述原则只有在国会参众两院以 2/3 票数通过,并经总统批准才能予以暂时放弃。

④ 税收支出的限制。政府活动的支出依赖于赋税,因此,对政府的税收和支出加以约束,就从根本上限制了政府的行为框架,抑制了政府的过度增长或机构膨胀。这种约束可以从政府预算的程序和预算的数量两方面入手:前者要求在批准程序上注意保持收支平衡;后者要求政府收支增长直接与国民经济的增长挂钩,并保持在一定的比例内。

⑤ 货币政策。公共选择论的货币政策主张以布坎南为代表,仍然是从立宪的角度提出的,主张货币供给要按规则确定而不是随意决定、要相对稳定而不是随机变动,货币供给要按与实际产出增长率大致相等的速度增加,并且要广泛宣布和有法律保障,这就是布坎南提出的货币供给规则。货币规则即使不能完全排除通货膨胀,也可使通货膨胀被预期到,使其具有连续性而不是随意波动,使其危害可减轻到最低限度。另外,货币规则的另一个好处是可以有效防止通货膨胀。

总之,公共选择学派认为,一旦发生公共生产低效率的问题,就该从现行体制上寻找原因,从对策上着手,确立一种选拔和制约政治家的程序与规则,以减少政府失败。

第三节　分析与评价

公共选择理论是以保守的自由放任立场出现在西方经济学界的。它分析了传统经济理论长期忽视的政治过程,这一政治过程决定着资源的非市场配置即公共物品的生产。它是用一种经济学的方法来研究非市场决策或政府—政治行为及过程的"新政治经济学"，它的主要目的是通过对政府—政治过程的经济学分析，寻找当代西方国家所面临的财政赤字、通货膨胀、高失业率、政府机构膨胀、效率低下、资源浪费等经济政治困境的原因及对策。它得出的基本结论是，资本主义经济问题的根源不在于经济领域，而在于政治过程；现代民主制度本身就存在着缺陷，这一缺陷直接产生了各种经济问题如政府增长与失误；与此同时，存有缺陷的现代民主制度与凯恩斯主义的国家干预结合在一起，既加剧了已有的困境，又产生新的问题如财政赤字和通货膨胀。于是它主张，为了走出困境，从政治上要改革现有政治制度，提出新的更民主的政治技术；从经济上应放弃凯恩斯主义，取消国家干预，恢复古典学派的自由放任政策。

公共选择理论的出现，对于现代经济学与政治学的研究都具有一定的创新和方法论意义。从经济学的角度看，它填补了传统经济学研究的一个空白，把政治过程纳入到经济分析的框架中，使之成为经济学的一个重要分支，这就克服了传统经济学把国家、政府或政治因素当作经济过程的一个外生变量而排斥在经济学体系之外的缺陷，较好地反映了当代社会中政治与经济的关系，特别是政治对经济的巨大影响，以及政治过程与经济过程相互交织的现实。从政治学的角度看，公共选择理论打通了经济与政治的隔离，用经济学方法分析政治学对象和政治过程，为政治学研究提供了一个新的视野和新的研究途径，是对现代政治学的一个有益的补充。因为，包括政治在内的一切领域都内含着经济因素，一切非经济问题都不过是经济问题的间接表现，政治过程的动因和目的仍归结为经济利益，是经济活动在政治领域的自然延伸。如政府的活动与议会的立法实际上是在制定经济政策，提供公共物品；而政府在运转中也遵循理性原则，其参与主体都在基于成本—收益的比较分析而决定自己的行动，力求以最小的代价获取最大利益。

从实践上看，公共选择理论对西方市场经济条件下政府干预行为的局限性及由此带来的种种弊端进行了颇为深刻的分析。它在客观上粉碎了资本主义国家的政府及官员一心为公的神话，揭示了西方代议民主制的内在矛盾，指出了过半数规则以及其他投票规则的缺陷、利益集团的影响力、政治家和官僚的利己主义等因素的存在必然产生无效或低效甚至有害的公共政策，以及它对政府失败的原因分析与对策性研究等，包含着诸多合理的成分。应该说，公共选择理论对资本主义经济问题的诊断是找到了问题的症结所在。

但是，作为当代西方经济学新自由主义或新保守主义思潮的一支中坚力量,公共选择理论及其政府与市场关系论具有明显的局限性。它过分地依赖于“经济人”假设,并把政治过程与经济过程加以机械美化,把市场经济的交换原则无限制地运用于政治领域;它掩盖了当代资本主义国家的阶级实质,没有把西方国家政府干预行为的局限性以及政府失败与资本主义的生产关系以及资本主义社会的基本矛盾联系起来考察,而把资本主义政府谋取私利的特性扩大到所有的政府。而且,它对资本主义国家政府失败的分析并不是要推翻资本主义制度,它固然批评了资本主义制度,但这种批评还是建立在维护资本主义制度基础上的。在它看来,资本主义制度是完善的,只不过其当代具体形式即现代民主技术与政治过程出了毛病,而未能完好体现资本主义制度的精神实质,所以只要通过完善政治过程和民主技术,对政治过程进行修补就可以达到目的。因此公共选择理论只不过是一种改良主义理论。另外,公共选择理论维护自由放任、反对国家干预的观点也不完全正确。自由放任的市场机制的弊端早已为历次经济危机所证实,政府对经济的干预确实也在一定程度上弥补了市场的缺陷。所以问题的关键不在于要不要国家(或政府)的干预,而在于如何干预,如何把政府干预与市场机制相结合,如何用合适的政治过程制定合理的经济政策。对这些,我们也必须有一个清醒的认识。

从布坎南的理论反观我国政府管理改革的实践。布坎南等人的公共选择理论中诸多内容固然是西方市场经济发展的产物,是对西方市场经济发展中政府与市场关系实践的一种理论反思,尽管有种种缺陷,也受到主流经济学的种种诘难,但它的确也指出了市场经济条件下政府与市场关系的某些共性,指出了政府干预行为的限度和政府失败的表现及原因。它“提出了一个与‘市场失灵理论’完全相同的‘政府—政治失败’理论”①;并且,它针对市场经济条件下政府失败提出了相应的解决方案,如倡导用市场解决方法代替国家干预,并强调进行宪法改革、加强监督等,这些对于我国社会主义市场经济条件下的政府管理、对于我国当前如何搞好经济体制转轨和政府宏观调控、对于我国政府处理好政府与市场关系等具有重要的启发意义。

我国正处于社会主义初级阶段,其政治过程中的弊端如机构臃肿、人浮于事、职能不清、关系不顺、行政效率低下,甚至腐败现象等仍存在,而且有些相当严重。同时我国的政治过程与经济过程也是相互联结在一起,政治过程中的一些缺点对经济产生了不良影响。这表现在:① 少数行政机构与行政官员的不良表现破坏了经济效率;② 制定政策的决策过于集中且无规则可循,

① 布坎南:《自由、市场和国家》,北京经济学院出版社 1988 年版。

决策往往取决于决策者对经济的主观评价，难以切合实际，从而制约了经济增长；③ 现行政治规则有的执行不严，难以约束少数当权者的利己主义行为，进而对经济产生了不良影响等等。我国正处于从传统计划经济体制向现代市场经济体制的转轨过程之中，基于传统经济体制之上的政治与行政体制均存在诸多不适应，有些因素也导致了不同程度的"政府失败"等等。这些都需要进一步改革，而且可以从布坎南的公共选择理论中得到有益的启示。

首先，要转变观念，摈弃传统计划经济体制下形成的"政府万能"的神话，高度重视市场经济条件下政府干预的适度性与局限性问题。公共选择理论已证明，市场是不完善的和有缺陷的，市场会出现失灵，需要政府的干预或调节。然而政府在履行经济职能时，也不一定能解决得好；政府本身不是万能的，它也会失败。因此，在建立和发展社会主义市场经济过程中，必须把握好政府干预的限度，确定好政府干预的范围与内容，发扬市场机制的主体性作用。政府干预只起弥补市场缺陷的作用。

其次，要建立和发展适应市场经济体制的政治与行政体制，加快政府职能转变。公共选择理论已经证明：经济过程与政治过程是相互联结的，政治过程的缺点必将对经济产生不良的影响。因此，为了保证社会主义市场经济体制的成功构建及顺利运转，必须适时进行政治与行政体制改革。当前，核心问题是转变政府职能，其内容包括：① 重新确定政府的职能范围，减少政府干预的范围，厘清政府与市场的界域；② 优化政府的行为方式，转变政府行使职能的具体方式。

再次，进行市场化取向的政府管理改革，引入市场因素。我们必须正视市场经济条件下政府行为的经济人特征，并适当考虑政府行为的经济效益，应该承认政府部门及其工作人员对自身利益的合理性追求，把理想与利益结合起来，这样可以调动其积极性，抑制寻租及腐败。另外，打破政府对某些公共物品生产与提供的垄断，引入竞争机制，提高政府的服务水平。同时根据公共选择理论，可以利用市场化方法对政府行为特别是公共开支项目进行损益分析，以此评价项目的净收益及政府的绩效。

最后，加强政府法治及监督制度建设，使政府行为法治化。公共选择理论强调立宪改革，注重宪法、法律、规则的建设尤其是公共决策规则的改革，这有其合理性。市场经济是法治经济，现代化社会也是法治社会，市场经济秩序的确立、运行必须靠法律来保证，政治的和社会的生活也必须靠法律来规范。因此，在向市场经济过渡过程中，必须加强法制建设，将政府行为纳入法制轨道，特别是公共决策的法制化及公共政策执行的法制化，以最大限度地减少政府行为的任意性及随意性导致的不公正与腐败，提高公共政策制定和执行的质量。因为政府也是理性的经济人，这也提醒我们除了强化政府的自律机制之外，还必须加强外部监督约束机制，加紧制定有关监督政府行为的法律、法规，以防止政府的腐败和不公正。

思考题

1. 你同意"政府的政策制定者都是理性的经济人，都在追求自己的最大化利益"的说法吗？
2. 政府失败表现在哪些方面，其原因是什么？
3. 如何救治政府失败？

第二十章　诺思的制度、国家与政府职能理论

第一节　生平与著作

道格拉斯·C·诺思(Douglass C. North),美国著名经济学家,诺贝尔经济学奖获得者。他于1920年出生在美国马萨诸塞州坎布里奇。1938年18岁时进入伯克利加利福尼亚大学学习经济学,1942年获该校文学学士学位。1946年他大学毕业四年后又回到母校,并开始执教。1950年,他成为华盛顿大学的经济学教授,直到1961年。这期间,他于1952年在母校(伯克利加州大学)获得哲学博士学位,1961—1966年任华盛顿大学经济研究所所长,1967—1969年任经济系主任。1979年他在赖斯大学度过一年,并担任赖斯大学彼得金讲座政治经济学教授。1981—1982年在坎布里奇大学彼得金讲座担任教授。诺思是经济学领域里一名积极的活动家,担任多种社会职务。1960—1966年任《经济史杂志》副主编,1967年任美国经济研究所理事会理事,1972—1973年担任东方经济协会会长,1973年任巴黎高级研究实验学院历史研究中心客座副主任,并在1975—1976年间任西部经济协会会长。

诺思的主要著作有:《1789—1860年美国经济增长》(1961年)、《美国昔日的增长与福利:新经济史》(1966年)、《制度变化与美国的经济增长》(1971年)、《西方世界的崛起:新经济史》(与R·P·托马斯合著,1973年)、《经济史中的结构与变迁》(1981年)、《制度、制度变迁与经济绩效》(1990年)。论文有:“1600—1850年海运生产率变化的缘由”、“西方世界成长的经济理论”等。

诺思的主要学术贡献是对制度与制度变迁问题的开创性研究。正是他将国家理论与产权理论结合起来,并将这一理论引入经济史研究,也正是他首先

对意识形态进行了系统的经济分析,这使他成为新制度经济学的代表人物之一。

第二节 制度、国家与政府职能理论

一、制度理论与国家模型

1. 对制度的界定

诺思认为,制度理论的框架一是产权理论,二是国家理论,三是意识形态理论①。而国家是制度的最大供给者,如宪法秩序以及基本规章制度都是由国家供给的。因而,诺思又指出:"理解制度结构的两个主要基石是国家理论和产权理论。"②

诺思认为,所谓制度,就是一个社会的游戏规则。制度作为一种社会游戏规则在经济生活中的作用在于它能够通过降低交易成本来促进交换的发展和市场的扩大。它是为决定人们相互经济和社会关系而人为设定的一些制约,由道德、习惯和行为准则等非正式约束与宪法、法令和产权等正式约束所组成。制度是一种人造物,换言之,制度是人类的一种创造物。它是演进的,并为人类所改变。自从人类产生以来,人类创造了自己所需要的制度。随着社会的变迁、历史的演进,制度也不断被创新。各个历史时期的人们在制度的变迁过程中创造新制度,利用新制度。制度变迁是各个历史时期面临的现实,而制度创新则是历史发展的必然。因而人类的历史实际也是制度的演变史,甚至在某种意义上可以说,一切历史都是制度发展史,其中社会经济的历史实绩可以被理解为其中的一部分。诺思曾说过:"制度提供了一种经济的激励结构;随着激励结构的演进,制度决定经济变化的走向,是增长、停滞,还是衰退。"③他同时又在其制度变迁集大成的著作《制度、制度变迁与经济绩效》一书中指出:"制度在社会中起着更为根本性的作用,它们是决定长期经济绩效的基本因素。"④

---

① 道格拉斯·C·诺思:《经济史中的结构与变迁》,上海三联书店、上海人民出版社 1994 年版。
② 同上。
③ 转引自李兴耕等主编:《当代国外经济学家论市场经济》,中共中央党校出版社 1994 年版。
④ 道格拉斯·C·诺思:《制度、制度变迁与经济绩效》,上海三联书店、上海人民出版社 1994 年版。

诺思认为，在现代高度复杂的市场经济中，存在着一整套高度发达的制度框架，诸如产权制度的稳定化，对商业限制的取消和公平竞争的提倡，银行制度、金融制度和审计制度的建立，司法制度的健全等一系列制度因素均在现代西方经济发展史上起到过无可估量的作用；而在当代一些发展中国家，政治势力和国家干预对经济生活存在着无与伦比的支配作用，家族的地位和特权成为决定人们收益多少的主导因素；由于私人财产随时可被没收，由于银行、税收、法律制度受政治家主观意愿的干预较大，由于缺乏公平合理的市场竞争环境，市场的发育和经济的增长遇到了难以逾越的障碍，成为这些国家经济长期落后的重要根源。因此，对于经济落后的国家来说，从不发达的市场经济过渡到发达的市场经济的首要前提就是实现合理的制度变迁。

2. 国家理论

诺思认为，国家是一种在某个特定地区内对合法使用强制性手段具有垄断权的制度安排，它的主要功能是提供法律和秩序。他说："国家可视为在暴力方面具有比较优势的组织，在扩大地理范围时，国家的界限要受其对选民征税权力的限制。"①国家作为一种具有垄断权的制度安排，在许多方面不同于一些竞争性的制度安排（如市场、企业等）。国家独特的地位决定了在任何关于长期变迁的分析中，国家模型都将占据显要的一席②。

（1）关于国家的起源。西方政治学、社会学等学科从不同的角度分析了国家的起源，但最有影响的主要有两种：一种是契约理论；另一种是掠夺或剥削理论。

关于国家起源的契约理论有着悠久的历史。契约论认为，国家是公民达成契约的结果，它要为公民服务；契约的达成是多重博弈的结果。近年来，由于新古典经济学在逻辑上拓展了交换定理，认为国家在其中起着使社会福利最大化的作用，因而这一理论得以复兴。由于契约限定着每个人相对他人的经济活动，因而它对经济增长来说是十分重要的。社会分工及协作受契约与交易费用的约束，契约的有效性制约着社会分工向纵深方向的发展。市场经济在某种程度上讲就是一种契约经济。国家的存在有利于契约制度的建立和契约（合约）的实施。假设没有国家，那么契约实施的交易费用将相当高，过高的交易费用将使任何契约都失去意义。

国家掠夺论或剥削论认为国家是某一集团或阶级的代理者，它的作用是

① 道格拉斯·C·诺思：《经济史中的结构与变迁》，上海三联书店、上海人民出版社1994年版。
② 国家与政府尽管有区别，但在本章中我们不考虑这些区别，把它们当作同等的概念交替使用。

代表该集团或阶级的利益向其他集团或阶级的成员榨取收入。掠夺性的国家将界定一套产权制度,使权力集团的收益最大化而无视它对社会整体福利的影响。即这种产权制度对某一权力集团是有益的,但并不能促进整个社会效率的提高。从长期来看,这必然演变成无效率产权。

以上两种理论所说的国家都能在历史和现实中找到佐证,但它们均不能涵盖历史和现实中的所有国家形式,因而不具有一般性、普遍性。因此,诺思将这两种理论有机地统一起来。从理论推演的角度看,国家带有"契约"和"掠夺"的双重属性。诺思提出了有关国家的"暴力潜能"(violence potential)分配论。若暴力潜能在公民之间进行平等分配,便产生契约性的国家;若这样的分配是不平等的,便产生了掠夺性(或剥削性)的国家,由此出现统治者和被统治者,即掠夺者(或剥削者)和被掠夺者(或被剥削者)。

诺思提出的"暴力潜能"这个范畴具有丰富的内涵,它既包括军队、警察、监狱等暴力工具,也包括权威、特权、垄断权等"无形资产"。国家的"暴力潜能"类似于企业拥有资金、劳动力、技术等生产要素后所具备的"生产能力"。如前所述,诺思把国家视为在暴力方面具有比较优势的组织。国家的比较优势就在暴力方面,暴力实质上也是一种资源。在国家未产生以前,这些暴力资源都分布在"部落"或"庄园"之类组织的手里。显然,暴力资源的这种分散配置方式无疑是低效的。在这种情况下,产权保护的费用也就相当高。这时的一个基本规则是,暴力潜能形成的边际成本 = 产权保护的边际收益。

不同于市场和企业,国家这种制度安排的特点是它的强制性,即国家是在暴力方面有比较优势的组织。强制性的后盾是国家暴力,但是,第一,国家暴力是对付暴力的暴力,即对付非法暴力的合法暴力,这种合法性起源于每个人捍卫自己利益、抵御别人侵害的合法权利;第二,国家暴力只有在能够实现某种社会合作,并且比其他制度(如市场和其他组织)更有效时,才被采用。国家暴力资源之所以能更有效地使用,在于其能达到规模经济和防止"搭便车"问题。

(2) 国家模型。把经济学理论引入国家问题分析是诺思关于国家理论的一个特色。统治者(国家)也是一个具有福利或效用最大化行为的"经济人",他们也面临着生存和发展的问题,他们也面临着潜在竞争对手,他们与选民是一种"交换关系"。具有一个福利或效用最大化的统治者的国家模型具有三个基本特征。

第一,国家为取得收入而以一组被称之为"保护"与"公正"的服务作为交换。由于提供这些服务存在着规模经济,因而作为一个专门从事这些服务的组织,它的社会总收入要高于每一个社会个体自己保护自己拥有的产权的收入。换言之,国家为选民提供“保护”与“公正”,选民交纳税收维持国家正常运转,从某种程度上讲,这就是一种“交换关系”。

第二,国家为使收入最大化而为每一个不同的集团设定不同的产权。在这里,国家实际上是一个“带有歧视的垄断者”。

第三,面临其他国家或潜在统治者的竞争。在这里,国家并不能“高枕无忧”,它面临着强有力的外在竞争压力。“统治者垄断权力的程度是各个不同选民集团替代度的函数。”①

(3) 国家目标。国家的目标是什么?国家的基本职能是什么?这些确实是困扰古今中外理论家们的一个难题。在亚当·斯密看来,国家只是起一个“守夜人”的作用,要让“看不见的手”在资源配置方面起基础性的作用。自国家产生以来,不主张国家干预(自由主义者)与主张国家干预的争论从来没有停止过。

国家提供的基本服务是博弈的基本规则。国家目标可能“众说纷纭”,但最基本的目标有两个:一是界定形成产权结构的竞争与合作的基本规则(即在要素和产品市场上界定所有权结构),这能使统治者的租金最大化;二是在第一个目标框架中降低交易费用以使社会产出最大化,从而使国家税收增加。换言之,国家有两个方面的目标,它既要使统治者的租金最大化,又要降低交易费用以使全社会总产出最大化,从而增加国家税收。然而,这两个目标是相互冲突的。也正是国家存在着这样的冲突并导致相互矛盾,乃至对抗行为的出现,国家才由此兴、由此衰。

为什么上述国家的两个目标是冲突的?冲突的根源是什么?这是因为上述两个目标存在着内在的矛盾。第二个目标包含一套能使社会产出最大化而完全有效率的产权,即只有在有效率产权的基础上才能使社会产出最大化;而第一个目标是企图确立一套基本规则以保证统治者自己收入的最大化。到底是使统治者的租金最大化,还是使社会产出最大化,在许多情况下,这确实是一个鱼和熊掌不可兼得的两难选择问题。要在这两者之间选择一个“皆大喜欢”的“均衡点”是很困难的。从历史上来看,在使统治者(和他的集团)的租金最大化的所有权结构与降低交易费用和促进经济增长的有效率体制之间,存在着持久的冲突。

国家两个目标冲突的根源在于有效率的产权制度的确立与统治者的利益

① 道格拉斯·C·诺思:《经济史中的结构与变迁》,上海三联书店、上海人民出版社1994年版。

最大化之间存在着冲突。建立有效率的产权可能并不有利于统治者利益(租金)的最大化。

国家是一种强制性的制度安排。一方面,国家权力是保护个人权利的最有效的工具,因为它具有规模经济效益,国家的出现及其存在的合理性,也正是为了保护个人权利和节省交易费用的需要;另一方面,国家权力又是个人权利最大和最危险的侵害者,因为国家权力不仅具有扩张的性质,而且其扩张总是依靠侵蚀个人权利实现的,在国家的侵权面前,个人是无能为力的。

(4) 诺思悖论。如前所述,国家提供的基本服务是博弈的基本规则,主要是界定形成产权结构的竞争与合作的基本规则。一方面,没有国家权力及其代理人的介入,财产权利就无法得到有效的界定、保护和实施,因此,国家权力就构成有效产权安排和经济发展的一个必要条件。就此来看,没有国家就没有产权。另一方面,国家权力介入产权安排和产权交易,是对个人财产权利的限制和侵害,导致无效的产权安排和经济的衰落。这就是有名的"诺思悖论"。

诺思悖论实质上揭示了这样一个道理:"国家的存在是经济增长的关键,然而国家又是人为经济衰退的根源。"①诺思也曾说过:"没有国家办不成事,有了国家又会有很多麻烦。"②诺思还说过:"事实上,有了国家,你不能做什么,但是没有国家,你也不能做什么。"③在诺思的新制度经济学看来,几乎任何一套规则都好于无规则。什么是国家? 国家是一种"制度"结构,它的职能是生产和出售一种确定的社会"产品",即安全和公正。那么怎么能确保秩序、公正和安全呢? 因此,人们把权利的垄断权,也就是确定和保护"所有权"的垄断权交给国家,以便它能够完成人们要求它完成的任务。但是,国家要有钱才能运转。国家的活动不是免费进行的,它必须付钱给公职人员、法官和军队。税制和捐税作用就在于使国家获得财源,捐税实际上是公民交给国家保护公共财产权和其他权利的一种费用。

在诺思看来,因为是国家界定产权结构,因而国家理论是根本性的,最终是国家要对造成经济增长、停滞和衰退的产权结构的效率负责。既然国家的存在是经济增长的关键,又是人为经济衰退的根源,那么真可谓"成也萧何,败也萧何"。

① 道格拉斯·C·诺思:《经济史中的结构与变迁》,上海三联书店、上海人民出版社 1994 年版。
② 《经济学消息报》1995 年 4 月 8 日第 4 版。
③ 伯烈特·史宾斯:《诺贝尔之路》,西南财经大学出版社 1999 年版。

诺思悖论可从“纵”与“横”两个方面解释,从纵向来看,在同一国家,国家过去是阻碍经济发展的,而现在则变成促进经济发展的一个因素了;从横向来看,在同一时期,甲国的国家有利于经济发展,而乙国的国家不利于经济发展。诺思是把“国家”放在人类历史长河和世界格局中来分析的,因此我们也必须从这个“视角”去理解“诺思悖论”。在理解“诺思悖论”时,我们应注意这样几个问题:

① 关于统治者的双重约束问题。一种经济包含着集团的活动,这些活动具有不同的生产函数,以反映一个政治—经济单位的技术、资源和人口。统治者将界定一套产权,通过监督与测量每个环节的投入与产出,来确保它对每一个不同的经济实体的垄断租金最大化。投入与产出范围的考核成本将决定不同经济部门的不同产权结构,因而这种产权结构依赖于考核技术的水平。在诺思的新制度经济学看来,哪里测量成本高于收益,哪里就会存在公共产权。交易费用的高低影响着产权结构及其演变,度量衡标准化发挥着降低交易成本和确保统治者榨取最大量租金的功能。

除了上述交易费用的约束外,统治者面临的另一约束是竞争约束。我们在“国家模型”中已分析过这个问题。统治者总存在对手:与它竞争的国家或本国内部的潜在统治者。在竞争约束下,统治者将避免触犯有势力的选民。如果这些集团的势力达到威胁统治者利益的“边界”时,统治者会同意一个有利于这些集团的产权结构而无视它对效率的影响。

统治者的双重约束表明:一方面,正的交易费用限制了统治者对有效率产权结构的选择;另一方面,各种利益集团的竞争压力迫使统治者不得不选择一些无效率的产权结构。在零交易费用的条件下,统治者总是先设计一套有效的规则,然后再去为他们的租金进行谈判。这一假定忽略了正的交易费用的存在,而博弈都是与正的交易费用有关的。诺思指出,“即使对历史和当代世界最一般的考察,也可清楚地看到‘无效率’的产权是常态而不是偶然”①。从长远来看,有效率的产权会导致国民收入的增长,但与那些无效率的产权相比,从短期来看,统治者的租金会减少。这里“长期利益”与“短期利益”的矛盾表明,统治者作为“人”,其理性也是有限的。诺思发现,统治者的寿命周期是影响一国稳定及其制度变迁的一个“重要的因素”。他说,影响国家稳定的“还有一个重要的因素是统治者终有一死”②。

① 道格拉斯·C 诺思:《经济史中的结构与变迁》,上海三联书店、上海人民出版社 1994 年版。
② 同上。

② 关于无效率产权结构形成的原因。无效率产权的形成原因除了上面分析的统治者的双重约束、使统治者(或统治阶级)租金最大化的产权结构与它推进经济增长的作用是相冲突的原因以外,还有一些其他的原因:

第一,统治者偏好的多元性与有限理性。产权的有效性由它对国民总财富的影响界定。统治者可能是一个财富最大化者(或租金最大化),但是统治者更关心他在国际政治舞台上的威望,那么他可能牺牲国民财富而建立强化军事力量的制度安排。随着财富的增加,统治者更关心他的威望。即随着统治者财富的增加,财富的边际效用在降低,其他商品(如威望、历史地位、国际影响等)的边际效用却在增加。统治者偏好的多元性及其有限理性无疑会影响他对产权制度安排的选择。在统治者的偏好中,产权有效性可能是一个重要"砝码",但不是唯一的"砝码"。

第二,不同集团利益的冲突。国家在某种程度上讲是不同集团的集合体,统治者就是这些不同集团利益的"均衡者"。制度安排(包括产权制度)的变迁在不同群选民中重新分配财富、权力和收入。如果变迁中受损者得不到补偿,他们将明确地反对这一变迁。一个强有力的集团也可能促进那些有利于这个集团再分配的新制度安排,尽管这种变迁将损害经济的增长。显然,包括产权在内的各种制度安排并不完全取决于效率(或经济)原则,它们还取决于不同利益集团的规模、地位以及与统治者的关系。人类历史上无效率的产权之所以成为"常态"的根源也在于此。离开产权,人们很难对国家作出有效分析;同样地,离开国家,人们也无法对产权进行有效分析。这就是诺思国家理论的主要特征。

二、国家与产权关系理论

在人类社会产权制度的演变过程中,国家充当什么角色、起着什么样的作用呢?诺思的国家目标理论和"诺思悖论"已对这个问题作了比较形象的回答。国家仅仅在那些统治国家的人的福利最大化目标的范围内促进和界定有效率的产权。历史上有效率的产权和无效率的产权都与国家有关。社会所曾达到的最好状态是提高私人收益使之尽可能接近社会收益,以提供充分的刺激来实现经济增长。但增长比停滞或萧条更为罕见的事实表明,"有效率"的产权在历史中并不常见。

如果假设一个"中立"的国家存在,那么在给定现行技术、信息成本和不确定性的约束条件下,各个"经济人"在稀缺与竞争世界中以最小成本解决方案而形成的产权将是有效率的。但实际上国家不可能是“中立”的。“产权的出现是国家统治者的欲望与交换当事人努力降低交易费用的企图彼此合作的结果。”①

诺思认为，制度变迁可以在政府（国家）、集团和个人三个层面上进行，但被认为最应该最适宜的制度变迁是由政府（国家）这个制度博弈的参加者来组织的。国家在产权制度形成中的作用主要表现在：

（1）国家凭借其暴力潜能和权威在全社会实现所有权。没有政府的权威，很难想象所有权会普遍地得到实现。尽管许多民间组织能够为其所有权提供小规模的保护，还是不能解决“搭便车”的问题。与各种民间组织相比，政府能以更低的成本确立和实行所有权，并且由此获得的好处要比经过扩大市场获得的好处明显得多。因此，各种经济组织和个人在政府严格确立和实行所有权的条件下，才愿意付出来自贸易的收入。从这个意义上看，司法和财产所有权的实现是由公众出资的公共物品。

（2）有利于降低产权界定和转让中的交易费用。产权的界定涉及一系列费用，如度量费用、信息费用等。度量费用非常高的东西将是一种共有财产和资源。如前所述，投入与产出范围的考核成本将决定不同经济部门的不同产权结构，因而这种产权结构依赖于考核技术的水平。哪里资源测量成本高于收益，哪里就会存在公共产权。度量衡标准化的出现几乎同政府的历史一样悠久，并通过国家得以发展。国家建立标准化制度有利于降低交易成本。在缺乏有组织的市场的情况下，人们将花很多时间与费用去搜寻信息。

（3）国家在产权制度形成中的作用还取决于国家权力介入产权安排的方式和程度的差异。在历史与现实中，有的国家只为产权安排和产权变革提供“游戏规则”；有的国家不仅提供“游戏规则”，而且还直接参与甚至干预产权的安排与产权变革。产权的改变，取决于统治集团对改变现有的产权安排、所带来的收益的事前估计与监察和执行权利结构的改变、所带来的成本的事前或事后估计之间的相互关系。总的来说，取缔和禁止产权交易，致使国家权力强制作出的产权安排是低效率和无效率的。因为它违背了权利的本性，同时造成了一种根本的和巨大的扭曲，使得国家把产权当成一种政策变量而非制度变量，随意改变产权关系，既然今天可以根据政治需要把产权给你，明天也可以根据政治需要把产权从你手中拿走。这样虽然能够实现统治者集团的租

① 道格拉斯·C·诺思：《经济史中的结构与变迁》，上海三联书店、上海人民出版社1994年版。

金最大化,但却破坏了社会结构稳定的基础,导致经济的衰退和衰落①。

诺思指出,封建社会解体后,欧洲经济的不同成就取决于各民族国家的财政政策所有权(产权)的关系。政府之所以承担起保护和实现所有权的责任,是因为它能以比民间组织更低的成本达此目的。但是,政府在财政方面的需要可能会诱使它去保护那种阻碍而不是促进经济增长的所有权。诺思和罗伯特·托马斯合著的《西方世界的兴起》一书令人信服地说明了欧洲近代史上民族国家的兴衰,在这本书中,作者比较了四个国家:"竞争失败"的法国和西班牙;经济增长的英国和荷兰。

百年战争后的法国尽管王权逐渐占据统治地位,但各地依然在某种程度上相互隔绝。虽然形成了一整套严密的用来提高王室收入的所有权结构,但是却没有形成推动经济增长的有效的所有权。这主要体现为:第一,"法国的财政政策有意无意地采用了一切可以想象的手段来阻挠一个广泛的市场的扩展"②,造成国内分隔严重、关税林立。第二,国内政策阻挠了法国对外贸易的扩展,使得法国经济基本上处于自给自足状况。第三,行会垄断严重,遏制了市场的发展。第四,长期的内部战争、叛乱,使得法国政治统一耗时长,为国内市场统一设置了政治上的障碍。第五,追求奢侈和浪漫,使得国家行为只助长了没有效率行业的发展,遏制了发明创新的积极性。

相比之下,西班牙与法国在政治上有着惊人的相似之处:代议制度对所有权的放弃和王权的强大;国内战乱不断,政治统一完成时间长;地方割据严重,内部贸易障碍重重。但是两个国家在资源禀赋和税源上有着显著不同。法国缺乏显而易见的税基,而西班牙收入三大来源有两个来自外部:低地国家和其他领地的款项,新大陆的财富。正是这两种外部收入决定了西班牙衰落的命运。随着低地国家的反叛、北方七省独立的成功,帝国财富锐减。为了维持收入,国家提高税率,玩弄各种财政手段,侵占、没收或单方面改变合同。而对羊主团(三大收入来源之一)的有利法令阻挠了有效的土地所有权的发展,最终造成所有权得不到保障,挫伤了商工农等团体的积极性。在此,诺思引用了埃利奥特一句意味深长的话来说明西班牙衰落的根源,"经济制度的性质就是这样,一个人不是当学者就是当僧侣,不是当乞丐便是当官僚。舍此而外别无其他"③。

① 卢现祥:《西方新制度经济学》,中国发展出版社 1996 年版。
② 道格拉斯·C·诺思等:《西方世界的兴起》,华夏出版社 1999 年版。
③ 同上。

相对于法国和西班牙经济的停滞，在荷兰，国家利益和社会先进部门利益得到了“幸运的结合”。诺思列举了下列因素来解释荷兰的成功：第一，尼德兰的统治者历史上就倡导国际贸易，减少行会的排外和垄断，并防止地方行会将其限制性惯例强加于国家工业发展之上。第二，实现了政治统一。第三，政府创立和支持新制度以减少交易成本，如政府公证人的发展、标准会计惯例的创立和普及、政府对存款的担保等。凡此种种不仅造成一个有利于市场和经济发展的环境，而且成功地实现了国家同社会收益的共同增长。

同前述三个国家相比，偏安孤岛的英国既缺乏法国的规模、西班牙的外部资源，也缺乏荷兰的有效制度，它必须寻找一个中间的领域①。经过长期斗争，国会战胜王权，从而把王权的垄断排除在经济活动之外，减弱了政治对经济的严格控制。代议制的实施为新兴工商业阶级提供了政治保障，荷兰的成功为英国提供了众多启示。通过借鉴，英国发展起一套有效率的所有制结构，如专利法的制定、中央银行的建立、保险事业的开展，以及股份公司的兴起。这样，到 19 世纪初，英国取代了荷兰成为世界上最有效率、发展最快的国家。在总结英国经验时，诺思特别强调指出，历史上的确存在着创新在没有所有权保护创新者的社会中发生的现象，但是这种现象只是在个人成本大大小于个人收益条件下才发生。许多创新的成本对于个人难以承受，只有在国家的保护下，使收益内在化，才能激发个人的创造力。

总之，离开了国家，现代意义上的产权制度便无法建立起来。英国和荷兰的实例也为诺思的国家与产权关系理论作了最好的注解。

三、制度变迁轨迹与政府职能的关系

既然制度和国家制度的变迁如此深刻地影响着产权安排和经济的发展，那么怎样才能实现制度的合理变迁呢？或者说，是什么力量决定了报酬递增在制度变迁过程中的发生呢？诺思认为，制度的变迁和报酬的递增受到一系列主客观因素的制约，其中包括不完善的市场状况、制度的初始设计、行为者的主观意识结构和个人偏好，以及战争、灾害等等。在这一系列因素中，一个社会的组织状况在很大程度上决定了报酬的实现方式。

诺思认为，组织和制度不同，它是人们为一些共同的目标而结合到一起形成的团体或实体；组织一方面是在现存制度允许的范围内产生和发展的，因而

① 道格拉斯·C·诺思等：《西方世界的兴起》，华夏出版社 1999 年版。

组织的发达程度常常与制度的发达程度相一致,它实现着制度的功能;但是另一方面,组织又会影响制度的运行和变迁,它既可成为阻止制度变迁的巨大障碍,也可成为促进制度变迁的重要力量。

诺思划分了四种不同的组织,即政治组织(政党、立法机构、市议会、管理部门)、经济组织(公司、商业团体、家庭农场、合作团体)、社会组织(教会、俱乐部、体育协会)和教育组织(学校、大学、培训中心)等。诺思重点分析了政治组织和经济组织之间的相互关系,因为从经济组织的构成和运行方式可以直接看出制度变迁与报酬递增的关系,而政治组织则有着为一切组织和经济活动制定规则、把非正式约束确定下来成为正式约束等一系列功能。在1981年出版的《经济史中的结构与变迁》一书中,诺思大量使用了政治—经济单位这一术语来分析人类经济发展过程中的制度变迁方式。在该书中他把国家当作一种政治组织来对待,而他所说的国家职能主要是指政府的职能。

诺思认为,一个社会的政治组织和经济组织的状况极为深刻地影响着制度引起的报酬递增状况,从而在一定程度上决定着制度变迁的轨迹。诺思在《制度、制度变迁与经济绩效》一书中又以英国和西班牙为例说明这一理论。15世纪末期,英国和西班牙都形成了统一的国家,都经历着由战争引起的严重的财政危机,这一局面迫使在两个国家实现了一个同样的制度变迁,即创立议会制度。但是由于两国政治—经济组织的状况不同,同一种制度变迁却导致了两种截然相反的后果,并使得制度变迁在两个国家沿着完全不同的轨迹演进。在英国,议会是王权和商人阶层相互妥协的产物,王室为了多征税而不得不赋予代表商人利益的议会以较大的权力,使得议会能够通过立法来取消对商业贸易的一系列限制,建立稳定的产权制度,为英国日后的商业繁荣和市场发展开辟了广阔的道路。从此英国的经济迅猛发展,议会制的形成无论给政府还是给商业阶层都带来了巨大的报酬递增,从而不仅使英国很快成为西方头号强国,而且也使英国的一系列政治、经济制度进一步向着有利于经济发展的方向变迁。这是一条典型的路径依赖(path dependence)轨迹。而在西班牙,由于官僚统治和王室权力过于强大,议会成了国王任意利用的工具,而不像在英国那样能通过加强立法在维护公平竞争、保障私人产权、取消商业限制方面发挥巨大作用,结果议会的建立不但不能给商业阶层带来报酬递增,反而导致大量企业的破产和经济的衰退。在这一过程中,政府虽然加强了税收,获得了报酬递增,但是由于这一报酬递增建立在经济衰退的基础上,因而递增也有着极大的限度,结果是西班牙相对停滞了整整300年①。

这表明,尽管政府作为政治组织在促进制度变迁方面能发挥多少作用受一系列内部因素和外部因素的制约,但同时也深刻地表明,好的政府往往是促使制度变迁走向路径依赖轨迹,从而实现经济增长的一个必要条件。在这里可以发现,问题的复杂性在于不仅经济组织有着报酬递增的强烈愿望,而且政治组织同样有着报酬递增的愿望,因为政治组织同样是有着自身利益需要的集团。政治组织和经济组织在现存制度下获得报酬递增的不同方式共同决定了制度变迁的轨迹。

前面讲到,诺思认为,政治组织(即国家)在推行制度变革时有两种目的:一是建立一套有利于自身统治的政治制度,从而保证政治组织的报酬递增;二是建立一套有效的产权制度,从而保证社会成员的收入最大化和经济组织的报酬递增。然而国家的上述两个目标时常是相互冲突的,也就是说政治组织和经济组织的报酬递增要求不一致。有时政府追求自身报酬的结果是企业的大量破产和经济的严重衰退,也就是说政治组织的报酬递增以经济组织的报酬递减为代价,这时就会出现前述西班牙的那种局面,即制度变迁陷入路径闭锁(lock-in)而政府官僚机构成为经济不发展的重要根源。只有当政治组织和经济组织的报酬递增要求是一致的时候(像在英国那样),才会出现制度变迁的路径依赖轨迹。

那么,怎样才能做到政治组织(国家)和经济组织的报酬递增需求一致呢?从诺思的分析中不难看出,这需要政府在下述两个重要方面进行努力:首先它必须制定合理的产权制度,保证公平竞争和市场规则的实施,从而带来社会成员和经济组织的报酬递增即收入最大化;其次,政府必须把自己的报酬递增建立在经济组织和社会成员报酬递增的前提下,为此要求政府部门要把自己的行为纳入制度化的轨道。在这一基础上,社会成员的报酬递增和经济组织的收入最大化可以使得政府部门通过增加税收来实现自身的报酬递增,政治组织和经济组织之间的报酬呈相互递增局面,于是制度变迁的路径依赖轨迹和经济发展的良性循环得以形成。如果政府部门不把自己的行为纳入规范化、制度化的轨道,那么政府成员的寻租行为虽然使得他们自身的报酬增加了,但却是以国家整体和经济组织的报酬递减为代价的。如果政府不能制定合理的产权制度和其他一系列有利于经济发展的制度,那么由于没有报酬递增的刺激,制度变迁也会陷入困境。在这些情况下,就必然会出现制度变迁的

① 道格拉斯·C·诺思:《制度、制度变迁与经济绩效》,上海三联书店、上海人民出版社1994年版。

路径闭锁困境和经济不发展的恶性循环。

第三节 分析与评价

从以上对诺思的制度理论、国家模型与国家目标、国家与产权的关系理论、制度与政府职能理论的讨论,可以看出诺思的理论是一个严密的逻辑体系。诺思的新制度经济学中的国家理论更是对西方政治学、行政学的国家和政府理论的极大丰富。诺思的新制度经济学中的国家理论的特色主要表现在:

(1)把国家视为一种组织。既然国家可视为一种组织,那么关于企业的理论也就可以用来分析国家问题了。过去尽管政治学、社会学和人类学等学科对国家问题进行了一系列理论分析,但对国家行为进行深层次分析必然要依赖经济学。将经济学用于政治学的公共选择理论至多仅仅在解释政治决策上取得了一个初步成功。诺思的新制度经济学把国家视为一种组织和制度安排,无疑为国家问题的研究提供了一个新的视角。

(2)揭示了国家与产权的内在联系。在众多揭示国家起源的理论中,都未能把国家与产权的确立联系起来。新制度经济学填补了这方面的理论空白。新制度经济学认为,离开产权,人们很难对国家作出有效的分析。因为产权的本质是一种排他性的权利,在暴力方面具有比较优势的组织处于行使产权的地位。诺思指出,国家理论"关键的问题是解释由国家界定和行使的产权的类型以及行使的有效性。最富有意义的挑战是,解释历史上产权结构及其行使的变迁"①。

(3)揭示了国家的内在矛盾。在当今世界上,对国家问题的研究远没有对企业、消费者问题的研究那么成熟。国家还有不少神秘的"面纱"。公共选择理论在用经济学解释国家上尽管取得了初步成功,但还有不少深层问题尚未涉及。诺思在对历史的研究中阐明的诺思悖论,使得那些主张国家干预论者与自由主义经济学家们不得不重新"审视"一下自己的理论。国家行为比企业、消费者和其他经济主体的行为更复杂一些,意识形态上的一些"禁区"限制了理论家们对国家问题的研究。此外,国家问题上还有不少理论上的难点,如国家目标问题、公共决策的一致性问题、国家增长现象的原因及国家的

① 道格拉斯·C·诺思:《经济史中的结构与变迁》,上海三联书店、上海人民出版社 1994 年版。

职能问题等等。诺思的新制度经济学是把国家置于一种"矛盾状态"中来分析国家在制度变迁以及社会经济发展中的作用的。

因而,诺思新制度经济学的国家理论对于认识国家的起源、演变以及职能是颇有启发意义的。诺思新制度经济学的国家理论的最大贡献就在于抓住了国家与产权的内在联系。国家在历史上产权结构及其行使的变迁方面起至关重要的作用,历史和当今世界上各种产权制度和产权结构的差异只能在国家理论上找到完整的答案。

不仅如此,诺思通过对历史的考察,发现了主流经济学的若干缺陷或不足,如主流经济学的目的不在于解释长期的经济变化,即使它试图解释这一问题,它提供的答案也有相当大的局限性。由此,由"具体"到"抽象",在经济理论方面创新,挑战主流经济学,成为他及其同仁们追求的另一目标。在诺思的新制度经济学兴起之前,各种有关经济增长的理论都将制度视为已知的、既定的或作为"外生变量"。在此假定下,人们将研究重点集中于通过生产要素拥有量及投入比例的变化来探讨经济增长或衰落的原因。但诺思从历史研究中发现真实情况并非如此,在生产要素、技术不变的情况下,仍会出现经济增长。这一发现引领着他一步一步地走向制度和制度变迁的研究。他在此领域中披荆斩棘、博采众长,以其卓越的见识,完成了制度及其变迁的理论体系,并逐渐被经济学界认同。

诺思新制度经济学的另一大贡献就在于研究的方法论。诺思在制度与制度变迁领域已发表四部专著,即《制度变迁——美国经济增长》、《西方世界的兴起》、《经济史中的结构与变迁》和《制度、制度变迁与经济绩效》。通读这四部著作,我们可以清晰地看出他推演制度变迁理论的脉络。如果说前两部著作尚属于个案分析,在理论上还没有系统的建树,那么,后两部著作则相当完整地提出了一整套理论,并用这套理论考察了距今一万年来的人类经济史。这两部著作理论精深、纵横时空广大、史论一致且结合严密、真知灼见迭出,堪称史论结合的典范。正如瑞典皇家科学院在授予诺斯与福格尔(1993 年诺贝尔经济学奖另一获得者)诺贝尔经济学奖时所称:他们是"新经济史学"的先驱和代表人物,是他们通过经济理论和定量方法来解释经济和制度的变化,从而更新了经济史的研究。任何一场学术革命都离不开方法论的创新。长期以来,经济史的研究者们一直将工作的重心放在史料的收集、整理和考证上,经济史著作往往是历史资料和数据的堆砌和罗列,在理论和方法上缺乏创新,因此,经济史研究渐呈式微之状。诺思反对仅为叙述历史而研究经济史,建议经济史学家应用现代经济学的观点和规范的方法提出假设,并验证和利用史料。以诺思为代表的新经济史学正是运用现代经济学的理论和研究方法,更新了经济史研究,并向若干成见挑战,得出了一系列发人深思的结论,从而在经济史研究领域掀起了一场革命。在这个意义上可以说,他为经济史研究注入了活力,使经济史重新焕发了青春。

诺思新制度经济学运用现代经济学的理论和方法研究经济史只是运用这一方法的开始,诺思提倡的方法正影响着政治学、行政学、社会学、法学及其他社会科学。经济学作为"社会科学的帝国主义"对社会科学的影响将是深刻的,正如诺思指出,"在理解一个经济的绩效时,政治与经济之间具有无可争议的内在联系,因此我们必须发展一个真实的政治经济原理……必须实行政治学与经济学的更大整合"①。

作为一位西方学者,诺思在研究经济发展史过程中采取了非常严肃的态度。他并没有全盘接受西方经济学中的传统理论假设,也没有对马克思主义理论抱有意识形态的偏见,诺思试图通过自己所构建的所有权理论、制度变迁理论等来弥补以往的经济学的某些缺陷和他认为的马克思主义在解释经济史发展上的"不足"。毫无疑问,他的许多论述相当有见地,但是必须看到他所关心的国家的重要性、保护所有权的意义、制度变迁的过程在马克思的著作中都曾涉及。遗憾的是,长期以来我国理论界由于各种原因,一直未对这些问题进行深入研究。通过了解诺思的理论,可以有助于我们进一步发掘马克思主义理论的内在精髓,丰富和发展马克思主义。

从诺思的理论反观我国改革实践。十几年改革过程实际上是一个由国家推动的制度变迁过程。尤为重要的是,在中国这样一个高效率所有权结构尚未成形、市场发育不完善的社会中,个人和团体创新成本之大足以扼杀所有发自他们的创新冲动。只有在国家的保护和推动下,才有可能实现创新成功。而制度的变迁和创新不仅要实现国家收入最大化,而且要尽量实现社会福利最大化,做到二者的和谐统一。特别值得注意的是,在国家推动的制度创新中,不再由国家管理一切,而是要逐渐减少国家控制,把更多权力归还社会,激活个人和团体的积极性和创造力,从而排除政治对经济的非正常的消极干预。

思考题

1. 什么是诺思悖论？理解和把握诺思悖论应注意哪些问题？
2. 国家在产权制度形成中的作用是什么？
3. 简述诺思的新制度经济学中的国家理论的特色。

① 道格拉斯·C·诺思:《制度、制度变迁与经济绩效》,上海三联书店、上海人民出版社 1994 年版。

第二十一章　罗茨的政策网络理论

第一节　生平与著作

罗茨(R. A. W. Rhodes)是澳大利亚国立大学社会科学研究院院长,政治科学杰出教授,英国纽卡斯特大学(研究)教授,《公共行政》杂志的编辑。他先后在英、美等国的著名大学任教,曾任英国政治科学研究会副主席。罗茨已经出版专著、合著和合编共30余本书。在20世纪80年代,他以研究议会(尤其是英国威斯敏斯特议会模型)见长。90年代,他提出了为学者所称道的公共事务的网络治理模型。进入到21世纪,罗茨开始运用人类学的一些方法研究政治人物和政治环境之间的关系。2007年,他先后出版了《中央与地方政府关系的控制和权力》、《高级官员的变化世界:官僚还是仆人?》等书。贯穿他整个研究的两个核心概念是“政策网络”和“治理”。

他整个研究的范围包括英国政治、公共行政和政府叙事。1988年,罗茨出版了《超越威斯敏斯特与白金汉宫:英国的亚中央政府》,提出了政策网络问题,该书于1992年再版。1992年,罗茨与马什合编了《英国的政策网络》。罗茨在1997年出版了《理解治理:政策网络、治理、回应性与责任》,两年后,即1999年该书再版。他与大卫·马什等人一同编著的《政治科学的理论与方法》一书在中国政治学界影响巨大,已被列为几所顶尖高校政治学专业研究生必读书目。2000年,他出版了《转型中的英国政府(第一卷)》、《变动中的制度(第2卷)》及《变动中的角色与关系(第3卷)》;2003年,出版了《解释英国治理》;罗茨的著述中影响广泛的还有2006年与马克·贝文尔合著的《牛津政治制度手册》和《治理的故事》。

第二节　政策网络理论的起源

政策网络理论是具有多起源、多研究途径的新理论模式。罗茨系统地梳理和分析了政策网络理论和现实状况,建构了相对完整的理论模型,使人们对政策网络有了相对比较成熟的理论共识。政策网络理论主要是针对多元主义理论和合作主义理论提出的,在一定意义上是对二者的综合与提升。

政策网络概念起源于美国,发展于英国,其理论成熟于欧洲大陆,尤其是德国和荷兰。英美学者视政策网络为一个政策领域的国家与社会关系模式,德国学者认为政策网络是有别于传统官僚与市场机制的另一种治理形态。美国的政策网络研究途径多于利益中介学派,利益中介学派假定不同的网络结构影响网络参与者的互动逻辑,进而影响政策过程与结果。欧洲尤其是德国则着重于治理模式。罗茨既从美国吸取了政策网络的基本理念,并进行了系统的清理和理论化,在后期又接受了德国政策网络理论的扩展,令政策网络从一个描述性的隐喻概念变成了一种理论模式。

网络一词指的是利用联系的意思。20 世纪 40 年代,社会科学界在分析和描述人际关系、组织结构间的关联关系与相互关系时,率先使用了网络一词。由于网络的概念可以更灵活、真实地分析不同层次的人们的互动关系,于是吸引了政治学家的注意。由于公共政策是人们与组织之间复杂相互作用的产物,在 1970 年代,政策制定的网络概念能更真实地提供政治如何发生的景象。因此,到 1970 年代末期,网络便取代多元主义、合作主义以及其他的传统模式,成为当代变迁的治理模式的适当隐喻。政策网络这一概念的产生经历了一个演变和深化的过程。

(1) 议题网络。最先被提出的是议题网络概念,所谓议题网络就是决策体制外一些与政策利益相关者结成的松散联盟,其目的是影响政策的制定和执行。H · 赫克罗是最早运用议题网络这一概念来与美国决策中的铁三角概念相比较的政治学者。他认为多数政策议题的决策方式并不是铁三角表现出来的那种封闭关系,而是在政党系统、国会、行政系统等正式组织结构之外形成的一种非正式的、复杂的议题网络形态①。议题网络的参与者变换不断,且

① H. Heclo. "Issue Networks and the Executive Establishment", in A. King(ed.). *The New American Political System*. Washington, D.C.: American Enterprise Institute. 1978.

很难制度化，具有极不稳定的特点。

S·维克斯与M·怀特用以社会为中心的方法提出政府与产业界之间的网络关系（简称GIR模型）。他们强调的是政策网络中的人际互动关系，而非制度结构关系，并进一步提出了GIR模型①，包括：①公共行政部门与私人产业部门均呈现功能专业分化的情形；②专业化组织与政策制定机构普遍出现；③他们之间互动关系频繁而密切。

（2）政策共同体。政策共同体指行政机关的各个部门会在政策草案确立、决策和执行政策过程中结成某种同盟，从而确立与发挥自己在立法机关和公民中的地位和作用。政策并不是立法机关单独的产物，而是多个行政机关互动的结果。美国学者本森以府际关系的概念界定政策网络，他认为政策网络是因资源的相互依赖而连接在一起的一个群集或复杂的组织，同那些与资源结构分裂的群集或复杂组织是不同的。资源相互依赖的组织，其行政结构与利益结构所形成的深层相依的结构会在政策领域内确保某些需求偏好，而将某些需求排除于政策议程之外②。结构的利益类型包括需求团体、支持团体（资源提供者）、行政团体、提供服务的团体，以及协调团体。网络的组织形态与类型从一个政策到另一个政策是有差异的。J·J·欧基德森与A·G·乔丹认为政策共同体是特殊利益团体与国家机关相对应部门形成的持续互动关系。他们指出：英国政策制定的特点为片断的次级系统的集合，每个次级系统由不同的组织化团体组成，未被认可的团体或一般民众是难以渗透进入决策系统的③，政策是在次级政府中通过政府机构与利益团体之间协商，而非以理性、预期的方式形成的④。

（3）政策网络。所谓政策网络指的是多个与政策有直接或间接利益相关的行动者通过某种中介联系在一起共同行动从而影响政策的过程。由于政策网络形态多样，因此，在社会发达的情况下，诸多公共事务可以通过政策网络获得治理。

① Grant, W. W. Paterson & C. Whitson, et al. *Government and the Chemical Industry: A Comparative Study of Britain and West Germany*. Oxford: Clarendon Press. 1988, p. 55.

② J. K. Benson. "A Framework for Policy Analysis", in D. L. Rogers and D. Whetten (eds.) *Interorganizational Coordination: Theory, Research and Implementation*. Ames: Iowa State University Press. 1982, p. 148.

③ J. J. Richardson and A. G. Jordan. *Governing Under Pressure: The Policy Process in a Post-Parliamentary Democracy 2nd eds*. Oxford: Martin Robertson. 1985, p. 74.

④ A. G. Jordan and J. J. Richardson. *Government and Pressure Groups in Britain*. Oxford: Clarendon. 1987.

罗茨循着本森的研究路径,从政府间关系来界定政策网络,认为政策共同体是政策网络的一种形态,政策网络才是核心概念。他观察到英国政治自1980年以来出现了一种新的治理结构,亦即在各个政策领域出现了由多元组织组成相互关联的网络。他根据权力相互依赖观点,将政策网络定义为各类组织(包括国家机关中各部门基于权威、资金、正当性、信息、人员、技术、设备等资源相互依赖,结合成一种联盟或利益共同体)①,这些组织的内部运作过程是一种资源交换的过程,如同交易博弈。

罗茨将网络分析层次着重在政策部门,而不是政策次级部门。同时,罗茨用政策网络概念分析中央与地方政府之间的关系(简称IGR模型),认为两者之间的互动关系呈现出多元竞争与复杂的博弈形式②。

罗茨的IGR模型与维克斯和怀特的GIR模型的主要不同在于,前者强调将政策网络研究聚焦于政府部门层次,分析政策领域中个别行动者的利益如何汇集为团体利益;而后者认为:将研究置于部门层次时,涉入的行动者过多,造成分析上的困扰,因而将分析层次置于政策次级部门,并集中于网络间人际关系互动的讨论。

在罗茨看来,之所以要提出政策网络,这是出于理论的需要也是出于现实的需要。

(1)从理论角度来看,主要是针对多元主义理论和合作主义理论。

罗茨认为,在一个全球化、现代化时代,人类面临的各类事物愈来愈复杂、各种关系愈来愈脆弱,发达的市场经济、自由民主的政治和自由多样的文化构成了整个社会发展的基础。社会发展促使整个政府行为发生了翻天覆地的变化,其中有三种现实状况正迫使人们从理论和实践两个层面进行创新:第一,经济系统的脆弱性正迫使政府更加将精力倾注在对经济的干预之上,但是干预的手段、干预的效度却被全球化的各种可能性所消融。第二,随着自由民主政治的实施,更多的主体参与到政策中来;与此同时,由于政府职能的部门化、分割化,使得政策制定不仅仅是议员与民众互动的问题,而且也是职能部门与各种利益相关者之间的复杂的互动。因此,政策制定的部门化和多元化正成为政策过程中协调的难题。第三,自由多元的文化使政策价值观难以凸现,不同政策的价值观不一,甚至内容相互冲突,如何整合价值观各异、内容冲突的

① R. A. W. Rhodes and David Marsh. "Policy Networks in British Politics", in David Marsh and R. A. W. Rhodes(eds). *Policy Networks in British Government*. Oxford: Clarendon Press. 1996, p. 214.

② D. Marsh and R. A. W. Rhodes(eds). *Policy Networks in British Government*, Oxford: Clarendon Press. 1992, pp. 101 - 111.

政策成为政府部门面临的另一个难题。

针对这些问题，多元主义认为权力与政治权威应该广泛分配于团体，政策应通过多元利益集团相互竞争而形成。多元主义认为不能仅以正式宪政结构的各部委职权或仅以三权分立来解释国家的治理，利益团体是国家与公民的中介，但是多元主义所描述的政策过程直接将焦点从国家的结构转向更流动、不可预测的政治团体。合作主义却认为，无论如何，政府都应给国家界定的合法利益集体、政治组织以及社会参与者在政策订定过程中留下空间和发挥它们的能力。

因此，合作主义主张：① 发展高度集中的利益代表组织，在政治、社会或经济部门享有近乎独占式的代表性；② 政府赋予这些利益代表团体参与政策制定的特殊地位，并藉此建立政府与利益代表组织间的联合关系；③ 在政府主导下，以社会伙伴关系的精神，协调全国主要的利益代表组织，制定具有社会高度共识的公共政策。

多元主义和合作主义都强调利益集团在公共政策中的作用。利益集团与国家的关系有两种基本形态：一是竞争，二是合作。多元论与合作主义从不怀疑国家与社会关系的角色，只不过前者强调利益集团自由竞争以取代接近决策程序的途径，后者主张利益团体与国家的合作。合作主义假定资本主义社会依循一定发展轨迹，国家为了处理阶级、阶层冲突而发展合作模式，将利益团体整合到政府决策制定过程中，让组织化的利益团体分享国家的主权，在合作的安排下彼此实现共同的目标。利益团体并没有支配性，国家必须保持自主权，但不能借助强制性手段强硬地推动优先顺序的政策，而应借助于合作的安排。国家可以决定谁及如何接近权力，以及如何参与政策的发展，如何有效地执行公共政策。

但是，多元主义和合作主义理论都没有全面指出政策制定中所有力量全面参与的方式，也无法解释政策过程中的复杂关系，更无法利用一些制度将各方面的意见融入政策过程之中。因此，罗茨在总结已有的铁三角、次级政府概念以及政策共同体等理论的优缺点后渐渐发展出了政策网络概念。

(2) 从现实来看，主要是针对部门的碎片化和政府事务的民营化。

自20世纪70年代以来，在西方国家(尤其是英国)出现两个新的趋势：一是国家越来越碎片化和空心化，二是政府事务民营化。这两个趋势是相辅相成的，共同促进了整个国家的转型。国家碎片化和空心化来源于两个方面：一是作为整体的政府部门化，部门在政府中越来越多，从而形成部门主义；另一方面，撒切尔夫人政府改革制造出很多的执行机构，这些执行结构的属性和运转的方式与行政机构差别较大，使公共物品供给和公共事务治理的主体变得非常多元。政府事务民营化包括两个层面：一是重新划分国家与社会的关系，确定哪些事务由国家承担，哪些事务由社会或公民自身承担，最明显的例子就是削减社会福利计划，革除福利国家的弊端，大量福利事务由社会中各种民间组织以及市场主体承担。二是政府事务民营化，由国家承担的事务可以由政府出资，具体业务由社会中其他组织来经营。

1979 年，英国保守党上台执政，撒切尔夫人上任后采取新右派政治理念，将公营事业民营化。自 1984 年迄今，已出售的公营事业包括航空、电信、石油、汽车、旅馆、运输等行业。撒切尔同时主张“小而能的政府”。1988 年英国政府进一步扩大改革，宣布实施“下一步”计划，其策略包含两个层面：第一，要求各部委将政策制定与执行功能分开，核心部委负责政策制定与策略控制；第二，各执行机构设置一个行政执行长职位，负责机构的业务绩效。“下一步”计划实施改造了文官体制，令政策制定者真正负起政治责任，让行政执行机关能像企业般有效率地运作。同时，分步骤地实施业务民营化运作，凡是民间企业可以提供的政府服务功能，先由“执行机构”(agency)进行市场测试，如果合理可行，便移转民营。决定保留在政府机关的活动，则要求必须有效管理。

英国政府在治理过程中，公共部门缩小而且分割化，中央与地方部门公共的服务分割到各机构、外包以及准市场化。分割化降低了执行的掌控，例如社区的医疗由包括中央政府部门、地方政府部门、卫生机构、私人企业，以及自愿团体的政策网络传输服务，老人居家护理事务就涉及由 6 个机构、12 人提供的服务。1980 年代间，英国执行社会福利的府际网络呈双倍成长。

当然，部门分割化导致机关与机关间、公私部门间责任混淆不清。这样，在 1991 年地方政府发起了公民宪章运动来改善服务品质。公民宪章揭示四项内容：提升公共服务的品质；提供多元竞争的服务提供者，确保服务品质的改善；人民有权了解服务的品质；提高预算支出的效益①。公民宪章揭示的责任虽然明确，然而，消费者并无权力追究政府机构的责任，公民宪章仅能补充但不能取代政治责任，随着执行机构的增加，政府责任理想与现实的差距也越来越远。

国家碎片化、空心化以及政府事务民营化不仅改变了国家的形象与功能，

① R. A. W. Rhodes. *Understanding Governance: Policy Networks, Governance, Reflexivity and Accountability*. Buckingham: Open University Press. 1997, p. 129.

而且也改变了原有的治理结构。正因如此,罗茨力图扩大政策网络的解释力。早期罗茨立足于英国的基本政治结构和政治体制,将研究焦点集中于部门的政策制定,而不是次级政府的政策制定。英国是内阁制的国家,行政与立法合一,立法部门在决策过程的政治重要性不如美国立法部门。因此,英国大量的立法都是政府部门与利益集团相互协商的结果,而不是议员与游说者之间交易的产物。因此,英国政策网络的主要参与者通常仅包括政府官员与政策利害关系者。罗茨长期研究英国中央与地方政府的关系,在体察到大量执行机构的产生和民营化运作状况后,他努力将政策网络概念理论化,将政策网络概念的运用延伸到地方政府与中央政府部门的关系中,试图将各种组织纳入到分析框架中来,建构政策网络关系理论,认为政策网络是一种资源相互依赖且彼此关联的复杂组织。

知识的传播和学习最终会加速研究者之间的观点相互得到接受和认同,罗茨在 1999 年再版的《理解治理：政策网络、治理、责任性与回应》一书接受了政策网络作为治理的一种模式的观点,并分析了政策网络如何形成以及在公共治理中如何发挥作用,从而综合了政策网络作为分析工具和治理模式的两种观点。

第三节　政策网络的类型

尽管政策网络作为一种分析工具和治理模式得到了比较多的认可,但是,对现实中政策网络复杂多变的形式却一直是众说纷纭。因此,如何区分政策网络的类型是实现政策网络包容其他各种类似概念和覆盖整个政策与治理领域中千变万化的现象的重要方式。不同学者对政策网络进行不同类型的划分,即使是罗茨也先后通过多个标准做了几次类型划分。

一、以权力相互依赖为标准的分类

罗茨认为政策网络中利益团体与政府的关系是部门性的而非整体性的,所谓部门性乃是指政府各部门或各部门所属单位与利益团体的关系。关系形态因政策领域而异。同时,罗茨从其对地方政府的研究中,证明利益团体与政府的关系不是零和的关系,而是互赖的关系。政府希望达成特定的政策目标,利益团体希望自己影响政策,团体与政府之间互相依赖。

在罗茨看来：政府拥有的资源比团体多，是政策网络的支配者，它决定何种资源应该交换以及如何交换。网络的关系是不对称的，政府创造网络，并控制接近权力的通道以及游戏规则①。

罗茨试图用政策网络类型来解释英国中央与地方政府的关系，罗茨的政策网络分析架构建立在下列五个权力相互依赖基础上。

(1) 任何一个组织必须依赖其他组织的资源；

(2) 为了组织目标的达成，组织必须彼此交换资源；

(3) 虽然组织内部的决策制定可能被其他组织所限制，但是占主导地位的联盟仍然拥有较大的自主权，可以决定交换何种资源；

(4) 在游戏规则下，支配性的联盟有能力采取各种策略来管理交换过程；

(5) 组织自主性的差异是互动组织目标与潜在相对权力的产物；潜在的相对权力则是组织资源、游戏规则与组织间交换的过程②。

罗茨根据参与成员整合的程度、参与成员的类型与成员间资源的分配，将政策网络放置在高度整合与低度整合的光谱上；高度整合的政策网络为政策共同体，低度整合的政策网络为议题网络，在高度整合与低度整合两极端的网络中间，有专家网络、府际网络、地域网络与制造者网络③。

罗茨认为根据权力相互依赖关系为核心可以从五个标准来区分各种政策网络类型。

(1) 利益团体的分布：参与网络的利益团体(包括服务性的、功能性的、地域性的或当事人团体)；

(2) 成员：参与成员是公共团体还是私人团体；

(3) 垂直的相互依赖：政策网络依赖的程度，到底是依赖上面层级还是下面层级；

(4) 平行的相互依赖：哪种关系把网络互相连接起来；

(5) 资源的分配：参与团体拥有什么资源去交换。

根据这五个层面的标准，罗茨界定了五种类型的政策网络，这些网络根据参与者人数以及资源的分配进一步区分如下④：

① R. A. W. Rhodes. *Beyond Westiminster and Whitehall*. London: Unwin Hyman. 1988, p. 82.

② D. Marsh and R. A. W. Rhodes(eds). *Policy Networks in British Government*, Oxford: Clarendon Press. 1992, pp. 10 - 11.

③ R. A. W. Rhodes. *Beyond Westiminster and Whitehall*. London: Unwin Hyman. 1988.

④ D. Marsh and R. A. W. Rhodes(eds). *Policy Networks in British Government*, Oxford: Clarendon Press. 1992, pp. 13 - 14.

（1）政策共同体或地域性的网络：它是一种具有高度稳定与限制性成员的网络，垂直的相互依赖建立在共同传达服务的责任基础上，它与其他的网络（民众、国会）隔离。这种网络具有高度垂直依赖性与有限的平行沟通，它们是高度整合的。政策共同体主要建立在政府的功能利益上，例如苏格兰、威尔士、北爱尔兰，则称地域性的网络。

（2）专业网络：这是专业团体支配的网络，如自来水服务网络。专业网络代表特殊专业的利益，并具有实质性的垂直互赖关系，与其他的网络有所隔离。

（3）府际网络：指代表地方政府利益的网络，这一网络最大的特点是有限的地方参与者追求地方上提供的所有服务。这一网络垂直的互赖性有限，但有广泛的平行沟通，以及能渗透到其他网络。

（4）制造者网络：这是经济团体（包括公共部门与私人部门）扮演主要角色的网络，网络成员流动性高，垂直的互赖关系有限，政府依赖这些经济团体传送物质与传播专业知识。

（5）议题网络：议题网络的特点是参与者人数众多、垂直的互赖关系有限、平行的沟通并未整合。网络整合度很低，相当不稳定；成员很多，来来去去。故不能成为稳固的网络。

表 21-1　政策共同体与政策网络：罗茨分类模式

网络类型	网络的特点
政策共同体/地域性网络	成员稳定且数量非常有限、垂直性相互依赖、有限的平行沟通
专业网络	成员稳定但非常有限、垂直性相互依赖、有限的平行沟通、服务于专业团体的利益
府际网络	成员有限、垂直性相互依赖有限、广泛的平行沟通
制造者网络	成员流动变化、垂直性相互依赖有限、服务于制造者的利益
议题网络	参与者人数很多但不稳定、垂直性相互依赖有限

资料来源：D. Marsh and R. A. W. Rhodes (1992). "Policy Network in British Politics: A Critique of Existing Approaches". In D. Marsh and R. A. W. Rhodes eds. *Policy Networks in British Government*, Oxford: Oxford University Press。

由于权力是资源交换的结果，因此，获取权力是政府与团体之间建立政策网络的诱因。罗茨坚持认为政府创造并控制了接近共同体的途径，但是马西认为网络形态的发展不全然由政府决定。政府的兴趣虽然在发展政策共同体,但是政策网络的形态是由参与的行动者、政府内部参与者的兴趣,政策的性质,以及有效的制度安排等决定的[①]。因此,政策网络形成过程中有各种不同的发展选择。这也导致后期马西与罗茨综合运用以资源为核心的要素来进行分类。

二、以资源交换关系为标准的分类

学者纷纷提出不同的政策网络与政策共同体特点,盖恩特等人界定三个政策共同体的特点:分化、专业化与互动[②]。而罗茨则界定了网络的四个层面:利益、成员、相互依赖(垂直与平行)与资源。根据网络的四个层面,马西与罗茨将政策网络定义为利益团体与政府间的资源交换关系。这样,政策网络的类型依据其关系的紧密程度便构成了一系列的光谱;政策网络是整个资源交换关系的统称,政策共同体在光谱的一端(包含紧密的关系),议题网络在光谱的另一端(包含松散的关系)。

马西和罗茨界定了下列几个决定网络在整个光谱中地位的因素[③]:

(1) 参与者人数:政策共同体的参与者有限,常常包括一个政府机构,或机构内部的单位,偶尔包括一个以上的部门。参与者有游戏规则,如果团体想要接近政策共同体,它必须放弃竞赛的意图,因此政策共同体很容易排除激进团体。为进一步排除外来的参与者,政策共同体常以互动频繁的咨询委员的制度为基础来处理特定问题。议题网络的参与者很多,可能有几个政府部门、机构或小组委员会,而利益团体可能有上百个,而且不断改变。

(2) 持续性:政策共同体参与者少,意味着网络维持稳定不变;议题网络成员不断变动,网络不停地变化。

(3) 互动频率:政策共同体中,政府与主要利益团体进行有深度的互动,而且互动程度高。议题网络成员的互动是不稳定的。

(4) 共识程度:政策共同体对政策目标有高度共识,事实上,政策共同体有自己的世界观和意识形态。议题网络不可能有共识。

---

① M. J. Smith. *Pressure, Power and Policy: State Autonomy and Policy Networks in Britain and the United States*. London: Harverster Wheasheaf. 1993, p.59.

② W. Grant, W. Paterson & C. Whitson. *Government and the Chemical Industry: A Comparative Study of Britain and West Germany*. Oxford: Clarendon Press. 1988, p.55.

③ D. Marsh and R. A. W. Rhodes (eds). *Policy Networks in British Government*, Oxford: Clarendon Press. 1992, p.251.

(5) 关系性质：政策共同体的参与者具有资讯、合法性以及执行的资源，可以交换，是资源互换的关系。议题网络中虽然有些参与者拥有资源，但非常有限。

(6) 交易与协商：如果团体需要交换资源，那么交换的就是政策方向；政府机构需要压力团体的资源，因而会提供团体所偏好的政策。因此，政策共同体更多体现的是交易关系，而议题网络则限于协商关系。

(7) 权力分配：政策共同体的权力呈正和关系，也就是一个团体的参与不会导致另一个参与者牺牲权力。议题网络的权力不平衡，可能有赢家，也有输家。

(8) 参与组织的结构：如果是一个政策共同体，压力团体的领导者必须确保一旦达成协议，成员将接受政策。在议题网络中，团体成员的控制不是重要因素。

政策网络的关系类型根据成员、整合程度、资源与权力的因素而定，政策共同体与议题网络的特性如下(参见表21－2)：

(1) 政策共同体：少数有限的参与者有意识地排除某些团体的参与；他们追求重要的经济或专业利益；参与成员在所有与政策议题有关的事项上互动频繁，他们在价值、成员、政策结果等看法上皆为一致，对于意识形态、价值与广泛的政策问题皆有共识；所有参与成员都拥有资源，彼此交换资源；参与组织的内部资源分配是根据等级进行的，因此，领导者可确保参与成员的顺从；参与者权力均衡，成员的利益不必均等，但参与者是正和关系①。

(2) 议题网络：参与的成员多数会彼此竞争，而且利益不一；成员的互动与沟通起伏不定；没有共识，冲突时起；协商而非交易；参与成员权力不均衡，许多参与者的资源与沟通渠道有限②。

表21－2　罗茨的政策网络类型：政策共同体与议题网络

层　　面	政策共同体	议　题　网　络
成员：		
1. 参与者人数	参与者有限，某些团体被刻意地排除	很多
2. 追求的利益	以经济和/或专业利益为主	牵涉到的利益范围很大

① D. Marsh and R. A. W. Rhodes (eds). *Policy Networks in British Government*, Oxford: Clarendon Press. 1992, p. 186.

② Ibid., p. 187.

续 表

层 面	政策共同体	议 题 网 络
整合程度：		
3. 成员互动频率	频率高、质量高，对于与政策议题有关的一切事务均有互动关系	互动的频率与强度变化不定
4. 持续性	成员、价值观与政策后果均有长久持续性	成员价值观变化很大
5. 共识	所有成员分享基本价值观念并且接受政策后果的合法性	可达成某种协议，但是冲突一直不断
资源：		
6. 网络的资源分配	所有参与成员均有资源，基本的关系是互换关系	某些参与成员拥有有限资源，基本的关系是协商性的
7. 内部结构	层级节制体系，领导者可以分配资源	变异性很大，不同的分配与管制成员的能力
8. 权力	成员间的权力均衡，虽然可能有支配性团体，但是必须是非零和的游戏，政策共同体才能长久	不平等的权力，反映出不平等的资源以及不平等的接近网络机会——零和赛局

资料来源：D. Marsh and R. A. W. Rhodes (1992). "Policy Communities and Issue Network: Beyond Typology". In D. Marsh and R. A. W. Rhodes. eds. *Policy Networks in British Government*, Oxford: Clarendon Press。

第四节　政策网络的研究途径

一、政策网络的两种定位和两条路径

为了对不同概念的政策网络的文献进行归类，鲍泽尔①提出了两个区分政策网络的文献的面向，实际上也反映了政策网络对自身的两种定位和研究的两种途径。

1. 定量与定性的网络分析

定量和定性的网络研究途径皆将网络当作分析的工具，所不同的是定量

① Tanja A. Borzel. "Organizing Babylon: On the Different Concepts of Policy Networks". *Public Administration*. 76, Summer, 1998, p.255.

的途径认为网络分析为社会结构分析的方法。运用定量的方法,例如等级群集分析、密度表、区截模型,根据参与者的联系紧密度、结构的等值、相互间的距离,运用关系度、洞眼、节点等概念分析参与者之间关系与政策结果的相关性。定性分析不只重视参与者互动的结果,而且还比较重视过程取向。定性的方法运用深度访谈、内容与言谈等来了解互动的脉络。定量和定性的分析方法互相补充而不互相排斥。

2. 政策网络作为一种利益调整的类型与作为一种治理的具体模式

政策网络理论可以分为两个学派:一为利益调解类型,一为治理具体模式。利益调解学派认为政策网络是各种利益团体与国家关系形态的统称;治理学派则认为政策网络是一种特定形态的治理,是政治资源广泛分布于公共与私人部门时的一种政治资源动员机制。利益调解是一个可以定量测量的概念,治理则是定性的政策网络概念。依据鲍泽尔的观点,利益调解与治理的政策网络可以是分析性的工具与理论模式(参见表21-3),但利益调解学派从分析工具观点考察部门的政策制定。

表21-3　政策网络的类型

	定量的政策网络概念	定性的政策网络概念
	利益调解类型	治理类型
政策网络是分析性的工具	政策网络是国家或社会的关系类型	政策网络分析非层级体系形态的公、私参与者在政策制定过程中互动的模式
政策网络是理论模式	政策网络的结构是政策过程与政策结果的决定性因素	政策网络是一种特定的治理形态

资料来源:Tanja A. Boral. "Organizing Babylon: On the Different Concepts of Policy Networks". *Public Administration*. 76, Summer, 1998, p.265。

二、政策网络的要素

1. 行动者

参与者可以是个人,但大部分是组织的代表。参与者的数目决定网络的规模,参与者的类型更影响网络的特性。参与者的相关特质(包括形成相互依赖为基础的需要与利益,政府与社会组织的结构、能力、资源与绩效,以及专业化的程度)影响着网络的特性。

2. 网络功能

网络结构本身并无目标,但行动者的需要、意向、资源与行动却由网络的功能来达成,网络的功能是决策结构与行动者之间的桥梁。政策网络的功能如下:① 作为接近决策制定过程的通道;② 商谈或信息交换;③ 妥协与协调的功能,亦即资源交换、意见交换以及资源动员;④ 政策形成、执行与合法化过程中各行动者的合作。

3. 网络结构

指行动者之间的关系形态,包括:① 网络规模,它决定于行动者数目;② 边界,关系的边界或是开放、流畅的,或者是封闭、单元化的;③ 成员的类型,自愿或被迫参与关系的成员对于网络到底是问题还是机会的辨识;④ 联结的形态,这一形态或是混乱或是有序的;⑤ 联结或合作类型,涉及层级体系权威、平行的商谈与交易、重叠的成员以及成员的流动。

4. 制度化

指就网络结构正式化及稳定性程度而言的制度化,制度化的程度视网络结构特性而定,愈制度化愈趋向于封闭型网络。

5. 行为规则

行为规则的功能是帮助了解对手以及其他参与者的期望,相互冲突的利益的妥协的基础,共识的寻求与调整的导向;可以建立共享公共利益或一般福利的信念,或者促使相关行动者接受狭隘的特殊利益;催生政治化或去政治化议题;维持理性实用主义或是意识形态争论的标准。

6. 权力关系

它指国家机构受到企业的挟持,是典型的代理主义的产物;是国家或行政机关面对团体利益的自主性的表现;是私人利益受到国家挟持后工具化的结果;是各种团体权力相对平衡的体现。

7. 行动者策略

主要指政策制定者消极地接受私人利益;或认识某种团体利益并给予特权或独特的接近通道,从而为其参与竞争获得优势;以及政策制定者积极支持某些特殊利益,给予补助、减税,甚至借助于公法支持私人组织规则。

三、有关政策网络的争论

关于政策网络的争论主要包括两个方面:第一,分析方法的争论;第二,政策网络与政策结果之间关系的争论。

1. 分析方法的争论

政策网络作为一种公共政策分析方法，是从团体主义分析中发展而来的，因而与团体主义分析法有共同的地方，如关注决策中非正式安排而不是正式安排、注重各组织之间的联系等，但由于团体主义注重的是单个组织在政策程序中的作用，强调决策过程中的静态分析，这使政策分析失去了独特性和可预测性。而网络分析恰好相反，它注重的是决策者之间的关系，突出动态的非正式的关系。这样，每一个政策出台过程中决策者内部的关系是不同的，这就决定了这项政策整个过程会有很多差异。但是决策者之间的关系既有结构性的也有人际性的，将政策网络作为一种分析方法的研究者们研究进路的分歧就此开始。

（1）网络结构分析法。

网络结构分析法认为网络本质上是一种结构，是由相互依附的资源而形成的结构。这种结构对当事人起作用，政策行动者在结构中相互作用，寻求相互之间的利益，因而参与者的利益关系是网络的纽带。例如，瑞埃德研究了英国吸烟的政策网络基础，认为在这一主题上，财政部、烟草工业和一定范围的广告工业在分享经济利益。在这个网络中，各行动者均有自己的利益偏好，这些偏好形成一种合作结构。公司销售烟越多，财政部就有更多的财政收入，广告商也就有更多的盈利①。

网络结构分析法认为网络结构影响政策结果。例如，他们认为强政策网络的存在可以约束政策当事人，可以形成政策共同体。这样，政策的持续最有可能是强政策网络的结果，而政策不持续则可能是来自较弱的政策网络，这里一个最好的例子是，英国农业部与渔业食物、国家农业联合会过去 50 年的强关系对农业高生产和高补贴的政策产生的影响。

那么，网络与政策结果发生变化的原因是什么？他们认为网络的外在因素导致了政策网络和政策结果的改变。政策的变化一定隐含着政策网络的变化。这种说法暗含的意思是为了理解和解释政策变化，我们需要去理解政策网络的变化。

早期网络结构分析代表人物马西和罗茨在结构和行动者关系上，只承认单向的关系，否认两者之间的辩证关系。如果确实知道结构和当事人的作用，那么结构毫无疑问优于行动者，结果是附加的，结构导致结果。但如果不能确

① D. Marsh and R. Rhodes, *Policy Networks in British Government*. Oxford: Clarendon Press, 1992.

认它们各自的作用的情形下,那么当事人也可能影响结构关系和改善政策结果。在解释变化时,马西和罗茨偏重外生的原因,而忽视网络内外因素的交互作用。

(2)网络人际交换分析法。

网络人际交换分析法的代表人物主要是窦定,他是在批评马西和罗茨的研究路径上提出此法的。他认为网络结构分析法并不能解释政策结果,是因为网络解释的驱动力和相互的变量不是网络自身的特征而是网络中构成部分的特征。这些构成部分既解释了网络的本质又构成了政策过程的本质。网络结构分析法采用案例分析,却没有收集到关于行动者如何相互作用的充分细致的资料,以致不能解释任何有正式的(更别说有大量的)交换关系的参与者行为。很多关于政策网络的文章处理的是一般性的事务,并未找到政策网络和政策结果交换之间的任何直接的联系。因此,他认为政策网络概念只是作为一种启发装置或一种隐喻被使用,网络结构本身对政策结果无影响。网络反映的是当事人之间的一种资源交换与相互作用的模式。是这些资源交换决定了政策结果和对政策结果的解释依赖于政策行动者的特征,而不是依据网络。

政策行动者进入政策网络后,网络因影响行动者之间的交易从而影响到政策结果。因而,网络不是分析政策的逻辑起点,行动者才是起点,行动者的偏好特征以及决策程序影响了政策结果。这样,虽然政策结果通过网络结构的变化而调整,但政策结果的变化是不是按网络结构分析法所主张的利用网络外生的变化那样来解释,却难以确定。必须依据网络中相互依附的资源的内在变化来进行解释。窦定主张用理性选择理论、联合交易模式和博弈理论来建立一个模型,对网络参与者的偏好和特征以及交易程序进行量化分析①,将网络作为分析的重要变量,而不是依靠经验和案例来发展政策网络概念。实际上,他偏向利用个体主义和制度主义方法来分析公共政策。不过,这一路径关注当事人的行为但没有注意到当事人之间的关系,而这种关系的模式化就是政策结构,这种结构也许影响交易程序——谁在交易和交易什么;所以他认为任何注重网络的结构方面或网络中资源交换者之间关系模式对政策结果的解释都有失偏颇。

2. 政策网络与政策结果之间关系的争论

政策网络不仅解释政策过程中行动者之间互赖的关系类型,而且也解释

① Dowding, K. "Model or Metaphor? A Critical Review of the Policy Network Approach", *Political Studies*, 1995, 43(2), pp. 136-158.

政策网络与政策结果之间关系。因此，网络结构分析法与网络人际交换分析法之间的分歧在于政策结果为何有差异。换句话说，究竟是什么力量导致政策结果不同。马西在《政策网络分析的使用与未来》中综合了两种进路，认为：网络结构与行动之间的资源交换模式的关系、网络和背景的关系以及网络和结果之间的关系不是单向的、简单的关系而是辩证的、复杂的关系。政策网络分析层次（第一层次的结构的位置、行动者天生技巧、行动者学习；第二层次的行动者技能、行动者的资源；第三层次的网络结构、网络之间的相互作用等之间的关系）中的变量也不是单向的而是复杂的、辩证的和多向度的。因此，政策网络模式隐含了下列假定：① 环境系统影响网络结构与行动者的资源的运用；② 行动者交易所需的技巧既有天生的也有后来学习所得；③ 网络互动反映了行动者资源、技巧、网络结构与政策结果之间的互动；④ 网络结构反映环境系统、行动者资源、网络与政策结果之间的互动；⑤ 政策结果反映了网络结构与网络的互动。

第五节　分析与评价

政策的制定和执行过程是一个非常复杂的过程，既有国际力量，也有国内力量，既有国际规则也有国内规则，还有诸多的潜规则在起作用。因此，无论是分析公共政策还是管理公共事务，都是一个非常复杂的过程。多元主义、合作主义、新（旧）制度主义和各种经济学流派都试图找出一个概念来表述公共政策过程和公共事务治理的复杂过程，但都有顾此失彼的遭遇。政策网络的概念试图整合不同的分析方法和途径来增强其解释力。但是，政策网络本身的一些问题也会制约其发展。

1. 政策网络概念的多样性，导致难以形成统一的范式

目前与政策网络相关的概念有十余个，如次级政府、政策共同体、议题网络和协作管理等等。总体而言，这些概念是从四个方面来进行界定的：第一，倾向从政策主体或主体关心的视角来定义政策网络；第二，倾向从资源依赖的角度来界定政策网络；第三，倾向于从国家自主性的角度来界定政策网络；第四，倾向于从治理的视角来界定政策网络①。不同的视角产生不同的概念，由

① 石凯、胡伟．“政策网络理论：政策过程的新范式”，载《国外社会科学》2006 年第 3 期。

于在这些概念上没有形成共识,这使得一些学者依然在创设新的概念,因而无法形成知识共同体的延续性和创新性。罗茨和马西曾经不无忧虑地认为,概念混淆的危机将致使政策网络步合作主义的后尘。

2. *政策网络概念内涵混乱,导致同行之间不能快速理解*

政策网络术语的使用有三个主要的方式:作为政府运作的一种描述、作为分析政府决策的一种理论以及作为改革公共管理的一种处方①。其中作为描述的政策网络又有三种含义:第一,作为利益调解的网络,本质上是利益集团的另一种表现形式;第二,作为分析组织间关系的网络,主要用来描述权力结构和网络特征;第三,作为治理的网络,则指不同性质的组织参与公共事务治理。作为一种理论的政策网络主要是对网络行为进行解释,它们又可以分为两大学派:第一,权力依赖的研究途径,这种分析途径认为政策网络的参与方在资源上相互依赖,因此,在政策过程中,他们之间通过确立游戏规则来进行资源交换。资源分配差异以及交换方式差异都会导致不同的政策结果;第二,理性行动者学派,他们把理性选择和新制度主义结合起来,用"行动者为中心的制度主义"来解释政策网络的运作,德国普兰克学派是其中的代表。该学派认为政策网络代表了政府结构的显著变化,网络是专门应对政策问题的独特的"结构安排",它们是相当稳定的一组公私行动者的组合,政策网络有自己的"整合逻辑",主导性的规则是讨价还价和试探。由于政策网络充分体现了行动者偏好最大化,所以政策网络是行动者之间水平互动、自我协调的理想制度结构。作为改革处方的政策网络则表明了一种事实,即公共事务治理中参与者多元化、运行机制多样化和合作方式丰富化是公共治理的大趋势。因此,政府的重要任务不是自己直接去提供公共物品和服务,而是如何管理好现实中的公共治理网络。因此,英国的布莱尔政府为此曾提出了"大家一起干的政府"的口号,澳大利亚的霍华德也把"整体政府"作为改革的新目标。

因此,如何快速辨别不同学者对政策网络概念定义的使用往往成为识别不同政治传统研究和阅读相关文献的基础,这无疑增加了读者的困难,也降低了政策网络概念的认同感。

3. *政策网络的定位不清,增加了解释的复杂性*

大量的学者都将政策网络定位为中层概念,从而造成政策网络理论不能解释非正式组织的运作、权力、制度与民主的问题。道格伯格与马西认为造成这种现象的原因在于中层的政策网络分析途径未能与宏观的国家理论、制度

① 林震:"政策网络分析",载《中国行政管理》2005 年第 9 期。

相整合①。事实上,如何将宏观的国家架构、中观层面的利益集团和社会组织以及微观层面的行动者三者有机联系在一起并解释它们之间的复杂关系并不是一件容易的事。任何两个层面联合起来解释就已经非常复杂了,那么将三个层面联合起来就更复杂了。而学术的功能是将复杂的现象简单化,从而使人们的思维清晰起来。因此,过于复杂的解释方式最终会违背学术的宗旨;也正因如此,任何一种整合方式都会遭到批评。罗茨曾经企图从中层的网络分析开始来界定影响中层过程的宏观系统。他以英国的次级政府为例,运用宏观分析的方法探讨了直接影响次级系统的政府环境。他描述英国政府所处的环境如下:

"一个不稳定的外在的支持系统;混合经济的下滑;福利国家的成长;功能分化以及专业化联盟的延展;多元分割的社会结构的发展;以及两党政治传统的持续稳定,单一国家的政体,以及精英意识形态和混合经济福利国家。"②

道格伯格与马西认为罗茨整合中层与宏观分析的方法非常有价值,但缺点是理论化的程度不够。因此,他们提出国家层次的国会与政策网络的整合理论来解释利益团体与民主的问题③。窦定批评马西和罗茨对网络中行动者互动、交换关系的分析不够详细,他们认为参与者之间的交易会影响网络的结果,所以微观的分析是必要的。他们运用有限理性选择的概念将微观的分析整合到中层的网络分析。

4. 网络治理中需要的主导者是谁依然没有定论

罗茨在谈到政策网络治理模式时,不无忧虑地说,政策网络导致国家空洞化。国家公共行政职能不断弱化将会影响民族国家发展。福山也指出,民族国家依然是世界治理的基本单元,依然是公民权利的保护者和生活福利的提供者。因此,强大的公共行政是必要的。但是有很多因素正在弱化国家的功能,弱化公共行政的地位: ① 组织结构的碎片化对中央政府指挥、命令能力造成相当明显的冲击; ② 对于组织外部依赖性的增加,可能会腐蚀行政的能力; ③ 碎片化破坏了政府的权力集中性,可能会间接破坏行政中心的协调能

① C. Daugbjerg and Marsh, D. "Explaining Policy Outcomes: Integrating the Policy Network Approach with Macro-Level and Micro-Level Analysis", in Marsh, D. ed. *Comparing Policy Networks*. Buckingham, Philadelphia: Open University Press, 1998, p.53.

② R. A. W. Rhodes. *Beyond Westiminister and Whitehall*. London: Unwin Hyman. 1988, p.49.

③ C. Daugbjerg and Marsh, D. "Explaining Policy Outcomes: Integrating the Policy Network Approach with Macro-Level and Micro-Level Analysis", in Marsh, D. ed. *Comparing Policy Networks*. Buckingham, Philadelphia: Open University Press, 1998, p.61.

力；④ 网络式的公共组织过度的权力分化也可能会造成国家的空洞化。而这些负面后果不仅导致民族国家内部管理能力下降，而且会继续导致民族国家世界地位的衰落，以及民族国家内外新的冲突。

21 世纪全球化治理的进程加速让政府的地位面临严峻的挑战，政策网络的整合与自主性会带来正面及负面的影响。正面可以促进不同类型组织间协作的互动与自我管理，负面则会造成对外来者或弱势团体的抑制、自我管理的团体相互孤立，以及国家权力的松动。公共行政势必面临许多网络管理上的问题。因此，必须设计新的策略以及技巧以有效地管理公共规划。在今天问题是，面对治理形态的变迁，大多数政府的官僚组织依然依据传统的结构以及官僚的影响度来进行直接计划。21 世纪的公共行政最重要的是角色的调整，以适应环境的变迁与冲击。

5. 如何解决网络治理中的信息阻塞仍悬而未决

公共政策逐渐受到全球环境影响，正式的政策制定机构（无论是立法、行政或是多边组织），常常不能快速地获得制定有效公共政策的重要信息。

（1）社会与经济的全球整合使得公共政策范围跨越了国家的边界，这使决策制定者努力地去了解问题起源，并对此作出回应。在今天，任何一个国家对臭氧层的破坏都可能加快全球变暖；资本快速流动，可能导致地区失业率的增长。但是，决策制定者的权力具有地域性的限制，他们只能处理问题的基本症状，即治标；而对于问题的产生根源治理却难以找到有效措施，即无法治本。

（2）信息科技的快速发展迫使政策制定者必须发展新的治理能力。政府管制者常常发现他们要与企业管理者赛跑，他们要投入大量的精力学习新的技能，及时获取市场发展的新信息，以便有效地监督市场。而事实上，作为政府管制者并没有具备这些技能，他们对此可能也没有多大的兴趣。

（3）除了上述地理与时间的限制，政策制定者还要处理更多跨越官僚自身专业训练领域的知识问题。例如国际贸易政策的执行必须考虑经济与生态和安全的问题。虽然国际贸易政策与国内劳工政策都关心劳工问题，但是没有人有足够知识和经验来解决这些问题。例如，1990 年的北美自由贸易协定，其参与者包括墨西哥的国会、美国的贸易代表、国际劳工组织。在这些组织中，没有一方具有足够的专业知识处理国际贸易与劳工权益的政策问题。在西雅图召开的世界贸易组织会议也仅强调世界贸易已经成为上至人权下至环境保护的支撑力量。这种广泛的政策讨论正在挑战诸多国家或多边官僚组织成员的知识结构，这些讨论的议题也正在成为政策制定的难点问题。

以上种种问题，其核心只有一点：政策网络概念本身的容量太大，自身没有明确的界限,又试图解答公共领域治理面临的所有问题,这样无疑会使整个概念陷入到万能之中。后现代社会本身的复杂性使得任何一个概念无法完成此种重任。因此,多元的内涵、随意的使用便成了解决政策网络概念本身面临问题的唯一办法。

思考题

1. 政策网络理论兴起的社会背景及学术背景是什么?
2. 罗茨的政策网络分类有哪些?
3. 如何运用政策网络理论解释一些社会现象?

第二十二章　萨瓦斯的民营化理论

第一节　生平与著作

萨瓦斯(E. S. Savas)于1931年出生在纽约。20世纪50年代初,萨瓦斯自美国芝加哥大学毕业,获文学学士和化学学士两个学位。之后,他转赴哥伦比亚大学继续深造,于1956年和1960年先后获该校的化学硕士和化学博士学位。70年代初,萨瓦斯执教于哥伦比亚大学的商学研究院,曾先后担任公共管理学教授和政府研究中心主任。80年代初,他转往纽约市立大学系统的巴鲁齐大学任教,先后出任管理学教授、管理系主任、民营化研究组织主任、公共事务教授。2007年,萨瓦斯获授该校的"校长教授"称号。

萨瓦斯是世界知名的民营化学术权威。他可谓著述颇丰,迄今为止,共出版了15本专著,已发表的论文达130余篇。其中《民营化:改善政府的要径》、《公有领域的民营化:如何简政》以及《民营化与公私部门的伙伴关系》积聚了他关于民营化的主要思想。他就民营化问题所阐述的见解不但深受美国国内学界和政界的重视,其影响更是远播欧亚大陆。正因为如此,萨瓦斯的著作的海外版已经在21个国家发行。

任教之外,萨瓦斯在学界也相当活跃。他曾经担任过《管理科学》的副编辑(1971年)和《城市事务季刊》的编辑委员会成员(1978年)。自1997年以来,他一直是官民伙伴关系全国理事会的执行委员会成员。他还是一些学术刊物,包括《公共行政评论》、《州和地方政府评论》和《城市事务季刊》等的评审。

萨瓦斯既潜心钻研学问,也着意投身实践,可以说是实施民营化的开路先锋。他曾任职于著名的国际商用机器(IBM)公司长达八年之久(1959—1967年),对私有企业的经营管理优劣利弊积累了丰富的第一手经验。之后,他于

1967 年进入纽约市政府，先后由市长任命，担任市府副经理（1967—1969 年）和市府第一副经理（1970—1972 年）。对民营化的扎实研究，加上公私领域中的丰富经验，使这位理论与实践兼而备之的学者在政界、学界都分外引人注目。1981 年，思想保守的共和党人里根上台。他一再声称："政府不是对付我们各种问题的唯一解决方案。政府本身就是问题。"提倡民营化的主张与里根的政见不谋而合。于是，里根尚未走马上任，萨瓦斯就应邀加入了这位候任总统的城市事务的专家组。里根宣誓就职以后，随即正式起用萨瓦斯。由总统提名，经参议院批准，萨瓦斯出任美国联邦政府的住房与城市开发部的助理部长（1981—1983 年）。

在联邦政府任职两年以后，萨瓦斯辞别政坛，重返学界。然而，他和政府领域依然保持着联系，兼任总统民营委员会、联合国、世界银行、经济合作与发展组织（OECD）、美国国际开发总署（AID）、美国新闻总署（USIA），以及其他一些机构的顾问。

萨瓦斯也曾担任过波兰政府的顾问（1990—1991 年）、乌克兰政府的顾问（1993 年），以及匈牙利首都布达佩斯市市长的顾问（1991 年）。

萨瓦斯曾被任命为纽约州参议院民营化顾问委员会成员（1991—1994 年）。1993 年和 1994 年，纽约市和纽约州领导人换届，萨瓦斯又分别加入了纽约市候任市长朱力阿尼和纽约州候任州长帕塔基的交接班子。帕塔基宣誓就职以后，在 1995 年曾任命萨瓦斯担任纽约州民营化研究理事会的理事。

从市、州到美国联邦政府，以及外国政府，这一系列的行政实践对于萨瓦斯不断地深入研究民营化以及相关的问题提供了极其宝贵的经验。他的著述将有助于加深我们对民营化的认识。

第二节　民营化的历史

简单地说，民营化指的是将此前由政府拥有或者实施的功能回归到私人领域的过程。在人类历史的长河中，各种民营企业一直提供着形形色色的产品和服务，以满足社会的需要。然而，有意识地把民营化作为改善政府功能的工具则是一个全新的概念。虽然一般人都视萨瓦斯为民营化的理论权威，他却认为，1976 年诺贝尔经济奖的得主弥尔顿·弗里德曼才是催生民营化的理论创始人。正是弗里德曼在 1962 年所著的《资本主义和自由》一书中首先提出“政府机构在资本主义社会中应该发挥怎样的作用”这一重大问题。他认为，身处自由市场中的政府，作为创立政治和经济自由的一种工具，其作用应该限制到最低限度①。民营化为降低政府的作用、减少政府的干预提供了良好的途径。

7年以后，美国的管理学教授彼得·德鲁克率先创造了一个新的词汇，即“再民营”，从而正式引进民营化这个新概念。在1969年问世的《断续的年代》一书中，德鲁克即已预见到工业时代必将迈向信息时代。伴随着这一过渡，社会上、企业中，以及政府里都将发生一系列意义深远的变化。其中特别值得一提的就是政府部门将会经历的“再民营”的过程，把国有的工业回归社会，回归市场②。他大胆宣称，民营化不会导致国家的消亡。恰恰相反，它只会给我们带来一个精力充沛的、强壮积极的政府。与其紧抱着一个臃肿庞大、步履维艰的政府，不如去寻求一个致力于决策、指挥，而将其他事务放手交给民众的政府。再民营化不但不会削弱政府，而且还是一帖良药，可以让疾病缠身、难以作为的政府恢复健康，重振声威③。即使在四十年后的今天，这段话语，听来仍不过时。

1979年5月，撒切尔夫人领导的保守党在英国的选举中大获全胜，入主唐宁街十号，从而揭开了民营化运动的序幕。多年以后，在评价这段历史时，英国著名的历史学家约翰逊这样写道：

“当欧洲的其他地方还在继续把玩社会主义和国有制时，她却已经着手把一度视为神圣不可侵犯但却效率低下的国有工业回归民营。国营的英国航空公司，效益低下，连年亏损，丢尽了这个老牌帝国的面子。民营化后，转亏为盈，一跃而成全世界表现最佳、获利最高的航空公司之一。民间企业接手前的最后几年，英国钢铁公司严重失血，亏损达十亿多英镑。民营化将之脱胎换骨，改造成欧洲最具规模的钢铁公司。”

“80年代中，世界各国政府对民营化还很陌生，知之甚少。到了80年代末，却已有五十多个几乎遍布每一个大陆的国家，都在推行各种民营化的计划。一些效益欠佳的国有公司被推上市出售，更多的则经过大刀阔斧的改造，

---

① Milton Friedman, *Capitalism and Freedom*, Chicago: University of Chicago Press, 1962.

② Peter Drucker, *The Age of Discontinuity*, New York: Harper & Row, 1969. 虽然大部分学者都同意萨瓦斯的看法，认为是德鲁克首先在60年代末推出“再民营”(reprivatize)这个新造的词汇，但也有学者持不同意见，认为民营化早在上个世纪30年代至50年代间就已经在当时德国的经济政策中发挥作用。见 Germa Bel, “Retrospectives: The Coining of ‘Privatization’ and Germany's National Socialist Party”, *Journal of Economic Perspectives*, Vol. 20, Issue 3, Summer 2006, pp. 187－194。

③ Peter Drucker, *The Age of Discontinuity*, pp. 240－241.

转型为成功的民营企业。……也许，自凯恩斯主义的诞生，甚至自亚当·斯密的《国富论》问世以来，这可以称得上是英国对世界实践经济学的最大贡献。"①

在大洋彼岸的美国，共和党人里根击败民主党人，于1981年初入主白宫。由于美国的国有企业不多，民营化主要体现在政府部门的服务大量地外包方面。1993年，民主党人克林顿当选为美国的第四十二任总统。同年，由副总统戈尔主笔的重塑政府的报告出炉，其一大措施就是坚持顾客至上，充分运用市场机制②。到了90年代中，政府服务民营化已经成为美国联邦政府的一项政策，各州和地方政府为民众提供的服务也大都实现了民营化。值得一提的是，在美国朝野上下，无论是对共和党人或者民主党人、自由派或者保守派、黑人或者白人来说，民营化都已成为大家的一个共识。

第三节　民营化的动力

人们往往认为，是对利润的追逐推动了民营化的发展，实则不然。萨瓦斯认为，大体上说来，有五种力量，从各自不同的角度宣传和鼓动民营化的发展。

第一，讲求现实。持这种观点的人追求的是一个管理得更好的政府。他们相信，通过民营化可以为社会提供成本—效益更好的公共服务。萨瓦斯引经据典，指出英语中"govern"一词源自希腊语的词根"kybern"，意即"to steer"（把握方向盘，掌舵）。"政府的任务是掌舵，而不是划桨。提供服务，不管是修复街道还是驾驶飞机，都属划桨。而政府对此并不擅长。"③民营化只是恢复了政府原有的功能，即把握方向盘掌好舵，而具体如何划桨，则应该依靠民间私有领域来群策群力。政府的工作重心应该是抬头指路而不是埋头推车，说的也就是这个道理。

第二，支配私有财富。随着经济的发展，个人财富日渐增加，人们对政府的

---

① Paul Johnson, "Margaret Thatcher", *Time*, April 13, 1998.

② Al Gore, *Creating a Government That Works Better and Costs Less*, Washington, D. C.: Government Printing Office, 1993.

③ "掌舵"和"划桨"一说经奥斯本与盖布勒在其所著的《重塑政府》一书加以发挥，成为"企业型政府"的十大特点之一。见 David Osborn & Ted Gaebler, *Reinventing Government: How the Entrepreneurial Spirit is Trandforming the Public Sector*, Reading, MA: Addison-Wesley, 1992, p. 25。

依赖程度就会不断减弱。例如，有能力买书，就不那么想上图书馆借书了；自己有了小车，就不想再挤公车上下班了。钱包充裕的消费者们越来越有能力支付自己的各项需要；与此同时，他们也希望得到更好的教育、医疗服务、居住环境等等。正是这股不断壮大的经济力量使他们相信自己有能力达到这些目的，而且可以比政府提供的服务更好。民营化就是实现他们愿望的一个途径。

第三，意识形态所驱使。萨瓦斯认为，在人类的历史上，尽管政府的影响时涨时退，但总体来说，它是在不断增长。有相当一部分的人对此不以为然。他们认为，一个过分庞大、权势熏天、触角遍及民生大小事宜的政府是对民主的莫大威胁。民营化有助于削减政府无所不在的干预和过问，促进民主的健康成长。

第四，追逐商业机会。持这种观点的人认为，政府开支是整个经济的重要组成。这些支出的大部分完全可以、也应该由私有领域消化。此外，国有企业和国有资产如果交由民间企业或组织来管理的话，效益应会更好。非国有化不但会带来巨大的商机，更孕育着巨大的弃旧创新的潜力。

第五，向往平民社会。对这部分人来说，大政府和大企业都不可取。基层组织将权力回归民众，才是他们的目的所在。民营化可以帮助他们朝着这个方向努力。他们相信，民众应该对公共服务有更大的选择权，应该有权决定他们的需要，也应该可以通过自己的力量，借助街道、公民、教会、各种族裔和义工等组织，而不是依赖臃肿累赘的官僚机构来满足这些需要①。这个形成共同需要的过程，借助传统的基层组织来满足这些需要的过程，也将是有助于凝聚出现代社会尤为欠缺的社区归属感的过程②。

萨瓦斯认为，政府规模不断膨胀、政府开支不停地增长、政府雇员数目庞大和政府雇员收入高出私营部门雇员收入水平都会促使政府考虑民营化的问题。民营化不仅可以提高公共物品和服务供给质量，而且也是政府净化自身的一种方式。

至于为什么可以实现民营化以及为何与如何实行民营化。萨瓦斯将民营化的理论基础都建立在物品和服务的基本特征基础上。人类需要许多不同种类的物品和服务，但是，多样化的物品和服务可以通过两个特征——排他性和消费——来进行整理和分类。这些分类的结果可以确定政府和社会非政府

① E. S. Savas, *Privatization & Public-Private Partnerships*, New York: Chatham House Publishers, 2000, pp. 5 - 14.

② Richard C. Cornuelle, *Reclaiming the American Dream: The Role of Private Individuals and Voluntary Associations*, New Brunswick, NJ: Transactions, 1993.

机构在物品和服务提供中所扮演的角色。所谓排他性是指物品和服务只有在买卖双方达成一致的条件下才能被转手。因此,排他性的实质是一个成本问题而不是一个逻辑问题,其可行或不可行依赖于执行成本的相对高低。即如果要实现排他成本太高,那么,排他就变成没有实际意义的事情。而消费则主要是指该物品和服务被一个人或多个人消费后是否数量和质量因此而减少或降低。

如果将排他性作为横轴(其两端代表为可行、不可行)、消费作为纵轴(其两端代表为个人和共同),即可以画出一个四角垂直四边形,四个角就可以显出四种纯粹的形式:① 排他完全可行的纯个人消费品;② 排他完全可行的纯共同消费品;③ 排他完全不可行的纯个人消费品;④ 排他完全不可行的纯共同消费品。即个人物品、可收费物品、共同资源和集体物品。在整个四边形中,根据离四条边远近距离不同可以将各种物品找到一个位置,这样就可以为每一种能否采用民营化方式供给以及用何种民营化方式供给提供理论基础。

如何进行民营化还必须考虑物品和服务中三个基本的参与者:消费者、生产者、安排者或提供者。应根据不同类型物品和服务实现三者分离和联合。但是,任何一种办法都会形成不同种成本,如交易成本、支出成本和低质量、低效率的耗费成本等,因此,在设计物品和服务的三个基本参与者的相关制度时,可以根据成本类型考虑设计方式。

第四节　民营化的实施及其阻力

一、民营化的实施

第二次世界大战以来,世界各国越来越多的政府部门将本应由政府提供的公共服务交由第三方,如照顾学龄前儿童的民间托儿所、护理生活不便的耆老或病残的民间疗养院,以及医院、学校等等。这种由第三方来执行政府功能的情况就是所谓的"第三方政府"现象①。民营化是实施"第三方政府"的重

① William Gormley, Jr. & Steven J. Balla, *Bureaucracy and Democracy: Accountability and Performance*, 2nd Ed., Washington D. C.: CQ Press, 2008, p. 135. "第三方政府"的说法源自上个世纪 80 年代初。有学者提出,越来越多的政府(第一方)不再直接提供服务给客户(第二方),而是交由第三方负责。见 Lester M. Salamon, "Rethinking Public Management: Thirdparty Government and the Changing Forms of Government Action", *Public Policy*, Vol. 29, No. 3, 1981, pp. 255-275。

要形式。即政府要懂得调兵遣将,而不应凡事都亲力亲为。具体做法有:

(1) 外包。也就是把一些政府提供的服务外包出去。外包的对象可以是民间企业或非营利组织,甚至其他的政府部门。美国洛杉矶地区不少小城镇就是将自己的消防、治安等服务外包给洛杉矶郡的有关部门。外包的内容还包括垃圾的收集、街道的修整维护、建筑物的监管、消防和治安的通讯、城市的绿化、建筑物和机动车辆的维修,乃至公务员薪水的发放,等等。

(2) 特许经营。政府可以授予民间企业为政府提供某项服务的垄断权。大城市的出租车业务和公交客运服务就是两个典型的例子。出租国有的公园和动物园中的部分场地作其他用途,也相当普遍。

(3) 拨款补助。利用政府拨款补助提供相应服务的第三方,如保健组织、博物馆、表演艺术中心,等等。

(4) 代价券。主要用于补助消费者,而不是厂商。最常见的例子就是美国政府发给低收入家庭的食物券。此外,美国政府也在医疗服务、教育等方面使用代价券对某些特定的对象进行补助。

(5) 志愿者服务。义工可以帮助政府扩大对公众的服务。美国在休闲娱乐、防火、街道巡视等方面都有大量的义工参与,不但加强和改进了政府对社会的服务,更提高了社会民众的主人翁意识,有利于和谐社会的建立。

(6) 自我服务。在社会治安方面,通过提倡注意熄灭烟蒂、锁好门户等自我服务,对于防火和防盗,都甚有收效。除此以外,民众主动地将废旧的报纸、要丢弃的空瓶空罐送往回收中心,学会包扎划破的小伤口,等等,这些都属于自我服务的范畴。萨瓦斯特别强调了家庭在实施自我服务方面的作用。他认为,家庭"是提供住房、保健、教育、福利以及其他人类服务的最有效的单位"。一个事例就是"家庭就学"的日益普及。越来越多的家长由于对学校的教育质量感到不满,于是自己亲自上阵,按照州政府的教育大纲,在家里给自己的孩子上课。萨瓦斯也注意到,与美国的国情不同,日本大多数的家庭都是两代同堂,或者三代同堂,实质上就是通过家庭成员的自我服务照顾年迈长辈的生活起居,使得日本社会客观上对由政府提供的老人安居中心的服务需要并不很大。

(7) 市场。市场是提供各种服务的最普遍的形式。政府主要制定服务的标准,一般不太介入商品的交易。可以说,在提供商品和服务上,市场和政府是各司其职、各有所为。值得注意的是,在开拓市场的同时,政府还有调控市场的职责,以形成一个合适的经济和社会环境。例如,政府和市场都提供就业机会。但是,政府又制定平等就业机会法,从而推动了经济和社会的平等,又减少了发生歧视的几率①。此外，政府制定的有关童工、最低工资、劳工关系等法律，都是着眼于保障一些广为信奉的社会价值。

总的说来，针对政府的服务、政府的活动、国有企业和国有资产等进行的民营化，萨瓦斯认为可以归结为三种类型，即委派、撤资，以及替代。所谓委派，又称作局部民营化。按照这种类型，政府必须积极、持续地介入该项活动并负有全部责任，只是将具体生产的那一块委派给民营企业。上面提到的外包、特许经营、拨款补助、代价券等都属于这个范畴。所谓撤资，指的是舍弃某个企业、某项功能，或者某些资产。这一类型与委派不同，是政府的一次性行为，不要求持续的介入。最常见的例子就是出售或者免费转让。其对象可以是某家民间企业、民间联营集团、单位的雇员、顾客或者用户，乃至社会公众。替代则是政府较为被动和间接的行为，指的是政府逐步地被民间领域取而代之的过程，是市场为满足人民的需要而不断发展，而国家则渐渐隐退的过程。政府部门或因为履行职责欠佳而日益不受公众欢迎；或有计划地抑制国有企业的发展，取消对其的补助，使其萎缩消亡；或因政府解除管制，使民营企业能够对政府的垄断进行挑战，并进一步取而代之等等，所有这些都属于第三种类型②。

值得一提的是民营化发展过程中的一个新的现象，即官民的伙伴关系。建立官民的伙伴关系是实施民营化的一个重要组成部分。对于这一点，萨瓦斯似乎也有一个逐步认识的过程。他的第一部关于系统地探讨民营化的专著《公有领域的民营化：如何简政》于1982年付梓出版。当时官民的伙伴关系这个议题还未浮出水面。18年以后，他的又一部关于民营化的专著《民营化与官民的伙伴关系》问世，不但封面上“官民的伙伴关系”几个大字赫然醒目，书中官民的伙伴关系也作为民营化的一个重要内容出现。

官民的伙伴关系有多种形式。萨瓦斯将之按照官、民部分各占份额的比例排列，从官多民少到官少民多、从完全公有到完全私有，共列出十一种形式。一端是完全属公有的，即政府不但拥有设施，也负责财政、建设以及运行的政府部门。另一端则是完全属民间所拥有的、在财政和建设方面完全自行负责的、但必须按照政府特许运行，并在价格和运行上要接受政府制约的建设—拥有—运行模式。下面逐一举例介绍。

---

① E. S. Savas, *Privatization: The Key to Better Government*, Chatham, NJ: Chatham House, 1987, pp. 58 - 92.

② E. S. Savas, *Privatization & Public-Private Partnerships*, New York: Chatham House Publishers, 2000, pp. 125 - 138.

（1）政府部门。通过政府部门直接对社会提供服务是传统的模式。政府拥有设备，也负责设计、财政、建设以及运行。最常见的例子就是美国各地市政府的供水局。

（2）公务局。这种模式主要用于供电、供水以及提供交通、电讯服务方面，在发达国家和发展中国家都相当普遍。与第一种模式不同，这一模式正日趋商业化和公司化。前者是为了取得管理和财务的自主。后者则是为了实现拥有权与管理权脱节。最终目的有三个，即提高效益、加强责任、实现政企分离。

（3）服务合约。也就是说，通过合约将政府的某些特殊服务外包给民间企业。售票、清洁、铁路客运部门的食品供应、供水局的抄读水表和收费、公路的清扫和铲雪，等等，都可以运用这个模式。必须强调的是，除外包的服务外，政府部门仍对所属整个系统的运作和维修负有全部责任。

（4）运作和维护的合约。即由民间企业和政府部门签订管理合约，负责政府所拥有的设施的运作和维修。乍一看来，这一模式与上一个模式颇为相似，实质不然。签约的民营企业一方对整个系统的运行和维修负有全部责任，也负责日常工作的一切决定，但不承担任何的资本风险。这一模式的目的是为了更高的效率，使服务的效果更好。美国有些城市的供水服务或者污水处理就是采用这个模式。

（5）合作组织。指的是非营利的、自愿性质的、负责提供某项服务的那些组织。在美国、加拿大以及芬兰等国的农村地区，就有一些这样的合作组织，它们成功地扩大了地方的电话系统的服务。萨瓦斯也提到，在肯尼亚、印度、中国等许多发展中国家，这些合作组织利用自己的人力和财力有效地管理维护水渠灌溉网络，弥补了政府配水系统的不足。

（6）租借—建造—运营。政府部门和民营企业签订长期合约，由后者利用自己的资金开发，提升现有的设施，并负责其运行，就属于这类模式。这一模式有利于投资的回收，通常在租约期内就会有合理的回报，还可以定期收取租金。位于纽约市以北55英里处的斯图尔特机场，建于上个世纪30年代，原为空军基地，于70年代初关闭。随后，纽约州政府试图将之开发扩充，但困难重重，收效甚微。到了上个世纪末，纽约州政府决定按照这个模式将其租借给一家英国公司，租约期为99年。斯图尔特机场因而成为美国第一个民营化的商用机场①。

① 2007年1月，纽约州和新泽西州港务局董事会投票决定，收回余下的93年租期。同年11月，该局正式接管机场，为机场的民营化短暂试验画上句号。

(7) 建造—转让—运行。由民间开发商投资并建造设施,完工以后,将法定的所有权交予主持这一项目的政府部门。该部门再与开发商签订长期租约,将该设施租回给开发商,由其负责设施的运行。租约期内,开发商将有机会通过向用户收费及其他商业活动收回投资,并赚取合理的回报。

(8) 建造—运行—转交。由政府部门授予民间开发商特许权,后者投资和建造设施,也拥有该设施,并负责设施的运作。在规定的期限内,开发商可以向用户收取费用,期满后便将设施转交给国家。萨瓦斯认为,对建造新的基本设施来说,这是官民伙伴关系的最常见的模式。

(9) 统包附加。民间开发商在现有的国有设施上投资建造附加的设施。建成后,开发商或者在规定的期限内负责包干全部设施的运行,也可以负责运行到回收投资并获取合理的回报为止。在本身资源不足或者缺乏所需的专业技能时,政府可以借助这一模式达到扩充设施的目的。

(10) 购买—建造—运行。政府将现存的国有设施出售给民营伙伴,并由后者按照政府的特许准入永久性地负责设施的更新、扩充和运行。值得指出的是,在出售之前的谈判过程中,政府可以要求在特许合约中注明,政府享有对价格、安全、质量以及今后扩充设备能力等方面的操控权。以日本和德国的国有电话系统为例,两国政府都将之出售,就是为了通过注入民间投资,实现其现代化,提高效益和国际市场上的竞争力。地处南美洲的阿根廷,国有电话局的服务质量臭名昭著,老百姓安装一部电话,居然要排队等候长达17年之久。按照这一模式民营化后,情况才逐步改观。

(11) 建造—拥有—运行。民间开发商按照政府的特许、投资、建造,并拥有一个设施。开发商也永久性地负责该设施的运行,但在价格和操作方面要接受政府的制约。萨瓦斯相信,对于投资方来说,拥有设施的长期产权吸引力特别强大。美国东岸的弗吉尼亚州、西岸的加利福尼亚州都是采用这一模式,由民间开发商投资建造收费公路,以舒缓日渐壅塞的公路交通。在大西洋彼岸,穿越英吉利海峡的海底隧道,又称“峡隧”(chunnel,即 channel + tunnel),为日本青函隧道之后世界第二长的海底隧道,耗资巨大,也是运用这个模式,由民间资本建成①。

民营化之所以得到广泛的支持,原因是多方面的。萨瓦斯认为,从经济发展的角度来看,通过出售资产,民营化一方面有利于降低政府开支,减轻债务;

① E. S. Savas, *Privatization & Public-Private Partnerships*, New York: Chatham House Publishers, 2000, pp. 241–248.

另一方面又可以开拓政府的财源，从而加速经济的成长。民营化也有助于减少政府对经济的干预，增强企业界的信心，推动资本市场的发展。

从社会效益的角度看，民营化可以弥补政府的不足，提供政府因种种原因无法提供的基础设施。其次，民营化有助于较为迅速地增添或者扩充政府服务的项目。

在改善国家和社会的关系方面，民营化可以降低政府在社会中的作用，有助于赢得公众对政府的更多的支持，有利于建立或加强和谐的公民社会。

民营化也有利于调动社会上的积极因素。民营化不但为发现才干、运用才干提供了新的天地，而且有助于提高民众的生活水平，是藏富于民的良好途径。

此外，在落实全球化方面，民营化的实施往往为外资打开方便之门，对国外的投资进入本国市场很有吸引力①。

另一方面，民营化的过程中不可避免地会遭遇一些新的问题。第一个可能会碰到的问题是找错门户选错对象。实施外包以后，有关方面才发现，外包的民营企业根本就没有资格，缺乏应有的能力或资源，无法如原先所期望的那样达到令人满意的效果。

即使选对了，还有一个监督落实的问题。由于政府部门不可能对承包的民营企业实施全天候的监控，后者因而有空子可钻，趁机偷工减料，蒙混过关，以致产品或服务的质量低下。

再者，由于政府部门和民营企业各有考虑，往往同床异梦，伙伴关系也有可能会演变成官民的冲突。例如，某项服务由政府外包给民营企业后，前者所强调的首要问题是，服务是否有坚持公平合理的原则，而后者却更多地关注自己获利的多少。

民营化之后，对公众负责的应该是政府部门还是民营企业？比方说，原属政府管理的拘留所实行民营化以后，发生了拘留所的警卫虐待在押犯人的现象。该唯谁是问？随着民营化的发展，公有领域和私有领域之间的界限日渐模糊，如何继续保证各有关方面对公众的责任心，新形势下的这个问题更显复杂。

民营化强调的直接效益之一就是节省成本。这会不会导致一些负面的后果？在企业的劳工待遇方面，会不会增加员工的工作负担以减少人员的雇用？

① E. S. Savas, *Privatization & Public-Private Partnerships*, New York: Chatham House Publishers, 2000, pp. 119－122.

或者以不享有医疗福利的临时工来替代全时职工？在政府的财政预算方面，如何保证实施外包过程中的公平竞争，落实外包合约的执行以及对外包企业的监督等，都可能会造成政府部门的额外开支。

民营化固然提升了社会相对国家而言的总体地位，但是不是有利于公民社会的健康成长呢？如果把政府部门当作企业来经营管理，社会大众不就成了企业的顾客？它们还是不是国家的主人，是不是有权监督政府，有能力自我管理的公民？

民营化极大地改变了政府与非营利组织间的关系，后者因运作费用的收入越来越多地来自政府，无形中加大了对政府的依赖，独立性越来越少，最终成了政府的"俘虏"。这种非营利组织"政府化"的现象能不引起我们的警觉吗？

从另一个角度来看，把一系列为公众服务的功能从政府手中转移到民间领域，政府部门的权力会不会因而日渐萎缩？由于政府部门越来越依仗民间的营利或非营利组织来提供某些产品或服务，又不能有效地监督这些组织，后者会不会趁机以取消合同来要挟政府，从而为所欲为？上述这些问题，只涉及民营化进程的一些方面。随着时代的发展，民营化还会为我们不断地提出新的问题，需要我们不断地去探索和解决。

二、实施民营化的阻力

民营化有利有弊。民营化的实施有推力也有阻力。萨瓦斯认为，主要的阻力有三个层面：① 操作层面的障碍。这一层面主要体现为不同的民营化形式、相关利益者有不同的担心，从而造成在具体操作层面上难以选择一个利益相关者普遍满意而又符合物品本身属性的民营化方式。② 法律层面的障碍。这一层面主要表现在联邦或州的法律保护国有企业，尤其是宪法对国有企业保护，因而一旦实行民营化就有可能违法。如果要实行民营化则必须修宪。但是，修宪有可能波及地方财税收入，因为基层设施运营的税费属于地方政府，是重要税收来源，一旦民营化可能回到州，那么地方政府和联邦政府每年会损失巨额的收入。③ 来自各方面的反抗的障碍。在民营化实施过程中，可能有来自以下几个群体（包括工人、政府官员、企业利益以及一般民众）的反对。对工人来说，他们担心的是，伴随民营化而来的将会是薪水降低、福利待遇更差、劳动强度增加，等等。萨瓦斯对这种看法并不苟同。他指出，民营化之所以能够提高效率，主要是因为生产率高了，而不是工资低了、福利差了。

换句话说,那是因为同样的活,可以不再用那么多的工人来完成。

就业机会减少是蓝领阶层的一项担心。的确,民营化导致雇员的减少在所难免。以阿根廷为例,尽管货运总量不变,该国的国有铁路系统的员工从民营化前的三千人锐减到之后的七百八十人。事实上,世界各国政府部门和国有企业的冗员现象长期以来为人诟病。这一手术,已是势在必行,非动不可。值得考虑的是,如何才能轻装上阵。几个可行的做法包括:只出不进,提前退休,重新培训以另作安排,等等,萨瓦斯以为都是不错的选择。

政府官员也有他们的焦虑的地方。民营化会不会威胁他们大权独揽的官僚王国?会不会削弱他们手中的权力?他们的令人羡慕的地位会不会因此受到影响?各种特权会不会从此消失?对政府部门的官员来说,一些政府负责的活动或者服务外包给民间领域,他们的管理权限当然就小了。不但如此,他们用以奖赏盟友或支持者的位子也减少了。而且,国有企业转为民营还会影响他们从政府岗位上退下来以后的安排。以泰国为例,军队系统对民营化的抗拒尤为强烈。一些高级将领对国有企业情有独钟,因为他们期盼的是,一旦退休以后,他们就可以摇身一变,由军转民,在国企里弄得个薪资优厚的美差肥缺。

对于政府内的中层主管而言,萨瓦斯认为,民营化并不像想象中的那么可怕。实际上,他们在参与民营化的过程中可以借机积累起有关民营化的宝贵经验,可进可退。留在政府部门的话,他们可以为政府的继续民营化出谋划策,进而更上一层楼。脱离政府的话,他们往往是推动民营化的民间咨询公司不可多得的人才。此外,民营企业也需要这样背景的骨干,以处理随着民营化的发展而重要性日渐突出的官民关系。

有人误以为,所有的民间企业一定会对民营化举双手赞成。实则不然。例如,长期受政府保护或政府津贴或补助的那些企业必然会念念不忘蜷缩在政府官僚羽翼下的舒适日子。当然,应该说民营领域的主体对民营化是举双手赞成的。终究在他们看来,这对于促进经济发展、降低政府开支、提高管理效率是一项利多弊少的措施。

也不是所有的民众都会喜欢民营化的实施。比方说,民营化可能会意味着物价的上涨、会意味着再也不能享受由政府提供的那些免费服务,等等。应该指出的是:第一,成功的民营化应该是充分考虑到民生福利的民营化。物价上涨绝不是、也不应该是民营化不可避免的结果。第二,一些政府官僚办事效率低下,对百姓的疾苦漠不关心,这才是造成社会大众怨声载道的主要原因。民营化如果有助于这种状况的改善,必然会为百姓所喜闻乐见①。

第五节　分析与评价

事实上,民营化不仅是一个管理工具,更是一个社会治理的基本战略。它根植于这样一个最基本的哲学或社会信念,即政府自身和政府在自由健康社会中相对于其他社会组织的适当角色。民营化是一种手段而不是目的;目的是更好的政府、更美好的社会。换句话说,一个国家选择民营化与否最终取决于公民对目前现存的物品和服务供给的满意程度,一旦公民不满情绪上涨,通过民营化也是一副诊治"大政府病"的良药。

当然,民营化还有个发展时机问题。什么情况下才是实施民营化的良好时机呢?有学者认为,具备了下列的条件,民营化的成功几率较大。

(1) 如果政府部门能够事先就较为准确地确定任务,并且有把握能比较精确地评鉴外包的民营单位的运作。

(2) 如果外包的民营单位表现欠佳,政府部门能够及时干预,甚至可以快刀斩乱麻,迅速将之撤换。

(3) 如果强调的是最终的结果,而不是纠缠于过程中的一些鸡毛蒜皮。

(4) 如果外包的民营单位在该项业务的政策领域已经积累了丰富的经验,并且赢得了社区服务对象的尊重和认可。

(5) 如果外包的民营单位还可以提供其他有益的公共服务,从而取得一箭双雕,乃至一箭数雕的效果②。

上述各条,既适用于取得政府外包合同的民营企业,也适用于取得政府外包合同的民间的非营利组织。这些条件有助于我们在民营化的过程中少走弯路。更重要的是,我们可以从中看到,民营化并不等于政府就此退出管理的舞台。恰恰相反,民营化的成功与否,离不开政府的各项努力,包括事前的准备、评估的能力、认真的监督、果断的干预,等等。

所以说,民营化并不意味着政府可以被逐步地取而代之。民营化的目的

---

① E. S. Savas, *Privatization & Public-Private Partnerships*, New York: Chatham House Publishers, 2000, pp. 286 - 298.

② William Gormley, Jr., "Privatization Revisited", *Policy Studies Review*, Autumn/Winter 1994, pp. 214 - 234.

是协助政府，补其不足。正如一位学者所说，“对于私有领域来说，最佳的环境是有一个一流水平的公有领域，一个其范围的大小和发挥的功能都限制适度的公有领域，一个完全能够提供法治、经济和公共必需品的基本结构的公有领域，一个能够帮助私有领域充分发挥其潜力的公有领域”①。

总的说来，萨瓦斯相信，民营化已是大势所趋，不可逆转。他认为，在今后的发展进程中，民营化最值得考虑的是三个领域，即国有企业（government-owned businesses）、基本设施，以及社会保险②。根据美国国会下属的会计总局③1996年公布的一份报告，美国有数十个国有企业。美国邮局是其中的一个。它是美国联邦政府属下的一个独立部门，在公有领域中其雇佣人数仅次于国防部，拥有全时员工735 000人，半时员工115 000人，于1997年开始将部分邮递业务外包。即便如此，面对铺天盖地的电子邮件和咄咄逼人的民营快递，业绩每况愈下，2006财政年度的亏损高达20亿美元。2006年底国会通过的《邮政责任和提升法》只是试图在邮政的价格和服务方面作些小修小补，要打一场翻身仗，还需大刀阔斧，放手一搏。朝野上下，民营化的呼声日益高涨，看来美国邮政系统民营化的实施为期不会太远。

在发展中国家，经济的发展要水要电、要筑路、要修桥。在发达的工业化国家，对用水、空气和土地的环保要求日趋严格。由此导致的对供水设备、污水处理系统、无污染发电等的投资和研究需要扶摇直上。无论在财力方面，或者在专业知识的配备方面，政府部门大都心有余而力不足。官民合作，联合开发不失为一个理想可行的途径。交通的发展也是如此。例如，将高速公路的部分路段民营化，实行电子扫描收费、按高低峰交通时段差价收费，甚至按照即时路况随时变换收费，等等。

社会保险是今后民营化尤为值得考虑的又一个方面。随着时代的发展，越来越多的人期望自己的政府负起退休福利、健康保险、贫困救助等的责任。世界各国，无一例外。与此同时，各国政府提供这些社会保险的能力却日渐减弱。或将这些服务外包给民间的营利或非营利机构；或给符合资格的对象发放代价券，对他们的食品、住房、教育、健保、托儿、耆老护理、工作培训等进行补助；或由一些自愿团体，如慈善团体、街坊邻里等接而管之，都是社会保险民

① Ronald C. Moe, "Exploring the Limits of Privatization", *Public Administration Review*, Vol. 47, 1987, pp. 453-460.

② E. S. Savas, *Privatization & Public-Private Partnerships*, New York: Chatham House Publishers, 2000, pp. 318-327.

③ 2004年改名为政府责任局（Government Accountability Office），但英文缩写不变，仍然是GAO。

营化的可行做法。萨瓦斯相信，建立起良好的官民伙伴关系，有政府部门的支持，加上家庭、义工、社区团体的共同努力，社会福利是完全可以更上一层楼的。

尽管在萨瓦斯看来，民营化有着广阔的前景，但民营化的进程不可避免地对公共行政提出了一系列的挑战。

首当其冲的就是，如何从"政府"向"治理"发展。"治理"(governance)这个词本是"政府"(government)的同义词。民营化的发展，给"治理"赋予了新的含义，指的是通过各种人和组织的联系网络而进行的组织间的努力合作，以解决一系列超越各种界限的问题。各政府部门如何适应这一发展，与时并进?

其次就是如何使政府官员尽快掌握民营化所需的新技能。政府的各级官员能否应对民营化的挑战，迅速掌握民营化过程中所必需的新的技能?

再次是如何推动政府部门和非营利组织之间的良性互动。民营化促成了非营利组织的迅速成长。如何使这些非营利组织在为社会提供越来越多的服务的同时，不会逐步操纵掌控某个政府部门，甚至将其把玩在股掌之中？另一方面，又如何防止这些非营利组织渐渐丧失自己的独立自主，演变成政府部门的附庸?

最后是如何处理好企业精神和行政道德之间的矛盾。如何解决经营至上、利润挂帅和以民为本、服务第一之间的冲突？民营化能不能缔造出有道德的企业精神？民营化的进展会不会以道德的衰微为代价？这是公共行政面临的又一个严峻挑战。正如有学者所指出的，公共行政所倡导的一系列价值，如办事公正平等、服务价廉质优、公共资源要管理得当、待人接物要负责尽力等等，会不会被民营化的浪潮所淹没，人们仍拭目以待①。

从德鲁克于1969年提出"再民营"起算，已经过了39个年头。短短的几十年间，各种力量从各自不同的角度宣传和鼓动民营化的发展。民营化通过外包、特许经营、拨款补助、代价券、义工服务、自我服务和市场等各种面貌出现在世界各国。作为民营化的一个重要内容，官民伙伴关系越来越引起人们的注意。尽管民营化有利有弊，实施民营化也还有一定的阻力，但萨瓦斯坚信，民营化有着广阔的前景。与此同时，民营化的进展也为公共行政提出了一系列新的挑战。

20世纪的80年代初，萨瓦斯就预言，减轻负担、加强与非营利组织的合

① Dean Geuras & Charles Garofalo, *Practical Ethics in Public Administration*, 2nd Ed. ,Vienna, Virginia: Management Concepts, 2005, p. 273.

作关系、引进竞争机制、实施服务外包是政府的四大法宝，对于制约政府的膨胀、改善公共服务、提高公民的生活品质等都大有潜力①。二十多年过去，这段话并没有成为陈年旧说，在今天依然有着它的现实意义。

思考题

1. 民营化的动力和阻力有哪些？
2. 民营化有哪些具体的做法？
3. 官民伙伴关系有哪些形式？

① E. S. Savas, *Privatizing the Public Sector: How to Shrink Government*, Chatham, NJ: Chatham House, 1982, p. 156.

第二十三章　福克斯、米勒的后现代公共行政话语理论

第一节　生平与著作

查尔斯·J·福克斯(Charles J. Fox)是美国著名行政学家、得克萨斯科技大学政治学教授、公共事务中心主任。福克斯教授有着政治哲学的专业背景,近十年来主要关注公共行政与公共政策领域。福克斯教授研究范围甚广,著作颇丰,其运用哲学尤其是当代哲学来解决美国政府实际治理问题的理论独树一帜。

休·T·米勒(Hugh T. Miller)也是美国行政学家、得克萨斯科技大学政治学教授。福克斯和米勒教授都因将后现代概念运用到公共政策和公共行政而名声大振。2007年,他们出版了《后现代公共行政》修订版。早在1995年,两位因出版《后现代公共行政——话语指向》而广为人知,此时米勒还是一个研究生。1997年,两位作者再度联手编辑出版《后现代主义、现实和公共行政:一种话语》而名噪一时,成为后现代公共行政研究的领头雁之一。1998年,米勒联合莫哈马德·阿克琼出版了《这些事情的发生:来自公共部门的故事》。2002年米勒独著《后现代公共政策》,成为当时少有的几本关于后现代公共政策的研究著作。2004年,米勒晋升为教授,与彼得·伯克森合著出版《颠覆传统:民主机构的非现实权威》。

第二节　后现代公共行政的话语理论来源

对于"后现代"概念使用基本上有两种做法:第一,从社会图景角度来描

述和使用“后现代”一词，即后现代社会状况，基本上是以后工业社会、后传统社会、风险社会等概念作为基础的描述正在出现的一种社会状况。第二，从思维方式和知识立论基础使用“后现代××”，基本上是以一种革命性思维方式和颠覆性的知识论反思整个社会科学。从知识论的视角，后现代的宣言家们主要聚焦于哲学领域，其中欧洲的福柯、利奥塔、拉康等哲学家是其代表人物，他们使用解构、再建构对现代哲学进行重建。受到这些哲学思想影响，在美国有一群行政学者自1978年起，组建了一个公共行政理论网络协会，1988年开始每年举办一次公共行政论坛，出版了《公共行政理论与实践》杂志。这些研究者们最初运用批判性研究方式反思公共行政理论与实践，后来他们将诠释性研究方式与批判性研究方式相结合，融入了后现代哲学的基本理念、思维方式和写作方式，建构自己的学术语言对现代公共行政解释性（或实证性）研究方式及其成果进行批判，力图创建后现代公共行政理论，其中第一本具有革命性意义的后现代公共行政著作是加里斯·摩根运用后现代写作风格出版的《组织意象》，此书迅速引领了公共行政理论网络协会其他成员的研究模式以及杂志所采用论文选稿的风格。总体而言，这些自诩为后现代的公共行政理论学者基本上沿袭了哲学领域中的后现代研究主题，并将其应用于公共行政领域，如探讨性别与公共行政、公共政策的关系，科学技术发展对公共行政影响，语言与公共行政（或官僚制）等问题。其中法默尔的《公共行政的语言：官僚制、现代性与后现代性》是一本综合现代公共行政与后现代公共行政集大成式的著作。从后现代公共行政学者的研究来看，更多的是从知识与话语两个后现代哲学兴奋点展开后现代公共行政的构建和对现代公共行政理论的反思，其中麦克斯·怀特的《公共行政的合法性——一种话语分析》以及查尔斯·福克斯等著的《后现代公共行政——话语指向》是从话语的知识维度和话语的社会维度研究后现代公共行政的名作。其中，后现代公共行政一词也由查尔斯·福克斯等首次提出，并迅速传播。

从话语指向提出后现代公共行政理论，是查尔斯·J·福克斯和休·T·米勒在批判传统治理模式（官僚制）和后续的替代模式（宪政主义/制度主义、社群主义/公民主义）的基础上建立起来的。在福克斯看来，公共行政领域已出现了三种治理模式：第一，以官僚制为基础的传统治理模式；第二，以追求合法性为基础的制度主义或宪政主义；第三，以提升民主参与为目的社群主义。这些模式都是现代公共行政的产物，但是随着后工业社会的来临，这些治理模式都难以适应后现代社会的需要。一种以增强话语为目的的后现代公共行政的治理模式必然要出现。但是，由于制度自身的延续性和社会变革的缓慢步伐,理论家们预言的后现代社会时期并未到来,而后现代公共行政话语理论因其更多重视解构而较少建构,则受到了诸多的批判。

在福克斯的观念中,后现代公共行政话语理论有以下几个来源。

1. 现象学理论

现象学是由海德格尔、胡塞尔、萨特和梅洛—庞蒂等人发展起来的。现象学是一种观察问题的方法。让问题自己显现、自己表现,这不同于以前的思想方法。以前的方法是从大量的现象中抽象出所谓的本质。而现象学认为,它自己显现出来的本质是更加真实的本质,并且这种自我显现出来的本质本身已经包含在现象之中。在现象学中一直有一个基本的争议即现象究竟是个动词还是个名词,现象学是要解决本体论问题还是方法论问题。海德格尔是将其作为本体论来认识,而萨特是将其作为方法论来对待的,但潜在的根基都是由唯心主义或经验主义理论支撑的。梅洛—庞蒂综合了海德格尔和萨特的基本看法,将现象学既作为本体论又作为方法论。

现象学首先要颠覆一些传统的基本哲学命题,这一颠覆也就颠覆了现代公共行政理论的基础——理性。

第一个命题是主客体二分。主体对客体认识是主体发挥自己能动性,是主体对客体的本质揭示,客体是被动性的。因此,对主体的凸现实际上就是理性的张扬。但是,主体能真正展示客体的本质吗?不能。现象学认为主体不能准确地测量出客体的精度,即使物理学中再精确的仪器也不例外,海德堡的量子测不准理论就是明证。同时,主体对客体的展示借助的是语言、文字和符号,而这些载体并不能表达出客体的本质。因此,必然要反思主客体两分法和重新思考语言。对主客体二分的反思构成了后现代哲学的基础,而重新思考语言问题是后续的符号学、话语分析的基本命题。

第二个命题是重新考虑意识与行动之间的关系。是意识决定了行动还是行动产生了意识,这个问题一直是主观与客观唯心主义争议的焦点。现象学认为,尽管我们习惯了将主体与客体、心智与自然、观念与物质现实分离的基本思维,但是,应该换一种方式看待这个问题,那就是将环境置于意识和行动之中。这样意识和行动就有了历史性和现实性。“我们必须认识到我们的生命的历史沉积性:这种沉积性是一种对待世界的态度,当它不断地得到确认,这种态度便使我们获得了一种优势地位。”换句话说,任何介入行为都开始于以前构建的环境,这种环境是对声音、光线的一种特殊设定,也是充满了参与者的关切、感情、兴趣的一种氛围。任何介入行为也都开始于人们用于理解情境的心智结构、意义和前倾向性以及期待的语境。

同样，调查者先是部署计划，然后是体会感觉并采取行为①。因此，行动者所获得材料是经过自己思维框架加工后的材料，他所赋予现实的意义掺杂了行动者自己的观点。此外，这些行动在行动者头脑里形成新的思维结构，这些新的思维结构本身具有沉积性。

基于对上述命题的反思，现象学提出了几个新的概念，这几个概念成了福克斯和米勒建立后现代公共行政话语理论必需的工具：

（1）身体—主体。长期以来，哲学家发现了主体，但是没有关注到身体。于是，也就没有重视主体性。主体的行动很多时候是在一种前意识、前人格、前范畴的水平上完成的，这就是梅洛—庞蒂的所谓前意识的身体定位的意思，也是传统的哲学和心理学所忽略的一个基本方面。因此，将身体加入到认识论，从而形成了主体与主体性的新意义。换句话说，将属于心灵的主体性扩展到身体，将肉身性赋予了主体性。主体性是具有意识、反省、积淀的习惯行为以及所有感官和力量结合在一起的身体本身，只有这个整体才是合适的思考对象。身体—主体既是物理的，又是精神的。因此，身体—主体是主观性与客观性的结合，是所有话语形成的载体。

（2）身体—主体中的意识问题。意识是存在于身体之中还是存在于主体之中一直是哲学中一个富有争议的问题。简单的解释就是是否只要有了肉体就会有意识，还是必须要有反思能力的主体才有意识。在笛卡儿的主客体二元哲学中，意识是可以离开身体走向四处的。但是，在主客体一元化哲学中，意识与身体、主体是共存的。笛卡儿的想象力可以遨游于它想去的任何地方，但对于能动的人类行为者来说，意识总是回归于被定位在世界中的身体—主体②。

（3）意向性。意向性产生于在世界中的身体—主体，它不是闲来无事的沉思，也不是出于兴趣的观察，而是为了能动性，为了行动，为了那些身体—主体③而产生的。意向性是从身体—主体发出的活跃的、自动性的火花，意向性源自知觉本身。而知觉为了行动，行动则是意向性的物理表现，行动取决于人对情境的理解。所谓能动性不仅是将世界作为身体—主体的活动现实场景，更是作为身体—主体活动的潜在领域的栖息和居住。身体—主体的意向性、能动性将现象转化为声音、言辞、信号、意图、社会资本以及行为，从而形成了话语，当然话语也可能压抑世界本身的意义④。

① 查尔斯·J·福克斯：《后现代公共行政——话语指向》，中国人民大学出版社2002年版，第81页。
② 同上书，第82页。
③ 同上。
④ 同上书，第81页。

(4) 意向性产生于有着各自的时代、阶级、性别和地位标识的身体—主体。已经存在的身体—主体获得了沉积的习惯性举止,获得了在世界中具有优势的存在方式。这种存在方式的组合形式具有无穷变化但唯一真实的自我。

2. 构成主义

什么是构成主义,福克斯给出了一个简单的含义:组织的现实性,即公共行政管理人员对日常生活的体验是社会地建构的。由于组织的现实性并不是人类群体外部的非人的或物质性的力量强加的,因此,人类群体可以对它进行调整。福克斯既将构成主义作为本体论又作为方法论。作为本体论,构成主义指的是公共行政管理过程的主体复杂性和有机性。传统公共行政管理的本体是以正式的官僚组织和官僚为独断者,而后现代公共行政管理的本体则是由不同属性的组织和不同动机的个体构成的政策网络。那么从本体论角度来看,所谓组织的现实性与组织有什么不同呢?组织是人员、规则和物质的物化产物。而组织的现实性更侧重于组织在生活世界的实践。作为方法论,构成主义指从话语角度重新分析后现代公共行政管理中各种参与主体的语言的差异和行为逻辑的分歧。传统公共行政管理研究方法侧重于采用法律研究方法来研究个体与组织的关系以及组织管理。而后现代公共行政管理则要求运用话语分析、网络分析等研究方法对多元治理结构中的市场机制、协商机制和管理机制展开研究。因此,官僚制一词仅仅部分地意指福克斯所言的研究的对象,仅仅部分地描述了福克斯所言的研究它的方法①。

3. 结构化理论

结构化理论是吉登斯创立的。他认为对人类主体特性描述有两种方式:一种是以构成主义、现象学、解释学和人种学为代表的学术传统,这一传统侧重于对个体或群体行为的描述;而另一种则以结构主义、功能主义、帕森斯主义、系统论和社会达尔文主义、辩证唯物主义、黑格尔式的马克思主义和宏观经济学为代表,这一描述从整体性角度对系统、整个社会文化经济的运行机制展开研究。吉登斯认为,结构化理论的目标就是要终结每一种类似的建造帝国的努力(例如:解释学的片面的唯意志论和系统论的片面的物化理论)。因此,结构化理论研究领域既不是个体行为者的经验,也不是任何形式的社会总体的存在,而是根据时间和空间的社会实践②。那么,什么是社会实践呢?社

① 查尔斯·J·福克斯:《后现代公共行政——话语指向》,中国人民大学出版社 2002 年版,第 77 页。

② 安东尼·吉登斯:《社会的构成》,三联书店 1998 年版,第 60 页。

会实践是人和各种组织的在社会和世界中的重复。因此,结构化理论的关键在于对重复的理解。重复行为“不是社会行为者创造出来的,而是由他们通过表白自己作为行为者的地位的方式不断地再生产”①。语言是重复性生产的产物,规则亦是。重复性之所以重要,在于它既不否认也不贬低人的能动性。通过重复性创造了适应性重复模式,并累积形成了一种社会模式。因此,治理以及实现治理的话语方式,都是有意识的、相互反思的尝试,而且这些尝试规范和引导着重复实践中随机变化的边缘性调整。

4. 能量场

能量和场都是物理学中的概念。以粒子形态存在的电子通过运动形成光波,各种光波相互融合就会形成能穿透各种缝隙和物品的光能,所以“能量是一种以潜能的形式存在的东西的体现”。场是各种电子存在的时间和空间。能量场本质上是各种电子运动的场所,这些电子所形成的粒子和波具有无限的可分性,单个的电子和光波可能不具有能量和起不了作用,但是,一旦这些粒子和波合起来就会形成巨大的能量。把场的概念和能量概念合为一体意味着一种时空的广延性,能量在其中潜在地或能动地表现着。

福克斯和米勒将能量场的隐喻移植到公共行政管理领域,他认为哈贝马斯和阿伦特的公共领域只是一个描述性的、抽象的概念而不是一个分析性的、具体的概念,无法解释各种力量在公共领域的作用。因此,他将能量场描述为一个由人的意向性控制的现象学的在场和目前。所谓现象学的在场/目前,并非指钟表或日历上的某个特殊时刻和时段。而福克斯将目前作为一种扩展的在场是在此情境中谋划未来的积淀性行为的集合。能量场是由人在不断变化的当下谋划时的意图、情感、目的和动机构成的②。所以,公共能量场不具有很强的抽象性,它包含着情景、语境和历史性③。

公共政策往往是由一个看不见的过程产生出来的,是对事件有不同看法和意识的人们互动的结果,是多个有影响力的思想的综合。因此,公共政策从一定意义上是能量场的各种力量的产物。能量场强调进入政策角斗场的各个行动者的相互依赖性、渗透性,更重视行动者与环境的互动性,以及环境的无边界性。因此,能力场的概念使组织的行为者和环境的行动者之间的交互活动,以及他们的动机和他们带入场内的能量都更具有自由性④。

---

① 安东尼·吉登斯:《社会的构成》,三联书店 1998 年版,第 65 页。
② 查尔斯·J·福克斯:《后现代公共行政——话语指向》,中国人民大学出版社 2002 年版,第 103 页。
③ 同上书,第 102 页。
④ 同上书,第 107 页。

第三节　后现代公共行政话语理论的主要内容

福克斯将其后现代公共行政话语理论主要内容分为两大块：第一大块是对传统治理模式及其替代模式的批评，从而论证了公共行政话语理论产生的迫切性；第二大块是初步确定后现代公共行政话语理论的基本构成，以说明公共行政话语理论的合理性及其在现实生活中的正当性，并梳理公共治理中的话语形式及其面对的问题。

1. *话语民主理论的迫切性*

福克斯通过对环式民主模式的批判，检讨了传统官僚制治理模式、宪政主义/制度主义、社群主义/公民主义的不足，从而反证了公共行政领域话语民主理论产生的必要性和迫切性。

（1）环式民主与传统官僚制治理模式。福克斯认为美国现有各种制度和改革措施的基础是民主代表制的反馈循环的民主模式，简称为“环式民主模式”。何谓环式民主呢？首先，公民拥有充分的民主权利，公民也确切知道自己的各种需求；其次，公民可以通过选票选出自己的代表（议员），代表代替公民作出决策；再次，公民通过投票产生政治领导，并授权政治领导满足公民愿望和代表国家行使权力，在政治领导失去了公民信任后，公民可以通过选票另选他人。最后，公民通过议员和政治领导（政治家或政客）监控非选举产生的官员（官僚），从而让官僚能提供符合公民需要的服务。环式民主从理论上看是比较完美的，但是，实践没有理论那样美好。首先，受到媒体、广播等工具宣传的影响，公民的愿望和需求被操控了，难以显示其真实信号；其次，参与政治职位竞选的候选人的政策具有趋同性，并没有提供给公民更好的选择；再次，由于公共政策的出台往往是各种类型利益集团相互妥协的结果，因此，这一结果并未真实地显现公民的偏好。最后，公民可以四年一轮回地撤换政治领导人，但却无法对国会提出种种不满，而政策制定恰恰是国会的最主要工作。

传统治理模式以环式民主和政治—行政两分法为基础，这两种基础在逻辑上具有严格一贯性，这也是这一模式具有持续魅力的缘由。但事实上，不仅环式民主有问题，而且政治—行政两分法也有根深蒂固的缺陷。首先，大量国家权力被官僚政府所控制，官僚政府实际上在定义着公民的需要和提供这些产品，政治无法控制行政；其次，如果政治要控制行政的话，就必须通过制定严格的制度、规章、标准的操作程序,并要求非选举产生的官员严格执行;再次,由于规章只会引起更多的规章,规章越多,歧义越多,同时,由于规章制定者并不知道官僚政府内部的实况,因此,偷换目标、敷衍了事、按规章办事这样的官僚病与规章的多少成正比,规章实际上无法控制官僚的行为。由于规章没法起到应有的作用,从而使人们开始怀疑"我们国家到底是法治国家,还是人治国家"。在政治生活中,选举政治与现实的政治活动相脱离,民主政治与官僚政治相脱节,政治系统与官僚系统成为相互独立的体系,难以受到公民的约束。

(2) 宪政主义/制度主义。针对环式民主和传统治理模式,其治疗的方案有两种:宪政主义和公民自决,这两种方案在合法性和责任方面有着各自的结构。宪政主义是宪法替代每一次的选举获胜者,如果能证明宪法的原则高于被选举者的话,就不必对人民主权的忠诚有所妥协;公民自决则是绕过选举,直接取道拥有主权的公民,用公民直接参与的强势民主来取代选举的、代表制的弱势民主。但是,直接民主并非易事。因此,宪政主义依然是人们方便的选择。

宪政主义在不同的语境和著述中有着不同的含义。福克斯和米勒将其定义为一套在公共行政中论据充足、完整并试图取代传统的治理模式的理论,并认为约翰·罗尔(美国政治学家,著有《实现宪法》一书)是宪政主义的主要理论先驱,《黑堡宣言》则是以宪法制定的原创文献为基础而重建的公共行政理论。

公共行政的宪政主义治理模式的核心是寻求公共行政的合法性。由于美国成文宪法中并没有"行政"这个词,那么,如何理解宪法、如何阐释宪法是论证公共行政合法性的关键步骤。罗尔认为:宪法不只是由文献记述的特定合约,宪法还是一种盟约。所谓合约是两方或多方达成的文字协定,而盟约是它们的精神契合。罗尔认为不能将宪法仅仅看作是一种蹩脚的宪法文本,而应将宪法视为共和国及其政治统治建立的标志。之所以将宪法作为"政治统治建立"的标志,其目的就是强调宪法对共和国的规范,这种规范既有通过立法产生的文本提供成文的制度规范,也有通过参与者表达后的共识规范。因此,宪法创立不是某个人的意志体现,而是参与者之间以及参与者与他们对话者之间产生的思想和原则。从这层意义上来看,宪法本身就是一个富有争议的作品,而遵守宪法就是发誓要尊重创立以及创立这一行为所产生的传统,要尊重创立时的争论,这一作品在一定意义上也是要求我们自己介入争论之中,接受原本从它那里产生的高级原则约束①。

那么,所有有关宪法创立的言论如何与公共行政部门发生联系呢?罗尔提出了三点温和的主张:“公共行政的情况是与宪法相一致的,它实现宪法的构思,弥补长期以来一直存在的主要缺点。”首先,尽管公共行政部门履行行政、立法和司法的权力,但它不能违反三权分立的宽松标准,这一标准是从建国时的争论中引申出来的。其次,公共行政部门能提供一套宪法的“制衡机制”,后者(制衡功能)原本是指定给非选举产生的参议院的。最后,公共部门能提供严格的法定分支机构所无法履行的衡量(人口统计学的)代表制的标准②。

针对宪政主义者的拯救,福克斯认为罗尔至少犯了三个错误:第一,目的不明确,寻求公共行政的合法性的目的是要为公共行政实践寻找一个更加自由的工作和治理状态,或者维护公共行政理论的独立性;而罗尔提出的宪政主义则是继续维护传统官僚体制和政治体制,在三权分立的基本思维下,将行政系统更加依附于参议院,成为政治的附属品,罗尔的论证已堕落为一种狡辩和歪曲,缺乏实在的指向物,并且从工具主义的性质讲,它似乎太依赖于既有治理结构。第二,逻辑上循环论证。“宪法、原则、契约、合同、传统、创立和论证”是罗尔论证的关键词,而这些关键词是在相互关联中进行论证的,例如,何谓宪法价值?宪法价值就是政体价值。何谓政体价值?政体价值就是政府制度。何谓政府制度?政府制度就是由宪法批准通过的政治实体。那么,如果宪法的有效性不是由于具有“宪法”二字的文件本身,而是由于一种创立,如果创立实施的契约本身就是基于限制论证的原则,那么又如何根据宪法的实质性内容作出合理的推断呢?事实上,罗尔的循环论证最后陷入了自相矛盾的状态。第三,对象被置换。宪政主义治理模式是寻求公共行政合法性,其核心的词汇是“行政”,宪法只是政体规范,是整个公共行政合法性的参照物;而在罗尔的论证中,由于不断对成文的宪法文本提出质疑和重释,宪法已经变成多歧义的、富有争议的对象,是一个正在消失的参照物。行政在宪政主义的视野中是一个附属物,而非真实的对象。

20 世纪政治学先后经历了两次革命:第一次是行为主义政治学代替了旧制度(宪政)政治学;第二次是政策研究代替了行为主义政治学。在此过程中,新制度主义成为政治学研究新宠儿。新制度主义告诫人和组织的行为受

① 《后现代公共行政》,第 27 页。
② 同上。

制于制度的约束,同时人和组织又会创设制度。但是,并非任何制度都可以随意产生,制度的产生和发挥作用与历史环境、文化背景和关键性事件等密切相关。新制度对公共行政研究的影响主要是要求复兴官僚制、重新认识公共部门的作用。因此,新制度主义并没有根本性地替代传统治理模式。

(3) 社群主义/公民主义。替代传统治理模式的另一个有力的竞争者是公民自决或公民主义。社群主义者并不刻意关心现存制度的合法性问题,而是更多关注个体权利如何实现。他们认为,每一个人都不是一个抽象的个体,而是生活于一定社会之中的个体。个人的全面发展只有在秩序良好的健全社会(称邦)中才能实现。个体是打有社会印记的个体,而社会则是个体直接参与的社会。社会在人们公私生活中总是第一性的,为了使社会正常运转,个体必须奉献自己的精力。传统治理模式中将个体的自私性看成是生命的原动力,社群主义者则认为,社会自身以及他人的存在是人类生活和幸福的前提。所以,尊重他人、利他主义、忠诚、依附于社会以及其他得以群体为基础的情感并不是对自我中心的理性常规的奇怪偏离,而是人类社会的一部分。不能把人们的相互依赖解释为外在的非理性因素①。

社会的目的是什么?这是社群主义理论思考的根本性问题。社群主义者认为,人作为政治动物不仅出于物质的需要,而且也出于精神的全面成熟。因此,社会的目的是培养人,让个人有好的性格和德行等内在品行。而公民身份、完善的德行和社区参与对话的通道是城邦治理的基础。社会治理并不是理论家的智慧产物,而是每个公民实践智慧的体现。

政治与社会领域的社群主义在公共行政研究领域并未被忽视,库珀(Cooper)在行政伦理学著述中提出合法公民是社会良性运转的条件,也是公共行政能有效治理国家与社会的基础。所谓合法公民指的是与拥有一般的权利与自由的、原子性的消极个体相一致的公民身份。社会的潜能存在于合法公民构成的联系之中,公民、管理者都融入社会,形成一体。

实际上,社群主义无论是在政治领域还是在公共行政范围内都存在天真的梦想:第一,它将城邦共同体等同于社区、社会或国家。很显然,在一个由志同道合的成员构成的共同体的治理方式并不能放大到更大范畴之中,因为个体道德与生存的组织、共同的意图是相关的。第二,它将社区管理等同于公共行政者所定义的治理。社区管理是一个简单的授权和参与的问题,其运行机制也不复杂;而公共行政者所言的治理则是涉及社会、政治、经济等多个领

① 《后现代公共行政》,第34页。

域的复杂问题，是一个庞大的制度体系。第三，它忽略了公民冷漠症。对政治冷漠、对公共事务不关心成为治理中大多数人普遍的表现。而社群主义所设想的积极的、有充分热情的公民在现实生活中是少数，而良好的社会治理无法由少数人完成。

2. 后现代公共行政话语理论构成

话语理论包括两个部分：一是对话语文本的分析，二是对话语制度的分析。当然，不同学科对话语理论强调也不一样，如语言学对话语文本进行分析形成了符号学。治理而言，对话语的分析形成了不同的治理模式。福柯从不同的语言文本（包括语句、词汇和文本结构）分析出了不同的管制形态，而哈贝马斯则从语言发出者互动关系（交往行为）提出了不同的民主形态。行政学者戴维·约翰·法默尔从语义角度研究现代公共行政语言与后现代公共行政语言的差异性，而福克斯和米勒则是通过对话语的存在环境展开分析，从制度视角重构了后现代公共行政理论。本节中，重点解释福克斯和米勒的话语理论。

总体来看，福克斯和米勒打造的话语指向的后现代公共行政理论主要是从话语环境的角度构造一个行政民主的制度空间，而不是从话语本身解构现代公共行政，因此，从话语本身出发考虑的符号政治学等都是其批判的范畴。福克斯对话语制度的分析包括以下内容：

(1) 公共能量场。公共能量场是公共政策对话的发生地和竞技场，公共政策的形成和管理是一种“重复性的实践”活动，是不同观点经过不断地被讨论、协商甚至冲突后的产物。公共能量场不同于制度环境之处，在于它更加强调政策过程的动态性、斗争性和妥协性。制度作为人们重复实践的产物，最后演化为两种表达形式：一是成文的规则，二是内化于行动者的习惯。当政策行动者进入到政策过程之后，制度已经成为行动者的一种习惯、一种能量，在潜意识中指导着人们的行为。因此，公共能量场更便于描述具有能量的行动者的行动趋势和解释不同公共政策产生的时空结构。

(2) 行动者。行动者从实体来看，包括选举官员、任命官员、事务官、公民、利益集团、非政府组织、企业和各种利益相关者。与社会学所指的行动者不同的是，福克斯和米勒认为在公共能量场的行动者具有矢量和向量两个特征，矢量是每个行动者所拥有的权利、资源、社会知名度与美誉度、公众支持度，而向量则是每个行动者参与公共管理与政策的目的和行动的方向。在公共能量场中，行动者均会耗费自己的矢量和调整其向量，以便促进公共管理与政策完成。政策的产生要借助于非正式结构和制度化正式结构的向量和超导的动力矢量。政策的广泛推行,政策对重复性实践的改变,都要通过改变人类建构起来的社会意义①。

因此,公共政策并非是真理的展示,也非公共利益的反映,而是多个心怀鬼胎的行动者的利益聚合,是理性与非理性的混合物。“公共政策不是纯粹理性地发现客观真理、然后由政府从真理中推导出相应的、正确的解决方案的结果。尽管对于一个已经对从理性的综合假设转换到令人满意的或然论和渐进论都进行了仔细研究的领域来说,这样的自明之理看上去似乎是不言而喻的,但是人们可能还是会争论说我们并没有远离对客观真理的幻想。”

(3) 话语正当性。正当性是哈贝马斯分析多元社会中法的本质的概念。正当本意是权利或正确的意思,是一种有目的的社会行为。因此,话语的正当性就是行动者的话语权利及其话语对自身的正确表达,是为了某种目的而展开的言说行为。根据哈贝马斯的观点,一个功能平稳的语言游戏是建立在多数人的共识基础上的,这种共识是由至少四种不同种类的有效诉求的相互确认而形成的——可理解度、内容的真实性、言说者的真诚和言语实施的适用性(不管是默许的还是潜在的,它们是背景性的假设)——这些有效诉求就存在于言语的交互活动中,这些有效的诉求表现为:言语是可理解的,它的内容是真实的,言说者在言说的时候是真诚的,还有对言说者而言加入言说行为是正确的或恰当的。

福克斯将后现代公共行政的话语分为四种正当性:① 真诚,② 切合情境的意向性,③ 自主参与,④ 具有实质意义的贡献。

所谓真诚就是参与者的态度是诚恳的,表达的内容是个体真实的想法。真实的话语需要参与者彼此间的信任。不真诚的态度会破坏彼此间的信任。认识世界永远是一种挑战。当公共话语的竞技场被无诚意的诉求充斥着的时候,认识世界就会变得越发困难。我们可以将不信任的诉求分为重叠且不精确的三类:① 对话参与者彼此间的不信任产生的不真诚的诉求;② 对于已做出的不真诚的诉求的无力辩护;③ 精心计算的、有意识地迂回的诉求②。

所谓切合情境的意向性是指参与者依据不同语境、环境和情境调整自己意向的能力。意向性的问题是为了确保个人议程的重要性。切合情境的意向

① 《后现代公共行政》,第108页。
② 同上书,第118页。

性是一种从比原子化的、效用最大化的个人立场(他们的言说仅仅关注自身的意向性)具有更高的概括性的立场来讨论问题的能力。在超越(但不是否定)关注自身的意向性的过程中,某一公共利益的概念将进入游戏,尽管这种公共利益被假定为一种理想,而不是一种可获得的条件。对于真实的话语来说这是必要的,因为在要求话语实现的情况下,依赖于个人利益总的来说是不能令人满意的。

所谓自主参与则是指参与者是在完全自主的情况下,按照自身的意图参与话语沟通过程或退出公共能量场。自主参与的尺度体现在两个关键的方面:第一,缺少参与精神的参与者由于无法把握讨论的进程,因而无法真正参与其中。第二,话语参与者肯定会怀疑一个没有自主精神的同事能否忠于事实。因为话语参与者可能会受到他们工作的领域系统的束缚。强制是自愿的反面。在这种情形中,根据自主参与的标准,话语将是可疑的。这样,屈迫于压力而被迫参与其中的人进入话语阶段也是枉然的,并无实质意义的共享。

所谓具有实质意义的贡献体现在参与者的话语效应、参与者的能力、对话语把握的准确性上,话语表达方式和情境都会影响到话语的功效。因此,话语的正当性可借助于一个人对情境的接近来获得,也可以借助于提供一个独特的观点、特殊的专业、普遍的知识、相关的生活经历来获得,还可以借助于表达某人所代表(积极地或消极地)的公民群体或阶级的偏好的能力来获得。而包容性的、非排他性的、任何人都有机会在对话中发表自己的观点的规则则是参与者在话语活动中产生实质性贡献的基本条件。当精英控制着公共政策方向、实质性的目标、项目的结果,而公民/公务员提供合法化/专门技术时,话语的实质性意义就会消失。尤其在对话的目的是重建现存的精英/公民的结构,而精英参与者保持匿名时,多数参与者的话语功效被精英话语压制的趋势就会得到大幅度的加强。

(4) 话语表达形式。从本质上来说,话语过程是一种民主过程,真实的政策对话是话语最主要的形式。那么,如何判断真实的政策对话呢?福克斯认为有三个标准:话语内容的真实性、理想的言语形式和对话者之间的对抗性的紧张关系,而这种政策对话恰如德博拉·斯通在《政策悖论与政治理性》中所言,只能发生在不同于经济市场的与城邦类似的政治社会中。在现实生活中,政策可以看作是一种自相矛盾的悖论。因此,政策过程中的话语争论无非是一场意义之战,政策的参与者都试图说服对方并明确某一方面的重要性。因此,"不是科学而是多种相互抵触的隐喻、比喻、类比、策略性的巧妙论证以及修辞策略才是真正的政策决定因素"①。

传统的治理模式实际上并不存在政策对话,因为大量的政策都是官僚基于自己的专业知识和工作经验作出的,因而也可以说官僚掌握着话语权力。长期以来,人们认为,公共行政者(也就是职业公务员或政策执行者)就是借助实质的参与从而在话语中具备了权力,但有时他们被诋毁为是专家。而且,他们被挑选出来也就意味着他们要运用权力。参与政策的执行是另一种权力运用,努力改造自己的价值观念也是一种。还有用政策改造自己或朋友的生活方式、与形势密切关联的生活和工作等都是这种权力的运用。

许多公共政策制定几乎没有公众参与已经成为一种事实。基于现实政策对话的各种案例,福克斯认为政策对话有三种形式:"少数人的对话"、"多数人的对话"和"部分人的对话"。其中,"少数人的对话"显然难以符合公共政策话语的基本要求,是一种政治精英所操纵的、独白式的话语结构;而"多数人的对话"尽管有了公众参与,但是其正当性也在消失。只有"部分人的对话"或许可以视为真实话语能够展示的形式。因此,福克斯认为后现代公共政策的初始的话语形式有两种:一种是政策对话,另一种是政策网络。政策对话实际存在于公共政策网络系统之中,而且有多种形式,尽管有些并无实际意义,其参与者可能也没有表达真实话语。但是,我们还是可以把这些参与者的讨论看作是真实话语的开始,同时也是对不真实话语的揭示,这种不真实话语或者是处于连续性的一端的独白式的操纵、或者是处于另一端的情感宣泄或无政府主义的杂音。

话语使用范畴包括少数人的对话(独白式的操纵)、多数人的对话(导致表达至上的无政府状态)和一些人的对话(政策网络)。

A. 独白式的操纵。独白式的操纵是少数人对话的例子,这种对话包括调查、市民专门小组、民主化政策分析和邻里互动;这种对话通过各种方式加强了独白的趋势,如某些机构试图通过运用公开会议、听证会、目标群体或者社区教育等来提高政策制定中的公民参与,由此产生的政策对话——就像意义之战一样——不仅是开放式的,而且有可能是可预见的。同时,公民调查和专题会等方式也会加强一些权威机构的独白。

少数人对话的加强,这一对话的加强也意味着少数人的对话的正当性的丧失。那么如何对此加以判断,还是可以根据哪些标准本身来判断呢?首先是诚实,诚实是为了防止捏造事件、防止错误表述他人和自己的立场。为了达

① 《后现代公共行政》,第110页。

到这项标准，就要求话语参与者匿名，但是，匿名之后对抗性往往消失。在少数人的对话中，所丧失的基本原动力是对形成目标有作用的对抗性的关系。对抗性的不一致既包含意向性，也包括社会互动，它反过来又意味着话语的可能性。话语渴求回应、欢迎对话。话语中参与者的意向性创造了公共能量场——这在匿名状态下是缺乏的——并转而引导着社会行动①。

福克斯和米勒认为自己之所以提出意向性问题是为了证明一个人的议程确实重要。切合情景的意向性是一种针对具体情境讨论问题的能力，但从另一方面说，其观点指涉的是比原子化的、利益最大化的个体更为抽象的东西。其意向性往往被自我夸大、隐蔽议程和现存重复性实践的合法性等问题所损害。

自我夸大往往是在个体独白缺乏听众之后，独白者为了达到理想的结果而夸大事实，赢得话语权，但是同时也损失了真实性。当然，自我夸大的问题和隐蔽的议程的问题是相互联系的。

隐蔽的议程是保证少数人对话的基本机制。尽管隐蔽的议程不依赖于匿名，但它在匿名条件下增加的可能性会大一些。这也是用"市民参与"这种方法来说服市民接受政策议程的一种策略。

现存重复性实践的合法性。如何改善市民和决策者之间的沟通一直是提高公共政策合法性的路径。但是，在官僚结构下，权威者与市民之间很疏远。因此，公共政策要获得公民支持很难。于是，挽救社区的权力功能会导致完全不同的意向性，而公共问题并不会切合情境地获得解决。

表现主义的无政府状态。少数人的对话的对立面是多数人的对话。当独白话语控制着官僚政体、媒体和一般公众对话时，用来组织和激励非精英的结构是虚弱的和无效的。

B. 多数人的对话。计算机网络成为新的对话形式和空间，在这个空间中多数人进行互相沟通，因此，多数人的对话意味着话语的初始形式。如果说少数人的对话过于结构化，那么多数人的对话就完全缺乏形式。闲聊实际上是计算机网络话语的基本方式，也是话语亚群体形成的基础。

多数人的对话的正当性的消失。传统、惯例、仪式对维持社会互动的信任感是必不可少的。但是在不规范的多数人对话中，凭什么相信他人呢？另外，如何进行话语重复沟通、重复实践，从而建立组织化、结构化的对话模式？因此，真诚问题同样出现于多数人对话之中。

① 《后现代公共行政》，第131页。

同时，由于每个人都参与或部分人参与的多数人的对话，人数众多就很难评估出每个人的意图，也就无法确定哪些线索是有用的、哪些话语是无用的。切合情境的意向性遭受质疑。由于在多数人的对话中，对话语的关心是随意的、自愿的，这样便在无意中实现了特殊的正当性。但是，与此同时，这种模式难以产生能量场，难以吸引除偶然的参与者之外其他有意义的任何人投入到多数人参与论坛，自主参与变成了无意义的事，实质性的和切合情境的贡献就不会产生。于是，多数人的对话对真实语言不可能有实质性的贡献。规范、习惯和重复的实践的不在场使得多数人的对话不可能产生实质性的贡献。在阶级社会，人们的阶级意识让其享受温暖、关心和使命感，因此，整个社会存在一种普遍性。到了后现代社会，由于无法形成统一话语，人们面对的往往是一种异化的交流、一种对话的幻想，没有机会获得真实的东西。

C. 政策网络。政策网络提供了一种处理纷争并进行一些人的对话的方法。拥有不同知识、不同利益、不同经历的人，通过追求自己的利益和使用发言权构建公共能量场，从而把人们的注意力集中于一个有限的政策，使政策议程建立成为可能。这种可能性在权力、利益和发言权的公共能量场中都充满意向性。听、说和相互劝服的过程有可能改变观点、调整期望，或者创造新的行为能力①。

通过网络，参与者不断重复并动用具有能量的社会联系，由于这种社会联系没有通过组织的作用而形成的制度化的社会关系那么正式，因而也就少了像对制度化社会关系那样的限制，因此网络充分体现了参与者的自愿和自主性。网络关系是非常有规律的，理解、信任建立、价值共享在这里都可能发生。政策网络是一套关系，在这些关系中，参与者把他们的行为指向一些集体的项目或者有目的的行动。因此，许多凭想象力介入网络的公民往往缺乏真实话语的重要方面，而具有真实话语能力又乐意介入公共管理的公民通常又是缺乏的。

政策网络中资源、权力和影响的不平等分配状况需要把真实话语所暗示的网络和非真实话语的网络区分开来。非话语的政策网络包括合作主义和质朴的地方社区。合作主义的政策网络的特征就是一种通过协议、谈判性的相互理解而历史地形成的相互依赖。由于传统环式模式的存在，一些不法党徒正在通过政治机制侵犯公共领域，而行政管理逐渐地变得只对群体和专家负责，而不是对普通大众负责。因此，问题在于如何通过多道机制加强行政民主、提升公共利益。应该承认的是，亚政府与政策网络偏离了环式民主的连续

① 《后现代公共行政》，第 143—144 页。

性，二者处于从关心公共领域到关心狭隘利益的领域光谱上。合作主义的网络就处于这种关心狭隘利益领域的一极。合作主义网络中的参与者——企业实体和机构的典型代表——以高昂的代价退回到他们所在的地方组织中，因为网络中遍布着先例、程序规则和以前的运作安排，对于这些安排，形形色色的参与者都已经适应了。他们的关系不是建立在价值共同感的基础上，而是建立在程序合约的基础上。

地方社区。考夫曼用精诚团结特指传统社会中公众典型的协作行为。他用精诚团结把一种非自私的、合作型的行为（尤其与市场经济中的行为相比）理论化了。作为一种社会行为倾向，它代表着为了他人利益而顺从和牺牲。在这种网络中，参与者有着共同的价值、共同的情境观，对某一事件的意义有着一致的看法，这些安排通过闲谈和认同，从而产生清晰的、大家认可的成文或非成文的规则，因此，群体的得体意识是通过交谈非正式地揭示出来的①。

社区综论。政策网络中部分人对话的形式受到了三种威胁：第一，网络的非正式性威胁着参与者的协作性。网络的非正式性对网络本身运作和影响产生诸多的不确定性的忧虑，使网络中参与者的协作性受阻。第二，强势的亚文化侵蚀着社会的主流文化。正式网络实际上就是新部落主义，而非正式网络则是阶级和派系。但是，无论是新部落主义还是阶级和派系都汇合形成了亚文化，一种可能就是区域性的亚文化或团体亚文化。然而，随着亚文化类型和不同群体接受度的增加，作为社会主流文化的“大文化”便成了弱势文化。因此，强势的亚文化和“弱势的”大文化总是辩证地关联着，形成一种零和博弈状态。第三，社会压力和规则创新的互动冲击着网络存在的空间。尽管这一互动对于网络而言仍是地方性的，但是，这些互动正在不断侵蚀着网络的“公共”属性。具体表现为：① 米歇尔斯寡头铁律出现。当等级阶层的组织以公民身份进入网络时，米歇尔斯的寡头铁律就开始显露出来，公民的个体自主权就容易被组织所削弱，而公民个体往往都借助于群体/社区的模式进入到网络之中，因此，社区领袖常常会用社区一致利益的名义侵占公民个体的自主权。② 制度的物化。制度（重复性的实践）就是物化的习惯、传统和社会互动形式。这些东西作为独立的力量呈现自身。当一个个体进入话语，尽管他本意是寻求独立地表达自己的意见，然而，由于各种制度设置变成一种社会结构，个体一旦进入这种社会结构，就会改变自己的初衷，成为组织的代言人。③ 错把实体当公民。把企业的权利等同于公民的权利是经常犯的错误，公民

① 《后现代公共行政》，第146页。

权利更多地体现在人权内涵中，而公司的权利更多地体现为物权。④ 外来的“多嘴婆”的干扰。教派、性别、意识形态都会形成对网络的真实话语的干扰，这些主体甚至会控制社区，替代社区的功能。在对上述种种干扰网络真实性的因素分析后，福克斯和米勒认为：一个强制性的、道德一致的社会和一个高度集权的社会其实是一回事①。表 23－1 对几种初始话语形式进行比较。

表 23－1　初始话语形式比较

<table>
<tr><th>初始话语形式</th><th>类型</th><th>案例</th><th>修正话语形式的途径</th><th>正当性标准</th><th>丧失原因</th></tr>
<tr><td rowspan="8">政策对话</td><td rowspan="4">独白性操纵</td><td rowspan="4">少数人对话的例子（调查、市民专门小组、政策分析、邻里互动）</td><td rowspan="4">运用公开会议、听证会、目标群体、社区教育和社会科学研究</td><td>真诚</td><td>匿名</td></tr>
<tr><td>切合情境的意向性</td><td>自我夸大
隐蔽的议程
现存重复性实践的合法化</td></tr>
<tr><td>自主参与</td><td>强制</td></tr>
<tr><td>有实质性的贡献</td><td></td></tr>
<tr><td rowspan="4">表现主义的无政府状态</td><td rowspan="4">多数人的对话（如计算机网络、闲聊）</td><td rowspan="4">基层市民参与
凤凰未来论坛
对话、兴趣小组、
专项沟通</td><td>真诚</td><td>没有共识标准</td></tr>
<tr><td>切合情境的意向性</td><td>缺乏有兴趣的参与者、无信息</td></tr>
<tr><td>自主参与</td><td>随意的、自愿的</td></tr>
<tr><td>有实质性的贡献</td><td></td></tr>
<tr><td rowspan="4">政策网络</td><td>真实话语的政策网络</td><td></td><td></td><td></td><td></td></tr>
<tr><td rowspan="3">非真实话语的政策网络</td><td>合作主义</td><td rowspan="3"></td><td rowspan="3"></td><td rowspan="3"></td></tr>
<tr><td>地方的社区</td></tr>
<tr><td>社区综论</td></tr>
</table>

① 《后现代公共行政》，第 151 页。

第四节　分析与评价

福克斯和米勒后现代公共行政的话语理论并不是一个完整的理论，也绝非传统治理模式的替代物（尽管作者自己认为其目的是替代传统模式）。总体而言，捣碎旧模式的成分多于建构新模式的内容。但是，从学术发展意义而言，福克斯和米勒的理论具有以下几个特色：

第一，张扬公民个体理性。人、组织和制度是公共行政领域治理的几个关键性要素。官僚制传统治理模式重点放在组织，制度主义或宪政主义更多关注的是制度，而社群主义/公民主义更关注个人。问题是这三者是如何联系在一起的？事实上，这种联系在不同的时期有不同的机制。在现代主义时期，这种联系机制是理性。人是理性的、经济的人，组织是按照理性设计的规则运行的实体，而制度也不是历史产物而是人为设计出来的。然而，理性在后现代社会遭到了多方质疑。后现代理论力图从另一条途径的"话语"来联结人、组织和制度。后现代公共行政话语理论将制度作为重复的实践后形成的习惯，于是制度就内化于人的行为之中了。组织在传统治理模式中是一个重要的行动者，而在后现代是否还需要呢？福克斯和米勒认为组织的寡头铁律现象、制度的物化、企业实体代替公民和组织的意识形态等都体现出组织的语言压制了个体的语言，个体的自主权难以保证。因此，福克斯和米勒试图用个体话语表达来达到降低组织在管理中的地位的目的，从而消解现代公共行政中组织的霸权性。这也是后现代公共行政张扬公民个体理性基本要义。

第二，寻求公共行政民主性。在民主代表制的反馈循环的民主模式下，公共行政的非民主性已成为既定事实。那么，如何改造传统官僚的治理模式呢？在现代公共行政实践中，有通过改进行政责任的方法、有强调以顾客为重的改进计划、有民营化或建立独立的执行机构的做法等等，但这些做法都无法产生实效。福克斯和米勒认为，这种种失败的关键在于在政策制定和执行之中，官僚（有时候被设定为专家）凭借地位优势控制了话语权，公民难以进入到官僚系统之中，更无法表达自己话语，因此，改变现有话语系统远比其他工具性措施来得有效。而获得这种话语的真实性的结构便是政策网络和能量场。从一定意义上讲，福克斯和米勒忽视了这一点：如果传统治理模式没有被打破的话，政策网络实际上也比较难以形成。从这一层面上来看，原有的林林总总改变实际上是在不断地突破传统模式，为政策网络创造时间和空间，并催生了各种类型的网络行动者。

第三，用实质民主替代形式民主。在民主代表制的反馈循环的民主模式下，民主基本上都可以定义为形式民主，因为公民最后的权利体现在一张选票上。如果选择的对象有限，那么，选票则成了对公民自身利益改善效用很低的工具，甚至可以忽略其功能，公民参与冷漠症就是对形式民主最大的反抗。改进形式民主的办法就是增加实质民主的做法，话语民主从一定意义上就是一种实质民主。它的功能体现在改进民主参与者的意识和观点，同时也驱使每个言说者调整自身意识和行为。这样，通过话语表达，让方案制订者倾听到公民不同的、多类型的声音，从而形成更能体现公共利益的政策方案；同时，也使公民在理解和沟通中提高参与公共事务的热情，从而改善形式民主的选票低迷的状态。

思考题

1. 后现代公共行政话语理论的思想来源于何处？
2. 后现代公共行政话语理论的主要内容是什么？
3. 如何认识和评价后现代公共行政话语理论？

第二十四章　奥斯本的政府再造理论

第一节　生平与著作

戴维·奥斯本(David Osborne)是美国斯坦福大学的荣誉毕业生,曾担任过耶鲁大学的客座讲师。奥斯本现在是公共战略集团的一位资深合伙人,该集团是一家帮助公共组织确立和执行其运作战略的咨询公司。他也是国家公共行政学术委员会的成员之一,这是一个与国家科学学术委员会相似的属于国会的组织。

奥斯本同政府(无论是地方、州、联邦还是外国政府)有着广泛的合作关系。1993 年,他作为美国副总统戈尔的高级顾问,帮助掌管戈尔所称的他的"政府再造小组"(也就是"国家绩效评估")。他是国家绩效评估报告的主笔,这份报告被当时的《时代》杂志称为是记忆中一份最具可读性的联邦文件。

奥斯本在《华盛顿邮报》、《大西洋》、《哈泼斯》、《治理》、《纽约时报》以及其他有影响的报刊上发表了大量的文章,他同时也是五本著作的作者和合著者,这五本书是《民主实验室》(1988 年)、《政府再造》(也译《改革政府》)(1992 年)、《摒弃官僚制:政府再造的五项原则》(1997 年)、《再造者手册:改革政府的工具》(也译《政府改革手册》)(2000 年)、《政府的价格:在财政困窘时代获得我们所需要的结果》(2004 年)。这些著作的主题就是政府再造。《改革政府》描述了美国各级政府如何改变传统上沿袭下来的官僚模式,使政府更具灵活性、创造性和企业精神。此书出版后被《纽约时报》列为畅销书。美国前总统克林顿对这本书的评价是"美国每一位当选官员都应该阅读本书。我们要使政府在 90 年代充满新的活力,就必须对政府进行改革。这本书为我们提供了改革的蓝图"。这本书为奥斯本赢得了政府再造者的名声,也是他后来成为美国副总统戈尔高级顾问的原因之一。《摒弃官僚制》一书则指出了建立一种新政府的几种最有力的战略。《再造者手册》通过对再造者可运用的70多个不同的工具提供"如何做"的指导来展示这样的一种再造。《政府的价格》则将这样的想法适用于当前财政紧张的状况，而这种状况在奥斯本看来要持续数十年。

需要指出的是，奥斯本的政府再造理论包含了他的合作者的贡献。《改革政府》是他与特德·盖布勒合著的，而《摒弃官僚制》一书则是他与彼得·普拉斯特里克合著的。

第二节　政府再造的原则

20世纪80年代是西方政府普遍遭到严峻挑战的时期，这集中表现在20世纪80年代接近尾声时著名的《时代》周刊在其封面上提出的一个问题：政府死亡了吗？奥斯本认为，大多数美国人对此的答案似乎是肯定的。奥斯本列举了无数的例子来表明政府的失败，其原因在于传统的官僚主义制度已经破产。

在奥斯本看来，官僚主义制度在100年前还有一些积极的含义，它意味着组织方式的理性和效率，给政府工作带来逻辑规范，使大规模的复杂任务得以有效地完成。正如马克斯·韦伯所论述的那样："推进官僚主义制度的决定性理由一直是它超过其他任何组织形式的纯技术上的优越性……精确、快速、明确……减少摩擦、降低人和物的成本，在严格的官僚主义治理中这一切都被提到最佳点。"但是时过境迁，这一在工业社会发展起来的模式在社会步入后工业社会后已经运转不灵了。"工业化时代发展起来的官僚主义的体制机构，不管在公营部门还是在私营部门，越来越让我们失望。"①改革传统的官僚主义制度势在必行。在美国，地方政府首先对此作出了反应，其结果便是企业化政府的出现。在奥斯本看来，我们今天的问题的根本之处不是政府太大或太小。"我们不需要什么大政府或者小政府，我们需要一个更好的政府。说得更加精确一点，我们需要更好的政府治理。政府治理指的是我们共同解决自己的问题和满足我们社会需要的实施过程。政府是我们使用的一种工具。

① 戴维·奥斯本、特德·盖布勒：《改革政府：企业精神怎样改造公营部门》，上海译文出版社1996年版，第16页。

一旦这个工具过时了，重新发明的过程就开始了。”奥斯本在大量的尤其是地方政府的重新发明上展开了他的论述，政府再造理论应运而生。

奥斯本的政府再造是要把传统的官僚制政府打造成企业化政府。所谓再造，指的是“对公共体制和公共组织进行根本性的转型，以大幅提高组织效能、效率、适应性以及创新的能力，并通过变革组织目标、组织激励、责任机制、权力结构以及组织文化等来完成这种转型过程。政府再造就是用企业化体制来取代官僚体制，即创造具有创新惯性和质量持续改进的公共组织和公共体制，而不必靠外力驱使。政府再造就是创造具有内在改进动力的公共部门”①。

他的再造理论首先提出了政府再造的十项原则，这十项原则也是他描绘的新的政府的蓝图。奥斯本认为，这十项原则提供了一个强有力的概念工具。人们能够在这张核对清单上找到革新任何一种公共事业机构或系统或任何社会问题的内容，并提供一种方法，这种方法非常不同于政府传统采用的方法，它的最根本的价值在于它是一种动力，能开拓新的思维和行事的方法②。

（1）起催化作用的政府：掌舵而不是划桨。奥斯本引用了萨瓦斯的一个观点：政府的职责是掌舵而不是划桨。直接提供服务就是划桨，可政府并不擅长划桨。因此，政府再造的一个原则是把掌舵和划桨分开。企业化的政府实施的是一种把政策制定（掌舵）与服务提供（划桨）分开的体制。掌舵的人应该看到一切问题和可能性的全貌，并且能对资源的竞争性需求加以平衡。划桨的人聚精会神于一项使命并且把这件事做好。掌舵型组织机构需要发现达到目标的最佳途径。划桨型组织机构倾向于不顾任何代价来保住“他们的”行事之道③。掌舵和划桨的区分使得公共服务的提供者和决策管理部门得以分开，并且使政府自己提供服务只是成了可供选择的手段之一，而不是全部，而后者恰恰是传统的官僚制度的一个重要特征。

掌舵和划桨的分开意味着政府的很多服务功能由企业（公营的和私营的）和第三部门来履行。这样做的原因在于企业做某些事比政府强，而政府做某些事又比企业强。比如，公营部门在政策管理、规章制度、保障平等、防止歧视或剥削、保障服务的连续性和稳定性以保全社会的凝聚力等方面更胜一筹。企业在完成经济任务、创新、推广成功的经验、适应迅速的变化、抛弃不成功的和过时活动、完成复杂的或技术性的任务方面更为领先。而第三部门在

① 戴维·奥斯本、特德·盖布勒：《改革政府：企业精神怎样改造公营部门》，上海译文出版社1996年版，第15页。
② 同上书，第293页。
③ 同上书，第12页。

完成微利或者无利可图、需要有同情心和对个人关心尊重的任务等方面更有优势。

但是，奥斯本认为，具体的各项服务可以承包或转移给私营部门，但治理则不能这样做。可以把个别的掌舵性职能加以私有化，但不能把治理的全过程都私有化。如果这样做，就会失去作出集体共同决定的机制，就没有为市场制定规章条文的途径，就会失去强制执行行为规范的手段，就会丧失社会公平感和利他主义精神。政府移交的是服务项目的提供，而不是服务责任的移交。当政府把活动承包给私营部门时，政府仍然决定政策，仍然提供资金。要做好这一点，政府必须是质量上乘的政府。

（2）社区拥有的政府：授权而不是服务。传统的行政把种种服务的所有权从社区拿走，交到了专业人员和官僚的手中。在奥斯本看来，这实际上削弱了社区的力量，损害了人民的利益。服务让社区来提供有以下好处：社区对其成员的责任超过了服务提供系统对其服务对象的责任关切；社区比专业人员更了解自己的问题；专业人员和官僚机构提供服务，而社区则解决问题；机构和专业人士提供“服务”，而社会则提供“关心”；社区比提供服务的专业人员花费更少；社区比官僚机构或者专业服务人士更有效地实施行为规范标准，社区针对能力，服务系统针对欠缺。

如果社区所有权是目标，那么政府能起什么作用？政府怎样才能授权给那些利害攸关的人？政府是否简单地放弃由专业人员和官僚提供的服务？奥斯本认为，当政府把所有权和控制交给社区时，它们的责任并不因此而结束。政府也许不再直接提供服务，但是仍然对保证满足居民需要负有责任。政府一旦放弃掌舵的职责，灾难就常常接踵而至。所有权的最终形式并不只是在解决问题或提供服务方面的所有权，而是政府的所有权。理论上，美国的代议制民主体制给了政府所有权，但是，在奥斯本看来，几乎没有美国人感觉到他们“拥有”或者“控制”自己的政府。而美国人确实渴望对直接影响他们生活的事务有更多的控制。事实上，他们对这些事务如此关心以至于许多人每周贡献宝贵的几小时时间义务到学校去，在社区里做治安保卫，或者在之前组织里工作。“正是在这些领域里美国政府内的参与式民主真正可以实现。”①

（3）竞争性政府：把竞争机制注入提供服务中去。把竞争机制注入提供

① 戴维·奥斯本、特德·盖布勒：《改革政府：企业精神怎样改造公营部门》，上海译文出版社 1996 年版，第 52 页。

服务中去，首先是因为在当前迅速发展的市场中，私营经济正在迅速地夺取公营组织的市场份额。比如，公立学校正在把地盘让给私立学校、邮政管理局正在把地盘让给联邦快递公司和联合包裹快递服务公司、政府的警察局正在把地盘让给私营保安公司。其次，竞争可以带来以下的好处：① 竞争可以提高效率，即投入少产出多。② 竞争迫使公营的（或私营的）垄断组织对顾客的需要作出反应。③ 竞争奖励革新，而垄断则扼杀革新。④ 竞争可以提高公营组织雇员的自尊心和士气。

竞争包括三种形式：公对私的竞争、私对私的竞争以及公对公的竞争。在奥斯本看来，政府不但能同工商界竞争而且还能取胜。此外，政府还要求私营企业彼此竞争，以提供一些公共服务。这里，政府采用的一些常见的方法有：① 政府干脆撒手不提供公共服务，而把服务事业交给私营市场，这是一种最简单的减轻负担的办法。② 采购是政府另一种常用的迫使私营公司竞争的途径，典型的做法是公共机构对一定金额以上的采购合同必须实行竞争性的招标。③ 签订合同是把竞争机制注入公共服务事业的另一种常用的方法，但这是政府选择的一种比较困难的办法，因为起草合同和监督合同履行需要高超的技能。许多政府一旦签订了合同，似乎认为自己的工作已经完成，结果许多私营承包商未能履行许诺，更糟的是还进行欺骗。由于签订合同相当困难，因此政府有时宁愿促使自己组织之间进行竞争，以谋求同样的效果。这也就是公对公的竞争，因为在竞争的环境下，公营组织往往表现得与私营组织一样好。

在奥斯本看来，如果要使竞争发生作用，就必须对竞争仔细地加以组织和管理，因为不加管理，市场就会产生不公正，比如提供服务的组织就会挑选最能赢利的业务。此外，表面看来竞争性的市场也可能屈服于垄断组织的力量，比如在承包制度和采购制度中，有些工程项目规模非常巨大，以致工程一开始上马就不能改换供应者。而仔细地组织的竞争可以比由公营垄断组织提供服务产生更加公平合理的结果，比如可以要求承包商提供相近的工资和福利，促使承包商采取非歧视性的行动。当然，对公营的垄断性组织也需要进行同样仔细的监督。

（4）有使命感的政府：改变照章办事的组织。在奥斯本看来，大多数政府组织缺乏使命感，而是照章办事，照预算办事。政府实施的几乎每一套规章制度都蕴藏着一种控制人的动力，如预算制度、人事制度、采购制度甚至会计制度。每一条规则在最初制定时的用意是极其美好的，但日积月累，它的作用是阻碍性的。政府组织必须是有使命感的组织，必须放手让雇员以他们所能找到的最有效的方法去完成该组织的使命。与照章办事的组织相比，有使命感的组织更有效率，办事更有成效，更有革新精神，更有灵活性，士气更高。

建立有使命感的政府，首要的任务是清除多年积累的规章和过时的陋习。政府是需要一些规章的，政府的航船需要一两层油漆，如果去掉油漆，船就会生锈腐蚀。但问题在于大多数政府的航船上了几十层油漆，上面又有一层一层的附着物。因此，需要的是恢复真正需要的一两层保护层，使航船重新航行。

但是，一艘刮掉了附着物的航船还不是一艘正在驶往目的地的航船。因此，政府中企业家式的官员需要运用若干战略，去建立有使命感的组织。这些战略包括：① 制定一项使命声明。使命声明的作用在于突出该组织的目的、强调重要的内容，并确立组织上的目标，使实践活动有价值。拟定一个组织基本目的的具体做法是对该组织的各个成员所持的不同认识和观点进行辩论，以决定一项基本的使命。如果完成得当，一项使命声明可以从上到下推动整个组织。它可以帮助各级人员作出决定：该做什么、不该做什么。② 分割和划分。政府组织有一项明确的使命当然最好，但问题在于一些组织往往担负着几项常常互相冲突的使命。这一问题在一个充满细分化市场的世界里变得更为尖锐。今天我们需要的机构是只服务于一项合适使命的机构，因此对组织要进行分割和划分，即把大的组织分成一些小的组织，以及派生出一些新的小组和组织。③ 根据使命而不是根据分管范围进行组织。使命不注重分管界限。围绕分管范围而不是使命建立的组织往往会互相产生矛盾。如果一个贫困妇女需要保健，那她就必须与医疗补助部门签约；如果她需要钱，就必须去找福利部门；如果她需要工作、住房，她就又得去找有关部门。这样，这些组织不是把帮助穷人当作自己的使命，而是作为一种要处理的工作。解决的办法是围绕使命而不是围绕分管范围重新进行组织。④ 建立围绕使命的文化。为了使组织成员将使命牢记在心，领导人要创造一种围绕这项使命的文化，阐明自己的价值标准，塑造所需要的行为。⑤ 建立允许失败的机制。应当允许组织犯一些合乎情理的错误，因为如果这些组织不偶尔遭受挫折的话，它们就不会为争取成功做出非常艰苦的努力。

(5) 讲究效果的政府：按效果而不是按投入拨款。官僚主义的政府由于不衡量效果，也就很少取得效果。比如政府在公共教育上花的钱越来越多，但是考试分数差和退学率高几乎没有改观；在警察和监狱上花的钱越来越多，但是犯罪率继续上升。这种传统的做法一直持续到现在，因为对政府的最终考验不是业绩，而是重新当选。反之，私营企业则注重效果，因为如果关键的数据出现负数，它们将会停业。但政府不会停业，政府的失败不是由于未能取得效果，而是由于未能重新当选。

因此，必须讲求效果，必须对政府的业绩进行测量。在奥斯本看来，对政府的业绩进行测量会经历一些变化。起初是采取粗糙的测定业绩的措施，接着是受到抗议和压力，要求改善这种措施，再接着是制定比较先进的措施，这样一种模式凡在测定业绩的地方是很普遍的。政府测定业绩的方法主要有三种。① 按业绩付酬。这是最普遍的做法，即对业绩好的个人和集团实行某种形式的业绩加薪制度和奖金制度。传统的按业绩付酬的做法是根据"目标管理"进行的，但这一做法的最明显的缺点是具体目标很少同该组织的关键效果相连。管理人员往往会把目标定得很低，从而能保证达到目标。奥斯本认为，一种解决的办法是奖励集体而不是个人，或除了奖励个人外，还奖励集体。奖励个人会鼓励人们隐匿信息互相竞争，而奖励集体则会鼓励人们分享信息一起工作。② 按业绩进行管理。全面质量管理被越来越多地引入了政府管理。奥斯本赞同全面质量管理理论的提出者戴明的观点：大多数组织只有15%的问题是由与其有关的工作人员和管理人员引起的。其余85%的问题的根源在于这些人工作所涉及的范围更广泛的制度，如教育制度、预算制度、人事制度等。业绩工资给予人们改进业绩的刺激，但并没有给他们以权力或手段去改变问题背后的制度。解决的办法是利用业绩数据来确定问题之所在，然后向雇员提供种种可用的手段来分析问题，找出其根源，制定解决办法，付诸实施。此外，如果雇员也参加制定解决问题的方法，这些组织也就有可能最有效地解决自己的问题，因为他们最了解问题。因此，全面质量管理利用一批雇员（通常叫"质量小组"）去解决工作现场的大部分问题。③ 按效果作预算。效果管理和全面质量管理都是促使组织根据得到的业绩信息而采取行动的有效手段，但对政府来说，最强有力地推进运作的制度乃是预算。通过预算制度，讲求效果的组织发现，它们最终需要的一种预算制度不是根据投入而是根据绩效来拨款。有几种这样做的办法：一种是简单地把产出测量和效果测量同有使命感的预算联系起来；一种是根据所希望得到的服务水平实际编制预算，即花钱"购买"相应数量和质量的服务；另一种方法是使政府组织重视自己工作的效果，也就是让主顾掌握钱，迫使服务提供单位为了赚钱而使主顾感到满意。

（6）受顾客驱使的政府：满足顾客的需要，不是官僚政府的需要。民主政府是为它们的公民服务而存在的，企业是为盈利而存在的。企业受顾客驱使，而大多数美国政府却都是顾客盲，原因很简单，大多数公共服务机构不是从顾客那里获得资金的,而企业却是这样。在社会进入由知识劳动者占主导地位时,有差别的服务的要求应运而生。但是,传统的公共机构仍在提供一种规格来适应一切的服务。传统的管理旨在方便管理者和服务提供者,而不是顾客。奥斯本举例说,美国的社会福利制度支离破碎,许多贫困家庭不得不在五个不同的办事处等候,还要填写10种不同的表格。1989年,助理卫生部长证实,为减少婴儿死亡率共制订了由20个不同机构管理的93个联邦计划①。

因此,在惯于挑选的顾客遇到提供统一服务的公共机构时,他们只能往别处去。一些有企业家精神的政府已经开始发生转变:它们开始向顾客提供选择,包括学校、娱乐设施,甚至治安服务;它们开始把各种资源直接交到顾客手里,让它们选择服务提供者,从而让顾客坐到驾驶的座位上。让顾客掌握资源很重要。当服务提供者都在驾驶员的座位上时,顾客只能希望"司机"把他们开到想去的地方。然而,当顾客控制了资源时,他们就能选择目的地和路线了。

在奥斯本看来,美国这方面的一个成功做法就是《美国军人权利法》的通过。美国国会没有提供资金建立美国士兵大学,而是让每个军人选择一所认可的大学,由它出钱让军人上学。这一法案把百万经历战争的年轻人转为持续30年经济繁荣的受过教育的骨干。奥斯本认为《美国军人权利法》体现了受顾客驱使的政府的以下优点:顾客驱使的制度迫使服务提供者对它们的顾客负有责任;使选择提供者的决定不受政治影响;促进更多的革新;让人们在不同种类的服务之间作出选择;浪费较少,因为它们使供求相适应;这一制度授权顾客作出选择,而被授权的顾客成为更加尽责的顾客;这一制度也创造了更多的公平机会。

(7) 有事业心的政府:有收益而不浪费。奥斯本引用了彼得·尤伯罗斯组织1984年奥运会并挣得2.25亿美元的例子,指出在重大的财政压力下,有企业家精神的政府正在越来越效仿尤伯罗斯的做法。它们的具体做法是① 寻求非税收的收入,如通过开发项目来获利;向使用公共服务设施的人收费。② 以花钱来省钱,为回报而投资。在奥斯本看来,企业集中注意资产负债表的两边:支出和收入,借方和贷方。它们关心支出一边不如关心收入一边:它们将支出必要的钱,以使回报增加到最大限度。但政府只注意总账的政策一边,它们忽视回报,把注意力集中到使费用降低到最低限度。因此,衡

① 戴维·奥斯本、特德·盖布勒:《改革政府:企业精神怎样改造公营部门》,上海译文出版社1996年版,第170页。

量在投资上的回报，可以使政府懂得什么时候花钱会为它们省钱。

（8）有预见的政府：预防而不是治疗。传统的官僚政府专注于提供服务以与问题作斗争。比如为对付疾病，它们为保健服务筹措资金；为对付犯罪，它们拨款雇佣更多的警察；为同火灾作斗争，它们买了更多的消防车。它们通常的思维定势是靠专业人员和官僚提供服务，要一直等到问题变成危机才对受影响的人提供新的服务。但是，正如一句名言所说，精明的人解决问题，有天才的人避免问题。政府要重在预防，预防疾病要比医治疾病容易并且花费较少。除了预防，政府还要预料未来。美国的政治制度是在工业社会设计的，针对的是对大众群体社会的需要作出反应，权力主要是在企业、劳工和农业等大集团之间分配。但今天的大众社会已经被分裂成成千上万的碎片，政府要应付的是非群体化的小型活动。情况发生了变化。政府的战略规划是在预料未来的基础上建立起来的，它通常包含着以下几个步骤：内部和外部状况的分析；组织面对的关键问题的判断或鉴别；组织基本任务的确定；组织基本目标的表达；前景的确立；实现前景和目标的战略的形成；战略时间表的形成；结果的估量和评价。

（9）分权的政府：从等级制到参与和协作。50年前，权力集中的机构是必要的，因为当时的信息技术还呈原始状态，不同地方之间的交流很缓慢，公共机构雇员的教育程度相当低。但是今天已经到了信息时代。面对迅速变化的环境，托夫勒认为有两种可能的对付办法：一是设法进一步加强政府这个中心，不断增加越来越多的政治家、官僚和计算机以竭力争取跑在迅速增加的复杂性的前面；二是通过群策群力，让“下面”或“外围”作出更多的决定，来减轻作出决定的负担，而不是把作出决定的权力集中在已经紧张和乱了套的政府中心[①]。传统的政治领导人会本能地选择第一个办法，而企业领导人则本能地采用分权的办法。在奥斯本看来，分权的机构比集权的机构有以下的优点：① 更多的灵活性，它们对于情况和顾客需求的变化能迅速作出反应；② 更有效率，因为第一线的工作者接触的问题和机遇最多，他们随时都知道问题的所在；③ 更具创新精神；④ 能产生更高的士气、更强的责任感、更高的生产率。

分散权力的一种方式是参与管理。参与管理有深度和质量上的不同。有些管理上的改进属于装潢门面，有些则是革命性的。参与的方式有许多，常见

① 戴维·奥斯本、特德·盖布勒：《改革政府：企业精神怎样改造公营部门》，上海译文出版社1996年版，第234页。

的有质量小组、雇员开发计划、劳资委员会、态度调查、雇员对经理进行评估、政策创新、奖励计划等。进行参与管理的组织需要有协同配合的工作方式。当一个机构把权力下放给雇员时，雇员们在处理主要问题和作出决定时需要在小组内协同工作。罗杰·哈里森曾指出过企业化组织紧密依赖雇员小组的理由。他把机构分成以权力、角色、任务和人员为导向的四种基本类型。企业化的机构属于以任务为导向的机构，因为这类机构的唯一目的是取得结果，它们的特征是当任务改变时，它们的结构和程序也随之发生变化。它们经常建立项目小组和特别任务小组。而以权力和角色为导向的机构则难以适应不断变化的情势，因为这两种类型的机构都“把控制权与职位联系在一起，两者都不能迅速合理地委派适当的人选到有影响的职位上”①。

要使权力分散起作用，领导人必须对他们的雇员进行投资。没有人要求训练很差的雇员作出重要的决定。企业由于向全球性竞争的知识经济转移，不断更新雇员的技能使之现代化已是企业赖以生存的先决条件，因此对雇员培训的投入很多。与企业相比，政府在这方面还做得很差，很少有政府机构注重对雇员的培训。

此外，在奥斯本看来，联邦政府的权力需要分散。在工业时代，待在华盛顿的人要比待在较小的州和地方政府的人有更多的信息和能力。但到20世纪末，许多州和地方政府不但在工作实效上超过了联邦政府，而且也比联邦政府更进步了。因此，是明智地找出联邦、州和地方政府各自所应扮演的角色的时候了。

（10）以市场为导向的政府：提供市场力量进行变革。市场导向的政府是信息时代的直接产物，这是因为市场机制有胜过行政机制的许多优点，比如市场是分权的；市场在正常情况下是竞争的；它给消费者作出决定的权力；并且把资源和效果直接联系起来，对迅速发生的变化也反应敏捷。反过来，行政计划的体制与市场相比有如下的缺点：计划受选民而不是顾客的推动，由于计划针对的是选民群体，因而无法满足个人的需求；计划受政治而不是政策的推动；计划创造了“地盘”，政府机构不惜代价全力保卫；计划倾向于创造分裂的服务系统；计划不是自我改正的，也难以寿终正寝；计划很难达到为取得重大影响所必需的规模；此外计划也通常运用命令而不是奖励的手段。不过，奥斯本指出，尽管市场为导向的政府到处流行，但这与保守主义要求的“让市场

① 戴维·奥斯本、特德·盖布勒：《改革政府：企业精神怎样改造公营部门》，上海译文出版社1996年版，第251页。

解决一切"毫无关系①。

奥斯本认为，当政府考虑采用市场机制来解决问题时，它需要看一下是否具备六个因素：供应，必须有充分的服务项目供应，还要有足够的供应商以保持竞争；需求，顾客必须有主顾的购买力来购买产品和劳务；接近，货物出售必须易于接近购买者；信息，消费者应该得到有关价格、质量以及产品等方面的充分的信息；规则以及执法。如果没有这六种因素，政府需要重新规范市场来提供这些不具备的因素。政府规范市场的主要手段包括：制定市场规则；向消费者提供信息；创造或扩大需求；促成私营部门供应商；创造市场机制填补市场缺口；促成建立新的市场行业；与私人部门分担扩大供应带来的风险；改变公共投资政策；充当卖方和买方的经纪人；通过税法向活动收费；通过收取影响费向活动收费；通过使用费控制需求；建立和加强社区。

第三节　政府再造的战略

奥斯本在《再造政府》一书中提出了政府再造的十大原则，然后在5年后的另一本著作《摒弃官僚制》中提出了政府再造，即改变政府"DNA"的五项战略：核心战略、后果战略、顾客战略、控制战略和文化战略。"如果说《再造政府》一书描绘了20世纪末新出现的公共治理粗略的示意图，那么《摒弃官僚制：政府再造的五项原则》则为这幅地图描绘了路线。"②

在奥斯本看来，战略的运用首先要考虑杠杆作用，仅仅依靠一两个战略难以产生足够的杠杆作用。将多种战略综合并用的一种方法是"元工具"，元工具好比分导多弹头导弹，比如英国的"下一步行动"计划就综合运用了核心战略、控制战略和后果战略。此外，一种战略的运用可能包含了多种战略，比如，掌舵与划桨分离（核心战略）很自然地会与绩效合同（后果战略）及授权划桨组织更大的灵活性（控制战略）结合起来。其次，战略的运用要考虑不同类型的组织。一般来说，改革组织有四种基本类型：政策组织、规则制定组织、服务组织和执行组织。但是，尽管这些组织存在差异（事实上，有些组织的功能

① 戴维·奥斯本、特德·盖布勒：《改革政府：企业精神怎样改造公营部门》，上海译文出版社1996年，第265页。

② 《政府改革手册：战略与工具》，中国人民大学出版社2004年版，第2页。

是多重的，比如警察是执行组织，但也提供服务；社会保障机构提供服务，但也制定规则），但它们并没有改变那些能导致根本变革的基本杠杆，而五个战略就是这样的杠杆，是使改革组织绩效得以持续改进的新的DNA。没有这样的DNA，就没有真正的政府改革①。

一、核心战略

奥斯本以新西兰的改革为例，指出了实施核心战略的三条基本途径。

（1）明确目标，准备行动。一旦领导者准备行动，就必须剔除那些对核心目标不再有用的职能，英国在这方面做得较好。在英国，每五年要对执行机构进行一次评估。在评估中，执行机构要回答如下的问题：这种活动有持续的必要吗？如果有，政府必须对此负责，或者私有化并交由市场去做？政府究竟需要在哪些方面为某项活动继续负责？政府必须亲自去做，还是将任务签约承包给一个和更多的其他服务提供商？如果是后者，政府是应该将所有的公共服务都签约外包，还是应先进行市场检验；由公务员与外部服务提供者竞争来决定究竟何种方式能提供最物有所值的服务？该活动的责任能否转移或并入其他的公共组织？在政府内部，这项工作在哪些方面予以实施，政府组织是否组织好了并关注这些任务呢？

（2）明确角色：掌舵与划桨分离，也就是将目标根本不同的职能分属不同的组织。它把政策与规章制度制定的角色同服务提供及执行的角色分离开来，并将不同的服务职能和不同的执行职能分属不同的组织。通过把掌舵与划桨分离，可以将大型联合部门分解成规模更小、命令链更短、功能更加集中的组织。另外，职能分离可以促使将资产分配至具体的活动，功能集中的组织可以为其资源使用情况提供更为清楚的信息，从而也容易产生服务成本的真实信息。成功的职能分离必须将掌舵与划桨职能分离与后果战略和控制战略结合使用，将控制权从中央机构转移至职能已经分离的组织，要促使部门和部门首长放权，不干预组织的微观管理过程。此外，需要将这种新型关系具体化为书面协议的形式，使掌舵和划桨组织各司其职，扮演好各自的角色。

（3）明确方向，改进目标。掌舵与职能一旦分离，就需要极大地改进掌舵的能力。掌舵是制定目标，选择达成目标的战略，选择实施这些战略的组织，测量这些战略和组织在目标达成过程中的运用情况并适时作出调整。

① 《摒弃官僚制：政府再造的五项原则》，中国人民大学出版社2002年版，第50页。

实施战略的这三种途径并没有先后之分。政府再造是由现实需要而不是逻辑来推动的。在一般情况下，明确组织目标是最为关键的第一步。奥斯本引用英国下一步行动小组前任组长索尼娅·菲帕德的话说，凡是取得了绩效改进的执行机构都是那些高度重视组织使命、组织目标及绩效目标等问题的组织①。

核心战略的杠杆是目标。奥斯本认为，核心战略主要涉及民选官员、政治任命官和高级公务员的职务领域，因为它针对的是掌舵职能，但掌舵并不会在高层发生，因此，直线管理者可以使用这三种途径来加强划桨组织的合作，它们可以制定成果目标、使命声明以及将自身组织与整个系统更广泛目标联系起来的战略②。

二、后果战略

后果战略为公共雇员提供强大的激励因素——风险与报酬，以提高其绩效。将后果战略引入政府有三种基本途径。

(1) 企业化管理。某些公共组织的运作可以像运作企业那样进行，也就是将这些组织置于由付费顾客和激烈的竞争者支配的处境，并要求它们对其财政底线负责。企业化管理适用于那些依靠向顾客收费而获得全部和部分收入的服务，不管这些顾客是公民、私人组织还是其他公共组织。企业化管理使得政府实体通过出售自己的服务而获取收入。像企业一样，这可能会失败(导致解雇员工、削减工资甚至进行清算)，也可能导致盈利。企业化管理利用的是市场力量(而不是合同竞标和行政绩效目标)来创造绩效后果，它的优点表现在可以使各机构直接向顾客负责；可以促使绩效持续改进，因为竞争无处不在，并不只是发生在合同期间和评估期间；可以强化绩效的结果，因为如果公共组织能为顾客提供优质服务，它们就会胜出，否则就会萎缩；企业化管理授权公共企业进行长远的财政决策，可以确保顾客利益最大化；可以节省资金，因为易于控制；此外，可以从根本上简化改进绩效的政治活动。企业化管理会碰到两个有关是政治还是市场的问题：① 谁是公共企业的控制者，是民选官员还是管理者？比如，民选官员能否超越市场命令降价呢？② 如果公共企业陷入困境，纳税人是帮助其摆脱困境还是让它自生自灭？如果其服务无

① 《摒弃官僚制：政府再造的五项原则》，中国人民大学出版社2002年版，第111页。
② 《政府改革手册：战略与工具》，中国人民大学出版社2004年版，第13页。

利可图,它是否可以不再提供这种服务?在奥斯本看来,公共企业处在政治与市场的一个连续体中,大多数公共企业都处在这一连续体中央的某一部分,但必须是政治规律最小化而使市场规律最大化。

(2)有序竞争。企业化管理并不适用所有的政府组织,因为有些公共组织的活动(如环境保护、公园管理、公共安全维护等)并不是在市场上向顾客收费的。在这种情况下,有序竞争是一种较好的选择。有序竞争要求政府服务的潜在提供者(私人公司和公共机构)以绩效为基础展开合同竞争。如果不可能签订合同,公共官员可以通过竞争标杆进行绩效测量并与其他类似的组织的绩效进行比较,这样就能产生心理上和财政上的后果。

有序竞争并不意味着对每项公共服务都进行你死我活的竞争。政府进入竞争系统有两个基本目的,即纳税人价值最大化和确保竞争双方公平对待。因此,要使竞争发挥作用,政府必须构建公平的竞争环境并精心管理。政府需要设计有效的竞标过程,这一过程首先要使竞标各方都信得过。因此,为了保证竞标过程不受操纵,必须将竞标过程的控制权交给一个中立的、非政治性的团体,而不能让执行这些服务的政府组织来控制。其次,要有专门机构来承担独立监督者的角色,以处理竞标过程中出现的种种问题。防范竞标过程中出现的腐败的最好方式是最大限度的竞争、严格的绩效合同、跟踪绩效信息和申述处理的良好机制、对绩效问题深入调查的能力以及起诉的威慑力。

(3)绩效管理。比起前两个途径,绩效管理改进绩效的过程通常较为缓慢,但绩效管理可以使政府的生产率获得显著、持续的增长。绩效管理让政府雇员准确无误地意识到结果意味着什么,当达到这样的结果时,就可以获得奖励。绩效测量是后果战略以及其他战略得以实现的核心能力。绩效管理通常运用的工具包括绩效奖励、精神补偿,如带薪休假、奖金、增益分享、共享节余、绩效工资、绩效合同与协议、效率红利以及绩效预算。此外,绩效管理还需要设计一套全新的激励机制。奥斯本认为,有效的激励应当包括:① 不要低估心理激励的力量,金钱可以起激励作用,但一些精神的因素也可以起激励作用。弗雷德里克·赫兹伯格指出了七种激励因素:成就感、认可、挑战性、兴趣、责任感、晋升以及工资和福利。② 在个人激励的同时进行团体激励,扩大激励的影响力,改进组织绩效的一个重要部分是增进员工之间的合作与互助,因为结果通常是由雇员团体共同取得的。③ 正负激励手段同时并用,但要精心选择并命中目标。④ 财政激励必须以客观的绩效测定而不是以管理者的主观评价为依据。

三、顾客战略

公共部门的顾客既可以指一般意义上的公众（比如当产品是某种"公共物品"如治安、国防或环保时），也可以指个人、家庭或团体，当涉及"私人物品"时，许多公共服务公私两面都有。因此，在奥斯本看来，在公共部门，主要顾客就是你的工作主要用来帮助的个人或团体（次要顾客则是你的工作要使之受益的其他个人或团体，他们不如主要顾客那样来得直接）。促使组织对顾客负责的战略通常有三种途径。

第一，让顾客选择公共组织。顾客选择主要运用于服务职能，它不适用于政策职能，在执行职能方面的作用也非常有限。要使顾客选择制度有效地发挥作用，应该符合以下一些原则：① 应该有足够多的服务提供者为顾客提供真正的选择。提供者的多少要视服务的种类而定，比如，如果某项服务是自然性的垄断，一个提供者要比多个提供者更有效。② 顾客应该有开发出足够的服务提供者所需要的充足资源。③ 顾客需要获取有关不同服务提供者的质量和成本等有用的、可靠的、明确的信息。④ 政府需要精心构建市场规则，并加以实施。⑤ 在构筑市场时，政府应该特别关注平等权的问题。如果听之任之，选择制度有时会产生不怎么公平的结果。顾客选择作为促使公共组织变革的一种杠杆，需要和后果战略配合起来，否则它的力量是弱小的。

第二，竞争性选择，即通过允许顾客控制资源，并将其置于互相竞争的服务提供者之中，把顾客战略与后果战略结合起来。竞争性选择主要用于服务部门。在服务职能范围内，对于那些不完全是"私人物品"的服务而言，竞争性选择通常不失为最佳选择（对私人物品来说，企业化管理则是一种更好的途径）。在使用竞争性选择时需要警惕以下几个问题：① 要防止"筛选"，也就是服务提供者选择最好的或唾手可得的顾客，如选择最好的学生等。因此，需要在竞争性选择制度中建立一定的保护措施。② 要防止欺骗性营销。③ 要防止依据等级或种族来加剧种族隔离。

第三，顾客质量保证，即制定顾客服务标准，并对那些很好地满足了顾客需要的组织进行奖励，否则就进行惩罚。这是进行管理的顾客方案。比如，英国的公民宪章明确规定了六项原则：① 制定有关公共服务的明确的标准；② 提供有关公共服务的信息和提高信息透明度；③ 在一切可行之处提供选择，并与服务使用者进行协商；④ 提供礼貌和有帮助的服务；⑤ 如果事情有误，必须作出道歉、完整的解释及迅速有效的救济；⑥ 提供物有所值的服务。

美国在顾客质量保证方面也作了类似的规定。① 明确机构正在服务或将要服务的顾客；② 对顾客进行调查，确定其所需服务的种类和质量及其对现有服务的满意程度；③ 公布服务标准，并依此测评服务结果；④ 对比最好的企业，确立顾客服务绩效的基线；⑤ 对一线雇员进行调查，了解与最好企业竞争的障碍及想法；⑥ 在服务资源和交付手段上，为顾客提供选择；⑦ 为顾客提供便利的信息、服务和申诉体制；⑧ 提供顾客申诉的手段。美国总统宣布"为公众提供的服务质量标准应该是：与最好企业等值的顾客服务"①。

奥斯本认为，由于顾客战略是组织直接对顾客负责，因此它的实施需要强大的政治意愿。如果没有来自行政官员完全、积极的支持，顾客战略很少会获得成功②。

四、控制战略

"控制战略改变了公共组织决策权所处的位置。它颠覆了官僚制度与集权控制的信条，并将权力交给一线雇员、组织管理者和社区组织。"③

控制权从中央和高层向下转移的途径有三条。

第一条途径是组织授权。组织授权指的是通过废除许多中央行政机构、立法部门、行政部门及高层政府强加的规则和控制来对组织进行授权。授权可以给组织更多的灵活性。授权的方式有：① 行政控制分权，即将自身人事、财政和采购等管理权力交给行业机构，使得中央行政部门的命令和监督最小化。② 放松管制，即废除由立法机关、中央机构和各部门制定出来用以支配公共组织行为的许多其他规章制度。③ 现场管理，即将资源和日常决策的控制权从中央办公系统（如学区或全国职业服务中心）转移至系统中众多的一线组织（如学校或地方就业办公室）。④ 行政退出或特许制度，即允许现有的或新成立的公共组织（如特许学校）在多数政府控制制度管辖的范围之外运作。⑤ 再造实验室，即允许暂时打破行政规则、程序的公共组织对改进绩效的新办法进行试验，一般不受外界干预。⑥ 豁免政策，即在具体案例中，中央机构暂时让组织不受规章制度管束。⑦ 新技术、产品试验场，即采用新理念的公共组织，它们的经验为系统中的所有组织的推行提供教训。⑧ 日落法

① 《摒弃官僚制：政府再造的五项原则》，中国人民大学出版社 2002 年版，第 195 页。
② 戴维·奥斯本、彼得·普拉斯特里克合著：《政府改革手册：战略与工具》，谭功荣等译，中国人民大学出版社 2004 年版，第 257 页。
③ 同上书，第 364 页。

规,即在控制组织行政行为的规章制度中设立时间限制,时间一旦截止,非经重新批准,规章制度即告终结。⑨ 政府间放松管制。

第二条途径是雇员授权,即通过减少或废除组织内部的层级管理控制,并将权力下放至一线雇员。雇员授权的方式有减少管理层级,即减少位于一线工作人员和高层管理者之间的中层管理者;组织分权,即将控制权从组织高层管理者转移至一线单位;撤销以职能专业化为基础的官僚单位和工作流程,将这些职能转移至一线工作团队,这些团体负责为顾客生产成果;加强管理部门与工会之间的合作,目的在于改进组织绩效和工作条件;建立为雇员提供与管理者共同分享改进绩效的见解的机制。

第三条途径是社区授权。奥斯本在《改革政府》一书中曾描述过社区授权的优点,专业服务提供商和官僚机构提供服务,而社区解决问题;前者提供“服务”,而后者提供“关爱”;社区比大型官僚服务机构更加灵活并更富创造性,对其客户更关切;更能有效实施行为规范;比服务提供商更了解自己的问题,花费更少。授权社区也有一定的风险,以下几种方法可以用来应付这些风险:给社区明确的契约,确定社区决策的范围以及对它的绩效期望;利用顾客战略和后果战略来制定真正的责任措施,以使社区直接对顾客和民选官员负责;授权社区但不帮助其扩大能力,那是失败之举,因此要对社区进行必要的投资;改变政府机构的文化以使其成为社区更好的伙伴;利用组织授权使社区从政府中央行政部门的官僚做法中解放出来。

五、文化战略

组织文化是组织成员内化的、共同的系列行为、情感和心理结构,它有有形的一面,如风俗习惯,也有隐性的一面,如思想、信仰。组织要获得成功,必须采取适当的态度和行为。传统的官僚制产生了一些负面的组织文化,比如指责他人而不对自己的行为承担责任、担心犯错误而不是力求革新、接受平庸而不是追求优秀、拒绝而不是适应变革。这些负面的文化产生了相应的行为。

要改变行为,就要改变文化。在奥斯本看来,最有力的方法是使用前面的四个战略:明确公共组织的目标、为绩效创设后果、对顾客负责以及改变控制形式,并使用这些战略来改变整个制度的 DNA。奥斯本列出了 13 个塑造组织文化的因素,认为目的、激励机制、责任机制和权力机构这四个因素是政府再造者使用核心、顾客和控制战略变革的 DNA。行政体制、组织结构、工作流程是系统、组织和过程的变革。组织使命、外部环境、历史和传统的变革难度加大，但前两者的改革并非不可能，后者可以重新解释。起杠杆作用的是最后三个因素：管理实践、领导素质和雇员素质。奥斯本认为，要变革文化，就必须改变人们的范式，必须改变官僚组织的负面文化，并树立人们对新范式的信心①。

变革组织文化的途径有三条：① 改变习惯。将人们置于新的经历之中，它可以开启人们的情感和思维，更重要的是可以改变行为。② 撼动心灵。组织文化根植于情感承诺之中，变革要说服人们放弃原有的承诺，开发新的承诺。撼动心灵的过程具有强烈的个体性，要求领导人承认并满足人们的需要。③ 赢得心智。开发新的心智模式是影响新文化自觉、理性的领域的第三条途径，它帮助雇员重新理解组织的目的、作用、目标、价值、原则和战略。在奥斯本看来，这三个途径需要结合起来，这样可以创造改变习惯的新经历，并帮助人们调适其情感承诺和心智模式。

大多数组织的文化战略始于领导人。对于领导者的文化变革通常有三种截然不同的反应：一些人迅速把握了变革的机会，这些人是先驱者，但这种人通常占组织人数的五分之一不到；另一些人是反对者，其反对一般是被动的，有时也会蓄意破坏，这种人通常占组织人数的5%—10%；还有一类人是骑墙者（也即观望者）。领导者的主要任务是解放先驱者、转化骑墙者。

奥斯本认为，文化战略与其他四种战略不同，它的影响较小，因此文化变革的最好方式是使用其他四种战略。但仅有四种战略是不够的。文化战略与其他几个战略的关键区别是文化战略需要非凡的“坚持”。

五项战略的运用往往互相重叠，因此，在运用中要考虑它们的组合形式。五项战略的整合，最简单的方式就是使用一种能迅速发挥两或三种战略作用的工具，即“元工具”。奥斯本制了一张表②，见表24－1。

表24－1

元　工　具	所 用 战 略
绩效预算	核心、结果
灵活绩效框架	核心、结果、控制

① 《摒弃官僚制：政府再造的五项原则》，中国人民大学出版社2002年版，第260页。
② 同上书，第303页。

续　表

元　工　具	所 用 战 略
竞标	核心、结果
公司化	核心、结果、顾客、控制
企业基金	核心、结果、顾客、控制
内部企业管理	核心、结果、顾客、控制
竞争性公共选择制度	结果、顾客
代金券和补偿计划	结果、顾客
全面质量管理	顾客、控制、文化
企业流程再造	顾客、控制、文化
选择退出或特许制度	核心、结果、顾客、控制
社区治理结构	核心、控制

奥斯本在后面的一本书《再造者手册》①中对这些元工具的使用进行了详细的讨论。

第四节　分析与评价

奥斯本的政府再造理论是与20世纪70年代末席卷西方国家的以“新公共管理”旗号出现的政府改革运动联系在一起的，它既是这一运动的产物，也以它广泛的影响力推进着这一运动，从而成为这一改革运动的具有标志性的理论象征之一。

奥斯本的政府再造理论不是抽象的理论演绎，而是建立在国内外大量政

① 中文也翻译成《政府改革手册：战略与工具》，戴维·奥斯本与彼得·普拉斯特里克合著，谭功荣等译，中国人民大学出版社2004年版。

府再造事例上的归纳和提炼,因而有着很强的实践意义和操作性。事实上,他的理论也在相当程度上被运用到了美国政府的政府再造过程中,这也是他的政府再造理论在西方尤其是在美国产生如此巨大的影响的原因所在。

奥斯本的理论主要涉及政府再造要做什么以及怎么做的问题。如果说《改革政府》的十项原则主要解决未来的再造后新政府应当是一种什么样的政府的话,那么他的《摒弃官僚制》和《政府改革手册》则具体阐述了需要怎样做才能达到十项原则展示的一种新政府的境界。这几本书融合在一起,构成了奥斯本的比较完整的政府再造理论。

奥斯本的政府再造理论的最大贡献在于它勾勒了一种不同于传统的官僚行政的以市场和企业为取向的政府管理模式。传统的官僚行政是建立在官僚制和两分法之上的,它的基本特征表现为民选官员决策,行政官员执行;公共服务由政府直接提供;公共项目的实施通过等级制的组织结构进行;公共组织追求的首要价值是理性和效率等。而奥斯本的新的政府的特征在于强调管理的企业方式和市场竞争方式,如绩效评估、削减成本、公共服务提供的多元化、下放控制权、竞标、顾客至上、政府部分职能的民营化、按结果管理等等。这一取向上的变化如此之大,以至新公共管理被认为成了一种新的公共管理范式。罗伯特·邓哈特把两者简单地归纳为传统的公共行政建立在政治和法律之上,而新公共管理则建立在经济和市场之上。

由于政府再造理论顺应了西方社会当时政府改革的潮流,它不仅为自身赢得了名声,也推动了西方政府的改革,使西方政府的公共管理在今天呈现了一种非常不同与以往的状态。这一新的管理模式在相当程度上跨越了左右意识形态的分野,一个重要的事实是,这一通常被指责为“右”的管理模式却被通常称之为带有“左”的色彩的政府(如新西兰的工党政府以及信奉第三条道路的克林顿政府)所采纳,这在一定程度上反映了这一模式所具有的生命力。

政府再造理论的产生有它的必然性,这在相当程度上是西方社会面临的国内外形势所使然。从国际的背景来看,全球经济一体化的进程以前所未有的规模和速度向前推进,这一进程提出了国家竞争能力的问题,而国家竞争能力又在很大程度上涉及政府的能力。与企业在这一进程中的迅速调整以及由此展现出来的高效率相比,政府的管理显得相形失色。传统的官僚制度便成了首当其冲的攻击对象,利用市场机制、向企业学习也成了应有之义。其次,从国内的背景来看,按照林登的说法,西方国家经历了一个从生产者取向的社会向消费者取向的社会的变化。从政府的角度来说,这一变化的特点在于传统官僚模式中的以政府为中心的管理模式已经不再符合社会发展的需要,政府的服务必须以顾客为中心，满足顾客的需要。此外，在国内财政普遍紧张的情况下，减少政府支出、提高政府效率、以较少的钱办较多的事也成了一个合乎逻辑的选择。

奥斯本的政府再造理论所建构的建立在市场和经济之上的公共管理模式得以成立，不仅因为它建立在大量的国内外政府改革的经验材料的基础上，而且还因为它有新自由主义（也有人称新古典主义）理论、公共选择理论和管理主义的支撑。

在西方有关政府角色的争论中，一直有两种不同的观点。一种主张维持甚至扩张公共部门，而另一种则提倡让公共活动回归私营部门。新自由主义主张市场力量最大化和政府角色最小化，认为私人市场是有效并且能够自我调节的，能够由市场提供的商品和服务就应该由市场提供。而政府对市场自我调节机制的干预从其本身来说是无效的，政府的干预应该最小化。作为新公共管理最初旗手的英国前首相撒切尔夫人的改革（这一改革作为经验写入了奥斯本的书中），其旗号就是“私有化”，她直言不讳地指出她的改革的理论来自新自由主义的鼻祖哈耶克，哈耶克是她的精神导师。奥斯本的政府再造理论就是强调市场和企业的作用，他的主旨就是用企业精神来改造公共组织和公营部门，整个取向是扩大市场和社会，缩小政府在整个社会管理中的作用。

公共选择理论以及委托—代理理论也对政府再造理论产生了影响。“从公共选择最简单的形式来看，公共选择是从市场和顾客的观点来看待政府的。进而，公共选择理论对理性选择的信奉就意味着一种对价值观的选择，通常包含着一种对效率和生产率的承诺。”①政府再造理论主张的新公共管理强调顾客至上、效率、按结果管理、节省和不浪费等都反映了这样的价值。此外，新公共管理强调的政府职能外包背后隐含了委托—代理理论，因而政府再造理论就涉及了对代理人的激励和控制问题。

政府再造理论也建立在管理主义基础之上。奥斯本的《改革政府》一书的副标题就是“企业精神如何改造公营部门”。再造理论主张在公共管理中引入私人部门那些被证明是有效的管理方法，比如全面质量管理、按结果管理、绩效评估、竞争机制，简而言之，也就是提高效率的方法。

政府再造理论向这一历史上一直存在的管理主义的靠拢无疑引来了主张宪政主义一方的批评，主要的批评是政府不能引入企业的价值，公正、民主、平

① 罗伯特·邓哈特：《公共组织理论》，中国人民大学出版社2003年版，第19页。

等而不是效率才是政府的首要追求,对经济理性主义的价值的追求可能会牺牲诚实和公平的交易、丧失公共精神。罗伯特·邓哈特可以说是一位比较具有代表性的批评者。他在《新公共服务:服务,而不是掌舵》一书中对新公共管理的政府再造理论进行了全面的批评,他加入这场批评是从“掌舵还是服务”切入的(这从他的书名中就可以看出来)。奥斯本认为政府应该是掌舵而不是划桨。而在邓哈特看来,当我们急于掌舵时,也许我们正在淡忘谁拥有这条船。不能忘记政府是属于它的公民的。因此,公共行政官员在其管理公共组织和执行政策时应该着重强调他们服务于公民和受权于公民的职责。换言之,将公民置于首位,强调的重点不应该放在为政府这艘航船掌舵或是划桨上,而应该放在建立明显具有完整性和回应性的公共机构上①。显然,邓哈特是不同意新公共管理的政府再造的基本取向的,他指出,“新公共管理的圣经是奥斯本和盖布勒的《改革政府》,但你浏览一下这本书的目录,你看不到诸如正义、平等、参与,甚至领导之类的用语,也看不到公民或公民身份之类的用语”②。他为此提出了针对新公共管理的新公共服务理论,并把它列为在传统的官僚行政和新公共管理之后的建立在民主和社会之上的第三种公共管理模式(邓哈特的新公共服务理论可见下一章)。

对新公共管理的一些批评不无道理。比如在推行市场化和企业化过程中引发的问题方面(如在加强市场、社会作用的同时如何协调政府与市场及社会的关系,在政府职能外包的情况下如何发挥政府的监管作用,在如何界定公共产品以及由此确定提供者,承担新职能的组织结构和形式等等),政府再造理论不免有些薄弱。

但有些对奥斯本的批评是牵强的。比如在政府和企业的关系中,奥斯本并没有一味赞扬企业。服务的提供应该视提供者而言,企业、政府和第三部门都有它的优点。“企业做某些事情比政府强,政府做某些事情又比企业强。举例来说,公营部门在政策管理、规章制度、保障平等、防止歧视或剥削、保障服务的连续性和稳定性以保持全社会的凝聚力等方面更胜一筹。”③在提供服务方面,私有化也不是唯一的答案,“可以把个别性的掌舵职能加以私有化,但是不能把治理的全过程都私有化……(否则就会)丧失社会公平感和利他

① 罗伯特·邓哈特:《新公共服务:服务,而不是掌舵》,中国人民大学出版社 2006 年版,第 25 页。

② 罗伯特·邓哈特、珍妮特·邓哈特:“新公共服务:将民主置于首位”,载《国家公民评论》2001 年冬季刊,第 90 卷,第 4 期。

③ 戴维·奥斯本、特德·盖布勒:《改革政府:企业精神怎样改造公营部门》,上海译文出版社 1996 年版,第 23 页。

主义精神”①。

不管批评如何，与新公共管理相连的政府再造理论所产生的影响是巨大的。一个明显的事实是，一个不同于传统官僚行政的新的公共管理模式从开始建立起，至今已经有了将近三十年的历史。“管理主义至今并没有完全取代公共行政的地位。当前，这两种不同模式的要素同时艰难地并存于公共服务之中。然而，管理主义在行政成本最小的情况下实现了提供服务的最大化，而不必过多考虑所运用的具体方式，它与政府真正所想的管理模式更为接近。”②

思考题

1. 政府再造追求的是一种什么样的政府？这一政府的具体特征是什么？
2. 政府再造追求的政府与官僚模式的政府有什么不同？你认为这一新的政府模式能取代传统的官僚模式的政府吗？
3. 政府再造理论有哪些方面的局限？

① 戴维·奥斯本、特德·盖布勒：《改革政府：企业精神怎样改造公营部门》，上海译文出版社 1996 年版，第 23 页。
② 欧文·休斯：《公共管理导论》，中国人民大学出版社 2001 年版，第 92 页。

第二十五章　邓哈特的新公共服务理论

第一节　生平与著作

罗伯特·邓哈特(Robert Danhart)1942 年出生于美国肯塔基州,1968 年获肯塔基州立大学公共行政学博士。邓哈特是美国亚利桑那州立大学公共事务学院主任,领导学和伦理学林肯讲座教授。在进入亚利桑那大学之前,他是德拉维尔大学的查尔斯·梅西克讲座教授。他曾在科罗拉多、密苏里、堪萨斯、新奥尔良等州以及中佛罗里达大学任教。1990 年邓哈特作为富布赖特学者访问澳大利亚。

邓哈特曾担任美国公共行政学会会长,是该学会发起的全国公共服务运动(这一运动旨在表明全国公共服务的尊严和价值)的发起人和第一任主席。2004 年邓哈特获美国公共行政学会德怀特·沃尔多终身学术成就奖。邓哈特同时也是美国国家公共行政学术委员会委员,以及加拿大管理发展中心成员。他也是许多公司和机构(包括公立大学)的顾问,其主要顾问的领域是战略规划、领导和组织发展、生产力改进、高质量服务。他曾被密苏里州州长任命担任该州州长生产力顾问委员会主席。

邓哈特著作等身,出版了 18 部著作(有些与人合作),包括《新公共服务:服务,而不是掌舵》(与珍妮特·邓哈特合著)、《公共和非营利组织的人力资源管理》、《公共组织理论》、《公共行政学:行动取向》、《在组织的阴影下》、《公共服务的复兴》以及《污染与公共政策》等。

第二节　新公共服务的理论来源

新公共服务理论是罗伯特·邓哈特和珍妮特·邓哈特在批评传统的公共行政,尤其是在批评新公共管理的基础上建立起来的。在邓哈特看来,公共行政至今已经形成了三种不同的模式:一是建立在政治和法律之上的传统公共行政,二是建立在经济考虑和市场考虑之上的新公共管理,三是强调民主标准或社会标准的新公共服务。第三种模式在邓哈特看来正在出现,也是他竭力推行的模式。随着新公共管理运动(这一部分可以见前面一章)的深入和发展,对它的批评也日见增多。在这些批评中,新公共服务理论成了一种比较有代表性的理论,其影响也在日益扩大。但也不乏对这一理论的质疑。

在邓哈特看来,新公共服务的理论来源有以下几个部分。

(1) 民主公民权理论。邓哈特是从个人影响政治系统的能力也就是从政治生活的参与角度来谈公民权的。对公民权的理解至少有两种对立的观点。一种观点认为,政府存在的首要目的就是要增进社区以及社区内部个人的经济利益。因此,国家以及公民与国家的关系应该只是建立在自利观念的基础上,也就是说,政府存在的目的就是要通过确保一定的程序如投票和个人权利来保证公民能够作出符合自身利益的选择。政府的作用就是确保个人的自身利益能够自由、公正地互相影响。这种观点与公共选择理论也是一致的。另一种观点认为,公共精神在民主治理的过程中扮演着一种重要乃至必要的角色。公共精神需要培育和维护,而对于正义原则,公共参与和公共审议的不断关注则能够有助于公共精神的培育和维护。邓哈特认为,最近已经有越来越多的人要求恢复一种基于公民利益而非自身利益的公民权。他引用伊文斯和博特的话说,一个复兴的公民权概念常常会包括"关心共同利益、社区整体的福利,一个人所拥有的尊重他人权利的意愿,对不同宗教和社会信仰的容忍,承认社区的决策重于一个人的私人偏好,以及承认一个人有责任保护公众和为公众服务"①。

也就是说,公民会去做一个民主政体中公民应该做的事情——他们会去

① 珍妮特·邓哈特、罗伯特·邓哈特:《新公共服务:服务,而不是掌舵》,中国人民大学出版社 2004 年版,第 29 页。

管理政府。邓哈特也引用了金和斯蒂弗斯的观点，即行政官员应该把公民视为公民（而不仅仅把公民视为投票人、当事人或“顾客”），应该分享权威和减少控制，并且应该相信合作的功效。公共管理者应该追求回应性的提高和公民信任度的相应增强。当然，在邓哈特看来，强调公民权并不表明把自身的利益作为一种个人动机和社会动机消除掉，或者是天真地用公共精神来取代自身利益。但是，后一种观点表明了个人动机和社会动机要保持平衡并且最终要承认公民美德和公共利益的头等重要性。从政府角度来说，就是公共官员要促进创立一种更加以公民为中心的政府。在邓哈特看来，公民权理论和公民参与理论构成了新公共服务的一个理论基础。

（2）社区与公民社会理论。社区已经成为美国人生活中的一个主题。这是由几个方面的原因造成的。首先是美国人对政府尤其是联邦政府信任度的降低，这种信任度的降低导致公众越来越少地参与政治和政府的活动。其次，研究发现公民中有一种强烈的无能为力和被排斥的感觉，他们有种挫折感和愤怒感，因为他们认为“自己已经被一个由强势说客、政治家、竞选管理者以及媒体精英组成的职业政治阶层挤出了政治系统”①。另一方面，公民仍然想发挥作用。许多公民都不是把时间花在选举或政党政治上，而是在参与一种新型的政治活动。尽管他们认为政治系统是封闭的且难以进入，但他们却在街坊邻里、工作团体和社团内从事一些以公民为基础的草根活动。这些活动构成了公民权的试验场。在这里，人们力图建立彼此之间的新关系和更大范围的政治秩序。通过这些关系，人们不仅可以认识到现代世界对参与施加的种种困境，而且可以了解由现代环境提供的新的活动和参与的可能性。

在加德纳和其他人看来，社区建立的基础是关怀、信任和协作。它是通过一个强有力的有效沟通和冲突解决系统结合在一起的。社区的互动本性与集体之间起着调节作用并且使得个人与集体保持一致。罗伯特·普特南认为美国的民主传统依赖有民主参与的公民，他们构成了各种类型的小团体，这些小团体构成了一种人们需要在社区关怀的环境中实现其个人利益的“公民社会”。公民社会是一种公民能够互相进行个人对话和评价的地方，这种个人对话和评价不仅是社区建设的本质，而且也是民主的本质。

① 珍妮特·邓哈特、罗伯特·邓哈特：《新公共服务：服务，而不是掌舵》，中国人民大学出版社 2004 年版，第 32 页。

政府在促进社区建设和公民社会中可以发挥重要的作用,公共管理者可以在公民对政府的参与中重新界定自己的角色。政府可以通过以下几个方面发挥作用。首先,在存在着强大的公民互动网络和公民之间存在着高度社会信任和内聚力的地方,政府可以依靠现存的社会资本建立更为强大的网络,开辟新的对话和讨论渠道,并进一步就民主治理问题进行公民教育。其次,公共行政官员能够为社区和社会资本的建设做出贡献。他们能够通过鼓励公民参与公共决策而对增进社会资本发挥积极的作用。

(3) 组织人本主义和新公共行政。组织人本主义是在对传统的组织理论的批判中产生的。传统的组织理论主张自上而下的权威、层级控制和标准的工作程序。在阿吉里斯看来,这样的传统管理方式不是促进而是抑制了员工的发展。例如,在多数组织中,人们对自己的工作很少有控制权,在许多情况下,就其所能够做的事情而言,他们被要求服从、依附并且自主权很有限。阿吉里斯认为,这样一种安排最终产生了适得其反的结果,因为它限制了雇员能够为组织所做的贡献。阿吉里斯同时对西蒙的理性模式作了批评,认为这一模式与传统行政理论很相近,它把焦点集中在"人的一致的、可程序化的、有组织的思维活动上",它首先关注的是与目标有关的行为,并且不问来龙去脉就设定了目标。由于这样一种观点不承认广泛的人类经验,不承认人们有本能行为的事实,不承认人们在其生活中会经历混乱和不可预见性,并且不承认人们会按照远非理性的感情和情绪行事,因此阿吉里斯主张要更加关注"个人的品行、真实性以及人的自我实现",更关注与"企业的人性方面"有关的品质①。

罗伯特·戈伦比威斯基也主张一种新的组织发展观,以便"扩大我们在组织过程中愿意接受的裁量权领域和增加个人自由"②。戈氏主张在整个组织中建立个人和群体的信任,用知识和能力来弥补甚至取代角色和地位的权威,最大限度地增进个人与其工作互相依赖的单位之间的合作,以及建立一些既承认组织目标的实现又承认组织成员的成长和发展的薪酬体制。

新公共行政学者在讨论早期传统公共行政的价值时,认为在早期的价值标准中,效率标准是最重要的,但是他们认为效率只不过是众多可以选择的价值中的一个。传统的公共组织理论有向技术主义发展的趋势,而技术主义又强烈地依附在效率原则上,甚至把效率当作基本价值。在这个对理性效率的

① 罗伯特·邓哈特:《公共组织理论》,中国人民大学出版社 2003 年版,第 106 页。
② 同上书,第 112 页。

追求过程中,组织出现了一种“失去人格”以及“主体的客体化”的趋势。新公共行政提出了一些替代,而社会公平则是这些替代中的核心概念。这里的社会公平包括了平等感和正义感。具体地说,公平的重点就在于纠正现存社会价值与政治价值分配过程中的不平衡。与对所有人同等待遇不同的是,公平强调的是对那些处于最不利的地位的人给予更多的福利,与效率观点不同的是,公平特别重视回应和参与。新公共行政同时也注重参与的价值,这种参与包括两个方面,当事人在机构事务运作上的参与和组织决策过程中下级组织成员的参与。

(4) 后现代公共行政。这是在知识获取方法上的一种替代。长期以来,实证主义方法在行政学的研究中占据了主导地位。实证主义方法认为,社会科学能够利用自然科学领域所运用的相同方法来加以认识。也就是说,社会生活或组织生活的事实能够与价值分开,科学的作用在于把焦点集中于事实而不是价值。事实能够被观察和测量,而概念和理论就建立在这样的观察上。后现代公共行政理论认为这种方法明显地限制了该领域可能的思想范围。批评者认为,人们从“外部”观察人类行为所得到的东西要远远少于对人类行为的认识。此外,在社会生活中,事实与价值是很难分开的。在许多情况下,价值对于认识人类行为要比事实更重要。由于人的行为在不同的时间和不同的文化背景中有所不同,所以不能用公式或定律这些自然科学的表达方式来表述。后现代主义者认为,我们今天所面临的一个问题就是我们已经没有能力辨别什么是真实的。一些过去看起来似乎有效的“科学解释”以及以前被人们所持有的所有“世界观”都已经表明具有致命的缺陷,因为这些解释是特定地点和特定时间的产物,它们只能够从那种基本上是独有的立场来看待世界。而如果通过语言和互动来创造世界,那么就能发现“真实的东西”必然会有局限性。因此,后现代公共行政理论家也信奉“对话”的理念,认为公共问题通过对话要比通过“客观”测量或理性分析更有可能得到解决。对话的理想把行政官员和公民视为是充分参与的,他们不仅仅被视为召集到一起谈话的自利的理性个体,而且被视为在一种其中他们作为人而互相接洽的关系中的参与者。这种进行协商和达成共识的最终过程也就是个体随着自己的参与而彼此互相接洽的过程,在这个过程中,他们充分包含了人类个性的所有方面,他们不仅有理性,而且还有经验、直觉和情感。

邓哈特认为,以上四个方面的理论帮助创造了一种对谈论新公共服务很有意义的氛围。尽管在观点上存有差异,但它们还是提供了一些把新公共服务与新公共管理和传统公共行政区别开来的东西。正是在这基础上,邓哈特发展出了他的新公共服务理论。

第三节　新公共服务理论的主要内容

邓哈特是在与传统公共行政和新公共管理进行比较,尤其是在批评新公共管理的过程中提出他的新公共服务理论的,这一理论包括了几个方面的理念。

(1) 服务于公民,而不是顾客。新公共管理把企业与市场的"顾客"概念引进了政府的公共服务,让顾客满意是新公共管理的一个重要特征。奥斯本和盖布勒在《改革政府》一书中指出新的政府的十大特征时,有一个特征就是顾客驱使的政府。他们认为顾客驱使的政府要优于官僚制政府,因为它更负责任、更多创新、有可能产生更多服务选择以及更少浪费。巴泽雷认为,根据顾客服务来思考有助于公共管理者明确地表达他们对绩效的关注并且对出现的问题提出一些创新性的解决方案。为顾客服务也被实际的改革运动所采纳,比如英国的"公民宪章"运动。美国的国家绩效评审报告就有这样一个目标: 为顾客提供与企业的最佳服务相同的服务。

但是,在邓哈特看来,把政府服务的对象说成是顾客是不妥当的,新公共服务承认与政府互动的并不简单的是顾客,而是公民。在邓哈特看来,顾客这个概念在实际的使用中会有很多困难,比如如何识别政府的顾客,一个地方卫生部门的顾客是看病的人、担心健康危险的人、医生还是护士? 顾客是同选择联系在一起的,而政府的许多服务是没有选择的,无论你想要还是不要;再者,政府的所有顾客似乎都有不同的利益需求,比如政府福利的享受者与纳税人之间常常存在着利益冲突。此外,对顾客取向提出的最重要的异议与责任有关。在政府中,公民不只是顾客,他们是"所有者和主人"。邓哈特指出,"政府必须对更大的公共利益负责,而不仅仅是对个别消费者或顾客的利益负责。无论如何,责任的问题都是至关重要的"。他引用凯特尔的话说,"民主政府的底线就是责任——而不是利润或公民满意——而且顾客服务并没有为责任提供一个良好的代表性测量标准"①。

① 珍妮特·邓哈特、罗伯特·邓哈特:《新公共服务: 服务,而不是掌舵》,中国人民大学出版社 2004 年版,第 58 页。

邓哈特认为,公共利益是就共同利益进行对话的结果,而不是个人自身利益的聚集。因此,公务员不是仅仅关注"顾客"的需求,而是着重关注于公民并且在公民之间建立信任和合作关系。政府工作人员必须认识到,公共服务不是一个经济思维的产物,而是一个政治思维的产物。这意味着改进服务的问题需要关注的不仅仅是"顾客"的需要,而且还要关注权力在社会中的分配情况。

那么,把服务对象定位于公民而不是顾客对政府官员意味着什么?邓哈特从公民美德与民主公民权的角度进行了分析。所谓公民美德,也就是"适合公民资格的文化倾向是双重的,首先,它是一种乐于向前并且承认公共职责的意愿;其次,它是一种使私人利益服从公共管理要求的意愿。亚里士多德所谓一个公民的正确倾向,就是一种把公共利益置于私人利益之前的倾向"①。

公民美德的理念体现了为公众服务的观念,民主公民权的理想意味着公民为了促进社区的改善而应该承担的某种责任或义务。邓哈特认同特里·库珀的这一观点:公民角色是认识公务员角色的基础,更确切地说,公民角色是认识公共行政官员角色的基础。也就是说,公共行政官员不仅仅只是技术专家、解决问题的人或政府的雇员,他们最好被理解为某种将公民的责任延伸到其一生工作之中的人。他们是代替我们其余人员的公民,共同的利益就是他们的特质。

如果行政角色来源于公民角色,那么行政官员的责任就肯定有一部分在于帮助公民实现他们自己充分参与政体工作的公民责任。邓哈特认为,公共行政官员在道德上有责任尽可能扩大政治过程的公共参与边界②。

(2) 追求公共利益。新公共服务的核心原则之一是重新肯定公共利益在政府服务中的中心地位。但公共利益是一个有争议的概念,邓哈特主要是从共同的利益的角度来谈论公共利益的。在这里,公共利益被定义为"绝不仅仅是所有私人利益的加总,也不是消去私人利益的各种加号和减号之后剩下的和。尽管公共利益并没有与私人利益完全分离,而且它源于具有许多私人利益的公民,但它是从私人利益内部和私人利益之间产生并且离开和超越了私人利益的某些有特色的东西,它可以使人类所能够发现的某些最高抱负和最深切的信仰成为政府工作的焦点"③。这种公共利益所依据的是对集体价

① 珍妮特·邓哈特、罗伯特·邓哈特:《新公共服务:服务,而不是掌舵》,中国人民大学出版社2004年版,第52页。
② 同上书,第54页。
③ 同上书,第69页。

值观的积极且有意义的追求。邓哈特引用了斯通对市场模式和城邦的比较。市场模式所依据的理念是：公共政策或公共利益是所有的个体追求其自身利益的最后结果。因此，市场模式中的公共利益就是个人选择的副产品。但“公用地”问题除外，它指的是对个人利益的追求丧失了共同利益。但在城邦，“公用地”问题经常出现。人们很少假设政策只会影响一两个人。这样，政治对话的目的就是要鼓励人们去明确表达共同利益并且首先关注政策选择的更加广泛的结果。

基于共同价值观的公共利益表明了一个不仅仅包括特殊利益团体的互相作用而且还包括共同的民主和宪政价值的过程。邓哈特认同公共利益理论家的这一观点：人们不仅能够超越自我利益，而且政府也应该努力地培育和开发人们的这种能力。在某种程度上，这种能力依赖于信任。公民的信任和信心是建立在政府正在为响应公共利益和社区的共同价值观而行动的信念之上的。信任和为了公共利益而行动，这两者是互相强化的——当政府为了公共利益而行动时，公民的信任度也会随之增强。

邓哈特对传统公共行政和新公共管理的公共利益观提出了批评。在邓哈特看来，在传统的公共行政中，公共服务被认为是一种价值中立的技术过程，而且行政官员的权威就是专长的权威。从某种意义上说，传统公共行政没有一个关于保护公共利益的行政责任的理论。公共利益取决于选举产生的官员。在传统公共行政中，公务员服务于公众利益的最佳途径就是着重关注中立、效率以及政治与行政的严格分离。在传统行政中，公共利益只属于政治领域。长期以来，与公共利益有关的公共行政角色是一种被动的角色。公务员对公共利益的决断主要是根据其等级结构中政务官上司的行动。简而言之，在传统公共行政中，公共利益是由民选的政策制定者来界定的。公共行政官员被假定能以最有效率、最科学、最具政治中立性的方式为公共利益服务。

在邓哈特看来，公共利益和按公共利益行事在把公民当顾客的时代已经没有了。新公共管理的一个理念是，政府应当创造像市场那样的舞台，在这个舞台上，个人作为顾客能够根据他们的自身利益作出选择，个人无需关心其他顾客同伴的利益。

邓哈特在批评的基础上提出了新公共服务的公共利益观。邓哈特认为，公务员对于帮助公民明确地表达公共利益具有一种极为重要的作用，反过来，共同的价值和集体的公民利益也应该指导公共行政官员的决策和行为。公务员必须努力保证公民在治理的每一个阶段——而不仅仅只是在选举政治中——获得发言权。公务员具有一种独一无二的接触公民和为公共对话创建平台的重要职责。新公共服务倡导行政官员在促进公民界定公共利益和按照公共利益行事时应该扮演一种积极主动的角色。新公共服务的目标是要超越自身利益进而发现共同利益—公共利益并且按照共同利益—公共利益行事。新公共服务主张政府应该鼓励公民关注更大的社区,鼓励公民超越短期利益并且愿意为自己邻里和社区中所发生的事情承担个人的责任。追求公共利益并不意味着政府的决策者将会以某种方式制定出所有公民都同意的政策。更确切地说,公共利益最好被视为社区对话和参与的一个过程。这个过程既可以使人们了解政策制定的情况,又可以培育公民意识。公民应该在公共行政和政治对话的转变中扮演一种关键性的角色。而公务员可以在政治对话和治理的更大系统范围内促进关于公共利益的对话和为了实现那些价值观而采取行动。

(3) 重视公民权胜过重视企业家精神。邓哈特认为,当今政治生活最重要的发展之一是引导社会的规则、规制、项目和程序在产生方式上的显著变化,或者说是公共政策产生方式的变化。也就是说,政府的主要角色不是通过规制和法令引导公众的行动,也不只是建立一套会把人引向“正确”方向的规则和激励。更确切地说,政府在把社会推向一个方向或另一个方向的过程中变成了另一种博弈参与者。政府与私人组织以及非营利组织一起为了寻求社区所面临问题的解决方案而行动。在这个过程中,政府从控制者的角色转变成为议程创立者的角色。在邓哈特看来,导致这种情况出现的原因在于:① 市场的扩大和易变,国际市场和全球市场使政府扩大了与跨国公司和非政府组织的接触。② 福利国家进行了重构,这使政府本身不再是提供服务的主要角色,服务和其他政府职责被退给了下级政府和营利或非营利组织。③ 技术已经使得公众有可能获得越来越多的机会接触政策过程,这导致政府在政策过程中的作用被减弱。责任和权力的分散是当代政策过程的特征,这一特征导致了“政策网络”的发展,这些“政策网络”是由企业、工会、非营利组织、利益团体、政府以及普通公民组成的。政策网络成了公共政策博弈的主要舞台。

正是这样一些变化,使得传统的政府控制机制已经不再切实可行,传统的层级制政府正在让位于公共利益的不断分散,控制正在让位于互动和参与。由于多方的参与,越来越有意义的不是谈论政府,而是谈论治理的过程。那么,在这个治理过程中,政府将扮演什么角色呢?邓哈特认为,第一,政府将在确立各种网络运作的法律规则和政治规则方面继续扮演一种综合角色。第二,政府很可能会帮助解决各种网络内部,特别是那些网络之间的资源分配和依赖问题,确保每一部门最终都不会支配其他部门。第三,政府应该对网络之间的互相作用进行监控以确保民主和社会公平的原则在具体的网络内部以及不同网络之间得以维护。

这一变化也导致了民选官员和任命官员的角色和责任的变化，邓哈特描述了三种不同的角色，这三种角色分别对应传统的行政、新公共管理和新公共服务。一是与法律标准或政治标准有关的角色，公共官员所设计和执行的政策集中关注的是一些在政治上规定的有限目标，关注通过传统的政府机构来拟定政策方案，而这些政策又是这些机构中的行政官员来执行的。二是与经济和市场考虑有关的角色，即把政府的角色视为继续“掌舵”，至少充当释放市场能量的催化剂并且通过私人机构和非营利机构为实现政策目标创造一些机制和激励结构的角色。三是与民主标准和社会标准有关的角色，也就是新公共服务主张的角色。这一观点表明，公共利益是至高无上的，而且公共利益是就相互利益或重叠进行对话的结果。这种观点把政府视为对公民和其他团体之间的利益进行经营以便创造共同的价值。这可能意味着建立由公共机构、私人机构和非营利机构组成的联盟以满足彼此共同的需要。

邓哈特接着对传统公共行政和新公共管理的行政官员的角色进行了分析和批评。在他看来，传统的公共行政由民选的政治领导人负责制定政策，行政官员负责执行政策。而行政官员最终在政策过程中扮演了一种尽管常常是不太情愿但却是越来越重要的角色。而在新公共管理中，行政官员在政策过程中扮演着一种更为积极和主动的角色，即政策企业家的角色。尽管政策企业家可能会有创造性和创新性，但是他们也可能是机会主义者并且可能不会妥协。另外，存在着负责任的问题。邓哈特认为，新公共管理对管理者在政策过程中的角色的定位缺少了公民对民主治理过程的参与。那么，新公共服务怎么来认定行政官员的角色呢？

邓哈特认为，新公共服务极力主张公民应该积极并且真正地参与公共政策的制定。强调公民参与有理论和实践两方面的理由。从理论上说，行政官员的职业责任始于他们作为善良公民的本分，而这样可以创造一种与其他公民的必要联系。其次，行政官员负有一种帮助教育公民的责任。再者，作为民主治理的积极参与者，行政官员负有倾听公民声音并对其话语作出回应的责任。从实践上说，公民参与有助于：① 使公民感到其声音和利益受到关注；② 改进公共政策的质量；③ 政府更好地执行政策；④ 增加政府的透明度和强化政府的责任；⑤ 增加对政府的信任度；⑥ 更好地迎接一个正在出现的信息社会的挑战；⑦ 为一些新型合作关系的产生创造可能性；⑧ 使公众更加见多识广。在一个民主政体中，需要做的正确事情恰恰是更多的参与。

问题是怎么参与？美国历史上不乏民众的参与，那么有没有一些更新的方式？在指出了听证会和咨询委员会方式的一些局限后，邓哈特认为超越这些局限的一种方法是创立更多的代表机构并且允许它们在得出一项政策建议之前围绕着政策问题充分互动。邓哈特列举了一些学者的建议，如“评议性民意测验”、“公共判断”、“强民主”等①。本章将在最后一部分再对此作一分析。

（4）思考要有战略性，行动要有民主性。哈特认为，公共利益所依据的是就共同价值观和共同利益而广泛进行的公共对话和评议。在公共服务中，这种理念不仅仅是要确立愿景并把执行的任务留给政府中的人员去做，更确切地说，它是要把在设计和执行将会朝着预期进展的过程中的各方联合起来。通过参与公民教育的项目并且通过帮助培养广泛的公民领袖，政府能够激发一种复兴的公民自豪感和公民责任感。

邓哈特认为，以往的公共政策的执行以及研究基本上忽略了公民的作用。在传统行政中，公共机构的唯一目的就是执行政治上决定的政策和项目。由于公共行政目标就是要保持中立并且利用行政专长来实现效率，所以由于政策在公共机构按照其行事时基本上会保持不变的假定，而无须有一个执行的概念。20 世纪 70 年代才刚刚开始的执行研究提供的就是一个自上而下的线性过程。这个模式假定执行应该是一个线性过程，其中，政策指令尽可能不出偏差地转化成项目活动。它表明政策制定者是唯一重要的角色，组织层面的角色只适合于用来阻挠“正确的”执行过程。

80 年代的研究以自下而上的模式颠倒了自上而下的假定，认为为了成功地执行，项目设计必须考虑执行者的需要和价值。自下而上的模式假定存在着一个其目标、策略和行动在认识、执行时都必须受到重视的行动者网络。按照这个模式，执行机构在根据组织层面的现实重新界定和重新关注立法时扮演着一种积极的、必要的并且恰当的角色。接着是将自上而下和自下而上模式进行整合的模式。自上而下模式假定执行是一种受政策制定者控制的线性过程，自下而上模式者将控制和官僚体制底部自由裁量权的行使视为执行的一个恰当的组成部分，整合模式则通过承认来自顶部的领导和处于底部的自由裁量权都重要而把政策过程看作是一个互动的、循环的政策过程。

最新的研究则集中在政策设计和政策网络及其对评估执行的意义上，也就是说，项目和政策设计的方式决定着这些项目和政策在一个特定的政策网

① 珍妮特·邓哈特、罗伯特·邓哈特：《新公共服务：服务，而不是掌舵》，中国人民大学出版社 2004 年版，第 96 页。

络范围内将会得到执行的方式和成功程度。

在邓哈特看来，通过对这些研究的考察可以看到两个趋势：第一，人们已经抛弃了把政策执行视为一种民选官员的意图要么被遵循（即成功的执行）要么不被执行（即失败的执行）的单向线性过程的观点。相反，执行越来越多地被视为一种互动的循环过程。第二，有许多变量（包括个体的角色、人的行为考虑、组织因素、机构因素以及政策设计）会对过程产生影响，因此，应当在政策网络而不是单个机构的背景下来关注执行。

邓哈特接着分析和批评了传统公共行政的执行和新公共管理的执行。在他看来，传统公共行政的执行表现在：① 政策执行的过程是自上而下的、层级的以及单向度的。② 由于科学管理的影响和对正式组织的强调，人们关注的重心就放在了为符合这些科学原则而控制行为上。于是，其任务就是为了执行某一项目而去发现最可预见、最有规律并且最"正确"的程序和规则，然后再利用管理方法和控制措施保证组织内部成员做他们应该做的事情。③ 执行不是政策过程的组成部分，行政过程和政策制定是完全分离的。正是这些特征，思考要有战略性——更不必说执行项目要有民主性——看来既不恰当又不必要。

在新公共管理的执行方法中，民营化和共同生产是两种主要的方法，这两种方法使执行摆脱了官僚的控制而进入应该类似市场的活动领域。从某种意义上说，新公共管理倡导的执行观就是把尽可能多的执行功能从官僚机构中撤走，并引入类似企业的激励来保证项目得到正确有效的执行。传统公共行政是自上而下地追求有效的执行，而新公共管理则从侧面寻求有效的执行——即使私人部门进入公共领域，并且从底部即其顾客那里寻求有效的执行。共同生产是使公民参与公共服务的生产和供给。

而新公共服务则认为执行的重要焦点是公民参与和社区建设，公民参与被视为民主政体中政策执行恰当且必要的组成部分。由于政策执行中有自由裁量权的行使，所以这种裁量权应该通过公民参与来为人知晓。公民参与并不局限于确定优先考虑的事项，应该增进和鼓励公民参与政策制定和执行过程的各个方面和各个阶段。此外，在新公共服务看来，像共同生产这样的机制不是源于市场的概念，而是源于社区的概念，社区的特点就是社会互动、共同的空间以及共同的契约。一个社区中的共同生产依赖于相互信任、合作以及共同的责任。在新公共服务中，公民和执行官员共同承担责任并且一起为执行项目而工作。在邓哈特看来，满足公共需要的政策和项目可以通过集体努力和合作过程得到最有效并且最负责的实施。

(5) 承认责任并不简单。公共服务中的责任问题是一个非常复杂的问题。行政责任不仅难以界定,而且难以落实。在邓哈特看来,这是由于作为更大治理体系的组成部分的行政过程很复杂的功能所致,其结果导致了一个由责任机制和体系构成的复杂网络,而这个复杂的网络正是现行美国政府体系的特性。邓哈特认为,罗姆泽克和英格拉姆提供了一个有关责任的有用的框架。在他们看来,责任根据是内在的还是外在的以及根据其所呈现的个人自主性高低而有这样四种类型。第一种类型是层级制的责任,这种责任是基于对其工作自主性很低的个人进行严密的监督。第二种类型是法律责任,这种责任意味着按照业已规定的命令对绩效进行详细的外部监督,例如立法组织和宪政结构,这常常会包括财务审计和监督听证。第三种类型是职业责任,这种责任依据的是制度安排为那些其决策基于源自正确实践的内在规范的个体提供了高度的自主权。第四种类型是政治责任,这种责任要求对外部的关键利益相关者(如经选举产生的官员、委托人团体、普通公众等)作出回应①。罗姆泽克和英格拉姆认为,尽管这几类责任关系都存在,但有些责任形式可能变得更占优势,而同时,其他的责任则可能会在某种给定情况下变得暂时没用。改革的时候,这些不同类型的责任之间常常会发生一种重点和优先秩序的转变。

邓哈特认为,传统行政的责任观是一种正式的、层级制的法律责任观。这种责任观所依据的假定是执行官员不行使并且也不应该行使大量的自由裁量权。更确切地说,他们只是执行由层级制官僚机构中的上级、民选官员以及法院为他们提出的法律、规则和标准。在传统行政中,责任的焦点在于确保行政官员在履行其职责时坚持和遵守为他们确定的标准、规则和程序。它不是一个恰当且负责地使用裁量权的问题,而是一个通过严格地坚持法律、规则、组织程序和上级指令来避免使用裁量权的问题。在邓哈特看来,按照这种观点,对公众直接回应或者负责至少含蓄地被视为是不必要和不恰当的。民选官员负责把公共意志转变为政策,行政官员执行,他们负责的行政行动是建立在科学的价值中立原则基础之上的。总之,在传统行政中,行政官员有责任坚持客观的外在控制并且对其与既定标准和关键性利益相关者的偏好有关的行动负责。

在邓哈特看来,新公共管理倡导的责任观模仿了传统行政的责任观,因为它依然依靠客观的测量和外在的控制,不过有几个方面的差异。第一,传统行

① 珍妮特·邓哈特、罗伯特·邓哈特:《新公共服务:服务,而不是掌舵》,中国人民大学出版社 2004 年版,第 124 页。

政测量和控制的不是结果而是投入，而新公共管理则注重出成果的绩效标准。第二，新公共管理是对其“顾客”负责，因此，其责任就是满足直接顾客对政府服务的偏好。第三，新公共管理强调民营化，民营化政府的责任系统强调提供既可以使其顾客满意又能以最有效益的生产方式产生预期效果的服务和功能。

邓哈特在分析传统公共行政和新公共管理的责任观的基础上提出了新公共服务的责任观。邓哈特认为，尽管对效率和结果的测量很重要，但是它们却不能涉及或包括我们要求公共行政官员的行为要负责、合乎道德并且符合民主原则和公共利益的期望。在新公共服务中，公民权和公共利益处于舞台的中心。邓哈特认为，新公共管理的民营化缩小了责任的范围，没有适度的强调公法和民主规范，以及把公共行政官员视为企业家，这些是新公共服务不能接受的。新公共服务中的责任表明要将公务员的角色重新界定为公共利益的引导者、服务员和使者，而不是企业家。法律原则、宪政原则以及民主原则是负责任的行政行动无可辩驳的核心内容。新公共服务强调提高公民权的重要地位和中心地位并且把公众视为负责任的公共行动的基础。在新公共服务中，责任被广泛地界定为包含了一系列专业责任、法律责任、政治责任和公民责任。平衡这些责任可能的冲突的关键在于公民参与、授权以及对话。公共行政官员应该成为一个复杂治理系统中的负责任的行动主体，在这个系统中，他们可能扮演的角色有促进者、改革者、利益代理人、公共关系专家、危机管理者、经纪人、分析员、倡导者，以及最重要的是公共利益的道德领袖和服务员。

(6) 服务，而不是掌舵。对于公务员来说，越来越重要的是利用基于价值的共同领导来帮助公民明确表达和满足他们的共同利益，而不是试图控制或掌控社会新的发展方向。邓哈特从这里转而进行了对领导的论述。他首先分析和批评了传统公共行政和新公共管理的领导模式。在他看来，传统公共行政的关键性基本原则是统一指挥、层级制、自上而下的权威以及劳动分工。在这种模式中，公民的作用被认为是有限的，他们主要是定期选举官员，然后站在“场外”观看他们表演。公民参与充其量只不过是保证服从的一种手段，而在最坏的情况下，它则是一件多余的烦心事儿。在新公共管理中，对领导的需求至少部分地被决策规则和激励机制所遮蔽。在这种情况下，领导权不属于一个人，相反，个人选择的聚集取代了对某些领导职能的需要。在有些情况下，政府完全抛弃了某些公共职能，在另一些情况下，政府则将一些服务的供给任务对外承包。总而言之，新公共管理把市场机制用来作为公共领导的一种替代品。

邓哈特在分析传统的公共行政和新公共管理的领导观的基础上提出了新公共服务的领导观。在他看来，新公共服务的领导既不是对个人的控制，也不是对激励的使用。这种领导是以价值为基础的，而且领导是在整个组织中并且与社区共享的，是一种基于价值的共同领导。邓哈特的这一概念来自詹姆斯·伯恩斯的"转化性领导"和约翰·布赖森和巴巴拉的"共同领导"。伯恩斯把领导理解为不是领导者对追随者做的某件事，而是领导者与追随者之间的一种关系。领导不同于权力，权力服务于权力行使者的利益，而领导者既服务于领导者的利益又服务于追随者的利益。要实施领导，则必须使领导者和追随者双方的价值观、动机、希望、需要、利益和期待都得到体现。伯恩斯区分了两种领导："交易性"领导和"转化性"领导。交易性领导是以一种可以增进双方利益的关系而相聚在一起的，但他们之间没有很深的或者持久的联系。在转化性领导中，领导者和追随者之间的关系在于对共同目标的互相支持，通过这种关系，双方的目标都得以提升，双方都得到了动员、激励和提高。

约翰·布赖森和巴巴拉的共同领导源于对一种新的治理过程的认识，即当今的问题越来越需要具有不同风格、议程和关注点的许多不同组织的网络参与。在这种更加易变并且更加骚动的环境下，理性的正式领导模式不再起作用。相反，一些通常是没有正式权力的人必然会担任领导，他们会把所有关系该问题的人召集到一起并帮助消除或调解这些分歧。布赖森和巴巴拉接着指出了三种具体的做法：① 论坛，这是人们能够开展讨论、辩论和评议的场所，包括讨论小组、正式辩论、公共听政、工作小组、会议、报纸、收音机、电视和互联网。② 竞技场，这是一个更正式、界限范围更明确的场所，如执行委员会、市政会、理事会以及立法机关。③ 法庭，即按照业已确立的社会规范来解决争端的场所，如最高法院、交通法庭等。

邓哈特认为，新公共服务要表明，公共行政官员不仅要共享权力，而且还必须把他们在治理过程中的角色重新界定为不是企业家，而是负责的参与者。基于价值的共同领导应该是各级公务员的一种职能和责任。邓哈特认为，对公共行政官员这种角色的认定要求公共行政官员不仅要了解和管理他们自己的资源，而且还要认识并且与其他的支持和辅助资源联系起来，使公民和社区参与这一过程。

（7）重视人，而不只是重视生产率。对人类行为动机的假定在相当程度上决定了解释、回应和影响他人行为的方式。早期对人所抱的看法是比较消极的。邓哈特认为，传统公共行政所依据的理念是效率是极为重要的价值，如果不迫使人努力工作，那么人们就不会努力工作。在传统公共行政中，人们只是被期待遵守命令。公共职业被视为一种类似于私人部门职业的简单报酬安排：为了换得一份稳定的薪酬，工人们会认真有序地执行所分配的工作任务。工人们作为具有情感和需要、贡献和洞察力以及应有价值的人而受到的对待不是这个等式的一部分。简言之，传统公共行政利用对人的控制来实现效率。在邓哈特看来，新公共管理依靠经济理性来解释人的行为，而排除了认识动机和人类经验的其他方法。对人的激励是建立在人的自利这一最基本的假定之上的。如果人们不受到监控并且没有足够的资源来诱导他们去追求别的目标，那么他们就会试图满足自己的目标。邓哈特认为，在传统公共行政中，为了保证绩效，就不得不利用惩罚手段来对人们进行控制和威胁，而新公共管理则否定了人们应该为了响应公共价值、忠诚、公民权以及公共利益而行动的理念。

邓哈特认为，如果不同时给予一个组织中个体成员的价值和利益以足够的关注，那么，从长远的观点来看，这种试图控制人类行为的理性做法很可能失败。因此，一些在传统公共行政和新公共管理中被降低了重要性的人类行为要素，如人的尊严、信任、归属感、关心他人、服务，以及基于共同理想和公共利益的公民意识在新公共服务中则处于核心的地位。在新公共服务中，诸如公正、公平、回应性、尊重、授权和承诺这样的理想不是否定而常常是超过了那种把效率作为政府工作唯一标准的价值观。一种具有高度包容性的参与性管理方法不只是一种提高生产积极性的工具性手段，而且是一种促进公共服务核心价值的手段。在新公共服务中，这种参与和包容的方法对于增进满足感、提高生产积极性，以及增强一个组织的创新能力都“更加有效”。邓哈特认为，尽管质量管理和参与决策对于雇员的绩效都具有积极的影响，但是参与决策的影响则要大得多。如果你一开始就假定公务员是并且应该是以民主的理想和对他人的服务为动机，那么这些方法就是有意义的最好方法。

第四节　分析与评价

邓哈特的新公共服务理论是不是构成了一种新的理论体系？他所说的第三种行政模式，也就是新公共服务模式是否得以成立？事实上，新公共服务从某种程度上来说只是美国历史上一种思想或学说在新的条件下的延续。在美国的行政思想史上，历来存在着宪政主义和管理主义两种倾向。前者关注社会公正、平等、民主、回应性等，后者则关注效率和绩效。亚历山大·汉密尔顿和托马斯·杰弗逊分别作为两种倾向的代表，开创了美国历史之先河。

邓哈特的新公共服务是作为对管理主义集大成的新公共管理的思想和实践的批评出现的。在这一点上，邓哈特延续了历史上的宪政主义的思想传承。他对新公共管理强调的绩效、市场和企业运作、效率等进行了批评，强调公共服务的公平、回应性、参与、民主治理、公民精神、公共利益，这表明邓哈特力图把偏向管理主义的钟摆再次拨向宪政主义。

邓哈特对传统公共行政，尤其是新公共管理的批评首先基于一种不同的人性假定。新公共管理的人性假定是建立在理性选择理论基础上的。理性选择的核心是每项社会行动都是为了达到一个具体的目标，为了达到这一目标，通常会在理性的基础上对这一行动做成本—效益分析。在理性选择理论中，行动的动机只有一个——功利和自我利益的最大化。在公共行政中，这一最大化通常被说成是预算最大化、组织和权力最大化，也被说成官员自我利益的最大化。长期以来，理性选择理论在公共行政中占据了主导的地位。新公共管理更是将它推向了极致。而邓哈特对此持有完全不同的看法。在他的眼中，公务员是很崇高的。"人们之所以被吸引去从事公共服务，是因为他们被公共服务的价值观所促使。这些价值观——为他人服务、使世界更加美好和更加安全，以及使民主发挥作用——体现了在一个社区的服务中作为一个公民的意义的精华。我们需要培育和鼓励这些更高层次的动机和价值观，而不应该把人当作一部机器上的嵌齿或者认为似乎他们只具有为自己利益服务的行为就压抑这些动机和价值观。"①在从事公共服务的动机上，詹姆斯·佩雷比邓哈特说得更详细。在佩雷看来，公共服务的动机就是个人对主要和唯一建立在公共机构和组织之上的各种动机进行反应的倾向。佩雷从心理需要的角度具体列举了以下四个动机：① 热衷于政治决定和决策；② 致力于公共利益和公共责任；③ 热情；④ 自我牺牲②。

邓哈特对人们从事公务的动机的看法与佩雷的一个相同之处在于这种动机的形成是一个社会化的过程。这在方法论上显然或至少带有新制度主义的特点。制度通常被定义为超越个人层次的正式的和非正式的、结构的、社会的和政治的现象，它或多或少建立在共同的价值之上，具有一定程度的稳定性并

① 珍妮特·邓哈特、罗伯特·邓哈特：《新公共服务：服务，而不是掌舵》，中国人民大学出版社2004年版，第163页。

② 詹姆斯·佩雷："把社会包括进来：走向一种公共服务动力的理论"，载《公共行政研究》1996年第四期，第471—488页。

对行为产生影响。与理性选择不同,新制度主义认为动机不是一种外生变量,而是作为一种内生变量可以在机构内培养成的。但如何从机构层次转化为个人行动则是个问题。

事实上,出于公利还是私利从事公共服务的假定可能都有失偏颇。按照自我决定理论,动力的来源是动机和具体的机遇的互动。动机是同角色相关的。作为一个自然人,他无疑有自利性。但是,当一个人进入一个组织时,他又多了一个组织人的角色。这两种角色之间会发生冲突,尤其是在一个强调公共利益高于私人利益的组织,这种冲突就会更大,这也是强调从事公务要有一种牺牲精神的道理所在,尤其是在一个不是以官为本位的社会里。此外,组织人的角色也会使得组织的私利与其他组织和社会产生冲突,比如预算最大化和组织最大化等。理性选择理论对出于私利的强调没有看到尤其在公共组织中的一些崇高的方面如利他和牺牲精神,这是它受到指责的一个原因。另一方面,在公共组织唤起一种崇高的使命意识当然是有意义的,这是公共服务的公共性的内涵之一,但不能由此否认对个人私利和组织私利的追求这一事实。一个现实的问题也是组织管理中的一个老问题,即如何在管理中考虑个人的利益并把个人的目标和组织的目标整合起来。如果做不到这一点,很多崇高的东西也不免陷于空谈。如果人们都像邓哈特所说的都是出于一种公共服务的价值观而去从事公共服务,那么政府就变得很完美了,邓哈特也就没必要提出他的新公共服务理论了。

邓哈特的新公共服务确切地说是一种价值转向,在新公共管理强调的绩效、效率、结果、成本—效益等行政价值铺天盖地而来的情况下,对一些诸如人民主权、民主治理之类的政治价值的重申无疑是有意义的,因为这些价值是行政的目的所在。但不能由此忽略行政的效率价值,因为没有对行政价值的追求,作为目的的政治价值是无法实现的,而一些行政价值本身也具备着政治价值,很难说一个有绩效的、高效率的政府是人民不喜欢的。邓哈特的新公共服务对政治价值的强调以及他的第三种行政模式并没有完成这两者的统一。

邓哈特并没有完成一种理论上的创新,他所强调的服务于公民、追求公共利益、重视公民权、重视人的价值、民主治理、公共参与事实上并不新鲜,这些都是西方政治和管理发展史上耳熟能详的东西。西方政治体制理论体系的似乎相对的完备性在某种程度上导致了理论突破的难度。事实上,邓哈特也没有对这一作为基础的政治体制和宪政结构提出批评,也就是说,他强调的这些价值恰恰凸现了体制和宪政的问题。事实恰恰相反，邓哈特在谈论他的政治价值时还是以原有的政治体制和宪政结构作为基础，这就使他的理论受到了极大的局限，他只不过把许多人已经谈论过的东西归到一个“新公共服务”名下而已。很难看到新在何处，最多只是行政的一种价值回归而已。

邓哈特是把政府作为一个整体来加以论述的，他为了批评政治行政的两分而故意忽略了美国宪政结构确定的政府政务官和公务员的区别，把两者等同一体，因此很多东西就说不清楚。比如在谈到责任制时，邓哈特认为，新公共服务强调要提高公民权的重要地位和中心地位并且把公众视为负责任的公共行动的基础。公共行政官员的权威来源是公民①。在这里，公共行政官员这一说法是含糊不清的。通常意义上的公共行政官员指的是官僚和公务员，不是政务官。如果说政务官的权威来源是公民还可以接受的话，那么官僚和公务员的权威显然是来自组织的授予。因此，这里就发生了一个基本的问题：当政务官和上级制定的政策与民众（至少是部分民众）发生冲突的时候，官僚站在哪一边？这形成了一种责任的悖论。正如邓哈特在书中引用的迈克尔·哈蒙所说的那样，这个悖论在于，“责任的本质坚持两个形成对照的思想：道德责任与对某一个组织的责任”②。“负有责任的悖论就是，当公务员仅仅是为了有效地实现政治权威所规定的目标而负有责任时，那么仅仅作为那种权威的工具，他们作为道德行为主体不对其行动结果承担任何个人责任。如果另一方面公务员积极参与确定公共目标，那么他们的责任就会混同于理论责任而使政治权威受到破坏”③。

邓哈特自己都承认，公务员被正确地要求既要负责任，又要讲道德，如果其他不计，那么在这两者当中挑选任何一者“都会将民主政府置于危险之中”。邓哈特看到了这种内在的紧张，但他对道德偏向的强调不解决一个现实的问题：当道德责任和组织责任冲突的时候，公务员会站在组织责任一边，会服从上级而不是民众。这是官僚组织的体制和结构决定的，也符合宪政的基本原则。按照宪政的原理，政务官负决策责任，公务员负执行责任，他们只是在非常有限的自由裁量权中可以作一些决定（这些决定不可能涉及重大问题）。对两分法的批评事实上还无法否定宪政的这一根本制度安排。因此，

① 珍妮特·邓哈特、罗伯特·邓哈特：《新公共服务：服务，而不是掌舵》，中国人民大学出版社2004年版，第129页。

② 同上书，第131页。

③ 同上书，第132页。

邓哈特如果讲主要由这些政务官来承担和追求这些政治价值可能在逻辑上更能讲得通。同样的例子还可以表现在他频频使用的公民和公众这一概念上。比如,在一般意义上讲公民参与是可以接受的,但公民的许多利益是不同的,甚至是互相冲突的,政策选择往往在有利于一方的同时会伤害另一方,而另一方也是公民,也享有公民权利,那么什么叫捍卫公民利益呢? 因此,一般地讲公民参与并不解决实际的问题,美国历史上不乏制度安排的公民参与(比如1946年行政程序法对公民参与有关决定的规定),也不乏现实中大量的公民参与(利益集团的活跃程度即可见一斑),邓哈特只是再次强调了公民参与尤其是参与决策的重要性,但他的公民参与并没有提供新的东西和一套行之有效的参与方法。

更重要的是邓哈特的新公共服务理念缺乏一个可以操作的组织结构和运作方式。邓哈特批评的很多对象是与美国的宪政结构尤其是与官僚制的组织结构和运作方式联系在一起的。只要这些结构与方式不变和基本不变,那么与这些结构和方式相连的很多东西(无论是好是坏)也不会发生基本的变化。新公共管理即便在体系上要比新公共服务来得完整,对原有体制和结构的远离显得更明显,但它在很多方面也没有摆脱官僚制的一些基本特征,比如公共管理的最终决定仍然由政府来作,尤其是在联邦层面,比如下级服从上级的官僚制组织原则,公共行政的主要载体还是以官僚制结构形态出现的政府。因此,新公共管理在某种程度上只是政府运作方式的转变,在管理中引入更多的企业和市场式的管理方法。如果说新公共管理使得网络的结构形式得到发展(比如由外包导致的政府与社会其他组织的网络式的互动)从而使新公共管理的理论还有一定的组织结构载体、因而作为一种模式可能还可以得以成立的话,那么具体实践新公共服务的组织结构载体和运作方式是什么呢? 邓哈特在对传统的公共行政和新公共管理进行批评的同时,并没有在解决公共组织结构问题上提出一个自成一体的模式,而只是在原有结构形态上寻找适合自身价值的东西,这使得他的理论缺少了一个坚固的基础,因而很难说是一种理论突破,尽管在管理价值甚嚣尘上的时候强调一下宪政价值不乏它的意义。

思考题

1. 新公共服务理论主张什么样的公共管理理念?
2. 新公共服务追求的价值与新公共管理追求的价值可以融合吗?
3. 你认为新公共服务作为一种新的政府模式能够成立吗?

第二十六章　希克斯的整体性治理理论

第一节　生平与著述

佩里·希克斯(Perri 6)是英国著名的社会科学家,他的原名是戴维·艾希沃斯(David Ashworth),1983 年改成现名,以表明他喜欢在学术杂志上出现"6 和 P"的字样。希克斯曾经在德莫斯(Demos)工作,这是一家 20 世纪 90 年代与新工党关系密切的中偏左的思想库,现在他是诺丁汉·全特大学社会科学学院的教授。

希克斯教授的主要研究领域包括公共服务中的组织间关系、网络以及"协同型"(joined-up)政府,电子政府,政策过程与政策评价,组织过程,公共政策与个人的社会网络以及风险的文化理论。希克斯教授著述颇丰,近期的主要著作有与金伯利·舒尔兹、戴安娜·利特以及加里·斯多克合著的《面面俱到的治理:建立整体性政府的战略》(1999 年),《迈向整体性治理》(2002 年)。同时他参与了多部著作的写作,比如 2001 年出版的《21 世纪的治理:经济合作与发展的组织》以及《设计电子政府:在技术创新与制度变革的十字路口上》,2002 年出版的《管理全球化:权力与全球治理》,2005 年出版的《不一致有价值吗?》,2006 年出版的《五十位主要的社会学家》。

希克斯的几位合作者同样对整体性治理理论做出了他们的贡献。戴安娜·利特(Diana Leat)是英国伦敦政策研究所的高级研究员,专注于第三部门和社会政策领域的研究。加里·斯多克(Gerry Stoker)是南安普顿大学社会科学学院的教授,其主要研究领域包括治理、民主政治、地方治理、城市政治、公共参与和公共服务改革。他在 2006 年出版的《为什么政治至关重要》一书获得了英国政治学会的政治学著作年度奖。金伯利·舒尔兹(Kimberly Seltzer)在 1999 年出版过《创新时代:新经济所需知识和技能》。

第二节　整体性治理的起源和背景

希克斯认为,整体性治理(holistic governance)并不是一个新鲜的东西。政府机构之间的合作、协调和整合,不管它被叫作"协同性的、整体性的还是整合的或协调的,所有这些一直都是被政府组织看作是要追求的目标"①。从某种角度上说,通过组织协调来达到目标是治理要面对的一个永恒的问题。

早在18世纪,对民众的管理已经成为福柯称之为"生物政治"的治理中一个日渐增多的考虑。这样,在普鲁士以及其他地方,政府的统计局建立了起来,用于搜集和分析公众管理的一些措施。到19世纪,随着城市和工业经济的发展,政府的职能开始增多,其结果是要求有一些政府组织的新形式。今天一些与我们生活相关的组织形式几乎都是19世纪的发明,其中一些主要的组织有文官制度、地方政府、股份公司、慈善基金等。20世纪推动公共服务职能的增长和重组的主要动力首先来自以全体公民为对象的福利制度的出现,以及对福利项目的不可抗拒的要求。20世纪也见证了另一种理性化的发展,其形式仍然采用的是传统的边沁的实用主义,即组织的形式应当跟着任务走,行政组织的设计应当遵循政策设计的理性,而不是反映各种政治力量及其特殊利益之间的平衡。以英国而言,20世纪经历了在政府协调问题上的起落。二战后阿德礼政府大力推行福利制度,这带来了协调,以及以往通常被看作是破碎的志愿和公共服务体制。以往由地方政府负责的活动的增加被认为最好被合并成几个功能,并由一个能进行更好协调的机构来加以执行。60年代关注的是英国福利制度在协调上的失败,并设法进行弥补。思博(Seebohm)委员会针对当时社会服务中缺少的协调和整合问题,其对策是建议由一个强有力的中央机构来进行整合。就针对个人的社会服务来说,在地方政府建立一个由首长负责的社会服务部门。在中央层面,70年代建立的中央政策评审小组旨在解决一些30年后布莱尔政府所称的"交叉问题"。1975年建立的社会政策联合框架反映了希思政府的这一考虑:在中央建立一个政策协调框架。

① 佩里·希克斯、戴安娜·利特、金伯利·舒尔兹、加里·斯多克:《迈向整体性治理:新的改革议程》,帕尔格雷夫出版社2002年版,第9页。

80 年代的改革使得政府不再关心协调问题,这部分是原有协调体制的失败所导致的。中央政策评审小组被解散。相反,像财政管理创议、建立后阶段(next steps)机构之类的改革开始增加功能部门的碎片化。然而到 80 年代末和 90 年代,英国的保守党政府开始感到有必要纠正对其改革取向的碎片化影响。80 年代就曾经有过卫生部门和社会服务部门联合预算和规划的动议,只是在 1997 年新工党上台后,“协同型”政府才开始成为一个关键的口号与目标。

希克斯认为,整体性治理作为一种解决方式,它针对的是在 20 世纪 80 年代和 90 年代初政府改革所强化的碎片化状况,整体主义的对立面是破碎化,而不是专业主义。作者认为,从功能上讲,碎片化的治理有以下一些问题:① 转嫁问题,让其他机构来承担代价。每个机构都有自己要解决的问题,有的机构在没有解决问题的情况下,将余下的问题丢给其他机构。比如学校的排斥带来了严重的青少年犯罪问题,而司法系统则不得不出面解决这一问题。② 互相冲突的项目。一些机构的政策目标互有冲突,或者,尽管一些机构从事同一政策目标的工作,但它们的运作却互相拆台。例如,惩治和预防犯罪的机构和教养机构的目标都是减少犯罪,但在一些具体领域两者常常发生冲突。③ 重复,它导致浪费并使服务使用者感到沮丧。比如,个案研究部门必须向中央政府部门发 75 份以上的计划。④ 互相冲突的目标。一些不同的服务目标会导致严重的冲突,比如,警察搜取可能导致惩罚的证据显然会同那些从事青少年服务和试用工作的人发生冲突。⑤ 由于缺乏沟通,不同机构或专业缺乏恰当的干预或干预结果不理想。例如,增进健康和教育支持的干预应该在传统的干预有孩子的家庭的社会工作之前,但是如果这样做,对孩子生活的照顾就会减弱。⑥ 在对需要作出反应时各自为战。一些机构认为可以在不与其他机构通气的情况下凭自己的力量解决问题,但最后却并没有满足真正的需要。例如,在建立地区儿童保护委员会之前,心理学家、教育福利官员、儿童保护社会工作者和警察都自行决定了各自干预的方式和范围。⑦ 无法得到服务,对得到的服务感到困惑。公众并不会把他们的问题作一个清楚的分类。其结果,他们常常不知道到哪里去获得恰当的服务。尽管有许多试点项目,但仍然没有一个人们通过它可以来发现中央和地方公共和私人机构提供所需服务的标记。⑧ 服务提供或干预中的遗漏或差距。这是由于没有考虑问题的原因,而是强调可得的或固有的一套专业干预导致的。例如,一些着眼于长远犯罪预防的项目指出了一些早就应该纠正的干预中的差距。所有这些问题正是治理中的一些协调、合作、整合或整体性运作想解决的①。

那么,产生碎片化治理的根源是什么?希克斯把对此问题的解释分成两类,一类是治理战略的意想不到的结果,另一类是由治理系统中的行动者的自利角色导致的。

第一类的解释包括五个方面,涉及的是体制性的碎片化②。

第一,鲍威尔、卡特等人提出的减轻在输入上的管理和开支控制。公共部门的管理和内部管制面临的第一个挑战是获得一个充分的“侦查”系统来搞清楚钱的来源、去处等。获取、记录和分析有关输入——花多少钱、进多少人、买了多少东西等——比起获取有关减少社会问题和增加福利的不同做法的信息要来得容易。如果开支与直接的、容易解读和可比较的数据相连,那么对开支的控制就会变得容易和简单得多。因此,政府部门常常倾向于不断加强组织管理,以便提出一些容易管理的工作。

第二,奥斯本和盖布勒提出的对正直和诚实负责。这一点是从前面一点发展而来的。早在19世纪末和20世纪初的英国、欧洲大陆和北美,政府改革的一个主要目标是控制、防止和惩治各种形式的腐败。对政府正直和诚实的承诺需要的是会计、透明和评估等系统,而不是管制行为。这样,重点就落在了政府的输入——人、财、物等——上,因为这些输入的储存和流动容易衡量和控制。立法机构的审计和监督系统就是围绕对这些输入的衡量,而不是围绕问题和结果建立起来的。

第三,盖依·彼得斯的消费者取向的政府。公共服务的使用者并没有一些可明确归入由功能组织起来的公共行政界定的类型的问题,而整体性运作的目标之一就是设计能对一系列无缝隙结合的问题作出反应的干预或相关的能力。然而,服务的消费者并不一定要求横向的整合,他们常常要求纵向的整合和功能整合。以医疗为例,患者权力的增加并不一定导致患者施压,要求医疗照顾与其他服务更好地协调,他们往往要求的是医疗体制内更好的功能性组织。这有很多原因,但其中一个原因显然是在功能性组织里具有获得整体透明度的可能性。

第四,为功能性组织所作的战略性决定。在公共行政史的各个阶段,战略决定一直是从功能的角度来组织公共服务和地方政府的。这些决定以各种理由作出,包括更好的绩效管理、更多的政治控制等,但结果却是治理在功能上

① 佩里·希克斯、戴安娜·利特、金伯利·舒尔兹、加里·斯多克:《迈向整体性治理:新的改革议程》,帕尔格雷夫出版社2002年版,第37—38页。

② 同上书,第41—42页。

的碎片化。

第五,对以输入或转换形式出现的承诺施加的民主压力。民主压力本身在解释碎片化中也起了重要的作用。公民长期以来一直对在一些功能中增钱加人、确立更多的政治重点等做法抱有警惕,这在社会化的医疗保障的花费方面尤其如此。近年来的中学教育也是如此,师生比率一直是出于一种公众的要求,而不是出于课程的变化。相当多的人为什么会坚持这些在功能上得到界定并以输入为基础的要求呢?原因有很多,其中一个就是对政客的不信任以及主张一些看得见、摸得着的改革。毫无疑问,专业人士的影响和对公众舆论的掌控起了一种重要的作用。

第二类的解释包括三个方面,涉及的是功能性的碎片化。

第一,政治试图对执行和行政获得更大的控制权。这种控制通常主张采用“分而治之”的战略。功能分离的好处不仅在于可以支持较简单容易的衡量标准,而且还在于能使政务官员利用现有的专业管理、招募、职业发展等系统作为控制的工具。因此,功能的碎片化源于政务官员的重点在于控制,而不是解决问题。

第二,专业掌控和专业垄断。公共部门较多的专业在为达到自己的目标而使功能碎片化方面的作用不能被高估。专业的一个主要目标历来是在其领域的决策中获得自主性。如果专业过多地涉足公共服务的提供,那么获得这一自主性的最理性的战略就是确保服务的组织遵循专业的边界。由于专业是按其从事的活动的种类而不是解决问题界定的,因此它反映了对功能组织的偏爱。

第三,最大化的管理控制幅度。功能性组织也适合于高级文官。大多数高级文官崇尚的一个目标不是追求传统的公共选择理论所说的预算最大化,而是追求他们的控制和影响最大化。功能性组织确立了一个高级文官可以掌控的空间。

问题如此之多,不免令人沮丧。但希克斯指出,认为整体主义的游戏在还没有开始之前就已经结束的想法是错误的,因为它是建立在对过分的决定论(这种决定论常常体现在政府的干预和制度的设计上)的挑战之上的。

第三节　整体性治理的概念框架和目标

整体性治理的一个重要概念是整合,但与整合又有区别。对整体性治理的挑战是在以下这些关键活动的所有层面上取得一种一贯性，即① 政策：涉及政策的制定过程、政策内容的形成，以及对政策执行的监督。② 管制：对个人、私人组织以及政府内进行管制的组织、内容和影响。③ 服务提供：服务提供的组织、内容以及影响。④ 监督：对政策、管制或服务提供的审计以及绩效评估。对这些活动的整体性运作可以从三个方面来加以理解。第一，可以将不同层次或同一层次的治理进行整合，比如地方机构内部的不同部门、中央机构与地方机构之间，或地方机构与欧盟总指导处的一个具体项目之间，或地方贸易政策制定官员与中央贸易管制者之间。第二，可以在一些功能内部进行协调，比如使海陆空三军合作，也可以在少数和许多功能之间进行协调，比如健康保障和社会保障，或城市重建涉及的许多部门和机构。第三，整合可以在公共部门内进行，也可以在政府部门与志愿组织或私人公司之间进行。

希克斯以目标和手段，在三个层次上区分了几种不同类型的政府，见图 26－1①。

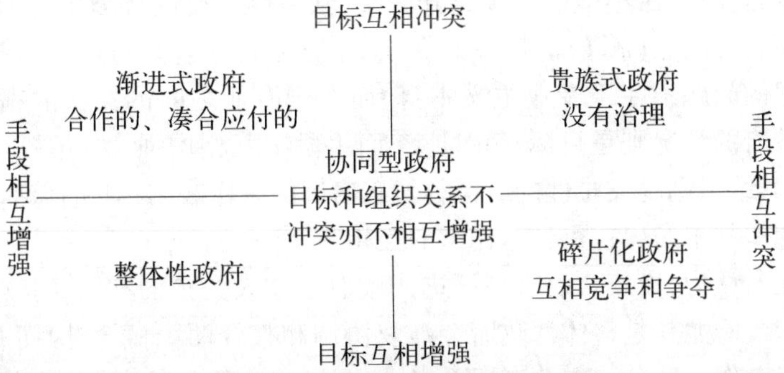

图 26－1

首先看一下处在目标和手段层次上的机构之间的直接冲突。比如，贸易工业部的通过放松管制、促进电子商务的政策可能同资料保护委员会的保护消费者隐私的政策直接相冲突，因为工商部门希望接触个人资料、有权储存和分析这些它们想要的资料，而管制机构则想获得目标，有权使用与部门承诺相矛盾的手段。其结果便是出现我们所称的“贵族政府”，在这一政府中，部门和机构通过小争论和小冲突来获得自己的“地盘”、独立性以及对相关领域的

① 佩里·希克斯、戴安娜·利特、金伯利·舒尔兹、加里·斯多克：《迈向整体性治理：新的改革议程》，帕尔格雷夫出版社 2002 年版，第 31 页。

控制。但在这一政府中,人们想取得政策目标和保持手段的整合的期望被降低了。

与此相对的是整体性政府,这一政府力图从一系列明确且互相增强的目标中找出一整套使各机构有一种良好关系的工具。尽管这很难做到,但英国正在进行这种整体性治理的试验。比如,启动社区反贫困的计划,将所有相关的干预活动(住房、就业、经济多样化、交通、社会服务、教育、职业培训等)集中到一起,重塑专业运作和投资项目,在这里,合作不仅是需要的,而且各自还要重新安排自己的功能目标,以使这些目标同反贫困的目标相一致。所有这些,对任何治理系统来说,都是具有挑战性的。

协同型政府问的问题是"我们能够一起做什么?",而整体性政府问的问题则是"需要谁参与,并在什么基础上来取得我们在这里真正想取得的东西"。在协同型政府中,目标和手段是一致的,但两者之间互不增强。碎片化政府的情况则是目标互相增强,而手段则相互冲突,这两者之间好像隔了一堵"柏林墙",就像医疗保障和社会保障之间的情形一样。两个部门都关注提高老年人的自立性,希望他们尽快离开医院,到一个更好的环境中。但是,财务安排和不合理的激励、专业上的竞争、地方资源的匮乏都与这一希望背道而驰。这里的问题不在于专业主义本身,而在于专业之间的关系的糟糕设计。渐进式政府的情况则是目标互相冲突,而手段则互相增强。一般认为如果目标冲突,其结果则是灾难性的。但林德布洛姆的著作表明,对协作活动抱不同结果的期望并不妨碍在每日运作中的互相容忍。

希克斯认为,贵族式政府与渐进式政府是令人失望的和无法接受的。由于协同型政府尤其是整体性政府会涉及协调和整合两个概念,因而有必要对这两个概念作一区分。在希克斯看来,协调指的是确立有关合作和整体运作、合作的信息系统、结果之间的对话、计划过程以及决策的想法,而整合指的是通过确立共同的组织结构和合并在一起的专业实践与干预来执行、贯彻这些想法。这些概念的关系可以以表26-1来表示①。

整体性治理背后假设的第一个基本观点是政府机构更可能旨在解决一些民众最担忧的问题,如果它们的文化、结构以及能力是问题取向,而不是有效的管理过程取向的话。大多数事关重要的结果都是许多部门、机构、专业、支持和实践的合作的产物,因为许多问题是跨部门的,单靠一个机构无法来解决

① 佩里·希克斯、戴安娜·利特、金伯利·舒尔兹、加里·斯多克:《迈向整体性治理:新的改革议程》,帕尔格雷夫出版社2002年版,第34页。

这样的问题。第二个基本观点是公众有一些需要合作解决的问题，也就是说，政府并不是完全按照它的功能来解决问题的，尽管它是按功能建立起来的。第三个基本观点是为了解决一些问题，专业、层级、公共部门各个机构之间的整合的运作通常是必要的。撇开多重性问题不说，即便是单一问题，有时也必须整体性地加以解决。

表 26－1

活　动 手段与目标之间的关系	协　调 信息、认知、决定	整　合 执行、贯彻、实际行动
协同型政府 互相一致的目标，互相一致的手段，以及手段一致支持目标	协同型协调 两个机构能够最一般地根据协议在各自的领域里运作，彼此知道如何限制负外部性	协同型整合 即合作运作，但主要强调防止负外部性，防止对一些项目来说至关重要的使命之间的冲突
整体性政府 手段互相增强，目标互相增强，手段以互相增强的方式支持目标	整体性协调 即知道互相介入的必要性，但对要采取的行动未作界定	整体性整合 整体性政府的最高层次，建立无缝隙的项目

整体性运作的一个中心的、正式的目标便是更有效地处理公众最关心的一些问题，当然也有一些其他目标。考虑在四个关键层面（政策、顾客群体、组织和机构）的每一个层面的目标是有益的。政策层面的目标涉及对特定领域进行公共干预的整体目标。顾客层面的目标关注顾客的需要或帮助形成顾客的偏好。组织层面的目标是有效地管理各种组织关系。机构目标是激活相关机构的活力。一般来说，顾客和机构层面的目标是由地方层面产生和拥有的，而政策和组织层面的目标则通常是由全国性和超国家层面形成并对此负责的。人们以不同的动机进行整合性的运作。在许多关系中，参加者并不享有共同的目标，但这一状况并不必然影响每一个参与者取得其自身目标的能力。大多数机构的整合性运作具有多种目标，但聪明和有效的整体性运作通常要求至少其中的一个组织有一个明确和一致的目标（见表 26－2）①。

① 佩里·希克斯、戴安娜·利特、金伯利·舒尔兹、加里·斯多克：《迈向整体性治理：新的改革议程》，帕尔格雷夫出版社 2002 年版，第 47 页。

表 26－2　整体性运作的目标与目的

强调的层次	输　入	转　换*	输　出	结　果
政策目标	政策连贯性	更好的政策管理	更高的服务提供质量	更有效的治疗、舒缓或预防,对顾客更多的控制
顾客目标	鼓励公民或使用者提出看法和参与	顾客更多地接受服务过程	提供全面的、更容易得到的服务	更多的公共合法性,社区建设
组织目标	避免重复,减少冲突,分担风险管理,最大化知识	成本—效益	对输出更多的控制	
机构目标	平衡资源或投资	行政控制的转移	对相关机构的输出更多的控制	

* 转换包括输入和输出之间的活动和关系。

一旦决定了目标,政务官与文官就必须确立一系列的框架性决定。首先要做的是为每一层次的运作确定整合的重点。在最高的层次上,目标是改进结果。为了做到这一点,就有必要整合许多过程。例如,政策目标是提高就业率,那么一些主要的因素就是教育、家庭、流动性和交通、社会网络、对风险的态度、期望值、住房以及日托的代价。与此相关的是公共部门和私人部门所有的机构,它们在这些领域里提供、管制和推进政策动议。在顾客层次上,关注的重点是老人、孩子以及一些可能有犯罪倾向的年轻人。这里的目标是涉及所有对这些群体的生活机遇产生重大影响的机构。在输出层次,可以试图将所有涉及提供或管制某项具体服务的机构聚到一起。在转换层次,目标是整合所有涉及处理支付和来自民众的相关活动。最后,在最低层次上,要做的事就是将所有使用某类输入的活动结合起来,比如合并一个数据系统。

另外一个观察整体性运作的有用方式是衡量整合运作的深度。这一衡量包括四个方面:① 强度,用来衡量整合的活动之间需要共享的资源。② 范围,用来衡量参与合作的机构的数目。③ 广度,用来衡量被结合到一起的相关的活动(这一衡量通常是跨学科和跨功能的)。④ 揭示,用来衡量整合可能妨碍每一参与机构的核心事务的程度,或衡量中央的活动、预算、专业重点或政治可信性在整合过程中面临的风险程度。

希克斯认为,一般来说,整合的程度越高,凝聚力就越大,各自为政就越少,连接就越紧密。他引用费佛、爱默生等人的资源交换和资源依附理论来加以证明。该理论认为,资源整合的强度会产生这一状况:政治乐意交出自主性以换取其他好处。希克斯认为,强度、范围、广度和揭示并非同起同落。一些低强度的整合其揭示可能出人意料的高①。

希克斯在不同的整合层次基础上对整体性治理作了不同于他人的分类,见表26－3②。

表26－3

重　点	输　入	转　换	输　出	结　果
政策目标	政策连贯性	更好的政策管理	更好的服务提供治理	更有效的治疗、舒缓或预防,对顾客或公众更多的控制
政策机制	* 政府间或部门的政策小组 * 重新筹措资金或资金补助 * 跨部门开支审查 * 免除管制 * 立法授权 * 技术支持 * 重新分类的资金 * 政策协调单位	* 政府间论坛 * 政策数据的获取和管理的整合	* 政府间或部门的审计,绩效监督	* 政策协调单位 * 跨学科研究
顾客目标	鼓励公民或使用者提出看法和参与	顾客更多地接受服务过程	提供全面的、更容易得到的服务	更多的公共合法性,社区建设

① 佩里·希克斯、戴安娜·利特、金伯利·舒尔兹、加里·斯多克:《迈向整体性治理:新的改革议程》,帕尔格雷夫出版社2002年版,第48页。

② 同上书,第50—52页。

续 表

重 点	输 入	转 换	输 出	结 果
顾客机制	共同磋商,调查	* 共同的公民宪章 * 共同的使用者反馈系统	* 一站式服务 * 个案讨论会 * 个案管理 * 集中的顾客信息 * 灵活的分散的筹资	* 对输出的共同衡量 * 共同评价每一参与者对每一结果的贡献 * 个案管理 * 个案讨论会 * 集中的顾客信息
组织目标	避免重复,减少冲突,分担风险管理,知识最大化	成本—效益	对输出更多的控制	
组织机制	* 跨政府信息系统 * 交叉培训 * 共同规划 * 重新组织 * 公开规划	* 建立新的协调机构 * 共同的预算 * 共同的人员组织 * 整合的信息系统 * 重新组织	* 整合的审计、基本标准和绩效 * 监督 * 加强的人事管理	
机构目标	平衡资源或投资,避免重复,减少冲突,分担风险管理,知识最大化	行政控制的转移	对相关机构的输出更多的控制	
机构机制	* 同一服务场所 * 跨组织信息系统 * 共同计划 * 共同的人事安排 * 共同培训 * 共同的承诺 * 共同的预算 * 共同的人事管理	机构外工作人员	* 共同检查 * 共同监督 * 机构间协议 * 共同计划 * 共同的人事管理 * 共同培训	

第四节　整体性治理的功能性要素及其制度化

希克斯在论述整体性治理时，涉及了信任、信息系统、责任感和预算等几个重要的功能性因素。

1. 信任

希克斯认为在组织之间建立信任是整体性治理所需的一种关键性整合。信任是任何社会往前走的不可或缺的因素。信任是一种代理关系，在这一关系中，委托人以将自身的利益建立在风险之上的方式行动。他们这样做，在于他们相信代理人（他们具有一定的自由裁量权）会根据委托人确定的激励和规则采取行动。只有当委托人以不同程度的自信感到可以在产生预期的代理人行为和满足自身的利益方面依赖代理人时，信任才会存在。这意味着通常我们信任人或组织是出于执行某些具体任务的理由。因此，信任不同于尊敬，因为尊敬与任务无关。信任的产生出于好多原因，比如对方以往的经历、声誉、共享的特征和身份以及各种制度因素等。但是，在整体性运作中，也有许多阻碍取得和保持信任的障碍。那么，在取得和保持信任方面如何进行整合？需要什么样的整合技能？希克斯认为，需要考虑以下几个方面①。

（1）确立一种新的信息基础、信息分类和信息系统。整体性管理需要一种新的信息分类和系统。整体性的管理者不仅需要接触现有的信息系统，而且也要保证这一信息系统能够满足他们的信息需要。在许多情况下，有关整体性管理的资料是存在的，但没有以恰当的方式进行核对和分析。一种新的方法是在"令人困惑的方面"建立战略对话。

（2）为跨边界运作"留出空间"。管理者通常需要有跨边界运作的空间。这里的空间常常指的是：① 时间，因为管理者需要时间来制订计划和确立法律结构。此外，过程中遭受的挫折以及接受最终结果可能与最先的计划有出入。② 进行整合运作的人，这里的一个危险在于雇佣的跨机构工作人员一走，跨机构运作所需的知识和经验也随之而去。③ 灵活的绩效衡量和奖励制

① 佩里·希克斯、戴安娜·利特、金伯利·舒尔兹、加里·斯多克：《迈向整体性治理：新的改革议程》，帕尔格雷夫出版社 2002 年版，第 131—138 页。

度。④ 对承担风险、以有成果的方式犯错和从错误中学习报以信任和给予合法性承认。

（3）建立相互理解和信任。管理者需要了解他人的背景，应当接受"每个人都是好样的"这一理念，要理解跨边界联合的内外含义，以及人员交换所产生的影响。

（4）特洛依木马。与其他机构的对话以及考虑其他机构的运作看来很简单，但是，没有对话，就无法建立有效的伙伴关系、战略联盟和合作运作。在有强烈反对、互相猜疑或其他严重障碍的地方，可以把对话作为一匹特洛依木马（意指起内部颠覆作用）来使用，以获得较深程度的整合。

（5）产生新的领导人和英雄。建立整合性思考和运作方式面临的一个挑战是如何在确立新的管理观点和能力的同时保持组织现有的知识基础和能力。负有推动和执行整体性管理职责的"新的英雄和领导人"不仅要有合法性，而且还能够接触组织的信息资源和沟通渠道。这意味着不仅能接触现有的资源和渠道，而且还能建立新的沟通形式和渠道把管理层连接起来，并鼓励信息共享和合作决策。"新的英雄和领导人"也需要接触和影响组织的一些关键的决策渠道。在这里，仅有合法性和接触还是不够的，还必须有分配资源和责任的组织能力。

（6）管理者需要高度容忍不确定性。跨边界的运作在无法确定安全系数的情况下蕴含了风险。管理者需要有适应性和灵活性，而这常常是与公共部门强调结构和过程相矛盾的。

（7）没有控制的管理。传统的等级和正式结构与合伙性的组织已不相适应。跨边界的运作意味着在没有明确交往规则的情况下与一些你对他无法进行控制的人一起工作。公共部门的管理者应当认识到，跨边界的运作不是获得控制，跨边界运作意味着对人员行动较少的监督，以及给予这些人较多的自主行动的机会。

（8）建立承诺。对未来的政府的一个要求是它必须建立承诺，这一点在商界早已获得承认。在建立个人承诺方面有三点尤其重要：与他人一起清楚地理解组织的使命和目标、高级管理层看得见的行为方式，以及组织的人事政策。

（9）管理专业人员和基层官僚。推动整体性运作的公共管理者面临的一个挑战是寻找一些最少受基层官员抵制的整体性运作的方法。一个方法是建立一些具有分散的团队的分散的结构，来解决尤其是弱势群体面临的一些问题。另一个方法是采用激励机制，对干得好的给予奖励、对干得差的给予惩罚。

(10) 专业、职位与支付。专业的职业结构、公共部门的支付系统以及专业职位的设置都能成为整体性运作的主要障碍。在英国目前全国性的结构在这些方面占主导地位的情况下，需要采用一些非正式的方法来鼓励一些从事跨边界工作的人。

(11) 培训。培训对于整体性治理准备组织的各级人员起着一种重要的作用。除非地方和国家层面的领导人理解整体性运作的含义和要求，否则人员的培训不可能有效。除非这些领导人有相同的准备，否则鼓励员工整体性地思考和行动只会导致冲突和挫折。

2. 信息系统

希克斯认为首先有必要区分一下政府信息使用的三种类型。第一种类型展示了政府的民主角色，从公民和公共服务的消费者那里搜集有关他们关心什么、对他们得到的服务的想法是什么等之类的信息。第二种类型展示了政府的治理角色，作为政策和决定的制定者、执行和行政运作的管理者，政府产生、内部分发、操纵和分析大量的信息。第三种类型展示了政府的服务提供者或至少是服务的资金筹措者角色，政府既向消费者提供有关如何消费、如何作选择之类的信息，也搜集和分析来自消费者的信息，并在服务提供中将有关信息反馈给消费者。

由于大部分的信息系统是在80年代和90年代“重塑”活动盛行的时候（那时强调的是功能性的组织）发展起来的，因此，今天政府的信息系统还留有当时的痕迹，即服务是按功能组织而不是整合式地提供的。由于政府无力更新这一系统，因此只能尽可能地通过在一些功能系统上拴一些整合的工具来获得整合议程中的信息部分①。这里的一个例子是英国政府的信息技术中心，它提议设计一种工具，这种工具能使公民只要改一次地址，软件就会更新这个人在不同部门的数据库里的记录。这一工具决不简单，因为每一个部门都以不同的方式储存基本的姓名和地址之类的信息。

信息系统可供选择的战略有不少。选择之一是，为了避免犯错，可以详细指出一套所有中央政府部门、机构和地方政府必须遵守的数据标准。另一个较极端的选择是对所有的人和企业建立单一的中央数据库，每个部门和机构都可以使用，而不必每个部门都去建立自己的数据库。当前，在整合的信息服

① 佩里·希克斯、戴安娜·利特、金伯利·舒尔兹、加里·斯多克：《迈向整体性治理：新的改革议程》，帕尔格雷夫出版社2002年版，第144页。

务提供往哪里走这一问题上有一种核心的看法,即接近顾客。

希克斯探讨了在治理的层次上使用数字手段进行政策协调的问题,这一问题眼前的目标就是对政策制定、部长之间的合作、执行和管理政策的高级文官进行信息技术上的支持。尽管在80年代,信息技术已经逐步开始运用于政府管理,但是对决策的数字支持是在功能的决策上组织和建立起来的。一些专家系统、模型或模拟都是为一些功能性目标而建立的。而现在则有大量的电子治理工具可以用来支持更多的整合,包括团体决定支持系统、想法产生工具、图像问题结构工具、会议管理工具、模拟政策问题的集束网络、专家系统工具、用于文件编排和流线查询的知识管理工具、心智图分析、组织记忆获取以及媒体数据组织工具等。

在希克斯看来,决定这些技术是否用于政策整合或是否在功能领域内运用的因素是政治而非技术,在以整合的方式运用技术的地方,用技术代替政治来解决整合的障碍,其范围是很有限的①。例如,一些相关的信息技术在英国还是局限在部门或功能之内,其主要原因在于使用这些技术的地方民选官员政治上的承诺。

在使用这些系统对治理的潜在影响方面有四种理论,每一种理论都可以被用来作为理解未来可能对电子治理产生影响的推测。第一种理论认为运用这些技术代表了一种提高治理能力或至少是决策理性的一劳永逸的努力。这里唯一的代价是投资的成本和运作费用。第二种理论至少接受决策中更多的控制、质量和理性的可能性,但这要付出代价。第三种理论比较悲观,认为电子治理实际上会降低决策的质量。第四种理论认为技术本身不会对决策的技术理性或政治理性产生实质性的影响。希克斯认为,在四种理论中,值得考虑的是第二种理论(他称之为"有代价的理性化")和第四种理论(他称之为社会影响理论)。他认为这两种理论并不必然是不相适应的。两种理论的互补可以提供一种令人乐观的结论,因为它表明存在着这样一个空间,即可以更聪明地利用电子治理工具来支持整体性政策制定所要求的"整体系统"思考。

此外,整体性治理或整合的服务会在部门、机构产生共享个人信息的压力,而这些部门和机构长期来出于隐私的理由一直是严禁共享这些信息的。希克斯认为,整体性治理会提出一些与隐私相关的道德问题。整体性治理与隐私互不相容的观点是错误的,但是,找出使两者互相支持的方法则需要发展

① 佩里·希克斯、戴安娜·利特、金伯利·舒尔兹、加里·斯多克:《迈向整体性治理:新的改革议程》,帕尔格雷夫出版社2002年版,第151页。

道德实践并将其制度化,而这方面至今所做的努力还不够。

3. 责任感

整体性治理最重要的是责任感。责任感一般可以分成以下三个方面:诚实,或正规,主要涉及公款使用中的守规矩;效率,或狭义上的“物有所值”,主要涉及公共服务提供或干预过程中的输入和输出之间的关系,以及有效性,或项目责任,主要涉及使行政官员对公共干预是否达到公开发布的结果或标准负责。

希克斯认为,整体性的责任感主要关注把有效性或项目责任提升到最高地位,确保诚实和效率责任不与这一目标相冲突,并通过用输出界定需要有效完成的是什么来使诚实和效率责任服务于有效性和项目责任。此外,考虑责任产生的组织层次也是很重要的,可以在三个层次上寻求责任感。一是管理层次,通常通过审计、支出控制、预算计划、绩效衡量和政治监督来寻求责任感。二是法律层次,通常通过司法审查所忽略的现成的行政法以及民法,通过法律争端可供选择的解决方式如特别行政法庭、准司法管制者等来寻求责任感。三是宪法层次,通常通过界定民选官员对立法机构的责任以及通过一些非正式的宪法规范来寻求责任感①。

整体性责任感的一个中心问题可以简单地表述为,在相关的领导层的控制幅度无法单独影响结果的情况下,如何使人对整体性的结果负责?这样,有必要为整体责任感确立一些原则。希克斯认为,一般来说,我们很难让一些公共组织的管理者为结果负责,但结果又是我们所关注的,因而可以让这些管理者说明在以下的活动中其努力的程度。① 他们的努力旨在理解他们自己现在和过去的具有因果关系的贡献,旨在评价他们积极或消极地影响结果的能力。② 他们的努力旨在搜集有关结果的情报和信息,能量化地衡量优先考虑的结果,衡量他们的行动、他们与其他机构的共同努力对这些优先考虑的结果的影响。③ 他们在任何政策安排都会遗留的自由裁量权内,以及在他们能影响的公民福利的所有方面确立优先次序。④ 他们努力的程度旨在积极地影响结果,他们现有的控制幅度能使他们做出这种努力或无法做出这种努力,最糟糕的情况是他们积极地努力却产生了消极的结果。⑤ 他们力图与他人合作、与他人谈判一系列的安排,由于在这方面精心筹划,因而相当有效,并且能克服在合作过程中碰到的一些障碍。⑥ 为了影响一些优先考虑的结果,他们设计、选择一些与他人谈判的跨组织关系,这一设计与选择反映了他们的理解

① 佩里·希克斯、戴安娜·利特、金伯利·舒尔兹、加里·斯多克:《迈向整体性治理:新的改革议程》,帕尔格雷夫出版社 2002 年版,第 171 页。

力和优先重点。⑦ 他们力图将其组织、他们的跨组织安排、信息情报搜集项目、努力以及对合作的承诺等制度化。⑧ 他们定期对结果之间的优先重点的恰当性以及这些安排在促进这些结果时的效力进行内部评估。

整体性政府涉及的有关问题是治理的地方层次应当在多大程度上对中央负责。如果中央参与了确定结果的优先次序并确立了鼓励创新以获得这些结果的政策框架,那么这些政策框架无疑会影响地方政府的行为方式,并在某种程度上限制它们在政策上的自主性。在英国,有事实表明,至少有一些整体性治理的实践是中央指导的,比如奖惩的规定就是由中央确定的。但有关的情况表明,执行中的一些问题表现了一种过度中央集权的症状,这一集权产生了政策表面的中央化,但在实际上却反映了中央相对虚弱的指导、改变和影响公共管理过程的能力。

另一方面,使用政府工具甚至使用很强的惩罚工具来推动某一具体项目与中央至上并不是一回事,整体性治理中有些因素是更具非中央取向的。例如,尽管中央常常规定一些合作运作的形式,但工具的选择却使得机构和地方政府的领导人有很大的回旋余地来选择合作的对象。例如,英国所称"最合算"的为地方政府确立的交通服务项目(它取消了强制叫价竞争这一服务的做法,代之以更灵活的地方政府有义务以最有效的方式把这些服务打包拿走)把提供这些服务的其他机构和政府部门组合起来,使地方政府至少在目标选择以及组合方式的选择上具有余地。

此外,一些经验事实也表明,有理由怀疑整体主义一定是中央化的说法。在美国,整体性治理在20世纪90年代一直是一个被关注的中心。州而不是联邦一直是协同型和整体性运作的领导者和首创者,而联邦在这方面总是行动迟缓。没有证据表明,当美国副总统戈尔在第二任期的项目旨在从在1993年前还运作不错的外包、购买者—提供者分离、绩效审计等转向更具整体性的运作时,联邦的权力超过了州[1]。

最后,从理论上讲,有理由认为以中央化来取得整体主义是一个糟糕的战略,原因是人所共知的中央决策的局限。中央对地方的恰当的优先次序的了解往往是不全面的。

4. 预算

预算有多种功能,这些功能对于有效协调和整合的条件来说是至关重要

① 佩里·希克斯、戴安娜·利特、金伯利·舒尔兹、加里·斯多克:《迈向整体性治理:新的改革议程》,帕尔格雷夫出版社2002年版,第183页。

的。在20世纪80年代和90年代的"重塑"时期,英国出现了一种全新的预算形式,财政部和一些支出部门产生了一种新的关系。财政部对一些界定的目标有更大的控制权,而满足这些目标的微观的开支权力则较多地转移到了一些部门。90年代初,美国、澳大利亚等国的地方政府提出了一些走向整体性治理以及"以绩效为基础"的预算和"战略"预算的动议。这涉及不再按照根据输入或活动界定的"逐个项目",而是按照输出的质量或以现有资源达到的结果的优劣来分配资源。但以"绩效为基础"的预算要作的一个重要决定是按照输出还是结果来决定预算。事实上,绩效为基础的预算常常是以输出而不是结果为基础的。通常这是一种合理的和实际的解决方法。有足够的理由认为,比起输入为基础的"逐个项目"的预算,这是一种进步。它可以使政务类官员和管理者了解他们的绩效。然而,希克斯认为,虽然以结果为基础的预算在某些场合可以发挥一种有用的作用,但它本身还不足以保证整体性的治理。以结果为基础的预算对政务类官员和管理者来说是信息集约和研究集约型的,要耗费大量的时间。传统的以输入为基础的"逐个项目"的预算尽管有它的局限,但预算运作非常省时。从"重塑"时代到整体性时代,预算的一大变化是强调输入的管理①。

希克斯认为,整体性预算并不必然也不足以带来整体性的运作。对政务类官员和管理者来说,把他们的注意力、时间和精力投放到设计预算责任以及预算责任的运作结构是不够的,甚至会对整体主义产生反作用。预算执行面临的一个主要挑战是对处在不同治理层次和功能的管理者和专业人员之间培育一种共同的文化、共享的知识和经历,而这主要不是通过预算规划和责任系统能够取得的,而是通过一些一般的工具如信息流管理、培训,使预算实践者能确立这些文化和知识的激励和晋升系统等②。

整体性治理的前景。作为公共管理的一种范式,整体性治理需要被制度化。希克斯认为,制度化需要的充分条件有以下几个。① 社会经济背景,② 认知或想法,③ 利益,④ 组织,⑤ 情感依附,⑥ 实践③。

制度化的治理和公共管理范式必须有充分的适应性,也就是能够控制和管理一些危险的不一致状况。为了使制度化得以持续,这一范式既要适应现有状况,也要产生新的想法、利益、组织形式、影响方式和新的实践。制度必须

---

① 佩里·希克斯、戴安娜·利特、金伯利·舒尔兹、加里·斯多克:《迈向整体性治理:新的改革议程》,帕尔格雷夫出版社2002年版,第203页。
② 同上书,第211页。
③ 同上书,第219页。

能提供较多的具体叙事,也就是说,它必须说明其自身世界的本质,或一种"世界观"——用什么来激励人、哪些价值是重要的、能够完成影响什么样的事等。制度化还必须确立一种正式的能教导的知识,以使人民有知识,这一知识是他们在社会中生存所不可缺少的。制度化不仅要产生新的想法,也要抛弃旧的想法。为了使制度得以持续,制度化还必须帮助人们进行判断,并解决一些问题和管理风险,必须指出和决定与什么问题相关的什么样的情况是值得考虑的,什么样的考虑是与如何解决这些问题相关的等。比如,重塑时代的制度化标准指出,就大多数管理问题而言,合同设计、激励结构、评估和目标等系统是要寻找的关键性信息。

形成认知还不够。除非能够形成利益,否则制度化就不能存在。要做到这一点,首先要对可以认清的利益进行分类。制度化通常通过指出并执行激励、奖惩、授权、禁止和允诺等来保持这些利益。利益和制度又是通过确立一些特定的角色、技术、能力、个人发展、职业道德以及专业得以形成和巩固的。然而,单单角色是不够的,制度化还必须形成一种道德伦理。

制度是社会组织的形式。因此,制度若要持续,还必须建立一些易懂的责任结构。就政治方面而言,这意味着制度化必须界定并使人接受反映他们基本承诺和组织风格的决策规则。责任制是制度化的核心。制度化的责任需要有一种把决定分配给一些具体机构和行动者的权力结构:制度化的公共管理范式不需要微观的管理,但它们至少必须明确地将一些特定的权力分配给一些团体、角色、专业或政治结构。

治理范式的制度化必须提供一种领导的概念和方式,这种领导方式本身会进一步推动制度化的过程。战后的福利模式确立了一种特定的领导方式,在这一方式中,专业性的领导在诸如医疗、市镇规划、城市财政等领域中得到了高度的赞赏。

只有当以上的事项到位后,指出正式的组织以及正式的组织间关系对于制度化来说才开始变得重要。制度的核心是一整套有关正式组织的规则,是一种取得某种形式的组织的期望。制度化也需要能够威胁敌人或竞争对手,只有这样,制度才能展示自身的力量。

以上涉及的制度化是一种认知和组织过程的制度化。不过,以上这些方面受到了制度塑造影响或情感的方式的支撑并因此而成为可能。与"新自由主义"的偏重理智的观点相反,从涂尔干到韦伯、从施美尔到凡博伦的"旧制度主义"认为制度是非常情感性的东西,而政治学这些年来恰恰忽略了这方面的研究。制度还塑造经验。制度决定什么是可以观察的、什么是可以认识的，以及能从经验中学习什么。此外，制度还在两个意义上塑造人们的预期，即对未来的预测，以及相信可以使他人根据这些预期而接受的要求。产生情感和确立责任制需要制度建立恰当的可观察的实践行为，也就是仪式习惯，制度也只能在这种仪式习惯中建立和再建立。最后，制度化还需要培育个人和组织一种独特的、令人向往和赞赏的举止或审美能力①。

用上面所有这些制度化的条件来衡量英国的状况，希克斯认为，英国的社会经济状况适合于整体性运作；整体主义所需的知识、协调和整合以及"合伙"的概念已经确立；从原则上讲，没有理由说利益不能塑造，新工党在这方面并不成功；整体责任结构有显著的差距，组织间关系在这方面是个例外，它反映了一种传统的整合；对情感和礼仪或习惯问题几乎没有关注，这反映了英国整体性治理的制度化的激励基础还很薄弱。总体而言，英国的整体性治理还没有完全制度化②。那么，这一波的整体性治理是否会像以前那样偃旗息鼓？还是能通过制度化而得以持续一个时期，就像功能性模式和重塑模式那样？希克斯对此充满信心，整体性治理"至少是可以制度化的"③。

第五节　分析与评价

本章引述的观点主要来自希克斯 2002 年出版的《迈向整体性治理》一书，这是他在这一领域里写的第三本书，前两本是 1997 年出版的《整体性政府》和 1999 年出版的《面面俱到的治理：建立整体性政府的战略》。自希克斯提出整体性政府和治理的思想以来，这一针对 80 年代英国公共行政改革出现的碎片化的思想，在实践层面上被在 90 年代执政的新工党所采纳，新工党执政期间提出了"协同型政府"的许多改革措施。在学术层面上，有人认为这一理论有望成为 21 世纪政府治理的大理论④。彭锦鹏甚至认为整体性治理已经成为一种范式，并把它与传统官僚制和新公共管理作了比较，见表 26－4。

① 佩里·希克斯、戴安娜·利特、金伯利·舒尔兹、加里·斯多克：《迈向整体性治理：新的改革议程》，帕尔格雷夫出版社 2002 年版，第 233 页。
② 同上书，第 239 页。
③ 同上书，第 241 页。
④ 彭锦鹏："全观型治理：理论与制度化策略"，载《政治科学论丛》（台湾）2005 年第 23 期，第 63 页。

表 26－4

	传统官僚制	新公共管理	整体性治理
时期	1980 年代前	1980—2000 年	2000 年后
管理理念	公共部门形态管理	私人部门形态管理	公私合伙/中央地方结合
运作原则	功能性分工	政府功能部分整合	政府整合型运作
组织形态	层级节制	直接专业管理	网络式服务
核心关怀	依法行政	运作标准与绩效指标	解决人民生活问题
成果检验	注重输入	产出控制	注重结果
权力运作	集中权力	单位分权	扩大授权
财务运作	公务预算	竞争	整合型预算
文官规范	法律规范	纪律与节约	公务伦理与价值
运作资源	大量运用人力	大量利用信息科技	网络治理
政府服务项目	政府提供各种服务	强化中央政府掌舵能力	政策整合解决人民生活问题
时代特征	政府运作的逐步摸索改进	政府引入竞争机制	政府制度与人民需求、科技、资源的高度整合

应该说，整体性治理还是一种成长中的理论，因为整体性治理所需要的制度化正如希克斯自己所说的还没有完成。

我们从整体性治理背后三个假设谈起。第一个是如果政府机构的文化、结构以及能力是问题取向而不是有效的管理过程取向的话，那么就更有可能解决一些民众最担忧的问题。第二个是公众有一些需要合作解决的问题，也就是说，政府并不是完全按照它的功能来解决问题的，尽管它是按功能建立起来的。第三个是为了解决一些问题，政府各部门、专业、层级以及机构之间的整合的运作是必要的。整体性运作的目标就是如何使政府的功能进行整合，以便更有效地处理公众最关心的一些问题，而不是在部门和机构之间疲于奔命。

事实上,后两个假设使我们回到马克斯·韦伯,因为官僚组织就是按照纵向的等级层次和横向的功能结构(通常的形式是部、会等)建立起来的。功能结构的建立反映了劳动分工的特点,比如卫生部管卫生、教育部管教育,专业化的管理有助于取得高效的结果。但在现实的管理中,一些问题需要跨部门即跨功能的方式才能得以解决,因此,功能之间的协调和合作本来就是这一官僚制组织一产生就面临的问题,只是在尤其是英国上个世纪 80 年代机构化改革导致的碎片化加剧了这一问题而已(从中我们也看到了这一理论的英国色彩)。尽管按照希克斯的说法,整体性治理针对的不是专业化,而是破碎化,但破碎化和专业化还是有联系的,体制性的破碎与功能性的破碎不可能是不相干的。体制在某种程度上是一种规章制度的结构形式,它不能脱离功能而存在。因此,整体性治理的一大贡献在于,它将自官僚制组织出现后几代人在这方面的努力上升到了理论层次,尽管这一理论还有一些重要的问题需要解决。

问题之一在于以什么样的组织形式来进行这一整体性的治理?回到作者的第一个假设。政府的文化、结构以及能力以问题取向而不以管理过程取向是可能的吗?如果围绕问题重新组织,那么势必要推翻韦伯的官僚制组织结构,重新设计一个以解决问题为取向,而不是管理过程为取向的组织结构。作者尽管在他的理论中提到了整体性政府应该做到的一些事(比如政策层次的整合、中央政府勇于创新和扩大授权、整合性预算、重塑价值、更新信息系统以及人事改革等),但这一政府的组织基础显然还是韦伯式的官僚结构,作者并没有向我们提供一种新的围绕问题建构的组织形式。网络结构在某种程度上可以说是这样的一种组织形式,这种形式的产生主要是基于政府职能的外包和信息技术的发展。但即便是这样的一种组织形式,也离不开官僚制组织的存在。唐纳德·凯特尔在评论斯蒂芬·戈德史密斯和威廉·埃格斯著的《网络化治理:公共部门的新形态》一书时曾指出,“戈德史密斯和埃格斯的最深刻的见地是,必须按照传统的自上而下的层级结构建立纵向的权力线,并根据新兴的各种网络建立横向的行动线。传统的行政起源于具有基本层级模块的组织,并将组织视为一个高级官员领导下属完成组织使命的系统。更近些时候,管理者的正式形态开始尝试着了解行政人员的激励机制,并运用这一研究分析建构出一种富有生机的自上而下的官僚行为模式。然而,当完成组织使命的工作需要仰仗组织外部环境的时候,当大部分工作必须通过协调各级组织(公共组织和私人组织)之间的复杂链条来完成的时候,当大部分政府雇员的大部分工作不直接与完成使命的人员相联系时,会产生什么问题呢?在政府行动的极为庞大和不断生长的部分中,这些恰好都是塑造结果的典型问题"①。菲利普·库珀也认为,"今天,公共管理者是在垂直的权威模式与平行的协商模式互相交叉的情况下运作的"②。登力维在他的《数字时代的治理》一书中也认为官僚制是数字运作的基础(见下一章)。显然,要突破官僚制的基本的组织形式是很困难的。作者谈论整体性治理实际上也是以官僚制组织为背景的。

问题之二是信息技术问题。信息技术为整体性治理提供了广阔的前景,从某种程度上说,整体性的治理在今天只有借助信息技术才能得以实现。希克斯注意到了这一技术对整体性治理的重大意义。然而,他也注意到,信息技术尽管有了很大的发展,但要支撑整体性治理显然还不成熟。与美国相比,英国在信息化程度上还是比较落后的。"美国家庭互联网已经达到了70%,英国是51%。"③政府的信息系统都是按功能建立的。网络化治理的"一个巨大的障碍是:政府的组织、管理和人事制度是为等级制政府模式而不是为网络化政府模式设计的,因此,两种管理模式在实际运行中经常会发生冲突。应该说,管理一大堆供应商网络与管理政府雇员的方式肯定不一样,它要求一种完全不同于政府及其公民已经习惯了上百年的公共管理模式"④。

按照彭锦鹏的说法,政府的电子化改革要在网络技术的基础上进行三种类型的整合,即不同政府层级的整合、不同机构单位的整合和不同政府网站的整合。这三种类型的整合最后将整合为一个单一的政府入口网站。美国、新加坡等国已经设置了单一的政府入口网站,差别在于这一入口网站能够提供的政府服务达到的整合程度。显然,要达成完全整合的单一的政府入口网站是有相当难度的,因为它不仅涉及各级政府和政府各单位、机构的整合,涉及计算机技术,还涉及一个国家的人口等问题。"没有高度发展的电子化政府,就无法跨越政府的层级鸿沟,也无法将数量庞大的行政机构和单位用电脑连接起来,以便向民众提供整合性的服务。"⑤

问题之三是部门、机构的利益与公务员的能力。在基本上属官僚制组织

① 斯蒂芬·戈德史密斯、威廉·埃格斯:《网络化治理:公共部门的新形态》,前言,北京大学出版社2008年版,第6—7页。

② 菲利普·库珀:《合同制治理》,复旦大学出版社2007年版,第2页。

③ 帕却克·登力维:《数字时代的治理》,牛津大学出版社2006年版,第237页。

④ 斯蒂芬·戈德史密斯、威廉·埃格斯:《网络化治理:公共部门的新形态》,北京大学出版社2008年版,第19—20页。

⑤ 彭锦鹏:"全观型治理:理论与制度化策略",载《政治科学论丛》(台湾)2005年第23期,第93页。

基础上的部门整合的动力是什么？比如，作为整合的一种手段的大部制结构就有不少失败的例子，原因之一在于部门、机构的利益往往是阻碍整合的一个重要因素。“政府高级官员的注意力普遍还是会集中于现有政府结构提供政治上或利益相关人方面的支持，解决相关问题。他们很少会花时间监督或组建什么伙伴关系模式。”①以问题为取向的整体性运作，其结果在一定程度上取决于问题与参与这一运作的部门单位的利益相连的程度，这一程度会决定它们的表现。尽管整体性运作强调公共价值，但只要机构和人员存在，就无法否认他们的自利性，这也是协调为何如此之难的一个原因所在。

此外，正如上面指出的，整体性治理在相当程度上需要借助信息技术。电子化政府首先需要具备一批懂得信息技术的人员，需要一些同以往截然不同的能力和才干。“在计划制订、预算编制、人员安置和其他传统的政府职责之外，还要求精通许多其他的工作任务包括激活、安排、稳定、集成和管理一个网络。为了完成这些任务，网络管理者一定要至少拥有一定程度的谈判、调解、风险分析、信任建立、合作和项目管理的能力。他们必须具有并愿意跨部门界限和资源限制进行工作的能力，以战胜网络化治理所面临的各种棘手问题。”②这些人员是同信息技术的发展及其在政府的运用相辅相成的。毫无疑问，这些人员在今天的准备还是不足的。

思考题

1. 整体性治理理论是在什么背景下提出来的？
2. 整体性治理是不是一种向传统的官僚体制的回归？如何区别整体性治理与传统的官僚治理？
3. 整体性治理适用于分权的联邦体制的国家吗？

① 斯蒂芬·戈德史密斯、威廉·埃格斯：《网络化治理：公共部门的新形态》，北京大学出版社 2008 年版，第 139 页。
② 同上书，第 135 页。

第二十七章　登力维的数字时代的治理理论

第一节　生平与著作

帕却克·登力维(Patrick Dunleavy)是伦敦经济学院的政治学与公共政策教授、公共管理项目主任。他在牛津的考普斯·克里斯蒂学院学习哲学、政治学与经济学,于1973年毕业。然后他转至纽菲尔德学院攻读博士学位。1976年,他在纽菲尔德学院成为初级研究员。1978年,他出版了《英国大众住房政治》一书。1978—1979年他在公开大学任讲师,教授城市研究,然后成为伦敦经济学院的讲师,并在1989年成为教授。1992年,他建立了学院的公共政策小组。1999年,他成为社会科学院的创建者之一。

登力维教授是一位勤奋的研究者,他出版的著作有《民主、官僚与公共选择》(1991年,皮尔迅教育出版社)、《国家的理论:自由民主的政治》(1987年,麦克米伦出版公司,作者之一)、《政府与网络》(1999年,国家文书出版署,作者之一)、《数字时代的治理》(2006年,牛津大学出版社)。他同时是《英国政治的发展》1—8卷系列丛书(1983—2005年,麦克米伦公司)的主编之一。

登力维教授的研究涉及的领域包括公共政策的创新、信息技术与政府服务的生产力、新公共管理的未来、数字时代的治理以及政府与信息技术承包商谈判的正式模式等。他为国家审计署做的研究项目"中央政府组织部门的创新"被认为是有关公共部门创新的开创性研究,他的部门形成理论声名远播。他的主要贡献在于部门的概念和部门冲突、政治的理性选择理论、官僚制的部门形成模式,以及当代公共管理的数字时代的治理的范式。

第二节　数字时代治理的背景

登力维的数字时代治理的理论建立在两个背景之上。首先是盛极一时的新公共管理的衰微。登力维把新公共管理看作是一种两个层次的现象，首先它是一种建立在将现代企业实践和公共选择理论引入公共部门之上的成熟而有条理的管理变革理论。它强调：① 分散化。将大的等级部门扯开，其方式就像早期一些大的私人公司从 u 型结构到 m 型结构的变化一样。在内部实施扁平的结构，重新规定信息和管理系统以促进不同的控制形式。比较以前的政府，这一分散化在人事、信息技术和程序以及其他功能等方面带来了更多的灵活性。② 竞争。将购买者和提供者的分离引入公共结构，以在潜在的提供者中确立和创造更多的竞争。通过增加内部使用的竞争过程来分配资源，以取代等级式的决策。国家行政和公共物品提供的一些“核心”领域开始萎缩，供应多样化。③ 激励。从建立在分散的公共服务或专业精神之上的绩效奖励到强调独特的具体的绩效激励。在公共领域，这一转变意味着一个往下向团体的运动。其次，在这三个基本思想之下的是新公共管理包含的第二层，即一些使新公共管理不断扩大的具体的政策创新。这一层次的变革运用经济学、企业以及公共选择理论来解决公共提供的一些现实问题。但这些理论也是在一些可成功适应的公共背景中才得到执行的。

在登力维看来，一些发达国家（美国、英国、加拿大、澳大利亚、新西兰以及荷兰）的公共管理系统已经产生了一种意义深远的变化。过去二丨年时间里，无论是在学界还是在政府部门，占主导的治理理念——新公共管理已经寿终正寝。尽管这一运动的少部分内容还在进行，但新公共管理的关键部分由于导致了组织上的灾难已经倒转，相当大的一部分已经停止。甚至当初最坚决的提倡者现在都希望这些改革对改变整个政府的效率不要产生什么影响。登力维等人在对上述几个国家进行实证研究的基础上，指出了新公共管理在这些国家所发生的变化，见表 27－1①。

① 帕却克·登力维：“新公共管理已寿终正寝——数字时代的治理万岁”，载《公共行政研究与理论》2005 年第 16 期，第 467—494 页。

表 27－1　新公共管理的主要内容及其现状（主要国家）

主　题	内　　容	现状
分散化	购买者—提供者分离	+
	机构化	+
	分开的政治系统	+
	准政府机构的成长	+
	地方微观层面的机构的分离	+
	私营化的产业	+
	公司化和单个组织的管理	+
	消解专业化	+
	通过比较进行竞争	×
	改进的绩效衡量	−
	结构绩效合约表	−
竞争	准市场	+
	凭证计划	+
	外包	×
	强制性市场测试	×
	政府间合同	×
	公私部门两极化	×
	产品市场自由化	×
	放松管制	×
	消费者为标记的资助	−
	使用者控制	−
激励	重新指定产权	+
	轻度管制	+
	项目涉及的资本市场	+
	资产所有的私人化	×
	反寻租措施	×
	放松专业特权	×
	绩效工资	×
	私人财务创议	×
	公私合伙	×
	统一的回报率和折扣率	−
	推动技术的发展	−
	重视公共部门的平等	−
	强制性效率奖	−

注：＋指部分或整个被保留；×指基本上停止进行；－指仍在扩散，其有用性没有受到严重质疑。

随着管理层的更替,新公共管理的一些东西,正如上面指出的,有的在得到继承、有的在被改进、有的则被抛弃。与此同时,也出现了一些描述后新公共管理特征的说法,如“摒弃官僚制”、“后官僚”的行政等。登力维认为对于后新公共管理的特征的许多说法可能忽略了一些重要的东西,因此,他提出了一个大胆的看法:当前公共部门组织和管理变革的一个统一的和显著的特征都是围绕着信息技术的变革和信息系统的变化而进行的。

这里就构成了数字时代的治理理论的第二个背景:数字时代的来临。在登力维看来,信息系统几十年来一直是形成公共行政变革的重要因素,其第一波是废除许多办事员职位的数据自动处理程序,然后是行政决策过程,但90年代末之前发生的信息技术变革影响不大。办公自动化早已被广泛地运用于现存的公共部门的组织文化。一旦功能被惯常化地自动处理,组织文化会倾向于降低其管理绩效的重要性。尽管机构现在高度依赖信息技术的基础设施,但这并不改变它们的运作方式。与此不同的是互联网、电子邮件和网络的成长,以及信息技术系统从原来只处理办公程序到以重要的方式来处理政府机构与社会的关系的变化。这一变化使得信息技术在今天对政府来说变得至关重要。

政府信息技术成了当代公共服务系统理性和现代化变革的中心,这不仅是因为信息技术在这些变革中发挥了重要的作用,还因为它占据了许多公共管理的中心位置。这可以从四个方面来加以体现。

(1) 最初以纸质后来以电子为基础的信息系统在建构作为社会—技术系统的现代官僚组织中的作用。马克斯·韦伯对官僚制的分析的独特之处在于,他一直认为官僚组织只有在一个系统化的组织中的素质精良的、以非人格化方式产生的官员与处理事务所需的书面文件和规则结合在一起时才能存在。正是这一结合在19世纪初才产生了官僚组织与生俱来的区别于其他组织形式的理性优势。韦伯正确地看到组织是一个社会—技术系统,在这一系统中,有关决策的书面记录和考虑在以下三方面起了至关重要的作用。① 官方文件和档案(包括备忘录、规则、信件、决定等)对于支撑现代行政的非人格化和连续性起了重要的作用。② 发达的有系统的档案登记提供了一种“纸上记忆”,这是一种比个人能力强许多倍的集体能力。③ 档案登记和非人格化的官场以及官僚训练和社会化的强化给官僚组织提供了一种实质性的永续运作的能力。

这种以纸质为基础的系统在20世纪20年代以及在后来的60年里趋于完美,直到80年代非纸质的系统出现。但是,在公共管理的大部分领域,电子工作方式（而不仅仅是基本上属计算机做索引的和与自动的支付系统相连的纸质系统）还落后于企业。这一公私之间的差异的一个重要原因，在于政府部门在这一时期正在拼命获取这一相对较新领域的专家。要处理信息技术，任何组织都必须完全掌握全新的技术。随着信息技术在中央官僚机构的发展，政府对信息技术人才的需求急增。到1983年，大约有41%的美国联邦政府的数据处理预算交由人处理。10年后，联邦政府雇用了113 300名信息技术人员，耗资55亿美元。1993年，英国中央政府部门每年花在信息技术人员身上的钱达5亿英镑，占当时整个信息技术支出的22%①。

（2）信息技术对政府组织结构的影响。韦伯式的等级结构主要强调过程和程序的标准化。明兹伯格认为这一结构由三条直线和两个职能部门构成（见图27－1）。等级官僚制结构看来是政府机构（如税收、社会保障以及移民部门）最大量使用信息技术的占主导的组织形式②。但有意义的是在明氏的图中，政府组织的大多数信息技术人员不是在直线部门，而是分散在辅助性服务结构和技术结构中。

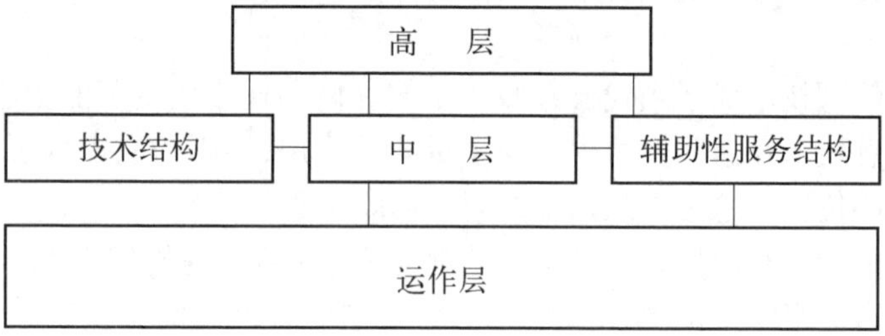

图27－1

自20世纪60年代以来，信息技术在政府管理中的日益运用开始影响政府内部组织结构的其他方面，使机构变得扁平化。60年代和70年代第一波办公室自动化通过减少大量的办事员职位使运作层大量减少。80年代和90年代的第二波自动化引入了高级的以信息技术为基础的程序（即确立了风险评估技术），使得中层职位减少，尽管比起大公司来，政府机构扁平化的程度没有它们高。

（3）信息技术与政府的任务。尽管很难以引人入胜的方式简要地描述计

① 帕却克·登力维等：《数字时代的治理：信息技术公司、国家与e政府》，牛津大学出版社2006年版，第14页。

② 同上书，第17页。

算机信息系统在许多政府运作中的作用，西蒙在1973年的一篇文章中号召将“信息理论用于组织设计”，其中信息技术将扮演一个核心的角色。尽管他强调要求作一个全面的决定是有瑕疵的，组织设计的一个重要问题是将决策分解，以至使组织中的任何一个节点的负担保持在一个能够管理的水平上，但他一再强调信息处理过程以及为决策取得恰当的信息是所有组织运作的决定性因素，在这一点上，政治领域原则上与企业没什么两样。他认为计算机可以用三种方式重新改变组织设计，即建立一个更加可以接触的组织记忆，产生一种取得更多信息和抓住信息丰富、服务取向的后工业社会的问题的潜力，以及极大提高作决定的能力①。

（4）信息技术、公共管理改革以及主要的政策变革。信息技术对公共管理的影响的最后一个层面是主要的政策变革时，政府信息技术系统变革的必要性、重点以及变革时间。当前大多数政策的变化意味着信息技术的系统变化。比如，政府职能的外包极大地推动了政府的信息化过程。以美国为例，合同治理在20世纪已经成为联邦行政的一个重要特征。80年代以后，两个额外的力量推动外包走向更高级。① 全球范围内私营部门信息技术的外包趋势，90年代始，政府开始模仿。② 在一些新公共管理盛行、外包作为主要内容的国家，信息技术通常走在这一趋势的前列。在美国，联邦政府计算机服务市场就像其他的对政府的服务一样，发展得比较早，因为在差不多整个20世纪，外包作为政府的一种工具占了主导地位。从70年代开始，计算机公司就围着联邦政府转。到1990年，联邦政府占了以美国为基地的全球设施管理卖主收入的38%，而美国的商业运作只占了35%，州和地方政府只占了7%②。

那么，数字时代的治理指的是什么？登力维主要是通过与新公共管理的对比来定义数字时代的治理的。

登立维认为，数字时代的治理指的是各种变化的复杂性，其中信息技术和信息处理是这些变化的核心，但这一变化比起以前的变化来，其波及的面更广并在更大的层面上同时发生。就许多最高层机构全面转向可行的信息处理而言，这一变化可以被称为是信息技术对当前公共管理的第一次席卷。数字时代的来临可以说是对发达国家政府治理如何变革的一种最普遍、无处不在和机构上最明显的影响。数字时代的变革引发了一系列有意义的变化：在内外部沟通中

① 帕却克·登力维等：《数字时代的治理：信息技术公司、国家与e政府》，牛津大学出版社2006年版，第22页。
② 同上书，第57页。

大规模地运用电子通讯方式,组织信息网络中的网域的兴起,对不同客户团体提供的电子服务,电子采购系统的发展,纸质档案系统向电子档案系统的发展等等。

登力维强调在管理系统中以及在公民和服务使用者互动中以信息技术为基础的变革的重要性,这一变革的影响不是直接由技术决定的,而是通过与信息系统相连的认知行为、组织、政治和文化的变革展开的。正是在这一意义上,登力维把这一思想和新的变革的集结称为数字时代的治理,以强调信息技术和信息系统在像企业过程那样组织公共服务和向公民以及顾客提供服务中的重要性。此外,登力维强调数字时代的治理是一个社会整体上数字时代的运动,但数字时代的治理是治理,而不完全是和主要是数字变化。公共管理对信息技术的忽略是不健康的,会使学科对决策的影响边缘化。登力维认为,信息技术和信息系统在公共部门的影响就像它们在当前韦伯式的理性过程中具有的根本性是一样的。

第三节　数字时代治理的主要内容

登力维认为,数字时代的治理的内容由三个部分组成。第一个部分是重新整合。这一重新整合部分是对新公共管理出现的问题的反动,部分反映了数字时代的机会。发掘数字时代的技术的一些主要机会,在于把新公共管理分离处理的许多因素放回到各个互不相连的法人性质的等级组织中,不再让公民和其他社会行动者去承担把公共服务整合进一些项目或计划的负担。这一重新整合方法并不是简单地回到原有的集中—分散循环的集中一端,也不是一成不变的管理菜单的变种。相反,它们是对新公共管理经历的一种对立的(部分是综合性的)回答。第二和第三部分在本质上与新公共管理的做法有相似之处,但并不与这些做法混为一体,且取向也不同①。

重新整合包含了九个方面的内容。

(1) 逆部门化和碎片化,这一点在英国通过合并,把一些功能相近的机构重新组合成部门化的组织,取消了一些准政府机构,以及重新在以往被鼓励进行无限制竞争的地方机构这一微观层面上建立合作的、以社区为基础的结构。

① 帕却克·登力维等:《数字时代的治理:信息技术公司、国家与 e 政府》,牛津大学出版社 2006 年版,第 227 页。

所有这些都是1997年以来地方政府政策的一些显著特征。

（2）大部门式治理。在布莱尔政府时期，这是重新整合的一个中心要素。英国的中央政府和美国的联邦政府建立了一些大部门的体制，如美国的国土安全部，以应对9·11恐怖袭击时期有关部门的极度分散化产生的无效和低效。在英国，就业和福利被归入了工作和养老金部，国内税入以及关税和国内货物税被整合进了国家税务署。这些看上去很惯常的改革事实上有一种新的特征，主要是因为在它们当中包括了信息技术的融和。

（3）重新政府化，主要包括把以前改革过程中将一些外包给私人部门的公共部门的活动重新交由公共部门进行。至今这方面一个最显著的例子是美国28 000名机场安全人员从私人承包商那里转到联邦文官系统。另一个著名的例子是英国承包铁路轨道建设的公司在2000年夏破产后，这一铁轨建设再次被收归国有。政府起先用一个政府拥有的、非营利的基本建设公司——网络铁路来取代，以对战略铁路委员会作出回应。然后在2004年取消了这一委员会，使网络铁路更明确地成为一个公共机构，并受运输部的直接控制。

（4）恢复或重新加强中央过程。这是对新公共管理破碎化改革产生的重复的多头的等级结构的回应。新公共管理强调在数十个机构之间建立一些新的或增强的共同管理过程，这意味着在较小的规模上一次又一次地去完成一些非常相似的通用的职能，比如非标准的采购、招募与人类关系或电子政务的运作。由于新公共管理导致了分散的竞争的无政府主义，一些提议开始重新强调秩序，特别是在信息技术领域。在英国，一些集中的电子变革项目受到了大量的资助。从2005年起，电子政务单位开始减少比如过分提供网域方面的重复，而一些比较抵制新公共管理的小国如新加坡和芬兰在这方面倒一直做得不错。

（5）极大地压缩过程成本。压缩过程成本首先是作为布什政府的联邦绩效努力的一部分出现的，但在英国却得到了更多的政治上的关注。2004年，工党和一些反对党提出在5年时间里减少8万名文官（总数是53万）的计划。裁减集中在高度运用信息技术的部门，比如工作与养老金部裁减3万名，国家税务署裁减15 000名。英国文官内部的分析预测，从长远来看，文官的职位将减少15万个，差不多减少整个文官队伍的四分之一①。

（6）重塑一些公务支撑功能的服务提供链。这一做法部分旨在提高由较

① 帕却克·登力维等：《数字时代的治理：信息技术公司、国家与e政府》，牛津大学出版社2006年版，第230页。

新的信息技术提供的生产力。在新公共管理国家(那里的信息技术系统通常是外包的,且不是很现代化,也未重新设计),这一潜力是巨大的。这一做法的另一面涉及重新设计公务支撑功能。事务处理系统或者由政府机构直接承担,或者外包。

(7) 集中采购和专业化。这一点在美国进展很快,无论是作为国家绩效评估时期变化的一个产物,还是与政府采购合同增长相关的信息技术变化的(2003 年,它占了美国公共部门电子采购的 38%)一个结果。但在一些新公共管理国家比如英国,在部门和机构采购之间产生了大量的重复。2004 年,财政部进行的一项效率评估指出,在未来 4 年里,在一系列的措施中(包括由少数几个主要的采购中心来进行采购,而不是像现在那样在国家层面有 270 个部门和机构在进行采购)可以节省 200 亿英镑。新公共管理在寻求将私人资本引入公共服务中所出现的不断的变化,意味着许多政府组织在进行第一波的私有化,接着是私人财政动议以及公私合作伙伴的行动中犯了一系列将权力下放的错误。

(8) 以"混合经济模式"为基础的共享服务,即鼓励较小的部门和机构共同使用一些服务支撑功能或一些与政策相关的服务(如人际关系、信息技术服务、或财政服务甚至一些被认为是高度个性化的功能如公民的服饰规格)。以前的那种旧式的集中提供模式对下级是强制性的,在运作中反应迟钝和僵化,而当前共享的服务提供的则是一些较灵活的方式。一些在某一领域中具备能力的机构被鼓励在合同的基础上向其他具有相似需求的机构提供同一服务,多个提供者可以保证一些服务程度较差的客户机构随时转向自己所需的提供者。

(9) 网络简化与一些"各自为政的组织"。这涉及这样一种认识:现代官僚制的一个突出问题不是预算最大化的官员试图增加他们的预算。相反,官僚形成模式意味着一个日益增长的问题是官员力图建立一些时髦的官僚组织,为相互高度连接的公共机构、准政府和非政府机构网络建立复杂的高层管制和指导①。以英国为例,英国铁路业的多重分散在这方面提供了一个最好的案例。90 年代末,有三个分开的涉及铁路基本建设投资、铁路安全以及铁路公司运营许可的管制者。精简管制检查以及简化基础性的网络可以在一些具有高度爆炸性的政策领域制止这种多重管理队伍的建立。与此同时,也不用回到新公共管理之前公共行政黄金时代的那种高度简化和有规则的格子状

① 帕却克·登力维:《数字时代的治理:信息技术公司、国家与 e 政府》,牛津大学出版社 2006 年版,第 232 页。

的网络中去。相反，网络连接的一个个的“各自为政的组织”意味着，相邻组织之间有规则的格子状连接只有得到与较远的政策部门相连、相对较少的随机连接或远距离连接的补充时，理想的连接才可以得到。

所有这些内容都强调将新公共管理时期一些分散的功能和聚集的专长分散到单一功能的机构，并使跨越复杂的组织的网络重新回到它们原来的位置。但是，重新整合的形式不同于新公共管理之前的形式，有的则是一些全新的形式（如共享的服务）。

第二部分是以需要为基础的整体主义。与重新整合中包括的狭隘的众人参与式治理的变革相对照，整体主义的改革旨在简化和变革政府机构与其客户之间的整个关系。建立一个更大的、包容范围更广的行政运作是与“从结果到结果”的再造过程联系在一起的，它免除了一些不必要的步骤、服从的开支、制约和形式。它也强调确立一种对社会的变化作出迅速反应的更灵活的政府。

以需要为基础的整体主义有七个组成部分，所有这些部分都远远超越了公众参与治理过程的传统范围。它与新公共管理强调企业过程管理不同，把重点放在确立一个真正以公民、服务和需要为取向的组织基础。它的含义遍及所有相关的公共部门网络——确定新的宏观结构、组织重组、过程重新评价以及管理方式和信息系统的根本变革、对新问题灵活反应的新模式。对整体性变革来说，新的整合的政治领导结构是关键的促进因素①。

（1）互动的信息搜寻和信息提供对于产生所有其他以需要为基础的整体主义因素来说是最基本的。与企业相比，政府是在较后才认识到信息搜寻的重要性的，认识到公民和企业具有比政府多得多的有关他们自身状况的信息。政府信息系统的一个任务就是让这些具有知识的公民和企业去发现如何在政府机器中进行表达和报告，如果需要，根据可适用的规则和规章来作出最恰当的决定。霍德指出，政府结构就像需要电子操纵装置一样需要“侦探”机制，这样，公共机构如何进行信息搜寻就有了如同他们如何提供信息一样的重要性②。互动的机制（利用呼叫中心和电话形式或网上电子服务而不是以纸质为基础的形式）会自动地催促机构人员和系统对人民的需要和偏好采取更整体性的看法。

（2）以顾客为基础和以功能为基础的组织重建。这一重建使得一个老的

① 帕却克·登力维等：《数字时代的治理：信息技术公司、国家与 e 政府》，牛津大学出版社 2006 年版，第 233 页。
② 同上书，第 234 页。

做法（即将一些机构围绕着单一顾客团体进行整合——这一做法可以回溯到路德·古立克时代——而不是新公共管理强调的围绕着互不相关的事务过程进行整合）得以复兴。一个例子就是英国的工作与养老金部的养老金服务处，它把所有与老人相关的福利集中起来进行提供。美国的国土安全部把以前12个分散运作的机构按照一个宏观的职能集中起来。

（3）一站式服务。一站式服务有多种形式，包括一站式商店（在一个地方提供多种行政服务）、一站式窗口（与特定的顾客进行面对面的交往），以及网络整合的服务。对政府机构来说，一站式服务提供的动力在于把一些分散的服务功能集中起来，以便解决一些重复的问题，减少新公共管理鼎盛时期高度的认知负担以及公民和企业的服从成本。这里的一些主要例子有英国把以往一些工作者的雇佣和福利服务集中起来，澳大利亚的一些中央联系机构也同样这样做。"只问一次"的方法表明了政府致力于不断使用已经搜集的信息，而不是重复地搜集同一信息，后面一种情况在新公共管理的分散的行政系统中就出现过。

（4）数据库。通常的行政状况是不同的信息掌握在各不相干且互不适应的行政系统中，使得信息要么常常很难得到运用、要么只用于具体的研究需要。而数据库使得有关福利、税收和保障领域里一个一个案件的数据都可以得到，使政府机构能预测公民的需要和政策的主要风险。

（5）重塑从结果到结果的服务。在以往的公共行政中，机构常常有一些有悖常理的冲动来区分它们的服务与过程。新公共管理改革者事实上很不愿意去涉及行政过程这一问题，因为他们着眼于短期的管理主义的考虑。从结果到结果的方法确保项目小组着重整个过程，而不人为地去划分现存机构的边界。现在的一个共同目标是简化政府表格。加拿大人要求把有关长达30页的补助金申请表减少一半。通过把现有信息技术系统里的信息（这些信息以前都是分开储存的）集中起来，它们能完全取代表格。

（6）灵活的政府过程。这一过程旨在使政府决策在与企业最好的实践进行竞争中取得速度、灵活性和回应性。有两个例子可以表明灵活的政府过程所具有的力量。第一个是国际民航安全，其30多年来（20世纪70年代到2001年）标准规划的假设是潜在的劫机者和炸弹投放者都想保全他们自己的生命。"9·11"之前，自杀式的爆炸已经有所耳闻，但支撑国际航空安全的文化假设并没有更新，这一系统在"9·11"中被摧毁了。第二个例子是通常受人称道的法国公共卫生保健系统在2003年7—8月两周热浪席卷法国时的表现。持续40℃以上的高温使得老人和慢性病患者深受折磨，而医院则由于放假而人手不足。国家预警系统失灵,工会和专业组织的呼吁被置之不理。法国的病房几乎不带空调。最后,在整个热浪期间,法国估计多死了1万至1.4万人。在这两个例子中,由于僵硬和反应迟钝,使得处理可预见问题的良好的政策系统运转不灵。灵活性结构的两个要件是监视、预报和预测系统,以及能考虑"意外发生"并在标准程序中注入灵活应变的系统。

(7) 可持续性。新公共管理通常无视能源的使用和环境影响,它只关注于企业运作取向,忽略了企业负面的外部效应。而以服务为基础的整体主义则认真考虑公民和企业的需要,并将这些需要适合于追求可持续性的环保组织的要求,并使它成为所有公共部门内在运作的一部分。

第三部分是数字化过程。当代的生产力来自信息技术和相关的组织变革,对这一点的认识要求去抓住向完全数字化运作的转型所提供的机遇。不能把电子途径只看作是对传统行政的一种补充,它们应该成为一种真正的变革,使政府机构"成为一个网站"。

数字化变革是与公共组织的网站、互联网和电子通讯的影响联系最密切的。事实上,数字化过程的主要影响是可以通过政府部门内的组织变革和文化变革,加上外部市民社会行动者的行为改变(在这些变革中,技术的变革起着相对较小但并非无足轻重的作用)而产生的。数字化过程包含了九个方面的内容。

(1) 电子服务提供。它涵盖了大部分以纸质为基础的公共行政过程。许多后新公共管理的政府已经采取了一些相对雄心勃勃的计划和目标,英国投入了10亿英镑,在2005年之前使中央和地方政府的服务百分之百地上网。事实上,公民的电子服务总的来说还达不到期望的水平,尽管发展迅速。美国家庭互联网已经达到了70%,英国是51%①,这使数字时代的治理获得了强劲的推动力。

(2) 以网络为基础的公用事业估算。它指一种更加简便的估算,以及信息技术的任务可以以这样打包的方式获得:要么一些规模较小的政府机构根据需要在具有多个供应者的市场上购买网络;要么机构可以从主要承包商提供的现有的服务菜单中选择,这一服务菜单是根据现代的能力(即当前知识能及的)而不是根据获得一套特定的硬件和软件来界定的。这两种方式不管哪一种都可能展示了这样一种前景:一些规模较小的机构再也不需为自己做复杂的信息技术规划了。

① 帕却克·登力维等:《数字时代的治理:信息技术公司、国家与e政府》,牛津大学出版社2006年版,第237页。

（3）集中的、国家指导的信息技术采购，它包含了一些首创性的东西，例如英国在2001年启动了130亿英镑的项目来更新国家健康保障项目中较差的信息技术使用，在2004年全面的服务系统被细分，一些合同由各个保障项目的基金和机构所接手。这里，澄清并最终强调一个中央网络概念以及一个由强有力的合同团队（主要从私人部门雇用但在公共部门运作）设计的方案对于克服新公共管理在过去15年里的做法所造成的瘫痪是非常重要的。

（4）自动化过程的新形式。这一新形式特别包括像思科公司这样的私人部门首先采用的“零接触技术”方法。这一方法旨在使销售和行政运作中不需要人的干预。这一技术在现代公共机构的运作中可以得到极大的运用。比如，伦敦汽车收费的监视和控制系统就是一种零接触技术过程。一旦进入的汽车付了钱，车牌上的号码就会被监视系统自动记录，而无需人工地关注。2004年，英国运输部在使用卫星定位仪来跟踪所有汽车的基础上，制订了一项全面的公路收费计划。在其他一些领域，也在运用这样的一些自动追踪技术，比如边境线的电子监视器；在环境管理中，以便宜的移动电话为基础的传感器可以全面地监视水或污染的水平等等。

（5）减少中间层，使以网络为基础的过程让公民、企业以及社会的其他部分直接接触国家系统，而不像以前那样需要经过公共部门的守卫人来接触机构人员。但是，脱离中间层这一变革的一个最有创意的特征是一些深知其自身状况的公民社会行动者能自动地过滤和选择他们能从政府那里得到的东西。只有当公民或公共服务的消费者能够根据政府和机构的转变来改变他们的行为，脱离中间层才算大功告成。

（6）积极引导和顾客分层。当政府面临多渠道接触带来的额外成本和困难时，他们采取的一个战略是积极地移植电子渠道的服务器。这里有两个主要的选择，第一个强调在公共部门确立顾客分层过程，就像在私人企业部门做的那样。这一战略适合于向公民和企业提供高度不同的、接受提问式的电子信息系统，以替代旧式的标准化的广播式信息。顾客分层在第二个关键的积极引导因素（也就是通过提供低成本的或功能得到极大改进的电子服务激励人们转向）中也是至关重要的。例如，2006年，伦敦市长为了推广使用电子交通付费卡，他采用的方法是极大地提高原有票价的售价，并使电子卡付费的价格维持在前一年较低的水平上。这里的一个逻辑是需要强有力的刺激来克服人们向新的电子方式转变的交易成本。一旦这一步完成，对使用电子卡的人的激励就可以减少，因为在尝到了新方法的快捷和方便之后，没有人再愿意回到旧的方法。

(7) 减少受控制的渠道或在法律上要求人们或企业改变他们与政府机构打交道的方式,这也是管理方面(特别是在规制的服从或税收和一些主要的服务支付方面)的一种选择。以税收和社会保障申请为例,原有的多渠道的一前一后方式运作费用昂贵。随着电子使用率的提高,促使公民和企业采用电子方式的压力也会增加。例如,英国的税务部门早就促使一些大企业采用了电子支付的方法,而海关早在10多年前就这样做了。

(8) 加速自我管理。这一自我管理指的是从机构为中心走向公民为中心(或企业为中心或相关者为中心)的过程,在这一过程中,公民和企业自行与政府交往。自我管理这一概念超越了简单的脱离中间层,它反映了在民主体制中对更多地准自愿地和自我指导地服从政府这一重要性的接受。政府行政机器的一个新的作用不是一定要直接地收税或以详尽的方式强行要求服从。

(9) 走向敞开的管理,这意味着从韦伯式的"封闭的档案"式管理走向让公民查看他们自己的"病历",或积极地管理他们自己的税收单子,开发整体性的管理、数据库以及更多的自我管理。在西方国家,日益增长的透明性在新公共管理之前一直是一个长期的趋势。数字时代的治理过程为更灵活的和以顾客为中心的方法注入了一种新的动力。

登力维认为,当前的数字治理趋势很可能在未来几十年里进一步得到加强。在不久的将来,政府以及私人部门的组织模样会再次发生转变,也许会超越一种临时的专项组织而进入这样一种状况:许多组织会成为"网站"式的组织,组织的电子形式将日益来界定它是什么以及它干什么。许多机构将转变为能够使它们的全部或部分运作"数字化","零接触"技术会把人类的干预置于一些关键的行政过程之外。非居间以及服务集中化的过程将极大地缩小和改变政府官僚机构居于公民、企业和国家之间的传统角色。

登力维进一步对政府信息技术未来的发展作了具体的展望①。在他看来,在未来的数十年中,由技术推动的与政府相关的变化会在以下几个方面表现出来。

(1) 一些机构将采用以网络为基础的实用信息技术。实用计算是一种商业模式,通过它,服务提供者可以通过其客户使用现成的计算机资源来对他们收费。比如煤气和电。

① 帕却克·登力维等:《数字时代的治理:信息技术公司、国家与e政府》,牛津大学出版社2006年版,第252页。

（2）共享的服务，即在一些部门共享一些功能，尤其是信息功能。新公共管理在信息技术中以很差的规模经济大量重复了管理等级。一个开始出现的发展趋势是一种机构与政府部门提供者和私人部门提供者签订合同进行治理的新的共享服务的混合经济，这一模式在2005年是英国电子政府战略的一个主题。共享服务的概念还可以拓展，即不仅仅包括信息技术，还可以包括诸如采购、签约、公民矫正、信息技术服务、政策研究服务、网络提供等。其中一些功能，如公民矫正，可以由第三部门来进行。

（3）零技术趋势的扩散。这一趋势自90年代以来在私人部门已经很明显，在政府部门的重要性也正在增加。零技术是一种高度的自动化，在一些过程中完全排除人的干预，比如养老金或其他福利的支付。零技术成本极低，通过传感器与自动的智力通报器进行沟通。在社会管理领域，对技术的收费可能可以解决一些公共物品的供应问题，减少劳动力成本以及因减少中间层次而导致的节省。尽管零技术会产生诸如身份管理之类问题，但许多地方已经不声不响地开始在成功地使用，比如2003年伦敦引入的交通拥塞收费计划；城市新的交通票务系统；以及通过移动电话进行的交通堵塞管理。

（4）符号网页，这是下一代网页世界的产品，现在正在研制之中。符号网页旨在通过给网页文件以计算机所理解的意思（符号）为信息交换创建一个通用的媒介，并由此通过使用标准的、规范的语言以及相关的操作工具来扩展网页。随着用简单的操作方法就可以得到主要的研究资源，符号网页可以以一些网状的方式来建立科学的专长和知识研究专业团体。如果政府对数据的控制放松到计算机可以阅读的形式，那么符号网页就可能大量地用于政府的实践，因为它有可能从与政府相关的资源中抽取数据，并以易懂的方式将这些数据集合在一起供个人或企业之用，从而替代一种集中的登记者的需要。政府网上服务的第一波是由社会广泛使用的互联网和网页推动的，它对机械的官僚组织产生了重大的影响。如果符号网页得以流行，那么下一波的政府网上服务会通过科学的社团而来，并对专业的官僚组织特别是健康医疗部门带来重大影响。

（5）以图像方式接触政府服务，这可以克服当前尤其文化程度低的群体在获得服务方面的不便。网上游戏已经可以使4万名文化程度不同的使用者主要利用图像接触和有活力的多媒体内容同时进行游戏。符号网页的发展可以对当前的数据大量地使用图像或图形，尤其是使用作为展示一些关键变量的图表。对政府来说，这方面发展的第一个领域或许是专家系统，比如养老金查核，或网上健康初查。

那么政府如何处理下一阶段的信息技术的发展？需要进行什么样的变革？从现有的新公共管理出发，登力维认为数字时代的治理的变革会产生四种不同的情况（见表27－2）①

表27－2　数字时代的治理的变革

变革的程度	在新公共管理的范式内发生	在新公共管理内外发生	超越新公共管理
激进的/变革的	2. 数字新公共管理状况	不可行的	1. 向数字状况过渡
缓慢的/部分的	3. 国家后遗影响	4. 政策凌乱	不可行的

① 右上角的向数字状况过渡表明了数字时代治理变革的全部含义。它假设新公共管理的取向被相对较快地摒除，人们会较快地认识到一种新的、整体的、再整合的数字过程变革，并确立一种激进的但有连贯性的变革。② 如果数字时代的治理的可行的变革范围被一群具有新公共管理看法的官僚和政治决策者过滤和筛选，那么数字新公共管理状况就会出现，但是，由于需要减少公共部门支出或实质性地提高公共服务的生产力，因此变革的程度会较大。③ 在数字化治理执行不彻底的地方以及只是在新公共管理的框架内执行，会产生国家后遗影响，比如，政府和机构反对再整合的逻辑，并允许具有外包合同的信息技术公司规定变革的速度。这里，政府无力应付不可避免的数字时代的挑战，这一无力应付会歪曲部分由新公共管理对此作出反应的部分，而它又是新公共管理推动的政府的衰弱。政府机构在现代社会中被边缘化了——很难接近、较少网络化、较少节点、接受原始的组织结构和落后且昂贵的组织技术。一个显而易见的危险是政府的节点——它的独立于其他社会行动者之外的接收信息以及播送引发这些行动者特别关注的信息的能力——在迅速减少。④ 在数字时代的治理的变革被不温不火地执行，以及以涉及所有新公共管理做法但却没有具体指出一种清晰的替代方案的方式执行变革的地方，会出现政策凌乱的结果。在保持高度分散的新公共管理结构以及反整体性的程序的同时，试图推动一些数字时代的治理的变革是行不通的。除非把数字时代的治理过程作为一些重组的中心因素，否则这些过程就会被边缘化或受到抵制，因为机构有强烈的取消中间层的动机②。

① 帕却克·登力维等：《数字时代的治理：信息技术公司、国家与e政府》，牛津大学出版社2006年版，第257页。

② 同上书，第258页。

在登力维看来，以上四种情况不管出现哪一种，有一点很清楚，即信息技术并没有、也不会证实自己对政府来说是一种直接的理性化的力量。现代政府具有一系列新的、解决社会问题的政策工具，这些政策工具的实质与技术的发展紧密相连。今天，在使用这些技术时，政府不可避免地会与信息技术公司发生联系。从这一意义上讲，政府并非单独地面对着技术的未来。

第四节　分析与评价

登力维主要是在对新公共管理运行状况的考察的基础上提出他的数字时代的治理的理论的。作者通过对7个国家新公共管理状况的实证分析，指出了后新公共管理时代的到来。那么，这一时代的主要特征是什么？事实上，在作者提出数字时代的治理之前或同时，已经出现了一些指出这一后新公共管理特征的说法，如奥斯本的“摒弃官僚制”、巴泽雷的“后官僚”的行政。邓哈特则试图用新公共服务来取代新公共管理，认为迄今为止，公共行政已经产生了三个模式：建立在政治和法律标准之上的传统公共行政、以经济和市场考虑为基础的新公共管理以及他自己的建立在公民参与和民主治理之上的新公共服务①。

登力维的一个比较新颖的角度在于强调以信息技术为基础的变革在管理系统以及与公民和服务使用者互动中的重要性，这一变革的影响不是直接由技术决定的，而是通过与信息系统相关联的认知行为、组织、政治和文化变革展开的。正是在这一意义上，作者把这一思想和新的变革的集结称为数字时代的治理，以强调信息技术和信息系统在像企业过程那样组织公共服务和向公民以及顾客提供服务中的重要性。作者的数字时代的治理理论想展示的是“一个政府巨大的信息功能及其与全球服务提供商和其他的信息技术公司的关系的新世界，想表明韦伯式的理性官僚组织模式是如何在现代日益增长地发展，以至国家最根本的信息处理和决策能力现在取决于公共官员管理复杂的产业合同以及先进的‘知识密集型’专业和职业的能力”②。

---

① 罗伯特·邓哈特、珍妮特·邓哈特：“新公共服务：将民主置于首位”，载《国家公民评论》，2001年，冬季刊，第90卷，第4期。

② 帕却克·登力维：“新公共管理已寿终正寝——数字时代的治理万岁”，载《公共行政研究与理论》2005年第16期，第2页。

引发作者从这一角度的思考的原因在于，大多数的公共管理和组织理论传统上一直强调政府组织的人的方面——选拔、社会化、人事管理、建立等级结构、战略管理的运作、领导的作用等。但是，作者认为，当今一些组织上的构建早已超越了机械性的或专业性的官僚制，进入了以外包运作为核心的临时性的专项组织，在这一组织中，私人部门设计、建立和管理的信息技术系统成了这一组织的关键组成部分。这一现象使得作者去关注以往几乎没有论及的政府与信息技术产业的互动，力图表明这样的关系是如何成为对发达国家的经济和社会运作来说至关重要的理性的、现代化的过程的中心的。

这一点有例为证。首先，今天的社会已经是一个信息社会、网络社会。"信息技术革命和资本主义的重构，已经诱发了一种新的社会形式——网络社会。它的典型特征是战略决策性经济活动的全球化、组织形式的网络化、工作的弹性化与不稳定化、劳动的个体化、由一种无处不在的纵横交错的变化多端的媒体系统所构筑的虚拟现实的文化，以及通过形成一种由占主导地位的活动和占支配地位的精英所表达出来的流动的空间和无时间的时间，而造成的生活、时间和空间的物质基础的转变。"①这一网络社会的基础显然是信息技术。联合国在世纪之交发布的《千年发展目标》中强调了信息通讯技术在新世纪中的重要作用（见表 27－3）②。

表 27－3　信息通讯技术与联合国千年发展目标

千年发展目标	信息通讯技术发挥的作用
1900—2015 年使生活极端贫困人口的比例减少一半。	加强市场信息引入，为贫困的农民和商人降低交易成本； 提高发展中国家公司的效率、竞争和市场准入； 增强发展中国家参与全球经济和利用成本要素方面相对优势（尤其是熟练劳动力）的能力。
1900—2015 年间将婴幼儿的死亡率减少三分之二； 1900—2015 年间将产妇的死亡率减少四分之三； 到 2015 年为所有需要生殖健康服务的人提供服务。	加强医疗工作者的基本训练和在职训练； 加强对于疾病和饥荒的监控和信息共享； 加强对农村患者提供专家支持和远程诊断服务； 利用本地语言，提供为本地人乐于接受的生殖健康信息服务，包括艾滋病防护信息等。

① 曼纽尔·卡斯特：《认同的力量》第二版，社会科学文献出版社 2006 年版，第 1 页。
② 联合国，联合国千年发展目标。http：//www. un. org/chinese/millenniumg ools，2008－1－3。

续 表

千年发展目标	信息通讯技术发挥的作用
到2005年实现可持续发展的国家政策； 到2015年扭转环境资源的损失。	遥感监视和通讯网络可以实现高效监控、资源管理并降低环境风险； 在农业、公共卫生和水资源管理、矿产等领域增强可持续发展政策的服务意识； 增强透明度，控制环境的滥用和加强环境的管制； 加强政策制定者、执行者和宣传机构之间的知识交流和联网。
到2015年让所有（联合国成员国）的孩子接受初级教育。	利用信息通讯技术和远程培训以及将教师与同事连接起来的网络，提供更丰富的教育资源； 通过信息通讯技术的应用提高教育管理部门和相关机构的管理水平和效率。
到2005年在性别平等方面取得进步，在初等和中等教育中消除性别歧视，改善妇女地位。	通过信息通讯技术扩大高质量教育资源的可用性； 利用信息通讯技术专门为贫困女童和成年女性传送教育节目； 通过信息通讯技术传送各种信息和节目，提高公众对男女平等的认识。

由此表可以看到千年发展目标与信息通讯技术之间的紧密联系，事实上，其中大部分的目标都需要依靠政府部门的推动来实现。

其次是网络社会背景中政府治理方式的转变，尤其是政府职能的外包导致了合同制式的治理。这一治理方式今天在西方国家特别是在美国已经成为一种普遍的治理方式。美国联邦政府每年通过合同花费大约2 000亿美元，而州和地方政府花费更多，大约为2 750亿美元。这样，每年通过合同花费的钱在5 000亿美元左右①。在菲利普·库珀看来，今天的“公共管理者是在垂直的权威模式和平行的协商模式相互交叉的情况下运作的。垂直模式的权威、资源和影响力来自治理核心的宪政过程。平行关系建立在合同概念之上”②。治理方式的改变尤其为网络技术的发展和运用提供了基础。反过来，网络技术的发展也在相当程度上推动了这一治理方式的转变。

促使作者从这一角度考虑的又一个原因是当代公共行政和公共管理的理

① 菲利普·库珀：《合同制治理》，复旦大学出版社2007年版，第12页。
② 同上书，第2页。

论中对信息技术的沉默。韦伯把组织看成是一个社会—技术系统，但在作者看来，这一认识从来就没有进入过后来的思考中，一个“移位”的过程倾向于强调政府决策者关注社会—技术系统的人的方面和组织的方面，而不是技术方面。此外，在公共管理中，政治与信息技术以及信息变革的中立性常常是分离的。一方面，公共管理的理论几乎对此没有涉及。另一方面，一些虚拟国家、数字政府、虚拟民主、电子政府的论述也没有改变这一状况。因此，作者的部分目标是指出公共管理对信息技术的忽略是不健康的，以使信息技术在现代治理过程中的中心地位得到更好的理解，同时强调在数字时代的治理的背后是一个社会整体上的数字时代的运动，但数字时代的治理是治理，而不完全是和主要是数字变化①。作者是在通过与新公共管理的对比中来讨论数字时代的治理的。

登力维也是在对新公共管理的批评中建立他的数字时代的理论的。在他看来，新公共管理强调分散、竞争和激励性变革。新公共管理在提升政府解决问题的能力、在服务提供者的竞争过程中引入多样性等诸方面取得了不少的成功。但是，新公共管理也使政府机构破碎化，极大地增加了决策系统制度上的复杂性，同时也减少了人们解决其自身问题的自主的能力。新公共管理通过淘空公共部门的人员和能力以及将一种以合同为基础的风险和障碍带进政府的决策过程而阻碍了政府信息技术的现代化。在登力维看来，数字时代的治理的核心在于强调服务的重新整合，整体的、大家参与的决策方式以及电子行政运作广泛的数字化②。显然，这是与新公共管理背道而驰的。此外，与新公共管理很重要的一个不同点在于数字时代的治理是以官僚制作为基础的，官僚制仍然是数字时代的治理的一个组织载体，这既与新公共管理有了一个重要的区别，也与后来一些对官僚制的批评比如比较出名的新公共服务有了一个重要的区别。

对治理方式的不同结论来自对社会背景状况的理解。新公共管理是从经济和社会的角度来加以理解的，其背景是全球经济一体化的推进对效率的要求，西方社会从生产者社会到消费者社会的转变对公共服务提出的多元化的要求，以及现有官僚体制的结构和运作方式无法承担新的历史使命。因此，新公共管理所采用的治理方式，比如强调绩效、结果、外包、分权以及分散化、效

① 帕却克·登力维：“新公共管理已寿终正寝——数字时代的治理万岁”，载《公共行政研究与理论》2005年第16期，第4页。

② 同上书，第7页。

率、政府瘦身等无一不反映了对这一背景的理解和对现有状况的认识。而数字时代的治理则是从技术的角度来理解的,这个时代首先是个数字时代,政府的治理离不开这一大的背景。与新公共管理不同的治理和运作方式都来源于信息技术的要求。新公共管理的一些治理方式或被终止,或被放弃,或被改革(如作者在经过对7个国家的实证研究后得出的结论,见本书第478页的表27-1),一个很重要的原因在于尤其是90年代后信息技术的作用。技术要求从分散走向集中,从部分走向整体,从破碎走向整合。也正是在这一原因上,作者认为新公共管理已经成为历史,取而代之的是数字时代以信息技术为基础的治理。

问题是在某种程度上向原有体制(官僚制组织)的回归(只是加上新的信息技术),比如作者引用的英国铁路管理的例子、机构的重新集中、提供者和购买者分离的终止等等是否完全就是由技术的原因引起的呢?从一些对新公共管理的企业化和市场化取向的批评中可以看出,一些新公共管理做法的改变,比如一些私有化的东西重新改由国有化,显然不是出于技术的原因,而是其他诸如政治和社会的原因,技术只是产生变化的一个因素,尽管是一个重要的因素。

此外,新公共管理和数字时代的治理这两者背后的逻辑能够一致吗?尽管在一些治理的方式上两者有所不同(事实上我们也完全可以设想数字时代的治理的一些方法也会随着情况的变化而发生变化),但两者在终极目标上是一致的,即都是追求更快、更好、成本更低地为公众提供公共服务。因此,从这一意义上说,即便治理的方式有改变,但其精神是一致的。在这一点上,数字时代的治理恰恰顺应的是新公共管理的逻辑,而不是新公共服务的逻辑。

不管如何,数字时代的治理理论还是抓住了我们这一时代的一个重要特征。信息技术已经在深刻地影响着政府的组织形式和运作方式,影响着政府与一些信息技术公司和企业的关系。在未来,随着信息技术的进步,这一影响还会更深刻、更全面。从这一意义上,作者的有关数字时代的治理的理论不仅及时,而且也是具有启发意义的。

思考题

1. 如何理解政府信息技术构成了当代公共服务体系的理性和现代化变革的中心?
2. 数字时代的治理的主要内容是什么?
3. 数字时代的治理是否展现了政府管理的趋势?

图书在版编目(CIP)数据

公共行政理论/竺乾威主编. —上海：复旦大学出版社，2008.10(2025.7 重印)
(复旦博学·MPA 系列)
ISBN 978-7-309-06285-4

Ⅰ. 公…　Ⅱ. 竺…　Ⅲ. 行政学-研究生-教材　Ⅳ. D035

中国版本图书馆 CIP 数据核字(2008)第 142144 号

公共行政理论
竺乾威　主编
责任编辑/邬红伟

复旦大学出版社有限公司出版发行
上海市国权路 579 号　邮编：200433
网址：fupnet@fudanpress.com　http://www.fudanpress.com
门市零售：86-21-65102580　团体订购：86-21-65104505
出版部电话：86-21-65642845
上海新艺印刷有限公司

开本 787 毫米×960 毫米　1/16　印张 32　字数 558 千字
2025 年 7 月第 1 版第 7 次印刷
印数 13 601—14 700

ISBN 978-7-309-06285-4/D·386
定价：66.00 元

复旦大学出版社出版

复旦博学 · MPA 系列

1. 当代中国公共政策　刘伯龙、竺乾威主编　定价：24.00 元
2. 公共行政学(第三版)　竺乾威主编　定价：34.00 元
3. 公共行政学经典文选(英文版)　竺乾威、〔美〕马国泉编　定价：48.00 元
4. 行政法学(第二版)　张世信、周帆主编　定价：33.00 元
5. 公共经济学(第二版)　樊勇明、杜莉编著　定价：35.00 元
6. 领导学原理——科学与艺术(第三版)　刘建军编著　定价：40.00 元
7. 政治学　孙关宏、胡雨春主编　定价：30.00 元
8. 组织行为学　竺乾威、邱柏生、顾丽梅主编　定价：33.00 元
9. 行政道德文选(英文版)　〔美〕杰拉尔德·凯登著 〔美〕马国泉编　定价：45.00 元
10. 定量分析方法　张霭珠、陈力君编著　定价：29.00 元
11. 定量分析方法导引、题解与案例　陈力君、张霭珠编著　定价：28.00 元
12. 公共经济学导引与案例　樊勇明编著　定价：27.00 元
13. 信息技术及其应用　吴柏林编著　定价：35.00 元

14. 公共政策分析 张国庆主编
定价：35.00 元

15. 政策学的主要理论 〔韩〕吴锡泓、金荣枰编著
定价：46.00 元

16. 土地资源管理学 刘卫东、彭俊编著
定价：30.00 元

17. 比较公务员制度 周敏凯著
定价：28.00 元

18. 行政伦理：美国的理论与实践 〔美〕马国泉著
定价：34.00 元

19. 公共管理学 庄序莹主编
定价：35.00 元

20. 现代城市规划与管理 卢新海、张军编著
定价：30.00 元

21. 公共部门人力资源管理 吴志华、刘晓苏主编
定价：39.00 元

22. 政府绩效评估与管理 范柏乃著
定价：35.00 元

23. 公共行政理论 竺乾威主编
定价：45.00 元

复旦博学·公共管理基础系列

1. 当代中国政治制度 浦兴祖主编
定价：19.00 元

2. 行政学原理 孙荣、徐红编著
定价：28.00 元

3. 政府经济学 孙荣、许洁编著
定价：24.00 元

4. 办公室管理 孙荣主编
定价：20.00 元

复旦博学·国际政治与国际关系系列

1. 当代西方国际关系理论　　倪世雄等著　　定价：48.00元
2. 近现代国际关系史　　唐贤兴主编　　定价：40.00元
3. 当代中国外交　　颜声毅著　　定价：35.00元
4. 国际政治学新论　　周敏凯著　　定价：25.00元
5. 21世纪全球政治范式　　俞正樑等著　　定价：26.00元
6. 中国国际关系理论研究　　赵可金、倪世雄著　　定价：39.00元
7. 国际关系与全球政治——21世纪国际关系学导论　　俞正樑著　　定价：30.00元
8. 中国先秦国家间政治思想选读　　阎学通、徐进编　　定价：30.00元

其他教材

1. 新政治学概要(第二版)　　王邦佐等主编　　定价：30.00元
2. 西方政治学说史　　浦兴祖、洪涛主编　　定价：20.00元
3. 全球化时代的国际关系　　俞正樑等著　　定价：28.00元
4. 秘书写作　　杨元华、孟金蓉等编著　　定价：36.00元
5. 社会心理学　　孙时进编著　　定价：29.00元
6. 当代中国农村公共政策研究　　刘伯龙、竺乾威等著　　定价：50.00元

7. 秘书工作案例

孙荣、杨蓓蕾等编著

定价：23.00 元

8. 政治学概论(第二版)

孙关宏、胡雨春、任军锋主编

定价：32.00 元

9. 政治营销学导论

赵可金、孙鸿著

定价：32.00 元